EL CORÁN

Edición comentada

de

Raul Gonzalez Bornez

Centro de traducciones del Sagrado Cor n
2021

Primera edición 2008
Segunda edición, diciembre de 2021

ISBN: 978-1-955725-21-7

© Centro de traducciones del Sagrado Corán, 2008

Todos los derechos reservados.
No puede ser reproducida parte alguna de esta publicación,
por ningún medio ni de forma alguna, sin el permiso escrito del editor.

Publicado por primera vez por
Centro de traducciones del Sagrado Corán
E-mail: quran@cthq.ir
Website: www.cthq.ir

Indice

Orden de revelación de los capítulos (*suras*) del Corán	vii
Claves de la transliteración	ix
Prólogo del traductor	xii

Índice de los capítulos (*suras*)

Capítulo 1. Al-Fātiĥa, La que abre	1
Capítulo 2. Al-Baqara, La Vaca	3
Capítulo 3. Āle 'Imrān, La familia de 'Imrān	51
Capítulo 4. An-Nisā', Las mujeres	78
Capítulo 5. Al-Mā'ida, La mesa	107
Capítulo 6. Al-An'ām, Los rebaños	129
Capítulo 7. Al-'Arāf, Los lugares elevados	152
Capítulo 8. Al-Anfāl, Los bienes excedentes	178
Capítulo 9. At-Tauba, El arrepentimiento	188
Capítulo 10. Iūnus, Jonás	209
Capítulo 11. Hūd	222
Capítulo 12. Yūsuf, José	236
Capítulo 13. Ar-Ra'ad, El trueno	250
Capítulo 14. Ibrāhīm, Abraham	256
Capítulo 15. Al-Ĥiŷr	263
Capítulo 16. An-Naĥl, La abeja	268
Capítulo 17. Al-Isrā', Bani Isra'il, Subĥān, El viaje nocturno	283
Capítulo 18. Al-Kahf, La cueva	294
Capítulo 19. Maryam, María	306
Capítulo 20. Ťa Ha	313
Capítulo 21. Al-Anbiyā', Los profetas	323
Capítulo 22. Al-Ĥaŷŷ, La peregrinación	332
Capítulo 23. Al-Mu'minūn, Los creyentes	342
Capítulo 24. An-Nūr, La luz	350
Capítulo 25. Al-Furqān, El discernimiento	360
Capítulo 26. Aš-Šu'arā', Los poetas	368
Capítulo 27. An-Naml, Las hormigas	378
Capítulo 28. Al-Qişāş, El relato	386
Capítulo 29. Al-'Ankabūt, La araña	397

Capítulo 30. Ar-Rūm, Los bizantinos	405
Capítulo 31. Luqmān	412
Capítulo 32. As-Saŷda, La prosternación	416
Capítulo 33. Al-Aĥzāb, Los partidos	419
Capítulo 34. Sabā'	429
Capítulo 35. Fāt'ir	435
Capítulo 36. Ya Sin	441
Capítulo 37. Aş-Şāfāt	447
Capítulo 38. Şad	454
Capítulo 39. Az-Zumar, Los grupos	459
Capítulo 40. Gāfir, Al-Mu'min, Perdonador	468
Capítulo 41. Fuşşilat, Ĥa, mīm, As-Saŷda, Explicadas detalladamente	478
Capítulo 42. Aš-Šurā, La consulta	484
Capítulo 43. Az-Zujruf, Los adornos	490
Capítulo 44. Ad-Duján, El humo	497
Capítulo 45. Al-Ŷātiya, La arrodillada	499
Capítulo 46. Al-Aĥqāf	503
Capítulo 47. Muĥammad	508
Capítulo 48. Al-Fatĥ, La victoria	512
Capítulo 49. Al-Ĥuŷurāt, Las habitaciones privadas	516
Capítulo 50. Qaf	519
Capítulo 51. Ad-Dāriyāt, Los vientos	521
Capítulo 52. At'-T'ūr, El monte	524
Capítulo 53. An-Naŷm, La estrella	527
Capítulo 54. Al-Qamar, La Luna	529
Capítulo 55. Ar-Raĥmān, El Clementísimo	532
Capítulo 56. Al-Wāqi'a, El acontecimiento	535
Capítulo 57. Al-Ĥadīd, El hierro	538
Capítulo 58. Al-Muŷādila, La discusión	543
Capítulo 59. Al-Ĥašr, El destierro	546
Capítulo 60. Al-Muntaĥina, La examinada	550
Capítulo 61. Aş-Şaf, La fila	552
Capítulo 62. Al-Ŷumu'a, El viernes	554
Capítulo 63. Al-Munāfiqūn, Los hipócritas	555
Capítulo 64. At-Tagābun, El desengaño mutuo	557
Capítulo 65. At'-T'alāq, El divorcio	559
Capítulo 66. At-Taĥrīm, La prohibición	561
Capítulo 67. Al-Mulk, El reino	563
Capítulo 68. Al-Qalam, El cálamo	565

Índice

Capítulo 69. Al-Ĥāqqa, La inevitable	567
Capítulo 70. Al-Ma'āriŷ, Las estaciones graduales	569
Capítulo 71. Nūĥ, Noé	571
Capítulo 72. Al-Ŷin, Los genios	573
Capítulo 73. al-Muzzammil, El envuelto en un manto	575
Capítulo 74. Al-Muddazzir, El arropado	576
Capítulo 75. Al-Qiyāma, El levantamiento	578
Capítulo 76. Al-Insān, Ad-Dahr, El ser humano	579
Capítulo 77. Al-Mursalāt, Los mensajeros	581
Capítulo 78. An-Nabā', La noticia	583
Capítulo 79. An-Nāzi'āt, Los que arrancan	584
Capítulo 80. 'Abasa, Frunció el ceño	586
Capítulo 81. At-Takwīr, El enrollamiento	587
Capítulo 82. Al-Infiťār, La hendidura	588
Capítulo 83. Al-Muťaffifīn, Los defraudadores	588
Capítulo 84. Al-Inšiqāq, La rotura	590
Capítulo 85. Al-Burūŷ, Las constelaciones	591
Capítulo 86. Ať-Ťāriq, La estrella nocturna	592
Capítulo 87. Al-'Alā, El Altísimo	592
Capítulo 88. Al-Gāšiya, La que cubre	593
Capítulo 89. Al-Faŷr, La aurora	594
Capítulo 90. Al-Balad, La ciudad	595
Capítulo 91. Aš-Šams, El Sol	596
Capítulo 92. Al-Layl, La noche	596
Capítulo 93. Ađ-Đuĥā, La mañana	597
Capítulo 94. Aš-Šarĥ, A lam našrah, La abertura	597
Capítulo 95. At-Tīn, La higuera	598
Capítulo 96. Al-'Alaq, Lo que está suspendido	598
Capítulo 97. Al-Qadr, El decreto	599
Capítulo 98. Al-Bayyinat, La prueba clara	599
Capítulo 99. Az-Zalzala, Az-Żilzāl, El terremoto	600
Capítulo 100. Al-'Ādiyā, Los que galopan	600
Capítulo 101. Al-Qāri'a, La catástrofe	601
Capítulo 102. At-Takāṯur, La rivalidad	601
Capítulo 103. Al-'Aşr, La época	602
Capítulo 104. Al-Humaza, El difamador	602
Capítulo 105. Al-Fīl, El elefante	602
Capítulo 106. Qurayš, Los Quraix	603
Capítulo 107. Al-Mā'ūn, La ayuda	603
Capítulo 108. Al-Kauṯar, La abundancia	603

Capítulo 109. Al-Kāfirūn, Los que no creen 604
Capítulo 110. An-Naṣr, El auxilio 604
Capítulo 111. Al-Masad, Al-Lahab, El esparto 604
Capítulo 112. Al-Ijlāṣ, Qul hū, El monoteísmo 605
Capítulo 113. Al-Falaq, El alba 605
Capítulo 114. An-Nās, Los humanos 605

Súplica para ser recitada al completarse la lectura del Sagrado Corán 607
Bibliografía 613
Índice analítico 615
Reseña biográfica 660

Orden de revelación de los capítulos (suras) del Corán

Conforme a lo transmitido por Ibn 'Abbās y Ŷábir bin Zayd.

El orden de revelación de las *suras* toma en cuenta el momento en que esa *sūrah* comenzó a ser revelada, no en el momento en el que se completó, ya que, por ejemplo, los cinco primeros versículos de la *sūrah* 96 fueron revelados al comienzo de la misión profética y el resto después de varios años. Lo mismo sucedió con las *suras* 73 y 74 y otras.Cfr. *Tafsīr At-Ṭabarsī*, t. X, p. 405.

Suras reveladas en La Meca

1. Capítulo 96	31. Capítulo 75	61. Capítulo 41
2. Capítulo 68	32. Capítulo 104	62. Capítulo 42
3. Capítulo 73	33. Capítulo 77	63. Capítulo 43
4. Capítulo 74	34. Capítulo 50	64. Capítulo 44
5. Capítulo 1	35. Capítulo 90	65. Capítulo 45
6. Capítulo 111	36. Capítulo 86	66. Capítulo 46
7. Capítulo 81	37. Capítulo 54	67. Capítulo 51
8. Capítulo 87	38. Capítulo 38	68. Capítulo 88
9. Capítulo 92	39. Capítulo 7	69. Capítulo 18
10. Capítulo 89	40. Capítulo 72	70. Capítulo 16
11. Capítulo 93	41. Capítulo 36	71. Capítulo 71
12. Capítulo 94	42. Capítulo 25	72. Capítulo 14
13. Capítulo 103	43. Capítulo 35	73. Capítulo 21
14. Capítulo 100	44. Capítulo 19	74. Capítulo 23
15. Capítulo 108	45. Capítulo 20	75. Capítulo 32
16. Capítulo 102	46. Capítulo 56	76. Capítulo 52
17. Capítulo 107	47. Capítulo 26	77. Capítulo 67
18. Capítulo 109	48. Capítulo 27	78. Capítulo 69
19. Capítulo 105	49. Capítulo 28	79. Capítulo 70
20. Capítulo 113	50. Capítulo 17	80. Capítulo 78
21. Capítulo 114	51. Capítulo 10	81. Capítulo 79
22. Capítulo 112	52. Capítulo 11	82. Capítulo 82
23. Capítulo 53	53. Capítulo 12	83. Capítulo 84
24. Capítulo 80	54. Capítulo 15	84. Capítulo 30
25. Capítulo 97	55. Capítulo 6	85. Capítulo 29
26. Capítulo 91	56. Capítulo 37	86. Capítulo 83
27. Capítulo 85	57. Capítulo 31	
28. Capítulo 95	58. Capítulo 34	
29. Capítulo 106	59. Capítulo 39	
30. Capítulo 101	60. Capítulo 40	

Suras reveladas en Medina

    87. Capítulo 2
    88. Capítulo 8
    89. Capítulo 3
    90. Capítulo 33
    91. Capítulo 60
    92. Capítulo 4
    93. Capítulo 99
    94. Capítulo 57
    95. Capítulo 47
    96. Capítulo 13
    97. Capítulo 55
    98. Capítulo 76
    99. Capítulo 65
    100. Capítulo 97
    101. Capítulo 59
    102. Capítulo 110
    103. Capítulo 24
    104. Capítulo 22
    105. Capítulo 63
    106. Capítulo 58
    107. Capítulo 49
    108. Capítulo 66
    109. Capítulo 62
    110. Capítulo 64
    111. Capítulo 61
    112. Capítulo 48
    113. Capítulo 5
    114. Capítulo 9

Claves de la transliteración

ʾ	b	t	ṯ	ŷ	ḥ	j	d	ḏ	r	z	s	š	ṣ
ء	ب	ت	ث	ج	ح	خ	د	ذ	ر	ز	س	ش	ص

ḍ	ṭ	ẓ	ʿ	g	f	q	k	l	m	n	h	w	y
ض	ط	ظ	ع	غ	ف	ق	ك	ل	م	ن	ه	و	ى

a	i	u	ā	ī	ū
◌َ	◌ِ	◌ُ	آ	ِي	ُو

Artículo: Al, excepto ante las letras solares, que se reproducen sustituyendo la ele, como en الرحمان = ar-Raḥmān

La ele doble la hemos separado con un punto, como en Al.lah para evitar que se pronuncie como elle, cosa que jamás ocurre en árabe.

x

Prólogo del traductor

Sobre el Corán.

El Corán es la revelación divina transmitida a Muhammad (Mahoma, 570-632) por el ángel Gabriel a lo largo de veintitrés años (610-632). Es la palabra de Dios para la humanidad:

«*Ésta es una Escritura bendita que Nosotros hemos hecho descender confirmando lo que ellos tienen en sus manos.*» *(6:92)*

El Corán es la última de las Escrituras sagradas reveladas por Dios para guiar a la humanidad a lo largo de todas las épocas, en todas las culturas y civilizaciones:

"*¿Acaso no meditan el Corán? Si procediera de otro distinto que Dios, sin duda, habrían encontrado en él abundantes contradicciones.*" *(4:82)*

"*Di: "En verdad, mi Señor solamente ha prohibido la indecencia y los malos comportamientos públicos o privados, el pecado, la agresión sin derecho, que adoréis como si fuera Dios aquello a lo que Él no ha concedido ninguna autoridad y poder y que atribuyáis a Dios lo que no sabéis. Toda comunidad tiene un plazo de vida y cuando venza su plazo no podrán retrasarlo ni una hora ni tampoco adelantarlo.*" *(7:34)*

El Corán fue revelado en lengua árabe:
"*Así mismo, lo hicimos descender como una ley en lengua árabe.*" *(13:37)*
y memorizado y copiado por los discípulos del profeta Muhammad.

A la muerte del Profeta, sus seguidores tomaron la decisión de fijarlo por escrito y, a tal efecto, crearon un grupo que se encargó de su recopilación.

Los ejemplares en árabe que existen en la actualidad son copias de ese texto original.

Es, posiblemente, la única revelación divina que la humanidad conserva completan en la lengua original en la que fue revelada.

Todos los eruditos del mundo islámico sin excepción, desde el principio y hasta nuestros días, han estado y están de acuerdo en que el texto original árabe es absolutamente fiel a la palabra revelada y que no añade ni quita nada de ella.

PRÓLOGO DEL TRADUCTOR

Una palabra dirigida a quienes están vivos:
"Esto no es más que un recordatorio y una recitación clara para amonestar a quien esté vivo y para que se cumpla lo dicho sobre los que niegan la Verdad." (36:70)

Una guía para ayudar a los seres humanos que se interrogan sobre el sentido de la vida:
"En verdad, vuestro Señor es Dios, Quien creó los cielos y la Tierra en seis días y después se instaló en el Trono. Hace que la noche cubra al día, al cual sigue con premura, y (creó) el Sol, la Luna y las estrellas, todos ellos obedientes a Su orden. ¿Acaso no pertenecen a Él la Creación y el imperativo creador? ¡Bendito sea Dios, Señor del Universo!" (7:54)

Es una luz.
"¡Oh gentes! Ha venido a vosotros una prueba clara procedente de vuestro Señor e hicimos descender hacia vosotros una luz esclarecedora." (4:174)
"Ha venido a vosotros, procedente de Dios, una Luz y una Escritura clara." (5:15)
"Así pues, quienes crean en él, le honren y le auxilien y sigan la luz que se hizo descender con él, serán los triunfadores." (7:157)
"Tú no sabías lo que era la Escritura ni la fe, pero Nosotros la pusimos como una luz con la que guiamos a quien queremos de Nuestros siervos." (42:52)
"Así pues, creed en Dios y en Su Mensajero y en la luz que Nosotros hemos hecho descender." (64:8)

Con esa luz, Dios guía a quienes buscan algo más que los efímeros placeres de este mundo:
"Y la vida de este mundo no es más que distracción y juego y, en verdad, la morada de la otra vida es verdaderamente la Vida. ¡Si supieran!" (29:64)

En eso no es una excepción. Todas la Escrituras Sagradas lo son:
"Ciertamente, hicimos descender la Torá. En ella hay guía y luz.
Los profetas, obedeciendo a Dios, administraban justicia con ella entre los judíos (y también) los rabinos y sabios, pues se les pidió que protegiesen la Escritura de Dios y dieran testimonio de ella." (5:44)
"Y, tras ellos, enviamos a Jesús hijo de María, para confirmar la Torá que ellos tenían en sus manos. Y le dimos el Evangelio en el que hay guía y luz y confirmación de lo que tienen en la Torá, y que es una guía y una amonestación para los temerosos de Dios." (5:46)
"Y no valoran a Dios como Él debe ser valorado, cuando dicen: "Dios no ha hecho que descienda revelación alguna sobre ningún ser humano." Di: "¿Entonces, quién hizo descender la Escritura que trajo Moisés como luz y guía para las gentes, que ponéis por escrito en pergaminos que mostráis, aunque ocultáis mucho de ella y mediante la cual se os ha enseñado lo que ni vosotros ni vuestros padres sabíais?" (6:91)
"Y si te desmienten, también desmintieron quienes vinieron antes de ellos. Vinieron a ellos sus Mensajeros con las pruebas claras, con los Salmos y con la Escritura luminosa." (35:25)

Su mensaje va dirigido a toda la humanidad sin diferencia de la religión que cada cual profese:
Di: "Dios ha dicho la Verdad. Seguid, pues, las creencias de Abraham, que era un buscador

de la verdad y no uno de los politeístas."(3:95)

"Estos son los argumentos que Nosotros dimos a Abraham frente a su pueblo. Nosotros elevamos el rango de quien queremos. Ciertamente, tu Señor es Sabio, conocedor de todo.

Y le otorgamos a Isaac y a Jacob y les guiamos como antes habíamos guiado a Noé. Y de él descienden David y Salomón, Job, José, Moisés y Aarón. Así es como recompensamos a los que hacen el bien. Y (también) Zacarías, Juan, Jesús y Elías. Todos ellos eran de los justos. E Ismael, Eliseo, Jonás y Lot. A todos ellos les distinguimos por encima de los demás seres del Universo, así como a algunos de sus antepasados y descendientes y hermanos. Les escogimos y les guiamos al camino recto." (6:83-87)

El Corán nos enseña que el alma que está viva es este mundo no muere jamás. Cada muerte supone un nacimiento a un plano superior de la vida:

"Y Él es Quien os ha creado de una sola alma, unos constantes en su fe y otros inconstantes." (6:98)

"Competid para ser los primeros en obtener el perdón de vuestro Señor y un Jardín tan vasto como los cielos y la Tierra, preparado para quienes crean en Dios y en Sus Mensajeros." (57:21)

"Y cuando se os diga: "¡Levantaos!" vosotros levantaos y Dios elevará el grado a quienes de vosotros tengan fe y a quienes les ha sido dado conocimiento. (58:11)

Mientras que el alma que ignora estas verdades está condenada al fracaso:

"¿Acaso quien estaba muerto y Nosotros le dimos la vida y pusimos para él una luz con la que caminar entre la gente, es igual que quien está en las tinieblas, sin poder salir de ellas?" (6:122)

"Di: "¿Queréis que os informe de quienes son los que peor obran? Aquellos que malgastan sus esfuerzos persiguiendo la vida mundanal y creyendo que actúan bien. Son quienes no creen en las señales de su Señor y en el encuentro con Él. Sus obras no obtendrán recompensa y el Día del Levantamiento no pondremos una balanza para ellos." (18:103-105)

El Corán ha sido revelado para enseñar a la humanidad cómo hacer un uso correcto de la libertad en la que Dios nos ha creado:

"Ciertamente, enviamos a Nuestros Mensajeros con las pruebas claras e hicimos descender con ellos la Escritura y la Balanza para que los humanos establezcan la justicia." (57:25)

Quienes desconocen el divino propósito con el que Dios nos ha creado y ha creado todo cuanto existe, viven como náufragos en un oscuro océano, sin faro y sin guía:

"No es su vista la que está cegada sino los corazones que hay en sus pechos los que no ven." (22:46)

"¿Acaso quienes no creen no ven que los cielos y la Tierra formaban un todo único y Nosotros los separamos e hicimos del agua toda cosa viva? ¿No creerán, pues?" (21:30)

"Quien se guíe, en verdad, se guía en beneficio propio y quien se extravíe, en verdad, se extravía en su propio perjuicio. Nadie portará la carga de otro y no castigamos sin haber enviado previamente un Mensajero." (17:15)

Uno de los mayores objetivos de esta guía divina es el establecimiento y la defensa de la justicia:

"Los que creen combaten por la causa de Dios y los que no creen combaten por la causa de los tiranos." (4:76)

"Quien interceda por una buena causa recibirá parte de ella y quien interceda por una mala causa soportará parte de ella. Dios es el protector de todas las cosas." (4:85)

"¡Oh, los que creéis! Proteged la justicia testificando para Dios, aunque sea contra vosotros mismos o contra vuestros padres o familiares cercanos, sean ricos o pobres, ya que Dios tiene mayor derecho que ellos. Y no sigáis vuestras pasiones, para que seáis justos. Y, si distorsionáis vuestro testimonio u os negáis a darlo, Dios está bien informado de lo que hacéis. (4:135)

No existe injusticia ni desequilibrio en la Creación:

"En verdad, Dios no oprime a las personas en absoluto, sino que son las personas quienes se oprimen ellas mismas." (10:44)

Es el ser humano quien la genera. Pero, finalmente, la injusticia y la opresión serán vencidas y los seres justos heredarán la Tierra:

"En verdad, escribimos en los Salmos, después del Recuerdo (La Torá), que la Tierra la heredarían Mis siervos rectos." (21:105)

"Con certeza, lo que descendió para ti procedente de tu Señor incrementará en muchos de ellos la rebeldía y la falta de fe. Hemos sembrado entre ellos la enemistad y el odio hasta el Día del Levantamiento. Cada vez que enciendan el fuego de la guerra Dios lo apagará. Se esfuerzan por corromper la Tierra y a Dios no le gusta la corrupción. (5:64)

El Corán ofrece al ser humano desorientado y sin objetivo, cautivo de los valores materiales, indiferente ante la opresión y la injusticia, una meta:

¿Es que no vais a combatir por la causa de Dios y de los hombres, mujeres y niños oprimidos..? (4:75)

¡Cuántos profetas combatieron, y muchos de sus seguidores espirituales con ellos, y no se desanimaron por las dificultades que hubieron de soportar en la senda de Dios ni mostraron debilidad ni se abatieron! Dios ama a los pacientes." (3:146)

"¡Oh, creyentes! Sed temerosos de Dios y creed en Su Mensajero y Él os dará el doble de Su misericordia y os pondrá una luz con la que podáis caminar y os perdonará." (57:28)

El Corán es una escritura que habla de todo:

"Hicimos descender sobre ti la Escritura que explica claramente todas las cosas y que es guía, misericordia y buena nueva para los sometidos." (16:89)

No se limita a las cuestiones relativas al culto divino, o al establecimiento de la justicia social:

"Y quienes se defiendan tras haber sido oprimidos no serán censurados. En verdad, la censura es para quienes oprimen a las gentes y van agrediendo en la Tierra sin derecho. Ellos tendrán un castigo doloroso." (42:41-42)

"Y Dios favorece a algunos de vosotros con más provisión que a otros, pero quienes fueron favorecidos no están dispuestos a dar de su provisión a sus siervos de manera que se igualen en

ello. ¿Rechazan, pues, las bendiciones de Dios? (16:71)

Todos los temas que toca, se abren a una dimensión filosófica y metafísica atemporal:

"Por esa razón, dispusimos para los Hijos de Israel que, quien matara a un ser humano sin que este hubiera cometido un crimen o hubiera corrompido en la Tierra, fuese considerado como quien mata a toda la humanidad y quien le salvase, como quien salva a toda la humanidad." (5:32)

"Y, la recompensa de quien salga de su casa, emigrando hacia Dios y Su Mensajero, y le sorprenda la muerte, recae sobre Dios." (4:100)

"Y quien comete un pecado, ciertamente, lo comete contra sí mismo." (4:111)

sobre cuyas bases se asienta un modelo social volcado sobre todo hacia los más débiles, los más indefensos, los más necesitados:

"Te piden tu opinión sobre las mujeres di: "Dios os da su parecer sobre ello (en lo que os fue recitado) en la Escritura (Sagrada) sobre ellas y en lo que os fue recitado sobre las huérfanas a las cuales no habéis entregado lo que fue dispuesto para ellas y con las cuales no deseáis casaros y sobre los niños oprimidos y que debéis dar a los huérfanos un trato equitativo." (4:127)

Nos llama a reflexionar sobre las señales que nos rodean:

"En verdad, en la Creación de los cielos y de la Tierra y en la diferencia entre la noche y el día, hay señales para los dotados de intelecto. Aquellos que recuerdan a Dios en pie, sentados o acostados y que reflexionan sobre la Creación de los cielos y la Tierra (y dicen): "¡Oh, Señor nuestro! ¡No has creado todo esto en vano! ¡Glorificado seas! ¡Líbranos del castigo del Fuego! (3:191)

"Y no corrompáis en la Tierra después de haber sido restablecidos los valores morales y espirituales e imploradle con temor y esperanza. En verdad, la misericordia de Dios está cerca de quienes hacen el bien." (7:56)

"Él es Quien envía los vientos como nuncios de Su misericordia. Cuando transportan nubes cargadas de lluvia Nosotros los dirigimos hacia una tierra muerta y hacemos que el agua descienda a ella, haciendo así que surjan toda clase de frutos. De la misma manera haremos salir a los muertos. Quizá así os dejéis amonestar." (7:57)

Como dijo el gran gnóstico andaluz del siglo XII:
«El Corán, océano máximo, cuyo abismo es insondable porque no tiene fondo al cual se pueda llegar, ni orillas a las cuales arribar.»"[1]

---

[1] Miguel Asín Palacios, *La epístola de la santidad de Ibn 'Arabi de Murcia*., Madrid, Hiperión, 1981, p.32.

A lo largo de los siglos, los eruditos han escrito exégesis sobre este texto milagroso, cada cual desde el campo de su especialidad, la gramática, la medicina, la metafísica, el derecho… sin que ninguna de ellas pueda agotar ni por asomo todas las enseñanzas que él encierra.

Lo que escribieron no es equivalente al Corán ni representa una interpretación completa del Corán y de todos sus significados. Sus niveles de lectura son infinitos y su comprensión guarda relación con el grado de erudición y de espiritualidad del lector.

Sus pasajes, aunque revelados en momentos específicos y adecuados a los acontecimientos que estaban ocurriendo, poseen un valor genérico y eterno, nos hablan de aquellas cosas que no cambian en el ser humano:

¿Has visto a quien toma como dios a sus deseos y pasiones? Dios extravía su conocimiento y sella su oído y su corazón y pone una venda en su vista. (45:23)

Y las circunstancias concretas en las que fueron revelados ejemplifican situaciones similares que tienen lugar continuamente en nuestra vida cotidiana y en la historia de la humanidad, por ello, sus versículos nos hablan directamente. Conectan con aquello que nos está sucediendo y nos responden a las preguntas que están golpeando nuestra mente y nuestro corazón en el mismo momento en el que lo estamos leyendo:

¡Oh los que creéis! Cuando salgáis de expedición por la causa de Dios, distinguid cuidadosamente y no digáis a quien se encuentre con vosotros pacíficamente: "Tú no eres creyente", buscando los bienes de la vida de aquí, pues junto a Dios hay un botín abundante." (4:94)

El Corán es un texto antidogmático:

"Ciertamente, hicimos descender la Torá. En ella hay guía y luz." (5:44)
¡Que la gente del Evangelio juzgue conforme a lo que Dios ha hecho descender en él!" (5:46-47)

"Hicimos descender para ti [¡Oh, Muhammad!] la Escritura que contiene la Verdad y que confirma la Escritura que ya tenían en sus manos y la protege.

Juzga, pues, entre ellos con lo que Dios hizo descender. Y no sigas sus deseos, contrariando la Verdad que ha venido a ti.

A cada uno de vosotros le hemos asignado un código legal y un camino de salvación y, si Dios hubiera querido, habría hecho que fueseis una sola comunidad, pero lo hace así para probar vuestra fe en lo que os ha dado.

¡Competid en buenas acciones! El lugar de retorno de todos vosotros es Dios. Él os aclarará aquello en lo que manteníais diferencias." (5:48)

Que llama a la tolerancia:

"Invita al camino de tu Señor con sabiduría y buenas palabras y discute con ellos de la mejor manera." (16:125)
"Y ser pacientes y perdonar es señal de quienes poseen una gran firmeza." (42-43)

A la modestia:

Y no vayas por la Tierra con arrogancia. En verdad, tú no puedes atravesar la Tierra ni alcanzar la altura de las montañas. (17:37)

A la honradez:

"Y no os acerquéis a las propiedades del huérfano excepto para beneficiarle, hasta que llegue a la mayoría de edad. Y cumplid los contratos, pues se os pedirán cuentas por ello. Y cuando midáis dad la medida justa y pesad con equidad y exactitud. Eso es lo que está bien y tiene las mejores consecuencias." (17:34-35)

Al bien:

"Y ayudaos mutuamente a hacer el bien y al temor de Dios, pero no colaboréis en el pecado y la agresión." (5:2)

A la justicia:

"¡Oh, los que creéis! Proteged la justicia por Dios, dando testimonio equitativo y no dejéis que los malos sentimientos contra un pueblo os lleven a no ser justos.

¡Sed justos! Eso está más cerca del temor de Dios. Y temed a Dios. En verdad, Dios está bien informado de cuanto hacéis." (5:8)

No enfrenta el Islam al resto de las creencias transcendentes. Al contrario, considera todas las religiones parte de la Verdad revelada y reconoce a todos los profetas como parte de un solo espíritu y portadores de un mismo mensaje:

"Di: Creemos en Dios y en la revelación que fue hecha descender para nosotros y en la que fue hecha descender para Abraham e Ismael e Isaac y Jacob y las Tribus y en lo que le fue dado a Moisés y a Jesús y a los profetas procedente de su Señor. No hacemos diferencias entre ninguno de ellos." (3:84)

"En verdad, los creyentes y los judíos, los cristianos y los sabeos, quienes crean en Dios y en el Último Día y actúen rectamente, tendrán su recompensa junto a su Señor. No tendrán que temer y no estarán tristes."(2:62)

"En verdad, Nosotros te hemos enviado la revelación [¡Oh Muhammad!], tal como enviamos la revelación a Noé y a los profetas que vinieron tras él y enviamos la revelación a Abraham y a Ismael y a Isaac y a Jacob y a las Tribus (de los Hijos de Israel) y a Jesús y a Job y a Jonás y a Aarón y a Salomón. Y a David le otorgamos los Salmos. Y [hemos enviado] Mensajeros de los que te hemos relatado su historia anteriormente y otros Mensajeros de los que no te hemos relatado su historia. Y Dios habló a Moisés directamente. Mensajeros portadores de buenas nuevas y advertidores, para que, tras el envío de los Mensajeros, los seres humanos no tuviesen argumento alguno contra Dios." (4:163-165)

Al valor:

"Así pues, no tengáis miedo de la gente, temedme a Mí y no vendáis Mis indicaciones por poco precio." (5:44)

El Corán no es un libro de historia, de manera que su redacción respete el orden de los acontecimientos, sino un libro para la educación, la guía y la construcción personal de los seres humanos, por lo cual vuelve una y otra vez sobre los mismos temas, observándolos desde distintos puntos de vista, enfocando distintos aspectos de los mismos e intercalando comentarios:

"¡Oh, gente de la Escritura [Sagrada]! No exageréis en vuestra religión y no digáis de Dios más que la verdad. (4:171)

Sobre Muḥammad ibn Abdellah (s.)

"¡Oh, Profeta! En verdad, te hemos enviado como testigo, como portador de buenas nuevas, como amonestador, como uno que invita hacia Dios con Su permiso y como una lámpara luminosa." (33:45)

"Y Muhammad no es más que un Mensajero. Antes de él hubo también otros Mensajeros." (3:144)

¡Oh, gente de la Escritura (Sagrada)! Ha venido a vosotros Nuestro Mensajero, tras un periodo sin Mensajeros, para explicaros (las enseñanzas divinas), no fueseis a decir: "No ha venido a nosotros nadie que nos comunicara la buena nueva ni nos advirtiese del castigo." Así pues, ha venido a vosotros un portador de la buena nueva y advertidor del castigo. Dios tiene poder sobre todas las cosas. (5:19)

"Y confía en Dios. Ciertamente, tú estás en la Verdad evidente." (27:79)

"En el nombre de Al.lah, el Clementísimo, el Misericordiosísimo. Juro por la estrella cuando se oculta. Vuestro compañero[2] no se extravía ni se equivoca y no habla conforme a su deseo, sino que es una inspiración que se le revela, que se la ha dado a conocer el poseedor de una fuerza extraordinaria,[3] dueño de una gran inteligencia, que se manifestó en el horizonte más elevado. Luego, se acercó hasta estar muy próximo, hasta estar a una distancia de dos arcos o más cerca. Y Él reveló a Su siervo lo que le reveló." (53:1-10)

El profeta del Islam, Muhammad ibn Abdel.lah (s.), conocido popularmente entre los hispano hablantes como Mahoma, es descendiente del profeta Abraham a través de su primogénito el profeta Ismael, padre de los árabes.

Nace en La Meca, la ciudad en la que el profeta Adán construyó el primer templo dedicado a Dios, destruido durante el diluvio de los tiempos de Noé y reconstruido nuevamente en su mismo emplazamiento por Abraham e Ismael.

Nace entre el 12 y el 17 del mes de *rabbi l-awal* del año 570 de la era cristiana. Su abuelo, Abd al-Muttalib le puso un nombre que jamás otro ser humano había tenido anteriormente. Le llamó «Muhammad». Cuando fue preguntado por la razón de un nombre tan poco usual, respondió: «Quiero que sea alabado tanto en los cielos como en la Tierra.» lo cual parece indicarnos que ya poseía información precisa del futuro que aguardaba a su nieto.

'Abdel Muttalib era guardián de las llaves de La Ka'ba y el patriarca de la

---

[2] «*Vuestro compañero*». Se refiere al profeta Muhammad. *Al-Mizan*, t. XIX, p. 42.

[3] Se refiere al ángel Gabriel, conforme a los versículos 81:19-20, aunque algunos exegetas han opinado que se refiere a Dios mismo. *Al-Mizan*, t. XIX, p. 43.

tribu de los Banu Hashim. Su padre, Hashim fue uno prominente descendiente de Fihr, también llamado Quraysh, padre de todas las tribus que habitaban en La Meca.

Los historiadores musulmanes de su vida recogen que el nacimiento de quien con el paso de los años sería un profeta de Dios vino acompañado de señales prodigiosas, entre ellas, se cuenta, que los más de trescientos ídolos que rodeaban la Kaba se cayeron. Se relata que Muhammad nació con la circuncisión hecha y sin cordón umbilical y que en el momento de nacer dijo: «Dios es más grande. A Èl pertenece la alabanza. Glorificado sea mañana y tarde.»

Entre los árabes de aquella época no existía un sistema de gobierno unificado. Cada tribu tenía su propio patriarca y sus hombres principales y el orden se mantenía mediante la aplicación escrupulosa de la Ley del Talión entre las tribus, de manera que nadie que perteneciese a una tribu era atacado por ningún miembro de otra tribu, para no sufrir las reclamaciones de compensación por parte de la tribu de la víctima.

No obstante, existían peleas entre ellos y en esas peleas se mataban hombres, se robaban ganado y se raptaban y violaban mujeres.

El nacimiento de una hija era considerado por la mayoría de los hombres una desgracia y, a veces, cuando esto sucedía, el padre la llevaba al desierto y la enterraba viva.

Beduinos, ganaderos y comerciantes, guerreros amantes de la poesía y poseedores de una portentosa memoria auditiva, propia de los pueblos que desconocen la lectura y la escritura, apenas sedentarizados, sus tradiciones eran fundamentalmente orales. En la época en la que nace Muhammad apenas cuatro o cinco de los habitantes de La Meca eran capaces de leer y escribir. Muhammad tampoco aprenderá jamás a hacerlo.

La mayoría de ellos adoraba ídolos de piedra, consumía bebidas embriagantes y vivía en medio de un desierto muy alejado de las miras de los grandes imperios de su época, Bizancio y Persia.

Cuándo, a los cuarenta años, Muhammad comienza a recibir las revelaciones divinas a través del ángel Gabriel, casi ninguno de sus conciudadanos le seguirá en un principio, a pesar de ser conocido por todos ellos como un hombre recto, bondadoso y verídico hasta tal punto de ser llamado por ellos Al-Amin, «el digno de confianza».

Desde el primer momento de su misión profética, los poderosos de La Meca tratarán de callarle. Primero con promesas de riqueza y poder, después con burlas y descalificaciones, finalmente con boicots, agresiones y amenazas de muerte, hasta obligarle a abandonar su ciudad natal y refugiarse en el oasis de Yatrib, la ciudad de sus familiares maternos, que poco a poco cambiará su nombre por el de Medina, "La Ciudad del Profeta".

Durante veintitrés años, trece en La Meca y diez en Medina, predicará un mensaje que proclama la igualdad ante la ley de todos los seres humanos, sin diferencia de raza o condición social. La dignidad de la mujer, su derecho al estudio, al trabajo remunerado, al usufructo de su propia riqueza, al matrimonio y al divorcio.

Los poderosos de Arabia tratarán de callar la voz de aquel que pone en peligro un sistema de poder soportado sobre la esclavitud, la fuerza y la opresión de las mujeres y los débiles.

Perseguirán y matarán a sus seguidores y le harán la guerra cuando su posición en Medina se fortalezca, pero serán vencidos y no podrán impedir que su mensaje de justicia, igualdad y libertad se expanda por toda Arabia y poco a poco por todo el mundo.

Simultáneamente a su expansión, el Islam ira generando una estructura de poder que, inmediatamente, caerá en manos de califas usurpadores, Omeyas primero, Abasíes posteriormente, que serán los primeros interesados en deformar su mensaje liberador y aculturizar a sus seguidores.

En la actualidad, el Islam, nombre que recibirá la cosmovisión y el sistema de creencias recogidos en el Corán, es seguido formalmente por uno de cada seis habitantes del planeta. Tras muchos siglos de esplendor social y cultural y otros tantos de decadencia y anquilosamiento, estamos asistiendo a su confuso despertar.

Sus sabios, sus eruditos y académicos impulsan la propuesta de un necesario diálogo entre culturas y civilizaciones como solución a la profunda crisis de valores que esta viviendo la sociedad globalizada y a su secuela de desequilibrios e injusticias, soportados de forma extrema por cuatro quintas partes de la humanidad y, desde otro punto de vista, por toda ella.

Mientras, grupos minoritarios pero partidarios de la violencia armada y del terror proclaman, en nombre del Islam, la guerra contra el sistema occidental y contra los propios sabios islámicos y sus seguidores, fortaleciendo con ello las teorías de quienes, desde posiciones de poder en Occidente, propugnan la violencia y la guerra como solución final para el restablecimiento del Orden.

En mi opinión, el creciente interés que el fenómeno islámico esta concitando, fruto de la importancia que el despertar del mundo islámico supone, merece que, tanto musulmanes como no-musulmanes, hagamos un esfuerzo para comprender mejor las bases ideológicas del Islam, todas ellas recogidas en su Escritura Sagrada. Facilitar ese esfuerzo es el motivo fundamental que nos ha llevado a realizar este trabajo que ahora ponemos en manos del lector.

Sobre la fuentes

Para la traducción y los comentarios hemos consultado fundamentalmente dos grandes exégesis coránicas, el *Tafsir Nemune* y el *Tafsir Al-Mizan.*

El *Tafsir Nemune,* es obra de Ayatolá Makarem Shirazi y un grupo de colaboradores.

Ayatolah Nazir Makarem Shirazí es uno de los grandes sabios iraníes contemporáneos. Nacido en Shiraz, Irán, el año 1924 y alumno de grandes maestros como Ayatolah Mohsen al-Haqim, Ayatolah Juí y Hach Abul Hadi Shirazi, se doctoró en derecho a los veinticuatro años.

Comprometido en la defensa antiimperialista de su país, fue encarcelado y exiliado en numerosas ocasiones.

Es autor de más de 130 obras, sobre ética, derecho islámico, exégesis coránica, etc.

El *Tafsir Nemune* es un trabajo de exégesis escrito en persa y realizado después del triunfo de la Revolución Islámica en Irán, dirigido a proporcionar un mayor conocimiento del Corán al propio pueblo iraní, aunque su valor divulgativo es de carácter universal.

El *Tafsir Al-Mizan* es una de las obras más afamadas del gran gnóstico y maestro espiritual, Al.lama Seyed Muhammad Husein Tabatabai (Tabriz, Irán. 1903-1980). Nacido en una familia de descendientes del Profeta (s.), la cual ha producido sobresalientes eruditos islámicos durante catorce siglos, recibió su primera educación en su ciudad nativa. Alrededor de los 20 años partió a la Universidad de Nayaf en Irak para cursar estudios de doctorado. Allí estudió principios de jurisprudencia y leyes con dos de los grandes maestros de ese momento, Mirza Muhammad Husein Naini y Sheyj Muhammad Husein Isfahani, matemáticas con Sayyed Qasis Jawansari, filosofía islámica con Sayyed Husein Badkubai y gnosis con Mirza Ali Qadi, con quien estudió *Fusus al-hikam* de Ibn al-'Arabi y quien le inició en los misterios divinos y le guió en su viaje hacia la perfección espiritual.

En 1934 regresó a Tabriz y se dedicó a la enseñanza y de allí marchó a Qom en 1945. Allí dio clases de exégesis coránica, teosofía y filosofía islámica tradicional, la cual no había sido enseñada en Qom durante muchos años. Su personalidad magnética y su presencia espiritual atrajeron rápidamente hacia él a los estudiantes más inteligentes y competentes. Impartió lecciones de *Al-Shifa* de Ibn Sina (Avicena) y *Asfar* de Sadr al-Din Shirazi y gradualmente hizo de la enseñanza de Mulá Sadrá nuevamente una piedra angular del *curriculum* tradicional.

Durante diez o doce años impartió cursos en Teherán a los que solía asistir Henry Corbín, y en los que se discutían profundos problemas espirituales. En ellos se estudiaban no solamente los textos clásicos de la sabiduría y gnosis divina sino también un ciclo completo de lo que podría llamar gnosis comparativa, en los que eran comparados con el sufismo y las doctrinas gnósticas islámicas generales los textos sagrados de otras creencias, tales como el *Tao Te-Ching*, los *Upanishads* o el *Evangelio de San Juan*.

Autor de mas de cuarenta obras y numerosos artículos, en el terreno de la filosofía, la gnosis, historia del Islam, etc. que atestiguan su notable capacidad intelectual y su elevado estado espiritual, su obra en veinte tomos *Tafsir al-Mizan*, representa un trabajo de exégesis coránica profundamente atractivo por su enfoque filosófico y por su original método basado en la explicación del *Corán* mediante el propio *Corán* en tanto que *Escritura* que habla de todo:

"Hicimos descender sobre ti la Escritura que explica claramente todas las cosas." (16:89)
"Una Escritura cuyas partes se armonizan y explican unas a otras." (39:23)

Sobre su traducción

"La interpretación del Corán no es una tarea que pueda hacer cualquiera. A través de la historia los eminentes maestros del Islam, tanto Sunnis como Shias, han escrito numerosos libros sobre esta materia y sus esfuerzos han sido, por supuesto, muy valiosos. Pero cada uno de ellos ha escrito bajo el punto de vista de su propia especialización y conocimiento, e interpretaron solamente ciertos aspectos del Corán y no se puede saber si de manera completa.

Por ejemplo, han sido escritos comentarios a través de los siglos por místicos como Muhyid-Din Ibn Arabi, Abdar Razzaq Kashani (autor de Tawilat*) y Mullá Sultán Ali. Algunos de estos comentaristas escribieron bien, desde el punto de vista de su conocimiento. Pero, lo que ellos escribieron no es equivalente al Corán, representan solamente unas pocas páginas o aspectos del Corán. Tantawi, Seyed Qutb y otros como ellos, interpretaron el Corán de diferentes maneras, pero su trabajo tampoco representa una completa interpretación del Corán con respecto a todos sus significados. Repito, solamente tocan algunos aspectos del Corán.*

Existen también, otras interpretaciones que no pertenecen a ninguno de estos dos grupos, por ejemplo; Machma' al-Bayan *es un buen comentario que incluye los pareceres de los comentaristas del Corán, tanto sunnis como shias pero que tampoco son exhaustivos.*

El Corán no es un libro que alguien pueda interpretar comprensible y exhaustivamente, pues sus ciencias son únicas y, en última instancia, por encima de nuestro entendimiento. Nosotros podemos comprender sólo algunos aspectos o dimensiones del Corán, la interpretación del resto depende de Ahl al-Isma («los Imames Purificados») *que fueron quienes expusieron sin adulteración las enseñanzas del Mensajero de Dios (s.).*[4]

El Corán es intraducible e inabarcable en su profundidad, pero, al mismo tiempo, se presta con facilidad a su entendimiento y traducción, por su cadencia rítmica llena de contenido, por la reiteración y sencillez de su mensaje, por su lenguaje, a veces sorprendentemente cinematográfico:

---

[4] Seyed Ruhullah al-Musawi, *Comentario de la Sura al-Fatiha*, Prólogo. Traducción de Cristina Gómez y Raúl González. Sin editar. Se puede ver en
http://www.islam-shia.org/biblioteca/libros/tafsirsura/textotafsirsura.htm

« Y (recuerda) cuando tu Señor llamó a Moisés: "¡Ve al pueblo de los opresores! El pueblo del Faraón ¿Por qué no temen a Dios?

Dijo él: "¡Señor mío! Temo que me desmientan y que mi pecho se angustie y mi lengua no sea suficientemente elocuente. Envía, pues, a Aarón. ¡Y tienen cargos contra mí y temo que me maten!"

Dijo Él: "¡No será así! ¡Id, pues, ambos con Nuestras señales! En verdad, Nosotros estaremos escuchando junto a vosotros". "Id, pues, al Faraón y decidle: "Ciertamente, soy un Mensajero del Señor del Universo para que dejes ir con nosotros a los Hijos de Israel."

Dijo (Faraón): "¿Acaso no te hemos criado entre nosotros de pequeño y permaneciste entre nosotros muchos años de tu vida y luego hiciste lo que hiciste? Eres de los desagradecidos.»
(26:10-19)

Al traducirlo, es imposible captar esa elegancia literaria, esa elocuencia y la cadencia musical que hay en él, pero, junto a sus maravillosas complejidades estéticas, sorprenden la simplicidad y claridad de su estilo que surgen de la sencillez y economía de su vocabulario y de su estructura sintáctica, tanto en las cortas frases propias de los capítulos revelados en La Meca, como en las largas frases de los capítulos revelados en Medina.

El creciente interés por el Islam hace que cada vez más personas se acerquen al Corán tratando de entender qué es el Islam y qué pretenden los musulmanes y se topan con un texto que no responde a una estructura narrativa habitual, muchas veces plagado de términos arcaicos y difíciles de entender.

Hemos querido, por ello, utilizar un estilo fluido, resaltar la actualidad e intemporalidad del mensaje coránico y, al mismo tiempo, su semejanza fundamental con el mensaje del resto de las Escrituras Sagradas, especialmente con las provenientes de la cultura judeocristiana.

Existen numerosos términos, como *ga'ib, taqwa, din, kufr, shirk, zakat* y muchos otros, que resultan difíciles de equiparar con un término simple del castellano, hemos optado por integrarlos en el texto de manera que no supusieran una dificultad añadida a su lectura y comprensión, creyendo que el lector interesado lo agradecerá y el erudito no se molestará por ello. «Señales» en muchos casos significa «milagros». «Opresión» se refiere en primer lugar a la que realiza el alma contra sí misma, por contradecir la disposición al bien con la que Dios la ha creado.

No obstante, el propio Corán se autocalifica como una escritura clara y sin duda lo es para cualquier lector árabe medianamente culto. En cualquier caso, a la hora de su traducción hemos intentado seguir la orientación dada por nuestro gran sabio cordobés Rabí Moshe ben Maimon (Maimónides, 1135-1204):

«Aquel que pretenda traducir de una lengua a otra y se proponga traducir siempre una palabra dada únicamente por otra que le corresponda, guardando el orden de los textos y el de los términos, tendrá que esforzarse mucho para finalmente conseguir una traducción incierta y confusa. Este método no es el correcto. El traductor debe, sobre todo, aclarar el desarrollo del pensamiento, después escribirlo, comentarlo y explicarlo de modo que el mismo pensamiento sea claro y

comprensible en otra lengua. Y esto sólo se puede conseguir cambiando a veces todo lo que precede y le sigue, traduciendo un solo término por más palabras y varias palabras por una sola, dejando aparte algunas expresiones y juntando otras, hasta que el desarrollo del pensamiento esté perfectamente claro y ordenado y la misma expresión se haga comprensible, como si fuera típica de la lengua a la que se traduce.»[5]

La traducción está basada en la versión Hafs de la lectura 'Asin, que es la más popular en el mundo islámico. Cuando alguna lectura alternativa nos ha parecido significativa, lo hemos indicado en las notas a pie de página.

Para la numeración de los versículos hemos seguido la versión más difundida, que es el Código de Medina, a pesar de que no contabiliza la «*Basmala*»[6] como parte del primer versículo, cosa que nosotros sí hemos hecho, al considerar que es inseparable de cada capítulo o *sura*.

Quiero, finalmente, expresar mi agradecimiento a todos aquellos que han hecho posible que esta traducción comentada vea la luz, a quienes me han ayudado, con sus orientaciones, con su lectura y comentarios, a quienes, de forma anónima, han contribuido a sufragar los gastos que ella ha supuesto y a quienes, antes que este servidor, han abordado esta misma ardua pero enormemente gratificante tarea.

Mi deseo ha sido contribuir modestamente a un mejor y mayor entendimiento del Corán y del Islam y ruego a Dios que disculpe los errores y limitaciones que en ella puedan aparecer, los cuales son única y exclusivamente de mi propiedad.

Raúl González Bórnez
Madrid, 14 de Diciembre de 2005.

---

[5] *Cfr.* Miguel Ángel Vega, *Textos clásicos de la teoría de la traducción*, Madrid, Ed. Cátedra, 1994, p. 87.

[6] La frase «*Bismi l-lahi r-rahmani r-rahim*» («En el nombre de Al.lah, el Clementísimo, el Misericordiosísimo», con el que comienzan todos los capítulos del Corán, menos el noveno.

El Corán

Capítulo 1

Al-Fatiha[1]

En el nombre de Al.lah, el Clementísimo, el Misericordiosísimo.[2] (1)

La alabanza es para Dios[3], Señor de los mundos, (2)
el Clementísimo con toda la Creación,
el Misericordiosísimo con los creyentes, (3)
Soberano del Día de la Recompensa.[4] (4)

Solamente a Ti adoramos y solamente a Ti pedimos ayuda. (5)

Guíanos al camino recto, (6)
el camino de aquellos a los que Tú has agraciado;
no el de aquellos con los que Tú estás disgustado, ni el de los extraviados. (7)

---

[1] Esta *sura* o capítulo de la Apertura posee una importancia excepcional. Es repetida en todas las oraciones. Se ha transmitido que el profeta Muhammad dijo: *La salatu il-la bi fatihat al-Kitab*, «La oración no tiene validez sin la recitación de la *surat ul-Fatiha*». Cfr. *Tafsir Abul Futuh Razi*.

También es denominada *Surat al-Hamd* (o de la Alabanza), *Umm ul-Qur'an* («La Madre del Corán»), *Saba'a al-Mizani* («Las siete que se repiten, o que se entrecruzan»). Dijo el Mensajero de Dios: «*wa-l ladi nafsi bi yadihi ma anzala al-lahu fi l-Taurat wa la fi l-Zabur wa la fi l-Qur'an mizluha hiya umm ul-Kitab*» («Juro por Aquel que tiene mi alma en Sus manos que no hizo descender

Dios en la Torá, ni en el Evangelio, ni el Corán, algo semejante. Ella es la madre del Libro»). Cfr. *Tafsir Nur al-Zaqalayn* y *Machma al-Bayan*, t, I. p. 17.

² Frase con la que comienzan todas las suras o capítulos del Sagrado Corán, excepto el 9º y, en general, con la que los creyentes inician cualquier acto, ya que fue transmitido del Imam Muhammad al-Baqir que dijo el Mensajero de Dios: "Antes de comenzar una acción, ya sea grande o pequeña, es apropiado decir: «*Bismil-Lahir Rahmanir Rahim* para que dicha acción sea bendecida.» *Tafsir Al-Mizan*, t. I, p. 26.

Esta frase, conocida como *Basmala*, se suele traducir: «En el nombre de Al.lah, el Clemente, el Misericordioso» Tanto *Rahman* como *Rahim* son dos sustantivos que proceden de la raíz *rhm* que transmite la idea de misericordia. En el primer caso su significado es más general y en el segundo es más específico, tal como podemos leer en la tradición (*hadiz*) que transmite el Imam Yafar al-Sadiq, que dijo el Mensajero de Dios: «Dios es aquel al que todas las criaturas adoran. Es *Rahman* con todas ellas y *Rahim* especialmente con los creyentes.» Kulayni, *Al-Kafi*.

En general, hemos traducido el nombre *Al.lah* por "Dios", ya que, aunque muchos musulmanes se resisten a traducir el nombre de *Al.lah*, considerando que es el nombre que Dios mismo Se dio para ser nombrado por Sus criaturas, hemos querido con ello dejar constancia de que *Al.lah* no es el dios de los musulmanes, (como se ha venido repitiendo de manera no carente de intención durante al menos los últimos quinientos años) frente al dios de los cristianos o de los judíos, ya que solamente hay un Dios. No obstante, en la *Basmala* del principio de cada sura o capítulo hemos mantenido el nombre *Al.lah* sin su traducción al castellano, para indicar que: «El nombre *Al.lah* es una manifestación global, es decir, una manifestación de Dios Todopoderoso que abarca todas las otras manifestaciones, incluidas las de Compasivo y Misericordioso [...] pues [...] la esencia de *Al.lah* no tiene Ella misma nombre. El nombre *Al.lah* es, por tanto, Su manifestación más íntegra y completa.» Cfr. Seyyed Ruhul.lah Al-Musawi, *Tafsir de la Surat ul-Hamd. Luz dentro de mí.* Madrid, Asamblea Islámica de Madrid, 1979, p. 114 y Al-Qaysarī, *Sharh Fusus al-Hikam*, t. I, p. 97.

³ También posee el significado de «gracias a Dios» en el habla normal de los musulmanes. *Cfr. The Qur'an*.

Y, en general, el sentido de que toda alabanza que realizamos pertenece a Dios y a Él remite, ya que Él es el creador de todo lo que es digno de ser alabado.

⁴ *Din* etimológicamente significa «recompensa, retribución». Seyyed Imani, *Nur ul Qur'an fi tafsir il-Qur'an* (traducida al castellano: *Una exégesis esclarecedora de La Luz del Sagrado Corán*, t. I, p. 114). Día de la Recompensa se refiere al Día del Juicio Final, también es denominado Día del Levantamiento.

Capítulo 2

La vaca

En el nombre de Al.lah, el Clementísimo, el Misericordiosísimo.

Alif, lam, mim[1] (1)

Esta es la Escritura (Sagrada), no hay duda.[2]
En ella hay una guía para los temerosos de Dios. (2)
Aquellos que creen en lo que está oculto a los sentidos,
hacen la oración[3] y, de lo que Nosotros les proveemos, reparten. (3)
Aquellos que creen en la revelación que se hizo descender para ti[4] y en la revelación que se hizo descender antes de ti y que tienen certeza de la otra vida. (4)

Esos son los que siguen la guía procedente de su Señor y esos son los triunfadores. (5)

---

[1] Las letra que aparecen al comienzo de veintinueve suras son denominadas *Hurufun Muqatta* («letras cortadas o abreviadas»). Conforme a la opinión de la mayoría de los sabios musulmanes, su significado es sólo conocido por Dios, el Mensajero de Dios, su santa hija, Fátima Zahra y los doce Imames purificados de la familia del Profeta. (*Cfr. Corán*, 33:33) Se han transmitido del Imam Ya'far al-Sadiq: «Alif, Lam, Mim, son letras del ensalzado Nombre divino que en el Corán aparecen separadas y aisladas y con las cuales están familiarizados el Profeta y los Imames y cuando suplican a Dios con ellas encuentran su súplica respondida.»

[2] También puede leerse: «Esta es la *Escritura* [Sagrada], no hay duda en ella.»

[3] *Yuqimuna al-salat* (literalmente: «ponen en pie la oración». *Cfr.* 4:103

[4] «¡Oh, Muhammad!»

Ciertamente, a aquellos que no creen en Dios, da igual que les amonestes o que no, no creerán. (6)

Dios cerró y selló sus corazones y sus oídos, y sobre sus ojos hay un velo y les aguarda un castigo inmenso. (7)

Y entre la gente hay algunos que dicen: «¡Creemos en Dios y en el Último Día!», pero no son creyentes. (8) Pretenden engañar a Dios y a aquellos que creen, pero sólo se engañan a sí mismos, aunque no se dan cuenta. (9) En sus corazones hay una enfermedad y Dios agravará su enfermedad. Les aguarda un castigo doloroso por haber sido mentirosos. (10)

Y cuando se les dice: «¡No corrompáis en la Tierra!» dicen: «¡En verdad, nosotros somos reformadores de lo que está mal!» (11)

¿Acaso no son ellos los corruptores? Pero no se dan cuenta. (12)

Y cuando se les dice: «¡Creed como cree el resto de la gente!», dicen: «¿Vamos a creer como creen los estúpidos?»

¿Acaso no son ellos los estúpidos? Pero no lo saben. (13)

Y cuando se encuentran con aquellos que creen, dicen: «¡Creemos!» Pero cuando se quedan a solas con sus demonios, dicen: «¡En verdad, estamos con vosotros! ¡Solamente nos burlábamos de ellos!» (14)

Dios sí que se burlará de ellos y les dejará que vaguen ciegos en su rebeldía. (15)

Esos son los que han comprado el extravío pagando con la guía, pero ese comercio no les proporcionará beneficio alguno y no serán guiados. (16)

Semejan a quien enciende un fuego. Pero cuando éste alumbra lo que hay en torno a él, Dios les arrebata su luz y les deja en tinieblas, sin que puedan ver.[1] (17)

Son sordos, mudos, ciegos y no rectificarán su error. (18)

También semejan a quienes, en medio de una tormenta, con un cielo lleno de nubes oscuras, de truenos y relámpagos, se tapan los oídos con sus dedos por el estruendo del rayo al caer, temiendo la muerte.

Dios acorrala a los que no creen. (19)

El rayo casi les ciega. Cuando les ilumina, caminan, pero cuando se apaga, se detienen. Si Dios quisiera les arrebataría el oído y la vista. Verdaderamente, Dios tiene poder sobre todas las cosas. (20)

¡Oh humanos! ¡Adorad a vuestro Señor, el Cual os ha creado, tanto a vosotros como a los que os precedieron! ¡Quizás así tengáis temor de disgustarle! (21)

Él es Quien ha dispuesto para vosotros la Tierra como un lecho y el cielo como una bóveda. Quien hace descender agua del cielo, por medio de la cual surgen los frutos con los que os suministra vuestra provisión. Así pues, no atribuyáis semejantes a Dios, a sabiendas de lo que hacéis. (22)

Y si dudáis de lo que hicimos descender del cielo para Nuestro siervo,[2] aportad vosotros un capítulo semejante e invocad a vuestros testigos aparte de Dios, si es que sois sinceros. (23) Y si no lo hacéis, que no lo haréis, temed el fuego del infierno cuyo combustible son las gentes y las piedras[3] y que está preparado para los que ocultan la verdad. (24)

---

[1] Quien enciende la luz es el Mensajero de Dios, que en aquellos días iluminaba los horizontes espirituales de Arabia con el mensaje del Islam. Pero los hipócritas, en su ceguera espiritual, no se beneficiaron de ella y permanecieron en la oscuridad de su carencia de fe. *The Qur'an*, n. 2, p. 4.

[2] Es decir, el profeta Muhammad. Makarem Shirazi, *Tafsir Nemune*, t. I, p. 125. (En adelante *Nemune*).

[3] «Las gentes y las estatuas de piedra a las que tomáis como dioses». *Nemune*, t.I, p.127

2. LA VACA

سُورَةُ البَقَرَة PARTE 1

Y anuncia a aquellos que creen y actúan rectamente que les aguardan jardines celestiales por los cuales fluyen arroyos.

Cuando se les ofrezcan los frutos que de ellos proceden, dirán: «Esto es lo mismo que se nos proporcionó anteriormente»,[1] pero lo que se les dé será semejante.

Allí les esperan parejas purificadas y allí estarán eternamente. (25)

Verdaderamente, Dios no se avergüenza [para expresar Su mensaje] de poner como ejemplo a un mosquito o algo mayor.[2]

Aquellos que creen, saben que, ciertamente, es la Verdad que procede de su Señor. En cuanto a los que no creen, dicen: «¿Qué es lo que pretende Dios con ese ejemplo?»

Extravía con él a muchos y guía con él a muchos. Pero no se extravían con él sino los transgresores.[3] (26) Aquellos que violan el pacto establecido con Dios después de haberlo aceptado, y cortan lo que Dios ha ordenado que continúe unido[4] corrompiendo la Tierra. Esos son los perdedores. (27)

¿Cómo podéis no creer en Dios, cuando estabais muertos y Él os dio la vida; luego os hará morir y después os hará vivir (nuevamente), tras lo cual retornaréis a Él? (28)

Él es quien creó para vosotros todo lo que hay en la Tierra, luego Se ocupó del cielo y lo ordenó en siete cielos. Él posee conocimiento de todas las cosas. (29)

---

[1] Algunos exegetas opinan que el significado de este versículo es que, estas bendiciones son la consecuencia de los buenos actos que hicimos en la vida terrenal. Otros, creen que se refiere al aspecto que tendrán en el Jardín las frutas que sean ofrecidas a los creyentes, que hasta no haberlas probado, les parecerán semejantes a las de este mundo.

[2] Algunos exégetas coránicos han transmitido que este versículo fue revelado en respuesta a las burlas de ciertos hipócritas, quienes dudaban que Dios hubiese utilizado como ejemplos un fuego o una tormenta, diciendo: «Dios está muy por encima y es mucho más grande, como para poner este tipo de ejemplos.» Otros consideran que, cuando Dios en el capítulo de La peregrinación (22:73) puso como ejemplo a las moscas, o, en la Sura al-'Ankabūt, (29:41) a las arañas, algunos hipócritas se burlaron diciendo: «¿Qué clase de revelación es esa?» Allama Tabatabai, *Tafsir al-Mizan*, t. I, p. 145. (en adelante *Al-Mizan*)

[3] De los mandatos divinos.

[4] Rompen el pacto de los descendientes de Adán, reconociendo que Dios es su Señor (Cfr. *Corán* 7: 172-173), en términos generales y el pacto de Dios con la gente de la *Escritura* [Sagrada] (*Ahl ul-Kitáb*) en particular.

Y [recuerda] cuando tu Señor dijo a los ángeles: «En verdad, pondré en la Tierra un sucesor.» Dijeron: «¿Vas a poner en ella a quien corromperá y derramará la sangre, mientras que nosotros Te glorificamos con alabanzas y proclamamos Tu santidad?»

Dijo Dios: «En verdad, Yo sé lo que vosotros no sabéis.» (30)

Y enseñó a Adán los nombres de todos los seres. Luego los expuso ante los ángeles y Les dijo: «Informadme de los nombres de éstos, si es que sois veraces.» (31)

Ellos dijeron: «¡Glorificado seas! No conocemos más que aquello que Tú nos has enseñado. En verdad, Tú eres el Conocedor, el Sabio.» (32)

Dijo Él entonces: «¡Oh Adán! ¡Infórmales de sus nombres!» Y cuando Adán les hubo informado de sus nombres, dijo Él: «¿No os dije que, ciertamente, conozco lo oculto de los cielos y la Tierra, y que sé lo que manifestáis y lo que ocultáis?» (33)

Y [recuerda] cuando Nosotros dijimos a los ángeles: «¡Prosternaos ante Adán!»[1] y todos ellos se prosternaron excepto Iblís, que se negó y se llenó de arrogancia, y fue de los que no creen. (34)

Dijimos. «¡Oh Adán! Habitad tú y tu pareja en el Jardín y comed ambos de él cuanto y donde queráis, pero no os acerquéis a este árbol, pues entonces seríais de los transgresores.» (35)

Pero Satanás les engañó a ambos y les sacó de aquello[2] en lo que estaban. Y Dijimos: «¡Descended! Seréis enemigos unos de otros.[3] La Tierra será para vosotros una morada y lugar de disfrute por un tiempo. (36)

Entonces, recibió Adán de su Señor palabras[4] y Dios le perdonó.

En verdad, Él es el Perdonador, el Misericordiosísimo con los creyentes. (37)

---

[1] En señal, no de adoración, sino de reconocimiento de su superioridad sobre vosotros.

[2] Del estado en que se encontraban. Según otros exégetas: del Jardín.

[3] Algunos comentaristas dicen que se refiere a Adán y Eva con Satanás, otros que se refiere a la humanidad en su conjunto con Satanás.

[4] «Con las que implorar el perdón divino.» En una transmisión que llega al Imam Muhammad al-Baqir se recoge que esas palabras son: «¡Oh Dios! ¡No hay más Dios que Tú! ¡Glorificado y alabado seas! Señor mío, ciertamente he oprimido mi alma, perdóname pues. Ciertamente Tú eres el Mejor de los Perdonadores. Ten misericordia de mí, pues ciertamente, Tú eres el Mejor de los Misericordiosos y acepta mi arrepentimiento, pues Tú eres el Perdonador, el Misericordiosísimo con los creyentes.»

En otra transmisión recogida por múltiples transmisores (*muta'addi*) se lee que esas palabras son los nombres de las mejores criaturas de Dios, es decir: Muhammad, Ali, Fátima, Hasan y Huseyn, y que Adán pidió el perdón de Dios en nombre de ellos. Cf. *Nemune*, t. I, p. 198, 199.

Dijimos: «¡Descended de él, todos! Y, si de Mí parte viene a vosotros una guía, quienes sigan Mi guía no habrán de temer ni estarán tristes. (38) Pero los que no crean y desmientan Nuestras señales, esos serán la gente del Fuego, en el que estarán eternamente.» (39)

¡Oh, Hijos de Israel! Recordad Mi merced, con la cual os agracié y sed leales al pacto que tenéis conmigo[1] que Yo seré leal al que tengo con vosotros[2] y temedme sólo a Mí. (40)

Y creed en la revelación que hice descender, confirmando la que ya teníais. No seáis los primeros en no creer en ella.

No vendáis Mis indicaciones por poco precio y temedme sólo a Mí. (41)

Y no mezcléis la verdad con la falsedad, ni escondáis la verdad a sabiendas.(42)

Haced la oración, dad la limosna obligatoria[3] e inclinaos con los que se inclinan[4].(43)

¿Acaso ordenáis a la gente que sea virtuosa y vosotros mismos lo olvidáis, a pesar de que recitáis la *Escritura* [Sagrada]? ¿Es que no razonáis? (44)

Buscad ayuda en la paciencia y en la oración. En verdad, la oración es una carga pesada, excepto para los que son humildes. (45) Aquellos que creen que se encontrarán con su Señor y que retornarán a Él. (46)

¡Oh, Hijos de Israel! Recordad la merced con los que Yo os agracié y cómo os di preferencia sobre todos los pueblos.[5] (47) Y temed un día en el que un alma no pueda hacer nada por otra y en el que no le será aceptada la intercesión ni el rescate y no tendrá quien la auxilie. (48)

---

[1] *Cfr. Corán*, 2:83, 84 y 5:12

[2] Haciéndoos entrar en el Jardín. Cfr. *Tafsir Nur al-Zaqalayn*, t. I, p. 72

[3] *Zakat*: Viene de una raíz: z-k-w y z-k-y, que aporta los significados de incremento y también de pureza, ya que el pago del *zakat* purifica la riqueza restante y facilita el incremento de la misma. (purificación ritual de los bienes materiales)

[4] Enfatiza la importancia de la oración colectiva. *Nemune*, t. I, p. 209

[5] Estos favores son innumerables, entre ellos están el haberles llevado a la fe, haberles guiado y el haberles librado de las garras del Faraón, devolviéndoles su grandeza e independencia, dándoles preferencia sobre el resto de los pueblos y naciones de su época. *Nemune*, t. I, p. 220

Y [recordad] cuando os salvamos de la gente del Faraón, que os sometían a terribles castigos, degollando a vuestros hijos varones y dejando con vida a vuestras mujeres. Con ello vuestro Señor os sometió a una prueba enorme. (49)

Y [recordad] cuando dividimos el mar para vosotros y os salvamos, y ahogamos a la gente del Faraón ante vuestros ojos. (50)

Y [recordad] cuando nos citamos con Moisés durante cuarenta noches y, en su ausencia, vosotros adorasteis al becerro, obrando injustamente. (51) Aunque, tras aquello, os perdonamos; para que, quizás de esa manera, fueseis agradecidos. (52)

Y [recordad] cuando dimos a Moisés la *Escritura* [Sagrada] y el Criterio.[1] Quizás así fueseis bien guiados. (53)

Y [recordad] cuando Moisés dijo a su pueblo: «¡Oh pueblo mío! En verdad, os habéis oprimido a vosotros mismos eligiendo el becerro. Volveos, pues, arrepentidos a vuestro Creador y mataos a vosotros mismos.[2] Eso es mejor para vosotros ante vuestro Creador y quizás así os perdone. En verdad, Él es el Perdonador, el Misericordiosísimo con los creyentes.» (54)

Y [recordad] cuando le dijisteis: «¡Oh Moisés! No te creeremos hasta que no veamos a Dios manifiestamente.» Y el rayo os alcanzó ante vuestros propios ojos. (55) Luego, os devolvimos a la vida después de estar muertos. Quizás así seáis agradecidos. (56)

Y os dimos la sombra de la nube[3] e hicimos descender sobre vosotros el maná y las codornices:

«¡Comed de lo bueno de lo que os hemos provisto!»

No fueron injustos con Nosotros, fueron injustos con ellos mismos. (57)

---

[1] Lo que permite distinguir la verdad de la falsedad. Aquí, según Zamajshari, significa La Torá («El Pentateuco o los cinco primeros libros del Antiguo Testamento»). También se denomina así al Sagrado Corán. cf. 21:48, 3:4 y 25:1.

[2] Según Ibn Qutaibah: «Mataos unos a otros.» Los *tafsīres* de Meibudi, Zamajshari y Tabarsi explican cómo Moisés escogió doce mil hombres que no habían adorado al ternero y les ordenó matar a los que sí lo habían hecho. En un día fueron matados setenta mil de ellos, hasta que Dios acepto las súplicas de Moisés y ordenó detener la matanza. El *Tafsir Nemune* explica que los mismos idólatras se encapucharon para no reconocerse y en una noche oscura comenzaron a matarse unos a otros. Pero Seyyed Murtada en su *Amali*, t. II, p. 371, opina que el significado de la orden *faqtulu anfusakum* puede que sea: «matad vuestro ego». Cfr. Al-Mizan, t. I, p. 287.

[3] En vuestra travesía por el desierto.

Y recordad cuando Nosotros dijimos: «Entrad en esta ciudad[1] y comed de ella cuanto queráis. Entrad por la puerta[2] y, ante ella, prosternaos y decid: «*Hitta*».[3] Perdonaremos vuestros errores e incrementaremos la recompensa de los que hagan el bien.» (58)

Pero, aquellos que eran injustos cambiaron la palabra por otra distinta. Entonces, hicimos descender un castigo del cielo sobre los injustos, por haber sido transgresores. (59)

Y [recordad] cuando Moisés pidió agua para su pueblo y le dijimos: «¡Golpea con tu bastón la roca!» Y brotaron de ella doce fuentes. Cada tribu supo con certeza de cuál beber.

«¡Comed y bebed de la provisión de Dios y no causéis daño en la Tierra, corrompiendo!» (60)

Y cuando dijisteis: «¡Oh Moisés! No soportamos comer siempre lo mismo. Ruega por nosotros a tu Señor que haga salir para nosotros de lo que da la tierra, algo de legumbres, verduras, pepinos, ajos, lentejas y cebollas.»

[Moisés] Dijo: «¿Cambiaréis lo que es mejor por lo que es peor? ¡Bajad a una ciudad![4] ¡Allí encontraréis lo que queréis!»

Fueron golpeados por la humillación y la miseria e incurrieron en la ira de Dios por desmentir las indicaciones de Dios y matar a los profetas sin derecho. Eso les ocurrió porque desobedecieron y fueron transgresores. (61)

---

[1] Al-Quds, Jerusalén.
[2] Una de las puertas de Bayt al-Muqaddas, conocida como Bab ul-Hitta. Cfr. *Tafsir al-Kashaf* bajo la aleya comentada
[3] *Hitta*: En la lengua árabe significa «alivia, mitiga» y aquí se utilizaría como una suplica, en el sentido de «alivia nuestras dificultades o sufrimientos».
[4] Según otros exegetas: «Descended a Egipto».

En verdad, los creyentes[1] y los judíos, los cristianos y los sabeos,[2] quienes crean en Dios y en el Último Día y actúen rectamente, tendrán su recompensa junto a su Señor. No tendrán que temer y no estarán tristes[3]. (62)

Y (recordad) cuando aceptamos[4] de vosotros el pacto[5] y elevamos sobre vosotros el monte Sinaí [y dijimos:] «¡Coged con fuerza lo que os hemos entregado y recordad lo que contiene! Quizás así temáis disgustar a Dios.»(63)

Después de aquello, disteis la espalda[6] y, si no hubiera sido por el favor de Dios sobre vosotros y por Su misericordia, habríais sido de los perdedores. (64)

Sabíais con certeza quiénes de vosotros violaron el sábado[7].

Les dijimos: «¡Sed monos despreciables!»(65)

E hicimos esto como un ejemplo para las generaciones presentes y futuras y como un aviso para los temerosos de Dios.(66)

Y [recuerda] cuando Moisés dijo a su pueblo: «Dios os ordena que sacrifiquéis una vaca.» Dijeron: «¿Te burlas de nosotros?»

Dijo: «¡Dios me proteja de ser como los ignorantes!» (67)

Dijeron: «Ruega a tu Señor de parte nuestra, que nos aclare cómo ha ser ella.»

Dijo: «Él dice que ha de ser una vaca ni vieja ni joven, algo intermedio entre ambas cosas. ¡Haced lo que se os ordena!» (68)

Dijeron: «Ruega a tu Señor de parte nuestra, que nos aclare cuál ha de ser su color.»

Dijo: «Él dice que ha de ser una vaca de color amarillo intenso, que agrade a los que la miren.»(69)

---

[1] En el mensaje del Islam. *Nemune*, t. I, p. 282

[2] Seguidores de Juan el Bautista o de Noé o de Abraham. *Nemune*. t. I, p. 282

[3] No tendrán que temer por el futuro ni estarán tristes por el pasado *Nemune*, t. I, p. 284

[4] Cuando Dios habla en primera persona del plural (Nosotros..., Aceptamos...) significa que lo hace a través de los profetas o los enviados.

[5] Se refiere al mismo pacto del que habla el versículo 40 de este mismo capítulo y que citará de nuevo en los versículos 83 y 84, consistente en reconocer que hay sólo un Dios, tener un buen comportamiento con los padres, con los familiares, con los huérfanos, con los indigentes; hablar correctamente; establecer la oración, pagar el impuesto religioso y abstenerse de derramar sangre, como también recoge la Torá. En el versículo 12 del capítulo 5 «La Mesa Servida», leemos que Dios también pactó con los judíos que creerían en todos los profetas divinos y que les respaldarían. *Nemune*, t. I, p. 293

[6] Cuando Dios había devuelto el monte Sinaí a su sitio y los judíos ya no sentían temor de que Dios lo dejase desplomarse sobre sus cabezas.

[7] En el cual Dios Altísimo ha prohibido a los judíos el trabajar.

Dijeron: «Ruega a tu Señor de parte nuestra, que nos explique cuál ha de ser, pues todas las vacas nos parecen semejantes. En verdad, si Dios quiere, seremos bien guiados.» (70)

Dijo: «Él dice que ha de ser una vaca que no haya sido uncida para arar la tierra, ni para el riego de los campos; sana, sin defecto o marca.»

Dijeron: «Ahora has traído la Verdad.» Y la sacrificaron, pero estuvieron a punto de no hacerlo. (71)

Y recordad cuando matasteis a una persona y os acusabais unos a otros. Dios es quien sacó a la luz lo que ocultabais. (72)

Dijimos: «Golpeadle con algo de ella.»[1]

Así es como Dios resucita a los muertos y os muestra Sus señales. Quizás así razonéis. (73)

Tras ello, vuestros corazones se endurecieron como piedras o más aún, pues, en verdad, de algunas piedras brotan ríos y otras se agrietan y sale de ellas agua y algunas de ellas se desmoronan por temor de Dios. Dios no está desatento a lo que hacéis. (74)

¿Acaso anheláis que ellos os crean,[2] cuando entre ellos hay un grupo que escucha la palabra de Dios y la altera después de haberla razonado y a sabiendas de lo que hace? (75)

Y, cuando se encuentran con aquellos que creen, dicen: «¡Creemos!", pero cuando se quedan solos, se dicen unos a otros: ¿Es que vais a contarles lo que Dios os ha revelado, para que tengan argumentos contra vosotros ante vuestro Señor?[3] ¿Es que no razonáis?»(76)

---

[1] Un hombre mató a su tío y lo puso en la tierra de otros para incriminarles. Estas gentes negaron el hecho y fueron a reclamar ante Moisés, quien recibió de Dios la orden de que mataran una vaca y con algunas partes de ella golpearan al cadáver, para que éste resucitara y denunciara al asesino.

[2] Se dirige a los musulmanes que tenían esperanzas de que los judíos abrazasen el Islam y siguiesen las enseñanzas del Profeta. Del Imam Muhammad al-Baquir se recoge que relató: «Un grupo de judíos que no eran enemigos de la verdad, informaron a los musulmanes que la Torá mencionaba al Profeta y sus atributos. Cuando los judíos importantes se enteraron de ello, se opusieron a tal comportamiento argumentando que, de esa manera, ofrecían a los musulmanes las pruebas que estos podrían utilizar en contra de los judíos ante Dios. Cfr. *Machma al-Bayan* en la parte correspondiente a estos versículos.

[3] Sobre el comportamiento de algunos judíos, Cfr. *Corán*, 4:46 y 5:13,41

¿Acaso no saben que Dios conoce lo que ocultan y lo que manifiestan? (77)

Entre ellos hay ignorantes[1] que no conocen la *Escritura* [Sagrada], solamente especulan. (78)

¡Ay! de aquellos que escriben con sus manos la *Escritura* [Sagrada] y luego dicen: «¡Esto procede de Dios!», vendiéndolo por poco precio.

¡Ay de ellos por lo que escribieron con sus manos! y ¡Ay de ellos por lo que han obtenido! (79)

Dicen: «¡No nos quemará el Fuego del infierno más que unos pocos días!»

Di: «¿Acaso obtuvisteis una promesa de Dios? Porque Dios no incumple Su promesa. ¿O acaso decís de Dios lo que no conocéis?» (80)

¡Sí! Aquellos que acumulan malas obras y están rodeados por sus pecados, esos son la gente del Fuego. En él estarán eternamente. (81)

Pero aquellos que creen y obran rectamente, esos son la gente del Jardín. En él estarán eternamente. (82)

Y [recuerda] cuando hicimos un pacto con los Hijos de Israel:
«Solamente adoraréis a Dios.
Sed buenos con vuestros padres, con vuestros familiares, con los huérfanos y los necesitados.
Hablad bien a las personas.
Estableced la oración y cumplid con la limosna obligatoria.»[2]

Después, excepto unos pocos, os apartasteis e incumplisteis.[3] (83)

---

[1] *Ummiyyun*: «los que no saben leer lo escrito, ni escribir, ni contar».
[2] «Zakat».
[3] Todos los términos del pacto.

Y [recordad] cuando concertamos un pacto con vosotros:

«¡No derramaréis vuestra sangre[1] y no os expulsaréis unos a otros de vuestras casas.»

Lo aceptasteis y sois testigos de ello. (84)

Pero, sois vosotros mismos los que os matáis unos a otros y expulsáis a algunos de los vuestros de sus casas, ayudándoos entre vosotros a cometer este pecado y esta violación contra ellos.

En cambio, cuando llegan a vosotros prisioneros de otros, los rescatáis, cuando vosotros mismos los habíais expulsado, aunque os estaba prohibido hacerlo.

¿Acaso creéis en parte de la *Escritura* [Sagrada] y descreéis de otra parte?

Quien así actúe de entre vosotros no obtendrá más recompensa que la desgracia en esta vida, y el Día del Levantamiento seréis sometidos al peor de los castigos. Dios no está desatento de lo que hacéis. (85)

Esos son los que han comprado la vida de este mundo al precio de la Otra. No se les aliviará el castigo y no serán auxiliados. (86)

Verdaderamente, entregamos a Moisés la *Escritura* [Sagrada] y después de él seguimos enviando profetas.

Y dimos a Jesús hijo de María las pruebas claras y le fortalecimos con el Espíritu Santo.[2]

¿Es que, cada vez que os lleguen Mensajeros que vuestro ego no desea, os mostraréis arrogantes?

Habéis desmentido a algunos y a otros los habéis matado. (87)

Dijeron: «Nuestros corazones están cerrados.»[3] ¡No! Lo que sucede es que Dios les ha maldecido por su incredulidad. ¡Qué pocos de ellos creen! (88)

---

[1] «No os suicidaréis ni os mataréis unos a otros.» *Nemune*, t. I, p. 329.

[2] Esto tiene dos posibles interpretaciones: 1) Le hemos creado purificado del placer material, el que proviene del matrimonio, ya que él no es producto del matrimonio. Es, por ello, como si hubiera nacido respaldado por la propia Creación, independiente de la naturaleza material; por lo que su pueblo no ha encontrado algo en él por lo que criticarle o difamarle; 2) Le fortalecimos con el arcángel Gabriel. Cfr. *Nemune*, t. I, p. 336.

[3] «Por eso no entendemos lo que nos dices.» Cfr. *Corán*, 4:155; *Levítico*, 26:41; *Jeremías*, 9:26.

Y cuando les llegó una *Escritura*[1] procedente de Dios, confirmando lo que tenían, aunque anteriormente[2] pedían la victoria sobre los incrédulos, cuando les llegó lo que conocían, descreyeron de ello.

¡La maldición de Dios sobre los que descreen! (89)

¡Que malo es aquello a cambio de lo que han vendido sus almas, no creyendo en lo que Dios ha revelado por envidia de que Dios haga descender Su favor sobre quien Él quiere de Sus siervos!

Por ello han incurrido en ira sobre ira.

¡Los que ocultan la Verdad tendrán un castigo humillante! (90)

Cuando se les dice:

«¡Creed en la revelación que Dios hizo descender!»,

dicen: «¡Creemos en lo que fue hecho descender para nosotros!»

Pero no creen en lo que ha venido después, aunque es la Verdad que confirma lo que ya tenían.

Di: «Entonces, ¿Por qué habéis matado a los Mensajeros anteriores de Dios, si sois creyentes?» (91)

«Ciertamente, vino a vosotros Moisés con las pruebas claras y, a pesar de ello, tomasteis al becerro[3] en su ausencia. Fuisteis injustos.» (92)

Y [recordad] cuando concertamos un pacto con vosotros y elevamos sobre vosotros el monte Sinaí.

[Dijimos]: «¡Aferraos con fuerza a lo que os hemos otorgado y escuchad!»

Dijeron: «¡Escuchamos y desobedecemos!»

Se empaparon sus corazones [de amor] por el ternero, debido a su falta de fe.

[Diles]: «¡Que malo es lo que os ordena con ello vuestra fe, si sois creyentes!» (93)

---

[1] El contexto muestra que esa escritura es el Sagrado Corán. *Al-Mizan*, t. I, p. 334.

[2] Antes de la llegada del profeta Muhammad, creían en él por lo que había en sus Escrituras Sagradas y cuando luchaban contra los paganos de Arabia pedían a Dios la victoria, diciendo: «¡Oh Dios! Por la verdad de ese profeta que va a llegar y que nos has descrito en nuestra *Escritura* ¡Danos la victoria!» *Al-Mizan*, t. I, p. 334.

[3] «Y lo adorasteis como si fuera Dios». *Al-Mizan*, t. I, p. 335.

Di: «Si la morada de la otra vida junto a Dios es para vosotros en exclusiva y para nadie más, ¡Desead la muerte si sois veraces!» (94)

Pero no la desearán jamás debido a lo que cometieron con sus manos. ¡Dios conoce bien a los opresores! (95)

Descubrirás que son los más ávidos de vivir, más incluso que los idólatras. Alguno de ellos desearía vivir mil años, pero no se libraría del castigo por mucho que viviese.

Dios observa lo que hacen. (96)

Di: «Quien sea enemigo de Gabriel[1] [Dios lo será de él]»

En verdad, él fue quien trajo [el Corán] a tu corazón, con el permiso de Dios, confirmando lo que él mismo tiene en sus manos y como una guía y buena nueva para los creyentes.»(97)

Quien sea enemigo de Dios, de Sus ángeles, de Sus Mensajeros, de Gabriel y del [ángel] Miguel... [sepa que] en verdad, Dios es enemigo de los que no creen. (98)

Ciertamente, hicimos descender sobre ti signos evidentes y no descreen de ellos excepto los transgresores. (99)

¿Acaso, cada vez que establecen un pacto, un grupo de ellos ha de rechazarlo? Pero la mayoría de ellos no creen. (100)

Y cuando llegó a ellos un Mensajero de parte de Dios confirmando lo que tenían, un grupo de aquellos a los que les había sido dada la *Escritura* [Sagrada] rechazaron la *Escritura* de Dios, dándole la espalda, como si no supieran [que es la Verdad].(101)

---

[1] Trasmitió Ibn Abbas que, cuando el Mensajero de Dios llegó a Medina, Ibn Suria, uno de los sabios judíos, junto con un grupo de los judíos de Fadak, llegaron ante el Mensajero y le preguntaron sobre distintas materias para confirmar la verdad de su misión profética. Una de las preguntas era relativa a quién era el portador de la revelación, y cuando el Mensajero de Dios respondió que era en Arcángel Gabriel, Ibn Suria dijo: «Él es enemigo nuestro. Siempre viene a nosotros con órdenes incómodas sobre la guerra, en cambio Miguel siempre viene a nosotros con órdenes sencillas y fáciles de ejecutar. Si tu ángel de la revelación hubiera sido Miguel, te habríamos seguido. *Tafsir Machma al-Bayan. Tafsir Fajr Razi, Tafsir al-Mizan, Tafsir al-Qurtubi.*

Ellos siguieron los que decían los demonios bajo el reinado de Salomón.

Salomón no fue idólatra,[1] fueron los demonios los que ocultaron la Verdad y enseñaron a la gente la magia y lo que se hizo descender a los dos ángeles, *Harut* y *Marut*, en Babel.

Estos dos no enseñaron a nadie sin decirle previamente: «Ciertamente, somos una prueba. No perdáis la fe.»[2]

Y los demonios aprendieron de ellos dos lo que permite separar al hombre de su esposa, aunque con ello no puedan perjudicar a nadie, excepto con permiso de Dios.

Aprendieron lo que les perjudicaba y no les beneficiaba.

Sabían que quien comerciase con esto no tendría parte en los beneficios de la otra vida.

¡Que malo es aquello a cambio de lo que han vendido sus almas!

Si lo hubieran sabido... (102)

Y si ellos hubieran creído y temido desagradar a Dios...

La recompensa que hay junto a Dios es mejor.

Si lo hubieran sabido... (103)

¡Oh, los que creéis! ¡No digáis «*raina*», sino decid mejor «*unzurna*» y escuchad![3]
Para los que no creen hay un castigo doloroso. (104)

Aquellos de entre las gentes de la *Escritura* [Sagrada][4] que no creen y los idólatras, no desean que descienda sobre vosotros ningún bien procedente de vuestro Señor, pero Dios concede Su misericordia a quien Él quiere. Dios es el Dueño del Favor Inmenso. (105)

---

[1] Los judíos decían que, esto que enseñaban, lo habían aprendido de Salomón y de los ángeles Harut y Marut. *Al-Mizan*, t. I, p. 352.

[2] Harut y Marut avisaban a la gente que los demonios enseñaban la magia mezclada con lo que Dios les había revelado a ellos dos. Por eso, les decían que no creyeran lo que enseñaban los demonios, ya que entonces no sabrían discernir entre la verdad y la falsedad.

[3] Los musulmanes utilizaban este término, que en árabe significa «danos un momento», cuando el Profeta explicaba algún versículo para poder realizar alguna pregunta, y algunos judíos cambiaban su acentuación convirtiéndolo en otra palabra que significa «tennos por tontos» y se regocijaban al ver que los musulmanes la utilizaban para dirigirse al Profeta de Dios. Por ello Dios ordena a los creyentes que, en su lugar, digan «Danos un respiro, hasta que aprendamos lo que nos has comunicado procedente de Dios.»

[4] Judíos y cristianos

No abrogamos ningún versículo o hacemos que se olvide, sin aportar algo mejor o igual a ello. ¿Es que no sabes que Dios tiene poder sobre todas las cosas? (106)

¿Es que no sabes que a Dios pertenecen el reino de los cielos y la Tierra y que, excepto Dios, no tenéis protector o auxiliador? (107)

¿O queréis cuestionar a vuestro Mensajero como fue cuestionado Moisés anteriormente?

Quien cambia la fe por la incredulidad, en verdad, se ha extraviado del camino recto. (108)

Tras haberles sido mostrada claramente la Verdad, muchos de entre las gentes de la *Escritura* [Sagrada] desearían, por pura envidia, que volvierais a la incredulidad después de haber creído.

Perdonad, no obstante, y no les prestéis atención, hasta que Dios traiga Su decreto[1].

En verdad, Dios tiene poder sobre todas las cosas. (109)

Realizad la oración y dad la limosna obligatoria.[2]

Las buenas obras que enviéis por delante en beneficio de vuestras almas, las encontrareis de nuevo junto a Dios. En verdad, Dios observa cuanto hacéis. (110)

Y dijeron: «Sólo entrará en el Jardín quien sea judío o cristiano.»
Eso es lo que ellos quisieran.
Di: «Aportad vuestras pruebas, si es que sois sinceros.» (111)

¡Sí! ¡Quien se someta a Dios plenamente y haga el bien, tendrá su recompensa junto a su Señor! [Quienes sean así] No tendrán que temer y no estarán tristes. (112)

---

[1] Puede que, «Su decreto» se refiera al Día del Juicio o a la orden de luchar contra los Banu Quraida y de expulsar de la ciudad a los Banu Nadir, dos de las tribus judías que habitaban en Medina y que traicionaron el pacto con los musulmanes. *Al-Mizan*, t. I, p. 334

Muchos de los exegetas coránicos consideran que la frase se refiere a la orden de combatir contra los que les sometían a fuertes presiones y persecuciones, que en esa época todavía no había sido revelada. *Nemune*, t. I, p. 399

[2] «zakat»

Los judíos dicen: «Los cristianos no están en la Verdad.» Y los cristianos dicen: «Los judíos no están en la Verdad»[1] y eso, a pesar de que todos ellos leen la misma *Escritura* [Sagrada].

Hablan igual que quienes nada saben.

El Día del Levantamiento Dios juzgará entre ellos sobre aquello en lo que no se ponen de acuerdo. (113)

¿Quién es más opresor que quien prohíbe que en las mezquitas de Dios sea recordado Su nombre y se esfuerza en destruirlas?[2]

Tales gentes no deben entrar en ellas excepto atemorizados.[3] ¡Sufrirán humillación en esta vida y en la otra un castigo inmenso! (114)

A Dios pertenecen el Oriente y el Occidente. Por tanto, a donde quiera que os giréis, encontraréis el rostro de Dios.

¡En verdad, Dios todo lo abarca, es sabio! (115)

Dijeron: «Dios tiene un hijo.» ¡Gloria a Él! ¡Más bien a Él pertenece lo que hay en los cielos y en la Tierra! Todo Le obedece. (116)

Él es el Creador de los cielos y de la Tierra. Cuando decreta un asunto, le dice: «¡Sé!» y es. (117)

Los que no saben dicen: «¿Por qué Dios no nos habla directamente o nos trae una señal?» Eso mismo dijeron sus antepasados, Sus corazones son semejantes. En verdad, Hemos explicado claramente nuestras señales a una gente que tiene certeza. (118)

Ciertamente, te Hemos enviado con la Verdad, portador de la buena nueva y de la advertencia y no se te pedirán cuentas por la gente del Infierno.[4] (119)

---

[1] Literalmente «No están en nada.»

[2] Del Imam Ya'far Al-Sadiq leemos que este versículo fue revelado en relación a Quraysh cuando impedían al Profeta y a los musulmanes entrar en la Meca y rezar ante la Kaaba. *Nemune*, t. I, p. 408.

Algunos han opinado que se refiere a un lugar donde los musulmanes rezaban en La Meca y que, tras la emigración del Profeta, los idólatras no permitieron a los musulmanes seguir utilizando. *Machma al-Bayan y Al-Mizan*, bajo los versículos considerados.

[3] El Mensajero de Dios encarceló en la mezquita a Zumama ibn Azal, cuando era idólatra y fue hecho prisionero.

[4] Yahim.

Ni los judíos ni los cristianos estarán satisfechos de ti hasta que no sigas sus creencias.

Di: «¡Ciertamente, la guía de Dios es la Guía!»[1]

Y si siguieras sus deseos después del conocimiento que te ha llegado, no tendrías protector ni auxiliador de parte de Dios. (120)

Aquellos a quienes Nosotros dimos la *Escritura* [Sagrada] y la leen como debe ser leída, esos son los que creen en Él. Y quienes descreen de Él, esos son los perdedores. (121)

¡Oh, Hijos de Israel! Recordad Mi merced, con la cual os agracié, y que Yo os di preferencia sobre todas las naciones, (122) y temed un día en el que nadie pueda favorecer a nadie y en el que no serán aceptados el rescate, ni la intercesión, ni el auxilio. (123)

Y [recuerda] cuando su Señor puso a prueba a Abraham con tareas[2] que él cumplió. Dijo Él: «En verdad, te pondré como *Imam*[3] para los hombres.» [Abraham] dijo: «¿Y a mi descendencia?»

[Dios] dijo: «Mi alianza no incluirá a [quienes sean] opresores.» (124)

Y [recuerda] cuando establecimos la Casa[4] como un lugar de reunión y de seguridad para las gentes.

«¡Tomad el sitio de Abraham como un lugar de oración!»

Y encargamos a Abraham e Ismael que purificasen Mi casa para los que la circunvalan y los que permanecen en ella en adoración y los que inclinan su cabeza y los que ponen su frente en el suelo.[5] (125)

Y [recuerda] cuando Abraham dijo: «¡Señor mío! Haz esta tierra segura y provee de frutos a quienes de sus habitantes crean en Dios y en el Último Día.»

Dios dijo: «Y a quien no crea le permitiré disfrutar un poco y luego le arrastraré hacia el castigo del Fuego.» ¡Qué mal destino! (126)

---

[1] Por «Guía» se refiere al Corán. *Al-Mizan*, t. I, p. 400.
[2] Literalmente, *kalimat*: «palabras».
[3] «Guía espiritual y autoridad temporal de la comunidad.»
[4] La Kaaba.
[5] Al rezar, en señal de adoración y sometimiento ante Dios.

Y [recuerda] cuando Abraham levantó los pilares de la Casa junto con Ismael [y suplicó]: «¡Señor nuestro, acéptanoslo! ¡En verdad, Tú eres Quien todo lo oye, Quien todo lo sabe!» (127)

«¡Señor nuestro! Haz de nosotros dos gente sometida a Ti y de nuestra descendencia una nación a Ti sometida y muéstranos los ritos de la adoración y perdónanos. En verdad, Tú eres Quien acepta el arrepentimiento, el Misericordiosísimo con los creyentes.» (128)

«¡Señor nuestro! Desígnales, de entre ellos, un Mensajero que les recite Tus versículos y les enseñe la *Escritura* [Sagrada], la Sabiduría y les purifique. En verdad, Tú eres el Poderoso, el Sabio.» (129)

¿Quién, excepto quien tenga obnubilada su alma, puede abandonar la creencia de Abraham? Ciertamente, le elegimos en este mundo y, en verdad, en el otro es de los justos.[1] (130) Cuando su Señor le dijo: «¡Sométete!» Dijo: «¡Me someto al Señor de los mundos!» (131)

Y Abraham se lo encomendó a sus hijos y también Jacob: «Oh hijos míos! ¡Ciertamente, Dios ha escogido para vosotros la religión, ¡no muráis sin ser musulmanes![2] (132)

¿Acaso fuisteis testigos[3] cuando Jacob, estaba en presencia de la muerte y dijo a sus hijos: "¿Qué adoraréis después de mí?». Ellos dijeron: «Adoraremos a tu Dios y Dios de tus padres, Abraham, Ismael[4] e Isaac. Un Dios Único, al Cual nos sometemos.»(133)

Aquella fue una nación que pasó. Ellos obtendrán la recompensa de lo que hicieron y vosotros obtendréis la recompensa de lo que hayáis hecho y no seréis interrogados por lo que ellos hicieron. (134)

---

[1] Todos los profetas son justos, Cfr. 3:39,46; 6:85; 21:75, 86; 37:112, pero la «Estación o Morada de los Justos» corresponde a un estado espiritual que incluso un profeta de Dios como Abraham sólo alcanza en la otra vida. *Cfr. Corán,* 16:122

[2] Es decir: «sometidos a las órdenes divinas».

[3] Los judíos conjeturaban si, cuando Jacob estaba agonizando, encomendó a sus hijos que muriesen en la religión judía, por eso Dios les pregunta: «¿Acaso mentís sobre los profetas judíos? ¿Acaso fuisteis testigos?» *Tafsir de Abu al-Futuh al-Razi,* t. I, p. 339.

[4] El Sagrado Corán llama padre de Jacob al profeta Ismael, primogénito de Abraham y padre de los árabes, por tanto, tío de Jacob. Esta licencia se ha usado para argumentar que Azar no era el padre del profeta Abraham, sino su tío, a pesar de que el Corán le denomina padre.

2. LA VACA — PARTE 1

Dicen: «¡Sed judíos o cristianos y estaréis bien guiados!»

Di: «¡Seguiremos la creencia de Abraham que era *hanif*[1] y no era de los idólatras!»(135)

Decid: «Creemos en Dios y en lo que nos fue revelado y en lo que fue revelado a Abraham, a Ismael, a Isaac, a Jacob y a las Tribus[2], y en lo que fue dado a Moisés y a Jesús, y en lo que fue dado a los profetas por su Señor. No hacemos diferencias entre ninguno de ellos y nos sometemos a Él.» (136)

Y, si creen en lo mismo que vosotros creéis, estarán, ciertamente, guiados y si dan la espalda estarán, ciertamente, opuestos [a la Verdad] y Dios será suficiente para ti frente a ellos.

Él es Quien que todo lo oye, Quien todo lo sabe. (137)

Tinte de Dios. ¿Quién es mejor que Dios tintando? Nosotros somos Sus siervos.[3] (138)

Di: «¿Vais a disputarnos a Dios, cuando Él es nuestro Señor y el vuestro y nosotros somos responsables de nuestros actos y vosotros de los vuestros y nosotros somos puros con Él?»(139)

¿O diréis que Abraham, Ismael, Isaac, Jacob y las tribus fueron judíos o cristianos? Di: «¿Quién es más sabio, vosotros o Dios?»

y «¿Quién es más injusto que quien oculta un testimonio que le viene de Dios? Dios no está desatento a lo que hacéis.»(140)

Aquella fue una nación que ha pasado. Obtendrán la recompensa de lo que hicieron y vosotros obtendréis la recompensa de lo que hayáis hecho y no seréis interrogados por lo que ellos hicieron. (141)

---

[1] *Hanif*: Procede de la raíz *Hunafa*: «girarse de un lado a otro». En la terminología coránica se usa para designar a quien se gira a un lado y a otro buscando la verdad y no acepta los falsos cultos que le rodean.

[2] Las doce tribus de los hijos de Israel, que recibieron la revelación a través de los profetas que fueron enviados a ellos. *Cfr.* 2:140; 3:84; 4:163; 7:160

[3] Ese tinte es la fe y la fe es un tinte de Dios para nosotros y el mejor de los tintes. *Al-Mizan*, t. I, p. 312 y 313. Y, en diversas narraciones, se transmitió que dijo el Imam Yafar al-Sadiq: «El significado de "Tinte de Dios" es la pura doctrina del Islam.» *Nur al-Zaqalayn*, t. I, p. 132.

Parte 2

Los estúpidos de entre las gentes, dirán: «¿Qué les ha hecho dar la espalda a la *qibla*[1] a la que se orientaban?»

Di: «A Dios pertenecen el Oriente y el Occidente. Él guía a quien quiere a un camino recto.» (142)

Así mismo hemos hecho de vosotros una comunidad moderada, para que seáis testigos sobre la gente y sea el Mensajero testigo sobre vosotros.[2] No establecimos la *Qibla* hacia la que te orientabas antes, sino para distinguir a quienes seguían al Mensajero de quienes se volvieron atrás.[3] En verdad, esto es algo arduo, excepto para aquellos a quienes Dios guía. Dios no permitirá que se pierda vuestra fe.[4] En verdad, Dios es benévolo con la gente, Misericordiosísimo. (143)

Vemos que, a veces, tornas tu rostro hacia el cielo. Así que te volveremos hacia una *Qibla* que te satisfaga. Vuelve, pues, tu rostro hacia la Mezquita Sagrada,[5] y donde quiera que estéis, volved vuestros rostros en dirección a ella.

Ciertamente, aquellos a quienes les fue dada la *Escritura* [Sagrada] saben con certeza que esto es la Verdad procedente de vuestro Señor.

Y Dios no está descuidado de lo que hacen. (144)

Aquellos a quienes les fue dada la *Escritura* [Sagrada] no seguirán tu *Qibla* aunque vayas a ellos con toda clase de señales, y tú no seguirás la *Qibla* de ellos, ni unos seguirán la Qibla de otros. Y, si siguieras sus deseos después del conocimiento que ha venido a ti, serías entonces, ciertamente, uno de los opresores. (145)

---

[1] *Qibla* significa «encontrar», «enfrentar», «dar la cara a», «volverse hacia». Indica la dirección hacia la cual se orientan los creyentes para rezar. Los primeros trece años, los musulmanes se orientaban para sus oraciones hacia Jerusalén (*Bayt al-Muqaddas*) pero, tras ello, estando el Mensajero de Dios rezando la oración del mediodía en la mezquita de Bani Salim, Dios le envió al ángel Gabriel quien, tomando al Mensajero por los hombros, le reorientó hacia la Kaaba en la ciudad de La Meca. *Machma al-Bayan*, t. I, p. 223. Este cambio de *qibla* viene recogido en el *Deuteronomio*, 18:15, 18, 19 como una de las señales que permitirían reconocer la condición profética de Muhammad.

[2] Posiblemente quiera decir: «Un modelo de comportamiento». *Nemune*, t. I, p. 483.

[3] A sus creencias anteriores. *Nemune*, t. I, p. 484

[4] *Iman*: «fe». Aquí significa «oraciones». Dios garantiza a los creyentes que sus oraciones anteriores, dirigidas hacia Jerusalén, no serían rechazadas. *The Qur'an*, p. 31

[5] La Kaaba, en la sagrada ciudad de La Meca.

Aquellos a quienes dimos la *Escritura* [Sagrada], le conocen[1] como conocen a sus hijos y, ciertamente, un grupo de ellos esconde la Verdad a sabiendas de lo que hacen. (146)

La Verdad procede de tu Señor, por tanto, no seas de los que dudan.[2] (147)

Para cada cual existe una dirección[3] a la que volverse. ¡Id por delante, pues, en la realización de buenas obras! Donde quiera que estéis, Dios os reunirá.[4] En verdad, Dios tiene poder sobre toda cosa. (148)

Donde quiera que vayas, vuelve tu rostro en dirección a la Mezquita Sagrada.[5] Ciertamente, esa es la Verdad que provienen de tu Señor. Dios no está descuidado de lo que hacéis. (149)

Y, donde quiera que vayas, vuelve tu rostro en dirección a la Mezquita Sagrada y, donde quiera que estéis, volved vuestros rostros en dirección a ella, para que las gentes no tengan argumentos contra vosotros, ni siquiera los opresores.[6] Y nos les temáis a ellos, temedme a Mí, de manera que Yo pueda completar mi bendición sobre vosotros y así podáis ser guiados. (150) Por eso, os hemos enviado un Mensajero de entre vosotros mismos, que os recita Nuestros versículos, os purifica[7] y os enseña la *Escritura* [Sagrada] y la Sabiduría y os enseña lo que no sabíais. (151)

Recordadme, pues, y Yo os recordaré y sed agradecidos conmigo y no ocultéis Mis favores. (152)

¡Oh vosotros, los que creéis! Buscad ayuda en la paciencia y en la oración. Ciertamente, Dios está con los que son pacientes. (153)

---

[1] Se refiere al Mensajero del Islam. En sus Escrituras Sagradas, los sabios de los judíos y los cristianos habían leído su nombre y las señales que anunciarían su condición profética. Fajr al-Razi, *Tafsir al-Kabir*, t. 4, p. 128.

[2] «Que no te entren dudas por sus mentiras» (de los judíos). La frase: «La verdad procede de tu Señor» viene en respuesta al versículo anterior que dice: «Ciertamente, un grupo de ellos esconde la Verdad...». Teniendo en cuenta que al Mensajero no tiene duda alguna de aquello de lo que Dios informa, hay aquí una indicación y una prueba para tomar este versículo tal y como aparece y no perderse en comparaciones. Es como si Dios dijese: «Esto es tal y como te he informado, no tiene otra interpretación posible.»

[3] En otro plano, puede entenderse como «una dimensión». Cfr. Al-Qaysari, *Sharh Fusus al-Hikam*, t, I, p. 124.

[4] Para recompensaros según vuestras acciones, el Día del Juicio Final. *Nemune*, t. I, p. 501

[5] En los momentos de realizar las oraciones.

[6] *Il-la* aquí significa «y no» (*wa la*), y no implica exclusión. *Tafsir Qummi* en el comentario al versículo considerado.

[7] Recogiendo vuestra limosna obligatoria (*zakat*)

Y no digáis de quienes fueron matados en la senda de Dios que están muertos, pues están vivos, aunque vosotros no os deis cuenta. (154)

En verdad, os pondremos a prueba con algo de temor, de hambre, de merma de riquezas, vidas y frutos. Pero ¡Da la buena nueva a los que sean pacientes! (155) Aquellos que, cuando les aflige una desgracia, dicen: «¡En verdad, pertenecemos a Dios y, en verdad, a Él retornamos!»(156)

Ellos son los que obtienen las bendiciones y la misericordia de su Señor y ellos son los bien guiados. (157)

Ciertamente, algunos de los ritos de Dios son en Safa y Marwa. Por tanto, quién peregrine a la Casa de Dios o la visite[1], no comete pecado yendo de una a otra.[2] Y quien haga el bien voluntariamente, sepa que, ciertamente, Dios es agradecido, sabio. (158)

A quienes ocultan las pruebas claras y la guía que hicimos descender, después de haberlas explicado claramente a la gente en la *Escritura* [Sagrada], Dios les maldice y les maldicen los hombres. (159)

Pero a aquellos que se arrepientan y rectifiquen y manifiesten claramente la Verdad,[3] a esos Yo los perdonaré. Yo soy el Perdonador, el Misericordiosísimo con los creyentes. (160)

En verdad, aquellos que no crean y mueran sin creer, incurrirán en la maldición de Dios, de los ángeles y de las gentes todas. (161) Maldecidos eternamente, no se les aliviará el castigo y no se les dará respiro. (162)

Vuestro Dios es un Dios Único. No hay más Dios que Él, el Clementísimo con toda la Creación, el Misericordiosísimo con los creyentes.[4] (163)

---

[1] *'Umra*: «peregrinación menor, que puede realizarse en cualquier momento del año.»
[2] Al-Safa y al-Marwa es el nombre de dos colinas de La Meca, muy próximas a la Kaaba. El recorrido entre Safa y Marwa se realiza en recuerdo de Hayar (Agar), esposa del profeta Abraham, que lo hizo siete veces, buscando un poco de agua para Ismael, hijo primogénito del profeta Abraham.
Los idólatras habían colocado un ídolo en lo alto de Safa, llamado Asaf y otro en Marwa, de nombre Naila. Eso hizo pensar a algunos de los nuevos musulmanes que no debían realizar la marcha entre Safa y Marwa, hasta que descendió este versículo, según algunos comentaristas, el año séptimo de la emigración o Hégira. Cfr. Nemune, t. I, p. 537
[3] La verdad que ocultaban a los que no sabían leer ni escribir, ni habían recibido la revelación.
[4] *Cfr. Nemune*, t. I, p. 554

En la Creación de los cielos y de la Tierra y en la diferencia entre la noche y el día, en la nave que surca el mar con lo que beneficia a la gente, en el agua que hizo descender Dios de los cielos con la cual vivifica la tierra tras haber estado muerta, diseminando por ella todo tipo de animales; en la variación de los vientos y en las nubes situadas entre el cielo y la Tierra, hay, ciertamente, señales para la gente que razona. (164)

Y entre la gente, hay quienes toman a otros, aparte de Dios, y les aman como sólo se ama a Dios. Pero los creyentes a quien más aman es a Dios.

Cuando los opresores vean el castigo de Dios, comprenderán que toda la fuerza pertenece a Dios y que Dios es duro en el castigo. (165)

Cuando los que fueron seguidos repudien a quienes les seguían[1] y vean el castigo y se corten los lazos que les unían, (166) aquellos que les seguían dirán: «Si tuviéramos otra oportunidad, les repudiaríamos igual que ellos nos han repudiado a nosotros.»

Así les hará ver Dios sus obras, para su propia desgracia. Y nunca saldrán del Fuego. (167)

¡Oh gentes! ¡Comed de lo lícito y bueno que hay en la Tierra y no sigáis los pasos de Satanás! En verdad, él es para vosotros un enemigo declarado. (168) En verdad, os ordena el mal y la indecencia y que digáis de Dios lo que no sabéis. (169)

---

[1] Es decir: «Cuando los ídolos repudien a los idólatras.» *Al-Mizan*, t. I, p. 615.

Y, cuando se les dice: «Seguid lo que Dios ha revelado», dicen: «Seguiremos aquello que hacían nuestros padres».

Pero ¿Y si sus padres no razonaban en absoluto y no estaban bien guiados? (170)

El ejemplo de los que no creen es como el de quien grita al ganado, que no oye de él más que una llamada y un grito. Son sordos, mudos, ciegos, no razonan. (171)

¡Oh, los que creéis! Comed de lo bueno que Nosotros os hemos proporcionado y agradeced a Dios si es sólo a Él a quien adoráis. (172)

En verdad, Él os ha prohibido la carroña, la sangre, la carne del cerdo y la de todo animal sacrificado en nombre de otro que no sea Dios.

Pero quien se vea obligado, no por ánimo de transgredir, ni por soberbia, no será culpable. En verdad, Dios es perdonador. Misericordiosísimo con los creyentes. (173)

En verdad, quienes esconden algo de lo que Dios ha revelado de la *Escritura* [Sagrada] y lo venden por poco precio, no introducen en sus estómagos más que fuego. Dios no les hablará el Día del Levantamiento, ni les purificará y tendrán un castigo doloroso. (174)

Esos son los que han vendido la Guía a cambio del extravío y el perdón a cambio del castigo. ¿Cómo podrán soportar el Fuego? (175)

Esto es así porque Dios ha hecho descender la *Escritura* [Sagrada] con la Verdad. Y, ciertamente, quienes no están de acuerdo con la *Escritura* [Sagrada] están en una posición muy alejada de la Verdad. (176)

La virtud no consiste en que volváis vuestros rostros hacia Oriente u Occidente. La virtud consiste en creer en Dios y en el Último Día, en los ángeles, en la *Escritura* [Sagrada] y en los profetas. En dar de los bienes, por mucho amor que se les tenga,[1] a los familiares, a los huérfanos, a los necesitados, a los mendigos, a los viajeros y para liberar esclavos. En hacer la oración, dar la limosna obligatoria, cumplir los compromisos cuando se contraen y en ser pacientes ante las dificultades y las desgracias[2] y en tiempos de peligro. ¡Estos son los sinceros y los temerosos de desagradar a Dios! (177)

¡Oh, los que creéis! ¡Ha sido decretada para vosotros la ley del talión[3] en caso de asesinato: el libre por el libre y el esclavo por el esclavo y la hembra por la hembra!

Pero, si alguien[4] rebaja a su hermano la condena, que no le presione en el pago de lo establecido y que éste le compense bondadosamente por la sangre derramada.

Esto es un alivio procedente de vuestro Señor y una misericordia. Y quien, después de esto, viole la ley, recibirá un castigo doloroso. (178)

En la ley del talión hay vida para vosotros.[5] ¡Oh gente dotada de entendimiento! Quizás así seáis temerosos de Dios. (179)

Se os ha prescrito que, cuando se le presente a uno de vosotros la muerte, si deja algunos bienes, testamento a favor de sus padres y de sus familiares cercanos, según el uso establecido. Esto es un deber para los temerosos de Dios. (180)

Y si alguien lo cambia después de haberlo oído, ciertamente, el pecado será de aquellos que lo cambien.

Ciertamente, Dios todo lo oye, todo lo sabe. (181)

---

[1] Según otra lectura posible: «Por amor a Él»
[2] En la pobreza y la enfermedad.
[3] Literalmente: *al-qisas*, «la compensación».
[4] El tutor o el heredero de la víctima.
[5] Vida para la comunidad, pues la protege de los malvados; vida para los mismos malvados, quienes, por temor a sufrir las mismas consecuencias de sus actos, limitan la manifestación de su maldad y vida para las posibles sucesivas víctimas a manos del mismo malvado, como sucede con frecuencia en aquellas sociedades donde no se aplica la Ley de la Compensación o Talión. *Cfr. Nemune*, t. I, p. 606.

Y quien tema una arbitrariedad o una injusticia por parte del testador[1] y procure un arreglo entre las partes afectadas, no comete pecado. Ciertamente Dios es Perdonador, Misericordiosísimo con los creyentes. (182)

¡Oh, los que creéis! Se os ha ordenado que ayunéis, de la misma manera que fue ordenado a quienes os precedieron. Quizás así seáis temerosos de Dios. (183)

Son unos días determinados. Pero, quien de vosotros esté enfermo o de viaje, que ayune un número igual de días en otro momento.

Y aquellos para quienes sea de gran dificultad[2] que, en compensación, den de comer a una persona necesitada. Pero quien voluntariamente quiera dar más alimento, mejor para él. Aunque, si queréis saberlo, ayunar es mejor para vosotros. (184)

El mes de Ramadán[3], en el cual fue hecho descender el Corán, como una guía para la gente, como indicaciones claras de la Guía y del Discernimiento[4].

Por tanto, quien de vosotros esté presente ese mes, que ayune en él. Y quien esté enfermo o de viaje, que ayune un número igual de días en otro momento.

Quiere Dios para vosotros la facilidad y no quiere para vosotros la dificultad y quiere que completéis el número de días y que ensalcéis a Dios por haberos guiado y así, quizás, seáis de los que agradecen. (185)

Y cuando Mis siervos te pregunten por Mí, [diles que] en verdad, Yo estoy cerca y respondo la súplica del suplicante cuando Me suplica.

Por tanto que Me respondan[5] y crean en Mí, para que, quizás así, sean bien dirigidos. (186)

---

[1] Por desconocimiento en el primer caso y por mala intención en el segundo. *Nemune*, t. I, p. 618

[2] Por vejez o enfermedad incurable. *Yutiqunahu*, procede de la raíz *twq* que originalmente significa «una anilla puesta al cuello, algo asfixiante». Cfr. *Nemune*, t. I, p. 625

[3] Es decir: «Esos días establecidos para el ayuno obligatorio son los del mes de Ramadán».

[4] «Entre la verdad y la mentira». *Nemune*, t. I, p. 623

[5] Cuando Les llamó a creer en Mí y en Mis ángeles y en Mis Escrituras y en Mis profetas y en todo lo que han traído para ellos. *Nemune*, t. I, p. 623.

Durante las noches del mes del ayuno, es lícito para vosotros la unión con vuestras mujeres. Ellas son una vestidura para vosotros y vosotros sois una vestidura para ellas.[1]

Dios supo que os traicionabais a vosotros mismos,[2] así que os perdonó y os excusó. Así pues, ahora, yaced con ellas y buscad lo que Dios ha decretado para vosotros.

Y comed y bebed hasta que podáis distinguir la línea blanca de la línea negra al amanecer. Después, completad el ayuno hasta la noche.

Y no tengáis relación sexual con ellas mientras estéis de retiro en las mezquitas.

Esos son los límites de Dios, así pues, no os acerquéis a ellos.

De esta manera aclara Dios sus indicaciones a las gentes. Quizás así sean temerosos. (187)

Y no os comáis vuestras riquezas unos a otros de forma ilícita ni ofrezcáis de ellas a los jueces para comeros parte de las riquezas de la gente injustamente y a sabiendas de lo que hacéis. (188)

Te preguntarán sobre las fases crecientes de la Luna.

Di: «Sirven a la gente para computar el tiempo y para determinar la fecha de la peregrinación.»

La virtud no consiste en que entréis en las casas por la parte trasera, sino en que tengáis temor de desagradar a Dios.[3]

¡Entrad en las casas por sus puertas y temed disgustar a Dios! Quizás así tengáis éxito. (189)

Y combatid en la senda de Dios contra aquellos que os combatan, pero no seáis agresores. Ciertamente, Dios no ama a los agresores. (190)

---

[1] Protegen, y adornan y también cubren los defectos. *Nemune*, t. I, p. 650

[2] Cuando descendió la orden de ayunar, los musulmanes sólo tenían derecho a comer antes del sueño nocturno, de manera que si alguien despertaba a media noche no podía comer ni beber. También tenían prohibido mantener relaciones sexuales con sus esposas, tanto de día como de noche, durante todo el mes de Ramadán. Pero algunos jóvenes musulmanes no podían controlarse y, durante la noche, mantenían relaciones sexuales con ellas. *Nemune*, t. I, p. 649

[3] En los tiempos anteriores al Islam, los peregrinos creían que, una vez vestidos con las ropas de la peregrinación, no era correcto entrar en las casas por la puerta delantera. *Nemune*, t. II, p. 7

Matadles donde quiera que os encontréis con ellos y expulsadles de donde ellos os expulsaron.[1]

La idolatría[2] es peor que matar.

Y no combatáis contra ellos junto a la Mezquita Sagrada mientras ellos no os combatan allí. Pero si os combaten ¡combatidles! Esa es la recompensa de los idólatras. (191)

Pero si cesan, sepan que, ciertamente, Dios es perdonador, Misericordiosísimo. (192)

Combatid contra ellos hasta que no quede idolatría y la creencia sea sólo en Dios. Y si cesan su ataque que no haya más hostilidades que contra los tiranos. (193)

El mes sagrado por el mes sagrado.[3] A las cosas sagradas también se les aplica la ley del Talión. Y a quien os ataque, atacadle en la misma medida en que él os atacó. Y temed disgustar a Dios y sabed que Dios está con quienes temen disgustarle. (194)

Repartid de vuestra riqueza, por amor a Dios. No os destruyáis con vuestra propia mano y haced el bien. Ciertamente Dios ama a quienes hacen el bien. (195)

Completad el *Hach* y la *'Umra*[4] por Dios. Y si no podéis hacerlo,[5] sacrificad un animal. Y no afeitéis vuestras cabezas hasta que el animal esté en el lugar del sacrificio.

Y quien de vosotros esté enfermo o tenga un daño en la cabeza,[6] que lo compense ayunando o dando limosna o sacrificando un animal.

Y cuando estéis a salvo, quien una la peregrinación menor a la mayor, que sacrifique un animal según sus posibilidades. Y quien no encuentre cómo, que ayune tres días durante la peregrinación mayor y siete cuando haya regresado, completando así diez. Esto incumbe a aquel cuya familia no viva cerca de la Mezquita Sagrada.[7] ¡Temed disgustar a Dios y sabed que Dios es severo en el castigo! (196)

---

[1] De La Meca.

[2] *Fitna* posee múltiples significados: «truco, prueba, examen, pecado, escándalo e idolatría», como en este caso, tal como se recoge de Imam Muhammad al-Baqir (Cfr. Tabarsi) y de Muyahid, Qutada y Dahhaq (Cfr. Tabari).

[3] Si los idólatras atacan sin respetar los meses sagrados en los que no es lícito luchar, los creyentes también pueden defenderse de ellos en esos meses. Nemune, t. II, p. 19. Alude al año de Hudaybiyya en el que los idólatras impidieron a los musulmanes llegar a la Kaaba durante el mes sagrado de Du l-Qada.

[4] La peregrinación mayor y la menor.

[5] Por enfermedad o temor al enemigo.

[6] Y no pueda rasurarse el cabello.

[7] Que no sean ciudadanos de La Meca o de sus alrededores.

2. La vaca — PARTE 2

La peregrinación mayor se lleva a cabo en meses determinados. Por tanto, quien se proponga realizar la peregrinación mayor en ellos, que no mantenga relaciones sexuales, ni peque, ni dispute durante ella.[1]

El bien que realicéis, Dios lo sabrá.

Y tomad provisiones, pero, desde luego, la mejor provisión es el temor de disgustar a Dios.

Así pues, ¡Temed disgustarme! ¡Oh, los dotados de discernimiento! (197)

No pequéis al buscar el favor de vuestro Señor.[2]

Y, cuando partáis de Arafat, recordad a Dios junto a Mashar al-Haram.[3] Recordad como os guió cuando, anteriormente, erais de los extraviados. (198)

Partid, pues, de donde parte toda la gente[4] y pedid el perdón de Dios. En verdad, Dios es perdonador, misericordiosísimo con los creyentes. (199)

Y cuando hayáis cumplido con vuestros ritos recordad a Dios como recordáis a vuestros padres o con un recuerdo aún mayor.[5]

Hay entre las gentes quien dice: «¡Señor nuestro! ¡Danos en esta vida!» y no tendrán parte en lo bueno de la otra. (200)

Y, entre ellos, están los que dicen: «¡Señor nuestro! ¡Danos lo bueno en esta vida y lo bueno en la otra y protégenos del castigo del Fuego!» (201)

Ellos obtendrán la recompensa de lo que hayan realizado.

¡Dios es rápido haciendo las cuentas! (202)

---

[1] Una vez que se vista con las ropas del peregrino. *Nemune*, t. II, p. 29

[2] En la época pre-islámica era considerado ilícito que los peregrinos realizasen transacciones comerciales. Este versículo establece la licitud del comercio para los peregrinos. Cfr. *Nemune*, t. II, p. 32

[3] Arafat es un gran desierto a 22 km. de Meca, donde los peregrinos permanecen desde el mediodía hasta el anochecer del noveno día de la peregrinación mayor. *Mashar al-Haram* es un lugar situado a unos 14 km. de La Meca, entre Mina y Arafat, donde los peregrinos permanecen la décima noche. Cfr. *Nemune*, t. II, p. 33,35

[4] Dios se dirige a los Quraysh, pues ellos sólo hacían *ifada* («partida») desde Muzdalifa a Mina y el resto de los peregrinos hacían *ifada* desde la montaña de Arafat a Muzdalifa y luego desde Muzdalifa a Mina.

[5] En la época pre-islámica, al terminar los ritos de la peregrinación, la gente organizaba reuniones en las que se alababa a los antepasados y sus glorias. *Nemune*, t. II, p. 37

Recordad a Dios en días determinados.[1] Y, quien lo limite a dos días, no peca y quien lo prolongue[2] tampoco peca.

Eso es para quien tema desagradar a Dios. Temed desagradar a Dios y sabed que seréis congregados hacia Él. (203)

Y entre las gentes, hay quien te sorprende con su manera de hablar de la vida de este mundo y que pone a Dios como testigo de lo que hay en su corazón, pero es el más acérrimo adversario. (204) Y, cuando te da la espalda, se esfuerza por corromper en la Tierra y destruir la cosecha y el ganado.[3]

Y Dios no ama la corrupción. (205)

Y si se le dice: «¡Teme desagradar a Dios!» se apodera de él un orgullo pecador.

El Fuego del Infierno será su retribución. ¡Qué mal lugar para descansar! (206)

Y, entre las gentes, hay quien sacrifica su persona buscando satisfacer a Dios.

Y Dios es benévolo con los siervos.[4] (207)

¡Oh, los que creéis! ¡Entrad todos en la Paz y no sigáis la senda extraviada de Satanás, que es vuestro enemigo declarado! (208)

Y si os extraviáis después de haber llegado a vosotros las pruebas claras, sabed que Dios es poderoso, sabio. (209)

¿Acaso piensan que vendrán a ellos Dios y los ángeles entre las sombras de una nube a resolver el asunto? ¡Todos los asuntos regresan a Dios! (210)

---

[1] Los días 11, 12 y 13 del mes de Du l-Hiyya. Según se lee en el *hadiz*, al final de las oraciones obligatorias, contando desde la oración del mediodía del décimo día, diciendo: «*Al.lahu Akbar, Al.lahu Akbar, la ilaha il.la Al.lah wa Al.lahu Akbar, wa li l-lahi al-hamd. Al.lahu Akbar 'ala ma hadana, Al.lahu Akbar 'ala ma razaqana min bahimati al-an'am.*»

[2] El recuerdo mencionado, durante tres días. Cfr. *Nemune*, t. II, p. 41

[3] Según algunos exegetas, también puede entenderse: «Y si gobierna, trata de corromper la Tierra y arruinar las cosechas y el ganado.» Cfr. *Nemune*, t. II, p. 45

[4] Zaalabi dice que este versículo se refiere a Ali ibn Abi Talib, pues descendió la noche que Ali ocupo la cama del Mensajero de Dios, arriesgando su vida para que este pudiese huir de La Meca. Noche famosa por ello y conocida como *Lailat ul-Mabit* («La noche de la protección o del refugio») Cfr. *Nemune*, t. II, p. 46.

Pregunta a los Hijos de Israel cuántas señales claras les dimos.

Quien cambie la bendición de Dios, después de lo que le ha llegado...

Ciertamente Dios es severo en el castigo. (211)

La vida de este mundo ha sido embellecida para los que no creen, que se burlan de aquellos que creen. Pero, aquellos que temen desagradar a Dios estarán por encima de ellos el Día del Levantamiento.

Y Dios provee sin medida a quien Él quiere. (212)

La Humanidad constituía una sola comunidad[1] y después Dios designó a los profetas como portadores de buenas nuevas y advertidores [del castigo] e hizo descender con ellos la *Escritura* [Sagrada] con la Verdad para que juzgasen entre los hombres en aquello en lo que no se ponían de acuerdo.

Después de haber llegado a ellos las pruebas claras, aquellos a los que les fueron dadas no discreparon, excepto algunos por envidia entre ellos.

A aquellos que creían, Dios, por su voluntad, les guió a la Verdad de aquello en lo que discrepaban. Dios guía a quien Él quiere al camino recto. (213)

¿Acaso contabais con entrar en el Jardín sin soportar cosas parecidas a las que sufrieron los que vinieron antes de vosotros?

Sufrieron la pena y la dificultad, y tal conmoción que el Mensajero y los que creyeron con él dijeron: «¿Cuándo llegará el auxilio de Dios?»

¿Acaso el auxilio de Dios no está cercano? (214)

Te preguntan qué es lo que deben gastar.

Di: «Los bienes que repartáis, que sea a vuestros padres, a los familiares, a los huérfanos, a los necesitados y a los viajeros.»

Dios conoce perfectamente el bien que hacéis. (215)

---

[1] Pero luego se dividieron, siguiendo cada uno lo que su ego le sugería y, así, se crearon diferentes grupos, por eso Dios envió a los diferentes profetas, llevando la buena nueva a los que seguían el camino recto y amonestando a los que se habían equivocado, para que volviesen al buen camino. Cfr. *Al-Mizan*, t. II, p.168-234.

Ha sido decretado para vosotros el combate, aunque os disguste. Puede que algo os disguste y, sin embargo, sea un bien para vosotros. Y puede que algo os agrade y sea un perjuicio para vosotros. Dios sabe y vosotros no sabéis. (216)

Te preguntan sobre la conveniencia de combatir en el mes sagrado.
Di: «Combatir en él es algo grave. Pero poner obstáculos en el camino de Dios y no creer en Él, no respetar la Mezquita Sagrada y expulsar de ella a su gente es más grave ante Dios.»
La incredulidad es peor que combatir.

Y no cesarían de combatiros hasta apartaros de vuestra fe, si pudieran.

Y, quienes de vosotros abandonen su religión y mueran sin ser creyentes, habrán invalidado todos sus buenos actos en esta vida y en la otra. Esos serán la gente que morará eternamente en el Fuego. (217)

En verdad, aquellos que creen y emigran y se esfuerzan en la senda de Dios, pueden esperar la misericordia de Dios.
Dios es perdonador, misericordiosísimo con los creyentes. (218)

Te preguntan sobre los embriagantes[1] y los juegos de azar.[2] Di: «En ambos hay un gran perjuicio y también un beneficio para la gente, pero el perjuicio que hay en ambos es mayor que el beneficio.»
Y te preguntan qué deben repartir. Di: «Lo que excede a las propias necesidades.»[3]
De esta manera os aclara Dios sus señales. Quizás así reflexionéis (219)

---

[1] *jamr* significa «cobertor», por lo tanto, cualquier cosa que cubre a otra y la oculta se denomina así. Pero en la terminología jurídica se denomina así a cualquier líquido embriagante, proceda de la uva o de otra sustancia, como dátiles, etc. por velar o cubrir el intelecto. cf. *Nemune*, t. II, p. 73

[2] *maysir*, proviene de la raíz *ysr* que indica «facilidad», ya que en los juegos de azar se pretende obtener riqueza de manera fácil.

[3] *'afu* es un término que posee muchos significados: «perdonar, olvidar, amnistiar, favor, amabilidad, lo medio de cualquier cosa, el excedente de algo, la mejor parte de algo». Aquí se refiere al «excedente de la riqueza, una vez cubiertas las necesidades», de manera que ni se entregue toda la riqueza, quedando uno mismo en la indigencia, ni se reparta de lo menos valioso o de aquello que no se desea para uno mismo. Cfr. *Nemune*, t. II, p. 80,81

sobre esta vida y sobre la otra.

Te preguntan sobre los huérfanos.

Di: «Mejorar su vida está bien. Y, si mezcláis [vuestros bienes] con los de ellos, [tratadles] como hermanos vuestros.»

Dios distingue al corruptor del reformador. Si Dios hubiera querido os lo habría puesto difícil. Dios es, ciertamente, poderoso, sabio. (220)

Y no os caséis con las idólatras hasta que crean. Una esclava creyente es mejor que una mujer libre idólatra, aunque ésta os guste más.

Y no caséis [a vuestras mujeres] con los idólatras hasta que éstos crean.

Un esclavo creyente es mejor que un hombre libre idólatra, aunque éste os guste más. Esos invitan al Fuego y Dios invita al Jardín y al perdón, si Él quiere.

Y aclara Sus señales a la gente. ¡Quizás así se dejen amonestar! (221)

Te preguntan sobre la menstruación.[1] Di: «Es molesta e impura. Absteneos, pues, de las mujeres durante la menstruación y no os acerquéis a ellas hasta que se hayan purificado.[2] Y, una vez que estén purificadas, id a ellas tal como Dios os ha ordenado.» En verdad, Dios ama a quienes se vuelven a Él arrepentidos y ama a los que se purifican. (222)

Vuestras mujeres son un campo de labranza para vosotros. Id, pues, a vuestro campo como deseéis. Y enviad algo por delante para vosotros mismos.[3] Temed desagradar a Dios y sabed que os encontraréis con Él. ¡Y anuncia buenas nuevas a los creyentes! (223)

Y no pongáis a Dios por testigo en vuestros juramentos, de manera que os impida practicar la bondad.[4] Y sed temerosos de Dios y haced el bien entre la gente. Dios todo lo oye, todo lo sabe. (224)

---

[1] La sangre de la menstruación. *Cfr. Nemune*, t. II, p. 91

[2] Es decir: «No penetréis en ellas mientras dure su menstruación.» El Islam considera menstruación a las pérdidas mensuales, con las características propias de la menstruación, si duran más de dos días y menos de once. Si, a partir del décimo día, continúan las pérdidas, esa sangre no se considera de menstruación y, por lo tanto, no impide la penetración.

[3] Buenas acciones para la otra vida. Es decir: «no consideréis la relación sexual únicamente como fuente de placer y disfrute, sino también como un medio para procrear». *Cfr. Nemune*, t. II, p. 97. Reproduciéndoos y trayendo a este mundo nuevas almas que remplacen a aquellas que mueren cada día. *Al-Mizan*, t. II, p. 213,214.

[4] Entre el yerno y la hija de uno de los compañeros del Profeta, llamado 'Abd Al.lah ibn Rawaha, surgió una desavenencia y éste juró que no haría nada para ayudarles a solucionar sus diferencias. En esa situación, descendió este versículo. *Cfr. Nemune*, t. II, p. 99.

Dios no os tiene en cuenta lo vano de vuestros juramentos, pero sí que tiene en cuenta la intención de vuestros corazones. Dios es perdonador, indulgente. (225)

Aquellos que juren a sus esposas no mantener relaciones con ellas,[1] tendrán cuatro meses de plazo y, si se retractan, en verdad, Dios es perdonador, Misericordiosísimo con los creyentes. (226)

Pero, si se deciden por el divorcio... Dios todo lo oye, todo lo sabe. (227)

Las divorciadas deberán esperar tres menstruaciones completas[2] y no es lícito para ellas que oculten lo que Dios haya creado en su seno, si creen en Dios y en el Último Día.

Sus esposos tienen más derecho a retornar a ellas durante este tiempo, si desean arreglarlo. Y las mujeres tienen derechos equivalentes a sus obligaciones, conforme a lo razonable. Y los hombres un grado sobre ellas.[3] Dios es todopoderoso, sabio. (228)

El divorcio [de la misma esposa es permisible] dos veces. Así pues, o se la toma tratándola como es debido o se la deja ir buenamente.

Y no es lícito para vosotros que toméis nada de lo que les disteis, excepto que ambos teman no respetar los límites impuestos por Dios.

Pero si teméis que no respeten los límites impuestos por Dios, no hay inconveniente para ninguno de los dos en que ella obtenga su libertad compensando al esposo. Esas son las leyes de Dios ¡No las violéis! Y quienes violen las leyes de Dios serán los opresores. (229)

Y si la divorcia de nuevo, ya no será lícita para él tras ello, hasta que se case con otro esposo diferente. Y si éste la divorcia, no hay inconveniente en que ambos vuelvan, si creen que respetarán las leyes de Dios.

Estas son las leyes de Dios, que Él explica a gente que sabe. (230)

---

[1] Antes del Islam, algunos árabes, al disgustarse con sus esposas, pronunciaban la fórmula *Ila'*, que significa la promesa de no mantener relación con ella, pero sin darle el divorcio para que ella pudiese volver a casarse. Los nuevos musulmanes siguieron con esa práctica, hasta que Dios estableció la fórmula del divorcio y prohibió *Ila'*, conforme a este versículo que da al marido cuatro meses como máximo para reanudar su relación o darle el divorcio. Cfr. *Nemune*, t. II, p. 103

[2] Antes de poder contraer un nuevo matrimonio.

[3] «En cuanto a su obligación de protegerlas y de gastar en ellas.» La protección de la familia es responsabilidad del hombre, en primer lugar, y la esposa le ayudará en ello. Cfr. *Nemune*, t. II, p. 111.

Y, cuando divorciéis a vuestras mujeres y éstas hayan cumplido su plazo de espera, tomadlas como es debido o dejadlas ir como es debido, pero no las retengáis causándoles molestias, transgrediendo las leyes de Dios, pues, quien actúe así, será injusto consigo mismo.

No toméis las señales de Dios a burla y recordad la bendición de Dios para vosotros y lo que Él os reveló de la *Escritura* [Sagrada] y de la Sabiduría, para advertiros con ello.

Temed a Dios y sabed que Dios tiene conocimiento de todas las cosas. (231)

Y cuando hayáis divorciado a las mujeres y éstas hayan cumplido su plazo de espera, no les impidáis que vuelvan a casarse con sus esposos anteriores si lo desean de mutuo acuerdo.

Se exhorta a ello a quien de vosotros crea en Dios y en el Último Día. Eso es más correcto para vosotros y más puro. Dios sabe y vosotros no sabéis. (232)

Las madres amamantarán a sus hijos dos años completos si quiere consumar el periodo de lactancia. Y el progenitor la proveerá de alimento y vestido de manera adecuada.

No se obliga a nadie más allá de su capacidad.

No será perjudicada una madre por su hijo ni un padre por su hijo.[1] Y lo mismo se aplica al heredero.[2]

Y si ambos, de mutuo acuerdo y consultándose, desean destetar al hijo antes de tiempo, no cometen falta.

Y si deseáis que otra persona amamante a vuestros hijos[3], no cometéis falta mientras lo paguéis conforme a lo que es justo.

¡Temed a Dios y sabed que Dios observa lo que hacéis! (233)

---

[1] Impidiendo el padre a la madre la custodia de su hijo o verle o amamantarle; o la madre no permitiendo al padre ver al hijo, por ejemplo. *Al-Mizan*, t. II, p. 241.

[2] El heredero del padre tiene la misma obligación de alimentar y vestir a la madre durante el periodo de lactancia, y no deben causarle molestias. Cfr. *Nemune*, t. II, p. 131.

[3] Contratando una nodriza si la madre devuelve el hijo al padre o rehúsa darle de mamar o está enferma o no tiene leche suficiente, o por cualquier otra razón. Cfr. *Al-Mizan*, t. II, p. 241.

Y, las esposas de quienes fallezcan deberán esperar cuatro meses y diez días y, cuando completen su plazo, no cometéis falta alguna por lo que ellas hagan consigo mismas, conforme a lo establecido.[1]

Dios está informado de lo que hacéis. (234)

Y no cometéis falta si insinuáis a las mujeres[2] vuestra intención de contraer matrimonio o lo guardáis escondido en vuestras almas. Dios sabe que pronto pensaréis en ellas [para el matrimonio].

Pero no les prometáis nada en secreto. Mejor, habladles como es debido y no formalicéis el contrato de matrimonio hasta que no concluya su periodo de espera.

Y sabed que Dios conoce lo que hay en vuestras almas. Tened, pues, cuidado de Él. Pero sabed que Dios es perdonador, indulgente. (235)

No cometéis falta si divorciáis a las mujeres que aun no habéis tocado ni asignado dote. Proveedlas, no obstante, adecuadamente. El acaudalado conforme a sus posibilidades y el pobre conforme a las suyas. Eso es un deber para los virtuosos. (236)

Y, si las divorciáis antes de haberlas tocado pero después de haberles asignado dote, entonces [entregadles] la mitad de lo asignado, excepto que ellas, o aquel en cuyas manos esté el contrato de matrimonio, renuncien a ello.[3] Y renunciar está más cerca del temor de Dios.

Y no olvidéis favoreceros entre vosotros. Ciertamente, Dios observa lo que hacéis. (237)

---

[1] Es una manera de decir que la viuda es dueña de sus actos. Si desea volver a casarse, puede hacerlo y sus familiares o los familiares de su esposo fallecido no tienen derecho a impedírselo. *Al-Mizan*, t. II, p. 242.

[2] «Divorciadas o viudas.» Cuando Umm Salama enviudó, el Mensajero de Dios habló con ella durante su período de espera, recordándole quién era él, la posición que Dios Altísimo le había otorgado y el privilegio que Él le había concedido sobre el resto de Sus criaturas. Y estas palabras fueron como una declaración, y cuando terminó su plazo de espera (*idda*), contrajo matrimonio con ella.

[3] Es decir, el representante de la novia o el marido. El representante de la novia puede perdonar la mitad de la dote que ella tiene el derecho de percibir, o el marido puede abstenerse de reclamar la mitad de la dote que ya ha pagado. Cfr. *The Qur'an*, p. 54.

Cuidad vuestras oraciones[1] y, [especialmente], la oración del medio[2], y permaneced ante Dios con humildad. (238)

Y, si tenéis temor, pues a pie o montados.[3] Y cuando estéis seguros, recordad a Dios[4] y cómo Él os enseñó lo que no sabíais. (239)

Y aquellos de vosotros que mueran dejando esposas deben testar para sus esposas la manutención de un año sin echarlas. Pero si ellas se marchan, entonces no cometéis falta por lo que ellas hagan con sus personas buenamente.[5] Dios es poderoso, sabio. (240)

Y a las divorciadas proveedlas adecuadamente. Eso es una obligación para los temerosos de Dios. (241)

Así os explica Dios sus versículos. Quizás así razonéis. (242)

¿No has visto a aquellos que salieron de sus casas por miles, temiendo la muerte? Dios les dijo: «¡Morid!» y luego les dio la vida.[6] Ciertamente, Dios favorece a la gente, pero la mayoría de la gente no lo agradece. (243)

¡Combatid en la senda de Dios! Y sabed que Dios todo lo oye, todo lo sabe. (244)

¿Quién hará a Dios un préstamo generoso? Dios se lo devolverá multiplicado.[7] Dios es quien da la estrechez y el desahogo y a Él regresaréis. (245)

---

[1] Su tiempo y la perfección de su ejecución, tal como dijo el Mensajero: «¡Rezad como me habéis visto hacerlo!»

[2] Es decir, la oración del medio día (*zuhr*), conforme a varias transmisiones narradas por los *Imames* de la familia del Profeta, y, también, en fuentes *sunnies*. Cfr. *Tafsir al-Burhan*; Tabari, *Yami al-Bayan*.

[3] Si teméis un ataque enemigo, entonces rezad a pie o montados en vuestras cabalgaduras, indicando con un gesto la inclinación (*ruku*) y la postración (*suyud*).

[4] Rezando de la manera normal.

[5] Pagándoles el importe de los gastos de un año completo y sin echarlas de la casa del esposo. Si ellas se marchan, no tienen derecho a cobrar más, pero no cometen pecado. Cfr. *Nemune*, t. II, p. 150

[6] En una de las ciudades de Sham, la Siria actual, según algunos exégetas, se desató una epidemia de peste y las gentes huyeron de la ciudad pensando así, en librarse de la muerte. Al no morir, en lugar de dar gracias a Dios se llenaron de orgullo y, por eso, Dios les hizo morir de la misma enfermedad de la que huían, aunque después, en respuesta a las súplicas del profeta Huzqil («Ezequiel»), el tercer profeta de los Hijos de Israel después de Moisés, les devolvió a la vida. Según otras versiones: poniendo la epidemia como pretexto para no ir al combate al que su profeta les convocaba. Cfr. *Nemune*, t. II, p. 155,156

[7] Repartiendo de la riqueza que Él os hizo llegar y atendiendo con ella a los necesitados. Cfr. *Nemune*, t. II, p. 160

Acaso no has visto a los notables de los Hijos de Israel cuando, después de Moisés, le dijeron a su profeta[1]: «Desígnanos un rey para que luchemos por la causa de Dios.»

Él dijo: «Puede que no acudáis al combate si se os convoca a él.»

Ellos dijeron: «¿Cómo no vamos a combatir en la senda de Dios cuando se nos ha expulsado de nuestras casas y [alejado] de nuestros hijos?»

Pero cuando se les ordenó que combatieran, excepto unos pocos, todos dieron la espalda.

Dios conoce bien a los injustos. (246)

Su profeta les dijo: «Dios os ha designado a Saúl para que sea vuestro rey.»

Ellos dijeron: «¿Cómo puede él reinar sobre nosotros, teniendo nosotros más derecho a reinar, ya que a él no le ha sido concedida una gran riqueza?»

Él dijo: «Ciertamente, Dios le ha preferido a vosotros y le ha otorgado más conocimiento y fuerza física.»

Dios da Su reino a quien Él quiere. Ciertamente, la bondad de Dios todo lo alcanza, Él todo lo sabe. (247)

Y su profeta les dijo: «En verdad, la señal de su reinado será que vendrá a vosotros, transportada por los ángeles, el Arca portadora de la tranquilidad, que procede de vuestro Señor y de las reliquias que dejaron la familia de Moisés y la familia de Aarón.[2]

En ello hay una señal para vosotros, si sois creyentes.» (248)

---

[1] Ashmu'il, Sham'um o Iusha («Samuel»), descendiente de Isaac hijo de Abraham. Después de haber sido derrotados por los filisteos y haber perdido a manos de ellos el Arca de la Alianza, quedaron diezmados y, en ocasiones, eran expulsados de sus tierras y sus hijos hechos prisioneros. Cfr. *Nemune*, t. II, p. 166

[2] Transmitió Ibn Abbas: «El Arca era la misma que la madre de Moisés había usado para enviar hacia el mar a Moisés niño y librarle así de la muerte. Quedó en poder del Faraón y, finalmente, cayó en manos de los Hijos de Israel que le profesaban gran veneración. En los últimos años de su vida Moisés colocó dentro de ella las Tablas Sagradas sobre las que estaba escrita la Ley de Dios y algunas otras reliquias, y se la confió a su sucesor, Iusha' ibn Nun, con lo que aumento el valor que tenía para los Hijos de Israel, al punto que solían colocarla al frente de sus ejércitos y eso les proporcionaba una gran tranquilidad y seguridad en la victoria. Cfr. *Nemune*, t. II, p. 174

Y, cuando Saúl salió con el ejercito, les dijo: «Dios os pone a prueba con un río. Quien beba de él no será de los míos, pero quien no beba de él, excepto un sorbo con el hueco de su mano, será, ciertamente, de los míos.»

Pero, excepto unos pocos, todos bebieron abundantemente de él, así que, cuando lo hubieron atravesado, él y los que con él habían creído, dijeron: «Hoy no podremos vencer a Goliat y a sus ejércitos.»

Los que contaban encontrarse con Dios, dijeron: «¡Cuántas veces un grupo reducido ha vencido a un grupo numeroso, con el permiso de Dios! ¡Dios está con quienes son pacientes!»(249)

Y cuando salieron al encuentro de Goliat y sus ejércitos, dijeron: «¡Señor nuestro! ¡Fortalece nuestra paciencia, afirma nuestros pasos y auxílianos contra la nación de los que no creen!»(250)

Y les derrotaron, con el permiso de Dios. David mató a Goliat y Dios le entregó el gobierno y la sabiduría, y le enseñó lo que Él quiso.

Si Dios no hubiera defendido a unos hombres por medio de otros, seguramente, la Tierra se habría corrompido. Pero Dios otorga Sus favores a las criaturas. (251)

Estos son los versículos de Dios, conteniendo la Verdad [de lo que sucedió], que Nosotros recitamos para ti. Y, ciertamente, [ello es una señal de que tú] eres uno de los Mensajeros. (252)

Parte 3

Estos son los Mensajeros. A algunos de ellos les hemos favorecido sobre los otros. Dios habló a algunos de ellos y a otros les elevó en dignidad.

Dimos a Jesús hijo de María las pruebas claras y le fortalecimos con el Espíritu Santo.

Si Dios hubiera querido, sus seguidores no habrían peleado entre ellos después de haberles llegado las pruebas claras. Pero discreparon. Algunos de ellos creyeron y otros no creyeron. Aunque, si Dios hubiera querido, no habrían peleado entre ellos. Pero Dios hace lo que quiere. (253)

¡Oh, los que creéis! Dad de lo que os hemos proporcionado, antes de que llegue un día en el que no sirvan ni el comercio, ni la amistad ni la intercesión ¡Los que ocultan la Verdad, esos son los opresores! (254)

¡Al.lah! ¡No hay más dios que Él! El Vivo, El Soporte de la Vida. No le afectan la somnolencia ni el sueño. A Él pertenece todo lo que existe en los cielos y en la Tierra.

¿Quién puede interceder por alguien ante Él, si no es con Su permiso?

Él conoce lo que hay ante ellos y lo que hay tras ellos[1] mientras que ellos no abarcan nada de Su conocimiento, excepto lo que Él quiera (enseñarles).

Su Trono se extiende sobre los cielos y la Tierra y cuidar de ello no Le causa fatiga. Él es el Altísimo, El Inmenso.[2] (255)

No se puede forzar a nadie a aceptar la religión.

El buen camino ha quedado claramente diferenciado del extravío. Así que, quien descrea de los falsos dioses[3] y crea en Dios, se habrá aferrado al asidero más firme, en el que no hay fisuras. Dios todo lo oye, todo lo sabe. (256)

---

[1] Dios conoce el pasado y el futuro de Sus criaturas.

[2] Este es el versículo conocido como *Ayat al Kursi* o «Versículo del Trono». Seyyed Murtada en su *Amali* recoge que dijo *Amir al-Muminin* Ali ibn Abi Talib: «Si supieseis la gran importancia que posee este versículo, no lo abandonaríais en ninguna situación.» Dijo de él el Mensajero de Dios: «*Ayat al-Kursi* es uno de los tesoros que hay bajo el trono divino. Fue un regalo destinado a mí y anteriormente no se le ha entregado a ningún otro profeta.» Entonces Ali dijo: «Desde el momento en que oí al Mensajero de Dios decir eso, no he dejado de recitarlo ni una sola noche.» Cfr. *Nemune*, t. II, p. 191

[3] *Tagut*: «un ídolo, un falso dios, seductor, tentador (al error)». Se ha usado para denominar al Demonio y a los tiranos que usurpan el poder. Cfr. 4:51, 60; 76 5:60; 16:36.

Dios es el Protector y Amigo de aquellos que creen. Él les saca de las tinieblas hacia la Luz.

Pero, aquellos que no creen, tienen por maestros a los falsos ídolos que los llevan de la Luz a las tinieblas.

Esos son la gente del Fuego en el cual estarán eternamente. (257)

¿No te has fijado en el que disputaba con Abraham sobre su Señor, porque Dios le había otorgado el gobierno?[1]

Cuando Abraham dijo: «Mi Señor es Quien da la vida y la muerte», él dijo: «Yo doy vida y muerte.»

Dijo Abraham: «Ciertamente, Dios trae el Sol por el Oriente. Tráelo pues, tú por el Occidente.»

Así fue confundido el que ocultaba la Verdad. Dios no guía a los opresores. (258)

O en aquel que pasó por una ciudad en ruinas, caídas las paredes sobre los techos. Dijo: «¿Cómo la devolverá Dios a la vida después de haber muerto?» Entonces, Dios le hizo estar muerto durante cien años y luego le resucitó.[2]

Dijo: «¿Cuánto tiempo has permanecido así?»

Dijo: «He permanecido así un día o parte de un día.»

Dijo: «¡No! ¡Has permanecido así cien años! Mira tu comida y tu bebida, no han cambiado, pero mira a tu asno.[3]

Haremos de ti una señal para la gente.[4]

Mira, pues, los huesos, cómo los recomponemos y los recubrimos de carne.»

Cuando fue evidente para él, dijo: «Ahora sé que Dios tiene poder sobre todas las cosas.»(259)

---

[1] Nemrud hijo de Kana'an.

[2] Existen opiniones muy diversas acerca de quién es el profeta al que este versículo se refiere. Algunos han dicho que Ezra, otros que Jidr, pero lo más probable es que se refiera a Aziz, como se recoge en un *hadiz* que llega al Imam Yafar al-Sadiq (a.s.). Cfr. *Nemune*, t. II, p. 218.

[3] «Del que sólo quedan huesos.»

[4] Es decir: «Esto no es solamente una prueba para que tú veas Nuestro poder para resucitar lo que estaba muerto, sino para toda la gente.» Cfr. *Nemune*, t. II, p. 222.

Y [recuerda] cuando Abraham dijo: «¡Señor mío! ¡Muéstrame como das vida a lo que está muerto!»

Dijo [Dios]: «¿Acaso no crees?»

Respondió: «¡Sí, por supuesto! Es para que mi corazón tenga certeza.»

Él [Dios] dijo: «Toma cuatro pájaros. Córtalos en trozos. Luego, pon una parte de ellos en cada montaña. Luego ¡Llámales! Vendrán a ti rápidamente. Y sabe que Dios es poderoso, sabio.» (260)

Aquellos que gastan su riqueza en la senda de Dios son semejantes a una semilla que produce siete espigas, en cada una de las cuales hay cien granos.

Así incrementa Dios los bienes de quien Él quiere. La bondad de Dios todo lo alcanza, Él todo lo sabe. (261)

Quienes gastan sus riquezas en la senda de Dios sin, a continuación, hacer alarde de lo que han gastado ni ofender, tendrán su recompensa junto a su Señor y no tendrán temor ni estarán tristes. (262)

Una palabra amable y un perdón son mejores que una caridad seguida de una ofensa.

Dios se basta a Sí mismo, es Indulgente. (263)

¡Oh, los que creéis! No arruinéis vuestros actos de caridad con reproches y ofensas, como el que gasta sus riquezas por ostentación ante la gente, pero no cree en Dios ni en el Último Día.

Ese es semejante a una roca sobre la que hay tierra. Cae sobre ella un aguacero y la deja desnuda.

No podrán beneficiarse de nada de lo que obtuvieron.

Y Dios no guía a la gente que no cree. (264)

Pero, aquellos que gastan de su riqueza por deseo de agradar a Dios y edificación de su propia alma, son como un jardín en una colina. Cae sobre él un aguacero y da de frutos el doble. Y si no le cae la lluvia lo hace el rocío.

Y Dios observa lo que hacéis. (265)

¿Desearía alguno de vosotros poseer un jardín de palmeras y viñedos por el que corriesen los arroyos y en el que hubiera toda clase de frutos y que le llegase la vejez siendo sus hijos débiles aún y que un huracán de fuego cayera sobre él [el jardín] y se lo quemara?

De esa manera os aclara Dios sus señales. Quizás así reflexionéis. (266)

¡Oh, los que creéis! Repartid de las cosas buenas que obtuvisteis y de lo que hicimos salir de la tierra para vosotros y no escojáis lo malo para repartir, cuando vosotros mismos no lo aceptaríais a no ser con los ojos cerrados.

Y sabed que Dios todo lo posee, es digno de alabanza. (267)

Satanás os atemoriza con la pobreza y os ordena la avaricia, pero Dios os promete Su perdón y Su favor.

Y la bondad de Dios todo lo alcanza, Él todo lo sabe. (268)

Otorga la sabiduría a quien Él quiere. Y, a quien le es dada la sabiduría, recibe un bien abundante.

Pero no reflexionan[1] más que los dotados de intelecto. (269)

---

[1] *taddakkur* «recordar». El versículo indica que la sabiduría depende de la reflexión y ésta a su vez depende del entendimiento. Donde no hay entendimiento no hay sabiduría. *Al-Mizan*, t. II, p. 396

Cualquier caridad que repartáis por orden de Dios o por propia iniciativa, ciertamente, Dios lo sabe. Y los opresores no tendrán quien les auxilie. (270)

Si hacéis caridad abiertamente, eso está bien, pero si la ocultáis y dais a los necesitados, eso es mejor para vosotros y servirá de compensación por algunas de vuestras malas acciones. Y Dios está informado de lo que hacéis. (271)

No es responsabilidad tuya guiarles, sino que es Dios quien guía a quien Él quiere.

Y los bienes que repartáis os benefician a vosotros mismos. No gastéis sino es buscando agradar a Dios.

Y lo bueno que deis, volverá a vosotros y no seréis oprimidos. (272) Que sea para los necesitados que se encuentran en dificultades por su dedicación a la causa de Dios, sin poder desplazarse por la Tierra.[1]

El ignorante piensa que son ricos, por su discreción. Los reconocerás por sus señales. Ellos no piden a la gente, molestándola. Cualquier bien que gastéis, ciertamente, Dios sabe de ello. (273)

Aquellos que reparten sus bienes de noche y de día, en secreto y abiertamente, tendrán su recompensa junto a su Señor y no tendrán que temer y no estarán tristes.[2] (274)

---

[1] En *Machma al-Bayan* leemos que dijo el Imam Abu Yafar que este versículo descendió en relación con la gente del Banco. La gente del Banco eran cerca de cuatrocientos hombres que habían ido emigrando a Medina y no poseían allí casa ni familia que les acogiese, por lo que vivían junto a la mezquita del Profeta y descansaban en unos grandes bancos de madera. Eran gentes siempre dispuestas a combatir por la causa de Dios y por esa razón Dios Altísimo aconsejaba a los musulmanes que se preocupasen de la difícil situación en la que estos se encontraban. *Al-Mizan*, t. II, p. 622

[2] Existen numerosas tradiciones afirmando que este versículo se refiere a Ali ibn Abi Talib, quien repartió en un mismo día cuatro *dirhams* que tenía a gente que se lo pidió, uno por el día, uno por la noche, uno públicamente y otro en secreto. *Cfr. Nur al-Zaqalayn*, t. I, p. 290, 291, y también en los libros de Ahl al-Sunna. El autor de *Al-Dar al-Manzur* recoge esta tradición de Ibn Asakir, Tabarani, Abi Jatam, Ibn Yarir y otros. *Nemune*, t. II, p. 267.

Aquellos que comen de la usura,[1] no se levantarán sino como se levanta quien ha sido tocado de locura por Satanás, y no pueden mantener su equilibrio,[2] por haber dicho: «Ciertamente, la venta es igual que la usura.», cuando Dios ha hecho lícita la venta y ha prohibido la usura.

A quien le llegó una exhortación procedente de su Señor y renunció,[3] podrá quedarse lo que obtuvo y su caso será remitido a Dios. Pero quien reincida, será de la gente del Fuego, en el que estarán eternamente. (275)

Dios destruye la usura e incrementa la caridad. Dios no ama a quien es incrédulo y pecador. (276)

Ciertamente, aquellos que creen y actúan rectamente, hacen la oración y pagan la limosna obligatoria purificadora de la riqueza, obtendrán su recompensa junto a su Señor, no tendrán que temer y no estarán tristes. (277)

¡Oh, los que creéis! ¡Temed desagradar a Dios y renunciad a los beneficios de la usura restantes, si es que sois creyentes! (278)

Pero si no lo hacéis, estad seguros de que Dios y Su Mensajero os declaran la guerra. Y si os arrepentís, os pertenecerá vuestro capital original. No oprimiréis y no seréis oprimidos. (279)

Y si tuviera dificultad,[4] dadle un plazo hasta que pueda y si renunciáis a ello, mejor para vosotros.

¡Si supieseis...! (280)

Y temed un día en el que seréis devueltos a Dios y a cada cual le será entregada la recompensa de lo que hizo. Y no serán tratados injustamente. (281)

---

[1] Es decir: «Practican el préstamo cobrando intereses.»

[2] Es decir: «Caen y se levantan, sin poder mantener su equilibrio». La mayoría de los exégetas opinan que se refiere al levantamiento del Día del Juicio, aunque algunos, sobre todo entre los más modernos, opinan que se refiere tanto a esta vida como a la otra. Cfr. *Nemune*, t. II, p. 271.

[3] A la usura.

[4] El deudor

¡Oh, los que creéis! Cuando contraigáis una deuda[1] por un plazo determinado, escribidlo.

Que alguien de entre vosotros lo escriba honestamente y que no se niegue a hacerlo, tal como Dios le ha enseñado. Así pues, que escriba y que el deudor le dicte y que tema desagradar a Dios, su Señor, y no omita nada.

Y si el deudor fuese necio o débil mental o incapaz de dictar, que su representante legal dicte con honestidad.

Y que dos hombres de entre vosotros sean testigos. Y si no hubiese dos hombres, que sean un hombre y dos mujeres que os satisfagan como testigos, de manera que si alguna de ellas se equivoca, una le haga recordar a la otra.[2]

Los testigos no deberán negarse, cuando sean requeridos.

Y no consideréis fatigoso el escribirlo, sea la suma pequeña o grande, consignando su plazo de vencimiento. Esto es más equitativo para vosotros ante Dios, hace más seguro el testimonio y da menos lugar a dudas.

Excepto si la transacción entre vosotros se realiza al contado, sin intermediarios, pues en ese caso, no hay inconveniente si no la escribís.

Pero, tomad testigos cuando realicéis transacciones comerciales y que no se moleste o perjudique al notario ni a los testigos. Y si lo hacéis, cometéis un pecado.

Y temed a Dios y Dios os enseñará.

Dios tiene el conocimiento de todas las cosas. (282)

---

[1] Por préstamo o por una transacción comercial.

[2] Es decir, las dos deberán estar juntas en el momento de hacer de testigos. De esa manera, si posteriormente una se equivoca, la otra pueda hacerle recordar. Cfr. *Nemune*, t. II, p. 287.

Y si estuvieseis de viaje y no encontraseis un notario, entregad una fianza. Pero si uno confía en el otro[1], aquel al que le fue entregado el depósito, cuando le sea reclamado, que lo entregue y que tema a Dios, su Señor.

Y no ocultéis vuestro testimonio. Quien lo oculte tiene, verdaderamente, un corazón pecador. Y Dios sabe lo que hacéis. (283)

A Dios pertenece lo que hay en los cielos y lo que hay en la Tierra y, tanto si manifestáis lo que hay en vuestras almas como si lo ocultáis, Dios os pedirá cuentas de ello.

Perdona a quien Él quiere y castiga a quien Él quiere. Dios tiene poder sobre todas las cosas. (284)

El Mensajero cree en lo que fue hecho descender a él procedente de su Señor y (también) los creyentes. Todos ellos creen en Dios y en Sus ángeles y en Sus Libros y en Sus Mensajeros.

No hacemos diferencia entre ninguno de Sus Mensajeros.

Y dijeron: «Oímos y obedecemos. [Rogamos] Tu perdón, Señor nuestro. Hacia Ti es el retorno.» (285)

Dios no responsabiliza a ninguna alma más allá de su capacidad. El bien que haya realizado será para su propio bien y el mal que haya cometido será para su propio perjuicio.

¡Señor nuestro! ¡No nos castigues por nuestros olvidos o errores!
¡Señor nuestro! ¡No nos impongas una carga como la que impusiste a quienes nos precedieron!
¡Señor nuestro! ¡No nos impongas una carga que no podamos soportar!
¡Discúlpanos y perdónanos y ten misericordia de nosotros!
Tú eres nuestro Protector, auxílianos pues ante el pueblo de los que ocultan la Verdad. (286)

---

[1] Es decir: «Posee una confianza absoluta en el otro y no toma de él una fianza». Cfr. *Nemune*, t. II, p. 289.

Capítulo 3

La familia de 'Imran

En el nombre de Al.lah, el Clementísimo, el Misericordiosísimo.

Alif, lam, mim. (1)

¡Dios! No hay más dios que Él, el Vivo, el Sustentador de la vida. (2)

Él hizo descender sobre ti la *Escritura* [Sagrada] con la Verdad, confirmando las Escrituras anteriores e hizo descender la *Torá* y el *Evangelio* (3) anteriormente, como una guía para las gentes. He hizo descender el Criterio[1].

Ciertamente, los que no crean en las señales de Dios tendrán un severo castigo. Y Dios es poderoso, dueño de la venganza. (4)

En verdad, ante Dios no queda oculto nada de lo que hay en la Tierra o en el cielo. (5)

Él es quien os da forma en el seno materno como quiere. No hay más dios que Él, el Poderoso, el Sabio. (6)

Él es quien hizo descender sobre ti la *Escritura* [Sagrada] en la que hay versículos unívocos[2] que son como la Madre de la *Escritura* [Sagrada][3] y otros que son equívocos.[4] Aquellos cuyos corazones están desviados siguen los que son equívocos, buscando crear problemas y pretendiendo interpretar su simbolismo. Pero su simbolismo sólo lo conoce Dios.

Los arraigados en el conocimiento dicen: «Creemos en Él. Todo procede de nuestro Señor.» Pero no reflexionan más que los dotados de intelecto. (7)

¡Señor nuestro! ¡No desvíes nuestros corazones después de haberlos guiado y otórganos una misericordia procedente de Ti! Ciertamente Tú eres el Generoso. (8)

¡Señor nuestro! ¡Tú eres quien reunirá a la gente un día sobre el que no hay duda que ha de llegar! Dios no transgrede Su promesa. (9)

---

[1] El Corán, que permite discernir la verdad de la falsedad. *Cfr. Nemune*. t. II, p. 300

[2] *Muhkamat* es el plural regular femenino de *muhkam*, que significa «sólido, firme», pues, por su claridad, no se prestan a diferentes interpretaciones.

[3] Los pilares del Corán, que sirven para aclarar cualquier aspecto que se preste a diferentes interpretaciones, que pueda aparecer en otros versículos. *Nemune*. t. II, p. 319.

[4] *Mutashabihat*, procede de la raíz *sh-b-h*: «hacer igual, semejante o similar», que en su forma III da el significado de «semejar» o «ser similar». Son versículos que, se prestan a diferentes interpretaciones, por lo que deben ser puestos en relación con los versículos unívocos, para clarificar su significado correcto.

En verdad, a quienes no creen, ni sus riquezas ni sus hijos les servirán de nada ante Dios. Ellos serán el combustible del fuego [del infierno]. (10) Como sucedió con la gente del Faraón y los que les precedieron, que desmentían Nuestras señales y Dios les castigó por sus pecados. Dios es severo en la retribución. (11)

Di a los que no creen: «Pronto seréis vencidos [1] y reunidos en el Infierno.» ¡Que mal lugar de descanso! (12)

Hubo, en verdad, una señal para vosotros en los dos grupos que se enfrentaron[2]. Un grupo combatía en la senda de Dios y al otro, que no creía, le pareció a simple vista que eran el doble.

Dios fortalece con Su ayuda a quien quiere. En verdad, en esto hay una lección para los que son observadores. (13)

Fue adornado para la gente el amor por las pasiones: las mujeres, los hijos, la acumulación de oro y plata por quintales y los caballos de raza, los ganados y los campos de cultivo. Esos son los placeres de la vida en este mundo. Pero junto a Dios está el mejor destino. (14)

Di: «¿Puedo informaros de algo mejor para vosotros que todo eso? Para aquellos que temen desagradar a Dios hay junto a su Señor Jardines de cuyas profundidades brotan los ríos, en los que estarán eternamente, parejas purificadas y satisfacción de Dios.» Y Dios observa a Sus siervos. (15)

---

[1] Tras la batalla de Badr, el año segundo de la Hégira, en la cual los musulmanes fueron atacados por un ejército procedente de La Meca y de la que salieron victoriosos, algunos judíos de Medina dijeron: «Este es el profeta del que nos habla la Torá, que no será derrotado en las batallas.» Pero tras la derrota de la batalla de Uhud, que tuvo lugar el año tercero de la Hégira, se alejaron de los musulmanes y sesenta de ellos, violando el pacto que habían cerrado con el Mensajero de Dios, viajaron a La Meca y pactaron con Ka'ab ibn Asraf, combatir juntos contra el Islam. Al regresar a Medina, descendió este versículo, advirtiéndoles de que no se alegrasen demasiado por la victoria en la batalla de Uhud, pues pronto serían derrotados. *Cfr. Nemune*, t. II, p. 333.

[2] En la batalla de Badr, en la que el ejército musulmán estaba compuesto por trescientos trece hombres. Setenta y siete eran emigrantes de La Meca y doscientos treinta y seis eran medinenses, mientras que el ejército de los incrédulos sumaba más de mil hombres bien pertrechados. A pesar de ello, los musulmanes mataron a setenta de ellos e hicieron prisioneros a otros setenta, sufriendo ellos tan solo veintidós muertos.

Aquellos que dicen: «¡Señor nuestro! ¡Hemos creído, por tanto, perdona nuestros pecados y líbranos del castigo del Fuego!» (16) Los pacientes, los sinceros, los humildes, los caritativos y los que piden perdón antes del alba. (17)

Dios, los ángeles y los que tienen conocimiento atestiguan que no hay más dios que Él, el Equitativo. No hay más dios que Él, el Poderoso, el Sabio. (18)

Ciertamente, la religión[1] ante Dios es el Islam.[2]

Aquellos a quienes les fue dada la *Escritura* [Sagrada] no disintieron unos de otros después de haberles llegado el conocimiento sino por envidia entre ellos.

Y quien no crea en las señales de Dios [sepa que] Dios es rápido haciendo la cuenta. (19)

Así pues, si te discuten di: «Me he sometido a Dios y también los que me siguen.»

Y di a quienes les fue dada la *Escritura* [Sagrada] y [también] a los que no poseen instrucción: «¿Os sometéis?»

Si se someten, ciertamente, serán guiados. Pero si dan la espalda, en verdad, tu responsabilidad es sólo informarles. Y Dios observa a Sus siervos. (20)

En verdad, a aquellos que no creen en las señales de Dios y matan a los profetas sin derecho y matan a quienes proclaman la justicia, infórmales de (que les aguarda) un castigo doloroso. (21)

Esos son los que han arruinado sus obras en esta vida y en la otra y no tendrán quien les auxilie. (22)

---

[1] *Din*, término que habitualmente se traduce por «religión», significa originalmente «recompensa» y, por extensión: «obediencia y acatamiento de lo ordenado». En la terminología religiosa significa: «El conjunto de doctrinas, leyes y prácticas que permiten a quien las sigue obtener la felicidad y la tranquilidad en esta vida y en la otra.» *Nemune*, t. II, p. 349.

[2] *Islam* significa «sometimiento, rendición» y en este contexto: «sometimiento a Dios».

¿Has visto a aquellos a quienes les fue entregada una parte de la *Escritura* [Sagrada]?

Se les invita a la *Escritura* de Dios para que juzgue entre ellos, pero parte de ellos dan la espalda y se niegan [a aceptar la Verdad]. (23)

Eso es porque dicen: «No nos tocará el Fuego más que unos pocos días.»

Sus propias invenciones les han cegado. (24)

¿Qué harán cuando les reunamos para un día sobre el que no hay duda [que ha de venir] y cada alma sea recompensada por lo que hizo y no sean tratados injustamente? (25)

Di: «¡Oh Dios, Soberano de todo gobierno! Tú das el gobierno a quien quieres y se lo quitas a quien quieres y das poder a quien quieres y humillas a quien quieres. En Tu mano está todo bien. En verdad, Tú tienes poder sobre todas las cosas.» (26)

«Tú introduces la noche en el día e introduces el día en la noche y haces salir lo vivo de lo muerto y lo muerto de lo vivo. Y provees sin límite a quien quieres.» (27)

¡Que los creyentes no tomen por amigos a los que no creen en lugar de a los que creen! Dios no tendrá nada con quien haga eso, excepto que disimule por temor a ellos
Dios os advierte que tengáis cuidado con Él [si Le desobedecéis].
Y a Dios retornamos. (28)

Di: «Tanto si ocultáis lo que hay en vuestros pechos, como si lo manifestáis, Dios lo conoce y conoce lo que hay en los cielos y en la Tierra. Y Dios tiene poder sobre todas las cosas.»(29)

El día en que cada alma encuentre ante sí lo que hizo de bien y lo que hizo de mal, deseará que haya una gran distancia entre ello y él mismo.

Dios os advierte que tengáis cuidado con Él [si Le desobedecéis]. Y Dios es piadoso con Sus siervos. (30)

Di: «Si amáis a Dios seguidme, Dios os amará y perdonará vuestros pecados. Dios es Perdonador, Misericordiosísimo con los creyentes.» (31)

Di: «¡Obedeced a Dios y al Mensajero!»

Pero si dan la espalda, en verdad, Dios no ama a los que no creen. (32)

En verdad, Dios eligió a Adán, a Noé, a la familia de Abraham y a la familia de Imran sobre todo el mundo. (33) Descendientes unos de otros. Dios todo lo oye, todo lo sabe. (34)

[Recuerda] cuando dijo la mujer de Imran[1]: «¡Señor mío! En verdad, he hecho voto de consagrar a Ti lo que llevo en mi seno ¡Acéptamelo! En verdad, Tú eres Quien todo lo oye, Quien todo lo sabe.» (35)

Y cuando dio a luz una niña, dijo: «¡Señor, he dado a luz una hembra!»
Pero Dios sabía mejor que ella lo que había dado a luz y [que] una hembra no es lo mismo que un varón.
«En verdad, la he llamado María y he puesto a ella y a su descendencia bajo Tu protección de Satanás maldecido y lapidado.» (36)

Su Señor la aceptó complacido, la hizo crecer bien y la puso bajo la tutela de Zacarías.[2]

Siempre que Zacarías entraba a visitarla a su oratorio, encontraba junto a ella provisiones. Decía: «Oh María ¿De donde te viene esto?» Ella decía: «De Dios.»
En verdad, Dios provee sin medida a quien Él quiere. (37)

---

[1] Hana, la madre de María y abuela de Jesús.
[2] Que era el esposo de la tía de María, profeta y servidor del templo de Jerusalén.

3. LA FAMILIA DE 'IMRAN — PARTE 3

Allí mismo rogó Zacarías a su Señor. Dijo: «¡Señor mío, otórgame una descendencia buena, que venga de Ti! ¡En verdad, Tú [siempre] escuchas la súplica!»(38)

Entonces, los ángeles le llamaron mientras él permanecía en pie rezando en su oratorio: «Dios te da la buena nueva de [el nacimiento de] Juan[1] como confirmador de una palabra que viene de Dios.[2] Será eminente[3] y casto y un profeta de entre los justos. (39)

Dijo: «¡Señor mío! ¿Cómo podré tener un hijo cuando me ha llegado la vejez y mi esposa es estéril?» Dijo: «Así será. Dios hace lo que quiere.»(40)

Dijo: «Señor mío, dame un signo.» Dijo: «Tu signo será que no podrás hablar a la gente durante tres días salvo por señas. Recuerda mucho a tu Señor y glorifícale mañana y tarde.»(41)

Y [recuerda] cuando los ángeles dijeron: «¡Oh María! En verdad, Dios te ha escogido y purificado y te ha elegido entre todas las mujeres.»[4](42) «¡Oh María! ¡Se humilde ante tu Señor y prostérnate e inclínate con los que se inclinan!»(43)

Esto son noticias del mundo oculto a los sentidos que te revelamos.

Tu no estabas con ellos cuando echaban a suertes con sus cálamos [para ver] quien de ellos se encargaba de la tutela de María, ni estabas con ellos cuando disputaban.[5](44)

[Y recuerda] cuando le dijeron los ángeles: «¡Oh María! ¡Dios te anuncia una palabra[6] que de Él procede! Su nombre es El Mesías, Jesús hijo de María. Será honorable en esta vida y en la otra y de los cercanos [a Dios]. (45)

---

[1] Juan el Bautista

[2] Jesús hijo de María. *Cfr. Corán*, 3:45 y la nota correspondiente.

[3] Por su conocimiento y sus obras, un dirigente de su pueblo. *Nemune*, t. II, p. 402.

[4] La primera vez, cuando te aceptó en el templo y te educó e hizo milagros para ti. La segunda cuando te hizo concebir a Jesús sin padre. *Tafsir al-Kashaf*, t. I, p. 362

[5] Al ser la familia de Imran una de las familias nobles de los judíos, todos los sacerdotes del templo querían ser el tutor de María y, al no ponerse de acuerdo, decidieron echarlo a suertes arrojando cada uno de ellos la pluma de caña con la que escribían a un arroyo. Según otras versiones cañas que utilizaban para consultar el oráculo, de las que sólo volvió a la superficie la que llevaba escrito el nombre de Zacarías. *Cfr. Nemune*, t. II, p. 411.

[6] Jesús hijo de María es mencionado en 93 versículos y en 15 capítulos del Sagrado Corán. Unas veces como profeta, otras como Espíritu de Dios, otras como Mesías y en tres ocasiones como Palabra de Dios, como también es denominado en el Nuevo Testamento. La razón por la cual es así llamado ha sido abundante tema de debate entre los estudiosos islámicos, pero la opinión más plausible es la que remite al versículo coránico 2:117; 3:47,...: «*Cuando Él decreta algo, dice: ¡Sé! y es.*» *Cfr. Tafsir Qur'an-e Karim*, p. 55; *Nemune*, t. II, p. 414.

Y hablará a las gentes desde la cuna y de adulto y será de los justos.»(46)

Ella dijo: «¡Señor mío! ¿Cómo tendré un hijo si no me ha tocado varón?»

Dijo: «Así será. Dios crea lo que quiere. Cuando decreta un asunto, le dice: ¡Sé! y es.» (47)

«Y Él le enseñará la *Escritura* [Sagrada] y la Sabiduría y la *Torá* y el *Evangelio*.»(48) Y [será Jesús] un profeta [enviado] a los Hijos de Israel [que proclamará]:

«En verdad, he venido a vosotros con una señal procedente de vuestro Señor. Crearé para vosotros, del barro, algo con la forma de un pájaro, luego soplaré sobre él y será un pájaro [vivo], con el permiso de Dios.

Y sanaré al ciego y al leproso y resucitaré al muerto, con el permiso de Dios.

Y os informaré de lo que coméis y de lo que guardáis en vuestras casas [sin haberlo visto].

En verdad, en ello hay una señal [de que yo soy un profeta] para vosotros, si es que sois creyentes, (49) [que vengo] confirmando lo que ya teníais en vuestras manos procedente de la *Torá* y haciendo lícito para vosotros algunas cosas que se os habían prohibido.[1]

Puesto que he venido a vosotros con un signo que procede de vuestro Señor ¡Temed a Dios y obedecedme! (50)

En verdad, Dios es mi Señor y vuestro Señor, así pues ¡Adoradle! ¡Este es el camino recto!»(51)

Pero cuando Jesús sintió la falta de fe de ellos, dijo: «¿Quiénes serán mis partidarios [en la defensa de la causa que lleva] hacia Dios?»

Los apóstoles dijeron: «Nosotros somos los partidarios de Dios. Hemos creído en Dios. Testifica, pues, que nosotros somos musulmanes [a Él sometidos]. (52)

---

[1] Es decir: «He sido enviado a vosotros para confirmar los que ya se os había revelado y tenéis escrito en la *Torá* (*Antiguo Testamento*) y para hacer lícitos algunos alimentos que se os prohibieron en tiempos de Moisés, como castigo por vuestros pecados e injusticias.» *Nemune*, t. II, p. 423-424.

¡Señor nuestro! ¡Hemos creído en lo que hiciste descender y hemos seguido al Mensajero! ¡Inscríbenos, pues, con los que dan testimonio!» (53)

Y conspiraron [contra Jesús sus enemigos] y Dios [también] conspiró. Pero Dios es Quien mejor trama. (54)

[Recuerda] cuando dijo Dios: «¡Oh Jesús! Te tomaré[1] y te elevaré hacia Mí y te purificaré [de las calumnias] de los que no creen. Y colocaré a los que te siguen por encima de los que no creen, hasta el Día del Levantamiento. Luego regresaréis hacia Mí y juzgaré entre vosotros sobre aquello en lo que manteníais diferencias. (55)

En cuanto a aquellos que no creen, les castigaré con un severo castigo en esta vida y en la otra y no tendrán quien les auxilie. (56)

En cambio, aquellos que crean y obren rectamente serán adecuadamente recompensados. Dios no ama a los transgresores.»(57)

Esto que te recitamos procede de las señales y del Recuerdo Sabio.[2](58)

Verdaderamente, ante Dios el caso de Jesús es semejante al de Adán. Él lo creó de barro y tras ello le dijo: «¡Sé!» y fue. (59)

La Verdad procede de tu Señor. ¡No seas pues de los escépticos! (60) Por tanto, a quien te discuta sobre ello, después del conocimiento que ha venido a ti, dile: «¡Venid! ¡Llamemos a nuestros hijos y a los vuestros, a nuestras mujeres y a las vuestras y a nosotros mismos y a vosotros mismos y supliquemos [el juicio de Dios] y que la maldición de Dios caiga sobre los mentirosos!»[3] (61)

---

[1] También se podría traducir por: «tomaré tu alma», pues *tawaffa* significa «tomar el alma, temporalmente», como en 6:61 o «permanentemente», como en 3:193; 4:97; 6:61; 7:37;126; 8:50; 10:46; 12:101; 13:40; 16:28; 22:5; 32:11; 39:42; 40:67; 77; 47:27. El Imam Ali al-Rida dice que Jesús fue elevado vivo de la Tierra a los cielos. Cfr. *Bihar al-Anwar*, t. XIV, p. 338.

[2] Otro de los nombres que recibe el Sagrado Corán. Cfr. *The Qur'an*, p.80

[3] *Nabtahil* de la raíz *bhl* que indica libertad, independencia y, referido a Dios, «suplicar, rezar y depositar en sus manos», en el sentido de liberar el asunto que se desea a Él. En su forma VIII indica «maldecirse recíprocamente dos personas». Este versículo es conocido como *Ayat al-Mubahila* («el versículo de la Ordalía»), y descendió cuando los representantes de los cristianos de Najran discutieron al Mensajero la verdad de las afirmaciones sobre Jesús, contenidas en las aleyas anteriores. Es considerado por los musulmanes *shias* una prueba de que el término *Ahl al-Bayt* («Gente de la Casa») que aparece en 33:33, se refiere a 'Ali, Fátima, Al-Hasan y Al-Huseyn, ya que el Mensajero de Dios respondió a la solicitud de Dios presentándose al lugar de la ordalía, acompañado de su hija Fátima en el lugar de sus esposas, sus dos nietos Al-Hasan y Al-Huseyn en el de sus hijos y su primo y yerno Ali en representación de él mismo. Cfr. Tabari *Tafsir Kitab al Wilaya*, t. III, p.196; *Tafsir Fajr Razi*, t. VIII, p.85; Al-Tantawi, *Tafsir al-Yawahir*, t. II, p. 120; Zamajshari, *Tafsir al-Kashaf*, t. I, p. 193.

PARTE 3   3. LA FAMILIA DE 'IMRAN

Este es, ciertamente, el relato verdadero.[1] No hay más dios que Dios.[2] Y, ciertamente, Dios es el Poderoso, el Sabio. (62)

Y si dan la espalda, en verdad, Dios es quien mejor conoce a los corruptores.[3] (63)

Di: «¡Oh gente de la *Escritura* [Sagrada]! Venid a una palabra igual para vosotros y nosotros: Que no adoraremos más que a Dios y que no asociaremos nada a Él y que no nos tomaremos unos a otros como señores junto a Dios.» Y si dan la espalda, decidles entonces: «Sed testigos de que nosotros somos musulmanes.»[4] (64)

¡Oh gente de la *Escritura* [Sagrada]! ¿Por qué discutís sobre Abraham,[5] si la *Torá* y el *Evangelio* no fueron hechos descender sino después de él? ¿Es que no razonáis? (65)

Vosotros sois aquellos que discutíais sobre lo que conocíais[6] ¿Por qué discutís sobre lo que no tenéis conocimiento? Dios sabe y vosotros no sabéis. (66) Abraham no era judío ni era cristiano, sino que era un buscador de la Verdad,[7] sometido a Dios [*muslim*] y no era de los politeístas. (67)

En verdad, la gente más cercana a Abraham son aquellos que le seguían y éste profeta y aquellos que creen [en él]. Y Dios es el amigo y guardián de los creyentes. (68)

Un grupo de la gente de la *Escritura* [Sagrada] desearían extraviaros, pero sólo se extravían ellos mismos y no se dan cuenta. (69)

¡Oh gente de la *Escritura* [Sagrada]! ¿Por qué no creéis en las señales de Dios si sois testigos?[8] (70)

---

[1] Sobre el Mesías, Jesús hijo de María.
[2] Hay un solo Dios y nada digno de ser adorado como Dios más que Dios mismo.
[3] Si después de las pruebas que el Corán ha traído sobre la verdadera naturaleza de Jesús y de la ordalía con los cristianos de Najran aun hay quienes se niegan a creer la verdad y persisten obstinadamente en que Jesús hijo de María es Dios mismo, queda claro que no buscan la verdad. *Nemune*, t. II, p. 449.
[4] «Venid a una palabra igual», es decir: «Hagamos una declaración común a ambos, que adoraremos solamente al único Dios que existe y que no consideraremos a nadie ni a nada socio de Dios, compartiendo con Él la divinidad y que no trataremos a otros seres humanos como si fueran Dios, amándoles, adorándoles y obedeciéndoles en la forma en que sólo Él merece ser amado, adorado y obedecido. Y si niegan, decidles: Sed testigos de que nosotros nos sometemos («*muslimun*») al único Dios y sólo a Él.» *Cfr. Al-Mizan*, t. III, p. 389-395.
[5] Diciendo de él, que era judío o que era cristiano.
[6] Y a pesar de ello no os poníais de acuerdo...
[7] *Hanif* procede de la raíz *hnf* que significa volverse hacia uno y otro lado y en el lenguaje coránico indica a quien se orienta hacia la creencia verdadera, dando de lado las falsas creencias de su época.
[8] De que son correctas y verdaderas.

¡Oh gente de la *Escritura* [Sagrada]! ¿Por qué vestís la Verdad con la falsedad[1] y ocultáis la Verdad, a sabiendas de lo que hacéis? (71)

Un grupo de la gente de la *Escritura* [Sagrada] dice: «Creed al principio de la mañana en lo que fue hecho descender sobre los creyentes y dejad de creer al final de ella, quizás así ellos retornen [de sus creencias a las vuestras].[2] (72) Y no creáis en nadie excepto en quien siga vuestra religión.»[3]

Di: «La guía [verdadera] es la guía de Dios y [no creáis] que le fue dado a alguien algo como lo que os fue dado a vosotros o que ellos pueden discutir con vosotros ante vuestro Señor.»

Di: «En verdad, el favor está en las manos de Dios y se lo otorga a quien Él quiere. Y la bondad de Dios todo lo alcanza, Él todo lo sabe. (73) Distingue con Su misericordia a quien Él quiere. Dios es el dueño del Favor Inmenso.» (74)

Y entre la gente de la *Escritura* [Sagrada] los hay que si les confías un quintal te lo devuelven [intacto] y quienes si les confías una moneda no te la devuelven sino es reclamándosela con insistencia. Eso es por que ellos dicen: «No tenemos obligaciones con los que no son judíos.» Pero mienten sobre Dios a sabiendas. (75)

¡Sí! Quien sea leal a su compromiso y tema a Dios, sepa que, en verdad, Dios ama a quienes son temerosos. (76)

En verdad, aquellos que venden el compromiso con Dios y sus promesas por un precio pequeño no tendrán parte en la otra vida y Dios no les hablará ni les mirará el Día del Levantamiento ni les purificará y tendrán un castigo doloroso. (77)

---

[1] «¿Por qué mezcláis la verdad y la mentira, ocultando a sabiendas los versículos que en la *Torá* y en el *Evangelio* hablan del Profeta del Islam y describen sus características?» *Nemune*. t. II, p. 465.

[2] Algunos exégetas transmiten que doce sabios de los judíos de Jaibar planearon ir junto al Mensajero de Dios y aceptar el Islam para abandonarlo posteriormente y, cuando los musulmanes les preguntasen la razón, responder que al cotejar las palabras y el comportamiento del Profeta con lo que decían sus Escrituras Sagradas, habían descubierto que aquel no se ajustaba a lo que estas describían. De esa manera, quizás algunos musulmanes, pensando que estos hombres sabios eran sinceros y sabían más que ellos, abandonasen el Islam. *Nemune*, t. II, p. 467; *Al-Kashaf*, t. I, p. 373

[3] Según algunos exégetas, los judíos de Jaibar temían que los judíos de Medina, al estar más próximos al Profeta, pudieran caer bajo su influencia y creer en su Mensaje, por eso les advertían así. *Nemune*, t. II, p. 468.

Y, en verdad, hay un grupo de ellos que complican[1] con sus lenguas la *Escritura* [Sagrada para que penséis que [lo que dicen] pertenece a la *Escritura*, pero no es de la *Escritura* y dicen: «Esto proviene de Dios», pero no proviene de Dios y atribuyen a Dios mentiras a sabiendas [de lo que hacen].[2] (78)

No es apropiado de un ser humano al que Dios entrega la *Escritura* [Sagrada], el juicio y la profecía que luego diga a la gente: «Sed mis siervos en lugar de [siervos de] Dios», sino [más bien que les diga]: «Sed espirituales ya que enseñáis la *Escritura* [Sagrada] y la estudiáis.» (79)

Y Él no os ordena que toméis por señores a los ángeles ni a los profetas ¿Va Él a ordenaros que dejéis de creer después de que sois creyentes? (80)

Y [recuerda] cuando Dios hizo un pacto con los profetas:

«Puesto que os he dado parte de la *Escritura* [Sagrada] y Sabiduría, cuando venga a vosotros un Mensajero confirmando lo que tenéis, creed en él y ayudadle.»

Dijo Él: «¿Acordasteis y aceptasteis Mi pacto en estos términos?»

Dijeron: «Lo acordamos.»

Dijo Él: «Pues dad testimonio de ello y Yo seré con vosotros uno de los que atestiguan.» (81)

Y, quienes tras esto den la espalda, esos serán los transgresores. (82)

¿Acaso buscan algo diferente a la religión de Dios[3] cuando quienes están en los cielos y en la Tierra se someten a Él voluntaria u obligadamente[4] y a Él serán devueltos? (83)

---

[1] *yalwuna*, procede de la raíz *lyy* que significa «girar, retorcer, doblar».

[2] No por error involuntario.

[3] Puesto que el *din* («religión») de Dios no es más que la aceptación y el sometimiento a las disposiciones divinas; disposiciones que se manifiestan de manera perfecta y completa en la figura del Mensajero de Dios, sus actos y sus dichos. Por tanto, quienes se esfuerzan por encontrar la creencia verdadera, deben aceptar el Islam. *Nemune*, t. II, p. 490-491.

[4] También puede entenderse: «Todo lo que hay en los cielos y la Tierra se somete a Él, voluntaria o involuntariamente.» Las órdenes de Dios son de dos clases. Unas son de orden físico y metafísico, y toda la Creación las obedece obligatoriamente Son denominadas *qawanin takwini* o «Leyes de la Creación». Otras que son susceptibles de ser obedecidas o no. Estas últimas van dirigidas a los seres humanos. Se denominan *qawanin tashri'i* o «disposiciones legislativas».

Di: «Creemos en Dios y en la revelación que fue hecha descender para nosotros y en la que fue hecha descender para Abraham, Ismael, Isaac, Jacob y las tribus, y en lo que le fue dado a Moisés y a Jesús y a los profetas procedente de su Señor. No hacemos diferencias entre ninguno de ellos y nos sometemos a Él.»(84)

Y a quien desee otra creencia diferente al Islam[1] no se le aceptará y en la otra vida será de los perdedores. (85)

¿Cómo va Dios a guiar a un pueblo que descree después de haber creído, habiendo sido testigos de que el Mensajero es verdadero y habiéndoles llegado las pruebas claras?

Dios no guía a la gente opresora. (86) Su recompensa es que serán maldecidos por Dios y por los ángeles y por la gente conjuntamente. (87) En ese [estado de maldición] permanecerán eternamente. No se les aliviará el castigo ni tendrán respiro. (88) Excepto a quienes se arrepientan tras ello y se corrijan pues, en verdad, Dios es perdonador, misericordiosísimo con los creyentes. (89)

En verdad, a quienes no crean después de haber tenido fe e incrementen su incredulidad, no les será aceptado su arrepentimiento. Esos son los extraviados. (90)

En verdad, a aquellos que no creen y mueren sin ser creyentes, aunque ofrecieran como rescate la Tierra llena de oro, no se les aceptaría. Les aguarda un castigo doloroso y no tendrán quien les auxilie. (91)

---

[1] Islam entendido como sometimiento a las leyes y disposiciones divinas. Como único credo procedente de Dios Uno y Único, enviado a la humanidad y completado paulatinamente a través de los ciento veinticuatro mil profetas y enviados divinos, desde Adán hasta el último de ellos, Muhammad ibn Abd Al.lah (Muhammad). No como una religión enfrentada al cristianismo o al judaísmo o al resto de las religiones monoteístas, puesto que hay un solo Dios y, por tanto, un solo mensaje divino para la humanidad. Las diferencias que en las Sagradas Escrituras de cada comunidad, o en el *Antiguo Testamento* (o *Torá*), o en el *Nuevo Testamento* (*Evangelios*), puedan hallarse, son debidas a las adulteraciones que la mano del hombre ha introducido en ellas, como el mismo Corán denuncia. Cfr. 2:79; 3:78.

Siendo el Corán, la última y única *Escritura* Sagrada, que se conserva completa y sin adulterar en la lengua misma en la que fue revelada por el ángel Gabriel al Mensajero de Dios, es, por tanto, la piedra de toque en la que se debe contrastar la veracidad o falsedad de lo contenido en las Sagradas Escrituras anteriores.

No obtendréis la virtud[1] hasta que no gastéis en caridad de aquello que amáis. Y cualquier cosa que gastéis Dios lo sabrá. (92)

Parte 4

Todos los alimentos [puros] eran lícitos para los Hijos de Israel excepto aquello que Israel se prohibió a sí mismo antes de que descendiera la *Torá*. Di: «Traed la *Torá* y leedla si es que decís la verdad.»[2] (93)

Quienes inventen mentiras sobre Dios después de esto, esos serán los opresores. (94)

Di: «Dios ha dicho la Verdad. Seguid, pues, las creencias de Abraham, que era un buscador de la Verdad y no uno de los politeístas.»(95)

En verdad, la primera Casa establecida para la humanidad como bendición y guía es, sin duda, la de Bakka.[3] (96) En ella hay signos claros, [entre ellos] la morada de Abraham. Y quien entre en ella estará seguro. Dios ha ordenado a las gentes la peregrinación a la Casa, si disponen de medios. Y quien reniegue (de su obligación y no realice la peregrinación, sepa que) Dios no necesita de nadie. (97)

Di: «¡Oh gente de la *Escritura* [Sagrada]! ¿Por qué no creéis en las señales de Dios? Dios es testigo de lo que hacéis.»(98)

Di: «¡Oh gente de la *Escritura* «Sagrada»! ¿Por qué dificultáis la senda de Dios a los que creen y tratáis de complicarla, cuando sois testigos [de que es verdadera]? Dios no está desatento a lo que hacéis.» (99)

¡Oh los que creéis! Si obedecéis a un grupo de los que recibieron la *Escritura* [Sagrada] conseguirán que, después de haber creído, regreséis a la incredulidad. (100)

---

[1] *Birr* etimológicamente significa «amplitud» y por ello, los buenos actos que tienen amplios efectos son denominado *birr* y la diferencia con el bien al que se denomina *jayr* es que éste último indica cualquier cosa buena o acto bueno, mientras que *birr* indica el bien que se hace voluntaria e intencionadamente.

[2] Israel, es decir el profeta Jacob, no comía carne de camello porque le provocaba ciática y sus descendientes terminaron pensando que existía una prohibición divina sobre el consumo de la carne de camello, por lo cual acusaban al Mensajero de Dios de no seguir las creencias de Abraham y de los profetas anteriores, al considerarla lícita para el consumo. Nemune, t. III, p. 5.

[3] La Meca. De varios versículos coránicos (Cfr. 14:37; 3:96), y de algunos *hadiz* (dichos atribuidos al Profeta del Islam) y libros de historia del Islam, se deduce que la Kaaba fue construida antes de Abraham, posiblemente por el profeta Adán y que, durante el diluvio de la época de Noe se destruyó y solamente quedaron sus cimientos hasta que Abraham y su hijo Ismael la reconstruyeron. *Nemune*. t. II, p. 454 y t. III, p. 10. Por esa razón, cuando los judíos criticaron al Mensajero por cambiar la orientación de sus oraciones de *Bayt al Muqaddas* (Jerusalén), a La Meca, alegando que todos los profetas habían rezado en dirección a ella, descendió este versículo.

¿Cómo podéis no creer cuando se os recitan los versículos de Dios y entre vosotros está Su Mensajero y quien se refugie en Dios será guiado a un camino recto? (101)

¡Oh los que creéis! ¡Temed a Dios como debe ser temido y no muráis sin estar a Él sometidos! (102) Y aferraos a la cuerda de Dios todos juntos y no os dividáis.

Y recordad la merced de Dios con vosotros cuando erais enemigos y Él unió vuestros corazones y os convertisteis, por Su merced, en hermanos y estabais al borde del abismo del Fuego y os salvo de él.

Así es como Dios os explica claramente sus signos. Quizás así os guiéis (103) y surja de vosotros una comunidad que invite al bien, ordene hacer lo que es correcto y prohíba hacer el mal. Esos serán los triunfadores. (104)

Y no seáis como aquellos que se dividieron y se enfrentaron después de haber venido a ellos las pruebas claras.

Esos tendrán un castigo inmenso (105) el día en que unos rostros se iluminen y otros se ensombrezcan.

En cuanto a aquellos que sus rostros se ensombrezcan [se les dirá]: «¿Descreísteis después de haber tenido fe? Saboread ahora el castigo por aquello en lo que dejasteis de creer.» (106)

Pero aquellos cuyos rostros se iluminen estarán eternamente en la misericordia de Dios. (107)

Esas son las señales de Dios. Te las recitamos conforme a la Verdad.

Y Dios no desea oprimir a nadie. (108)

Y a Dios pertenece lo que hay en los cielos y en la Tierra y hacia Dios regresan todos los asuntos. (109)

Sois la mejor comunidad que se ha creado para los seres humanos. Ordenáis el bien, prohibís el mal y creéis en Dios.

Y si la gente de la *Escritura* [Sagrada] creyera, sería mejor para ellos.

Entre ellos los hay que son creyentes, pero la mayoría de ellos son pecadores. (110)

Jamás podrán perjudicaros excepto muy poco y si combaten contra vosotros huirán dándoos la espalda y entonces no serán auxiliados. (111)

La humillación les golpeará donde quiera que se encuentren, excepto que Dios les proteja o les protejan los hombres.[1]

Han conseguido enfadar a Dios y les ha golpeado la miseria por haber desmentido las señales de Dios y porque, sin tener derecho, mataron a los profetas y porque fueron desobedientes y transgresores. (112)

No todos son iguales. Entre la gente de la *Escritura* [Sagrada] hay una comunidad recta que recita los versículos de Dios en mitad de la noche y humillan sus frentes hasta el suelo en adoración. (113) Creen en Dios y en el Último Día y ordenan lo que esta bien y prohíben el mal. Compiten con premura en [la realización de] buenas acciones y son de los justos. (114) Y el bien que hacen no les será ignorado.

Dios conoce bien a los que son temerosos. (115)

---

[1] Al vivir acogidos a la protección del gobierno islámico a cambio del pago del impuesto específico de los no musulmanes (*yizia*). Cfr. *Al-Mizan*, t. I, p. 401 y *Tafsir al-Kashaf*, t. III, p. 384. (*yizia*, impuesto que pagan al estado islámico los cristianos o judíos, o seguidores de otras creencias monoteístas, que deciden vivir en territorio islámico manteniendo sus creencias, a cambio de lo cual el estado contrae la obligación de protegerles de quienes pretendan atacarles).

3. LA FAMILIA DE 'IMRAN — PARTE 4

En verdad, a aquellos que no creen, ni sus riquezas ni sus hijos les servirán de nada ante Dios. Esos son la gente del Fuego, en el cual permanecerán eternamente. (116)

Lo que gastan en esta vida es semejante a un viento helado que azota los cultivos de unas gentes que se han oprimido a sí mismas y los destruye. No es Dios quien les oprimió, sino ellos mismos quienes se oprimen. (117)

¡Oh los que creéis! No toméis como amigos íntimos a quienes no sean de los vuestros. No dejarán de intentar corromperos. Les gustaría veros en dificultades. El odio asoma por sus bocas pero lo que ocultan sus pechos es peor aun.

Os hemos explicado las señales claramente, si lo pensáis. (118)

Vosotros les amáis pero ellos no os aman. Y [eso es porque] vosotros creéis en todas las *Escrituras* [Sagradas][1].

Y cuando se encuentran con vosotros dicen: «¡Creemos!» Pero cuando están solos se muerden las puntas de los dedos del odio que os tienen.

Di: «¡Que vuestro odio os mate!»

En verdad, Dios conoce bien lo que hay en el interior de los pechos. (119)

Si os ocurre algo bueno les molesta y si os sobreviene una dificultad se alegran por ello, pero si sois pacientes y temerosos de Dios, sus intrigas no os perjudicarán en absoluto. En verdad, Dios tiene bajo control lo que ellos hacen. (120)

Y [recuerda] cuando al principio de la mañana te alejaste de tu familia para situar a los creyentes en sus puestos de batalla.[2]

Dios todo lo oye, todo lo sabe. (121)

---

[1] «Y ellos no creen en la vuestra.» *Nemune,* t. III, p. 62.

[2] «[...] y los diferentes comentarios que se hacían sobre el plan de batalla y los pensamientos que algunos alimentaban en sus cabezas.» *Nemune,* t. III, p. 67.

Aquí comienza un grupo de versículos que guardan relación con la batalla de *Uhud*. Los musulmanes de Medina esperaban la llegada de un gran ejército enemigo procedente de La Meca y se discutía apasionadamente cual sería la mejor manera de defenderse y si dar la batalla dentro o fuera de la ciudad, hasta que el Mensajero de Dios, después de escucharles, decidió hacerlo fuera de la ciudad, al pie de la montaña de *Uhud*. Y algunos de los musulmanes tenían otra opinión pero no la manifestaban.

[Y recuerda también] cuando dos grupos de los vuestros flaquearon y proyectaron desertar y Dios les infundió ánimo.[1]

¡Que los creyentes depositen su confianza únicamente en Dios! (122)

Ciertamente Él os ayudó en Badr cuando estabais en inferioridad. Temed, pues, a Dios. Quizás así agradezcáis.[2] (123)

[Y recuerda el día de Badr] cuando decías a los creyentes: «¿Acaso para vosotros no es suficiente que vuestro Señor os refuerce con tres mil ángeles descendiendo [de los cielos]? (124) Sí, si sois pacientes y temerosos y os atacan de improviso, [hoy también] Dios os reforzará con cinco mil ángeles portadores de distintivos.» (125)

Y Dios no lo hace sino [para alegraros] con una buena noticia y para tranquilizar vuestros corazones, pues la victoria solamente proviene de Dios [que es] el Poderoso, el Sabio, (126), y para destruir a una parte de los que no creen o para derrotarles y que regresen fracasados [a La Meca]. (127)

Tú no eres en absoluto responsable de este asunto[3] o de si Dios les perdona o les castiga porque son opresores. (128) A Dios pertenece lo que hay en los cielos y en la Tierra. Perdona a quien Él quiere y castiga a quien Él quiere. Dios es perdonador, misericordiosísimo con los creyentes. (129)

¡Oh los que creéis! ¡No os alimentéis de la usura, doblando una y otra vez [vuestros capitales]! Temed a Dios. Quizás así tengáis éxito. (130) Y temed el Fuego que ha sido preparado para los que no creen. (131) Y obedeced a Dios y al Mensajero, para que así se tenga clemencia con vosotros. (132)

---

[1] La familia Bani Salama, de la tribu Aus, y la familia Bani Hariṭa de la tribu Jazrach, quienes finalmente cambiaron de opinión y participaron en la batalla.

[2] Es decir: «Temed a Dios y no desobedezcáis de nuevo las órdenes de batalla del Profeta estando ante el enemigo, para que así podáis dar las gracias a Dios por Su auxilio, tal como os auxilió en la batalla de Badr.» *Nemune*, t. III, p. 77.

Este versículo y los siguientes descendieron para fortalecer el ánimo de los musulmanes que habían sufrido una fuerte derrota en la batalla de *Uhud* por desobedecer las órdenes del Profeta y abandonar sus puestos de batalla. Quraysh, tras la victoria, avanzaba hacia Medina con la intención de destruir definitivamente a los musulmanes y cundía el desaliento entre estos cuando este versículo descendió. Fortalecidos por esa señal, salieron de nuevo dispuestos a defender la ciudad, ante lo cual el ejército de La Meca decidió retirarse, temeroso de que cambiase su suerte.

[3] De la victoria de los Quraysh o de la huida de los musulmanes del campo de batalla. *Nemune*, t. III, p. 81.

Y apresuraos hacia el perdón de vuestro Señor y hacia un jardín cuya extensión es como los cielos y la Tierra y que ha sido preparado para los temerosos de Dios, (133) aquellos que reparten de sus riquezas en la prosperidad y en la adversidad y aquellos que contienen su ira y perdonan a las personas, pues Dios ama a los que hacen el bien. (134)

Y aquellos que, cuando cometen un pecado o son injustos consigo mismos, recuerdan a Dios y buscan el perdón por sus pecados, pues ¿Quién perdona los pecados sino Dios? y no reinciden en lo que hicieron [mal] ahora que lo saben. (135)

Esos obtendrán en recompensa el perdón de su Señor y jardines de cuyas profundidades brotan los arroyos, en los que estarán eternamente. ¡Que hermosa es la recompensa de los que obran [bien]! (136)

Antes de vosotros también hubo tradiciones. Viajad, pues, por la Tierra y observad cual fue el fin de los desmentidores [de la Verdad]. (137)

Eso es una evidencia para toda la humanidad y una guía y una advertencia para los temerosos de Dios. (138)

Y no desfallezcáis ni os apenéis[1] pues, si tenéis fe, seréis los vencedores. (139)
Si sufrís una herida, ellos también sufrieron una herida semejante[2].
Nosotros hacemos que días así se alternen entre las gentes[3], para que conozca Dios quienes son los creyentes y tomar de entre vosotros mártires.
Y Dios no ama a los opresores. (140)

---

[1] Tras la derrota de Uhud.
[2] En la batalla de Badr.
[3] Unos días de victoria y otros de derrota, pues así es la vida de este mundo. *Nemune*, t. III, p. 106.

Y para que Dios ponga a prueba a quienes tienen fe [y les perdone] y extermine a los que no creen. (141) ¿O acaso contabais con entrar en el Jardín sin que Dios sepa previamente quiénes de vosotros se han esforzado y conozca a los que tienen paciencia? (142)

Ciertamente, deseabais la muerte antes de encontraros con ellos y, ciertamente, la visteis con vuestros propios ojos y observasteis [como es].[1] (143)

Y Muhammad no es más que un Mensajero. Antes de él hubo también otros Mensajeros. ¿Acaso si muere o es matado volveréis a vuestras creencias anteriores?[2] Pues [sabed que] quien vuelva a sus creencias anteriores no puede perjudicar a Dios en absoluto. Y Dios pronto recompensará a los agradecidos. (144) Nadie puede morir sin permiso de Dios y según un plazo fijado previamente.

Y a quien desee la recompensa de esta vida le daremos de ella y a quien desee la recompensa de la otra vida le daremos de ella. Y pronto recompensaremos a los que son agradecidos. (145)

¡Cuántos profetas combatieron, y muchos de sus seguidores espirituales con ellos, y no se desanimaron por las dificultades que hubieron de soportar en la senda de Dios ni mostraron debilidad ni se abatieron! Dios ama a los pacientes. (146)

Y lo único que dijeron fue: «¡Dios nuestro, perdónanos los pecados y los excesos cometidos y consolida nuestros pasos y auxílianos ante la gente que no cree!»(147)

Y Dios les dio la recompensa de esta vida y la buena recompensa de la otra. Dios ama a los virtuosos. (148)

---

[1] Tras la batalla de Badr, algunos musulmanes lamentaron no contarse entre aquellos que habían alcanzado un honorable martirio. A los pocos meses tuvo lugar la batalla de Uhud en la cual algunos de ellos murieron defendiendo esforzadamente la causa del Islam y otros, cuando vieron de cerca la realidad de la muerte, bien por ser hipócritas o bien por no conocerse a fondo, huyeron del campo de batalla. En este versículo Dios se dirige a estos últimos y les censura su comportamiento. *Nemune*, t. III, p. 112.

[2] «¿Abandonando el Islam y regresando a la época de la incredulidad y la adoración de los ídolos?» *Nemune*, t. III, p. 114.

En medio de la batalla de Uhud el Mensajero de Dios recibió una fuerte pedrada en el rostro. Musa'ab ibn Amir, que poseía un gran parecido con él, salió en su defensa y cayó mártir. Los enemigos, creyendo haber matado al Mensajero de Dios, proclamaron su muerte a gritos, lo cual provocó la huída de muchos musulmanes, algunos de los cuales pensaron que con la muerte del Profeta moriría también el Islam. *Cfr. Nemune*, t. III, p. 115.

¡Oh los que creéis! Si obedecéis a aquellos que no creen, harán que volváis hacia atrás y os convertiréis en perdedores. (149) [Ellos no son vuestros protectores] sino que Dios es vuestro Protector y Señor y el mejor auxiliador. (150)

Pronto infundiremos el terror en el corazón de los que no creen por haber adorado a otros como a Dios, cuando Él no había hecho descender sobre esos autoridad alguna. Y su morada será el Fuego. ¡Qué mala es la morada de los opresores! (151)

Ciertamente, Dios cumplió la promesa que os hizo[1] cuando los estabais venciendo con Su permiso, hasta que [al final de la batalla] flaqueasteis y discutisteis y desobedecisteis [al Mensajero] después que Dios os hizo ver [la victoria] que queríais.

Entre vosotros los hay que aman esta vida y los hay que aman la otra.

Luego os cambió por ellos[2] para poneros a prueba y [tras ello] ciertamente, os perdonó, pues Dios reserva su favor para los creyentes.[3] (152)

[Y recordad] cuando os marchasteis sin preocuparos por nadie y el Mensajero os llamaba a proteger la retaguardia.[4]

Él os compensó una tristeza con otra para que no estuvieseis tristes por lo que habíais perdido ni por la desgracia que os había ocurrido.[5] Y Dios está bien informado de lo que hacéis. (153)

---

[1] De que saldríais victoriosos en la batalla de Uhud. *Nemune*, t. III, p. 127.

[2] Cambió vuestra victoria por la de ellos. *Nemune*, t. III, p. 130.

[3] Después, Dios perdonó vuestra desobediencia y pecados, a pesar de que merecíais ser castigados, pues Dios no deja de favorecer a los creyentes con Su merced. *Nemune*, t. III, p. 130.

[4] Al comienzo de la batalla de Uhud los musulmanes combatieron con unión y valentía y repentinamente vencieron y el ejército enemigo comenzó a dispersarse. Una oleada de alegría recorrió las filas musulmanas. Entonces, la mayoría de los arqueros que el Mensajero de Dios había colocado en la ladera de la montaña de Ainin bajo mando de Abd Al.lah ibn Yubair y con orden tajante de no moverse de allí pasase lo que pasase, para no dejar indefensa la retaguardia, desobedecieron y abandonaron sus posiciones, deseosos de obtener parte del rico botín que los enemigos abandonaban en su huida, sin preocuparse del peligro en el que ponían a su propio ejército. Cuando la caballería enemiga se dio cuenta de la situación, rodeó la montaña y atacó por la espalda a los musulmanes, cambiando la suerte de la batalla y poniendo en peligro la propia vida del Mensajero de Dios, quien resulto herido. *Cfr. Nemune*, t. III, p. 129

[5] La tristeza por haber desobedecido al Mensajero en lugar de la tristeza por la pérdida del botín y la derrota sufrida. *Al-Mizan*, t. IV, p. 45

Luego, tras la aflicción, hizo descender sobre vosotros seguridad [en forma de] un sueño ligero que envolvió a un grupo de vosotros mientras que otro grupo, más preocupado por ellos mismos, pensaban sobre Dios lo que no es verdad, con dudas propias de la época de la ignorancia, diciendo: «¿Tenemos nosotros algo que ver en este asunto?»[1]

Di: «En verdad, todo el asunto pertenece a Dios.»

Esconden en sus corazones lo que no manifiestan ante ti.

Dicen: «Si hubiéramos tenido algo que ver en el asunto no nos habrían matado aquí.»

Diles: «Aunque hubierais permanecido en vuestras casas, a aquellos para los que estaba escrita, la muerte les habría sorprendido en sus lechos.»

Fue así para que Dios pusiera a prueba lo que tenéis en vuestros pechos y para purificar lo que hay en vuestros corazones. Dios conoce bien lo que hay en los pechos. (154)

En verdad, a aquellos de vosotros que dieron la espalda el día en que se encontraron los dos ejércitos,[2] Satanás les hizo tropezar por algo que habían cometido, pero Dios les ha perdonado. En verdad, Dios es perdonador, indulgente. (155)

¡Oh, los que creéis! No seáis como aquellos que no creen y dijeron de sus hermanos cuando salían de viaje o iban de incursión: «Si se hubieran quedado junto a nosotros no habrían muerto ni les habrían matado.»

¡Haga Dios que eso les remuerda en los corazones!

Dios da la vida y la muerte y Dios observa lo que hacéis. (156)

Y si sois matados por la causa de Dios o morís, el perdón y la misericordia de Dios es mejor que lo que ellos reúnen.[3] (157)

---

[1] Especularon sobre Dios de manera inadecuada, propia de los tiempos de la ignorancia, al suponer erróneamente que el control de algunos asuntos estaba en sus manos y por ello, cuando fueron derrotados por sus enemigos y muchos de ellos encontraron la muerte, dudaron y un grupo de ellos dijo: «¿Qué hemos hecho nosotros para merecer este castigo?» Pues pensaban que los musulmanes jamás serían vencidos, sin pararse a reflexionar que eso estaba condicionado a su cumplimiento de las disposiciones islámicas. Al-Mizan, t. IV, p. 72, 73.

[2] Abandonando el sitio estratégico que el Mensajero de Dios les había ordenado defender con firmeza durante la batalla de Uhud. Tafsir al-Kashaf, t. I, p. 430.

[3] A lo largo de toda su vida. Nemune, t. III, p. 136.

Y si morís o sois matados, ciertamente, regresaréis a Dios. (158)

En verdad, por una misericordia de Dios, fuiste blando con ellos, pues, si hubieras sido seco y duro de corazón, rápidamente se hubieran apartado de ti. Por tanto, perdónales y pide el perdón para ellos y consúltales en el asunto.[1] Después, cuando tomes una decisión, confía en Dios. En verdad, Dios ama a los que confían en Él. (159)

Si Dios os ayuda, nadie podrá venceros y si os abandona ¿Quién podrá ayudaros después de Él? ¡Qué los creyentes confíen en Dios! (160)

No es propio de un profeta el fraude.[2] Y quien defraude vendrá el Día del Levantamiento con lo que defraudó. Luego, cada uno recibirá la recompensa de lo que haya hecho y nadie será tratado injustamente. (161)

¿Acaso quien persigue la satisfacción de Dios es igual que quien disgusta a Dios y su morada es el Infierno? ¡Qué mal destino! (162) Cada uno de ellos tendrá un grado de proximidad junto a Dios. Y Dios observa lo que hacen. (163)

En verdad, Dios agracia a los creyentes al designar un Mensajero de entre ellos mismos, que les recita Sus versículos y les purifica y les instruye en la *Escritura* [Sagrada] y en la Sabiduría, cuando antes estaban en un extravío evidente. (164)

Acaso cuando os sobreviene una desgracia, habiendo vosotros provocado una desgracia doblemente grande,[3] decís: «¿De dónde nos viene esto?»

Di: «De vosotros mismos.»

En verdad, Dios tiene poder sobre todas las cosas. (165)

---

[1] «En el asunto de la guerra y otros semejantes, de lo que no tiene que ver directamente con lo que te ha sido revelado, para que se te evidencien sus opiniones y para que sientan que cuentas con ellos.» Pues transmitió Al-Hasan ibn 'Ali: «En verdad, Dios sabe que él [el Profeta] no tenía necesidad de ellos, pero quiso que fuera una costumbre (*sunna*) después de él.» *Tafsir al Kashaf*, t. I, pág. 432.

[2] El día de la batalla de Badr se perdió una colcha roja y los hipócritas dijeron que quizás el Profeta se había quedado con ella. Otros relatan que esto sucedió en la batalla de Uhud. *Tafsir al Kashaf*, t. I, pág. 434

[3] Ha sido transmitido que se refiere a lo que les sucedió a los creyentes en la batalla de Uhud, en la que 70 de sus hombres fueron matados, comparándolo con lo que sucedió el día de la batalla de Badr, en que los musulmanes mataron 70 incrédulos y capturaron otros 70. Y en esta descripción hay una indicación para aportar tranquilidad a sus corazones y para aminorar su tragedia. *Al-Mizan*, t. IV, pág. 59.

Y lo que os afligió el día en que se enfrentaron los dos grupos[1] fue con el permiso de Dios y para conocer quiénes eran creyentes (166) y quiénes eran hipócritas.

Se les dijo: «¡Venid! ¡Combatid en la senda de Dios o defendeos!»[2]

Dijeron: «Si supiéramos que habría un combate, sin duda que os seguiríamos.»[3]

Ese día, ellos estaban más cerca de la incredulidad que de la fe.

Dicen con sus bocas lo que no hay en sus corazones. Pero Dios conoce mejor lo que esconden. (167)

[Los hipócritas son] aquellos que, mientras se quedaban sentados,[4] decían de sus hermanos: «Si nos hubieran obedecido no les habrían matado.» Di: «¡Apartad la muerte de vosotros mismos, si es que sois veraces!» (168)

Y no creáis en absoluto que aquellos que han sido matados en la senda de Dios están muertos. Sino que están vivos y provistos de todo junto a su Señor. (169) Contentos por el favor que Dios les ha otorgado y felicitándose por aquellos que todavía no les han alcanzado y han quedado atrás, porque no tienen por qué temer y no estarán tristes.[5] (170) Regocijándose de la merced y el favor de Dios y porque Dios no deja que se pierda la recompensa de los creyentes, (171) aquellos que respondieron a la llamada de Dios y del Mensajero aun después de haber sido heridos.

Para los que han actuado bien y han sido temerosos de desagradar a Dios hay una recompensa inmensa. (172) Aquellos a quienes las gentes les dijeron: «En verdad, la gente se ha juntado contra vosotros ¡Temedles!» Y eso incremento su fe y dijeron: «¡Dios nos basta! ¡Él es el mejor protector!»[6] (173)

---

[1] Los creyentes y los no-creyentes, el día de la batalla de Uhud.

[2] Es decir: «Permaneced junto a los musulmanes aunque no combatáis. Porque la cantidad aterroriza a los no-creyentes.» *Al Kashaf*, t. I, pág. 437.

[3] «Pero sabemos que no lo habrá.» *Nemune*, t. III, p. 163.

[4] Sin ayudarles a defenderse del ataque enemigo.

[5] Porque atestiguan la alta posición que les aguarda en ese otro mundo, en el que ellos ya están y saben que no tendrán que temer por nada de lo que les pueda suceder, ni estarán tristes por nada de lo que hayan hecho. Cfr. *Nemune*, t. III, p. 168.

[6] Tras la batalla de Uhud (Cfr., nota del versículo 3:123), aunque muchos musulmanes estaban heridos, salieron de nuevo hasta un lugar situado a unos 12 Km. al sur de Medina, llamado Hamra' al-Asad para hacer frente al ejército de La Meca, lo cual disuadió al ejército Quraysh de emprender un nuevo ataque. *Nemune*, t. III, p. 175.

Y han regresado, por una Gracia y un Favor de Dios, sin sufrir mal.[1] Buscaron la satisfacción de Dios y Dios es el Dueño del Favor inmenso. (174)

En verdad, vosotros sois el Demonio. Él asusta [solamente] a quienes son amigos suyos. ¡Así que no tengáis miedo de ellos, tened miedo de Mí, si es que sois creyentes![2] (175)

Que no te entristezcan aquellos que se precipitan al mundo de la incredulidad. En verdad, ellos no perjudican en nada a Dios. Dios quiere que no tengan parte en la otra vida. Y para ellos hay un castigo inmenso. (176)

En verdad, aquellos que compran la incredulidad con la fe no perjudican a Dios en nada y para ellos hay un castigo doloroso. (177)

Que aquellos que no creen no piensen que si les damos un plazo es para su bien. En verdad, les concedemos un plazo para que acumulen malas acciones. Para ellos hay un castigo humillante. (178)

Dios no va a dejar a los creyentes en el estado en el que os encontráis, sin separar al malo del bueno, ni va Dios a mostraros lo que está oculto a los sentidos, pero Dios escoge de entre Sus profetas a quien Él quiere.[3] Así pues, creed en Dios y en Sus Mensajeros. Si creéis y teméis tendréis una recompensa inmensa. (179).

Y no crean aquellos que son tacaños con lo que Dios les ha favorecido que eso es un bien para ellos, pues es para su mal. El día del Levantamiento llevarán al cuello lo que acumularon en su avaricia. A Dios pertenece la herencia de los cielos y de la Tierra y Dios está bien informado de lo que hacéis. (180)

---

[1] El ejército Quraysh, para evitar un ataque de los musulmanes y poder alejarse sin peligro, pagó a unas gentes de la tribu Abd al-Qais, que se dirigían a Medina a comprar trigo, para que asustasen a los musulmanes diciéndoles que el ejército de La Meca avanzaba contra ellos. A lo cual los musulmanes respondieron: «¡Dios nos basta! ¡Él es el mejor protector!» Esperaron tres días y viendo que el ejército enemigo no aparecía, regresaron sanos y salvos a Medina. *Nemune*, t. III, p. 175-176.

[2] *Dalikum* se refiere a las gentes de 'Abdu l-Qais que trataba de asustar a los musulmanes con la llegada del ejército de los idólatras. Por eso Dios les dice: «Esas murmuraciones con las que ellos vienen solamente asustan a los que son amigos del Demonio. No tengáis miedo de lo que ellos puedan haceros, sino de lo que Yo pueda haceros, pues si verdaderamente creéis en Mí, sabréis que Mi poder está por encima de cualquier otro.» *Cfr. Nemune*, t. III, p. 178-179.

[3] La batalla de Uhud evidenció el peligro que suponían los hipócritas existentes entre los musulmanes. Hipócritas a los que Dios conoce. Pero Él quiere que los musulmanes los conozcan por sí mismos, por eso no les revela Sus secretos, excepto aquello que Él considera necesario revelar a Sus profetas para un mejor cumplimiento de su misión.

Dios, sin duda, ha escuchado las palabras de aquellos que dijeron: «En verdad, Dios es pobre y nosotros somos ricos.»[1]

Tomaremos nota de lo que han dicho y de que mataron sin derecho a los profetas[2] y les diremos: «Saboread el tormento del Fuego. (181) Eso es por lo que hicisteis, pues Dios no oprime a los siervos.» (182)

Esos son quienes dijeron: «En verdad, Dios ha establecido una alianza con nosotros para que no creamos en ningún Mensajero hasta que venga a nosotros con una ofrenda que el fuego devore.»

Di: «Antes de mí vinieron a vosotros, por cierto, Mensajeros con las señales claras y con lo que habéis dicho ¿Por qué, pues, los matasteis, si sois sinceros?» (183)

Y si te desmienten, en verdad, antes de ti fueron desmentidos otros Mensajeros que vinieron con las señales claras, y con los *Salmos* y con la *Escritura* Luminosa.[3] (184)

Todo ser saboreará la muerte. Pero, hasta el Día del Levantamiento no recibiréis toda vuestra recompensa.

Quien sea librado del Fuego e introducido en el Jardín, sin duda habrá triunfado. La vida de este mundo no es más que disfrute de la vanidad. (185)

Ciertamente, seréis puestos a prueba en vuestras riquezas y en vuestras personas y, ciertamente, de quienes tuvieron la *Escritura* [Sagrada] antes que vosotros y de los politeístas, escucharéis muchos insultos. Pero si sois pacientes y temerosos de Dios, eso sí que, en verdad, es dar muestra de firmeza en los asuntos.[4] (186)

---

[1] Cuando descendió el versículo: «Quién hará un préstamo generoso a Dios» algunos judíos dijeron burlándose: «El que pide un préstamo es porque es pobre.»

[2] Los versículos 181 a 184 están dirigidos a los judíos. *Cfr.* 2:61, 91; 3:21, 112; 4:115, donde los judíos son acusados por Dios de matar a sus propios profetas.

[3] *Zubur* es el plural de *zabur* y significa «escritos plenos de significado y profundidad» Puede que la diferencia con la *Escritura* Luminosa consista en que *zubur* se refiera a los mensajes que vinieron con los profetas anteriores a Moisés, y la *Escritura* Luminosa se refiera al *Antiguo* y al *Nuevo Testamento* (*Torá* y *Evangelio*), ya que el Corán se refiere a ellos como «Luz». *Cfr.* 5:44 y 46.

[4] Cuando los musulmanes emigraron de La Meca a Medina, dejando atrás su vida y propiedades, los idólatras se apoderaron de sus bienes y molestaban de palabra y obra a los que quedaron. Cuando llegaron a Medina sufrieron los insultos y las vejaciones de los judíos, especialmente de uno de ellos llamado Ka'ab ibn Ashraf, poeta satírico que se dedicó a atacar con sus poemas al Mensajero de Dios y a los musulmanes y a incitar a los politeístas contra ellos. *Cfr. Nemune*, t. III, p. 203.

Y [recordad] cuando Dios estableció un acuerdo con aquellos a quienes les fue dada la *Escritura* [Sagrada]: «Explicádsela a la gente y no la ocultéis.»

Pero ellos le dieron la espalda[1] y la vendieron por poco precio. ¡Qué mal negocio hicieron! (187)

No creas que aquellos que se alegran de lo que han hecho [malo] y quieren que se les agradezca lo que no han hecho, están a salvo del castigo[2]. ¡Tendrán un castigo doloroso! (188)

¡A Dios pertenece el reino de los cielos y de la Tierra, y Dios tiene poder sobre todas las cosas! (189)

En verdad, en la Creación de los cielos y de la Tierra y en la diferencia entre la noche y el día, hay señales para los dotados de intelecto. (190) Aquellos que recuerdan a Dios de pie, sentados o acostados, y que reflexionan sobre la Creación de los cielos y la Tierra [y dicen]:

«¡Oh, Señor nuestro! ¡No has creado todo esto en vano! ¡Glorificado seas! ¡Líbranos del castigo del Fuego! (191)

¡Señor nuestro! ¡A quien Tú [por sus actos] introduces en el Fuego, ciertamente, lo has humillado merecidamente! ¡Los opresores no tendrán quien les auxilie! (192)

¡Señor nuestro! ¡En verdad, hemos escuchado a uno que convocaba a la fe!: "¡Creed en vuestro Señor!" y hemos creído.

¡Señor nuestro! ¡Perdona, pues, nuestros pecados y cubre nuestras malas acciones[3] y, al morir, reúnenos con los buenos! (193)

¡Señor nuestro! ¡Danos lo que nos has prometido por medio de Tus profetas! ¡Y no nos avergüences el Día del Levantamiento!

¡En verdad, Tú no incumples lo prometido!» (194)

---

[1] No cuidaron y respetaron el pacto.

[2] Sobre la causa del descenso de este versículo existen dos opiniones. Algunos exégetas, por ejemplo Abu l-Futuh, la relacionan con algunos judíos de Jaibar que ocultaban partes de sus Escrituras Sagradas y les parecía que actuaban muy inteligentemente y, al mismo tiempo, querían ser reconocidos como hombres sabios. Otros, como 'Ata' bin Yasar transmite de Abu Sa'id Juduri, creen que se refiere a los hipócritas de entre los musulmanes, que aludían pretextos para no acudir a la batalla

[3] *Dunub* son los grandes pecados y *sei`at* los pecados pequeños. Al Kashaf, t. I, p. 455.

Su Señor les respondió a su súplica: «En verdad, Yo no dejo que se pierda la obra de nadie que obre bien, sea hombre o mujer.

Procedéis unos de otros. Ocultaré los pecados de aquellos que emigraron y fueron sacados de sus casas y fueron molestados por Mi causa y combatieron y fueron matados, ocultaré sus pecados y Les haré entrar en Jardines por los cuales fluyen arroyos.

¡Recompensa procedente de Dios! ¡Y Dios tiene junto a Él la mejor recompensa!» (195)

¡Que no te impresione el ir y venir de aquellos que no creen! (196)
¡[Tendrán] un pequeño disfrute y luego su morada será el infierno de Yahannam! ¡Qué mal lecho! (197)
Pero, para aquellos que temieron disgustar a su Señor hay Jardines de cuyas profundidades brotan ríos, en los que estarán eternamente hospedados junto a Dios. ¡Y lo que hay junto a Dios es mejor para los buenos! (198)

Y, en verdad, de entre la gente de la *Escritura* [Sagrada], hay quienes creen en Dios y en lo que fue hecho descender para vosotros y en lo que fue hecho descender para ellos. Humildes ante Dios, no venden las señales de Dios a poco precio.

Esos tendrán su recompensa junto a su Señor.

En verdad, Dios es rápido haciendo las cuentas. (199)

¡Oh, creyentes! ¡Sed pacientes y aguantad con firmeza y manteneos preparados para el combate y temed a Dios! ¡Quizás, así, tengáis éxito! (200)

Capítulo 4

Las mujeres

En el nombre de Al.lah, el Clementísimo, el Misericordiosísimo.

¡Oh gentes! ¡Temed a vuestro Señor, que os creó de una sola alma y que creó de ella a su pareja y que, a partir de ambos, ha hecho surgir hombres y mujeres en abundancia!

Y temed a Dios, en cuyo nombre os pedís unos a otros y [cuidad] las relaciones familiares. En verdad, Dios os observa. (1)

Y dad a los huérfanos sus bienes y no deis lo malo en lugar de lo bueno y no os comáis sus bienes juntándolos con los vuestros. En verdad, sería un gran pecado. (2)

Y si teméis no ser justos con los huérfanos, casaos con [otras de] las mujeres que os gusten, dos, tres o cuatro.[1] Pero si, aún así, teméis no ser justos, hacedlo [sólo] con una[2] o con una de vuestras esclavas.[3] Eso estará más cerca de no ser injustos. (3)

Y entregad a las mujeres la parte de sus dotes que les corresponde como una obligación, pero si ellas os perdonan una parte, usadla lícita y gustosamente. (4)

Y no deis a los incapacitados mentales los bienes que Dios os ha proporcionado para vuestro funcionamiento y proveedles de ellos y vestidles y habladles con dulzura. (5)

Examinad a los huérfanos hasta que lleguen a la edad de casarse y, si los consideráis maduros, entregadles sus bienes y no os los comáis, derrochándolos prematuramente, antes de que se hagan mayores. Y el que sea rico, que se abstenga de ellos, y el que sea pobre que use lo justo. Cuando les entreguéis sus bienes, hacedlo ante testigos. Y Dios es suficiente para llevar la cuenta. (6)

---

[1] Es decir: «Si teméis no respetar los derechos de matrimonio y las riquezas de las huérfanas con las que os caséis, no os caséis con ellas y elegid otras mujeres con las que no os resulte tan fácil ser injustos» Pues era frecuente entre los hombres del Hiyaz, antes de la llegada del Islam, tutelar niñas que quedaban huérfanas y, posteriormente, casarse con ellas y apropiarse de sus bienes e incluso divorciarse de ellas después al menor enfado. *Cfr. Nemune*, t. III, p. 252-254

[2] Si, al tener varias esposas, teméis no tratarlas equitativamente, casaos solamente con una, alejando así la posibilidad de ser injustos. *Nemune*, t. II, p. 254

[3] En la época en que el Corán fue revelado, no existían las prisiones y los prisioneros de guerra pasaban a ser esclavos en las casas de quienes los capturaban o compraban. El Islam establece, por ello, disposiciones que faciliten la liberación de los esclavos.

A los hombres les corresponde una parte de lo que han dejado sus padres y familiares cercanos y a las mujeres una parte de lo que han dejado los padres y familiares cercanos, sea poco o mucho, es la parte establecida. (7)

Y si en el reparto están presentes los familiares, los huérfanos y los necesitados, dadles de ello y habladles con amabilidad. (8)

Aquellos que si dejasen tras de sí hijos menores de edad temerían por ellos, que se preocupen [por los huérfanos] y que sean temerosos de desagradar a Dios y les hablen con ternura y cariño. (9)

En verdad, aquellos que devoran injustamente los bienes de los huérfanos, solamente introducen fuego en sus vientres y pronto arderán en el Fuego abrasador. (10)

Dios os ordena en lo relativo a vuestros hijos que la parte del varón sea igual a la parte de dos hembras y si [vuestros hijos] fueran dos mujeres o más de dos, recibirán dos tercios de lo que dejó [el fallecido]. Si sólo fuera una, le corresponde la mitad.

Y a los padres de él corresponde una sexta parte para cada uno, en caso de que dejéis hijos.

Si no dejáis hijos y los padres son los [únicos] herederos, a la madre de él le corresponde un tercio. Pero si él deja hermanos, a la madre le corresponde un sexto.

Esto, después de haber cumplido con las disposiciones testamentarias o las deudas pendientes.

No sabéis quien será más beneficioso para vosotros, si vuestros padres o vuestros hijos.

Esto es lo que Dios ha ordenado. En verdad, Dios todo lo conoce, es sabio. (11)

Y a vosotros os corresponde la mitad de lo que dejen vuestras esposas si no tienen hijos. Pero si tienen hijos, a vosotros os corresponde un cuarto de lo que dejen, después de cumplir con los legados testamentarios que ella haya dispuesto y con las deudas.

Y a ellas les corresponde un cuarto de lo que dejéis si no tenéis hijos. Pero si tenéis hijos, a ellas les corresponde la octava parte de lo que dejéis, después de cumplir con los legados testamentarios que hayáis dispuesto y pagar las deudas.

Y si un hombre o una mujer de quien se hereda, fuera *kalála*[1] y tiene un hermano o una hermana,[2] a cada uno de ellos le corresponde un sexto y si fueran más se repartirán un tercio después de cumplir con los legados y las deudas, sin perjudicar a nadie.

Esto es lo dispuesto por Dios. Dios es sabio, magnánimo. (12)

Estas son las disposiciones establecidas por Dios y, a quien obedezca a Dios y a Su profeta, Él le hará entrar en Jardines de cuyas profundidades brotan los ríos, en los que morará eternamente. ¡Ese es el éxito inmenso! (13)

Y a quien desobedezca a Dios y a Su profeta y traspase Sus límites, Él le hará entrar en un Fuego en el que permanecerá eternamente y recibirá un castigo humillante. (14)

---

[1] *Kalála*: Se denomina así a quien muere sin dejar ni hijos ni padres; también se puede denominar así a los herederos que no son ni padres ni hijos del fallecido. Existe una tercera acepción, la de los parientes cercanos que no se relacionan con el fallecido ni a través de los padres de éste, ni a través de los hijos del mismo. Cfr. 4:176. *Tafsir al-Kashaf*, t. I, p. 485.

Preguntaron al Profeta sobre *kalalatun* y dijo: «Quien muere y no tiene ni hijos ni padres.» Pero también puede indicar a los herederos que no son ni padres ni hijos del muerto. *Al-Mizan*, t. IV, p. 212.

[2] Si son hermano o hermana por parte de madre. *Nemune*, t. II, p. 284. *Cfr.* Zamajshari, Abu l-Futuh, Imam Fajr, Meqdad Sayuri, Sheij Tusi, Meibudi.

Si alguna de vuestras mujeres casadas comete pecado[1], buscad a cuatro de entre vosotros que atestigüen contra ella. Si lo atestiguan, recluidlas en (sus) casas hasta que les llegue la muerte o Dios les procure una vía.[2] (15)

Y si dos de los vuestros (que no estén casados)] cometen pecado, castigad a ambos.[3] Pero, si se arrepienten y se reforman, dejadles en paz. En verdad, Dios es perdonador, misericordiosísimo. (16)

En verdad, el perdón de Dios es para aquellos que hacen el mal por ignorancia y luego se arrepienten inmediatamente. A esos Dios les perdona. Dios es conocedor, sabio. (17)

Pero el perdón no es para aquellos que saben que hacen el mal hasta que les llega la muerte y, entonces, dicen: «Ahora me arrepiento», ni para aquellos que mueren sin creer. Para ellos tenemos previsto un castigo doloroso. (18).

¡Oh los que creéis! No es lícito para vosotros que heredéis de vuestras mujeres contra su voluntad, ni que las presionéis para recuperar algo de lo que les habéis dado,[4] excepto si son culpables de un acto claramente deshonroso.[5] Y convivid con ellas conforme a lo que es correcto, pues si os resultan odiosas, quizás odiéis algo en lo que Dios ha puesto un gran bien. (19)

---

[1] *Fáhishata*: la mayoría de los exégetas coránicos han dicho que el término, en este versículo, se refiere a la fornicación y el adulterio. Y también se ha usado para referirse a los juegos lésbicos. Al-Mizan, t. 4. p. 370.

[2] Y se ha transmitido que, cuando descendió la aleya de los latigazos (*Al-Nur*, 24:2) abrogando esta sentencia, el Profeta comentó que los latigazos son la vía que Dios ha establecido para el caso en que ellas cometan este pecado. *Al-Mizan*, t. IV, p. 234.

[3] Algunos, por el uso que se hace del dual masculino «al-ladani» han dicho que se refiere a una pareja de homosexuales, pero la mayoría de los exégetas, tanto antiguos como modernos, desde Tabari a Tabatabai disienten de esa opinión. *Qur'an-e Karim*, p.80

[4] Según Zamajshari, se refiere a las personas que presionan y tratan mal a sus esposas cuando ya no las quieren, para que estas pidan el divorcio (*jala*) y quedarse así con parte del dinero que les han dado como dote. *Tafsir al-Kashaf*, t. I, p. 490. Pero Al.lama Tabatabai dice: «Se refiere, sin duda alguna, al matrimonio temporal, puesto que, ciertamente, este versículo es medinese y ha descendido en la *sura* de las «Mujeres», en la primera mitad del periodo en que el Profeta vivió en Medina, después de su peregrinación a esta ciudad. Y el mismo contenido de los versículos de esta *sura* es testigo de ello y ha sido en esta época en la que se ha comenzado a practicar el matrimonio temporal.» *Al-Mizan*, t. IV, p. 271 y 272. Pero Ayatolá Makarem Shirazi cita un *hadiz* recogido en el *Tafsir Machma' al-Bayan* en el que el Imam al-Baqir dijo: «Este versículo descendió para quienes no se comportan como esposos con sus mujeres y tampoco las divorcian, esperando que mueran para apropiarse de sus riquezas.» *Cfr. Nemune*, t. III, p. 318

[5] Es decir, adulterio.

Y si queréis cambiar una esposa por otra y habéis dado a una de ellas un quintal [de oro], no toméis nada de ello ¿Acaso lo tomaríais cometiendo una infamia y un pecado evidente? (20)

Y ¿Cómo lo tomaríais, después de haber tenido una relación íntima el uno con el otro y de haber ellas obtenido de vosotros un compromiso firme? (21)

Y no os caséis con las mujeres con quienes se casaron vuestros padres, exceptuando lo que ya hicisteis. En verdad, sería algo indecente y aborrecible y un mal camino. (22)

Desde ahora, quedan prohibidas para vosotros vuestras madres, vuestras hijas, vuestras hermanas, vuestras tías paternas y maternas, las hijas de vuestros hermanos y hermanas y vuestras madres y hermanas de leche y vuestras suegras, las hijas de vuestras esposas, que están bajo vuestra custodia, una vez que hayáis consumado el matrimonio con sus madres, pero si no lo habéis consumado no cometéis pecado con ello; las esposas de vuestros propios hijos y que os unáis con dos hermanas al mismo tiempo, excepto si lo hicisteis en el pasado.

En verdad, Dios es perdonador, misericordiosísimo. (23)

Parte 5

Ni [podéis casaros] con las mujeres casadas, excepto que sean propiedad vuestra.[1] Es un decreto de Dios para vosotros. Y, a parte de esos casos, es lícito para vosotros buscar la unión con ellas si las solicitáis con vuestros bienes,[2] buscando el matrimonio y no la fornicación.

Y si os casáis temporalmente con ellas, dadles su dote obligatoriamente.[3] Y no cometéis falta en lo que, aparte de la dote, convengáis de mutuo acuerdo. En verdad, Dios todo lo conoce, es sabio. (24)

Y quién de vosotros no disponga de medios suficientes para casarse con una creyente libre, que lo haga con una de vuestras jóvenes siervas creyentes.

Dios es Quien mejor conoce vuestra fe. Descendéis unos de otros.

Casaos, pues, con ellas con permiso de la familia a la que pertenecen y dadles su dote conforme a lo que es justo, como a mujeres honradas, no como a prostitutas o a las que toman amantes.

Si se casan y luego cometen algo deshonesto, tendrán la mitad de castigo que las mujeres libres. Esto[4] es para quienes de vosotros teman caer en el pecado de fornicación, pero es mejor para vosotros si tenéis paciencia. Dios es perdonador, misericordiosísimo con los creyentes. (25)

Dios quiere aclararos las cosas y guiaros a las costumbres de los que existieron antes de vosotros[5] para perdonaros. Dios es conocedor, sabio. (26)

---

[1] Puede referirse a las mujeres que pertenecen a un musulmán sin estar casadas con otro hombre o a mujeres tomadas a los no creyentes, según el relato de Abu Sa'id al-Judri que dice: «En verdad, este versículo descendió a propósito de *Sabiu Autas* («la toma de mujeres en la batalla de Autas») en la que los musulmanes tomaron mujeres de los idólatras y algunas de ellas tenían esposos en el campo de batalla y, cuando descendió esta aleya, un mensajero de Profeta llamó a las gentes a no poseer ninguna mujer embarazada de las capturadas hasta que no dieran a luz, ni de las que no estuvieran embarazadas hasta que no se purificasen de su sangre [al término de su menstruación].» Cfr. *Tafsir al-Kashaf*, t. I, p. 497; *Al-Mizan*, t. IV p. 267; *Nemune*, t. III, p. 334.

[2] Es decir, para casaros con ellas, pagándoles por tanto la dote obligatoria.

[3] Esta frase hace referencia al matrimonio temporal, conocido como *muta'a*, de la misma raíz que el término usado en este versículo «*'istamta'tum*». De la frase se deduce que el matrimonio temporal era practicado por los musulmanes antes del descenso de este versículo, en el que Dios les indica la obligatoriedad de pagar dote a las mujeres con las que se casen temporalmente. Cfr. *Nemune*, t. III, p. 325

[4] Este permiso de casaros con esclavas.

[5] A las costumbres de los profetas anteriores y de sus comunidades.

Dios quiere perdonaros y aquellos que siguen a sus apetitos quieren que os desviéis completamente. (27)

Dios quiere aligerar vuestra carga, pues el ser humano fue creado débil.[1] (28)

¡Oh los que creéis! No os comáis la riqueza unos a otros ilegalmente.[2] Es diferente si comerciáis de común acuerdo. Y no os matéis vosotros mismos.[3] En verdad, Dios ha sido misericordiosísimo con vosotros. (29)

Y a quien obre así, violando la ley y oprimiendo, le arrojaremos al Fuego. Eso es fácil para Dios. (30)

Si os abstenéis de cometer los pecados graves que os han sido prohibidos, ocultaremos vuestras pequeñas malas acciones y os introduciremos en una morada generosa. (31)

Y no deseéis aquello con lo que Dios ha favorecido a unos sobre otros.

Los hombres tienen una parte de lo que realizan y las mujeres una parte de lo que realizan.[4]

Y pedid a Dios que os otorgue de Su favor. En verdad, Dios conoce bien todas las cosas. (32)

Nosotros hemos designado, para todos, herederos de lo que dejan los padres y los familiares cercanos. Y a aquellos con los que tenéis un compromiso establecido, dadles su parte. Ciertamente Dios es testigo de todo. (33)

---

[1] Con leyes como la relativa al matrimonio con mujeres esclavas, pues, frente a la fuerza de sus deseos y pasiones, el ser humano necesita de respuestas que le permitan una canalización positiva de los mismos. *Nemune*, t. III, p. 352

[2] Mediante la usura, el juego, la usurpación, las falsas reclamaciones u otros medios ilegítimos. *Cfr.* 2:188.

[3] Corrompiendo la sociedad con operaciones comerciales ilegales y usureras que provoquen la ruina de las personas, la ruina de la sociedad, la injusticia y el desorden. *Cfr. Nemune*, t. III, p. 356-357

[4] El famoso exegeta Tabarsī en su *Tafsir Machma al-Bayan* recoge que Umm Salama, una de las esposas del Mensajero, le preguntó: «¿Por qué los hombres van al combate y las mujeres no? y ¿Por qué las mujeres obtenemos la mitad de la herencia que los hombres?» En respuesta descendió este versículo. *Nemune*, t. III, p. 362.

La diferencia tiene que ver, en el ordenamiento social islámico, en que es el hombre quien tiene la obligación de cubrir los gastos familiares, incluidos los de las esposas e hijas no casadas, mientras que los bienes de la mujer pertenecen a ella exclusivamente, ya que en el matrimonio islámico no existen bienes gananciales, como indica el siguiente versículo.

Los hombres son los encargados de proteger y atender a las mujeres por aquello con lo que Dios ha favorecido a unos sobre otros y por lo que gastan de sus bienes.[1]

Y las casadas virtuosas son discretas y protegen en ausencia [de sus esposos] lo que Dios ha encargado proteger.

Y a aquellas de las que temáis una conducta rebelde y obstinada, amonestadlas [primero], y [si no surte efecto] abandonadlas en el lecho y [en última instancia] golpeadlas.[2] Pero si os obedecen, no hagáis nada contra ellas. Dios es Excelso, Grande. (34)

Y si teméis una ruptura entre ellos dos, designad un árbitro entre los familiares de él y otro árbitro entre los familiares de ella. Si ellos desean reconciliarse, Dios hará que se pongan de acuerdo.

En verdad, Dios es buen conocedor, está informado de todo. (35)

Y adorad a Dios y no adoréis nada junto a Él.

Y sed buenos con vuestros padres, con vuestros familiares, los huérfanos, los necesitados, los vecinos cercanos y los vecinos lejanos, con el compañero de viaje, con el viajero y con vuestros esclavos.

En verdad, Dios no ama a quien sea un fanfarrón arrogante. (36) Esos que son avaros y que llevan a la gente a la avaricia y ocultan los favores que Dios les ha otorgado. Hemos preparado para los que no creen un castigo humillante, (37)

---

[1] *Qawam* significa: «encargado, director, superintendente, custodio, guardián, manager, responsable». Cuando va seguido de la partícula *'ala*, significa: «encargado o guardián de algo o alguien». En este versículo, Dios sitúa al hombre como el responsable de la mujer, por aquello con lo que ha favorecido a unos sobre otros, es decir, por su constitución física y psicológica más adecuada, en términos generales, para asumir la defensa y protección del clan familiar en el exterior y por su mayor predisposición al razonamiento lógico, frente a la mayor capacidad emocional y afectiva que posee la mujer. *Cfr. Nemune*, t. III, p. 370

[2] Y esas medidas son progresivas, primero tratar de razonar con ellas y de llevarlas al bien y, si esto no surte efecto, darles la espalda a ellas en el lecho y, en ultima instancia, golpearlas. El término *daraba* posee múltiples significados: «golpear, ejemplificar, caminar, tocar un instrumento musical, etc.» En este contexto significa, desde luego, golpear, pero la manera práctica de entenderlo debe remitirse a la enseñanza profética, quien no sólo jamás golpeó a sus esposas, sino que dijo: «Cuanta más fe tiene un creyente, mejor trata a sus esposas.» Y cuando fue preguntado: ¿cómo podemos golpearlas? Respondió: «Con el palo de vuestro cepillo de los dientes». *Cfr. Al-Mizan*, t. IV, p.344. Por otra parte, las leyes islámicas castigan cualquier daño que una persona pueda causar a otra, con indemnización y *qisas* («compensación, talión»), por lo que «golpeadlas» no puede entenderse como algo que vaya más allá de un toque de atención que no provoque daño físico. Es más bien un gesto de disgusto que tenga un efecto educativo sobre la moral de la persona a la que se pretende corregir en su mal comportamiento.

y para los que gastan sus riquezas para ser vistos por las gentes y no creen en Dios ni en el Último Día y para quien tiene a Satanás por compañero ¡Qué mal compañero! (38)

¿Qué les hubiese costado creer en Dios y en el Último Día y haber gastado de lo que Dios les había proveído? ¡Dios les conoce bien! (39)

En verdad, Dios no oprime ni una pizca de un átomo y si se realiza una buena acción Él la multiplicará y otorgará una gran recompensa. (40)

¿Qué pasará entonces, cuando traigamos un testigo de cada comunidad y te traigamos a ti como testigo de estos?[1] (41)

Ese día, aquellos que no creyeron y desobedecieron al Mensajero querrán que la Tierra se los trague y no podrán ocultar a Dios nada de lo que hicieron. (42)

¡Oh los que creéis! No os acerquéis a la oración estando ebrios hasta que sepáis lo que decís, ni si estáis impuros,[2] hasta que os hayáis lavado[3], excepto si estáis de viaje.[4]

Y si estáis enfermos[5] o de viaje o uno de vosotros viene de hacer sus necesidades,[6] o tuvisteis contacto con mujeres y no encontráis agua, purificaos con tierra pura, pasándola por vuestro rostro y vuestras manos.

Ciertamente, Dios es indulgente, perdonador. (43)

¿No has visto a quienes les fue dada parte de la *Escritura* [Sagrada]? Compran el extravío y quieren que también vosotros extraviéis el Camino. (44)

---

[1] Como testigo de lo que estos hicieron.

[2] *Yunub* quiere decir impurificado por causa de una relación sexual. Este versículo puede también entenderse: «Y no entréis en las mezquitas en estado de impureza mayor, excepto que las atraveséis de pasada.» Es decir: sin permanecer en ellas. Interpretando la palabra *salat* como «oración» y como «lugar de oración», ya que ambas cosas están prohibidas: rezar estando impurificado y permanecer en las mezquitas en estado de impurificación mayor.

[3] La eyaculación, con o sin penetración y la penetración, con o sin eyaculación, rompen el estado de pureza mayor. Para recuperarlo es necesario lavar todo el cuerpo con agua pura, realizando la ablución ritual mayor o *gusl*.

[4] «Y no encontráis agua para purificaros, en cuyo caso podéis sustituirla purificándoos con tierra pura.»

[5] «Y lavaros con agua os puede perjudicar la salud y agravar vuestra enfermedad.»

[6] Pues la emisión de orina o heces, rompe el estado de purificación menor y exige la realización de la ablución menor o *wudu*.

Y Dios es Quien mejor conoce a vuestros enemigos. Y Dios es suficiente como protector y como auxiliador. (45)

Algunos judíos alteran el significado de las palabras y dicen: "Oímos y desobedecemos" y "Oye sin escuchar" y *"Raina"*, distorsionándola con sus lenguas e insultando a las creencias religiosas.[1] Si hubieran dicho: «Oímos y obedecemos» y «¡Escucha! y ¡Míranos!» habría sido mejor para ellos y más correcto, pero Dios les maldijo por su falta de fe, pues de ellos no creen más que unos pocos. (46)

¡Oh, aquellos a quienes les fue dada la *Escritura* [Sagrada]! ¡Creed en lo que hicimos descender confirmando lo que teníais, antes de que borremos los rostros y los volvamos del revés o los maldigamos como maldijimos a las gentes del *sabt* [sábado]![2] La orden de Dios es para ser cumplida. (47)

En verdad, Dios no perdona que se adore a nadie junto a Él pero, excepto eso, perdona a quien Él quiere.

Y quien adora a otros junto a Dios ha cometido un pecado inmenso. (48)

¿No has visto a quienes se consideran puros? Pero es Dios Quien purifica a quien Él quiere y nadie será oprimido en lo más mínimo.[3] (49)

Observa como inventan mentiras sobre Dios. Eso es suficiente como pecado evidente. (50)

¡No has visto a quienes les fue dada una parte de la *Escritura* [Sagrada] y creen en los espíritus mágicos malignos y en los falsos ídolos y dicen de los que no son creyentes: «Esos están mejor guiados que los creyentes!» (51)

---

[1] *Raina* en lengua árabe significa: «obsérvanos», en el sentido de: asístenos, tennos en consideración y danos un plazo, pero algunos judíos la distorsionaban de manera que significase «Ignóranos». *Cfr. Corán*, 2:104 y la nota correspondiente.

[2] Dios prohibió a los judíos trabajar los sábados, pero un grupo de ellos, viendo que los sábados la costa se llenaba de peces, no pudieron resistir la tentación y salieron a pescar, violando la prohibición establecida por su profeta, por lo que Dios les convirtió en monos. *Cfr.* 2:65 y 7:166

[3] En la mayoría de los *tafsires* se transmite que este versículo habla de los judíos y los cristianos que se consideran superiores a los demás creyentes, diciendo: «Nosotros somos hijos de Dios» o «El Paraíso es exclusivamente para nosotros» y cosas parecidas. Cfr. *Corán*, 5:18 y 2:111. Pero su significado es genérico y afecta a todo el que actúa de esa manera. En 53:32 se dirige a los musulmanes en los mismos términos, diciéndoles: ¡No os jactéis de puros!

Fatil: «Piel que se haya en la hendidura del hueso del dátil. Se utiliza figuradamente para indicar algo pequeñísimo.»

Esos son a quienes Dios maldijo y no encontrarás quien auxilie a quien Dios maldice. (52)

¿Acaso tienen parte en el gobierno[1]? Si así fuera no darían a la gente lo más mínimo. (53)

¿O es que envidian a la gente[2] por lo que Dios les ha otorgado de Su favor? Pues, a la familia de Abraham[3] le dimos, en verdad, la *Escritura* [Sagrada] y la Sabiduría y les dimos un Gobierno inmenso.[4] (54)

De ellos los hay que creen en él y los hay que se apartan de él. El Infierno será suficiente fuego para abrasarles. (55)

En verdad, a aquellos que no creen en Nuestras señales, les haremos arder en un Fuego en el que cada vez que sus pieles se quemen se las sustituiremos por otras distintas, para que saboreen el castigo.

En verdad, Dios es poderoso, sabio. (56)

Y, a aquellos que creen y obran rectamente, pronto les haremos entrar en un Jardín de cuyas profundidades brotan los ríos, en el que estarán eternamente. En ellos tendrán parejas purificadas y les colocaremos bajo densas sombras. (57)

En verdad, Dios os ordena devolver a sus propietarios los depósitos que se os confiaron y que, si juzgáis entre la gente, lo hagáis con justicia. ¡Qué excelente es aquello de lo que Dios os advierte! En verdad, Dios todo lo oye, todo lo ve. (58)

¡Oh, los que creéis! ¡Obedeced a Dios y obedeced al Mensajero y a los que de vosotros tienen autoridad![5] Y si discutís sobre algo, remitidlo a Dios y al Mensajero si creéis en Dios y en el Último Día. Eso es un bien y la mejor solución. (59)

---

[1] O: «en el Reino». En la exégesis de este versículo se ha dicho que descendió en respuesta a los judíos que dijeron: «La adoración de los ídolos que realizan los de Quraish de La Meca es mejor que la adoración a Dios de los musulmanes.» Por eso Dios les responde: «¿Acaso tienen parte en el gobierno para que se sientan autorizados a emitir tal juicio?» Cfr. Nemune, t. III, p. 420

[2] Al profeta Muhammad y a su familia. Cfr. *Tafsir al-Burhan*, t. I, p. 376 y *Tafsir Ruh al-Ma'ana*, t.V, p. 52.

[3] De la que los judíos también forman parte.

[4] Se refiere al Imamato, como menciona en 2:124

[5] Este versículo y los siguientes hasta el versículo 70, tratan de uno de los temas de mayor importancia en el Islam: El gobierno y la autoridad. Algunos han interpretado que la expresión: «y los que de vosotros tienen autoridad» se refiere a los que detentan el poder temporal de la comunidad, sean justos o no, pero el significado de autoridad espiritual es evidente si atendemos a la gradación descendente de la orden: «Si sois creyentes, debéis obedecer lo que Dios os dice; tras Él, a Su Mensajero y tras él, a quienes, por su obediencia a Dios y a Su Mensajero y por su conocimiento de lo que Dios y Su Mensajero establecieron, poseen autoridad entre vosotros.» Según los exegetas *shias*, los *Imames* Purificados. Cfr. *Corán* 33:33. Nemune, t. III, p. 435

¿No has visto a esos que proclaman que creen en lo que fue hecho descender para ti y en lo que fue hecho descender antes de ti?

Quieren recurrir al juicio de los tiranos[1], a pesar de que se les ha ordenado no creer en ellos y quiere el Demonio extraviarles lo más lejos posible. (60)

Y cuando se les dice: «Venid a lo que hizo descender Dios y [venid] hacia el Mensajero» ya ves cómo los hipócritas se apartan totalmente de ti. (61) Y cómo, cuando les aflige una desgracia por lo que hicieron con sus propias manos, vienen a ti jurando por Dios: «No deseamos más que el bien y la concordia.»(62)

Dios conoce bien lo que hay en sus corazones, así que apártate de ellos y amonéstales y háblales con elocuencia que llegue a sus almas. (63)

Y no Hemos enviado Mensajero alguno sino para que sea obedecido, con el permiso de Dios.

Si, cuando fueron injustos consigo mismos, hubieran venido a ti y hubieran pedido el perdón de Dios y el Mensajero hubiera pedido perdón para ellos, habrían encontrado a Dios perdonador y misericordiosísimo con los creyentes. (64)

Pero no. Juro por tu Señor que no creerán hasta que no te hayan hecho que juzgues sobre lo que disputan entre ellos. Entonces ya no encontrarán en sus almas como escapar de tu veredicto y se someterán plenamente.[2] (65)

---

[1] *Tagut*, como ya vimos (Cfr. *Corán*, 2:256), significa ídolo y se usa para designar a Satanás. También se usa para designar a los gobernantes tiranos que usurpan el poder que pertenece en exclusiva a Dios o a Sus enviados o a los gobernadores designados por estos. Los tiranos aparecen falsamente investidos de una autoridad que procede de Dios y que legitima sus gobiernos, de ahí que se les denomine falsos dioses o *tagut*.

[2] Zubair ibn Awam, que era uno de los que emigraron de La Meca (*muhayir*), y su vecino, que era un musulmán de Medina (*ansar*), pleiteaban sobre el derecho de las aguas de riego de sus palmerales, así que fueron con su reclamación ante Mensajero de Dios. Como el palmeral de Zubair estaba situado en la parte de arriba del río, el Mensajero le dio el derecho de regar primero. El *ansar* se disgustó, a pesar de que el juicio era conforme a la costumbre del lugar, y dijo al Mensajero: «¿No habrás juzgado a favor de Zubair por ser tu tío político?» El Mensajero se enfadó mucho por esas palabras y, en esa circunstancia, descendió este versículo, amonestando a estos dos hombres. Cfr. *Nemune*, t. III, p. 453

Si Nosotros hubiéramos decretado para ellos: «¡Mataos unos a otros!» o «¡Abandonad vuestros hogares!»[1] sólo unos pocos de ellos lo habrían hecho.

Pero, si hubiesen realizado aquello a lo que se les exhortó, habría sido mejor para ellos y su fe habría salido fortalecida. (66) Y, entonces les habríamos otorgado por Nuestra parte una recompensa inmensa. (67) y les habríamos guiado al camino recto. (68)

Y quien obedezca a Dios y al Mensajero estará con aquellos a los que Dios ha agraciado: los profetas, los veraces, los mártires y los justos.

¡Qué excelentes compañeros! (69)

¡Este el favor que proviene de Dios! Y es suficiente con que Dios conozca.[2] (70)

¡Oh los que creéis! Tomad precauciones y salid a combatir formando destacamentos fuertes o todos juntos. (71)

En verdad, entre vosotros hay quien se queda atrás y si os aflige una desgracia dice: «Por una merced de Dios no estaba con ellos.» (72)

Pero si Dios os favorece, dice, como si entre vosotros y él no existiera una amistad: «¡Ojalá hubiera estado con ellos! ¡Habría obtenido un éxito inmenso!» (73)

¡Que combatan por la causa de Dios aquellos que han vendido su vida en este mundo a cambio de la otra!

Y, a quien combate por la causa de Dios, tanto si es matado como si vence, Nosotros le daremos una recompensa inmensa. (74)

---

[1] Este versículo viene a completar el tema anterior, relativo a la resistencia de algunas personas a obedecer los juicios realizados por el Mensajero de Dios, diciendo: «No les hemos ordenado cosas difíciles de cumplir, como hicimos con otros pueblos anteriormente, a los cuales ordenamos matarse mutuamente como expiación de sus pecados, (Cfr. *Corán*, 2:54), o abandonar sus hogares. Si por un pequeño problema de reparto de aguas se comportan así, si les ordenáramos algo más difícil, pocos de ellos obedecerían.» Cfr. *Nemune*, t. III, p. 457.

[2] El estado de sus siervos y sus necesidades y sus obras. *Nemune*, t. III, p. 459

Uno de los compañeros del Mensajero, llamado Zauban, que profesaba un gran amor por él, apareció un día mostrando una gran tristeza. Cuando el Mensajero le preguntó la causa, él respondió: «He pensado que, cuando muera, aunque sea de la gente del Jardín, no estaré cerca de ti. Qué decir si soy de los que van al Fuego. Esa es la causa de mi tristeza.» Este versículo descendió aclarando la posición en la otra Vida de aquellos que creen. Cfr. *Nemune*, t. III, p. 459.

¿Es que no vais a combatir por la causa de Dios y de los hombres, mujeres y niños oprimidos que dicen: «¡Señor nuestro! Sácanos de este país[1] de gentes opresoras y tráenos a alguien que, de Tu parte, nos proteja y auxilie.» (75)

Los que creen combaten por la causa de Dios y los que no creen combaten por la causa de los tiranos. ¡Combatid, pues, a los amigos de Satanás! Ciertamente, la intriga de Satanás es débil. (76)

¿No has visto a aquellos a quienes se les dijo: «Apartad vuestras manos [de las armas], estableced la oración y dad la limosna ritual» que cuando se les ordena ir al combate temen a los hombres como si fueran Dios o más aun y dicen: «¡Señor nuestro! ¿Por qué nos has ordenado ir al combate? ¿Si al menos nos lo aplazaras un poco...»?[2]

Di: «El disfrute de esta vida es poco y la otra Vida es mejor para quien teme desagradar a Dios. Y no seréis oprimidos lo más mínimo. (77) Dondequiera que os encontréis os hallará la muerte, aunque os escondierais en torres fortificadas.» Si les acontece algo bueno dicen: «Esto procede de Dios»,[3] pero si les ocurre algo malo dicen: «Esto procede de ti.»[4]

Di: «Todo viene de Dios.»

Lo que ocurre con esa gente es que apenas entienden lo que sucede. (78) Lo bueno que te sucede proviene de Dios y lo malo que te sucede proviene de ti mismo.

Te hemos enviado a los hombres como un Mensajero. Basta Dios como testigo. (79)

---

[1] La Meca

[2] Estos versículos denuncian la actitud de los hipócritas que se encontraban ente las filas de los musulmanes. Un grupo de exégetas, entre los que se encuentran Shaij Tusi, autor de *Al-Tibian*, Al-Qurtubi e Ibn Abbas, este último, autor de *Al-Minar*, han transmitido que «un grupo de musulmanes que estaba siendo perseguido duramente por los idólatras de La Meca, fueron ante el Mensajero de Dios y le dijeron: "Antes del Islam éramos respetados y queridos, pero ahora se nos ha perdido el respeto y somos perseguidos. Permítenos combatir contra los que nos persiguen y recuperar el respeto que se nos debe". El Mensajero respondió: "No se me ha dado permiso para pelear." Pero cuando los musulmanes emigraron a Medina y Dios les ordenó defenderse, algunos de los que anteriormente mostraban tanto ardor por entrar en combate, se enfriaron totalmente». En esa circunstancia fue revelado este versículo. *Nemune*, t. IV, p. 14

[3] Es decir: «Dios nos ha favorecido porque somos gente que se lo merece.»

[4] Cuando son derrotados en una batalla o cuando en medio de una batalla se ven perdidos, dicen: «Esto nos ocurre por la mala gestión del Mensajero de Dios y por la falta de suficiente planificación militar.» *Nemune*, t. IV, p. 20

Quien obedece al Mensajero, ciertamente, obedece a Dios. En cuanto a quienes (te) den la espalda, no te hemos enviado a ellos para que seas su protector. (80)

Dicen: «Obedecemos» pero cuando salen de tu presencia, un grupo de ellos conspira en la noche en contra de lo que tú dices. Pero Dios toma nota de lo que traman de noche. ¡No te preocupes por ellos y confía en Dios! ¡Dios es suficiente protector! (81)

¿Acaso no meditan el Corán? Si procediera de otro distinto que Dios, sin duda, habrían encontrado en él abundantes contradicciones.[1] (82)

Y, cuando llega a ellos un asunto del que sentirse seguros o del que temer,[2] lo difunden [sin verificarlo], pero si lo hubiesen remitido al Mensajero y a los que tienen autoridad entre ellos, aquellos que deseaban saber la verdad de primera mano la habrían sabido.

Y si no fuese por el favor de Dios sobre vosotros y por Su misericordia, habríais seguido a Satanás, exceptuando a unos pocos. (83)

Así pues ¡Combate por la causa de Dios! No eres responsable más que de ti mismo. Y anima a los creyentes [a combatir]. Es posible que Dios contenga el ímpetu de los que no creen.

Y Dios posee mayor fuerza y es más severo castigando.[3] (84)

Quien interceda por una buena causa recibirá parte de ella y quien interceda por una mala causa soportará parte de ella. Y Dios es el protector de todas las cosas. (85)

Y cuando os saluden, responded con un saludo mejor o semejante. En verdad, Dios lleva la cuenta de todo. (86)

---

[1] En este versículo, el mismo Corán responde a todos aquellos que dudan del origen divino de la revelación profética, con un argumento simple y contundente, ya que un mensaje transmitido a lo largo de veintitrés años, con referencias a numerosos temas de carácter científico, histórico, legal, social, religioso, metafísico, etc, y que pretende tener vigencia hasta el final de los tiempos, de no tener un origen divino, habría incurrido en numerosos errores, contradicciones y limitaciones que, con el paso del tiempo, se habrían ido haciendo más y más evidentes.

[2] Una noticia de victoria o derrota en la batalla.

[3] Al final de la batalla de Uhud, Abu Sufian y el Mensajero de Dios acordaron volver a enfrentarse al año siguiente en la localidad de Badr, en la época que se realizaba el mercado es decir, durante el mes de Dul Qa'da. Cuando llegó el momento, el Mensajero de Dios convocó a los musulmanes para que acudieran, pero como todavía conservaban el amargo recuerdo de la derrota sufrida en Uhud, se resistían a ello. En tal ocasión descendió este versículo y el Mensajero volvió a convocar a los musulmanes para la batalla. Sólo acudieron setenta de ellos, pero Abu Sufián y el ejército de la Meca no se presentaron y los musulmanes regresaron sanos y salvos a Medina. *Nemune*, t. IV, p. 33

Al.lah. No hay más dios que Él. Él os reunirá para el Día del Levantamiento, no hay duda de ello.

Y ¿Quién es más veraz que Dios al hablar? (87)

¿Por qué, respecto a los hipócritas, os dividís en dos grupos, si Dios ya los ha rechazado por lo que hicieron?

¿Queréis guiar a quien Dios ha extraviado?

Pues no encontrarás camino para aquel a quien Dios extravía.[1] (88)

Ellos quisieran que vosotros no creyeseis, de la misma manera que ellos no creen, para que fueseis iguales.

Así que no toméis amigos de entre ellos hasta que emigren por la causa de Dios. Y si [os] dan la espalda, apresadlos y matadlos donde quiera que les encontréis.

Y no aceptéis su amistad ni su ayuda, (89) exceptuando a quienes se unan a un pueblo con el que tengáis establecido un pacto o que vengan a vosotros con el pecho oprimido por tener que combatir contra vosotros o contra su propio pueblo.

Si Dios hubiera querido les habría dado poder contra vosotros y os habrían combatido. Por tanto, si se apartan de vosotros y no os hacen la guerra y os ofrecen la paz, Dios no os deja vía de actuación contra ellos. (90)

Pronto encontraréis a otros que desean estar a salvo de vosotros y a salvo de su propia gente pero que, cada vez que se les invita a la idolatría, recaen en ella.

Por tanto, si no se abstienen de pelear contra vosotros y no vienen a vosotros con ofertas de paz y manteniendo sus manos quietas, apresadles o matadles dondequiera que os enfrentéis a ellos.

Es para ir contra ellos para lo que os dimos un poder evidente.[2] (91)

---

[1] Conforme al lo que el conjunto de los exegetas coránicos transmiten de Ibn Abbas, un grupo de la gente de La Meca decían ser musulmanes, pero eran hipócritas y, por ello, cuándo todos los musulmanes emigraron a Medina, ellos se quedaron en La Meca. Finalmente se vieron obligados a emigran también o puede que lo hiciesen porque colaboraban con los idólatras y espiaban para ellos. Cuando los musulmanes, que los conocían, supieron que estas gentes se acercaban a Medina, surgieron diferentes opiniones sobre que actitud adoptar hacia ellos. Un grupo decía que debían matarlos, pues trabajaban para el enemigo, y otro grupo decía que no podían atacarles pues eran musulmanes. Hasta que, con el descenso de este versículo, este segundo grupo se dio cuenta de su error de apreciación. Cfr. *Nemune*, t. IV, p. 48

[2] Una de las explicaciones mas común que se han dado sobre este versículo es la que dice que un grupo de gente de La Meca fueron junto al Mensajero y aceptaron el Islam, pero cuando volvieron a la Meca adoraban a los ídolos, jugando a dos bandas y pretendiendo aprovecharse de ambos bandos, hasta que descendió este versículo ordenando a los musulmanes su expulsión. *Nemune*, t. IV, p. 57

وَمَا كَانَ لِمُؤْمِنٍ أَن يَقْتُلَ مُؤْمِنًا إِلَّا خَطَـًٔا وَمَن قَتَلَ مُؤْمِنًا خَطَـًٔا فَتَحْرِيرُ رَقَبَةٍ مُّؤْمِنَةٍ وَدِيَةٌ مُّسَلَّمَةٌ إِلَىٰٓ أَهْلِهِۦٓ إِلَّآ أَن يَصَّدَّقُوا۟ۚ فَإِن كَانَ مِن قَوْمٍ عَدُوٍّ لَّكُمْ وَهُوَ مُؤْمِنٌ فَتَحْرِيرُ رَقَبَةٍ مُّؤْمِنَةٍۖ وَإِن كَانَ مِن قَوْمٍۭ بَيْنَكُمْ وَبَيْنَهُم مِّيثَـٰقٌ فَدِيَةٌ مُّسَلَّمَةٌ إِلَىٰٓ أَهْلِهِۦ وَتَحْرِيرُ رَقَبَةٍ مُّؤْمِنَةٍۖ فَمَن لَّمْ يَجِدْ فَصِيَامُ شَهْرَيْنِ مُتَتَابِعَيْنِ تَوْبَةً مِّنَ ٱللَّهِۗ وَكَانَ ٱللَّهُ عَلِيمًا حَكِيمًا ۞ وَمَن يَقْتُلْ مُؤْمِنًا مُّتَعَمِّدًا فَجَزَآؤُهُۥ جَهَنَّمُ خَـٰلِدًا فِيهَا وَغَضِبَ ٱللَّهُ عَلَيْهِ وَلَعَنَهُۥ وَأَعَدَّ لَهُۥ عَذَابًا عَظِيمًا ۞ يَـٰٓأَيُّهَا ٱلَّذِينَ ءَامَنُوٓا۟ إِذَا ضَرَبْتُمْ فِى سَبِيلِ ٱللَّهِ فَتَبَيَّنُوا۟ وَلَا تَقُولُوا۟ لِمَنْ أَلْقَىٰٓ إِلَيْكُمُ ٱلسَّلَـٰمَ لَسْتَ مُؤْمِنًا تَبْتَغُونَ عَرَضَ ٱلْحَيَوٰةِ ٱلدُّنْيَا فَعِندَ ٱللَّهِ مَغَانِمُ كَثِيرَةٌۚ كَذَٰلِكَ كُنتُم مِّن قَبْلُ فَمَنَّ ٱللَّهُ عَلَيْكُمْ فَتَبَيَّنُوٓا۟ۚ إِنَّ ٱللَّهَ كَانَ بِمَا تَعْمَلُونَ خَبِيرًا ۞

Un creyente no puede matar a otro creyente, excepto por error.[1]

Y, quien mate a un creyente por error, deberá pagar a su familia el precio de la sangre establecido, excepto si ellos renuncian (a la indemnización), y liberar a un esclavo creyente.

Si él pertenecía a un pueblo enemigo vuestro,[2] pero era creyente, deberéis liberar a un esclavo creyente.[3] Y si era de un pueblo con el que tenéis establecido un pacto, pagaréis el precio de la sangre establecido y liberaréis un esclavo creyente.

Y quien no tenga posibilidad[4], que ayune dos meses seguidos.

Perdón que procede de Dios.

Y Dios todo lo sabe, es sabio. (92)

Y quien mate a un creyente premeditadamente tendrá como recompensa el Fuego del Infierno en el que estará eternamente y Dios le odiará, le maldecirá y le castigará con un castigo inmenso.[5] (93)

¡Oh los que creéis! Cuando salgáis de expedición por la causa de Dios, distinguid cuidadosamente y no digáis a quien se encuentre con vosotros pacíficamente: «Tú no eres creyente», buscando los bienes de la vida de aquí, pues junto a Dios hay un botín abundante.

Así erais vosotros anteriormente y Dios os favoreció. Por tanto, distinguid. En verdad, Dios está bien informado de todo cuanto hacéis. (94)

---

[1] Uno de los idólatras de La Meca, de nombre Hariz ibn Yazid, torturó repetidas veces, con ayuda de Abu Yahil, a un musulmán llamado Ayash ibn Abi Rabia, tratando de apartarlo del Islam. Cuando se produjo la emigración de los musulmanes a Medina, Ayash fue uno de ellos. Un día, Ayash se encontró casualmente con Hariz ibn Yazid en los alrededores de Medina y aprovecho la oportunidad para matarle, pensando que mataba a un enemigo, sin saber que Hariz se había convertido al Islam. Este versículo fue revelado con ocasión de este acontecimiento y fija la jurisprudencia sobre estos casos. *Nemune*, t. IV, p. 60.

[2] Se entiende que han de ser idólatras, ya que los musulmanes no pueden ser enemigos.

[3] Y no tenéis la obligación de pagarles el precio de la sangre derramada (*diya*).

[4] Es decir: «Quien no tenga medios económicos para liberar un esclavo y/o para pagar el precio de la sangre, que ayune dos meses seguidos y eso es una facilidad que Dios le otorga.»

[5] Muqays ibn Sababih, que era musulmán, encontró a su hermano Hisham muerto en la zona de los Bani Nayyar. El Mensajero de Dios envió a Qays ben Hilal Mahzi para que dijera a los jefes de los Banu Nayyar que si conocían al asesino debían entregarlo a Muqays y si no, debían pagara el precio de la sangre, ya que el muerto estaba en sus tierras. Como no lo conocían, pagaron el precio de la sangre a Muqays. Coincidió que Muqays viajó a La Meca en compañía de Qays ibn Hilal Mahzi y, como éste era de la tribu de los Banu Nayyar, Muqays, en venganza por la muerte de su hermano, le mató y se quedó en La Meca, alejándose de los musulmanes. *Nemune*, t. IV, p. 66.

No son lo mismo los creyentes que se quedan en casa, excepto si sufren alguna enfermedad o impedimento, y los que se esfuerzan[1] por la causa de Dios con sus bienes y sus personas.

Dios ha favorecido a los que se esfuerzan por la causa de Dios con sus bienes y con sus personas, situándoles en una categoría superior a los que se quedan en sus casas.

Dios ha prometido a todos ellos una buena recompensa, pero a los que se esfuerzan, Dios les favorecerá con una recompensa inmensamente mayor que a los que permanecen en sus casas. (95)

Categorías y perdón y misericordia que provienen de Él, pues Dios es perdonador, misericordiosísimo con los creyentes. (96)

En verdad, a aquellos a quienes los ángeles se lleven mientras eran injustos con sus propias almas[2] les dirán: «¿Qué hacíais?»

Dirán: «Estábamos oprimidos en la Tierra.» Ellos dirán. «¿Acaso no era la Tierra de Dios suficientemente amplia para que hubieseis emigrado?»

La morada de estos será el fuego del Infierno. ¡Qué mal destino! (97)

Exceptuando aquellos hombres, mujeres y niños que verdaderamente estaban oprimidos y no disponían de medios ni de una guía para el camino. (98) A esos posiblemente Dios les perdone, pues Dios es indulgente, perdonador. (99)

Y quien emigre por la causa de Dios, encontrará en la Tierra refugio abundante y amplio. Y la recompensa de quien salga de su casa, emigrando hacia Dios y Su Mensajero, y le sorprenda la muerte, recae sobre Dios. Y Dios es perdonador, misericordiosísimo con los creyentes.[3] (100)

Y cuando viajéis por la Tierra no cometéis pecado si acortáis vuestras oraciones si teméis que os ataquen los que no creen, pues, en verdad, los que no creen son para vosotros un enemigo manifiesto. (101)

---

[1] *Muyahid*, es el que se esfuerza. *Ŷihad* no sólo significa combate armado, sino toda clase de esfuerzo que se realice para hacer progresar la causa sagrada. Es famoso el dicho profético en el que recibe a los combatientes que regresan de una batalla y les dice: «Bienvenidos aquellos que regresan del esfuerzo menor y tienen aun pendiente el esfuerzo mayor.» Y, al ser preguntado a que se refería con «el esfuerzo mayor» respondió «El *Yihad* contra el ego». Cfr. *Nemune*, t. IV, p. 82

[2] Al no seguir la guía que Dios les ha enviado para su propio beneficio.

[3] Y se ha dicho que una posible interpretación de esta frase puede que sea: «Y quien sale de la casa de su ego, emigrando hacia Dios y Su Mensajero y en el camino encuentre la muerte de su ego.»

Cuando estés entre ellos dirigiendo su oración, que un grupo de ellos rece contigo y que tomen sus armas y cuando se hayan prosternado[1] que se echen atrás y que venga otro grupo que no haya rezado y rece contigo. Y que tomen precauciones y sus armas.

Los que no creen, si descuidaseis vuestras armas y vuestros escudos, os atacarían con una carga fulminante.[2]

No cometéis falta si, molestos por la lluvia o porque estáis enfermos, dejáis a un lado vuestras armas, pero tomad precauciones.

En verdad, Dios ha preparado a los que no creen un castigo humillante. (102)

Y cuando terminéis vuestra oración, recordad a Dios, de pie, sentados o acostados. Y cuando estéis tranquilos, haced vuestra oración.[3]

En verdad, es obligatorio para los creyentes realizar la oración es los momentos fijados.[4] (103)

Y no debilitéis la persecución de esa gente.

Si sufrís, ellos también sufren como sufrís vosotros, pero vosotros esperáis de Dios lo que ellos no esperan.

Y Dios todo lo conoce, es sabio. (104)

En verdad, hicimos descender para ti la *Escritura* [Sagrada] con la Verdad, para que juzgues entre los hombres mediante lo que Dios te ha hecho ver. Y no seas defensor de los traidores.[5] (105)

---

[1] Es decir: «Cuando hayan llegado al final de su oración.»

[2] El mes de Dul Qaada del año sexto de la Hégira, el Mensajero de Dios dio orden a los musulmanes de Medina de partir hacia La Meca. Al llegar a un lugar llamado Hudaibiya acamparon mientras Jalid ibn Walid con un grupo de doscientos jinetes les vigilaban desde las montañas cercanas. Cuando llegó el momento de la oración del medio día, pensaron que el mejor momento para atacarles sería cuando todos estuviesen rezando la oración de la media tarde (*asr*). En esas circunstancias descendió este versículo advirtiendo a los musulmanes de cómo rezar en situaciones de peligro, que frustró el ataque sorpresa del enemigo. Cfr. *Nemune*, t. IV, p. 100

[3] Haced vuestra oración en la forma habitual.

[4] Los momentos para realizar las oraciones obligatorias están claramente establecidos y tiene una gran importancia respetarlos. Por ello, si ese momento llega mientras se está siendo atacado por un enemigo, la oración no se debe retrasar, sino que se rezará en la forma abreviada que el versículo indica, denominada *salat al-jauf*. («la oración de temor»). Cfr. *Nemune*, t. IV, p. 104

[5] Un hombre de los Banu Ubirq llamado Bashir robó una espada, un escudo y algo de comida en la casa de un musulmán, y sus hermanos acusaron falsamente a otro llamado Qutada, uno de los que lucharon en Badr, pero este versículo descendió, estableciendo la verdad de los hechos. Cfr . *Nemune*, t. IV, p. 110

Y pedid el perdón de Dios. Ciertamente, Dios es perdonador, misericordiosísimo con los creyentes. (106)

Y no discutáis a favor de quienes se traicionan constantemente a sí mismos.[1] Dios no ama a quien es traidor, pecador. (107)

Se avergüenzan ante la gente, pero no se avergüenzan ante Dios, aunque Él está junto a ellos cuando conspiran por la noche diciendo lo que a Él no le satisface.

Y Dios tiene bajo control lo que hacen. (108)

¡Ah! Vosotros los defendéis en esta vida,[2] pero ¿Quién hablará en su favor ante Dios el Día del Levantamiento o quién será su abogado? (109)

Quien haga un mal u oprima a su propia alma y luego pida el perdón de Dios, encontrara a Dios perdonador, misericordiosísimo con los creyentes. (110)

Y quien comete un pecado, ciertamente, lo comete contra sí mismo. Y Dios todo los conoce, es sabio. (111)

Quien, pues, comete un error o un pecado y luego acusa de ello a un inocente, cargará con una infamia y un pecado evidente. (112)

Si no fuera por el favor y la misericordia de Dios sobre ti, un grupo de ellos habría tratado de extraviarte, pero no se extravían más que a sí mismos. Y no pueden perjudicarte en nada.

Dios ha hecho descender sobre ti la *Escritura* [Sagrada] y la Sabiduría y te ha enseñado lo que no sabías. El favor que Dios te hizo es inmenso.[3] (113)

---

[1] Aunque atendiendo a las causas del descenso de estas aleyas, la traición fue realizada sobre otra persona, el Corán indica implícitamente, a lo que dirá explícitamente en el versículo 111: «Quien hace un mal, se lo hace a sí mismo.» *Yajtanun* indica reiteración en la traición.

[2] Se refiere al grupo que defendía al ladrón, particularmente sus hermanos, Bashar y Mubashir.

[3] Este versículo remite a otro aspecto del mismo robo, ya que, conforme al testimonio de los declarantes y siguiendo el principio legal de «la obligación de actuar conforme a las evidencias» el Mensajero de Dios se habría visto obligado a condenar a Qatada, si no hubiese sido porque el descenso de esta revelación descubrió la traición y a los traidores. Cfr. *Nemune*, t. IV, p. 110-122.

No hay nada bueno en muchas de las conversaciones que mantienen en secreto, exceptuando a quien ordena la limosna, el bien o la reconciliación entre la gente.

Y a quien haga eso buscando la satisfacción de Dios, Nosotros le daremos una recompensa inmensa. (114)

Y a quien discuta al Mensajero, después de habérsele manifestado claramente la guía, y siga otro camino diferente al de los creyentes, le alejaremos en la medida en que él se aleje y le haremos entrar en el Infierno. ¡Que mal destino![1] (115)

En verdad, Dios no perdona a quien adora a otro distinto a Él pero, aparte de eso, perdona a quien Él quiere. Y quien adore a otro que a Dios se habrá extraviado profundamente.[2] (116)

Lo que adoran aparte de Él, no son mas que ídolos femeninos[3] y no adoran mas que a un Satanás rebelde (117) a quien Dios ha maldecido y que dice: «Tomaré a un número determinado de Tus siervos (118) y les extraviaré. Les haré concebir falsas esperanzas y les ordenaré que corten las orejas del ganado[4] y que alteren la Creación de Dios.» Y quien tome a Satanás por amigo y protector, en lugar de a Dios se habrá perdido de manera evidente. (119) Les hace promesas y les hace concebir falsas esperanzas, pero lo que Satanás les promete es sólo ilusión. (120)

Su morada será el Infierno y no hallarán manera de escapar de él. (121)

---

[1] Una vez que descendió el versículo 4:105, la culpabilidad del hombre de los Bani Ubirq llamado Bashir quedó clara y, aunque el Mensajero de Dios le amonestó, él, en lugar de aprovechar la ocasión para rectificar su conducta, se alejó abiertamente del Islam y del círculo de los musulmanes. Cfr. *Nemune*, t. IV, p. 110

[2] En repetidas ocasiones, el Sagrado Corán advierte contra el pecado del *shirk*. De la raíz *sh-r-k*: asociar, que aporta significados como *sharik*: «socio», y *shirka*: «sociedad o compañía». Con el término *shirk* se designa en el Sagrado Corán el pecado consistente en adorar a otros o a otras cosas (p.e.: «El dinero, el poder, la gloria»), con el amor y la obediencia que sólo es debida a Dios y se resalta la gravedad de este comportamiento indicando que es el único pecado que Dios no perdona. Y se ha dicho que el *shirk* más grave y más difícil de detectar es la adoración al propio ego.

[3] *Inaz* es el plural de *unza* que entre los árabes significa materia blanda y flexible y por eso se denominó así al género femenino. Algunos exegetas creen que se refiere a los ídolos que adoraban los árabes que poseían casi todos nombres femeninos: Al-Lat, Manat, 'Uzza, Na'ila, etc., pero algunos de los más importante exegetas son de la opinión de que se refiere a ese carácter voluble, efímero y poco consistente que presentan los falsos ídolos. Cfr. *Nemune*, t. IV, p.135.

[4] Cortar las orejas al ganado era una manera que los árabes de la época anterior al Islam tenían de consagrar algunos animales a los dioses, prohibiendo así cabalgar sobre ellos o que se les usase para trabajar.

Y, a aquellos que creen y obran rectamente, les haremos entrar en Jardines de cuyas profundidades brotan los ríos, en los que estarán eternamente; hasta el final de los tiempos. La promesa de Dios es verdadera y ¿Quién es más veraz al hablar que Dios? (122)

[La superioridad] no es por deseo vuestro o por deseo de la gente de la *Escritura* [Sagrada]. Quien obre mal será retribuido por ello y, excepto Dios, no encontrará ni amigo ni auxiliar.[1] (123)

Y, quien haga buenas acciones, sea varón o hembra, y sea creyente, entrará en el Jardín y no será oprimido en lo más mínimo. (124)

Y ¿Quién posee mejores creencias que quien inclina su rostro en señal de sometimiento a Dios y es bueno y sigue la creencia de Abraham, el buscador de la verdad? Y Dios tomó a Abraham como amigo. (125)

A Dios pertenece lo que hay en los cielos y lo que hay en la Tierra y Dios todo lo abarca. (126)

Te piden tu opinión sobre las mujeres.[2]

Di: «Dios os da su parecer sobre ello [en lo que os fue recitado][3] en la *Escritura* [Sagrada][4] sobre ellas. Y en lo que os fue recitado sobre las huérfanas a las cuales no habéis entregado lo que fue dispuesto para ellas y con las cuales no deseáis[5] casaros, y sobre los niños oprimidos,[6] y que debéis dar a los huérfanos un trato equitativo.

Y lo que hagáis de bien, Dios, con seguridad, lo sabrá.» (127)

---

[1] En el *Tafsir Machma al-Bayan*, y en otros *tafasir* se explica que los musulmanes y las gentes de la *Escritura* Sagrada (cristianos y judíos) discutían sobre quienes eran mejores ante Dios. Los judíos decían: «Somos el pueblo elegido y el Fuego no nos tocará más que unos pocos días» (Cfr. 2:80), y los musulmanes decían: «Somos la mejor comunidad que se ha hecho surgir entre las gentes» (cf. 3:110). En este versículo Dios establece que la superioridad de unos sobre otros y la recompensa o el castigo, no vienen dados por los deseos o las súplicas, sino por la fe y los actos realizados y que esto es una ley inmutable aplicable por igual a todos los pueblos. Cfr. *Nemune*, t. IV, p.140.

[2] Te preguntan cuáles son las disposiciones legales sobre los derechos de la mujer.

[3] *Yufti-kum fi hinna* es el *jabar* (predicado) de un *mayutla* que es el *mubtada* (sujeto) elidido por consonancia con el *mayutla* que viene a continuación, por lo que la frase debe entenderse como hemos traducido (*wa Allahu alam*).

[4] El Sagrado Corán.

[5] *Targibuna* debe aquí entenderse como: «no deseáis», pues cuando *ragiba* («desear») va con *'an muta'addi* («*'an* transitiva») significa «ausencia de deseo», pero cuando va con *fi muta'addi* significa «deseo» y en este caso, por el contexto, debe entenderse que va con una «*'an*» elidida u oculta.

[6] Después se ocupa de los niños pequeños quienes, conforme al comportamiento de la era pre-islámica, no eran incluidos en la herencia, diciendo: «y Dios os aconseja que respetéis el derecho de los niños pequeños.»

Y si una mujer siente que su esposo la rechaza o la evita, no hacen mal si ambos lo arreglan pacíficamente. Y hacer las paces es mejor.[1]

Las almas son propensas a la codicia, pero si sois virtuosos y temerosos de Dios [sabed que] ciertamente, Dios está bien informado de todo lo que hacéis. (128)

Y, jamás podréis ser justos con vuestras mujeres, aun deseándolo,[2] pero no os inclinéis totalmente [hacia una] dejando [a las otras] como suspendidas en el aire.

Si lo arregláis y sois temerosos de Dios [encontraréis] que, ciertamente, Dios es perdonador, misericordiosísimo con los creyentes. (129)

Y, si se separan, Dios cubrirá las necesidades de cada uno de ellos con algo de Su abundancia.

Dios todo lo alcanza, es sabio. (130) A Dios pertenece todo lo que hay en los cielos y en la Tierra. Y, ciertamente, Nosotros ordenamos a quienes les fue dada la *Escritura* [Sagrada] antes de vosotros y, [también], a vosotros, que fuerais buenos, temeroso de Dios. Pero, si no creéis, [sabed que] en verdad, a Dios pertenece lo que hay en los cielos y en la Tierra. Y Dios es rico por Sí mismo, digno de ser alabado. (131)

Y a Dios pertenece lo que hay en los cielos en la Tierra y es suficiente con tener a Dios de abogado. (132)

Si Él quisiera ¡Oh gentes! os llevaría y traería a otros. Dios tiene suficiente poder para hacerlo. (133)

Quien desee la recompensa de este mundo, [sepa que] junto a Dios están la recompensa de este mundo y la del Otro. Y Dios todo lo oye, todo lo ve. (134)

---

[1] En muchas de las exégesis islámicas y de los libros de *hadiz* se recoge que las circunstancias en la que este versículo descendió son las siguientes: Rafi ibn Jadij tenía dos esposas, una mayor y otra joven y, por alguna discusión que tuvieron, dio el divorcio a la mayor. Todavía no había transcurrido el periodo de espera ('idah), cuando habló con ella y le dijo: «Si quieres podemos volver, pero si paso con mi otra esposa más días que contigo, habrás de tener paciencia.» La esposa aceptó su propuesta y reanudaron su matrimonio. Queda claro pues, que el reparto por igual del tiempo a pasar con las diferentes esposas no es un juicio legal, sino algo a establecer de común acuerdo entre los esposos. Cfr. *Nemune*, t. IV, p.149-150.

[2] Hisham ibn Hakam preguntó al Imam Yafar al-Sadiq: Teniendo en cuenta lo que dice los versículos 4:3 y 4:129, el matrimonio con varias esposas está condicionado a la necesidad de ser justos con ellas y, como esto es imposible ¿prohíbe el Islam la poligamia?» El Imam al-Sadiq le respondió: «La justicia de la que habla el versículo 4:3 se refiere a no discriminarlas en sus derechos como esposa, nivel y medios de vida, pero en 4:129 se refiere a quererlas por igual y, eso, es lo que Dios considera que no será posible.» Por lo tanto, tener varias esposas, mientras se respeten sus derechos, no está prohibido por el Islam Cfr. *Nemune*, t. IV, p.155.

¡Oh, los que creéis! Proteged la justicia testificando para Dios, aunque sea contra vosotros mismos o contra vuestros padres o familiares cercanos, sean ricos o pobres, ya que Dios tiene mayor derecho que ellos.

Y no sigáis vuestras pasiones, para que seáis justos.

Y, si distorsionáis vuestro testimonio u os negáis a darlo, Dios está bien informado de lo que hacéis. (135)

¡Oh los que creéis! Creed en Dios y en Su Mensajero y en la *Escritura* [Sagrada] que ha ido descendiendo sobre Su Mensajero y en la *Escritura* [Sagrada] que hicimos descender anteriormente.

Y quien no crea en Dios y en Sus ángeles y en Sus Escrituras y en Sus Mensajeros y en el Último Día, en verdad, se habrá extraviado profundamente.[1] (136)

En verdad, a aquellos que creen, luego descreen, luego creen, luego descreen, incrementando su incredulidad, Dios no les perdonará jamás ni les guiará al camino [recto]. (137)

Informa a los hipócritas que tendrán un castigo doloroso. (138)

Aquellos que toman como amigos a los que no creen en lugar de a los creyentes. ¿Acaso buscan el poder junto a ellos?

Pues, en verdad, el poder pertenece por entero a Dios. (139)

Él os reveló en la *Escritura* [Sagrada] que, cuando oigáis que las indicaciones de Dios no son creídas y se hace burla de ellas, no os sentéis con ellos hasta que hablen de otra cosa, pues, entonces, seríais como ellos.

En verdad, Dios reunirá a los hipócritas y a los que no creen en el Infierno. Todos juntos.[2] (140)

---

[1] Ibn Abbas transmitió que algunos judíos prominentes, tales como Abdel.lah ibn Salam, Asad ibn Ka'b y su hermano Asid ben Ka'b y otros más, fueron junto al Mensajero de Dios y le dijeron: «Creemos en ti y en tu *Escritura* Sagrada, en Moisés y en la *Torá* y en Ezra, pero no creemos en el resto de los profetas ni en sus Escrituras.» Y que en esa circunstancia descendió este versículo. Cfr. *Nemune*, t. IV, p.165.

[2] Transmitió Ibn Abbas que un grupo de hipócritas se reunían en Medina con algunos judíos enemigos del Islam y participaban en reuniones en la que se burlaban de los versículos coránicos y que en esas circunstancias descendió este versículo, aclarando la naturaleza de tales reuniones y las consecuencias de tal proceder. *Nemune*, t. IV, p.171.

[Los hipócritas son] aquellos que permanecen a la expectativa y si Dios os envía una victoria, dicen: «¿Acaso no estamos con vosotros?» pero si los que no creen consiguen ganar una victoria parcial, dicen: «¿Acaso no podíamos haber cabalgado contra vosotros y, en cambio os defendimos de los creyentes?»

Pero Dios juzgará entre vosotros el Día del Levantamiento. Y Dios no permitirá, en absoluto, que los no creyentes se sitúen sobre los creyentes. (141)

Los hipócritas tratan de engañar a Dios pero es Él Quien les engaña.

Cuando se levantan para la oración lo hacen con pereza, para que la gente les vea, y recuerdan muy poco a Dios. (142)

Siempre vacilantes, no van hacia los unos ni hacia los otros.

No encontrarás un camino para aquel a quien Dios extravía. (143)

¡Oh, los que creéis! No toméis a los que no son creyentes como amigos en lugar de a los creyentes. ¿Queréis poner a Dios en contra vuestra? (144)

En verdad, los hipócritas estarán en lo más profundo del Fuego y no encontrarás quien les auxilie. (145)

Exceptuando a quienes se arrepientan y se corrijan y se aferren a Dios y purifiquen sus creencias para Dios, pues esos estarán con los creyentes.

Y Dios dará a los creyentes una recompensa inmensa. (146)
¿Por qué iba Dios a castigaros si sois agradecidos y creyentes?
Dios es agradecido, sapientísimo. (147)

Parte 6

A Dios no le gusta que nadie vaya proclamando abiertamente el mal, excepto si es oprimido. Dios todo lo oye, todo lo sabe. (148)

Si manifestáis el bien o lo ocultáis o perdonáis un agravio, [sabed que] ciertamente, Dios es perdonador, poderosísimo. (149)

En verdad, aquellos que no creen en Dios y en Sus Mensajeros y quieren hacer diferencias entre Dios y Sus Mensajeros y dicen: «Creemos en algunos pero no creemos en otros» queriendo tomar una postura intermedia entre unos y otros, (150) son los verdaderos incrédulos. Y hemos preparado para los incrédulos un castigo humillante. (151)

Y, a quienes creen en Dios y en Sus Mensajeros y no hacen diferencia entre ninguno de ellos, Él les dará su recompensa.

Y Dios es perdonador, misericordiosísimo con los creyentes. (152)

La gente de la *Escritura* [Sagrada] te pide que hagas descender para ellos una *Escritura* del Cielo.[1]

A Moisés le pidieron cosas más grandes, pues dijeron: «Haznos ver a Dios claramente» y el rayo los aniquiló por su injusticia.

Luego adoraron al becerro, después de haber venido a ellos las pruebas claras [de cuál era la Verdad] y, [no obstante], Les perdonamos aquello y dimos a Moisés una autoridad evidente. (153)

Y elevamos sobre ellos el monte Sinaí como señal del pacto que habíamos realizado con ellos y les dijimos: «Entrad por la puerta prosternados»[2] y les dijimos: «No violéis el sábado» e hicimos con ellos un pacto solemne. (154)

---

[1] (Como pretexto para no aceptar su condición profética). Un grupo de judíos fue ante el Mensajero de Dios pidiéndole que hiciese bajar del cielo una revelación completa de las Escrituras Sagradas, de la misma manera que el profeta Moisés había traído escritas de una sola vez las Tablas de la Ley. Cfr. *Nemune*, t. IV, p. 192

[2] Cuando los judíos se olvidaron nuevamente del acuerdo que habían establecido con Dios de obedecer a los profetas y a las leyes divinas, Él levantó el monte Sinaí sobre sus cabezas amenazando con dejarlo caer sobre ellos y, en este estado, les hizo jurar que, en señal de arrepentimiento, entrarían por la puerta de *Bayt al-Muqaddas* («La Casa Sagrada, Jerusalén») poniendo sus frentes en el suelo. Cfr. *Nemune*, t. IV, p. 194. y versículos 2:83, 84 y 5:12.

4. LAS MUJERES — PARTE 6

Y,[1] por haber roto su pacto y por no haber creído en las señales de Dios y por haber matado a los profetas sin derecho y por haber dicho: «Nuestros corazones están cerrados.»[2]

¡No es eso! Sino que Dios ha imprimido la incredulidad en ellos y sólo unos pocos creerán. (155)

Y por no haber creído en Dios y haber dicho de María una inmensa calumnia[3] (156) y por haber dicho: «Ciertamente, hemos matado al Mesías, Jesús hijo de María, el Mensajero de Dios.» Pero no le mataron ni le crucificaron, sino que se hizo que les pareciera eso.

Y, los que discuten sobre él, tienen dudas acerca de ello. No tienen conocimiento de ello, sólo siguen conjeturas. ¡Pero no lo mataron! ¡Eso es seguro! (157) sino que Dios lo elevó hacia Él.[4] Dios es poderosos, sabio. (158)

Entre la gente de la *Escritura* [Sagrada] no habrá nadie que no crea en él antes de su muerte y el Día del Levantamiento él será testigo sobre ellos.[5] (159)

Por ser opresores y por impedir a tanta gente seguir el camino de Dios, prohibimos a los judíos cosas buenas que anteriormente les habíamos permitido (160) y por practicar la usura, que les había sido prohibida, y por comerse las riquezas de la gente sin derecho. Y, para los que de ellos no creen, hemos preparado un castigo dolorosísimo. (161)

Pero, a quienes de ellos estén firmemente arraigados en el conocimiento, a los que sean creyentes, a los que crean en lo que fue hecho descender a ti y en lo que fue hecho descender antes de ti, a los que hagan la oración y a los que den la limosna purificadora de la riqueza y crean en Dios y en el Último Día, les otorgaremos una recompensa inmensa. (162)

---

[1] Por la estructura de la frase se comprende que hay una frase elidida que dice: «Dios les ha maldecido». Cfr. 2:88 y 5:13, ya que *fi ma naqdihim* son *yar* y *machrur*.

[2] «...y por esa razón no podemos apreciar el mensaje de los profetas.» Cfr. *Nemune*, t. IV, p 196.

[3] No creyendo en su virginidad y en la concepción milagrosa de su hijo Jesús.

[4] En una transmisión recogida del Imam Ali al-Rida se dice que: «Jesús fue elevado vivo de la Tierra al cielo. Entre la Tierra y el cielo su alma fue separada de su cuerpo. Cuando fue elevado al cielo definitivamente, su alma fue devuelta a su cuerpo y, por eso dice Dios: «Te tomaré y te elevaré hacia Mí y te purificaré de las calumnias de los que no creen.» Cfr. Corán, 3:55, y su nota.

[5] Y esto puede entenderse de dos maneras; una es que, en el momento de la muerte, tanto a los judíos que no creían en él, como a los cristianos que le creían Dios mismo, se les evidenciará la verdadera condición profética de Jesús y otra, que, tras la parusía de Jesús, todos los judíos y cristianos, que le verán rezar tras el Imam al-Mahdi, creerán en su condición profética antes de que mueran. Cfr. *Nemune*, t. IV, p. 204-205.

En verdad, Nosotros te hemos enviado la revelación [¡Oh Muhammad!], tal como enviamos la revelación a Noé y a los profetas que vinieron tras él.

Y enviamos la revelación a Abraham, Ismael, Isaac, Jacob, a las tribus [de los Hijos de Israel], y a Jesús, Job, Jonás, Aarón y a Salomón. Y a David le otorgamos los *Salmos*. (163)

Y [hemos enviado] Mensajeros de los que te hemos relatado su historia anteriormente y otros Mensajeros de los que no te hemos relatado su historia. Y Dios habló a Moisés directamente. (164)

Mensajeros portadores de buenas nuevas y advertidores, para que, tras el envío de los Mensajeros, los seres humanos no tuviesen argumento alguno contra Dios.[1] Y Dios es poderoso, sabio. (165)

Pero Dios atestigua que lo que Él hizo descender para ti lo hizo descender mediante el conocimiento que posee y los ángeles también lo atestiguan. Y basta Dios de testigo.[2] (166)

En verdad, aquellos que no creen y ponen dificultades [a los que quieren seguir] en la senda de Dios, se han extraviado enormemente. (167)

En verdad, Dios no perdonará a quienes no creyeron y oprimieron, ni guiará su camino (168) excepto en dirección al Infierno, en el que estarán eternamente; para siempre. Eso para Dios es fácil de hacer. (169)

¡Oh, gentes! ¡Ha venido a vosotros el Mensajero con la Verdad que procede de vuestro Señor! ¡Creed, pues! ¡Eso será mejor para vosotros! Y si no creéis, (sabed que) ciertamente a Dios pertenece lo que hay en los cielos y en la Tierra y Dios todo lo conoce, es sabio. (170)

---

[1] En estos versículos, se sigue respondiendo a aquellos que en el versículo 150 decían creer en unos profetas pero no en otros y a los idólatras y politeístas que se asombraban de que Dios enviase Su revelación al profeta Muhammad, añadiendo que, los Mensajeros que Él ha enviado a la humanidad no se limitan a aquellos de los que Él nos ha hablado, sino que existen otros de los que Él no nos ha hablado y que a todos ellos les ha enviado con el mismo mensaje, para que anunciaran a los hombres la salvación y les advirtieran del Fuego y el castigo. Cfr. *Nemune*, t. IV, p. 212, 213.

«Y Abu Dar transmitió que fue preguntado el Mensajero de Dios: "¿Cuántos profetas (*anbia'*) ha enviado Dios?" Y el Mensajero respondió: "Ciento veinticuatro mil." Y yo le pregunté: "¿Cuántos de ellos fueron Mensajeros (*rusul*)?" Respondió: "Seiscientos trece, el resto fueron sólo profetas." Abu Dar preguntó: "¿Cuántas Escrituras Sagradas recibieron?" Respondió: "Ciento cuatro: Adán diez, Set cincuenta, Idrís treinta, y él fue la primera persona que escribió con la pluma, Abraham diez y la *Torá* a Moisés, el *Evangelio* a Jesús, los *Salmos* a David y el Criterio (el *Corán*) a Muhammad.» *Machma al-Bayan*, t. X, p. 476.

[2] Dios reconforta al Mensajero, diciéndole: «Si esa comunidad no cree que tu mensaje proviene de Dios, no te preocupes ni le des importancia, porque Dios mismo es testigo de la verdad de lo que dices y también los ángeles.» Cfr. *Nemune*, t. IV, p. 213

4. LAS MUJERES — PARTE 6

¡Oh, gente de la *Escritura* [Sagrada]! No exageréis en vuestra religión y no digáis de Dios más que la verdad.

En verdad, el Mesías Jesús hijo de María es un profeta de Dios, Su palabra depositada en María y un espíritu procedente de Él.

Creed, pues, en Dios y en Sus Mensajeros y no digáis «Tres». ¡Acabad con eso! Es mejor para vosotros.

En verdad, Dios es uno. ¡Glorificado sea! ¡Cómo va a tener Él un hijo!

¡A Él pertenece lo que hay en los cielos y en la Tierra! ¡Y Dios se basta para administrarlo! (171)

El Mesías no tiene a menos ser un siervo de Dios ni tampoco los arcángeles querubines. Y, pronto congregará junto a Él a todos los que tengan a menos adorarle y sean arrogantes. (172)

Pero a aquellos que crean y actúen rectamente Él les entregará toda su recompensa y les añadirá de Su merced.

Y a aquellos que tuvieron a menos «servirle» y fueron arrogantes Él les castigará con un castigo dolorosísimo y no encontraran, aparte de Dios, protector ni auxiliador. (173)

¡Oh gentes! Ha venido a vosotros una prueba clara[1] procedente de vuestro Señor e hicimos descender hacia vosotros una luz esclarecedora.[2] (174) Y a aquellos que crean en Dios y se aferren a ella[3], pronto se les introducirá en una misericordia y en una merced que proceden de Él y les guiará hacia Él por un camino recto. (175)

---

[1] El profeta Muhammad, conforme a la mayoría de los exegetas coránicos.

[2] El Sagrado Corán, conforme a Muyahid, Qutada y Suddi. La *wilaya* del Imam Ali Ibn Abu Talib, conforme a las tradiciones del Imam Yafar ibn Muhammad al-Sadiq e Imam Muhammad ibn Ali al-Baqir. Cfr., los comentarios de *Furat al-Kufi* y al-Ayyaashi correspondientes a estos versículos. Y según el *Tafsir Nemune* eso no es contradictorio ya que posiblemente «Luz» posea aquí un significado que abarque tanto al Sagrado Corán como a Amir al-Muminin Ali que es su protector y defensor, su exégeta y el intérprete de su *ta'wil* («hermenéutica»). Cfr. *Nemune*, t. IV, p. 235.

[3] A esa luz esclarecedora.

Te piden tu juicio. Di: «Dios os da su juicio sobre la *kalála*:[1]

Si un hombre muere y no tiene hijos y tiene una hermana, para ella es la mitad de lo que dejó y él heredará de ella si ella no tiene hijos.

Y si son dos hermanas, ellas recibirán dos tercios de lo que él dejó.

Y si son varios hermanos y hermanas, a cada varón le corresponde la misma parte que a dos hembras.»

Dios os lo explica claramente para que no os extraviéis. Y Dios conoce bien todas las cosas. (176)

Capítulo 5

La mesa

En el nombre de Al.lah, el Clementísimo, el Misericordiosísimo.

¡Oh, los que creéis! Respetad los compromisos.

Es lícito para vosotros [comer la carne de] los animales de los rebaños, excepto de aquellos que se os va a comunicar. La caza no es lícita para vosotros mientras estéis consagrados [durante la peregrinación].[2] En verdad, Dios decreta lo que desea. (1)

¡Oh, los que creéis! No profanéis los sacramentos de Dios[3], ni el mes sagrado,[4] ni las ofrendas,[5] ni las guirnaldas,[6] ni molestéis a quienes se dirigen a la Casa Sagrada[7] buscando la misericordia de su Señor y Su satisfacción. Y, cuando salgáis de vuestro estado de consagración, podéis cazar. Y que los malos sentimientos hacia un pueblo que os impedía llegar a la Mezquita Sagrada no os inciten a la injusticia.[8]

Y ayudaos mutuamente a hacer el bien y al temor de Dios, pero no colaboréis en el pecado y la agresión. Y sed temerosos de Dios. Ciertamente, Dios castiga con severidad. (2)

---

[1] Cfr. La nota del versículo 4:12.
[2] Vestidos con las ropas del peregrino.
[3] Los ritos de la peregrinación y de la visita a la Casa de Dios. Cfr. 2:158 y 22:32 y 36.
[4] Du l-Hiyya, el mes sagrado de la peregrinación, en el que está prohibido hacer la guerra.
[5] Los corderos, camellos y vacas destinados al sacrificio.
[6] *Qala'id*, se refiere a las guirnaldas que se colocan alrededor del cuello de los animales destinados al sacrificio durante los ritos de la peregrinación, para distinguirlos del resto.
[7] La Kaaba.
[8] Es decir: «Si un grupo de los idólatras os impidió entrar en La Meca para realizar los actos de la peregrinación (el año de la paz de Hudaybiyya), eso no debe ser un pretexto para que, una vez que han aceptado el Islam, mantengáis malos sentimientos hacia ellos y les impidáis realizar su visita a la Casa de Dios.» Cfr. *Nemune*, t. IV, p. 251.

Se os prohíbe [comer] la carne de los animales muertos, la sangre, la carne del cerdo y de lo que se ha ofrecido a otro distinto a Dios; el animal estrangulado o golpeado hasta morir o muerto por una caída o por una cornada, o lo devorado por una fiera, excepto lo que podáis purificar,[1] y lo sacrificado sobre las piedras,[2] así como dividir [la carne] consultando la suerte de las flechas. Todo ello es una trasgresión.

Hoy, los que no creen, han desesperado de que vuestra religión decline. Por tanto, no les temáis a ellos, temed de Mí.

Hoy[3] he completado vuestra religión y he consumado Mi bendición sobre vosotros y estoy satisfecho de haberos dado como creencia el Islam.

Y quien se vea obligado por el hambre,[4] no por ánimo de pecar, encontrará que Dios es, verdaderamente, perdonador, miseri-cordiosísimo con los creyentes. (3)

Te preguntan que es lícito para ellos. Di: «Son lícitas para vosotros las cosas buenas y puras, y [la caza] con los animales de presa que habéis enseñado con lo que Dios os enseñó a vosotros. Comed, pues, de lo que capturen para vosotros y mencionad el nombre de Dios sobre ello. Y sed temerosos de Dios. Ciertamente, Dios es rápido haciendo la cuenta.» (4)

Hoy se han hecho lícitas para vosotros las cosas buenas y puras. Y los alimentos de aquellos a quienes les fue dada la *Escritura* [Sagrada] se han hecho lícitos para vosotros y vuestros alimentos lícitos para ellos.[5] Y las mujeres honestas de entre las creyentes y las mujeres honestas de entre aquellos a quienes les fue dada la *Escritura* [Sagrada] antes de vosotros, cuando les hayáis dado su dote en matrimonio, no tomándolas como fornicadoras o como amantes. Y quien abandone la fe, habrá malogrado sus obras y en la otra Vida será de los perdedores. (5)

---

[1] Degollándolo antes de que muera.

[2] Sobre los ídolos de piedra o frente a ellos.

[3] Este día, que por segunda vez se menciona en el mismo versículo, es conocido como el Día de Gadir Jum, en el cual Dios completó Su revelación al Mensajero con este versículo, tras ordenarle (cf. 5:67) que anunciara el *Imamato* (*wilaya*) de Ali ibn Abu Talib ante la multitud de sus seguidores, al regreso de la última peregrinación. Cfr. Ibn Yarir Tabari, *Kitab al-Wilaya*; *Tafsir ibn Kazir*, t. II, p. 14; Hafid Abu Nu'aim Isfahani, *Manazil min al-Qur'an*. Después del descenso de este versículo, el Mensajero no vivió más de setenta y un días. Cfr. *Tafsir Fajr Razi, Tafsir Ruh al-Ma'ana, Tafsir al-Minar*.

[4] A transgredir estás prohibiciones sobre los alimentos.

[5] En el *Tafsir* de Ali ibn Ibrahim se transmite que, comentando este versículo, dijo el Imam al-Sadiq: «Se refiere a las frutas, verduras y legumbres, pero no a los animales, pues ellos no mencionan el nombre de Dios cuando los sacrifican.» *Wasa'il al-Shi'a*, t. XVI, p. 291.

¡Oh, los que creéis! Cuando os pongáis en pie[1] para la oración, lavad vuestra cara y vuestras manos hasta los codos y pasad la mano [húmeda] por vuestras cabezas y por vuestros pies hasta los empeines.

Y, si estáis impuros, purificaos[2] y si estáis enfermos[3] o de viaje o alguno de vosotros viene de hacer sus necesidades o habéis mantenido relaciones con las mujeres y no encontráis agua,[4] purificaos con tierra pura, pasando las manos con ella por vuestros rostros y por vuestras manos. Dios no desea imponeros una carga, sino que quiere que os purifiquéis y completar Su favor sobre vosotros para que así, quizás, agradezcáis. (6)

Y recordad el favor que Dios os hizo y el pacto que Él estableció con vosotros, cuando dijisteis: «¡Oímos y obedecemos!»[5]

Y sed temerosos de Dios. Dios sabe bien lo que hay en lo más profundo de los corazones.[6] (7)

¡Oh, los que creéis! Proteged la justicia por Dios, dando testimonio equitativo y no dejéis que los malos sentimientos contra un pueblo os lleven a no ser justos.

¡Sed justos! Eso está más cerca del temor de Dios.

Y temed a Dios. En verdad, Dios está bien informado de cuanto hacéis. (8)

Dios prometió a quienes creen y actúan rectamente que serán perdonados y obtendrán una recompensa inmensa. (9)

---

[1] «Cuando os levantéis de dormir.» *Nemune*, t. IV, p. 285.
[2] «Y si estáis impuros por eyaculación o penetración sexual, realizad la ablución mayor (*gusl*)». Cfr. 4:43.
[3] Y purificaros con agua puede dañar más vuestra salud.
[4] Con la que realizar la ablución mayor y/o menor.
[5] Existen dos opiniones mayoritarias sobre está frase. La primera es que se refiere a los juramentos de seguir los mandatos de Dios y del Mensajero de Dios que los musulmanes realizaron al comienzo del Islam en distintos momentos: Hudaybiyya, Huyat al-wada, Aqaba, etc., o incluso al que cada musulmán realiza al aceptar el Islam. La otra se refiere al pacto que, en el momento de la Creación, cada alma ha establecido con Dios y al que en ocasiones se hace referencia, denominándole Alam al-Dar, por el cual, Dios, a cambio de los atributos que concede al ser humano, entre los que se cuentan el intelecto y la capacidad de comprender los secretos de la naturaleza, de reconocer a su Creador por ese medio, así como a los profetas y enviados divinos, comprender sus enseñanzas y seguirlas, obtiene de Sus criaturas el compromiso de utilizarlos adecuadamente y los seres humanos hacen explícito este compromiso mediante la fórmula: «Oímos y obedecemos.» Cfr. *Nemune*, t. IV, p. 297.
[6] Literalmente: «En la esencia de los pechos.» (*dat al-sudur*). *Dat* significa el sí mismo, la naturaleza esencial de algo y *sudur* es el plural de *sadr*: «pecho». Con ello Dios indica que Él conoce con precisión los secretos más profundos del alma humana. *Nemune*, t. IV, p. 298.

Y, aquellos que no creen y desmienten Nuestras señales, son la gente del Infierno. (10)

¡Oh los que creéis! Recordad el favor de Dios cuando un grupo quería poneros las manos encima y Él refrenó sus manos (para que no fueran) contra vosotros.[1]

Y temed a Dios, pues, en Dios es en quien confían los creyentes. (11)

Ciertamente, Dios estableció un pacto con los Hijos de Israel y designamos entre ellos doce jefes.

Y Dios dijo: «¡Estoy con vosotros! Si realizáis la oración, entregáis la limosna ritual, creéis en Mis Mensajeros, les dais vuestro apoyo y hacéis a Dios un préstamo generoso,[2] Yo cubriré vuestras faltas y os introduciré en Jardines de cuyas profundidades brotan los ríos.

Y, quien, de vosotros, después de esto, descrea, ciertamente, se habrá extraviado del camino recto.»[3] (12)

Y, por haber violado su pacto, les maldijimos y endurecimos sus corazones.

Desvirtúan el significado de las palabras y olvidan parte de aquello a lo que, con ellas, se les llamaba la atención.

No cesarás de descubrir la traición en ellos, exceptuando a unos pocos.

Perdónales y discúlpales. En verdad, Dios ama a los virtuosos. (13)

---

[1] Entre los exégetas coránicos existen variadas opiniones sobre la ocasión a la que este versículo pueda referirse. Algunos de ellos han opinado que se refiere a la protección que Dios otorgó a los musulmanes del peligro de la tribu judía de los Banu Nadir, quienes, en el año 4º de la hégira, aprovechando una visita que el Mensajero de Dios les hizo con diez seguidores, planearon matarle arrojándole una piedra desde el techo de la casa en cuya pared estaba recostado. Plan del que el Mensajero se libró gracias a la intervención divina y que provocó la expulsión de la tribu de los Banu Nadir de Medina. Otros creen que se refiere al año sexto de la hégira, cuando los musulmanes acamparon en Hudaybiyya, en las cercanías de La Meca y los idólatras, al mando de Jalid ibn Walid, planearon atacarles mientras rezaban la oración de la tarde y descendió el versículo relativo a la oración de temor que frustró el ataque enemigo. Y existen algunas otras opiniones sobre la ocasión en que este versículo fue revelado. *Nemune*, t. IV, p. 305.

[2] Dando ayuda, por amor a Dios, a los necesitados. Ayuda que es sólo un préstamo, que Dios os devolverá.

[3] Una vez más, Dios insiste en la lealtad a los pactos. Desde el principio de este capítulo se viene insistiendo en ello con distintos motivos y puede que una de las razones para ello y para condenar constantemente la violación de los mismos sea resaltar la importancia del pacto del Gadir que aparecerá en el versículo 67. *Nemune*, t. IV, p. 307.

Y establecimos un pacto con los que decían: «Ciertamente, somos nazarenos.»[1]

Pero olvidaron una parte de lo que se les recordaba en él, por lo que suscitamos entre ellos la enemistad y el odio hasta el Día del Levantamiento.

Dios les mostrará claramente lo que estaban haciendo. (14)

¡Oh, gente de la *Escritura* [Sagrada]! Ha venido a vosotros Nuestro Mensajero[2] mostrando claramente mucho de lo que ocultabais de la *Escritura* y eliminando mucho.[3]

Ha venido a vosotros, procedente de Dios, una Luz y una *Escritura* clara.[4] (15) Con ella, Dios guía por caminos de paz a quien busca Su satisfacción. Él les lleva de las tinieblas a la Luz y les guía hacia el camino recto. (16)

Ciertamente, aquellos que dicen: «El Mesías hijo de María es Dios» niegan la Verdad.

Di: «Si Dios quisiera aniquilar al Mesías hijo de María, a su madre y todos los seres de la Tierra ¿Quién podría impedirlo?»

A Dios pertenece el gobierno de los cielos y la Tierra y de lo que hay entre ellos. Él crea lo que desea. Dios tiene poder sobre todas las cosas. (17)

---

[1] También los cristianos, igual que los judíos, hicieron un pacto con Dios, por el cual se comprometían a no apartarse de la creencia en un Dios único, creador de todo cuanto existe y a no olvidar los mandamientos divinos ni ocultar las señales del último profeta que habría de llegar. *Nemune*, t. IV, p. 316.

Nasara es el plural de *nasrani* y la razón de llamar así a los cristianos es debido a que Jesús pasó su infancia en la ciudad de Nazaret. Otra opinión es que proviene de Nasran un pueblo en el que Jesús era muy amado y en el que tenía muchos seguidores. Y existe la posibilidad que se deba a las palabras de Jesús cuando pregunto a sus discípulos «¿Quién me auxiliará en el camino hacia Dios? Los discípulos respondieron: Nosotros seremos los auxiliares de Dios (*Ansar Allah*)» Corán, 61:14. Cfr. *Nemune*, t. IV, p. 317.

[2] Muhammad.

[3] De lo añadido por vosotros. *Qur'an-e Karim*, p.110.

[4] El Sagrado Corán.

Y los judíos y los cristianos dicen: «Somos los hijos de Dios y Sus preferidos.»

Di: «¿Entonces, por qué os castiga por vuestros pecados? Sólo sois otros seres humanos de los [muchos] que Él ha creado.» Él perdona a quien quiere y castiga a quien quiere.

Y a Dios pertenece el gobierno de los cielos y la Tierra y de lo que hay entre ambos y todo regresa a Él. (18)

¡Oh, gente de la *Escritura* [Sagrada]! Ha venido a vosotros Nuestro Mensajero, tras un periodo sin Mensajeros,[1] para explicaros [las enseñanzas divinas], no fueseis a decir: «No ha venido a nosotros nadie que nos comunicara la buena nueva ni nos advirtiese del castigo.»

Así pues, ha venido a vosotros un portador de la buena nueva y advertidor del castigo. Y Dios tiene poder sobre todas las cosas. (19)

Y (recuerda) cuando Moisés dijo a su pueblo: «¡Oh, pueblo mío! Recordad la merced de Dios con vosotros, poniendo entre vosotros profetas y haciendo de vosotros soberanos[2] y otorgándoos lo que no le había sido dado a ninguna otra nación.» (20)

«¡Oh, pueblo mío! Entrad en la tierra sagrada que Dios ha dispuesto para vosotros y no retrocedáis pues os convertiríais en perdedores.» (21)

Ellos dijeron: «¡Oh, Moisés! En verdad, en ella habita un pueblo de gigantes y no entraremos en ella mientras ellos no salgan. Si ellos la abandonan nosotros entraremos.» (22)

Dos hombres de los que temían a Dios y a los que Dios había agraciado[3] dijeron:

«Atacadles por la puerta. Cuando consigáis entrar, habréis vencido. Y confiad en Dios si sois creyentes.» (23)

---

[1] *Fatrat* significa «reposo, tranquilidad y un periodo entre dos guerras o dos revoluciones o dos trabajos.» Como es sabido, entre la venida de Jesús hijo de María y la de Muhammad transcurrieron seiscientos años sin que Dios enviase profeta alguno, por ello el Sagrado Corán se ha referido a ese periodo denominándolo: *fatratin min rusul* («un período sin mensajeros»).

[2] Se refiere al tiempo en que fueron esclavos del Faraón y Dios les liberó, haciéndoles soberanos de sus propias personas, aunque algunos exégetas son de la opinión de que significa «reyes», pero los Hijos de Israel tuvieron reyes un periodo muy corto de tiempo y esa función fue cubierta por muy pocos de ellos, mientras que el versículo dice: «*wa ya'ala kum*», es decir: «os hizo a todos vosotros», por lo que parece que la primera opinión es más acertada, ya que en el diccionario, bajo el epígrafe *malik*, leemos: «Es aquel que posee *al-mulk* y *al-mulk* es todo lo que posee la persona, de lo cual dispone y gasta.» *Nemune*, t. IV, p. 336.

[3] «Con inteligencia, fe y heroísmo.» La mayoría de los exégetas están de acuerdo en que estos dos hombres eran Yusha ibn Nun y Laleb ibn Yufana. *Nemune*, t. IV, p. 334.

Dijeron: «¡Oh, Moisés! Jamás entraremos mientras ellos continúen allí. ¡Id tú y tu Señor y combatidles! Nosotros nos quedaremos aquí sentados. (24)

Dijo [Moisés]: ¡Dios mío! No tengo poder excepto sobre mí mismo y sobre mi hermano. Aléjanos de la gente trasgresora.» (25)

Dijo [Dios]: «Estará prohibida para ellos.[1] Cuarenta años vagarán por la Tierra. No te entristezcas por ese pueblo trasgresor.» (26)

Relátales la verdadera historia de los dos hijos de Adán, cuando ambos realizaron una ofrenda a Dios y a uno de ellos le fue aceptada pero al otro no.[2]

[Éste] Dijo: «¡Juro que te mataré!»

Dijo [el otro]: «Dios sólo acepta la ofrenda de quienes son temerosos.[3] (27)

Si levantas tu mano para matarme yo no levantaré la mía para matarte. En verdad, temo a Dios, el Señor de los mundos. (28)

Deseo que cargues con mi pecado[4] y con el tuyo y que seas de la gente del Fuego. Esa es la recompensa de los opresores.»(29)

Su alma le fue haciendo aceptable la idea de matar a su hermano y le mató, convirtiéndose con ello en uno de los perdedores. (30)

Entonces, Dios envió un cuervo que escarbó en la tierra para hacerle ver como sepultar el cadáver de su hermano. Dijo: «¡Ay de mí! ¿Es que soy incapaz de hacer como este cuervo?»[5] Y enterró el cadáver de su hermano y fue de los que se arrepienten. (31)

---

[1] La tierra que Dios había prometido al pueblo de Moisés.

[2] El Corán no recoge el nombre de estos dos hijos de Adán, pero las tradiciones proféticas nos dicen que sus nombres eran Habil y Qabil, mientras que la *Torá*, en el capítulo cuarto del *Génesis*, dice que sus nombres eran Habil y Qain. El conocido exégeta Abu al-Futuh al-Razi dice que cada uno de ellos ha recibido distintos nombres, Abel ha sido citado como Habil, Habel, Haben y Caín ha sido citado como Qabil, Qabin, Qaben y Qabn. Nemune, t. IV, p. 348.

[3] Es decir: «No es culpa mía si tu ofrenda no ha sido aceptada, sino tuya por no haberla realizado con temor de Dios». Nemune, t. IV, p. 346.

[4] Es decir: «Con los pecados que yo haya realizado en el pasado.» Nemune, t. IV, p. 347.

[5] Caín no sabía que hacer con el cadáver de su hermano. Dios le envió un cuervo que mató a otro y, de manera instintiva, cavó un hueco y enterró su cadáver, enseñando así a Caín lo que debía hacer con su hermano muerto y mostrándole al mismo tiempo su ignorancia e indefensión, propiciando con ello su arrepentimiento. Cfr. Nemune, t. IV, p. 352.

Por esa razón, dispusimos para los Hijos de Israel que, quien matara a un ser humano sin que éste hubiera cometido un crimen o hubiera corrompido en la Tierra, fuese considerado como quien mata a toda la humanidad y quien le salvase, como quien salva a toda la humanidad.

Ciertamente, llegaron a ellos Nuestros Mensajeros con las pruebas claras, pero, tras ello y a pesar de ello, muchos de ellos cometieron excesos en la Tierra. (32)

En verdad, la retribución de quienes hagan la guerra a Dios y a Su Mensajero[1] y se dediquen a corromper la Tierra, será la muerte o la crucifixión o que se les corte la mano y el pie opuesto[2] o que se les expulse de su territorio.

Esto será para ellos una humillación en esta vida y en la otra tendrán un castigo inmenso. (33)

Excepto a quienes se arrepientan antes de caer en vuestras manos.

Y sabed que Dios es perdonador, misericordiosísimo con los creyentes. (34)

¡Oh, los que creéis! Temed a Dios y buscad la manera de acercaros a Él y esforzaos por Su causa, quizás, así, tengáis éxito. (35)

En verdad, a quienes no creen, aunque poseyeran todo cuanto hay en la Tierra y otro tanto y lo entregaran para redimirse con ello del castigo del Día del Levantamiento, no les sería aceptado y tendrán un castigo inmenso. (36)

---

[1] Por «hacer la guerra a Dios y a Su Mensajero» se entiende, conforme indican las tradiciones proféticas, aquellos que atacan con armas a la gente y amenazan sus bienes y sus vidas. *Nemune*, t. IV, p. 360.

[2] Tal como indican los tratados de derecho, se entiende por corte de la mano o del pie, el corte de los cuatro dedos, exceptuando el pulgar. *Nemune*, t. IV, p. 360.

Querrán escapar del Fuego, pero no saldrán de él y sufrirán un castigo constante. (37)

Y, al ladrón y a la ladrona, cortadles la mano en pago de lo que hicieron, como escarmiento procedente de Dios.

Y Dios es poderoso, sabio. (38)

Pero, Dios perdonará a quien, tras su mal comportamiento, se arrepienta y repare el mal que cometió.

En verdad, Dios es perdonador, misericordiosísimo con los creyentes. (39)

¿Acaso no sabes que a Dios pertenece la soberanía de los cielos y la Tierra? Él castiga a quien quiere y perdona a quien quiere. Dios tiene poder sobre todas las cosas. (40)

¡Oh, Mensajero! No te entristezcas por quienes se precipitan a la incredulidad. Son de los que dicen «creemos» con sus bocas pero que no creen con sus corazones.

Ni por los judíos que prestan oídos a la mentira y espían para otras gentes que no han venido a ti.

Sacan las palabras (de la Sagrada *Escritura*) de su contexto.

Dicen: «Si emiten este juicio, aceptadlo y si no rechazadlo.»[1]

No podrás interceder ante Dios a favor de quien Dios quiera castigar.

Esos son aquéllos a los que Dios no quiere purificar sus corazones. Sufrirán la humillación en esta vida y en la otra un castigo inmenso. (41)

---

[1] Un hombre prominente de los judíos de Jaybar cometió adulterio con una mujer que también estaba casada. Como el castigo prescrito en la *Torá* para los casos de adulterio es la lapidación, acudieron al Profeta del Islam con la esperanza de que su juicio fuera más liviano. El Profeta les preguntó si aceptarían su juicio, a lo que ellos respondieron afirmativamente. En esa situación descendió el versículo en el que se establece la lapidación como castigo al adulterio. Como los judíos argumentaron que este castigo no estaba en sus escrituras, el Profeta hizo llamar a Ibn Suria, uno de los mayores sabios judíos, que vivía en Fadak, quien confirmó que la *Torá* también establecía el mismo castigo para los casos de adulterio, pero que, poco a poco, había dejado de aplicarse, primero a los notables de su sociedad y finalmente a todos, siendo sustituido por cuarenta latigazos y un paseo público a caballo con las caras pintadas de negro. El Profeta ordenó que se aplicase el castigo prescrito por la ley y exclamó: «¡Dios mío! Soy el primero en aplicar Tus mandatos después de haber sido olvidados por los judíos.» En esta circunstancia descendió este versículo. Cfr. *Nemune*, t. IV, p. 382-383.

Prestan oído a las mentiras y se alimentan de bienes ilícitos.

Si vienen a ti, juzga su asunto o déjales que se arreglen entre ellos. Si te inhibes, no podrán perjudicarte en absoluto, pero si juzgas, júzgales con equidad. Ciertamente, Dios ama a quienes son equitativos. (42)

Pero ¿Cómo pueden querer que tú seas su juez, teniendo ellos la Torá con el juicio de Dios?

Luego, tras ello, dan la espalda.[1] No son creyentes. (43)

Ciertamente, hicimos descender la *Torá*. En ella hay guía y luz.

Los profetas, obedeciendo a Dios, administraban justicia con ella entre los judíos [y también] los rabinos y sabios, pues se les pidió que protegiesen la *Escritura* de Dios y dieran testimonio de ella.

Así pues, no tengáis miedo de la gente, temedme a Mí y no vendáis Mis indicaciones por poco precio.

Quienes no juzguen con lo que Dios ha hecho descender, serán los que ocultan la Verdad. (44)

Y, en ella, les ordenamos:[2] vida por vida, ojo por ojo, nariz por nariz, oreja por oreja, diente por diente y por cada herida una compensación.

Y, a quien renuncie a la compensación, se le perdonarán sus pecados.

Y, quienes no juzguen conforme a lo que Dios hizo descender, serán los opresores. (45)

---

[1] Viene al Profeta del Islam, para que juzgue su caso de adulterio, a pesar de que ellos no aceptan la creencia islámica, por si pudiesen acogerse a otra ley que les favoreciese, ya que en la *Torá* está condenado con la lapidación y cuando el Corán juzga el caso de la misma manera quieren ignorar también esa sentencia. Cfr. *Nemune*, t. IV, p. 388.

[2] Es decir: «En la *Torá*, ordenamos a los Hijos de Israel».

Y, tras ellos, enviamos a Jesús hijo de María, confirmando la *Torá* que ellos tenían en sus manos.

Y le dimos el *Evangelio*, en el cual hay guía y luz y confirmación de lo que tienen en la *Torá*, y que es una guía y una amonestación para los temerosos de Dios. (46)

¡Que la gente del *Evangelio* juzgue conforme a lo que Dios ha hecho descender en él!

Y, quienes no juzguen conforme a los que Dios hizo descender, esos serán los pecadores. (47)

Hicimos descender para ti[1] la *Escritura* que contiene la Verdad y que confirma la *Escritura* que ya tenían en sus manos y la protege.

Juzga, pues, entre ellos con lo que Dios hizo descender. Y no sigas sus deseos, contrariando la Verdad que ha venido a ti.

A cada uno de vosotros le hemos asignado un código legal y un camino de salvación y, si Dios hubiera querido, habría hecho que fueseis una sola comunidad, pero lo hace así para probar vuestra fe en lo que os ha dado.

¡Competid, pues, en buenas acciones!

El lugar de retorno de todos vosotros es Dios.

Él os aclarará aquello en lo que manteníais diferencias. (48)

Juzga[2] entre ellos con lo que Dios hizo descender y no sigas sus deseos. Y ten cuidado con ellos para que no te desvíen de algo de lo que hizo descender Dios para ti.[3]

Y si te dan la espalda, sabe que Dios quiere castigarles por algunos de sus pecados. En verdad, muchos de los seres humanos son transgresores de la ley. (49) ¿Desean seguir juzgando como en los tiempos de la ignorancia?[4]

Para quienes tienen certeza ¿Quién puede juzgar mejor que Dios? (50)

---

[1] ¡Oh, Muhammad!

[2] ¡Oh Muhammad!

[3] Algunos exégetas coránicos han citado como circunstancias del descenso de este versículo el siguiente relato de Ibn 'Abbas: «Un grupo de notables judíos planearon ir junto a Muhammad y tratar de hacerle actuar en contra de sus propias creencias. Fueron junto a él y le pidieron que juzgara un litigio que tenían, diciéndole: Somos los sabios y los notables de los judíos, si nosotros te siguiéramos, seguramente que el resto de los judíos nos imitarían, pero entre nosotros y otra comunidad existe un problema así y así. Si tú juzgas a nuestro favor en este asunto, nosotros te seguiremos.» Como la reclamación no era justa, el Mensajero de Dios no aceptó su solicitud y en esa circunstancia descendió este versículo. Cfr. *Nemune*, t. IV, p. 404.

[4] «Ignorancia» (*yahiliya*). Tiempo anterior al Islam.

¡Oh, los que creéis! No toméis a los judíos ni a los cristianos de amigos y aliados. Algunos de ellos son aliados unos de otros. Y, quien de vosotros les tome por amigos, será uno de ellos.

En verdad, Dios no guía a la gente opresora. (51)

Ves a los que tienen una enfermedad en su corazón precipitarse hacia ellos diciendo: «¡Tememos sufrir un giro de la fortuna!»

Pero puede que Dios traiga la victoria o que, procedente de Él, suceda algo[1] que les haga arrepentirse de lo que guardaban en secreto en sus almas. (52)

Y los creyentes dirán: «¿Son esos los que con solemnidad juraban por Dios que estaban contigo?» Han invalidado sus buenas obras y se han convertido en perdedores. (53)

¡Oh, los que creéis! Quien de vosotros reniegue de sus creencias religiosas [sepa que] vendrá Dios con una gente a la que Él ama y por la que es amado, [que será] humilde con los creyentes y severa con los que ocultan la Verdad. Esforzados por la causa de Dios y que no teman la maldición de ningún calumniador.[2] Este es el favor de Dios, que otorga a quien Él quiere. Y Dios todo lo abarca, todo lo conoce. (54)

En verdad, vuestros amigos y protectores son solamente Dios y Su Mensajero y aquellos que tienen fe, que hacen la oración y dan limosna mientras están inclinados rezando.[3] (55)

Y quienes tomen como amigos y protectores a Dios, a Su Mensajero y a los que tienen fe, sepan que los del partido de Dios son los vencedores. (56)

¡Oh, creyentes! No toméis como amigos a quienes, habiendo recibido la *Escritura* [Sagrada] antes que vosotros, toman vuestras creencias religiosas a burla y juego, ni tampoco a los que no creen. Y temed a Dios si sois creyentes. (57)

---

[1] En beneficio de los musulmanes. Cfr. *Nemune*, t. IV, p. 408.

[2] Se refiere a Ali ibn Abi Talib. Cuando tuvo lugar la batalla de Jaibar y después de que varios comandantes del ejército musulmán fuesen derrotados, el Mensajero de Dios dijo: «Juro por Dios que mañana entregaré la bandera a un hombre que ama a Dios y a Su Mensajero y al que Dios y Su Mensajero aman. Atacará a los enemigos y no retrocederá y no abandonará el campo de batalla hasta que Dios no haya concedido la victoria a los musulmanes a través de su mano.» Ta'labi, *Ahqaq al-Haq*, t. III, p. 200. Cfr. *Nemune*, t. IV, p. 417.

[3] Dijo Abu Dar al-Gafari: «Un día estaba rezando junto al Mensajero de Dios en la mezquita cuando entró un mendigo pidiendo ayuda a la gente que allí había, sin que nadie le diese limosna. Ali ibn Abi Talib que estaba inclinado (*ruku'*) en mitad de una oración, extendió su mano derecha, en uno de cuyos dedos llevaba un pequeño anillo, en dirección al mendigo. El mendigo se acercó a él y sacó el anillo de su dedo.» En esas circunstancias descendió este versículo. *Nemune*, t. IV, p. 422.

Y cuando llamáis a la oración lo toman a burla y a juego. Eso es porque son una gente que no razona. (58)

Di: «¡Oh, gente de la *Escritura* [Sagrada]! ¿Nos rechazáis por alguna otra razón que por haber creído en Dios y en lo que nos fue revelado y en lo que fue revelado antes de nosotros y porque la mayoría de vosotros sois transgresores?»(59)

Di: «¿Queréis que os informe de quién está peor retribuido por Dios que quienes hacen esto? Aquel a quien Dios ha maldecido[1] y aquel con el que Él está irritado. A algunos de ellos Él los convirtió en monos y en cerdos porque adoraban a los ídolos.[2] Esos son quienes tienen una situación peor y los más extraviados del camino recto.» (60)

Y, cuando vienen a vosotros dicen: «Creemos», pero entran incrédulos y lo mismo salen. Y Dios es quien mejor conoce lo que ellos ocultan. (61)

Y ves como muchos de ellos se precipitan al pecado y a la agresión y se alimentan del soborno y de ganancias ilegales.

¡Qué malo es lo que hacen! (62)

¿Por qué los rabinos y los doctores de la ley no les prohíben sus palabras pecadoras y alimentarse de bienes ilícitos? ¡Qué malo es lo que hacen! (63)

Los judíos dicen: «La mano de Dios está atada.»[3]

¡Qué sus manos sean atadas y sean maldecidos por lo que dijeron! Al contrario, Sus dos manos están abiertas y Él reparte Sus bienes como quiere. Con certeza, lo que descendió para ti procedente de tu Señor incrementará en muchos de ellos la rebeldía y la falta de fe. Hemos sembrado entre ellos la enemistad y el odio hasta el Día del Levantamiento. Cada vez que enciendan el fuego de la guerra Dios lo apagará. Se esfuerzan por corromper la Tierra y a Dios no le gusta la corrupción. (64)

---

[1] Por su mal comportamiento. Cfr. *Nemune*, t. IV, p. 443.

[2] Según otros: «Adoraban al rebelde.» Es decir, a Satanás. Cfr. *The Qur'an*, p. 159.

[3] Los judíos de aquella época vivían un momento de gran expansión y bienestar. Con la llegada del Islam comprendieron que su estrella comenzaba a declinar, especialmente en la tierra de Arabia, y pensaron que nada podía hacerse pues esa situación respondía a un decreto divino. Dios les maldice por su limitada comprensión del poder divino, ya que Él es quien decreta y no quien está sometido al decreto. Y, aceptando la imagen, les responde que no sólo Su mano no está atada, sino que Sus dos manos están libres. Algunos exégetas entienden que con la expresión «Sus dos manos» Dios se refiere a Su poder absoluto y, otros, a Sus favores materiales y espirituales. Cfr. *Nemune*, t. IV, p. 449-451.

Y, si la gente de la *Escritura* [Sagrada] creyera y tuviera temor de Dios, perdonaríamos sus malos actos y les introduciríamos en los Jardines de la Delicia. (65)

Y, si llevasen a la práctica los preceptos de la *Torá* y el *Evangelio* y lo que descendió para ellos procedente de su Señor,[1] se alimentarían de lo que hay sobre ellos y bajo sus pies.[2]

Entre ellos hay una comunidad que es moderada, pero ¡Qué malo es lo que hacen muchos otros! (66)

¡Oh, Mensajero! ¡Transmite lo que ha descendido a ti procedente de tu Señor! Y, si no lo haces, será como si no hubieses transmitido nada de Su mensaje y Dios te protegerá de las gentes. En verdad, Dios no guía a la gente que no cree.[3] (67)

Di: «¡Oh, gente de la *Escritura* [Sagrada]! No estaréis en nada mientras no observéis la *Torá*, el *Evangelio* y lo que descendió para vosotros procedente de vuestro Señor.» Pero lo que descendió para ti procedente de tu Señor incrementa en muchos de ellos la rebeldía y la falta de fe. No te apenes, pues, por la gente que no tiene fe. (68)

En verdad, los creyentes, los judíos, los sabeos y los cristianos, quienes crean en Dios y en Último Día y obren rectamente, no tendrán por qué temer y no estarán tristes. (69)

Hicimos un pacto con los Hijos de Israel y les enviamos Mensajeros.

Siempre que llegó a ellos un Mensajero con lo que no deseaba su ego, a unos les desmintieron y a otros les mataron. (70)

---

[1] El Sagrado Corán.

[2] Es decir: «De todas las bendiciones de los cielos y la Tierra.» Cfr. *Nemune*, t. IV, p. 456.

[3] El último año de su vida, el Mensajero de Dios realizó la peregrinación anual a La Meca y, al regreso de ella, acompañado por una multitud procedente de distintas partes de la península arábiga, ocho días después de la Fiesta del Sacrificio, llegaron a un lugar en medio del desierto conocido como Gadir Jum, en el territorio de Yuhfa, en el que se dividían los caminos. El Profeta dio la orden de hacer un alto y anunció la revelación de este nuevo versículo. Tras ello y tras anunciar su próxima partida de este mundo, tomó a Ali ibn Abi Talib de la mano y levantándosela para que todos los presentes pudieran verle dijo: «*Fa man kuntu maula hu fa hada 'Ali maula hu.*» (Para quien yo haya sido su amigo y protector, sea este Ali su amigo y protector). Todavía no se habían deshecho las filas de los congregados, cuando descendió el versículo con el que finalizaban veintitrés años de revelación: «*Al yaum la ku akmaltu m dinu kum*». (Cfr. *Corán*, 5:3 y nota correspondiente).

Este hecho ha sido recogido por numerosos sabios de las dos escuelas (*sunna* y *shi'a*). Allama Amini en su magnífica obra *Al-Gadir*, lo recoge de 110 compañeros del Profeta. Los interesados pueden consultar esta obra o *Al-Dur al-Manzur* de Suyuti, entre otras. Cfr. *Nemune*, t. V, p. 2-12.

Creyeron que no serían puestos a prueba y [actuaron como] ciegos y sordos [ante la Verdad].

Después Dios aceptó su arrepentimiento y, [nuevamente] muchos de ellos [volvieron a comportarse como] ciegos y sordos.

Pero Dios observa lo que hacen. (71)

En verdad, no creen quienes dicen: «Ciertamente, el Mesías hijo de María es Dios.»

Pero el Mesías dijo: «¡Oh, Hijos de Israel! Adorad a Dios, mi Señor y vuestro Señor.»

A quién equipare a alguien junto a Dios, Dios le vedará [la entrada en] el Jardín y su morada será el Fuego.

Los opresores no tendrán quien les auxilie. (72)

En verdad, no creen quienes dicen: «Ciertamente, Dios es el tercero de tres» cuando no hay más que un solo Dios.

Si no se retractan de lo que dicen, quienes de ellos ocultan la Verdad sufrirán un castigo doloroso. (73)

¿Es que no se volverán hacia Dios arrepentidos y Le pedirán perdón?

Dios es perdonador, misericordiosísimo con los creyentes. (74)

No es el Mesías hijo de María sino un Mensajero de Dios.
Antes que él han pasado otros Mensajeros.
Y su madre decía la verdad.
Ambos comían alimentos.
Mira como les aclaramos las señales y mira como se extravían después. (75)

Di: «¿Adoraréis aparte de Dios a quienes no tienen poder para perjudicaros o beneficiaros?»

Y Dios es Quien todo lo oye, Quien todo lo sabe. (76)

Di: «¡Oh, gente de la *Escritura* [Sagrada]! No exageréis en vuestras creencias faltando a la Verdad y no sigáis las pasiones de una gente que ya se había extraviado anteriormente e hicieron que muchos se extraviaran y que se han apartado del camino recto.» (77)

Aquellos de los Hijos de Israel que se alejaron de la fe, fueron maldecidos por boca de David y de Jesús hijo de María por haber desobedecido y haberse extralimitado. (78)

No se prohibían unos a otros las malas acciones que cometían. ¡Qué mal estaba lo que hacían! (79)

Ves a muchos de ellos que toman amigos entre los que no tienen fe. ¡Qué malo es lo que han enviado por delante [a la otra vida] para sus almas!

Dios está disgustado con ellos y serán castigados eternamente. (80)

Y si hubieran creído en Dios y en el Profeta y en lo que fue hecho descender a él, no les habrían tomado como amigos, pero muchos de ellos son transgresores. (81)

Parte 7

Con seguridad, encontrarás que los peores enemigos de los creyentes son los judíos y los politeístas y que los más afectuosos con los creyentes son los que dicen: «Ciertamente, somos cristianos.» Eso es porque algunos de ellos son sacerdotes y monjes, y porque no son arrogantes. (82)

Y, cuando escuchan la revelación que descendió para el Mensajero, veras sus ojos inundados de lágrimas por lo que reconocen de la Verdad.

Dicen: «¡Señor nuestro! Creemos. Escribe pues nuestros nombres con los que dan testimonio. (83)

¿Por qué no íbamos a creer en Dios y en la Verdad que ha venido a nosotros, si anhelamos que nuestro Señor nos admita entre la gente recta?» (84)

Por lo que dijeron, Dios les recompensará con Jardines de cuyas profundidades brotan los ríos, en los que estarán eternamente. Esa es la recompensa de quienes hacen el bien. (85)

Y quienes no crean y desmientan Nuestras señales serán gente del Infierno. (86)

¡Oh, los que creéis! No prohibáis las cosas buenas que Dios ha hecho lícitas para vosotros y no os extralimitéis. En verdad, Dios no ama a los transgresores. (87)

Y comed de lo lícito y bueno que Dios os proporciona. Y temed a Dios, en Quien creéis. (88)

Dios no tendrá en cuenta vuestros juramentos hechos a la ligera, pero sí os toma en cuenta los juramentos con los que os comprometéis conscien-temente. En compensación, alimentaréis a diez necesitados de manera similar a como alimentáis a vuestras familias o les vestiréis o liberaréis un esclavo. Y quien no pueda, que ayune tres días. Esa es la compensación por vuestros juramentos incumplidos.[1] Cumplid vuestros juramentos. De esta manera os aclara Dios sus señales. Quizás seáis agradecidos. (89)

¡Oh, los que creéis! Ciertamente, el vino, los juegos de azar, las piedras de altar [los ídolos] y las flechas adivinatorias, son cosas abominables hechas por Satanás. Por tanto, absteneos de ellas, quizás así triunféis. (90)

---

[1] Sobre las circunstancias en las que este versículo fue revelado, existen muchas tradiciones (*riwayat*). Un día el Mensajero de Dios habló a sus compañeros sobre el Día del Juicio Final y la situación en que se encontrarían las personas en él. Sus palabras impresionaron fuertemente a un grupo de ellos, que decidieron prohibirse algunos de los placeres y comodidades de este mundo y sustituirlos por actos de adoración. Entre ellos, Bilal juró ayunar cada día y Uzman ibn Madun juró no mantener relación sexual con su esposa. La noticia llegó a oídos del Mensajero, quien reunió a sus seguidores y les dijo: «¿Por qué os prohibís lo que es bueno y lícito? ¿No veis que yo duermo parte de la noche y también voy a mis esposas y no ayuno todos los días? Yo no os he ordenado que os apartéis del mundo como hacen los monjes y sacerdotes cristianos. El claustro de mi comunidad es el esfuerzo (*yihad*) por la causa de Dios.» Quienes habían hecho tales juramentos, los abandonaron y le preguntaron al Mensajero cuál era su obligación ante Dios por haber roto el juramento. El versículo revelado vino a contestar su pregunta. (Cfr. *Tafsir Ali ibn Ibrahim, Tafsir Machma al-Bayan.*) *Nemune*, t. V, p. 61.

Ciertamente, Satanás quiere crear entre vosotros la enemistad y el odio, con el vino y los juegos de azar y apartándoos del recuerdo de Dios y de la oración. ¿Os abstendréis de ello? (91)

¡Obedecer a Dios y obedeced al Mensajero y sed precavidos! Pero si dais la espalda, sabed que Nuestro Mensajero sólo es responsable de transmitir la revelación con claridad. (92)

Quienes creen y hacen el bien no están en pecado por lo que comieron anteriormente, mientras sean temerosos y creyentes y hagan el bien, luego sean temerosos y crean, luego sean temerosos y virtuosos. Dios ama a quienes son virtuosos. (93)

¡Oh, los que creéis! Verdaderamente, Dios os pone a prueba con parte de lo que cazáis con vuestras manos y lanzas. Dios quiere saber quién Le teme en secreto. Y quien tras esto viole la ley, sufrirá un castigo doloroso. (94)

¡Oh, los que creéis! No cacéis mientras estéis consagrados a la peregrinación.

Quien de vosotros cace intencionadamente, que lo compense sacrificando un animal de su ganado semejante al que mató, conforme al juicio de dos personas justas de entre vosotros, como una ofrenda a la Kaaba. O lo compensará alimentando a los necesitados, o ayunando en proporción equivalente, para que pruebe las malas consecuencias de su acto.

Dios perdona lo pasado, pero Dios se vengará del que reincida.

Dios es poderoso, dueño de la venganza. (95)

Es lícita para vosotros la pesca del mar y los alimentos que hay en él. Son provisiones para vosotros y para los viajeros. Pero os esta prohibida la caza de la tierra mientras dure vuestra condición de peregrinos. Y sed temerosos de Dios, hacia Quien seréis congregados. (96)

Dios ha dispuesto la Kaaba, la Casa Sagrada, los meses sagrados, las ofrendas y las guirnaldas, para el bienestar de las gentes. Eso es para que sepáis que Dios conoce lo que hay en los cielos y en la Tierra y que Dios conoce bien todas las cosas. (97)

Sabed que Dios es severo castigando y que Dios es perdonador, misericordiosísimo con los creyentes. (98)

El Mensajero sólo tiene la responsabilidad de transmitir la revelación. Y Dios conoce lo que mostráis y lo que ocultáis. (99)

Di: «El mal y el bien no son iguales, aunque te sorprenda la abundancia de mal.»

Así pues, temed a Dios ¡Oh, gente dotada de intelecto! para que podáis triunfar. (100)

¡Oh, los que creéis! No preguntéis sobre cosas que, si se os revelasen, os perturbarían.[1] Pero si preguntáis por ellas, cuando desciende el Corán os serán reveladas y Dios lo disculpará. Dios es perdonador, indulgente. (101) Ciertamente, hubo antes de vosotros un pueblo que hizo las mismas preguntas y eso les llevó a la incredulidad. (102)

Dios no ha establecido *Bahira*, ni *Saiba*, ni *Wasila*, ni *Ham*,[2] pero los que ocultan la Verdad inventan mentiras sobre Dios y la mayoría de ellos no razonan. (103)

---

[1] El *Tafsir Machma al-Bayan*, recoge el siguiente testimonio de Ali ibn Abi Talib. «Un día, el Mensajero de Dios dio un discurso sobre la peregrinación y los mandatos divinos al respecto. Un hombre llamado Akasha, preguntó: ¿La orden de peregrinar a La Meca es algo que debemos cumplir cada año? El Mensajero no le contestó y este hombre insistió, repitiendo su pregunta dos o tres veces, hasta que el Mensajero dijo: ¡Ay de ti! ¿Por qué insistes tanto? Si te respondo que sí, la peregrinación será obligatoria para todos vosotros cada año y, en ese caso, no podréis realizarla. Si no la realizaseis cometeríais un pecado. Por tanto, no insistáis en saber lo que no os digo, ya que una de las razones que llevaron a la destrucción a otras comunidades anteriores fue el exceso de palabrería y de preguntas a sus profetas. Por tanto, cuando os ordeno algo, esforzaos en cumplirlo en la medida de vuestras posibilidades y si os prohíbo algo, absteneos de ello.» En esa circunstancia, descendió este versículo.

[2] Los árabes pre-islámicos denominaban así a camellos y ovejas que, por promesas o por sus numerosos partos u otros motivos, declaraban sagrados. *The Qur'an*, p. 167

Y cuando se les dice: «Venid a lo que Dios ha revelado y al Mensajero», dicen: «Es suficiente para nosotros lo que encontramos que nuestros antepasados seguían.»

¿Cómo es eso? ¿Y si sus antepasados no sabían nada y no estaban bien guiados? (104)

¡Oh, los que creéis! Vuestra responsabilidad es cuidar de vuestras propias almas. Mientras vosotros estéis bien guiados nadie que se extravíe podrá perjudicaros. Todos vosotros regresaréis hacia Dios y seréis informados de los que hacíais. (105)

¡Oh, los que creéis! Cuando a alguno de vosotros se le presente la muerte, que dos hombres justos de entre vosotros sean testigos de su testamento, u otros dos que no sean de los vuestros,[1] si estáis de viaje y se os presenta la dificultad de la muerte.

Haced que ambos se queden después de la oración y que juren por Dios: «No alteraremos nuestro testimonio a ningún precio, aunque se trate de un familiar y no ocultaremos el testimonio que pertenece a Dios, pues entonces seríamos unos pecadores.»(106)

Pero si se descubre que ambos son culpables de un pecado,[2] que otros dos, de entre los familiares cercanos perjudicados por el testimonio de los primeros, ocupen su lugar y juren por Dios que: «Nuestro testimonio es más verídico que el de los dos primeros y no hemos sido transgresores, pues, en ese caso, seríamos de los opresores.» (107)

Así será más posible que el testimonio que presten se ajuste a la verdad o teman que otros presten juramento después del suyo.

Y temed desobedecer a Dios y escuchad. Dios no guía a la gente transgresora. (108)

---

[1] Es decir: no musulmanes, si estáis de viaje y no encontráis musulmanes que puedan hacer de testigos. *The Qur'an,* p. 168.

[2] Es decir: «del pecado de perjurio.» *The Qur'an,* p. 168 Y que ambos han ocultado la verdad. *Nemune,* t. V, p. 113

[Temed] un día en el que Dios reúna a los profetas y les pregunte: «¿Cómo respondieron las gentes a vuestra llamada?» Y ellos digan: «No lo sabemos. En verdad, Tú Eres el conocedor de lo oculto.»(109)

Y recuerda cuando Dios dijo: «¡Oh, Jesús hijo de María! Recuerda Mi favor sobre ti y sobre tu madre, pues te fortalecí con el Espíritu Santo y hablaste a las gentes en la cuna y de adulto.

Y cuando te enseñé la *Escritura* Sagrada y la Sabiduría y la *Torá* y el Evangelio y creaste de barro formas de pájaros con Mi permiso y soplaste en ellas y fueron pájaros con Mi permiso.

Y cuando curaste al ciego y al leproso con Mi permiso e hiciste salir al muerto de la tumba con Mi permiso.

Y cuando impedí a los Hijos de Israel que te atacasen, cuando fuiste a ellos con las pruebas claras y los que de entre ellos no creían dijeron: "Eso no es otra cosa sino brujería evidente."»(110)

Y cuando inspiré a los apóstoles para que tuvieran fe en Mí y en Mi Mensajero y dijeron: «Creemos. Sé testigo de que nos sometemos a Ti, de que somos musulmanes.» (111)

Y cuando dijeron los apóstoles: «¡Oh, Jesús hijo de María! ¿Podrá tu Señor hacer que descienda para nosotros una mesa[1] desde el cielo?»

Dijo [Jesús]: «¡Temed a Dios si sois creyentes!» (112)

Dijeron: «Queremos comer de ella y aportar certeza a nuestros corazones y saber que nos has dicho la Verdad y ser así de los que dan testimonio de ella.»(113)

---

[1] Con la comida y la bebida puesta.

Dijo Jesús hijo de María: «¡Oh, Dios Señor nuestro! Haz descender a nosotros una mesa desde el cielo que sea una fiesta para todos nosotros, del primero al último y una señal procedente de Ti. ¡Provéenos, pues Tú eres el mejor de los proveedores!»(114)

Dijo [Dios]: «En verdad, haré que descienda a vosotros, pero, a quién de vosotros oculte la Verdad después de esto, le castigaré con un castigo con el que no He castigado jamás a nadie en todos los mundos.» (115)

Y [recuerda] cuando dijo Dios: «¡Oh, Jesús hijo de María! ¿Has dicho tú a los hombres: Tomadme a mí y a mi madre como dioses y no a Dios?»

[Jesús] Dijo: «¡Glorificado seas! No soy quien para decir de mí lo que no es cierto. Si lo hubiese dicho Tú lo habrías sabido. Tú sabes lo que hay en mi alma pero yo no sé lo que hay en Tu esencia. Ciertamente Tú eres Quien conoce todas las cosas ocultas. (116)

No les he dicho más que aquello que Tú me ordenaste: ¡Adorad a Dios, Señor mío y Señor vuestro! y mientras estuve entre ellos di testimonio de ello y cuando me llevaste a Ti, Tú fuiste su cuidador y guardián. Tú eres testigo de todo. (117) Si les castigas, ellos son solamente Tus siervos y si les perdonas, Tú eres, ciertamente, poderoso, sabio.» (118)

Dice Dios: «Hoy es el día en el que los sinceros se beneficiarán de su sinceridad. Hay para ellos Jardines de cuyas profundidades brotan los ríos, en los que estarán eternamente, para siempre. Dios estará satisfecho de ellos y ellos estarán satisfechos de Él. Ese es el triunfo inmenso.» (119)

A Dios pertenece el gobierno de los cielos y de la Tierra y de lo que hay entre ambos y Él tiene poder sobre todas las cosas. (120)

Capítulo 6

Los rebaños

En el nombre de Al.lah, el Clementísimo, el Misericordiosísimo.

Alabado sea Dios, Quien ha creado los cielos y la Tierra y ha establecido las tinieblas y la luz, aunque los que no creen equiparan a su Señor con otros. (1)

Él es Quien os ha creado de barro y luego ha decretado un plazo. Un plazo determinado que sólo Él conoce. A pesar de ello, aún dudáis. (2)

Él es Dios en los cielos y en la Tierra. Conoce lo que ocultáis y lo que manifestáis y conoce la recompensa de vuestros actos. (3)

No llega a ellos una señal de las señales de su Señor sin que se aparten de ella. (4) Desmintieron la Verdad cuando llegó a ellos, pero tendrán noticias de aquello de lo que se burlaban. (5)

¿Acaso no ven a cuántos pueblos hemos Nosotros destruido antes de ellos? Pueblos a los que dimos medios que no os damos a vosotros.

Pero Nosotros enviamos el cielo sobre ellos cargado de lluvias, he hicimos que los ríos corriesen bajo ellos y les destruimos por sus pecados e hicimos surgir, tras ellos, otros pueblos. (6)

Aunque hubiésemos hecho descender para ti [¡Oh, Muhammad!] una *Escritura* en un pergamino que ellos pudiesen tocar con sus manos, los que no creen habrían dicho: «¡Esto no es sino magia manifiesta!» (7)

Y dicen: «¿Por qué no se hizo que descendiera a él un ángel?»

Si Nosotros hubiéramos enviado un ángel, el asunto habría quedado decretado y ellos no habrían tenido un plazo.[1] (8)

---

[1] Es decir: «¿Por qué no se ha enviado un ángel que acompañe al Profeta en su misión de llamar a los hombres al camino de Dios?» Pero, si Nosotros hubiésemos enviado un ángel y el asunto hubiese sido así de evidente, el tema habría quedado zanjado y los que se hubiesen negado a creer no habrían tenido un plazo para arrepentirse y habrían sido destruidos para siempre. *Nemune*, t. V, p. 159.

Y, si hubiésemos hecho de él[1] un ángel, ciertamente, le habríamos hecho hombre y les habríamos confundido igual que se confundieron anteriormente.[2] (9)

Ciertamente, ya se burlaron de los Mensajeros anteriores a ti pero, quienes se burlaban de ellos fueron cercados por aquello de lo que se burlaban.[3] (10)

Di: «Viajad por la Tierra y observad cual fue el final de los desmentidores.» (11)

Di: «¿A quién pertenece lo que hay en los cielos y en la Tierra?»

Di: «A Dios. Él se ha impuesto a Sí mismo la misericordia. Os congregará hacia el Día del Levantamiento. De eso no hay duda.»

Los que se han perdido a sí mismos, esos no son creyentes. (12)

A Él pertenece lo que tiene lugar en la noche y el día. Y Él todo lo oye, todo lo sabe. (13)

Di: «¿Tomaréis por amigo y protector a otro que a Dios, el Creador de los cielos y de la Tierra, siendo Él el que alimenta y no es alimentado?»

Di: «Se me ordenó que fuese el primero en someterme y que no fuese de los que adoran a nadie junto a Él.» (14)

Di: «En verdad, temo el castigo de un día inmenso si desobedezco a mi Señor.»(15)

Él habrá tenido misericordia de quien ese día sea apartado de él.[4] Ese es el éxito evidente. (16)

Y si Dios te aflige con una desgracia, nadie excepto Él podrá evitarlo. Y si te favorece con un bien, Él tiene poder sobre todo. (17) Él es Quien tiene el dominio sobre sus siervos. Él es el Sabio, el Bien Informado. (18)

---

[1] De Muhammad, el Mensajero de Dios.
[2] Cuando el Sagrado Corán dice: «le habríamos hecho hombre». quiere decir que, no sólo habría tenido la forma de un hombre, sino los atributos de un hombre, interna y externamente, con lo cual, los que no creen habrían objetado de la misma manera por segunda vez. *Nemune*, t. V, p. 161.
[3] Y descendió sobre ellos el castigo divino. *Nemune*, t. V, p. 161.
[4] Es decir, quien sea apartado del castigo el Día del Juicio."

Di: «¿Quién aporta el mayor testimonio?»

Di: «Dios. Él es testigo entre yo y vosotros. Él me ha revelado este Corán para que, con él, os advierta a vosotros y a quien le llegue. ¿Daréis vosotros testimonio de que junto a Dios existen otros dioses?»

Di: «Yo no atestiguaré.»

Di: «En verdad, Él es un dios Único y, ciertamente, yo me aparto de lo que adoráis junto a Él. (19)

Aquellos a quienes Nosotros dimos la *Escritura* [Sagrada] le[1] conocen como conocen a sus hijos. Quienes se han perdido a sí mismos, no son creyentes. (20)

¿Quién es más opresor que quien inventa una mentira sobre Dios o desmiente Sus señales?

En verdad, los opresores no triunfarán. (21) Y el día que Nosotros les reunamos a todos, diremos a quienes adoraron a otros como sólo se debe adorar a Dios: «¿Dónde están aquellos a quienes adorabais y a quienes suplicabais?» (22)

Su única excusa será decir: «Juramos por Dios, nuestro Señor, que no éramos politeístas.» (23)

¡Mira como mienten sobre ellos mismos y como les abandonan sus invenciones! (24)

Entre ellos, hay algunos que te escuchan, pero Nosotros hemos puesto sobre sus corazones un denso velo para que no comprendan y hemos endurecido sus oídos y, aunque vieran toda clase de señales [de la Verdad], no creerían en ella.

Incluso, aunque vengan a discutir contigo, los que no creen dicen: «Esos no son más que mitos de los hombres primitivos.» (25)

Apartan de él[2] y ellos mismos se alejan. Así sólo se destruyen a sí mismos, pero no se dan cuenta. (26)

Si los pudieras ver, cuando, parados ante el Fuego, digan: «¡Ojalá se nos permitiera dar marcha atrás! No desmentiríamos las señales de nuestro Señor y seríamos de los creyentes.» (27)

---

[1] Al Profeta del Islam. Es decir: «La autenticidad del Profeta es tan evidente para los judíos y los cristianos porque sus características y las profecías relativas a su llegada están en sus Escrituras Sagradas.» *The Qur'an*, p. 175

[2] Impiden a otros acercarse al Profeta y ellos mismos se alejan de él. *Nemune*, t. V, p. 191

Se les hará evidente lo que antes ocultaban.

Pero si se les hiciera regresar repetirían lo que se les había prohibido. En verdad, son mentirosos. (28)

Dicen: «No existe más vida que la de este mundo y no seremos resucitados.» (29)

Si les vieses cuando estén ante su Señor [el Día del Juicio Final].

Él dirá: «¿Acaso no es esto verdad?»

Dirán: «Sí, lo juramos por nuestro Señor.»

Él dirá: «Probad, pues, el castigo por haber ocultado la Verdad.»(30)

Con certeza, habrán perdido quienes desmintieron el encuentro con Dios.

Cuando les llegue la Hora súbitamente, dirán: «¡Ay de nosotros! ¡Qué descuidados fuimos!»

Cargarán sus pecados sobre sus espaldas. ¿No es acaso una mala carga? (31)

La vida de este mundo no es sino juego y distracción. Pero, para quienes son temerosos, la morada de la otra vida es mejor. ¿Es que no razonáis? (32)

Nosotros sabemos que te entristece lo que dicen. Pero no es a ti a quien desmienten, sino las señales de Dios lo que los opresores repudian. (33)

Ciertamente, antes de ti, otros Mensajeros fueron desmentidos, pero fueron pacientes con lo que se les desmentía y perseguía hasta que les llegó Nuestro auxilio.

Nadie puede cambiar las palabras de Dios. Ya han llegado a ti algunas noticias de los Mensajeros.[1] (34)

Y si te resulta penoso que se aparten de ti, busca si puedes un túnel en la Tierra o una escalera para subir al cielo y traerles una señal.

Si Dios quisiera, les habría reunido y guiado. Así que, no seas jamás de los ignorantes. (35)

---

[1] Ya has sido informado, ¡Oh, Muhammad! de cómo los profetas anteriores a ti fueron desmentidos y perseguidos y fueron pacientes y, finalmente, triunfaron en su misión. *Nemune*, t. V, p. 212.

Solamente aquellos que escuchan responderán [a tu llamada ¡Oh, Mensajero!]

En cuanto a los muertos, Dios les resucitará y, entonces, se les hara regresar a Él. (36)

Dicen: «¿Por qué no ha descendido a él[1] ninguna señal milagrosa procedente de su Señor?»

Di: «Dios tiene poder para enviar una señal.»

Pero la mayoría de ellos no saben. (37)

No existe animal en la Tierra ni ave que vuele con sus dos alas que no forme comunidades como las vuestras.

No hemos omitido nada en la *Escritura* [Sagrada]. Luego, serán congregados hacia su Señor. (38) Pero quienes desmienten Nuestras señales están sordos y mudos en las tinieblas.

Dios extravía a quien Él quiere y a quien Él quiere le pone en el camino recto. (39)

Di: «¡Decidme la verdad si sois sinceros!

Si os alcanzase el castigo de Dios u os llegase la Hora ¿Invocaríais a otro que a Dios? (40)

¡No! Sino que sólo a Él invocaríais y Él, si quisiera, os concedería aquello que Le hubieseis pedido y olvidaría la idolatría que cometéis.» (41)

Ciertamente, hemos enviado [profetas] a otras comunidades antes de ti e hicimos que[2] soportasen dificultades y preocupaciones para que suplicasen con humildad. (42)

Si hubiesen suplicado humildemente cuando les alcanzó Nuestro rigor...

Pero se endurecieron sus corazones y Satanás les embelleció su comportamiento. (43)

Y, cuando olvidaron lo que se les había recordado, abrimos para ellos las puertas de todas las cosas, hasta que hubieron disfrutado de todo lo que les fue dado. Entonces, les tomamos por sorpresa y fueron presa de la desesperación. (44)

---

[1] Los principales de La Meca decían: ¿Por qué Muhammad no viene con un milagro como el báculo de Moisés o la camella de Saleh? *Nemune*, t. V, p. 217.

[2] «he hicimos que esas comunidades soportasen»

Así fue destruida hasta las raíces la comunidad de aquellos que eran opresores. ¡Alabado sea Dios, Señor de los mundos! (45)

Di: «¿Qué pensaríais si Dios os arrebatase el oído y la vista y sellase vuestros corazones? ¿Qué otro dios sino Dios podría devolvéroslos?»

Ved las diferentes maneras en que explicamos las señales, aunque ellos dan la espalda y se alejan. (46)

Di: «¿Qué pensaríais si os llegase el castigo de Dios por sorpresa o abiertamente? ¿Quién sería destruida sino la gente opresora?» (47)

No enviamos a los profetas sino como portadores de buenas nuevas y advertidores del castigo. Por tanto, quienes crean y corrijan sus malas acciones no tendrán que temer y no estarán tristes. (48) Y quienes desmientan Nuestras señales sufrirán el castigo por haber transgredido. (49)

Di: «Yo no os digo que posea los tesoros de Dios, ni conozco lo que está oculto a los sentidos, ni os digo que yo sea un ángel. Sólo sigo lo que me ha sido revelado.»

Di: «¿Son iguales el ciego y el que ve? ¿Es que no razonáis?» (50)

Y advierte con él[1] a quienes teman ser congregados hacia su Señor que no tienen otro protector ni intercesor que Él, para que así sean temerosos. (51)

Y no rechaces a quienes suplican a su Señor día y noche, deseando contemplar Su rostro.[2] Tú no eres en absoluto responsable de sus cuentas ni ellos son responsables en absoluto de tu cuenta y si les rechazases serías de los opresores.[3] (52)

---

[1] Con lo que te ha sido revelado, es decir, el Sagrado Corán.

[2] La frase «deseando Su rostro» ha sido interpretada de diferentes maneras: «Buscando Su cercanía», «Buscando Su presencia», «Deseando Su recompensa», «Buscando Su complacencia», «Siguiendo Su senda», «Buscando Su Esencia Pura», «Buscando la cercanía de la Imames Purificados», etc. Cfr. 17:28 *The Qur'an*, p. 180 y *Nemune*, t. V, p. 251.

[3] Ha sido recogido en numerosas tradiciones que este versículo descendió cuando un grupo de notables de Quraysh visitaron al Mensajero de Dios y, al encontrarle rodeado de seguidores como Bilal, Ammar, Sahib, Jubab y otros compañeros, trabajadores, antiguos esclavos y gente de condición humilde, y no siendo capaces de percibir su alta condición espiritual, dijeron al Mensajero: «¿Son estos los elegidos de Dios? ¿Es a estos a quienes hemos de seguir y tomar como modelo? Cuanto antes les alejes de tu lado más fácil será que nosotros podamos acercarnos a ti y ser tus seguidores.» Cfr. *Nemune*, t. V, p.251, 252.

Así es como examinamos a algunos de ellos mediante otros, para que digan: «¿Son estos a quienes Dios a favorecido de entre nosotros?»

¿Acaso no es Dios quien mejor conoce a quienes son agradecidos? (53)

Y cuando vengan a ti quienes creen en Nuestras señales di: «La paz sea con vosotros. Vuestro Señor ha dispuesto para Sí mismo la misericordia. Quien de vosotros obre mal por ignorancia y tras ello se arrepienta y corrija el mal cometido... Él es perdonador, misericordiosísimo con los creyentes.» (54)

Así explicamos las señales, para mostrar claramente el camino de los pecadores. (55)

Di: «Se me ha prohibido adorar a quien invocáis en lugar de a Dios.»

Di: «No seguiré vuestras pasiones, pues me extraviaría y no sería de los guiados.» (56)

Di: «En verdad, yo me baso en una prueba clara procedente de mi Señor y vosotros la desmentís. Yo no puedo otorgaros lo que pedís con tanta urgencia.[1] El Juicio pertenece a Dios en exclusiva. Él dictamina la Verdad y Él es el mejor de los jueces.» (57)

Di: «Si yo poseyera aquello con lo que me urgís, el asunto entre vosotros y yo habría ya quedado resuelto. Dios es Quien mejor conoce a los opresores. (58) Él posee las Llaves de lo Oculto que nadie conoce más que Él. Y Él conoce lo que hay en la tierra y en el mar. No cae ni una sola hoja de un árbol sin que Él lo sepa, ni existe una semilla en la oscuridad de la tierra, ni nada fresco o seco que no esté consignado en una *Escritura* clara.»[2] (59)

---

[1] Una de las cosas que los no creyentes decían al Profeta era: «Si dices la verdad, haz que se cumpla inmediatamente el castigo con el que nos amenazas.» Nemune, t. V, p. 263.

[2] Sobre el significado de *Escritura* clara en este versículo, los exegetas han vertido muchas opiniones, pero lo más acertado es que se refiere al conocimiento que Dios tiene sobre todas las cosas y que todo lo que sucede queda registrado en su intelecto ilimitado. A eso se le ha llamado también La Tabla Protegida (*Al-Lauh al-Mahfud*). Nemune, t. V, p. 272.

6. LOS REBAÑOS — PARTE 7

«Él es Quien os recoge por la noche y Quien conoce lo que obtenéis durante el día, luego os da la vida durante él, para que se cumpla un plazo establecido. Luego regresaréis a Él. Luego Él os informará sobre lo que hacíais.»[1] (60)

«Y Él es Quien posee el dominio completo sobre Sus siervos y Quien os envía protectores, hasta que, cuando a uno de vosotros le llega la muerte, Nuestros enviados toman su alma. Y ellos no son negligentes.»[2] (61)

«Luego son devueltos a Dios, su verdadero amigo y protector. ¿Acaso el Juicio no pertenece a Él? Él es el más rápido en hacer la cuenta.» (62)

Di: «¿Quién os salva de las tinieblas de la tierra y el mar, cuando Le invocáis con humildad y temor: Si nos salva de ésta, seremos, ciertamente, de los agradecidos?» (63)

Di: «Es Dios Quien os salva de ella y de toda dificultad. Tras ello, volvéis al politeísmo.» (64)

Di: «Él es Quien tiene poder para enviaros un castigo de arriba o de abajo o para confundiros en facciones diferentes y hacer que probéis la violencia unos de otros.»

Observa como exponemos Nuestras señales. Quizás así comprendan. (65)

Tu pueblo lo ha desmentido, a pesar de que es la Verdad.[3]

Di: «Yo no soy vuestro tutor.» (66)

Cada profecía tiene su momento preestablecido y pronto sabréis. (67)

Cuando veas a quienes se burlan de Nuestras señales aléjate de ellos hasta que se ocupen de otra cosa diferente y si Satanás te hace olvidar, cuando recuerdes no te sientes con la gente opresora.[4] (68)

---

[1] Dios es Quién toma vuestras almas mientras permanecéis durmiendo y Quien conoce lo que obtenéis de recompensa o castigo por vuestros actos durante el día. Día al que Él os devuelve desde el sueño. Esto se repite cada día hasta que se cumple el plazo establecido para que permanecieseis en este mundo y, entonces, regresáis hacía Él y Él os informará de lo que realmente estuvisteis haciendo en esta vida. Cfr. *Nemune*, t. V, p. 267-273.

[2] Los ángeles que toman su alma no son negligentes en el cuidado de la cuenta, en la cual han ido anotando los actos que ha realizado en este mundo. Cfr. *Nemune*, t. V, p. 268.

[3] Los Quraysh y la gente de La Meca ha desmentido tus enseñanzas ¡Oh Mensajero! Cfr. *Nemune*, t. V, p. 286

[4] En el *Tafsir Machma al-Bayan*, se transmite de Imam Muhammad al-Baqir que, cuando descendió este versículo y los creyentes se apartaron de los círculos de quienes se burlaban de la revelación, un grupo de musulmanes dijeron: «Si hemos de alejarnos de todos los lugares en los que la gente se burla de las señales divinas, no podremos entrar en la Mezquita Sagrada de La Meca, ni circunvalar la Casa de Dios (la Kaaba), pues en todos esos lugares es posible encontrar gente que no cree y se burla o critica irreverentemente el mensaje divino.» En esa circunstancia descendió el versículo siguiente (6:69), ordenando a los musulmanes que, en la medida de sus posibilidades, llamasen a esa gente al buen camino. Cfr. *Nemune*, t. V, p.287-288.

Quienes son temerosos de Dios no son en absoluto responsables de las cuentas que ellos[1] tengan que rendir, pero sí de llamarles al recuerdo de Dios. Quizás así se vuelvan temerosos. (69)

Abandona a quienes toman sus creencias[2] a juego y distracción y han sido seducidos por la vida de este mundo. Y amonéstales con él.[3]

¡Que cada alma se proteja de lo que obtendrá por sus malas acciones! Pues no tendrá, aparte de Dios, protector ni intercesor y no le será aceptada ningún tipo de compensación.

Esos son quienes sufrirán las consecuencias de lo que obtuvieron con sus malas acciones. Les aguarda una bebida de agua hirviendo y un castigo doloroso por haber ocultado la Verdad. (70)

Di: «¿Acaso invocaremos, aparte de Dios, a quien no puede beneficiarnos ni perjudicarnos y daremos marcha atrás después de que Dios nos hubo guiado, como quien ha sido seducido por los demonios y va desorientado por la Tierra, aunque Sus compañeros le llaman al buen camino, diciéndole: Ven a nosotros?»

Di: «En verdad, la guía de Dios es la Guía y se nos ha ordenado que nos sometamos al Señor del Universo, (71) que hagamos la oración y que seamos temerosos de Él. Y Él es hacia Quien seréis congregados.» (72)

Él es Quien ha creado los cielos y la Tierra con la Verdad. Y el día que Él dice: «Sé», es.

Su palabra es la Verdad.
A Él pertenecerá la Soberanía el Día en que sea tañida la trompeta.
Él es Quien conoce lo oculto y lo manifiesto.
Él es el Sabio, el Bien Informado. (73)

---

[1] Quienes se burlan de las señales que Dios envía. *The Qur'an*, p. 183
[2] La creencia en lo trascendente que cada criatura lleva grabada en su naturaleza. Cfr. *Nemune*, t. V, p. 296.
[3] Con el Sagrado Corán.

Y [recuerda] cuando Abraham dijo a su padre[1] Azar: «¿Tomas a los ídolos por divinidades? Verdaderamente, veo a ti y a tu pueblo en un extravío evidente.»(74)

Así mismo, mostramos a Abraham el gobierno de los cielos y de la Tierra para que fuese de los que tienen certeza. (75)

Cuando le envolvió la noche, vio una estrella. Dijo: «¡Éste es mi Señor!». Pero cuando se ocultó, dijo: «¡No quiero lo que desaparece!» (76)

Entonces, al ver la Luna naciente, dijo: «¡Éste es mi Señor!», pero cuando se ocultó, dijo: «¡Si mi Señor no me guía, sin duda seré de la gente extraviada!» (77)

Cuando vio el Sol naciente, dijo: «¡Éste es mi Señor! ¡Éste es el mayor!» Pero cuando se ocultó, dijo: «¡Oh, pueblo mío! ¡Soy inocente de aquello que adoráis junto a Dios! (78)

En verdad, he vuelto mi rostro hacia Quien ha creado los cielos y la Tierra, como un buscador de la Verdad, pues no soy de los politeístas.» (79)

Su pueblo discutió con él. Dijo: «¿Discutís conmigo sobre Dios cuando Él me ha guiado? Yo no temo aquello que vosotros adoráis junto a Él, excepto aquello que mi Señor quiera. Mi Señor, con Su conocimiento, abarca todas las cosas. ¿Es que no recapacitaréis? (80)

¿Cómo puedo temer a los dioses que adoráis y vosotros no temer adorar a otras cosas como dioses junto a Dios, algo para lo que Él no os ha concedido permiso alguno?

¿Quién de las dos partes tiene más derecho a sentirse seguro? [Responded] si es que sabéis.» (81)

---

[1] Todos los sabios y exégetas *shias* defienden que Azar no era el padre de Abraham. Algunos dicen que era el padre de su madre y otros que era el hermano de su padre. Una de las razones que dan es que, en los documentos históricos, así como en el Antiguo y en el Nuevo Testamento, el padre de Abraham es llamado Tarej. Otra, que en el Sagrado Corán establece que los musulmanes no pueden pedir el perdón de Dios para los idólatras, aunque sean familiares suyos. Así, cuando, en 9:114, leemos: «El perdón que Abraham pidió para su padre no fue sino en virtud de una promesa que le había hecho, pero cuando vio claramente que era enemigo de Dios, se desentendió de él.» Se refiere a Azar y tiene lugar en la juventud de Abraham, cuando vivía en Babel y en contacto con los idólatras, mientras que en 14:41, Abraham, ya anciano, (Cfr. 14:39) pide a Dios perdón por sus padres, llamándoles *walidaya*, es decir: «mis progenitores». Otra, que en el mismo Corán se ha utilizado a veces la palabra «padre» para referirse al hermano del padre. (Cfr. 2:133). Y con este juicio están de acuerdo, entre otros, Tabari, *Tafsir Yami al-Bayan*, comentario a 9:28; y Alusi, quien bajo la misma aleya dice: «Quienes dicen que la creencia en que Azar no era el padre de Abraham es propia de los *shias* están desinformados, ya que la mayoría de los sabios, están convencidos que Azar era su tío.» *Tafsir Ruh al-Maani*, t. VII, p. 169. Y Suyuti, en su obra *Masalik al-Hunafa*, p. 17, recoge de *Asrar al-Tanzil* de Fajr al-Razi: «Los padres, madres y abuelos de los profetas nunca fueron idólatras.»

Quienes creen y no mezclan su fe con opresión,[1] disfrutarán de seguridad y serán bien guiados. (82)

Estos son los argumentos que Nosotros dimos a Abraham frente a su pueblo.

Nosotros elevamos el rango de quien queremos. En verdad, tu Señor es Sabio, conocedor de todo. (83)

Y le otorgamos a Isaac y a Jacob y les guiamos como antes habíamos guiado a Noé. Y de él[2] descienden David y Salomón, Job, José, Moisés y Aarón. Así es como recompensamos a los que hacen el bien. (84)

Y [también] Zacarías, Juan, Jesús y Elías. Todos ellos eran de los justos. (85)

E Ismael, Eliseo, Jonás y Lot. A todos ellos les distinguimos por encima de los demás seres del Universo, (86) así como a algunos de sus antepasados y descendientes y hermanos. Les escogimos y les guiamos al camino recto. (87)

Esta es la guía de Dios, con la que guía a quien Él quiere de Sus siervos.

Pero, si hubiesen sido politeístas, todo lo que hubiesen hecho no habría valido de nada. (88)

Es a ellos a quienes Nosotros dimos la *Escritura* [Sagrada], la Sabiduría y la Profecía.

Pero si descreen de ella, Nosotros se la hemos encomendado a una gente que jamás dejará de creer en ella. (89) Esos son a quienes Dios ha guiado. Así pues, ¡Sigue su guía!

Di: «No os pido una recompensa a cambio.[3] No es más que un recuerdo para todos los seres del Universo.» (90)

---

[1] La mayoría de los exegetas son de la opinión de que «opresión» (*dulm*), aquí significa, *shirk*, es decir, «adorar a otros u otras cosas como si fueran Dios», argumentando que en 31:13, se dice: «En verdad, adorar a otros junto a Dios es una opresión enorme.» Y en una tradición en la que Ibn Mas'ud relata que, cuando descendió este versículo, sus seguidores dijeron: «¡Oh, Mensajero de Dios! ¿Quién no ha oprimido, aunque tan sólo sea a sí mismo?» a lo que el Mensajero respondió: «No es lo que vosotros pensáis. ¿Acaso no recordáis lo que dijo el siervo recto de Dios (Luqman): ¡Oh, hijito mío! No adores nada junto a Dios. En verdad, el politeísmo es una opresión inmensa.» *Tafsir Machma al-Bayan*, bajo el versículo considerado.

[2] Abraham. Aunque algunos exegetas han opinado que el pronombre remite a Noe, ya que Jonás, según la opinión mayoritaria entre los historiadores, no era uno de los hijos de Abraham y Lot era hijo de un hermano o de una hermana de Abraham. Cfr. *Nemune*, t. V, p. 325.

[3] De comunicaros la profecía.

Y no valoran a Dios como Él debe ser valorado, cuando dicen: «Dios no ha hecho que descienda revelación alguna sobre ningún ser humano.»[1] Di: «¿Entonces, quién hizo descender la *Escritura* que trajo Moisés como luz y guía para las gentes, que ponéis [por escrito] en pergaminos que mostráis, aunque ocultáis mucho de ella, y [mediante la cual] se os ha enseñado lo que ni vosotros ni vuestros padres sabíais?»

Di: «Dios.»

Luego, déjales que, en su obstinación, lo tomen a juego. (91)

Ésta es una *Escritura* bendita que Nosotros hemos hecho descender confirmando lo que ellos tienen en sus manos, para que adviertas a la Madre de las Ciudades[2] y a quienes viven en sus alrededores.

Y, quienes creen en la otra vida, creen en ella y son cuidadosos de sus oraciones. (92)

Y ¿Quién es más opresor que quien inventa mentiras sobre Dios o dice: «He recibido una revelación» cuando no le ha sido revelado nada, o quien dice: «Haré que descienda algo como lo que Dios hace descender?»

Si vieras a los opresores en las dificultades de la muerte, cuando los ángeles con las manos extendidas hacia ellos [les digan]: «¡Entregad vuestras almas! Hoy seréis recompensados con el castigo humillante que merecéis por lo que dijisteis sobre Dios sin ser cierto y por haberos ensoberbecido ante Sus señales.» (93)

«Ciertamente, habéis venido a Nosotros solos, igual que os creamos la primera vez, dejando a vuestras espaldas lo que os habíamos concedido y no vemos junto a vosotros a vuestros intercesores, aquellos de quienes proclamabais que participaban en la decisión de vuestro destino.

Se ha cortado la relación entre vosotros y lo que proclamabais os ha extraviado.»[3] (94)

---

[1] Se ha recogido que dijo Ibn Abbas que algunos judíos fueron ante el Profeta y le preguntaron: «¡Oh, Muhammad! ¿Es cierto que Dios te ha enviado una *Escritura*?» El Mensajero respondió: «Sí», entonces, ellos dijeron: «Juramos por Dios que Dios no ha hecho descender ninguna *Escritura* del Cielo.» Cfr. *Tafsir Machma al-Bayan, Abu l-Futuh al-Razi y Al-Minar*, bajo el versículo correspondiente.

[2] La Meca. Es decir, a sus gentes.

[3] En el *Tafsir Machma al-Bayan*, en el *Tafsir* de Tabari y en el de Alusi se recoge que uno de los politeístas, de nombre Nadir bin Hariz, dijo: «Lat y Uzza, dos de los grandes ídolos de los árabes, vendrán a interceder por mí el Día del Juicio.» Y en esa circunstancia descendió este versículo. Cfr. *Nemune*, t. V, p. 351.

En verdad, Dios es Quien hace germinar la semilla y el hueso de los frutos.

Hace salir lo vivo de lo muerto y lo muerto de lo vivo.

Ese es Dios. ¿Cómo podéis, pues, desviaros [de la Verdad]? (95)

Él hace despuntar la mañana y puso la noche para el reposo y el Sol y la Luna para llevar la cuenta.

Éste es el decreto del Poderoso, el Conocedor. (96)

Y es Él Quien os puso las estrellas para que os guiéis por ellas en medio de la oscuridad de la tierra y del mar.

Hemos expuesto nuestras señales para una gente que sabe. (97)

Y Él es Quien os ha creado de una sola alma, unos constantes en su fe y otros inconstantes.[1]

Hemos expuesto las señales para una gente que reflexiona. (98)

Y Él es Quien hace descender agua del cielo.

Mediante ella hacemos surgir toda clase de plantas, de las que hacemos salir vegetales y de ellos semillas de granos superpuestos. Y de la palmera, cuando brota, racimos apretados [de dátiles] y jardines de viñas, olivos y granados, similares y diferentes. ¡Mirad sus frutos cuando fructifican y maduran!

En verdad, en todo ello hay señales para una gente que tiene fe. (99)

Y ellos ponen junto a Dios a los genios como socios Suyos, cuando Él los ha creado y, sin conocimiento, Le atribuyen hijos e hijas.

¡Glorificado y ensalzado sea Él por encima de cuanto Le atribuyen! (100)

Él es el Originador de los cielos y la Tierra ¿Cómo podría Él tener un hijo cuando no tiene esposa?

Él ha creado todas las cosas y Él conoce todas las cosas. (101)

---

[1] Los términos *mustaqarr* y *mustawda* han sido interpretados de diferentes maneras. Conforme a una de ellas, se refieren al seno materno (*rahm*) y a los riñones paternos (*sulb*) respectivamente. Ayyashi cita varias tradiciones recogidas de los *Imames de Ahl ul-Bayt*, Muhammad al-Baqir, Yafar al-Sadiq, Musa al-Kazim y Ali al-Hadi, quienes interpretan *mustaqarr* como el corazón de alguien cuya fe es constante y permanente y *mustawda* como el de alguien cuya fe es temporal y desaparece al morir o antes de morir. Cfr. *Tafsir Nur al-Zaqalayn*, t. I, p. 75.

Este es Dios, vuestro Señor. No hay más dios que Él, el Creador de todo. Así pues, ¡Adoradle!

Él es Quien cuida de todo. (102)

La vista no puede percibirle, pero Él percibe toda visión. Él es el Sutil, el Bien Informado. (103)

Han venido a vosotros visiones claras de vuestro Señor, así pues, quien vea claro lo hará en beneficio de su propia alma y quien se ciegue se perjudicará a sí mismo. Yo no soy vuestro cuidador. (104)

Así mostramos las señales de diferentes maneras, aunque ellos digan: «¡Tú lo has estudiado!», para dejárselo claro a una gente que tiene conocimiento. (105)

¡Sigue lo que te fue revelado procedente de tu Señor! No hay más dios que Él. Y apártate de los politeístas. (106)

Si Dios quisiera no adorarían a otros dioses, pero no te pusimos como responsable de sus actos, ni eres su abogado defensor. (107)

Y no insultes a quienes ellos invocan en lugar de Dios, para que ellos no insulten a Dios, reaccionando con hostilidad y sin conocimiento.

De esta misma manera hemos embellecido a cada comunidad su proceder.

Luego regresarán hacia su Señor y Él les informará de lo que en realidad hacían. (108)

Juran por Dios con solemnes juramentos que si llegase a ellos una señal, creerían sin duda en ella. Di: «En verdad, las señales pertenecen solamente a Dios.»

Pero ¿No os dais cuenta de que si les llegasen no creerían? (109)

Cambiaremos el estado de sus corazones y su visión de la misma forma que no creyeron en ella la primera vez y les dejaremos que, en su rebeldía, vaguen extraviados.[1] (110)

---

[1] El conjunto de los exégetas han comentado que este versículo fue revelado cuando un grupo de Quraysh visitaron al Profeta y le dijeron: «Hablas de milagros sorprendentes que Moisés, Jesús y otros Mensajeros realizaron, ¿Por qué no realizas tú algún milagro para que nosotros podamos creer en ti? El Mensajero de Dios les preguntó: ¿Qué clase de milagro deseáis? Ellos respondieron: Pide a Dios que transforme la colina de Safa en oro o que haga regresar a algunos de nuestros antepasados para que les preguntemos sobre la verdad de tu mensaje y también muéstranos los ángeles que te traen la revelación, o que vengan contigo Dios y los ángeles. El Profeta les respondió: Si hiciese algo de lo que me pedís ¿Creeríais? Respondieron: Te juramos por Dios que así será. Cuando el Profeta se disponía a pedir algunos de los milagros solicitados, ya que otros eran evidentemente ilógicos, el ángel de la revelación descendió sobre él, anunciándole de parte de Dios que, si quería, su súplica sería respondida, pero que si tras ello alguno de los Quraysh no creía sería destruido, mientras que, si no realizaba su súplica, quizás alguno de ellos se arrepintiese y alcanzase la fe más adelante.» El Profeta aceptó esta sugerencia y, en esa circunstancia, descendió este versículo. Cfr. *Nemune*, t. V, p. 398.

Parte 8

Aunque Nosotros hubiésemos hecho que descendieran sobre ellos los ángeles y que les hablasen los muertos y les hubiésemos mostrado todas las cosas, no habrían creído, excepto si Dios hubiese querido, pero la mayoría de ellos son ignorantes. (111)

Así es como dispusimos para cada profeta enemigos, demonios de entre los hombres y los genios, que se susurran unos a otros palabras encantadoras y engañosas.

Y, si tu Señor hubiese querido, no lo habrían hecho, así que apártate de ellos y de lo que inventan, (112) para que se inclinen hacia ello los corazones de quienes no creen en la otra vida y para que se complazcan en ello y cometan los pecados que deseen cometer. (113)

[Di:] «¿Buscaré a otro juez que no sea Dios, cuando es Él Quien ha hecho descender la *Escritura* que contiene la explicación de todas las cosas?»

Aquellos a quienes Nosotros dimos la *Escritura* saben que ella fue revelada por tu Señor con la Verdad, por tanto, no seas de los que dudan. (114)

La palabra de tu Señor es de una veracidad y justicia absolutas. Nada puede cambiar Sus palabras y Él es Quien todo lo oye, Quien todo lo sabe. (115)

Si obedecieses a la mayoría de los que habitan la Tierra te extraviarían de la senda de Dios. Sólo siguen suposiciones, no hacen sino especular. (116)

En verdad, tu Señor es Quien mejor conoce a quien se extravía de Su senda y es Quien mejor conoce a los bien guiados. (117)

Comed de las cosas sobre las que fue pronunciado el nombre de Dios[1] si es que creéis en Sus signos. (118)

---

[1] (Y no de la carne de animales sobre los que, en el momento de ser sacrificados, no se ha pronunciado Su nombre)

Se refiere a que la fe no consiste únicamente en palabras, suplicas y creencia en los principios doctrinales, sino que los actos deben estar en consonancia con las creencias. Cfr. *Nemune*, t. V, p. 418.

Ya no tenéis motivo para no comer de aquello sobre lo que ha sido mencionado el nombre de Dios, excepto si os vieseis obligados a ello, pues se os ha explicado claramente lo que os ha sido prohibido.[1]

Verdaderamente, muchos, siguiendo sus pasiones y su falta de conocimiento, extravían a otros. En verdad, tu Señor es Quien mejor conoce a los transgresores. (119)

Renunciad a vuestros pecados ocultos o manifiestos. En verdad, quienes cometen pecados serán recompensados conforme a lo que cometían. (120)

Y no comáis de aquello sobre lo que no ha sido mencionado el nombre de Dios. Eso sería un pecado.

En verdad, los demonios susurran a sus amigos argumentos para que discutan con vosotros y, si les obedecieseis, seríais politeístas. (121)

¿Acaso quien estaba muerto y Nosotros le dimos la vida y pusimos para él una luz con la que caminar entre la gente, es igual que quien está en las tinieblas, sin poder salir de ellas?

Así es como hacemos que a los incrédulos les parezca bien lo que hacen.[2] (122) Y así es como hemos puesto en cada ciudad a los mayores pecadores para que hagan sus planes. Pero sólo planean contra sí mismos, sin darse cuenta. (123) Y cuando llega a ellos una señal, dicen: «No creeremos hasta que se nos dé algo como lo que les fue dado a los Mensajeros de Dios.»

Pero Dios sabe mejor a quién otorga Su mensaje.

Quienes pecaron sufrirán pronto la humillación ante Dios y un severo castigo por lo que planeaban.[3] (124)

---

[1] Pues, en caso de necesidad, es lícito alimentarse de la carne de animales cuyo consumo, en situaciones normales está prohibido. Entendiéndose por necesidad no disponer de ningún otro alimento estando en el desierto o en medio del mar o bajo amenaza de muerte, o situaciones extremas similares. Cfr. *Nemune*, t. V, p. 419.

[2] Abu Yahl era uno de los peores enemigos del Islam y del Mensajero de Dios. Un día en el que había estado molestando al Mensajero, la noticia llegó a oídos de Hamza, tío del Profeta, cuando volvía de cazar en el desierto. Buscó a Abu Yahl y le golpeó con el mismo arco que llevaba en su mano, haciendo sangrar su cabeza. Tras ello, fue junto a su sobrino y aceptó públicamente la fe islámica, convirtiéndose, desde ese día y hasta el momento de su muerte en la batalla de Uhud, en uno de los grandes defensores de la causa islámica. En esas circunstancias, según la mayoría de los exegetas, descendió este versículo. Cfr. *Nemune*, t. V, p.424.

[3] Marhum Tabari en *Machma al-Bayan* dice que este versículo se refiere a Walid ibn Muggira, uno de los idólatras de La Meca, cuando le dijo al Mensajero: «Si la profecía fuera cierta, yo soy más adecuado para esa distinción que tú, ya que soy mayor que tú y más rico.» *Nemune*, t. V, p. 430.

Dios ensancha el pecho de aquel a quien Él quiere guiar para que acepte el Islam, pero hace que el pecho de quien Él quiere extraviar[1] se oprima y estreche como si ascendiera al cielo.

Así es como Dios debilita a quienes no creen.[2] (125)

Este es el camino recto de tu Señor.

Hemos explicado Nuestras señales para una gente que se deja amonestar. (126) Para ellos será la Morada de la Paz junto a su Señor y Él será su protector y amigo por lo que hacían.[3] (127)

Y el día en que Él les congregue a todos [les dirá]: «¡Oh, comunidad de genios! ¡Extraviasteis a muchos humanos!»

Y sus amigos entre los humanos dirán: «¡Señor nuestro! ¡Nos hemos aprovechado unos de otros y se ha cumplido el plazo que Tú nos diste!»

[Dios] Dirá: «El Fuego será vuestra morada. En él estaréis eternamente, excepto que Dios quiera otra cosa.»

En verdad, tu Señor es Sabio, Conocedor. (128)

Así es como ponemos a unos opresores sobre otros, por lo que obtuvieron con sus actos. (129)

[4]«¡Oh, comunidad de genios y de humanos! ¿Acaso no os llegaron Mensajeros surgidos de entre vosotros que os comunicaron Mis versículos y os advirtieron de la llegada de este Día para vosotros?»

Dirán: «¡Damos testimonio de ello contra nosotros mismos!»

Les sedujo la vida de este mundo y darán testimonio contra ellos mismos de que ocultaron la Verdad y no creyeron en ella. (130)

---

[1] Por sus malos actos.
[2] Es decir: Dios eleva el espíritu y amplia el horizonte intelectual de quienes Él quiere que sean capaces de reconocer y aceptar la realidad y limita la percepción de la gente obstinada y descreída. Cfr. *Nemune*, t. V, p. 435.
[3] Por el bien que hacían mientras vivieron en la Tierra.
[4] (Ese día les diremos: ...)

Esto es porque tu Señor nunca destruiría las ciudades injustamente, sin haber advertido a sus gentes.[1] (131)

Todos tendrán el rango adecuado a lo que hayan hecho. Y tu Señor no está desatento a lo que hacen. (132)

Tu Señor es rico por Sí mismo, Dueño de la misericordia.[2] Si quisiera os haría desaparecer y pondría en vuestro lugar a quien Él quisiera, de la misma manera que os hizo surgir a vosotros de los descendientes de otras gentes. (133)

En verdad, aquello que se os ha prometido llegará y no podréis impedirlo.[3] (134)

Di: «¡Oh, pueblo mío! Obrad conforme a vuestra capacidad que yo también actuaré [conforme a mi obligación] y pronto sabréis quien tendrá un buen final. En verdad, los opresores no triunfarán.» (135)

Y [los idólatras] disponen para Dios, de lo que Él ha creado, una parte de las cosechas y del ganado y dicen, conforme a sus creencias: «Esto es para Dios y esto es para nuestros socios.»[4] Pero lo que es para sus socios no llega a Dios mientras que lo que es para Dios sí llega a sus socios.[5] ¡Que mal juzgan! (136)

Así es como sus socios han hecho que a la mayoría de los idólatras les parezca bien matar a sus propios hijos, para así destruirles y deformar sus creencias religiosas.[6] Pero, si Dios hubiese querido, no lo habrían hecho. Así pues, apártate de ellos y de lo que ellos inventan. (137)

---

[1] Enviándoles profetas que les advirtiesen de la llegada de un Día en el que serían juzgados por sus actos en la Tierra y recompensados o condenados en función de su comportamiento.

[2] Por lo tanto, no oprime ni castiga a nadie, sino que cada cual sufre las consecuencias de sus propios actos. Cfr. *Nemune*, t. V, p. 446.

[3] *Muyizin* deriva de *Ayaza*: «debilitar o incapacitar a otro». Aquí significa impedir que Dios ejerza Su justicia y escapar así al castigo que conllevan sus malas obras.

[4] Es decir, sus ídolos. Los idólatras de La Meca y de otros lugares, destinaban parte de sus cosechas y ganados a Dios y parte a sus ídolos. La parte que dedicaban a Dios la gastaban en los niños e invitados y la parte que destinaban a sus ídolos la destinaban a los templos de los ídolos, a los servidores de los mismos, a la celebración de sacrificios y a ellos mismos, por eso consideraban a los ídolos sus socios.

[5] Cuando la parte de las cosechas y del ganado que destinaban a Dios se estropeaba o destruía, los idólatras decían: «No importa, porque Dios no necesita de nada», pero cuando era la parte dedicada a los ídolos la que se dañaba, tomaban de la parte dedicada a Dios, diciendo: «Los ídolos tienen mayor necesidad de ello.» Y lo mismo hacían con el agua dedicada al riego de los cultivos dedicados a Dios y a los ídolos. Cfr. *Nemune*, t. V, p. 449, 450.

[6] Algunos idólatras llegaban a sacrificar a sus propios hijos ante los ídolos y lo consideraban una suerte de honor y distinción. *Nemune*, t. V, p. 451.

Y dicen, conforme a sus creencias: «Este ganado y estas cosechas son sagrados y sólo podrán alimentarse de ellos quienes nosotros queramos.»

Y [dicen:] «Hay ganado cuya espalda está prohibida».[1] Y hay ganado sobre el que no mencionan el nombre de Dios,[2] inventando mentiras sobre Él.[3] Pronto Él les recompensará por las mentiras que inventaron. (138)

Y dicen: «Lo que hay en las entrañas de este ganado está reservado para nuestros varones y prohibido para nuestras esposas, pero si estuviera muerto [al nacer] todos tienen parte en ello.»

Él pronto les retribuirá por lo que atribuyen.[4] En verdad, Él es sabio, conocedor. (139)

Habrán fracasado quienes maten a sus hijos estúpidamente y sin conocimiento y quienes prohíban lo que Dios les ha suministrado, inventando mentiras que atribuyen a Dios. Con certeza, se habrán extraviado y jamás encontrarán guía. (140)

Él es Quien ha producido jardines con árboles entrelazados y sin entrelazar, palmeras y cereales variados y comestibles, olivos y granados semejantes y diferentes.[5] ¡Comed de su fruto cuando fructifiquen y el día de la cosecha entregad la parte que corresponda![6] Y no malgastéis. En verdad, Él no ama a los derrochadores. (141)

Y Él es Quien ha producido algunas bestias grandes para la carga y otras pequeñas.

¡Comed de lo que Dios os ha proveído y no sigáis las huellas de Satanás! Ciertamente, él es para vosotros un enemigo evidente. (142)

---

[1] Es decir, animales a los que no se puede cargar o sobre los que no se puede cabalgar. El mismo ganado al que se refiere en 5:103.

[2] Es posible que esta frase se refiera a los animales sobre los que no se mencionaba el nombre de Dios en el momento de ser sacrificados, sino el nombre del ídolo al cual eran sacrificados o a animales sobre los que estaba prohibido cabalgar para realizar la peregrinación a la Casa de Dios, según recogen los *tafsires Machma al-Bayan, Al-Kabir, Al-Minar* y *Al-Qurtubi* que es la opinión de algunos exégetas. Cfr. *Nemune*, t. V, p. 456.

[3] Diciendo que esas disposiciones provienen de Dios.

[4] Por lo que atribuyen a Dios, presentándolo falsamente como disposiciones procedentes de Él.

[5] Semejantes por sus características exteriores y por criarse en las mismas tierras y bajo las mismas condiciones, pero diferentes por los frutos que producen y sus propiedades. Cfr. Corán, 6:99. *Nemune*, t. VI, p. 3.

[6] Algunos han creído que se refiere al *zakat* obligatorio, es decir al impuesto religioso sobre las cosechas, el ganado y otro bienes, que se da a los necesitados, pero, teniendo en cuenta que esta *sura* descendió toda ella en La Meca y la obligación de pagar el *zakat* no fue revelada hasta el segundo año de la emigración a Medina, posiblemente se refiere a una parte indeterminada que, en el momento de recoger la cosecha, se debe entregar a los necesitados, conforme se lee en numerosas tradiciones proféticas. Cfr. *Nemune*, t. VI, p. 5, 6.

[Él ha creado para vosotros] ocho pares [de reses]. Una pareja de ganado ovino y otra de caprino.

Di: «¿Ha prohibido Él [comer] los dos machos o las dos hembras, o lo que llevan en sus senos las hembras? Informadme con conocimiento, si decís la verdad.» (143)

Y una pareja de camélidos y otra de ganado bovino.

Di: «¿Ha prohibido Él [comer] los dos machos o las dos hembras, o lo que llevan en sus senos las hembras? ¿O fuisteis testigos cuando Dios dispuso esto?»

¿Quién es más opresor que quien inventa mentiras sobre Dios, para extraviar a la gente, sin poseer conocimiento?

En verdad, Dios no guía a la gente opresora.» (144)

Di: «No encuentro en lo que me fue revelado que se prohíba a nadie comer ningún alimento, excepto carroña o sangre derramada o carne de cerdo, pues es, en verdad, impura; o aquello sobre lo que, con pecado, se haya pronunciado al sacrificarlo otro nombre distinto al de Dios.

Pero quien se vea obligado y no lo haga por deseo o por rebeldía [no peca].

En verdad, tu Señor es perdonador, misericordiosísimo con los creyentes. (145)

Y a los judíos les prohibimos todo lo que tiene la pezuña entera y del ganado bovino, ovino y caprino les prohibimos la grasa, excepto la que tengan en los lomos, la que rodea las vísceras o la que va unida a los huesos.

Así les retribuimos por ser opresores y, ciertamente, Nosotros decimos la Verdad. (146)

Y si te desmienten, di: «Vuestro Señor es dueño de una amplia misericordia, pero no apartará Su castigo de la gente pecadora.» (147)

Los politeístas dirán: «Si Dios hubiera querido no habríamos sido idólatras ni tampoco nuestros antepasados, ni habríamos prohibido nada.»

Así mismo mintieron los que vinieron antes de ellos, hasta que probaron Nuestro castigo.

Di: «¿Os ha sido revelado algún conocimiento? Si es así, ¡Mostrádnoslo! No seguís más que especulaciones y no sois sino fabricantes de mentiras.» (148)

Di: «A Dios pertenece el argumento definitivo y si Él hubiese querido os habría guiado a todos.» (149)

Di: «Traed a vuestros testigos, que den testimonio de que Dios a prohibido esto.»[1]

Y, si testifican, tú no testifiques con ellos, ni sigas los deseos de quienes deniegan Nuestras señales y de quienes no creen en la otra vida y equiparan a otros con su Señor. (150)

Di: «Venid, yo os diré lo que vuestro Señor os ha prohibido:

Que no consideréis Dios a nadie más que a Él y que seáis buenos con vuestros padres.

Que no matéis a vuestros hijos por miedo a la pobreza, pues Nosotros os proveeremos a vosotros y a ellos.

Que no os aproximéis a lo pecaminoso e indecente, sea manifiesto o privado y que no matéis a nadie que Dios haya prohibido matar, excepto con causa justificada.

Esto es lo que Él ha dispuesto para vosotros. Quizás así razonéis.» (151)

---

[1] Los animales mencionados que los idólatras consideraban prohibido hacer trabajar.

«Y no os aproximéis a las propiedades de los huérfanos, excepto de la mejor manera posible, hasta que ellos lleguen a la edad adulta.

Sed justos al dar la medida y el peso.»

No obligamos a nadie más allá de su capacidad.

«Cuando habléis sed verídicos, incluso aunque perjudique a un familiar.

Cumplid con el pacto hecho con Dios.

Esto es lo que Él ha dispuesto para vosotros. Quizás así os dejéis amonestar.» (152)

Éste es mi camino recto. ¡Seguidlo, pues! Y no sigáis los caminos que os apartarían de Su camino.

«Esto es lo que Él ha dispuesto para vosotros. Quizás así seáis temerosos.»(153)

Luego, dimos a Moisés la *Escritura* [Sagrada], completando Nuestras bendiciones sobre él, por ser virtuoso, como una explicación detallada de todo y guía y misericordia, para que, así, crean en el encuentro con su Señor. (154)

Esta es una *Escritura* bendecida que Nosotros hemos hecho descender (para ti). ¡Seguidla, pues y sed temerosos, para que podáis recibir Su misericordia! (155) y para que no podáis decir: «En verdad, la *Escritura* fue hecha descender para dos comunidades anteriores a nosotros[1] e ignorábamos sus enseñanzas.» (156) O para que no podáis decir: «Si se hubiese hecho descender para nosotros la *Escritura* [Sagrada] habríamos seguido la guía mejor que ellos.»

Así pues, ha venido a vosotros una prueba clara procedente de vuestro Señor y una guía y una misericordia.

¿Quién es más opresor que quien desmiente las señales de Dios y se aparta de ellas?

Pronto retribuiremos a quienes se apartan de Nuestras señales con un terrible castigo por haberse apartado. (157)

---

[1] Los judíos y los cristianos.

¿Acaso esperan algo diferente a que vengan a ellos los ángeles de la muerte o que venga a ellos tu Señor o que vengan algunas de las señales de tu Señor?

El día en que vengan algunas señales de tu Señor, la fe no beneficiará a nadie que no haya creído anteriormente o que no haya obtenido algo bueno gracias a su fe.

Di:[1] «¡Esperad! ¡Nosotros también seremos de los que esperan!»[2] (158)

En verdad, tú no tienes nada que ver con quienes se escindieron en su creencia y se dividieron en partidos diferentes. Su asunto incumbe solamente a Dios. Él les informará de lo que hacían. (159)

Quien traiga una buena acción recibirá diez veces más y quien traiga una mala acción sólo recibirá un castigo equivalente y no serán tratados injustamente. (160)

Di: «En verdad, mi Señor me ha guiado a un camino recto, a una creencia auténtica, la creencia de Abraham, el buscador de la Verdad. No fue de los que adoran otros dioses junto a Dios.» (161)

Di: «En verdad, mi oración y toda mi adoración, mi vida y mi muerte, pertenecen a Dios, Señor del Universo. (162) Él no tiene socio.

Se me ha ordenado esto[3] y soy el primero de los que se someten.» (163)

Di: «¿Buscaré a otro señor que no sea Dios, cuando Él es el Señor de todas las cosas?»

Ningún alma hace nada malo sino contra ella misma y nadie cargará con la carga de otro. Luego, regresaréis hacia vuestro Señor y Él os informará de aquello sobre lo que solíais tener diferencias. (164)

Él es Quien ha hecho de vosotros Sus representantes en la Tierra y ha elevado la dignidad de unos sobre otros, para poneros a prueba en lo que os ha dado.

En verdad, tu Señor es rápido en el castigo, pero también es perdonador, misericordiosísimo con los creyentes. (165).

---

[1] «Puesto que abrigáis tan erróneas esperanzas».
[2] «Vuestro castigo».
[3] Que siga esta creencia.

Capítulo 7

Los lugares elevados[1]

En el nombre de Al.lah, el Clementísimo, el Misericordiosísimo.

Alif, lam, mim sad. (1) Esta es la *Escritura* que se hizo descender a ti para que amonestes con ella y sea un recuerdo para los creyentes. Por tanto, que no haya preocupación en tu pecho por causa de ella. (2)

¡Seguid, pues, lo que se hizo descender para vosotros procedente de vuestro Señor y no sigáis, aparte de Él, a ningún otro amigo y protector! ¡Qué poco recapacitáis! (3)

¡Cuántas ciudades hemos destruido![2] ¡Nuestro castigo llegó a ellas en la noche o mientras dormían la siesta! (4) Y cuando les llegó Nuestro castigo su súplica fue solamente decir: «En verdad, fuimos opresores.»[3] (5)

Sin duda, interrogaremos a quienes les fueron enviados profetas y, sin duda, interrogaremos a los profetas mismos. (6) Luego, ciertamente, les explicaremos, con conocimiento, lo que hacían, pues no estábamos ausentes. (7) Ese día, la balanza[4] será la Verdad.

Aquellos cuyos actos hayan sido de peso serán los triunfadores (8) y, aquellos cuyos actos hayan sido ligeros serán quienes se habrán perdido a sí mismos por haber sido injustos con Nuestras señales. (9)

Ciertamente, os dimos poder en la Tierra y pusimos en ella medios de vida para vosotros. ¡Qué poco agradecidos sois! (10)

Ciertamente, os hemos creado, luego os hemos dado forma [física], luego dijimos a los ángeles: «¡Postraos ante Adán!» Y todos ellos se postraron excepto Iblís, que no fue de los que se postraron. (11)

---

[1] Esta *surah* toma su nombre de la expresión *Al-Araf* («Los lugares elevados») mencionados en los versículos 46 y 48.

[2] Por causa de sus numerosos pecados. *Nemune*. t. VI, p. 82.

[3] Pero la admisión de su pecado habrá llegado tarde y ya no les beneficiará. *Nemune*. t. VI, p. 82.

[4] En la que pesaremos sus acciones.

Dijo (Dios): «¿Qué te impidió postrarte cuando te lo ordené?»

Dijo (Iblís): «Yo soy mejor que él. Me has creado de fuego[1] y a él le has creado de barro.»(12)

Dijo (Dios): «¡Desciende de ella![2] En ella no se puede uno llenar de soberbia, por lo tanto ¡Sal! ¡Eres de los seres de poca categoría espiritual!» (13)

Dijo (Iblís): «Otórgame de plazo hasta el día en que ellos sean resucitados.»[3] (14)

Dijo (Dios): «¡En verdad, tendrás tu plazo de espera!» (15)

Dijo (Iblís): «Por haberme Tú extraviado, yo les induciré a apartarse de Tu camino recto. (16) Llegaré a ellos por delante y por detrás, por su derecha y por su izquierda y encontrarás que la mayoría de ellos no son agradecidos.»(17)

Dijo (Dios): «¡Sal de aquí, deshonrado, desterrado! ¡Con quien te siga de ellos (y contigo), con todos vosotros, llenaré el Infierno!» (18)

Y «¡Oh, Adán! Tú y tu pareja vivid en el Jardín y comed de lo que queráis, pero no os acerquéis a este árbol, pues seríais de los opresores.» (19)

Entonces, Satanás les susurró a ambos para mostrarles su desnudez ignorada, diciéndoles: «Vuestro Señor os ha prohibido este árbol para que no lleguéis a ser ángeles o para que no viváis eternamente.» (20) Y les juró a ambos: «En verdad, soy para vosotros dos un buen consejero.» (21)

Con mentiras les hizo caer y cuando probaron del árbol se les evidenció a ambos su desnudez y comenzaron a cubrirse mutuamente con hojas del Jardín. Pero su Señor les llamó: «¿No os prohibí ese árbol y os dije que Satanás era para vosotros un enemigo declarado?»[4] (22)

---

[1] No es por tanto un ángel, ya que los ángeles han sido creados de luz y no tienen poder para desobedecer a Dios. Iblís es un genio (*yin*), pues ellos han sido creados de fuego y poseen libertad de opción. Cfr. *Nemune*. t. VI, p. 99

[2] Es decir: ¡Desciende de esa elevada posición espiritual que disfrutabas!

[3] Es decir: ¡No me castigues ahora, dame un plazo hasta el Día del Juicio Final, en el que todos los seres serán resucitados a la vida física!

[4] En el *tafsir Nur al-Zaqalayn*, t. I, p. 59-60 y t. II, p. 11, se han recogido tradiciones que dan dos explicaciones sobre el árbol prohibido al que se refiere el Corán. Una de ellas es material y dice que se refiere al trigo, ya que en lengua árabe el término *shayara* puede indicar tanto un árbol como una planta. La otra es espiritual y dice que se trata del árbol de la envidia, ya que, cuando Dios mostró a Adán la posición espiritual del Profeta Muhammad y de su familia purificada, éste sintió envidia de ellos. Cfr. *Nemune*. t. VI, p.120.

Ambos dijeron: «¡Señor nuestro! Hemos oprimido a nuestra propia alma y si Tú no nos perdonas y tienes clemencia de nosotros, seremos sin duda de los perdedores.» (23)

Dijo (Dios): «¡Descended! Seréis enemigos los unos de los otros.[1] La Tierra será durante un tiempo vuestro lugar de estancia y de sustento.» (24)

Dijo: «En ella viviréis y en ella moriréis y de ella seréis sacados.»[2] (25)

¡Oh, hijos de Adán! Ciertamente, hemos creado[3] para vosotros vestidos con los que cubrir vuestra desnudez y como adorno, pero la mejor vestidura es el temor de Dios.

Esta es una de las señales de Dios. Quizás así sean agradecidos. (26)

¡Oh, hijos de Adán! ¡No permitáis que Satanás os engañe, igual que hizo salir a vuestros padres del Paraíso, despojándoles de sus vestiduras para que ambos vieran su propia desnudez! En verdad, él y los suyos os ven desde donde vosotros no les veis.

En verdad, Nosotros pusimos a los demonios como tutores de aquellos que no tienen fe. (27) Y cuando cometen una indecencia, dicen: «Nuestros antepasados hacían lo mismo. Dios nos ordenó hacerlo»

Di: «¡Dios jamás ordena cometer indecencias! ¿Atribuís a Dios lo que no sabéis?» (28)

Di: «Mi Señor ha ordenado la justicia y la equidad. Poned toda la atención de vuestro corazón en Él en todos vuestros actos de adoración e invocadle y que vuestra creencia sincera sea para Él.»

Y sabed que, igual que Él os creó la primera vez, regresaréis.[4] (29) Un grupo al que Él ha guiado y otro grupo que merecían el extravío.

En verdad, ellos tomaron a los demonios como protectores, en lugar de a Dios, y creen que así están bien guiados. (30)

---

[1] Iblís y los seres humanos.

[2] El Día del Levantamiento.

[3] Lit: «Hicimos descender»

[4] Igual que os creó un cuerpo físico, Él os hará regresar al plano físico el Día del Levantamiento (Cfr. 34:7, 8) de uno en uno como os creó la primera vez. (Cfr. 6:94)

Otra interpretación es que la frase primera del versículo siguiente sea el estado (hal) que indica cómo regresarán (taudun), es decir: «Regresareis en dos grupos: los guiados y los extraviados.» Pues, como vemos en 7:18, del Paraíso descienden a la Tierra dos grupos de seres: los que regresaron al camino recto y aquellos que se extraviaron. Cfr. Al-Mizan, t. VIII, p. 93.

¡Oh, hijos de Adán! Poneos vuestros adornos cada vez que recéis,[1] y comed y bebed, pero sin excesos, pues a Él no le agradan quienes se extralimitan. (31)

Di: «¿Quién prohíbe los adornos y los buenos alimentos que Dios ha creado para Sus criaturas?»[2]

Di: «Esto es para quienes creen, mientras dure su vida en este mundo,[3] pero será solamente para ellos[4] el Día del Levantamiento.»

Así es como Nosotros explicamos nuestras indicaciones para la gente que tiene conocimiento y entendimiento. (32)

Di: «En verdad, mi Señor solamente ha prohibido la indecencia y los malos comportamientos públicos o privados, el pecado, la agresión sin derecho, que adoréis como si fuera Dios aquello a lo que Él no ha concedido ninguna autoridad y poder y que atribuyáis a Dios lo que no sabéis.» (33)

Toda comunidad tiene un plazo de vida y cuando venza su plazo no podrán retrasarlo ni una hora ni tampoco adelantarlo. (34)

¡Oh, hijos de Adán! Si, de entre vosotros mismos, os llegan profetas que os comunican Mis indicaciones, quienes tengan temor de Dios y corrijan sus malos actos no tendrán que temer y no estarán tristes. (35)

Pero aquellos que desmientan Nuestras indicaciones y se muestren altivos ante ellas serán la gente del Fuego en el cual estarán eternamente. (36)

¿Quién, pues, es más opresor que quien inventa mentiras sobre Dios o desmiente Sus indicaciones?

Esos recibirán la parte que les fue decretada,[5] hasta que lleguen a ellos Nuestros enviados, tomen sus almas y les digan: "¿Dónde están aquellos a quienes invocabais en lugar de Dios?" Dirán: «Se apartaron de nosotros» y testificarán contra ellos mismos que ocultaban la Verdad. (37)

---

[1] También puede entenderse: «Cada vez que vayáis a la mezquita.» Y se refiere tanto a los adornos corporales: limpieza del cuerpo y de la ropa, aseo del cabello, perfumes, etc, como a los adornos morales. Cfr. *Nemune*. t. VI, p.148.

[2] En estas dos frases, Dios establece una línea de moderación en el vestir y en la comida y la bebida, alejada tanto del ascetismo como de la excesiva importancia, rayana en la adoración, que los no creyentes conceden a la ropa, los adornos, la comida y la bebida. Cfr. *Nemune*. t. VI, p. 150.

[3] Aunque, en esta vida, también es disfrutado por quienes no tienen fe.

[4] Para los creyentes.

[5] De las mercedes y de los dones de este mundo.

Dirá (Dios): «Entrad en el Fuego, con las comunidades de genios y humanos semejantes a vosotros que os precedieron.»

Cada vez que una comunidad entre maldecirá a su hermana. Hasta que, cuando todas ellas se encuentren reunidas en él, la última de ellas diga de la primera: «¡Señor nuestro! ¡Ellos fueron quienes nos extraviaron! ¡Dales, pues, doble castigo del Fuego!»[1]

Dirá (Dios): «Será el doble para cada una, pero no lo sabéis.» (38)

Y el primero de ellos dirá al último: «No nos aventajáis en nada, así que gustad el castigo por lo que habéis hecho.» (39)

En verdad, no se abrirán las puertas del Cielo para quienes niegan Nuestros signos o se llenan de soberbia ante ellos y no entrarán en el Jardín mientras no pase el camello por el ojo de la aguja. Así es como recompensamos a quienes hacen el mal. (40)

Tendrán el Infierno por lecho y sobre ellos cobertores de fuego. Así es como recompensamos a los opresores. (41)

Pero quienes crean y obren rectamente -Nosotros no exigimos a nadie más allá de sus posibilidades- serán la gente del Jardín, en el cual estarán eternamente. (42)

Extraeremos de sus pechos lo que quede de rencor o envidia y los arroyos fluirán a sus pies. Y dirán: «Alabado sea Dios, Quien nos guió a esto. Nunca habríamos encontrado la dirección si Dios no nos hubiese guiado. Ciertamente, los profetas de nuestro Señor, vinieron con la Verdad.»

Se les convocará diciendo: «Este es el Jardín que se os ha dado en herencia por lo que habéis hecho.» (43)

---

[1] Un castigo por haberse extraviado y otro por haber extraviado a la siguiente generación.

Las gentes del Jardín dirán a las gentes del Fuego: «En verdad, encontramos que aquello que nuestro Señor nos prometió era cierto. ¿Era también cierto lo que os prometió vuestro Señor?» Dirán: «Sí.»

Entonces un pregonero anunciará: «¡Que la maldición de Dios sea con los opresores! (44) ¡Aquellos que intentan apartar a la gente del camino de Dios, tratando de complicarlo y mostrarlo tortu-oso y que no creen en la otra vida!» (45)

Y entre ambos[1] habrá una barrera y en los lugares elevados[2] habrá hombres que reconocerán a cada uno de ellos por sus señales[3] y que se dirigirán a las gentes del Jardín diciendo: «La paz sea con vosotros», pero no entrarán en él aunque desean ardientemente hacerlo. (46)

Y, cuando vuelvan su vista hacia las gentes del Fuego, dirán: «¡Señor nuestro! ¡No nos pongas con la gente opresora!»[4] (47)

Y los hombres de los lugares elevados se dirigirán a algunas personas[5] a las que reconocerán por sus señales, diciéndoles: «De nada os ha servido cuanto amasasteis y lo soberbios que erais.» (48)

«¿Son éstos aquéllos de quienes jurabais que Dios no tendría misericordia de ellos?»[6]

«¡Entrad en el Jardín! ¡No tendréis por qué temer y no estaréis tristes!» (49)

Y las gentes del Fuego se dirigirán a las gentes del Jardín diciendo: «¡Facilitadnos algo de agua o algo de lo que os proveyó vuestro Señor!»

Ellos dirán: «En verdad, Dios ha prohibido ambas cosas para los que no creen. (50) Aquellos que no dieron importancia a sus creencias y jugaron con ellas, atrapados por la vida mundanal.»

Hoy Nosotros nos olvidaremos de ellos, de la misma manera que ellos se olvidaron de la cita que tenían para este Día y negaron Nuestras señales. (51)

---

[1] Entre las gentes del Jardín y las gentes del Fuego.

[2] *Urf* significa la parte alta de la crin de los caballos o la cresta del gallo. *Al-Araf* indica las partes elevadas de la barrera que divide a las gentes del Fuego de las gentes del Jardín el Día del Juicio Final.

[3] A las gentes del Jardín por sus rostros y miembros resplandecientes y las gentes del Fuego por sus rostros ensombrecidos. Cfr. *Nemune*. t. VI, p.187.

[4] En los lugares elevados se encuentran dos clases de hombres, los Profetas, Imames, sabios y santos, y los creyentes más débiles y retrasados que necesitan la ayuda de aquellos para alcanzar el Jardín. Los versículos 46 y 47 se referirían a estos últimos y los versículos 48 y 49 a los primeros. Cfr. *Nemune*. t. VI, p. 187-190.

[5] De las destinadas al Fuego.

[6] Creyentes débiles en su fe, que tienen buenas y malas obras. A aquellos que merezcan el perdón de sus pecados, sus intercesores en los lugares elevados les dirán: «Entrad...» *Nemune*. t. VI, p.190.

Ciertamente, trajimos para ellos una *Escritura*, que explicamos con conocimiento, como guía y misericordia para una gente que cree. (52)

¿Acaso esperan otra cosa que la aclaración de la realidad a la que aluden sus versículos?[1]

El día en que se explique la realidad a la que alude la *Escritura*, quienes anteriormente la habían olvidado dirán: «Ciertamente, los Mensajeros de nuestro Señor vinieron con la Verdad. ¿Habrá alguien que interceda por nosotros o que nos haga regresar para que podamos actuar de manera diferente a como hemos actuado?» En verdad, habrán echado a perder sus almas y se habrá alejado de ellos aquello que inventaban.[2] (53)

En verdad, vuestro Señor es Dios, Quien creó los cielos y la Tierra en seis días y después se instaló en el Trono.[3]

Hace que la noche cubra al día, al cual sigue con premura. Y (creó) el Sol, la Luna y las estrellas, todos ellos obedientes a Su orden. ¿Acaso no pertenecen a Él la Creación y el imperativo creador? ¡Bendito sea Dios, Señor del Universo! (54)

Suplicad a vuestro Señor con humildad y en secreto. En verdad, Él no ama a los transgresores. (55)

Y no corrompáis en la Tierra después de haber sido restablecidos los valores morales y espirituales, e imploradle con temor y esperanza. En verdad, la misericordia de Dios está cerca de quienes hacen el bien. (56)

Él es Quien envía los vientos como nuncios de Su misericordia.[4] Cuando transportan nubes cargadas de lluvia Nosotros los dirigimos hacia una tierra muerta y hacemos que el agua descienda a ella, haciendo así que surjan toda clase de frutos. De la misma manera haremos salir a los muertos.[5] Quizá así os dejéis amonestar. (57)

---

[1] *ta'wilahu*, el pronombre (*hu*) remite a la *Escritura* (El Sagrado Corán). *Tawil*, en terminología coránica, significa la realidad a la que alude un juicio, una noticia o un hecho manifiesto. La relación que lo manifiesto guarda con lo oculto y el ejemplo con lo ejemplificado. *Al-Mizan*, t. VIII, p. 167.

Según H. Corbin: «Hermenéutica esotérica.» Es decir: Reconducir una cosa a su fuente. No una exégesis alegórica, sino una transfiguración de los datos literales referida no a verdades abstractas, sino a Personas. Cfr. *La Imaginación creadora en el sufismo de Ibn Al-'Arabi*, Ed. Destino, Barcelona, 1993, p. 478.

[2] Los falsos ídolos que ellos mismos construyeron con sus mentiras. *Nemune*. t. VI, p.196

[3] Metáfora para indicar que Su gobierno abarca toda la Creación. *Al-Mizan*, t. VIII, p. 185.

[4] La lluvia.

[5] El Día del Juicio.

La buena tierra da su vegetación con el permiso de su Señor y la que es mala da pero con escasez.

Así es como Nosotros explicamos los signos a una gente que es agradecida. (58)

Ciertamente, enviamos a Noé a su pueblo y dijo: «¡Oh, pueblo mío! ¡Adorad a Dios! No tenéis más dios que Él. En verdad, temo para vosotros el castigo de un día impresionante.» [1] (59)

Los notables de su pueblo dijeron: «En verdad, te vemos en un extravío evidente.» (60)

Él dijo: «¡Oh, pueblo mío! No estoy extraviado. Soy un Mensajero del Señor del Universo (61) para transmitiros los mensajes de mi Señor y aconsejaros, pues sé por mi Señor lo que vosotros no sabéis.» (62)

«¿Acaso os sorprende que vuestro Señor os haga llegar una llamada al recuerdo por medio de un hombre de los vuestros, para amonestaros y para que seáis temerosos y así, quizás, se tenga misericordia de vosotros?» (63)

Pero le desmintieron y Nosotros le salvamos, a él y a los que con él estaban, en el Arca y ahogamos a quienes desmentían Nuestras señales.

En verdad, eran un pueblo ciego. (64)

Y a los Aditas[2] (enviamos) a su hermano Hud.

Dijo: «¡Oh, pueblo mío! ¡Adorad a Dios! ¡No tenéis más dios que Él! ¿Es que no seréis temerosos?» (65)

Los notables de su pueblo que no eran creyentes dijeron: «Ciertamente, vemos que eres un insensato y creemos que eres un mentiroso.» (66)

Dijo: «¡Oh, pueblo mío! ¡No soy un insensato, sino un Mensajero del Señor del Universo! (67)

---

[1] Si adoráis a falsos dioses. Cfr. *Nemune*. t. VI, p.217.
[2] El pueblo de Ad habitaba en el Yemen. Eran gentes de gran estatura y poderosos, pero se desviaron en sus creencias, adoraron falsos dioses y corrompieron su moral. Cfr. *Nemune*. t. VI, p.227.

para transmitiros los mensajes de mi Señor. Soy para vosotros un consejero leal.» (68)

«¿Acaso os sorprende que vuestro Señor os haga llegar una llamada al recuerdo por medio de un hombre de los vuestros, para amonestaros? Recordad cuando os nombró sucesores, tras el pueblo de Noé y os dio una gran corpulencia.»

«Recordad, pues, las bendiciones de Dios, para que, así, tengáis éxito.» (69)

Ellos dijeron: «¿Has venido a nosotros para que adoremos solamente a Dios y abandonemos lo que nuestros padres adoraban?

¡Haz, entonces, que venga a nosotros el castigo que nos has prometido, si eres de los que dicen la verdad!» (70)

Él dijo: «Ciertamente, llegará a vosotros el castigo[1] y la ira de vuestro Señor.

¿Discutís conmigo sobre nombres con los que vosotros y vuestros antepasados les habéis denominado?[2]

Dios no les ha enviado poder alguno. ¡Esperad! ¡Yo también esperaré con vosotros!» (71)

Entonces, por Nuestra misericordia, les salvamos, a él y a los que con él estaban, y cortamos las raíces de quienes desmentían Nuestras señales y no eran creyentes. (72)

Y (enviamos) a los Tamudeos a su hermano Saleh.

Él dijo: «¡Oh, pueblo mío! ¡Adorad a Dios! No tenéis más dios que Él. Sin duda, ha llegado a vosotros una prueba clara de vuestro Señor. Esta camella de Dios es una señal para vosotros. Permitidla que paste en la tierra de Dios y no le causéis mal alguno, pues sufriríais un castigo doloroso.»[3] (73)

---

[1] *Al-Richsu*, designa todo lo que es impuro, defectuosos, pecaminoso. Todo lo que causa condena y rechazo, por lo que, a veces, se utiliza como castigo, como sucede en este versículo.

[2] Los idólatras dicen: «Nuestros antepasados, que adoraban estos ídolos, sabían más que nosotros, por tanto, nosotros debemos imitarles». Hud responde: «Ni vuestros padres ni vosotros tenéis pruebas ni elementos válidos para conceder estatus divino a esos ídolos a los que adoráis. Decís que son dioses únicamente porque vosotros les habéis denominado así.» Los que no creen, solamente tienen el poder de dar nombres a las cosas. Crean así un mundo de falsos valores en el que ellos mismos quedan atrapados. Cfr. *Al-Mizan*, t. VIII, p. 225.

[3] Los Tamudeos eran un pueblo que habitaba en una zona montañosa entre la Península Arábiga y Siria. Dios hizo salir de una roca una camella acompañada de su cría, como prueba de la profecía de Saleh. Es mencionada nuevamente en las suras Hud (11), Al-Shuara (26), Al-Qamar (54) y Al-Shams (91).

«Y recordad cuando os nombró sucesores tras el pueblo de Ad, y os dio poder en la Tierra. Construisteis fortalezas en sus llanuras y excavasteis casas en las montañas.»

«Recordad, pues, las bendiciones de Dios y no actuéis en la Tierra como corruptores.» (74)

Los notables de su pueblo, que eran arrogantes, dijeron a los que habían tratado de debilitar, a los que entre ellos habían tenido fe: «¿Cómo sabéis que Saleh es un Mensajero de su Señor?»

Ellos dijeron: «En verdad, creemos en aquello con lo que fue enviado.» (75)

Los arrogantes dijeron: «Nosotros no creemos en absoluto en aquello en lo que vosotros habéis creído.» (76)

Así que desjarretaron a la camella, desafiando la orden de su Señor y dijeron: «¡Eh, Saleh! ¡Ven a nosotros con el castigo que nos prometiste, si eres un profeta!» (77)

Entonces, el terremoto les sorprendió y amanecieron muertos en sus casas. (78)

Así que, (Saleh) se alejó de ellos, diciendo: «¡Oh, pueblo mío! ¡En verdad, yo os transmití el mensaje de mi Señor y os aconsejé buenamente, pero vosotros no queríais buenos consejeros!» (79)

Y (recuerda a) Lot cuando dijo a su pueblo: «¿Cometeréis una indecencia que nadie en el Universo ha cometido antes? (80)

En verdad, vais con deseo a los hombres en lugar de a las mujeres. Sois, verdaderamente, gente inmoderada.» (81)

Y la respuesta de su pueblo no fue otra que decir: «¡Expulsadles de vuestra ciudad! ¡Son unos puritanos!» (82)

Pero Nosotros les salvamos, a él y a su gente, excepto a su esposa, que fue de los que se quedaron atrás, (83) e hicimos que lloviera sobre ellos.[1]

Observa cuál fue el final de los malhechores. (84)

Y (enviamos) a los Madianitas a su hermano Shuaib.

Dijo: «¡Oh, pueblo mío! ¡Adorad a Dios! No tenéis más dios que Él.

Ciertamente, ha venido a vosotros una prueba clara de vuestro Señor.

Dad, pues, la medida y el peso (correctos) y no estaféis a la gente en sus cosas y no corrompáis en la Tierra después de que ha sido reformada.[2] Eso será en beneficio vuestro, si sois creyentes.» (85)

«Y no acechéis a las gentes[3] en cada camino para intimidarlas, ni pongáis obstáculos tratando de hacerlo complicado y tortuoso, para que la gente pueda seguir el camino de Dios si cree en Él.»

«Recordad cuando erais pocos y Él aumentó vuestro número y observad cuál fue el final de los corruptores.» (86)

«Y si un grupo de vosotros creyese en aquello con lo que he sido enviado y otro grupo no creyese, sed pacientes hasta que Dios juzgue entre nosotros, pues Él es el mejor de los jueces.» (87)

---

[1] Una lluvia de piedras que les aniquiló. *Nemune*. t. VI, p.242.

[2] Se refiere a la carencia de valores morales y de espiritualidad y al desorden y la injusticia correspondientes que imperaban en ella antes de la llegada de los sucesivos profetas. Cfr. *Nemune*. t. VI, p.251.

[3] «No acechéis a las gentes que son creyentes.»

Parte 9

Los notables de su pueblo, que eran arrogantes, dijeron: «Shuaib, os expulsaremos de nuestra ciudad, a ti y a los que creen contigo, si no regresáis a nuestras creencias.»

(Shuaib) dijo: «¿Aunque eso nos repugne?» (88)

«Inventaríamos una mentira sobre Dios si regresásemos a vuestras creencias después de habernos Dios salvado de ellas. No nos es posible regresar a ellas a menos que Dios, nuestro Señor, lo quiera. El conocimiento de nuestro Señor abarca todas las cosas. Hemos depositado nuestra confianza en Dios.»

«¡Oh, Señor! ¡Juzga con justicia entre nosotros y nuestro pueblo! ¡Tú eres el mejor de los jueces!» (89)

Los notables de su pueblo que no eran creyentes dijeron: «En verdad, si seguís a Shuaib seréis de los perdedores.» (90)

Pero les sorprendió el terremoto y amanecieron muertos en sus casas. (91)

Fue como si quienes desmintieron a Shuaib no hubiesen habitado jamás en ellas. Quienes desmintieron a Shuaib fueron los perdedores. (92)

Así que, se alejó de ellos diciendo: «¡Oh, pueblo mío! ¡En verdad, yo os transmití los mensajes de mi Señor y os aconsejé buenamente, así pues ¿Cómo sentir pena por gente que oculta la Verdad?» (93)

No hemos enviado a ciudad alguna un profeta sin hacer que su gente padeciese dificultades y males, para que, quizá así, fuesen humildes. (94)

Luego transformamos el mal en bien, hasta que de nuevo se excedieron y dijeron: «También nuestros padres soportaron perjuicios y dificultades.» Entonces, les tomamos por sorpresa en su estado de inconsciencia. (95)

Si las gentes de las ciudades[1] hubiesen creído y sido temerosos, les habríamos otorgado las bendiciones de los cielos y la Tierra, pero negaron la Verdad y les castigamos por lo que habían cometido. (96)

¿Acaso las gentes de las ciudades están seguras de que no les llegará Nuestro castigo en la noche mientras duermen? (97) ¿O están seguros de que no les llegará Nuestro castigo de mañana, mientras están jugando? (98) ¿Están seguros frente a los planes de Dios?

Sólo la gente perdida se siente a salvo de los planes de Dios. (99)

¿Acaso, a quienes heredaron la Tierra después de sus antepasados, no les sirve de guía saber que si Nosotros quisiéramos también les castigaríamos a ellos por sus pecados y sellaríamos sus corazones para que no pudiesen oír? (100)

Estas son ciudades de las que te hemos contado algunas cosas. Sus Mensajeros les trajeron pruebas evidentes pero ellos no estuvieron dispuestos a creer en lo que antes habían considerado falso. Así es como sella Dios el corazón de los que no creen. (101)

Y no encontramos en la mayoría de ellos lealtad a los compromisos contraídos. Lo que encontramos fue que la mayoría de ellos eran transgresores. (102)

Tras ellos,[2] enviamos a Moisés con Nuestras señales al Faraón y a sus cortesanos, pero no las hicieron justicia. Mira, pues, cuál fue el fin de los corruptores. (103)

Y dijo Moisés: «¡Oh, Faraón! ¡Ciertamente, soy un Mensajero del Señor del Universo!» (104)

---

[1] De las ciudades mencionadas, las de los pueblos de Hud, Saleh, Shuaib, Noé y Lot.

[2] Es decir: Tras los profetas mencionados anteriormente.

«Lo correcto es que no diga sobre Dios sino la verdad. He venido a vosotros con una prueba clara de vuestro Señor. Deja, por tanto, ir conmigo a los hijos de Israel.» (105)

Dijo (Faraón): «Si has venido con una señal ¡Muéstrala! si eres de los que dicen la verdad.» (106)

Entonces, arrojó su vara y ésta se transformó en una serpiente verdadera. (107) Y descubrió su mano y ésta apareció blanca[1] ante los que miraban. (108)

Los principales de la gente del Faraón dijeron: «Verdaderamente, éste es un mago experto. (109) Lo que quieren es echaros de vuestra tierra, por tanto ¿Qué opináis?» (110)

Dijeron: «Hazles regresar a él y a su hermano y envía a las ciudades encargados (111) que te traigan a todos los magos expertos.» (112)

Y llegaron los magos ante el Faraón y dijeron: «Queremos una recompensa si somos los vencedores.»[2] (113)

Dijo (Faraón): «Sí. Además, seréis de los próximos a mí.» (114)

Dijeron (los magos): «¡Oh, Moisés! ¿Lanzas tú o lanzamos nosotros?» (115)

Dijo: «¡Lanzad!»

Y, cuando lanzaron, hechizaron los ojos de la gente, asustándoles y creando una magia impresionante. (116)

Nosotros inspiramos a Moisés: «¡Lanza tu vara!». Y ésta capturó sus falsos trucos. (117)

La verdad prevaleció y anuló lo que ellos habían hecho. (118) Así fueron vencidos y quedaron humillados. (119) Y los magos cayeron postrados.[3] (120)

---

[1] Resplandeciente, con un resplandor sobrenatural, durante un momento, para volver de nuevo a su estado natural ante los ojos de todos los presentes. Cfr. *Nemune*. t. VI, p.285.

[2] Conforme a la lectura de Hafs y de los recitadores Hiyazi. Según otra lectura alternativa, la frase sería interrogativa: «¿Tendremos una recompensa si somos los vencedores?» Cfr. *Muyam al-qiraat al-quraniyyah*, t. II, p.388-389.

[3] Dios hizo que Moisés utilizase el lenguaje de poder reconocido en su época, que era la magia. Cuando los magos del Faraón arrojaron sus varas y cuerdas, estas se transformaron en serpientes, aparentemente, y asustaron a las gentes, pero cuando Moisés arrojó su vara, ésta se transformó en una serpiente verdadera que se comió a las falsas serpientes. Los magos del Faraón, al ser expertos en el tema, fueron los primeros en reconocer que la transformación de la vara de Moisés en una serpiente no era un acto de magia, sino algo de un orden superior y por ello cayeron en postración en señal de reconocimiento de Dios y de la Verdad del mensaje que Moisés traía. Cfr. *Nemune*. t. VI, p.294-296

Dijeron: «¡Creemos en el Señor del Universo! (121) ¡El Señor de Moisés y de Aarón!» (122)

Dijo Faraón: «¿Creéis en Él antes de que yo os dé mi permiso? Esto es un plan que habéis tramado en la ciudad para echar de ella a sus habitantes. ¡Vais a saber! (123) ¡Os cortaré las manos y los pies opuestos y luego os crucificaré a todos!» (124)

Dijeron: «¡En verdad, regresaremos a nuestro Señor! (125) Solamente te vengas de nosotros por haber creído en las señales de nuestro Señor cuando llegaron a nosotros. ¡Señor nuestro! ¡Danos paciencia y haznos morir sometidos a Ti!» (126)

Los principales de la gente del Faraón dijeron: «¿Dejarás que Moisés y su gente corrompan el país y os abandonen a ti y a tus dioses?»

Dijo: «Mataremos a sus hijos y dejaremos con vida a sus mujeres, pues, ciertamente, les tenemos dominados.» (127)

Moisés dijo a su pueblo: «¡Invocad la ayuda de Dios y sed pacientes! ¡Ciertamente, la Tierra pertenece a Dios y Él la da en herencia a quien quiere de Sus siervos! ¡El triunfo final es de los temerosos de Dios!» (128)

Dijeron: «Fuimos perseguidos antes de que vinieses a nosotros y después de haber llegado.»

Dijo: «Puede que vuestro Señor destruya a vuestros enemigos y haga que les sucedáis en la Tierra y vea cómo actuáis entonces.» (129)

Y, ciertamente, Nosotros castigamos a la gente del Faraón con los años de sequía y escasez de frutos, para que, así, se dejasen amonestar. (130)

Pero cuando les llegaba algo bueno decían: «Esto nos corresponde.» Y cuando les aquejaba un mal lo atribuían al mal agüero de Moisés y de los que estaban con él.

¿Acaso su suerte no dependía de Dios? Pero la mayoría de ellos no sabían (131) y dijeron: «Sea cual sea la señal que nos traigas para hacernos magia con ella, no te creeremos.» (132)

Enviamos contra ellos huracanes, langostas, piojos, ranas y sangre.[1] Señales sucesivas. Pero se llenaron de soberbia y fueron un pueblo de pecadores. (133)

Cuando caía sobre ellos una plaga, decían: «¡Oh, Moisés! ¡Ruega por nosotros a tu Señor en virtud de la alianza que tiene contigo! ¡Si apartas de nosotros este mal creeremos en ti y dejaremos que los Hijos de Israel se vayan contigo!» (134)

Pero cuando apartábamos de ellos el mal al cumplirse el plazo anunciado,[2] rompían su promesa. (135)

Nos vengamos de ellos y les ahogamos en el mar por haber desmentido Nuestras señales y no haber hecho caso de ellas. (136) Y dimos en herencia, al pueblo que había estado sometido, los Orientes y los Occidentes de la tierra que Nosotros habíamos bendecido

Y se cumplió la buena palabra de tu Señor a los Hijos de Israel, por haber sido pacientes y destruimos lo que Faraón y su pueblo habían construido y lo que habían erigido. (137)

---

[1] Transformando en sangre el agua del río Nilo.
[2] Se refiere a que Moisés les anunciaba el plazo en el cual cesaría la plaga, de manera que quedase claro que la plaga no había terminado por sí misma. *Nemune.* t. VI, p.326

E hicimos que los Hijos de Israel cruzasen el mar y llegasen junto a una gente que rendía pleitesía a unos ídolos que poseían.

Dijeron: «¡Oh, Moisés! ¡Tráenos un dios semejante a los dioses que ellos tienen!»

Dijo (Moisés): «¡En verdad, sois un pueblo ignorante! (138) Aquello de lo que se ocupan está llamado a perecer y sus obras no les servirán de nada.»(139)

Dijo (Moisés): «¿Voy a buscar otro dios diferente de Dios, cuando Él os ha favorecido más que a nadie en el Universo?» (140)

Y (recordad) cuando os salvamos de la gente del Faraón que os infligía un duro castigo. Mataban a vuestros hijos varones y dejaban con vida a vuestras mujeres.

Con ello os sometió vuestro Señor a una dura prueba. (141)

Nosotros tuvimos un encuentro con Moisés durante treinta noches, que completamos con otras diez. Siendo, por tanto, de cuarenta noches la cita con su Señor.

Y Moisés dijo a su hermano Aarón: «Represéntame ante mi pueblo, pon orden y no sigas la senda de los corruptores.» (142)

Y cuando Moisés vino a Nuestra cita y su Señor le hubo hablado, dijo: «¡Señor mío! ¡Muéstrate a mí para que yo pueda verte!»

Dijo Él: «¡Jamás me verás! Pero mira la montaña y si ésta permanece firme en su sitio Me verás.»

Y cuando su Señor se manifestó a la montaña la desmoronó y Moisés cayó desvanecido. Al volver en sí, dijo: «¡Glorificado seas! ¡Me vuelvo a Ti arrepentido y soy el primero de los creyentes!» (143)

Él dijo: «¡Oh, Moisés! ¡Te he elegido entre toda la gente para entregarte Mi mensaje y hablar contigo! ¡Toma, pues, lo que te he dado y sé de los agradecidos!» (144)

Y escribimos para él en las Tablas consejos y advertencias de todo y explicaciones detalladas sobre todas las cosas.

«¡Tómalas, pues, con fuerza y ordena a tu pueblo que tome lo bueno que hay en ellas! Yo pronto os mostraré la morada de los transgresores.» (145)

«Apartaré de (la fe en) Mis señales a quienes se llenan de soberbia en la Tierra sin ningún derecho y aunque vean todas las señales no creerán en ellas y aunque vean el camino de la dirección correcta no lo elegirán como su camino y si ven el camino equivocado lo adoptarán como su camino. Eso, por haber desmentido Nuestras señales y haberse desentendido de ellas.» (146)

Aquellos que desmintieron Nuestras señales y el encuentro de la otra vida habrán invalidados sus obras.

¿Acaso recibirán otra recompensa que la que corresponde a lo que hicieron? (147)

El pueblo de Moisés, en su ausencia, modeló con sus joyas el cuerpo de un becerro que mugía.[1]

¿Es que no veían que no les hablaba ni les guiaba a ningún camino?

Lo tomaron (como objeto de su adoración) y obraron injustamente. (148)

Y, cuando la Verdad se les hizo evidente y vieron que se habían extraviado, dijeron: «Si nuestro Señor no tiene misericordia de nosotros y no nos perdona seremos de los perdedores.» (149)

---

[1] Un hombre al que se alude llamándole Samiri, (Cfr. Corán, 20:85-89) indujo a los Hijos de Israel a que le entregaran sus joyas, con las que construyó un ídolo con forma de ternero, semejante a los que los egipcios adoraban, y que mugía. En lo relativo a la manera en que mugía se han emitido diferentes opiniones. Algunos exégetas han opinado que era debido a la manera en que fue construido, que hacía que el aire saliese por su morro con un sonido similar al de un mugido. Otros han transmitido que Samari observó las huellas del ángel Gabriel y tomando un poco de la tierra de donde éste había pisado la arrojó a la fundición y la mezcló con el oro y esa era la razón de que el becerro de oro pudiese mugir. Cfr. *Nemune*. t. VI, p. 372.

Y cuando Moisés regresó junto a su pueblo, enfadado y entristecido, dijo: «¡Qué mal me habéis representado en mi ausencia! ¿Queréis adelantar el juicio de vuestro Señor?»

Arrojó las Tablas y cogió a su hermano de la cabeza, atrayéndole hacia sí.

(Aarón) dijo: «¡Hijo de mi madre! ¡El pueblo me ha hecho de menos y casi me mata! ¡Que los enemigos, pues, no se alegren de mi desgracia y no me sitúes entre la gente opresora!» (150)

Dijo (Moisés): «Señor, perdóname y perdona a mi hermano y haznos entrar en Tu misericordia, pues Tú eres el más misericordioso de los misericordiosos.» (151)

En verdad, a quienes tomaron al becerro pronto les alcanzará el enfado de su Señor y sufrirán la humillación en esta vida.

De esa manera recompensamos a los que inventan (mentiras). (152)

Y aquellos que obran mal y luego se arrepienten y creen..., en verdad, tu Señor, tras ello, es perdonador, misericordiosísimo con los creyentes. (153)

Y cuando a Moisés se le pasó el enfado tomó las Tablas.

En sus escritos hay guía y misericordia para quienes son temerosos de su Señor. (154)

Y eligió Moisés a setenta hombres de su pueblo para que se encontraran con Nosotros.

Y cuando les alcanzó el terremoto, dijo: «Señor, si hubieras querido, ya antes los habrías aniquilado a ellos y a mí. ¿Vas a aniquilarnos por lo que han hecho los necios de entre nosotros? Esto no es más que una prueba Tuya con la que extravías a quien Tú quieres y guías a quien Tú quieres. Tú eres nuestro amigo y protector ¡Perdónanos, pues, y ten misericordia de nosotros! ¡Tú eres el mejor de los perdonadores!»[1] (155)

---

[1] Sobre la cuestión de si Moisés tuvo un solo encuentro con su Señor o varios, existen diferentes opiniones entre los exégetas coránicos pero, de las concordancias entre los distintos versículos coránicos que tratan el tema y de las transmisiones proféticas, parece concluirse que fue uno sólo, en el que Dios entregó a Moisés las Tablas de la Ley y habló con él y en el que algunos de los setenta hombres que llevó con él le dijeron que pidiese a Dios que se manifestase para poder verle, lo cual provocó el terremoto que desmoronó la montaña y el desmayo de Moisés y que los Hijos de Israel que con él estaban cayesen al suelo y estuviesen a punto de perecer. La tradición (*hadiz*) que Ali ibn Ibrahim ha transmitido en su *tafsir* en la parte correspondiente a este versículo, corrobora esta misma opinión. Cfr. *Nemune*. t. VI, p. 388.

«Y dispón para nosotros lo bueno en esta vida y en la otra. Ciertamente, nos hemos vuelto a Ti.»

Dijo Él: «Inflijo Mi castigo a quien Yo quiero, pero Mi misericordia alcanza a todas las cosas y la dispondré para quienes sean temerosos y den la limosna obligatoria que purifica sus bienes[1] y para quienes crean en Mis señales.» (156)

Aquellos que sigan al Mensajero, el profeta iletrado[2] al que encuentran descrito en la Torá y el Evangelio que tienen con ellos, el cual les ordena lo que está bien y les prohíbe lo que está mal y hace lícitas para ellos las cosas buenas e ilícitas para ellos las cosas malas y que les libera de las cargas que les abrumaban y de las cadenas que les oprimían.

Así pues, quienes crean en él, le honren y le auxilien y sigan la luz que se hizo descender con él, serán los triunfadores. (157)

Di: «¡Oh, gentes! Soy, en verdad, el Mensajero de Dios para todos vosotros. De Aquél a Quien pertenecen los cielos y la Tierra. No hay otro dios más que Él. Da la vida y da la muerte.»

Así pues, creed en Dios y en Su Mensajero, el profeta iletrado, que cree en Dios y en Sus palabras. Seguidle para que así seáis bien guiados. (158)

Y, de la comunidad de Moisés, hay un grupo que guía (a la gente) con la Verdad y con ella hace justicia. (159)

---

[1] zakat
[2] Que no sabe leer ni escribir (como garantía de que el mensaje que transmite procede directamente de Dios y de que no lo ha leído en las Sagradas Escrituras anteriores)

Y les dividimos en doce comunidades tribales.

Y cuando su pueblo le pidió agua, revelamos a Moisés: «Golpea con tu bastón la roca.» Y brotaron de ella doce fuentes. Cada uno supo de cuál debía beber.

Y les dimos sombra con las nubes e hicimos descender para ellos el maná y las codornices.

«¡Comed de los buenos alimentos con que os proveemos!»

Y no nos oprimieron a Nosotros, sino que se oprimieron a sí mismos. (160)

Y (recuerda) cuando se les dijo: «Estableceos en esta ciudad[1] y comed cuanto deseéis de lo que hay en ella. Y decid: «Alivia» (la carga de nuestros pecados) y entrad por la puerta en prosternación y os perdonaremos vuestros errores e incrementaremos la recompensa de los que hagan el bien.» (161)

Pero los opresores de entre ellos cambiaron la palabra por otra diferente de la que se les había dicho y les enviamos un mal del cielo por haber sido transgresores. (162)

Y pregúntales[2] por la ciudad que estaba situada junto al mar, cuando violaron el sábado, al ser el sábado cuando venía a ellos la pesca, que se veía desde la orilla, y no venir a ellos otros días.

Así les pusimos a prueba por haber sido transgresores. (163)

---

[1] Bait al-Muqaddas, Jerusalén.

[2] A los Hijos de Israel.

Dios le dice al Profeta que recuerde a los judíos la historia de un pueblo de pescadores que vivía a orillas del mar Rojo, en un puerto llamado Ilat. Los Hijos de Israel tenían prohibido trabajar el sábado y Dios puso a prueba su fe haciendo que durante el resto de la semana no llegase el pescado a la costa y el sábado la pesca llegase en abundancia, de manera que podía verse desde la orilla como saltaban los peces.

Llamándoles al recuerdo, Dios pretendía que los judíos contemporáneos del Profeta reflexionasen y evitasen transgredir los mandatos divinos. Cfr. *Nemune,* t. VI, p. 418.

Y (recuerda) cuando un grupo de ellos dijo (a otro): «¿Para qué amonestar a una gente a la que Dios va a aniquilar o a castigar con un duro castigo?»

Dijeron (estos otros): «Es para tener una disculpa ante vuestro Señor y porque quizás así sean temerosos de Dios.»(164)

Y cuando olvidaron lo que se les había recordado, salvamos a quienes condenaron el mal y castigamos duramente a quienes fueron opresores, por haber transgredido. (165)

Y cuando desafiaron lo que se les había prohibido, les dijimos: «Sed monos despreciables.»[1] (166)

Y (recuerda) cuando tu Señor proclamó que, sin duda, enviaría contra ellos, hasta el Día del Levantamiento, a quienes les infligiesen un terrible castigo.

En verdad, tu Señor es rápido en la retribución, pero, ciertamente, es perdonador, misericordiosísimo con los creyentes. (167)

Y les separamos por la Tierra en comunidades. Algunas de ellas rectas y virtuosas y otras no. Y les pusimos a prueba con cosas buenas y malas, para que así, quizás, regresasen.[2] (168)

Y, tras ellos vino una generación que heredó la *Escritura* [Sagrada] y que se aferraba a los bienes superfluos de este bajo mundo diciendo: «Pronto seremos perdonados.» y si llegaban a ellos bienes semejantes, volvían a tomarlos.[3]

¿Acaso no se obtuvo de ellos el juramento que está en la *Escritura*[4] de que no dirían sobre Dios más que la verdad y no estudiaron lo que hay en ella?

La morada de la otra vida es mejor para quienes tienen temor de Dios. ¿Es que no razonáis? (169)

Pero, en verdad, no dejaremos de recompensar a quienes corrigen lo que esta mal, se aferran a la *Escritura* [Sagrada] y hacen la oración. (170)

---

[1] Cfr. Corán, 2: 65

[2] Al buen camino.

[3] *'Arada*, indica lo que es añadido a la sustancia, y en este contexto se refiere a preferir los bienes efímeros de este mundo antes que los valores morales y espirituales. La falta de consistencia del arrepentimiento posterior indicado en la frase: «Pronto seremos perdonados» se evidencia al señalar que, cuando de nuevo se les presenta la oportunidad de elegir, vuelven a optar por los beneficios de este mundo.

[4] La Torá

Y (recuerda) cuando colocamos la montaña sobre ellos como si fuera un toldo y pensaron que les caería encima. ¡Tomad con fuerza lo que Nosotros os hemos dado y recordad lo que hay en ella, para que así seáis temerosos de Dios! (171)

Y (recuerda) cuando tu Señor tomó de los riñones de los hijos de Adán a su descendencia e hizo que sus almas dieran testimonio: «¿Acaso no soy Yo vuestro Señor?»

Dijeron: «Sí, lo atestiguamos.»

Para que no pudierais decir el Día del Levantamiento: «Ciertamente, lo ignorábamos.» (172) O dijeseis: "Ciertamente, nuestros antepasados adoraban desde antiguo a otros dioses junto a Dios y nosotros somos sus descendientes. ¿Vas a aniquilarnos por las equivocaciones que ellos cometieron?" (173)

Así es como Nosotros explicamos detalladamente las señales. Quizás así ellos regresen.[1] (174)

Cuéntales la historia de aquel a quien Nosotros dimos nuestros signos y se despojó de ellos,[2] entonces Satanás le siguió y fue de los que se extravían. (175)

Y, si Nosotros hubiésemos querido, le habríamos elevado mediante ellos,[3] pero él se inclinó a lo terrenal y siguió a sus pasiones. Su ejemplo es como el del perro, que si le atacas jadea y si no le haces caso jadea.[4] Así son quienes desmienten Nuestras señales. Cuéntales, pues, la historia, quizás así reflexionen. (176)

¡Qué mal ejemplo el de quienes desmienten la verdad de Nuestras señales y oprimen a sus propias almas! (177) A quien Dios guía está bien guiado y a quienes Él extravía, esos son los perdedores. (178)

---

[1] A la Verdad en que todo lo que existe fue creado, razón por la cual, en muchas ocasiones, el Sagrado Corán califica de opresores a quienes se apartan de ella. Opresores, en primer lugar de su propia alma y, en consecuencia, de los demás. Cfr. Corán, 15:85; 44:38, 39; 46:3.

[2] *Ansalaja* significa «salirse de la piel». Se habla por tanto de una persona creyente, identificada con las señales y la guía divina como si de su propia piel se tratase, pero que abandona la fe y se pierde. Se refiere a uno de los Hijos de Israel llamado Bal'am ben Ba'ura. Según una tradición que se remite al Imam 'Ali al-Rida', Bal'am conocía el nombre supremo de Dios (Al-Ism al-A'dam) e invocando ese nombre pedía a Dios y Dios le concedía sus ruegos. Entró al servicio del Faraón y este le dijo: "Pide a Dios que nos entregue a Moisés y a sus seguidores." Bal'am montó es su burro para ir a detener a Moisés, pero el animal se negaba a caminar y Bal'am comenzó a golpearle. Dios desató la lengua del burro y éste dijo a Bal'am: «¿Por qué me golpeas? ¿Acaso quieres que te acompañe en tus imprecaciones contra el Mensajero de Dios y la gente de fe?» Bal'am al oír aquello se llenó de ira y golpeó al animal hasta la muerte y, en ese mismo momento, Dios le arrebató el conocimiento de Su Nombre Supremo. Cfr. *Tafsir-e Qommi*, t. I, p. 248.

[3] Mediante los signos que le entregó, Dios habría elevado su posición o morada espiritual.

[4] Es decir, que así es su naturaleza y no cambiará tanto si le dejas en paz como si le atacas.

Ciertamente, hemos creado para el Infierno a muchos genios y humanos. Tienen corazones con los que no reflexionan y ojos con los que no ven y oídos con los que no oyen. Son como el ganado o más perdidos aun. Esos son los que están desatentos. (179)

A Dios pertenecen los nombres mejores, así pues, invócale con ellos y apártate de quienes hacen mal uso de Sus nombres. Pronto les retribuiremos por lo que han hecho. (180)

Y, entre quienes Nosotros hemos creado, hay una comunidad que guía (a la gente) con la Verdad y con ella hace justicia. (181)

Y a quienes desmientan Nuestras señales les llevaremos gradualmente (a la perdición) sin que sepan cómo. (182) Y les concederemos un plazo determinado. En verdad, Mi plan es sólido. (183)

¿Es que no reflexionan? Su compañero[1] no está poseído, no es más que alguien que amonesta claramente.[2] (184)

¿Acaso no contemplan el orden de los cielos y la Tierra y todo lo que Dios ha creado y que quizás su plazo esté cercano? ¿En qué otras palabras van a creer después de estas?[3] (185)

No hay quien guíe a aquel a quien Dios extravía y Él les deja que, en su rebeldía, vaguen ciegamente. (186)

Te preguntan sobre la Hora, ¿Cuándo tendrá lugar?

Di: «En verdad, el conocimiento de eso pertenece a mi Señor. Nadie más que Él hará que se manifieste en su momento. Pesa en los cielos y en la Tierra. No vendrá a vosotros sino por sorpresa.»

Te preguntan a ti, como si tú tuvieses conocimiento de ella.

Di: «En verdad, el conocimiento de ella pertenece a Dios.»

Pero la mayoría de la gente no sabe. (187)

---

[1] El profeta Muhammad.

[2] Cuando el Profeta estaba en La Meca, una noche subió a lo alto de la colina de Safa y habló a las gentes sobre el Dios único y les invitó a adorarle sólo a Él. Los idólatras dijeron: «Nuestro amigo se ha vuelto loco y se pasa la noche vociferando.» En esa circunstancia, descendió este versículo, respondiendo a sus palabras. Cfr. *Nemune*, t. VII, p. 36-37.

[3] Es decir: Si no creen en las palabras del Corán ¿En qué van a creer? Si no son capaces de comprender la verdad que esas palabras encierran ¿Qué guía van a seguir?

Di: «No poseo la capacidad de beneficiarme o perjudicarme aparte de lo que Dios quiera. Si tuviera conocimiento de lo que está oculto a los sentidos incrementaría mi bien y el mal no me tocaría. Yo sólo soy un amonestador y un portador de buenas noticias para unas gentes que son creyentes.»[1] (188)

Él es Quien os creó a partir de una sola alma, de la que hizo a su pareja para que viviese tranquilo con ella.

Cuando él la cubrió, ella quedó embarazada con un embarazo ligero durante un tiempo. Cuando éste se hizo pesado, ambos rogaron a su Señor: «Si nos das un hijo sano, seremos, ciertamente, de los agradecidos.» (189)

Pero, cuando les concedió un hijo sano, lo atribuyeron a otras causas además de a Dios. Pero Dios está muy por encima de cuanto le asocian. (190)

¿Asociarán a Dios a quienes nada han creado, sino que ellos mismos han sido creados? (191) ¿Y que ni pueden prestarles ayuda ni ayudarse a sí mismos? (192)

Si les invitáis a la buena guía no os seguirán. Da igual que les invitéis o que os quedéis callados. (193)

En verdad, aquellos a quienes invocáis en lugar de Dios son siervos, como vosotros. Invocadlos y esperad a que os respondan, si es que sois sinceros. (194) ¿Acaso poseen pies con los que caminar o manos con las que aferrar u ojos con los que ver u oídos con los que oír?

Di: «Invocad a los dioses que adoráis como si fueran Dios y trazad vuestros planes contra mí sin hacerme esperar más.» (195)

---

[1] Marhum Tabarsi en su *Machma al-Bayan*, transmitió que algunas gentes de La Meca preguntaron al Profeta si, puesto que tenía relación con Dios, Él no le informaba del precio futuro que tendrían los géneros o de las sequías y lluvias y donde y cuándo tendrían lugar estos fenómenos, para que pudiese beneficiarse de ello. Y fue en esa situación cuando descendió este versículo. Cfr. *Nemune*. t. VII, p. 43.

«En verdad, mi protector es Dios, que hizo descender la *Escritura* y que protege a quienes son justos. (196) Y aquellos a quienes invocáis aparte de Él no pueden ayudaros ni ayudarse a ellos mismos.» (197)

Y si les invitáis a la guía no escuchan. Y les ves que te miran, pero no ven. (198)

¡Sé indulgente, ordena el bien y apártate de los ignorantes![1] (199) Y cuando llegue a ti el susurro de Satanás, refúgiate en Dios, pues, ciertamente, Él todo lo oye, todo lo sabe. (200)

Quienes son temerosos de Dios, cuando les roza el susurro de un demonio, recuerdan a Dios y, entonces, ven claro. (201)

Pero sus hermanos les hacen permanecer en el error, sin escatimarles perjuicios.[2] (202)

Y, cuando no vienes a ellos con una señal, dicen: «¿Por qué no has reunido alguna?»[3]

Di: «En verdad, solamente sigo lo que me es revelado procedente de mi Señor.»

Esto[4] son visiones claras que proceden de vuestro Señor, guía y misericordia para gentes creyentes. (203)

Y, cuando el Corán sea recitado, escuchadlo y callad. Quizá así obtengáis la misericordia divina. (204)

Y recuerda a tu Señor en tu corazón con humildad y respeto, y sin levantar la voz, mañana y tarde, y no seas de los que están desatentos, (205) pues, en verdad, quienes están cerca de tu Señor no se vuelven orgullosos por el hecho de adorarle y Le glorifican y se prosternan ante Él.[5] (206)

---

[1] Se ha recogido del Imam Ya'far al-Sadiq que no existe en el Corán otro versículo que reúna de manera más global y sintética las pautas del comportamiento ético y moral (*ajlaq*). Cfr. *Machma al-Bayan*, en el comentario a este versículo.

[2] Quienes están llenos de pecados son hermanos de los demonios. Estos les mantienen en el error. El término «hermanos» (*ijwan*) se refiere, pues, a los demonios y el pronombre "ellos" (*hum*) a los idólatras y a los pecadores. *Nemune*. t. VII, p. 67.

[3] *Iytaba'* es la forma 8ª de *yabaya*, y define la acción de reunir agua en un estanque y de reunir en general. Por tanto el versículo significaría: Quienes no creen, cuando el Profeta no recibe la revelación, o ésta tarda en llegarle, se burlan diciéndole: «¿Por qué no reúnes algunas palabras de aquí y allá, de esas que tú llamas señales, para nosotros?» Cfr. *Al-Mizan*, t. VIII, p. 499

[4] El Corán.

[5] Los musulmanes consideran recomendable (*mustahab*) hacer una prosternación en dirección a La Meca tras recitar en voz alta este versículo o escucharlo recitar, pero algunos, por ejemplo, los seguidores de Abu Hanifah, lo consideran obligatorio.

Capítulo 8

Los bienes excedentes[1]

En el nombre de Al.lah, el Clementísimo, el Misericordiosísimo.

Te preguntan sobre los bienes excedentes.

Di: «Los bienes excedentes pertenecen a Dios y a Su Mensajero. Así pues, sed temerosos de Dios y arreglad vuestras diferencias y obedeced a Dios y a Su Mensajero si sois creyentes.»[2] (1)

En verdad, los creyentes son aquellos que, cuando se menciona a Dios, sus corazones se estremecen y cuando les son recitados Sus versículos éstos les incrementan su fe, y que confían en su Señor.(2) Quienes hacen la oración y reparten de los bienes que Nosotros les proporcionamos.(3)

Esos son los verdaderos creyentes. Ellos disfrutarán de mayores grados de cercanía junto a su Señor, de perdón y de provisión generosa. (4)

De la misma manera que cuando tu Señor, con razón, te sacó de tu casa[3] y un grupo de los creyentes se disgustó, (5) te discuten ahora la Verdad, tras habérsela explicado claramente, como si les arrastrasen a la muerte ante sus propios ojos. (6)

Y (recuerda) cuando Dios os prometió (la victoria) sobre uno de los dos grupos,[4] (diciendo): «Serán vuestros.»

Y deseasteis que fuera el desarmado. Pero Dios quería que la Verdad quedase claramente establecida con Sus palabras y cortar la raíz de los no creyentes, (7) para que la Verdad se consolide y la falsedad sea aniquilada, por mucho que les disguste a los pecadores. (8)

---

[1] Esta *sura* toma su nombre de la expresión *Al-Anfal* mencionada en el primer versículo, que significa "los excedentes de cualquier cosa" y se denomina así a los bienes que quedan sin herederos y también al botín de guerra.

[2] Relata Ibn Abbas que este versículo descendió tras la batalla de Badr, pues se suscitó una discusión sobre el reparto del botín de guerra. Cfr. *Nemune*. t. VII, p. 79.

[3] Es decir: "Para salvar tu vida. Y algunos creyentes se disgustaron, aunque pronto pudieron ver la razón que Dios tenía. Igual se disgustan ahora con las disposiciones divinas relativas al reparto de los bienes excedentes (en este caso, el botín de la Batalla de Badr), y las discuten como si les fuera en ello la vida." Cfr. *Al-Mizan*, t. IX, p. 11.

[4] La caravana de Quraysh que se dirigía hacia La Meca, desarmada y llena de riquezas o el ejército Quraysh procedente de La Meca, que les triplicaba en número, caballos y armas.

(Recuerda) Cuando pedisteis ayuda a vuestro Señor[1] y Él os respondió: «Os reforzaré con mil ángeles, uno tras otro.» (9)

Y Dios no lo hizo sino como una buena nueva y para tranquilizar y aportar seguridad con ello a vuestros corazones. Pues el auxilio proviene solamente de Dios.[2] En verdad, Dios es poderoso, sabio. (10)

(Recuerda) Cuando os envolvió un sueño ligero como un aporte de tranquilidad procedente de Él y descendió sobre vosotros agua del cielo para purificaros con ella y apartar de vosotros el susurro envenenado de Satanás, fortalecer vuestros corazones y consolidar vuestros pasos.[3] (11)

(Recuerda) Cuando tu Señor reveló a los ángeles: «Yo estoy con vosotros. ¡Fortaleced, pues, a los que creen! Infundiré el terror en el corazón de los que no creen. ¡Golpeadles en las nucas y golpeadles en todos sus dedos (12) por haber desafiado a Dios y a Su Mensajero!»

Dios castiga severamente a quien desafía a Dios y a Su Mensajero. (13) ¡Así es! ¡Probadlo! Y sabed que el castigo del Fuego es para los que ocultan la Verdad. (14)

¡Oh, creyentes! ¡Cuando os encontréis a los que no creen en formación de combate no les deis la espalda! (15) Quien les de la espalda ese día, excepto para cambiar su puesto de combate o para incorporarse a otra tropa, sufrirá la ira de Dios y su refugio será el Infierno ¡Qué mal destino! (16)

---

[1] Durante la batalla de Badr, ante la superioridad numérica del enemigo.

[2] El significado del versículo sería: «Dios no envía a los ángeles para que los creyentes puedan derrotar a sus enemigos, sino para aportarles tranquilidad, pues la victoria está junto a Dios y procede de Él y no necesita recurrir al envío de ángeles para dar la victoria a quien Él quiera.»

[3] Los enemigos de los musulmanes habían llegado antes que ellos al lugar de la batalla y habían ocupado los pozos de agua. Eso hizo que cundiera un cierto desánimo entre los combatientes musulmanes, pues no podían beber agua ni purificar sus cuerpos y el terreno en el que se situaron era seco y pedregoso y Satanás les susurró la desventaja de la posición en que se encontraban para infundirles el desánimo. Dios envió sobre ellos una especie de trance que les infundió tranquilidad y una lluvia que les refrescó, purificó sus cuerpos y mejoró las condiciones del terreno que ocupaban, mientras encharcaba las posiciones enemigas que eran más húmedas, al estar junto a los pozos.

No erais vosotros quienes les matabais, sino Dios Quien les mató. Ni eras tú quien lanzaba cuando lanzabas, sino Dios Quien lanzaba, para otorgar a los creyentes una recompensa de Su parte.

En verdad, Dios todo lo oye, todo lo sabe. (17)

¡Así es! ¡Dios destruye los planes de los que no son creyentes! (18)

¡Deseabais la victoria y la victoria ha venido a vosotros! Y si os abstenéis será mejor para vosotros y si regresáis Nosotros también regresaremos y vuestras tropas no os servirán de nada por muchas que sean.

Dios está con los creyentes.[1] (19)

¡Oh, los que creéis! ¡Obedeced a Dios y a Su Mensajero! ¡Y no le volváis la espalda mientras le escucháis! (20) No seáis como aquellos que dicen: «¡Escuchamos!» pero no escuchan. (21)

Los peores animales ante Dios son los ciegos y sordos que no razonan. (22) Si Dios hubiese encontrado algo bueno en ellos les habría hecho oír, pero aun si les hiciese oír se volverían de espaldas y se apartarían. (23)

¡Oh, los que creéis! Responded a Dios y al Mensajero cuando os invitan a lo que os da vida y sabed que Dios se sitúa entre el hombre y su corazón y que seréis congregados hacia Él.[2] (24)

Y temed una prueba que no solamente afligirá a quienes son injustos entre vosotros. Y sabed que Dios castiga con severidad. (25)

---

[1] Algunos exegetas opinan que este versículo va dirigido a los politeístas de La Meca y guarda relación con los juramentos y las súplicas que hicieron ante la Kaba antes de partir a la batalla de Badr y significaría: «Pedíais la victoria sobre quien fuese más querido por Dios y la victoria ha venido. Si os abstenéis de combatir a los creyentes será mejor para vosotros, pero si volvéis a intentarlo Yo también volveré a derrotaros.», pero otros opinan que es a los creyentes a quien Dios se dirige, diciéndoles: «Deseabais la victoria y habéis vencido, pero si seguís discutiendo sobre la manera de repartir el botín Yo también me apartaré de vosotros y de nada os servirá vuestro ejército por muchos que seáis, pues Yo estoy con los creyentes.»

[2] Es decir: «Él os invita a reconocer que hay un único Dios y todo lo que ello implica (*tawhid*), pues la comprensión de esa verdad es lo que da vida al corazón del ser humano y es la verdad y el núcleo de Su invitación. Y sabed que Dios está más cerca que vosotros mismos de vuestro corazón, que es vuestro órgano de percepción y conocimiento por excelencia.» Cfr. *Al-Mizan*, t. IX, p. 59

Y recordad cuando erais pocos, oprimidos en la Tierra, temiendo que la gente os apresara y Él os refugió y os fortaleció con Su ayuda y os proveyó de cosas buenas para que pudierais estar agradecidos. (26)

¡Oh, los que creéis! No traicionéis a Dios y al Mensajero y no traicionéis a sabiendas lo que se os ha confiado.[1] (27)

Y sabed que vuestros bienes y vuestros hijos son una prueba para vosotros y que junto a Dios hay una recompensa inmensa. (28)

¡Oh, los que creéis! Si sois temerosos de Dios, Él os otorgará criterio,[2] ocultará vuestros defectos y os perdonará, pues Dios es el Dueño del Favor Inmenso. (29)

Y (recuerda) cuando los que no creían planearon hacerte prisionero o matarte o expulsarte.[3] Ellos hacían planes y Dios hacía planes, pero Dios es Quien mejor hace los planes. (30)

Y, cuando les son recitados Nuestros versículos, dicen: «¡Ya lo hemos oído! ¡Si quisiéramos podríamos decir cosas semejantes! ¡No son más que mitos de los primitivos!» (31)

Y (recuerda) cuando dijeron: «¡Oh, Dios! Si esto es la Verdad que viene de Ti ¡Haz que lluevan sobre nosotros piedras del cielo o inflígenos un castigo doloroso!» (32)

Pero Dios no les castigará mientras tú estés entre ellos, ni les castigará mientras le pidan perdón. (33)

---

[1] La tribu judía de Bani Quraida, que vivía en Medina, traicionó el pacto que había firmado con los musulmanes y, después de veintiún días de cerco, propusieron al Profeta que les dejase emigrar hacia Siria. El Profeta les respondió que era suficiente con que aceptasen ser gobernados por Sa'd ibn Ma'ad. Los Bani Quraida pidieron que se les dejase consultar a Abu Lababa que era un musulmán de Medina con el que tenían una vieja amistad. Abu Lababa les desaconsejó que aceptasen el gobierno de Sa'd ibn Ma'ad, pero nada más salir de la reunión comprendió que había traicionado al Profeta y se arrepintió de su comportamiento. Se dirigió a la mezquita de Medina y se ató a una columna jurando no comer ni beber hasta morir a menos que Dios le perdonase. Siete días transcurrieron de esa manera y, estando desfallecido y al borde de la muerte, fue perdonado por Dios. Cfr. *Nemune*. t. VII, p. 134.

[2] *Furqan* es aquello que permite establecer la diferencia (*farq*) entre dos cosas.

[3] Un grupo de Quraysh y de los principales de distintas tribus de La Meca se reunieron para reflexionar sobre el peligro que suponía para su poder la prédica de Muhammad y las medidas a adoptar. Unos propusieron encarcelarle, otros expulsarle de La Meca. Finalmente, acordaron elegir un joven guerrero de cada tribu para que entre todos le matasen. Pero el ángel Gabriel avisó al Profeta del peligro y le ordenó salir de La Meca. 'Ali ibn Abi Talib se acostó en la cama del Profeta para que sus asesinos no sospechasen y, mientras, el Profeta tuviese tiempo para salir de La Meca y ocultarse. Así Dios echó por tierra los planes de los idólatras y tuvo lugar la emigración del Profeta del Islam.

¿Por qué no iba Dios a castigarles si ellos impiden acceder (a los creyentes) a la Mezquita Sagrada sin ser sus protectores?[1]

Sus protectores son únicamente los temerosos de Dios, pero la mayoría de ellos no saben. (34)

Su oración ante La Casa[2] no es otra cosa que silbidos y palmas.

¡Saboread, pues, el castigo por ocultar la Verdad! (35)

En verdad, los que no son creyentes gastan su riqueza para apartar a la gente del camino de Dios. Pronto la habrán gastado y tendrán que lamentarse de ello y luego serán vencidos.[3]

Los que ocultan la Verdad serán congregados en el Infierno (36) para que Dios separe al impuro del puro y amontone a los impuros unos sobre otros y les ponga a todos juntos en el Infierno. Esos serán los perdedores. (37)

Di a quienes ocultan la Verdad que si abandonan su actitud se les perdonará lo pasado, pero que si reinciden ya saben lo que les sucedió a sus antepasados. (38)

Combatidles, pues, hasta que cese la idolatría[4] y se rinda culto solamente a Dios. Pero si cesan, en verdad, Dios ve lo que hacen.[5] (39)
Y si dan la espalda, sabed que Dios es vuestro protector. ¡Un excelente protector y un excelente auxiliador! (40)

---

[1] Sin ser ellos los encargados de La Kaba en la ciudad de La Meca.
[2] La Kaba, también denominada "La casa de Dios".
[3] En el *tafsir* de Ali ibn Ibrahim, y en otros muchos, se recoge que este versículo se refiere a la batalla de Badr y a la aportación económica que la gente de La Meca hizo para armar un ejército contra los creyentes.
[4] *Fitna* posee múltiples significados: truco, prueba, examen, pecado, escándalo e idolatría. Cfr. 2:193 y nota al pie.
[5] En el *tafsir Machma al-Bayan*, se recoge, en el comentario a este versículo, que Abu Abdellah al-Husein, dijo: «Todavía no se ha verificado (*tahaqquq*) la hermenéutica espiritual (*ta'wīl*) de este versículo. Cuando "Él que se pone en pie" de nuestra Casa (referencia al Imam al-Mahdi) regrese, aquellos que le reconozcan podrán entender rápidamente los hechos a los que estas palabras remiten, pues, sin duda, las creencias de Muhammad triunfarán de tal manera que llegará la noche y no quedará ni un solo politeísta.» *Machma al-Bayan*, t. IV, p. 543.

Y sabed que, de los bienes excedentes que obtengáis de cualquier cosa, una quinta parte pertenece a Dios, al Mensajero y a su familia, a los huérfanos, a los necesitados y a los viajeros, si creéis en Dios y en lo que Nosotros hicimos descender para Nuestro siervo el Día del Criterio, el día en que se encontraron los dos ejércitos, ¹ pues Dios tiene poder sobre todas las cosas. (41)

Cuando vosotros estabais en la posición más cercana² y ellos en la más alejada y la caravana³ más baja que vosotros.

Si hubierais acordado previamente encontraros no lo habríais conseguido, pero Dios lo hizo para que sucediese lo que ya estaba decretado y fuera destruido, mediante una prueba clara, quien fue destruido y viviera, mediante una prueba clara, quien vivió, ⁴ pues, en verdad, Dios todo lo oye, todo lo sabe. (42)

Cuando Dios hizo que en tu sueño les vieses poco numerosos, pues si les hubieses visto muy numerosos habríais vacilado y disputado sobre la orden, pero Dios os protegió. En verdad, Él conoce bien la esencia de los corazones. (43)

Y, cuando os encontrasteis con ellos, os hizo que les vieseis poco numerosos y os hizo poco numerosos a los ojos de ellos, de manera que sucediese lo que Dios había decretado, pues hacia Dios remiten todos los asuntos. (44)

¡Oh, los que creéis! Cuando os encontréis con un ejército aguantad con firmeza y recordad mucho a Dios, quizás así triunféis. (45)

---

¹ Se refiere a los versículos coránicos que fueron revelados el día de la batalla de Badr, día en el que quedaron claramente diferenciados el campo de los que combatían por la causa de Dios y el de quienes combatían por los bienes de este mundo, de ahí que el Corán se refiera a él como «Día del Criterio» o «del Discernimiento» (*furqan*).

² A la ciudad de Medina.

³ La caravana comercial dirigida por Abu Sufian que se dirigía a La Meca y que los musulmanes de Medina trataban de alcanzar.

⁴ El que los musulmanes no encontrasen la caravana desprotegida y llena de riquezas y en cambio se encontrasen con el ejército de los politeístas, respondía a algo previamente decidido por Dios, para que quedase claro cual era el bando de la Verdad. Por eso dice «mediante una prueba clara» (*'an bayyinatin*) ya que era imposible que, mal armados y preparados para la guerra, sin caballería, ocupando una posición más baja y pedregosa y sin agua, los musulmanes hubiesen podido vencer al ejército de La Meca, mucho mejor armado y que les triplicaba en número, con una gran caballería y dominando los pozos de agua y la posición más elevada del campo de batalla, si no hubiese sido esa la voluntad de Dios.

Y obedeced a Dios y a Su Mensajero y no disputéis, pues vacilaríais y perderíais vuestro ímpetu. Y sed pacientes. En verdad, Dios está con los pacientes. (46)

Y no seáis como aquellos que salieron de sus hogares con altanería y ostentación,[1] apartando a la gente del camino de Dios, pues Dios tiene bajo control cuanto hacen. (47)

Y (recuerda) cuando Satanás les adornó sus actos y les dijo: "Nadie podrá venceros hoy y yo estaré con vosotros."

Pero cuando los dos ejércitos se avistaron se echó atrás y dijo: «Me aparto de vosotros. En verdad, veo lo que vosotros no veis y, en verdad, temo a Dios, pues Dios es severo castigando.» (48)

Los hipócritas y aquellos cuyos corazones están enfermos dijeron: «A esos les ha engañado su creencia.»[2]

Pero quien confía en Dios (sepa) que Dios es poderoso, sabio. (49)

Y, si vieses cuando los ángeles arrebaten las almas de los que no creen, les golpearán los rostros y las espaldas y (les dirán:) «¡Saboread el castigo de Fuego abrasador! (50) ¡Eso es por lo que hicisteis en vuestra vida anterior,[3] pues Dios no oprime a los siervos!» (51)

Lo mismo que hacían las gentes del Faraón y los que hubo antes de ellos. Negaron las señales de Dios y Dios le castigó por sus pecados. En verdad, Dios es fuerte, severo en el castigo. (52)

---

[1] Los politeístas que salieron de La Meca para ir a la batalla de Badr.

[2] Los hipócritas, es decir, aquellos que aparentemente son creyentes pero en su interior no tienen fe y los que tienen el corazón enfermo de dudas debido a la debilidad de su fe, veían a los creyentes pocos y débiles, por eso decían: «Sus creencias les han engañado y les ha llenado de prepotencia, pues si no fuese por ello no se creerían capaces de enfrentarse al ejército de La Meca siendo tan pocos y tan mal armados.» Cfr. *Al-Mizan*, t. IX, p. 130.

[3] Lit: «Lo que adelantaron vuestras manos» es decir: Lo que hicisteis mientras vivíais en la Tierra, el fruto de lo cual enviabais por delante de vosotros a la otra vida.

Eso es porque Dios no cambia la bendición que ha otorgado a un pueblo mientras ellos no cambien lo que hay en sus almas, pues Dios todo lo oye, todo lo sabe. (53)

Lo mismo que hacían las gentes del Faraón y los que hubo antes de ellos. Desmentían las señales de su Señor y les destruimos por sus pecados y ahogamos a la gente del Faraón.

Todos ellos eran opresores. (54)

En verdad, los peores animales ante Dios son los que niegan la Verdad, pues ellos no tienen fe.[1] (55) Aquellos con los que concertaste un pacto y que violan el pacto cada vez y no tienen temor de Dios. (56)

Y si te enfrentas a ellos en la guerra, dispérsales de tal manera que sirva de escarmiento a los que están tras ellos. Quizás así recapaciten. (57)

Y si temes una traición por parte de una gente, denuncia con equidad el pacto que tienes con ellos. En verdad, Dios no ama a los traidores. (58)

Y que no crean los que no tienen fe que tienen ventaja. Ellos no vencerán. (59)

Y preparad contra ellos toda la fuerza que podáis y caballería, para intimidar con ella a los enemigos de Dios y enemigos vuestros y a otros que no son ellos, a los que no conocéis pero a quienes Dios conoce.

Y lo que gastéis por la causa de Dios os será devuelto y no seréis oprimidos. (60)

Y si se inclinan hacia la paz inclinaos también vosotros y confiad en Dios. En verdad, Él todo lo oye, todo lo sabe. (61)

---

[1] Este versículo y los tres siguientes se refieren a otro de los grupos enemigos de los musulmanes: las tribus judías que vivían en Medina, que firmaron un pacto de no agresión y mutua colaboración con los musulmanes cuando el Profeta llegó a Medina pero que traicionaron el pacto y conspiraron con los politeístas de La Meca.

Y la expresión «niegan la verdad» (*kafaru*) se refiere, posiblemente, a que los judíos de Medina, conforme a lo anunciado por sus Escrituras Sagradas, esperaban la llegada de un profeta de Dios en aquel territorio y conocían por ellas sus señales y características, pero cuando llegó el Profeta, al ver que era árabe y no judío, temieron perder su posición y privilegios y no quisieron reconocerle su condición profética. *Cfr. Nemune*. t. VII, p. 216.

Y si quieren engañarte, en verdad, Dios te basta. Él es Quien te fortaleció con Su ayuda y con los creyentes (62) y unió sus corazones.

Si hubieras gastado todo lo que hay en la Tierra no habrías podido unir sus corazones, pero Dios los unió. En verdad, Él es poderoso, sabio. (63)

¡Oh, Profeta! ¡Dios y los creyentes que te siguen son suficiente para ti! (64)

¡Oh, Profeta! ¡Convoca a los creyentes al combate!

Si hubiera entre vosotros veinte hombres pacientes y contenidos, vencerán a doscientos y si hubiera entre vosotros cien, vencerán a mil de los que no creen, pues son gente que no posee entendimiento. (65)

Ahora, Dios ha aligerado vuestra carga, pues Él sabe que estáis débiles. Así pues, si entre vosotros hubiera cien hombres pacientes y contenidos vencerán a doscientos y si hubiese entre vosotros mil vencerán a dos mil con el permiso de Dios, pues Dios está con los que son pacientes. (66)

No es apropiado que un profeta haga prisioneros hasta haberles diezmado en la Tierra.[1]

Deseáis lo accesorio de este mundo, pero Dios desea (para vosotros los beneficios de) la Otra vida. Y Dios es poderoso, sabio. (67)

Si no hubiese sido por un decreto previo de Dios, con seguridad os hubiese alcanzado un castigo inmenso por lo que obtuvisteis.[2] (68)

Comed, pues, del botín que habéis obtenido, lo que es lícito y bueno y sed temerosos de Dios. En verdad, Dios es perdonador, misericordiosísimo con los creyentes. (69)

---

[1] En la batalla de Badr fueron capturados setenta enemigos, muchos de ellos importantes, y algunos musulmanes le pidieron al Profeta que no les matase para obtener por ellos el gran rescate que sus familias estarían dispuestas a pagar por su libertad, pero en este versículo Dios les advierte del gran peligro que suponía liberar a los dirigentes enemigos, que habían organizado un ejército para destruirles, mientras su poder no estuviese consolidado, y les ordena ejecutarles.

[2] Algunos han entendido que se refiere al dinero del rescate por los prisioneros, pero, cuando descendió este versículo, lo que los musulmanes habían obtenido eran los prisioneros mismos. El versículo se refiere al hecho mismo de haber hecho prisioneros sin que Dios ni el Profeta se lo hubiesen ordenado, pensando en obtener un rescate por ellos antes que en lo que era más beneficioso para el Islam. Cfr. Al-Mizan, t. IX, p. 179.

¡Oh, Profeta! Di a los cautivos que están en tus manos: «Si Dios en-cuentra algo bueno en vuestros corazones os concederá algo mejor que aquello que os ha sido quitado y os perdonará, pues Dios es perdonador, misericordiosísimo con los creyentes.» (70)

Y si quieren traicionarte, ya traicionaron anteriormente a Dios y Él te dio poder sobre ellos. Dios todo lo conoce, es sabio.[1] (71)

En verdad, quienes creyeron y emigraron y combatieron con sus bienes y sus personas en la senda de Dios y quienes les dieron refugio y auxilio son amigos y protectores entre sí.

Y a quienes creyeron, pero no emigraron no tenéis por que protegerles en absoluto hasta que emigren. Y si os piden ayuda por causa de la creencia entonces sí debéis ayudarles, excepto si es contra un pueblo con el que tenéis concertado un tratado.

Y Dios ve lo que hacéis. (72)

Y quienes no creen son protectores y amigos unos de otros. A menos que lo hagáis habrá problemas en la Tierra y una gran corrupción. (73)

Quienes creyeron y emigraron y combatieron en la senda de Dios y quienes les dieron refugio y auxilio, esos son los verdaderos creyentes. Ellos serán perdonados y provistos con generosidad. (74)

Y quienes creyeron después y emigraron y combatieron con vosotros, esos son de los vuestros. Pero los familiares de sangre tienen más derecho a heredar unos de otros en el Libro de Dios.[2] En verdad, Dios conoce todas las cosas. (75)

---

[1] En la batalla de Badr fueron capturadas tres personas de la familia del Profeta: sus tíos Abbas, Nawfal y Aqil. El Profeta pidió a Abbas un rescate de cuatro mil mízcales de oro, mientras que al resto de los prisioneros sólo se les exigieron mil seiscientos. Abbas respondió que no poseía ese dinero y el Profeta le respondió: «¿Dónde está el dinero que entregaste a Um al Fadl, cuando le dijiste: '¿Si me sucede algo o me matan en la batalla este dinero será para ti y para Fadl, Abd Al.lah y Qadim'?» Abbas preguntó: «¿Quién te ha informado de eso?» El Profeta dijo: «Dios Altísimo» y Abbās respondió: «Yo doy fe de que tú eres el profeta de Dios, pues juro por Dios que nadie conocía eso aparte de Dios.» *Machma al-Bayan,* t. IV, p.559. Y dijo el Imam Muhammad al-Baqir: «Cuando llegó el dinero del rescate, el Mensajero de Dios le dijo a Abbas: Repártelo y quédate una parte. A esto es a lo que Dios se refería cuando dijo: 'Si Dios encuentra algo bueno en vuestros corazones, os concederá algo mejor que aquello que os ha sido quitado y os perdonará, pues Dios es perdonador, misericordiosísimo con los creyentes.' Y el Imam al-Baqir añadió: Este versículo fue revelado para Abbas, Nawfal y Aqil.» *Cfr. Al-Mizan,* t. IX, p. 185.

[2] *Cfr.* 33:6. Se ha transmitido de Ibn Abbas que cuando el Mensajero de Dios realizó el pacto de hermandad entre sus compañeros, estos comenzaron a heredarse unos a otros, hasta que descendió este versículo estableciendo la prioridad de los familiares de sangre.

Capítulo 9

El arrepentimiento[1]

Rechazo de Dios y de Su Mensajero a los politeístas con los que hicisteis[2] un tratado. (1)

Así pues, viajad por la Tierra (libremente) durante cuatro meses[3] y sabed que no podéis humillar a Dios y que Dios es Quien humillará a los que no creen. (2)

Anuncio de Dios y de Su Mensajero para la gente en el día de la gran peregrinación[4]:

«Dios y Su Mensajero rechazan a los politeístas. Si os arrepentís será mejor para vosotros, pero si dais la espalda, sabed que vosotros no podéis humillar a Dios.»

E informa a quienes no creen que tendrán un castigo doloroso, (3) excepto aquellos de los politeístas con quienes hicisteis un pacto y luego no han violado nada de él ni han apoyado a nadie contra vosotros. Así pues, cumplid con el pacto que tengáis con ellos hasta su término. En verdad, Dios ama a quienes son temerosos. (4)

Y, cuando los meses sagrados hayan concluido, matad a los politeístas donde quiera que los encontréis. Apresadles, sitiadles, acechadles en cada recodo, pero si se arrepienten y hacen la oración y entregan el impuesto religioso,[5] dejadles paso libre. En verdad, Dios es perdonador, misericordiosísimo con los creyentes. (5)

Y si uno de los politeístas te pide asilo, ofréceselo hasta que oiga la palabra de Dios y luego hazle llegar a un lugar seguro para él. Eso es porque son un pueblo que no sabe. (6)

---

[1] Se denomina a este capítulo Sura del Arrepentimiento debido a la cantidad de veces que se habla sobre el arrepentimiento a lo largo de ella. También es conocida como Sura al-Baraat (del rechazo, o repudio) debido a que anuncia el rechazo o distanciamiento de Dios (Baraat), de los politeístas. Es la única sura del Corán que no comienza con *Basmala*. Ha dicho Marhum Tabrizi que dijo Ali ibn Abi Talib: «No descendió *Basmala* al principio de la Sura Al-Bara'at porque la *Basmala* aporta seguridad y misericordia y (esta sura) descendió para eliminar la seguridad y para poner la espada contra ellos». Algunos opinan que es la continuación de la sura anterior (Los beneficios excedentes) y por esa causa no se ha mencionado *Basmala*, y no hay nada que impida pensar que ambas razones son ciertas.

[2] Vosotros, musulmanes.

[3] Del décimo día de Du l-Hiyya al décimo de Rabi al-Thani, según la versión más fiable.

[4] Según Fajr al-Razi y otros, el día décimo de Du l-Hiyya de año noveno de la hégira.

[5] *Zakat*.

¿Cómo podrían tener los politeístas un pacto con Dios y Su Mensajero, excepto aquellos con los que pactasteis junto a la Mezquita Sagrada? Mientras ellos cumplan con vosotros, vosotros cumplid con ellos. En verdad, Dios ama a quienes son temerosos. (7)

¿Cómo? Si cuando os vencen no respetan pacto ni acuerdo alguno.

Tratan de complaceros con sus bocas, pero sus corazones os rechazan y la mayoría de ellos son transgresores. (8) Han vendido las señales de Dios por poco precio y apartado a la gente de Su camino. ¡Qué malo es lo que han hecho! (9) No respetan pacto ni acuerdo con un creyente. ¡Ellos son los transgresores![1] (10)

Pero si se arrepienten y hacen la oración y entregan el impuesto religioso serán vuestros hermanos en la creencia.

Nosotros explicamos detalladamente las señales para un pueblo que sabe. (11)

Pero si rompen sus promesas después de haberse comprometido e insultan vuestra creencia, combatid a los dirigentes de la incredulidad. En verdad, para ellos no existen promesas. Quizás así desistan. (12)

¿No combatiréis contra gentes que rompen sus promesas, que pretenden expulsar al Mensajero y que inician las hostilidades contra vosotros? ¿Vais a temerles? Dios tiene más derecho a que le temáis si sois creyentes. (13)

---

[1] Recoge Ahmad Ibn Hambal que dijo Ali ibn Abi Talib: «Cuando descendieron sobre el Mensajero de Dios las 10 primeras aleyas de la Sura Al-Baraat se las recitó a Abu Bakr y le encargó que fuera a La Meca a recitárselas a la gente y después envió en mi busca y me dijo: «Ve tras Abu Bakr y donde le encuentres toma de él la carta...» Cuando Abu Bakr regresó junto al Profeta, le preguntó: «¿Ha descendido algo hablando de mí?» a lo que el Mensajero de Dios respondió: «Gabriel vino a mí y me dijo que no lo transmitiera nadie excepto yo o alguien de mi casa» (La yabligu ha illa ana au rayulun min ahli baiti). *Tafsir Ibn Kazir*, t. II, p. 322). Ibn Kazir recoge el mismo relato a través de otra transmisión que procede de Zaid Ibn Yasig. Cfr. *Tafsir Ibn Kazir*, t. II, p. 322). Allamah Ibn Azir, otro sabio de Ahl al-Sunna en su *Yami al-Usul* transmite de Tirmidi que lo recoge de Anas Ibn Malik, que el Mensajero de Dios envió la Sura Al-Baraat con Abu Bakr y después dijo: «No es adecuado que nadie transmita esta sura excepto alguien de mi familia», después llamó a Ali y le encargó la Sura a él. *Yami al-Usul*, Allamah Ibn Azir, t. IX p. 475. Y también Ibn Hambal, *Al-Musnad*, t. III, p. 212, lo ha recogido de Anas Ibn Malik. En otro *riwayat* se ha recogido que el Mensajero de Dios dio su propio camello a Ali para que montase en él y fuese a La Meca para comunicar esta llamada y que en la mitad del camino, cuando Abu Bakr escuchó el sonido del camello, lo reconoció.

9. EL ARREPENTIMIENTO

¡Combatidles! Dios les castigará con vuestras manos y les avergonzará y a vosotros os auxiliará contra ellos, curará los pechos de la gente creyente (14) y eliminará la ira de sus corazones. Dios acepta el arrepentimiento de quien Él quiere. Dios todo lo conoce, es sabio. (15)

¿O pensasteis que seríais perdonados antes de que Dios supiera[1] quién de vosotros ha combatido y no ha tomado por confidente a nadie más que a Dios y a Su Mensajero y a los creyentes? Dios está bien informado de lo que hacéis. (16)

No corresponde a los politeístas la reparación de las mezquitas de Dios, cuando ellos mismos dan testimonio de su propia incredulidad. Ellos mismos han invalidado sus obras y estarán en el Fuego eternamente. (17)

En verdad, quien debe reparar las mezquitas de Dios es quien cree en Dios y en el Último Día y hace la oración y da el impuesto religioso y sólo teme a Dios. Puede que así ellos sean guiados. (18)

¿Acaso el que suministréis agua a los peregrinos y la reparación de la Mezquita Sagrada es equiparable a quien cree en Dios y en el Último Día y combate en la senda de Dios? No son iguales ante Dios y Dios no guía a la gente opresora. (19) Quienes creyeron y emigraron y combatieron por la causa de Dios con sus bienes y sus personas poseen un grado mayor ante Dios y ellos son los triunfadores.[2] (20)

---

[1] La expresión: «Antes de que Dios supiera», igual que en 3:142, quiere decir: «mientras no fuera evidente», no que Dios no sepa de antemano quién es un verdadero creyente y quién no, ya que, como dice el versículo a continuación: «Dios está bien informado de lo que hacéis.» *Cfr. Al-Mizan*, t. IX, p. 214.

[2] En el *Tafsir Qommi* se recoge de Abu Al-Yarud, que dijo Abu Yafar Muhammad al-Baqir: «El versículo 'Quienes creyeron y emigraron...» hasta 'ellos son los triunfadores' descendió para establecer el derecho de 'Ali ibn Abi Talib.» Y en *Mayma al-Bayan*, se recoge de Hakim Abul Qasim al-Haskani, que Abu Buraida escuchó a su padre decir: «Estaban Shaiba y Al-Abbas hablando con orgullo de sí mismos y llegó Ali ibn Abi Talib y preguntó: ¿De que os mostráis tan orgullosos? Y Al-Abbas dijo: Se me concedió una merced que nadie más disfrutó y que consiste en el derecho de suministrar agua a los peregrinos (de la Kaba). Y Saibah dijo: Y a mi el honor de reparar la Mezquita Sagrada (la Kaba). Ali dijo: A mi también me fue concedido un honor desde pequeño que a ninguno de vosotros le fue concedido. Ellos preguntaron: ¿Cuál fue? y Ali respondió: «Que os golpeara con mi espada en vuestras narices hasta que tuvierais fe en Dios y en Su Mensajero.» Al-Abbas se molestó y fue a protestar ante el Mensajero de Dios por la manera en que Ali le había hablado. El Mensajero de Dios hizo llamar a Ali y éste dijo: «¡Oh Mensajero de Dios! Yo sólo les he dicho la pura verdad, les guste o no.» Entonces descendió el ángel Gabriel y dijo: «¡Oh Muhammad! Tu Señor te envía Sus saludos y dice que recites para ellos lo siguiente: «¿Acaso el que sumi-

Su Señor les anuncia una misericordia que de Él procede, satisfacción y Jardines en los que disfrutarán de delicias eternas. (21) En ellos estarán para siempre, eternamente.

En verdad, Dios dispone junto a Sí de una recompensa inmensa. (22)

¡Oh, los que sois creyentes! No toméis a vuestros padres y hermanos por amigos si prefieren la incredulidad a la fe y quienes de vosotros les tomen por amigos, esos serán (también) opresores.[1] (23)

Di: «Si vuestros padres y vuestros hijos, vuestros hermanos, vuestras esposas, vuestro clan, los bienes que habéis obtenido, los negocios por cuyos beneficios teméis y las casas que os satisfacen, os son más queridos que Dios y Su Mensajero y que el esfuerzo por Su causa, entonces aguardad hasta que Dios emita Su veredicto, pues Dios no guía a la gente transgresora.» (24)

En verdad, Dios os ha auxiliado en numerosos lugares y (especialmente) el día de Hunayn,[2] cuando vuestro gran número os llenó de alegría. Pero no os benefició en nada y la tierra se os hizo estrecha a pesar de su amplitud y, en ese momento, volvisteis la espalda para huir. (25) Entonces Dios hizo que descendiera Su calma[3] sobre Su Mensajero y los creyentes e hizo descender ejércitos que vosotros no veíais y castigó a los que no creían.

Esa es la recompensa de los que no creen. (26)

---

nistréis agua a los peregrinos y la reparación de la Mezquita Sagrada es equiparable...» hasta «En verdad junto a Dios hay una recompensa inmensa?» (fin del versículo 22). Cfr. *Al-Mizan*, t. IX, p. 278-279.

[1] Cfr. Corán, 3:28; 5:51; 4:144

[2] Hunayn es el nombre de un desierto entre las ciudades de La Meca y Taif. El año octavo de la hégira, tras la liberación de La Meca, se libró allí una batalla famosa contra las tribus de Hawazan y Zaqif, en la que los musulmanes estaban siendo derrotados y comenzaron a huir abandonando al Profeta con un pequeño número de sus seguidores, lo cual hizo que tanto el Profeta como sus fieles se preocupasen seriamente por el resultado de la batalla, aunque, finalmente, Dios volvió la suerte de su lado. Algunos historiadores han cifrado en doce mil el número de combatientes musulmanes en esta batalla y otros en diez mil y hasta en siete mil, aunque parece que doce mil es la cifra más cercana a la realidad y era la primera vez que los musulmanes poseían un ejército tan numeroso, hasta el punto que algunos musulmanes dijeron: «Hoy nadie podrá vencernos.» pensando que las causas de la victoria son el número y la fuerza.

[3] *Sakina* «un sentimiento de paz y seguridad interior que incrementa la fe». Cfr. 48:4

Luego, tras ello, Dios aceptará el arrepentimiento de quien Él quiera. Dios es perdonador, misericordiosísimo con los creyentes. (27)

¡Oh, los que creéis! En verdad, los idólatras son impuros.[1] ¡Que no se acerquen a la Mezquita Sagrada[2] después de este año![3]

Y si teméis la pobreza, Dios os enriquecerá con Su favor si Él quiere. En verdad, Dios todo lo conoce, es sabio. (28)

Combatid a quienes, de aquellos a los que les fue dada la *Escritura* [Sagrada],[4] no creen en Dios ni en el Último Día y no prohíben lo que Dios y Su Mensajero han prohibido, ni practican la religión de la Verdad, hasta que paguen sus impuestos[5] con su propia mano y con humildad. (29)

Los judíos dicen: «Uzair es el hijo de Dios» y los cristianos dicen: «El Mesías es el hijo de Dios.»

Eso es lo que dicen con sus bocas. Imitan lo que dijeron anteriormente los que no creían.[6]

¡Que Dios les maldiga por sus mentiras! (30)

Han tomado a sus doctores de la ley y a sus sacerdotes por sus señores en lugar de Dios, así como al Mesías hijo de María, a pesar de que se les ordenó que adoraran solamente al Dios Uno.

No hay otro dios excepto Él. ¡Glorificado sea por encima de lo que Le asocian! (31)

---

[1] *Nayasa*, indica la impureza tanto externa como interna. El Islam considera que los no creyentes adolecen de una impureza que no se elimina al lavar sus cuerpos o su ropa, como sucede con la impureza externa, sino solamente con la fe.

[2] La Kaba.

[3] El año noveno de la Hégira, en el que Ali ibn Abi Talib, por orden del Profeta, llevó a La Meca, el mes dedicado a la peregrinación, el mensaje contenido en los diez primeros versículos de este capítulo y se lo comunicó a los peregrinos y a los idólatras.

[4] Se considera gente del Libro o gente de la *Escritura* Sagrada, al menos, a los cristianos, judíos, sabeos y zoroástricos. Cfr. Corán, 22:17.

[5] *Yizya*. Se denomina así al impuesto que han de pagar al gobierno islámico los no musulmanes que viven en territorio islámico.

[6] Los idólatras que consideraban a algunos de sus dioses hijos de otros y les atribuían esposas y madres.

Quisieran apagar la luz de Dios con sus bocas, pero Dios no quiere sino que Su luz brille plenamente, aunque moleste a los que no creen. (32)

Él es Quien ha enviado a Su Mensajero con la guía y con la religión de la Verdad para que prevalezca sobre todas las otras creencias religiosas, aunque moleste a los que no creen. (33)

¡Oh, los que creéis! En verdad, muchos de los doctores de la ley y de los sacerdotes se comen, sin derecho, los bienes de la gente y les apartan del camino de Dios.

Y, a quienes atesoran el oro y la plata y no los gastan por la causa de Dios, anúnciales un castigo doloroso (34) el día en que (esos metales) sean calentados en el fuego del Infierno y se marquen con ellos sus frentes, sus costados y sus espaldas.

«¡Esto era lo que atesorabais para vuestras almas! ¡Saboread pues lo que atesorasteis!» (35)

En verdad, el número de meses para Dios es de doce. Es así en la *Escritura* de Dios desde el día en que creó los cielos y la Tierra. De ellos, cuatro son sagrados.[1] Esa es la religión establecida. Así pues, no os oprimáis durante ellos a vosotros mismos y combatid contra todos los idólatras igual que ellos combaten contra todos vosotros y sabed que Dios está con quienes son temerosos. (36)

---

[1] Los meses de Du l-Qaada, Du l-Hiyya, Muharram y Rayab. En ellos está prohibido hacer la guerra y el derramamiento de sangre. La sacralidad de estos meses fue establecida por el profeta Abraham y los árabes la respetaban aun en las épocas en que se alejaron de las enseñanzas de Abraham y adoraron ídolos y falsos dioses. En ellos se garantiza la libertad de movimientos de las gentes para que puedan atender sus actos devocionales o sus intereses personales. En la frase "Esa es la religión establecida", el término "esa" indica la disposición relativa a la inviolabilidad de esos cuatro meses. El término "religión" (*din*), de la misma manera que indica el conjunto de disposiciones legales que Dios estableció para los seres humanos a través de cada uno de Sus profetas, indica una o alguna de esas disposiciones, en este caso la condición sagrada de estos cuatro meses. El término «establecida» (*qayyim*) indica lo que se pone en pie para reparar los asuntos de las gentes y para gobernar la vida y los intereses de las personas, como se explicita en el versículo 5:9: «Dios ha dispuesto la Kaba, la Casa Sagrada, los meses sagrados, las ofrendas y las guirnaldas, para el bienestar (*qiyaman*) de las gentes.» Los árabes establecieron una ley, a la que denominaban *Nasiy'*, que les permitía trasladar la sacralidad de un mes a otro y, así, hacer la guerra y derramar sangre durante uno de los meses sagrados, pero el Corán, en el versículo siguiente, se opone a ella y la considera una adulteración de la verdad. Cfr. *Al-Mizan*, t. IX, p. 358-359.

إِنَّمَا ٱلنَّسِيٓءُ زِيَادَةٞ فِي ٱلۡكُفۡرِۖ يُضَلُّ بِهِ ٱلَّذِينَ كَفَرُواْ يُحِلُّونَهُۥ عَامٗا وَيُحَرِّمُونَهُۥ عَامٗا لِّيُوَاطِـُٔواْ عِدَّةَ مَا حَرَّمَ ٱللَّهُ فَيُحِلُّواْ مَا حَرَّمَ ٱللَّهُۚ زُيِّنَ لَهُمۡ سُوٓءُ أَعۡمَٰلِهِمۡۗ وَٱللَّهُ لَا يَهۡدِي ٱلۡقَوۡمَ ٱلۡكَٰفِرِينَ ۞ يَٰٓأَيُّهَا ٱلَّذِينَ ءَامَنُواْ مَا لَكُمۡ إِذَا قِيلَ لَكُمُ ٱنفِرُواْ فِي سَبِيلِ ٱللَّهِ ٱثَّاقَلۡتُمۡ إِلَى ٱلۡأَرۡضِۚ أَرَضِيتُم بِٱلۡحَيَوٰةِ ٱلدُّنۡيَا مِنَ ٱلۡأٓخِرَةِۚ فَمَا مَتَٰعُ ٱلۡحَيَوٰةِ ٱلدُّنۡيَا فِي ٱلۡأٓخِرَةِ إِلَّا قَلِيلٌ ۞ إِلَّا تَنفِرُواْ يُعَذِّبۡكُمۡ عَذَابًا أَلِيمٗا وَيَسۡتَبۡدِلۡ قَوۡمًا غَيۡرَكُمۡ وَلَا تَضُرُّوهُ شَيۡـٔٗاۗ وَٱللَّهُ عَلَىٰ كُلِّ شَيۡءٖ قَدِيرٌ ۞ إِلَّا تَنصُرُوهُ فَقَدۡ نَصَرَهُ ٱللَّهُ إِذۡ أَخۡرَجَهُ ٱلَّذِينَ كَفَرُواْ ثَانِيَ ٱثۡنَيۡنِ إِذۡ هُمَا فِي ٱلۡغَارِ إِذۡ يَقُولُ لِصَٰحِبِهِۦ لَا تَحۡزَنۡ إِنَّ ٱللَّهَ مَعَنَاۖ فَأَنزَلَ ٱللَّهُ سَكِينَتَهُۥ عَلَيۡهِ وَأَيَّدَهُۥ بِجُنُودٖ لَّمۡ تَرَوۡهَا وَجَعَلَ كَلِمَةَ ٱلَّذِينَ كَفَرُواْ ٱلسُّفۡلَىٰۗ وَكَلِمَةُ ٱللَّهِ هِيَ ٱلۡعُلۡيَاۗ وَٱللَّهُ عَزِيزٌ حَكِيمٌ ۞

En verdad, trasladar la inviolabilidad de un mes a otro[1] es un incremento en la idolatría con el que se extravían los politeístas.

Lo declaran lícito un año y lo sacralizan otro año, para que coincida con el número de meses que Dios ha declarado sagrados, haciendo lícito lo que Dios ha considerado inviolable.

Sus malos actos les parecen bellos, pero Dios no guía a la gente que oculta la Verdad. (37)

¡Oh, los que creéis! ¡Qué sucede con vosotros! Cuando se os dice: ¡Salid a combatir por la causa de Dios! os quedáis pegados al suelo. ¿Acaso os satisface más la vida mundanal que la otra? Pues el disfrute de la vida mundanal comparado con el de la otra es muy poca cosa. (38)

Si no salís a combatir Él os castigará con un castigo doloroso y os cambiará por un pueblo diferente sin que le causéis ningún perjuicio.

Dios tiene poder sobre todas las cosas. (39)

Si no le auxiliáis[2] ya Dios le auxilió cuando le hicieron salir los que no tenían fe y era el segundo de dos[3] y ambos estaban en la cueva y le dijo a su compañero: «No estés triste, en verdad, Dios está con nosotros.»

Y Dios hizo descender Su calma sobre él y le ayudó con ejércitos que vosotros no visteis[4] y puso la palabra de los que no son creyentes en la posición más baja, pues la palabra de Dios es la más elevada y Dios es poderoso, sabio. (40)

---

[1] *Nasiy* significa «posponer». Cuando los árabes de la época anterior al Islam querían hacer la guerra durante uno de los meses sagrados, declaraban pospuesta la condición sagrada de este mes y la trasladaban a otro mes diferente. De esa manera hacían lo que querían y, al mismo tiempo, preservaban sus tradiciones relativas a los cuatro meses de año en los que estaba prohibido hacer guerras y derramar sangre y al mes cuya sacralidad violaban lo declaraban "pospuesto", por ello, cuando el versículo dice «lo declaran lícito un año y lo sacralizan otro» quiere decir: «Un año consideran lícito hacer la guerra en uno de esos meses y otro año consideran que es sagrado e inviolable.» Cfr. *Corán*, 2:217; 5:2 y 97.

[2] «Si no auxiliáis al Profeta.»

[3] Cuando los idólatras de La Meca intentaron acabar con su vida, el Profeta se vio obligado a huir y se ocultó durante dos días en la cueva de Zawur, situada a unos treinta kilómetros al sur de La Meca, con uno de sus seguidores, Abu Baqr Al-Siddiq. La expresión «siendo el segundo de dos» indica que eran solamente dos y, por tanto, indefensos numéricamente frente a las partidas enemigas que salieron en su busca.

[4] Puede que los «ejércitos que vosotros no visteis» sea una referencia a las arañas que tejieron sus telas a la entrada de la cueva en la que ambos se habían refugiado y en las palomas que hicieron sus nidos, de manera que cuando los exploradores, comandados por el hábil rastreador Abu Karz, llegaron allí, dedujeron que nadie había dentro, según relatan los historiadores musulmanes.

¡Salid a la batalla, ligeros o pesados,[1] y combatid con vuestros bienes y vuestras personas por la causa de Dios. Eso es mejor para vosotros. Si supierais... (41)

Si hubiera sido una ganancia asequible o un viaje corto seguramente te habrían seguido, pero les pareció una gran distancia.[2]

Jurarán por Dios: «Si hubiéramos podido, habríamos ido contigo.»

Se destruyen ellos mismos y Dios sabe que son unos mentirosos. (42)

¡Que Dios te perdone![3] ¿Por qué les diste permiso[4] antes de que te quedase claro quienes eran sinceros y supieses quienes eran los mentirosos? (43)

Quienes creen en Dios y en el Último Día no te pedirán que les excuses de combatir con sus bienes y sus personas y Dios conoce a los que temen disgustarle. (44)

En verdad, te piden que les excuses aquellos que no creen en Dios ni en el Último Día, que tienen dudas en sus corazones y sus dudas les hacen ser reluctantes. (45)

Si hubiesen querido salir seguramente habrían realizado algunos preparativos para ello, pero a Dios le pareció desaconsejable enviarles y les hizo permanecer y se les dijo: «¡Quedaos sentados con los que se quedan!»[5] (46)

Si hubieran ido con vosotros sólo os habrían ocasionado más problemas, difundiendo rumores y buscando causar sedición y entre vosotros algunos les habrían escuchado. Dios conoce bien a los opresores. (47)

---

[1] De armamento y de provisiones, pues el camino hasta Tabuk era muy largo.
[2] Se refiere a la batalla de Tabuk, nombre de una fortaleza situada en la franja fronteriza con Siria, en el camino entre Hayar y Damasco. En aquellos días, Tabuk era una de las colonias del Imperio romano oriental, cuya capital era Constantinopla. Tras la liberación de La Meca la rápida expansión del Islam era un asunto altamente preocupante por lo que el ejército romano se situó en la frontera con Siria y comenzó a penetrar en la península arábiga. Transcurría el año noveno de la hégira. Algunos a los que el Profeta pidió ayuda y su participación en la batalla, como fue el caso de Yad ibn Qays, hombre rico e influyente de Medina, evidenciaron su hipocresía al negarse con pretextos pueriles.
[3] Existen muchas tradiciones sobre este tema. En una de ellas se relata que el califa Al-Mamun preguntó a Ali ibn Musa: «¡Oh, hijo del Mensajero de Dios! ¿Acaso no defiendes que los profetas son impecables?» «¿Por qué lo preguntas?» respondió el Imam Al-Rida. Al-Mamun respondió a su vez: «¡Oh, Abu Hasan! Entonces, el versículo «¡Que Dios te perdone! ... ¿Qué significa?» El Imam respondió: «Eso responde al refrán conocido: Puerta, a ti te lo digo, pared, escucha tú. Dios se dirige al Profeta pero su intención es educar a la comunidad.» Al Mamun respondió: «Has dicho la verdad, ¡Oh, hijo de Mensajero!» Cfr. *Uyun Ajbar al-Rida*, t. I, p. 202.
[4] Para no ir al combate
[5] Con las mujeres, los niños y los ancianos.

Ya anteriormente quisieron crear problemas y confundir las cosas para ti, hasta que vino la Verdad y se evidenció la orden de Dios, a despecho de ellos. (48)

Entre ellos hay quien dice: «Dispénsame y no me hagas pecar.»[1] ¿Acaso no han caído ya en el pecado?

En verdad, el Infierno rodea a los que no tienen fe. (49)

Si te sucede algo bueno se entristecen, pero si te aflige alguna dificultad dicen: «Nosotros ya habíamos tomado nuestras precauciones anteriormente.» y se alejan llenos de alegría. (50)

Di: «No nos aflige excepto aquello que Dios tiene escrito para nosotros. Él es nuestro amigo y protector.»

Así pues, que los creyentes confíen en Dios. (51)

Di: «¿Qué podéis esperar que nos suceda sino una de las dos cosas buenas?[2] Mientras que nosotros esperamos que Dios os aflija con un castigo que venga directamente de Él o a través de nuestras manos.

Así pues, ¡Esperad! ¡Que nosotros también esperaremos con vosotros!» (52)

Di: «¡Gastad (en limosnas) de grado o a la fuerza! No os será aceptado. En verdad, sois una gente transgresora.» (53)

No hay nada que impida que lo que gastan sea aceptado, excepto que ellos no creen en Dios ni en Su Mensajero, que no acuden a la oración excepto con pereza y que no gastan en limosnas excepto a disgusto. (54)

---

[1] Un grupo de exegetas coránicos han transmitido que cuando el Profeta pidió al dirigente de la tribu de los Bani Salma, Yad ibn Qays que participase en la expedición a Tabuq, éste le contestó: «Soy un hombre al que le gustan mucho las mujeres y temo no poder contenerme cuando vea a las romanas. Por favor, dispénsame de acudir a la batalla y no me tientes.»

[2] La victoria o el martirio.

No dejes pues que sus riquezas ni sus hijos te impresionen.

En verdad, Dios quiere castigarles por medio de ello en la vida mundanal y que sus almas partan sin que ellos tengan fe. (55)

Juran por Dios que son de los vuestros, pero no son de los vuestros, sino que son gente que os teme. (56)

Si pudieran encontrar un refugio o una gruta o un agujero en el que meterse, se arrojarían a él a toda prisa. (57)

Algunos de ellos te censuran por las limosnas. Si se les da de ellas están satisfechos, pero si no se les da de ellas se enfadan. (58) Mejor habría sido si hubieran estado satisfechos con lo que Dios y Su Mensajero les dieron y hubieran dicho: «Dios es suficiente para nosotros. Dios nos otorgará Su favor y también Su Mensajero. Nuestros deseos se dirigen a Él.» (59)

En verdad, las limosnas[1] son para los pobres y los necesitados, para los encargados de recaudarlas y para aquellos cuyos corazones se quiere atraer, para liberar esclavos, para los endeudados, para la causa de Dios y para el viajero.[2] Es una disposición obligatoria procedente de Dios y Dios todo lo conoce, es sabio. (60)

Entre ellos hay quienes molestan al Profeta diciendo: «Es una oreja.»

Di: «Es una buena oreja para vosotros. Tiene fe en Dios y confía en los creyentes y es una misericordia para aquellos de vosotros que tenéis fe.»[3]

Y para quienes molestan al Profeta hay un castigo doloroso. (61)

---

[1] Se refiere en este caso a la limosna obligatoria (*zakat*), pues la frase final «Es una disposición obligatoria (*farida*) procedente de Dios» así lo indica.

[2] Por «viajero» se entiende a la persona que se encuentra lejos de su casa y no tiene medios para regresar a ella.

[3] Llamando «oreja» al Mensajero de Dios, los hipócritas querían decir que era un persona sin criterio que escuchaba a todo el mundo y cuando Dios les responde que es una «buena oreja» quiere decir que todo aquello que el Mensajero oye es un bien para ellos, ya que oye la revelación divina que viene a él como una bendición para ellos.

Y en *Al-Dur al-Manzur*, en el comentario a este versículo, se recoge que relató Ibn Abbas que Nabtal ibn Ĥarit siempre acudía junto al Profeta y escuchaba sus consejos y luego iba junto a los hipócritas y les contaba todo lo que el Profeta había dicho. Es esa misma persona quien dijo que el Profeta era una oreja que se creía lo que cualquiera le decía y Dios hizo descender este versículo para él. Cfr. *Al-Mizan*, t. IX, p. 422, 433.

Os juran por Dios para satisfaceros, pero Dios y Su Mensajero tienen más derecho a que ellos les satisfagan, si es que son creyentes. (62)

¿Acaso no saben que el fuego del Infierno en el que estarán eternamente es para quienes se oponen a Dios y a Su Mensajero?

¡Esa es la gran desgracia!¹ (63)

Los hipócritas temen que descienda para ellos un capítulo que les informe de lo que hay en sus corazones.

Di: «Burlaos, que, en verdad, Dios hará que se manifieste aquello que os atemoriza.»² (64)

Y si les preguntas, seguramente que dirán: «Nos divertíamos y jugábamos.»

Di: «¿Os burlabais de Dios, de Sus señales y de Su Mensajero? (65) No os excuséis, pues habéis descreído después de haber creído.»

Si perdonamos a un grupo de vosotros castigaremos a otro, porque han sido pecadores. (66)

Los hipócritas, y las hipócritas son tal para cual, ordenan lo que está mal y prohíben lo que está bien y aprietan sus puños.³ Se olvidaron de Dios así que Él se olvidó de ellos. En verdad, los hipócritas son los transgresores. (67)

Dios ha prometido a los hipócritas y a las hipócritas y a los que no creen, el fuego del Infierno, en el que estarán eternamente.

Eso es suficiente para ellos y Dios les maldice. Tendrán un castigo permanente. (68)

---

¹ Algunos exegetas consideran que estos dos versículos descendieron con el grupo anterior relativo a la expedición a Tabuk, pero otros creen que cuando fueron revelados los versículos que reprendían a los que se opusieron a la expedición de Tabuk uno de los hipócritas dijo: «Juro por Dios que ellos son nuestra gente más noble. Si lo que Muhammad dice de ellos fuese cierto serían peor que las bestias.» Un musulmán que le escuchó dijo: «Por Dios que eso es cierto y tu eres peor que las bestias.» El hipócrita juró que el no había dicho aquello y la palabra del musulmán quedó en entredicho ante el Profeta por lo que pidió a Dios que confirmase la verdad de sus palabras y descubriera al mentiroso y en esa circunstancia descendieron estos dos versículos. Cfr. *Nemune*. t. VIII, p. 18.

² *Machma al-Bayan*, en el comentario a este versículo, dice: «Algunos opinan que este versículo se refiere a los doce hombres que planearon matar al Profeta al regreso de Tabuk, espantando a su camella al pasar por un desfiladero. Pero el Profeta, avisado por el ángel Gabriel, dio orden a Hudayfa para que espantase a los jinetes que venían tras él. Como fueron reconocidos por sus cabalgaduras, Hudayfa le preguntó al Profeta si quería que los matase, a lo que el Profeta respondió: «No. No quiero que mañana los árabes digan que cuando tuve poder puse la espada en el cuello de mis compañeros.» Y esto fue transmitido por Abu Kisan. Esta tradición también ha sido recogida del Imam Muhammad al-Baqir, pero en ella se añade que los doce conspiradores pensaron que si el Profeta se enteraba de sus planes y les preguntaba, responderían que estaban solamente jugando y divirtiéndose. Cfr. *Al-Mizan*, t. IX, p. 460, 461.

³ Es decir: son avariciosos con los bienes que Dios les otorga.

(Hipócritas) sois como los que os precedieron. Eran más fuertes que vosotros y poseían más bienes e hijos y disfrutaron de su parte.

Disfrutad vosotros de la vuestra como disfrutaron los que os precedieron de la suya.

Os habéis dado a la frivolidad como ellos se dieron a la frivolidad. Ellos arruinaron sus obras en esta vida y en la otra y ellos son los perdedores. (69)

¿Acaso no llegó a ellos la noticia de quienes les precedieron: los pueblos de Noe, de Ad, de Tamud, el pueblo de Abraham y la gente de Madyan[1] y de las ciudades que fueron vueltas del revés?[2]

Vinieron a ellos sus Mensajeros con las pruebas claras.

No fue Dios quien les oprimió sino que fueron ellos mismos quienes se oprimieron. (70)

Y los creyentes y las creyentes son amigos y protectores los unos de los otros. Ordenan lo que es bueno y prohíben lo que es malo y hacen la oración, dan el impuesto religioso y obedecen a Dios y a Su Mensajero. Es con ellos con quien Dios será misericordioso.

En verdad, Dios es poderoso, sabio. (71)

Dios ha prometido a los creyentes y a las creyentes Jardines de cuyas profundidades brotan los ríos, en los que estarán eternamente y moradas agradables en los Jardines del Edén.[3]

Pero obtener la satisfacción de Dios es algo más grande. ¡Ése es el triunfo inmenso! (72)

---

[1] El pueblo del profeta Shuaib.
[2] El pueblo de Lot. Cfr. *Corán*, 53:53 y 69:9.
[3] Cfr. *Corán*, 13:23; 16:31; 18:31; 19:61; 20:76; 35:33; 38:50; 40:8; 61:12; 98:8.

¡Oh, Profeta! Combate a los que no creen y a los hipócritas y sé severo con ellos. Su refugio será el Infierno. ¡Qué mal destino! (73)

Juran por Dios que no dijeron, pero sí que dijeron, palabras propias de no creyentes y dejaron de creer después de haber aceptado el Islam.

Ansiaron lo que no pudieron conseguir y su único reproche es que Dios y Su Mensajero les enriquecieron con Su favor.

Así pues, si se arrepintiesen sería mejor para ellos. Pero si dan la espalda Dios les castigará con un castigo doloroso en esta vida y en la otra y no tendrán en la Tierra quien les proteja ni quien les auxilie. (74)

Y, entre ellos, algunos acordaron con Dios: «Si nos otorga Su favor, daremos limosnas y seremos virtuosos.» (75)

Pero cuando Él les otorga algo de Su favor son avariciosos de ello y dan la espalda y se desentienden. (76)

Eso causará la hipocresía en sus corazones hasta el día en que se encuentren con Él por haber faltado al acuerdo que hicieron con Dios y por haber sido mentirosos. (77)

¿Acaso no sabían que Dios conoce sus secretos y sus conversaciones privadas y que Dios conoce lo que está oculto a los sentidos? (78)

Dios se burlará de quienes critican a los creyentes que dan limosnas voluntariamente y se burlan de quienes apenas encuentran algo que dar. Y tendrán un castigo doloroso. (79)

Puedes pedir perdón por ellos o no pedir perdón por ellos, pero aunque pidas perdón por ellos setenta veces Dios no les perdonará. Eso es por no haber creído en Dios ni en Su Mensajero.

Y Dios no guía a la gente transgresora. (80)

Quienes se quedaron atrás tras la partida del Mensajero se alegraron de quedarse y de haberse opuesto a él, pues les repugnaba la idea de combatir con sus bienes y sus personas por la causa de Dios y dijeron: «No salgáis con este calor.»

Di: «El Fuego del Infierno es más abrasador.»

Si entendieran... (81)

Así pues, que rían poco y lloren mucho en recompensa por lo que han hecho y han obtenido. (82)

Y si Dios hace regresar a ti a un grupo de ellos y te piden permiso para salir a luchar contigo, di: «No saldréis conmigo jamás, ni combatiréis conmigo a los enemigos. En verdad, estuvisteis satisfechos de quedaros la primera vez, así que quedaos con los que se quedan.»[1] (83)

Y no reces jamás por ninguno de ellos cuando mueran, ni visites sus tumbas, ya que ellos no creyeron en Dios ni en Su Mensajero y murieron siendo transgresores. (84)

Y que no te impresionen sus riquezas y sus hijos, porque, en verdad, Dios quiere con ello castigarles en esta vida y que sus almas les abandonen mientras aun son de los que no creen. (85)

Y cuando desciende un capítulo (diciendo): «¡Creed en Dios y combatid junto a Su Mensajero!» los poderosos de entre ellos te piden permiso y dicen: «Deja que seamos de los que se quedan.» (86)

---

[1] Sin ir a combatir.

Están satisfechos de quedarse con los que se quedan atrás. Sus corazones están sellados y no entienden. (87)

Pero el Mensajero y los que creyeron con él combaten con sus bienes y con sus personas y para ellos serán las cosas buenas y ellos serán los triunfadores. (88) Dios ha preparado para ellos Jardines de cuyas profundidades brotan los arroyos, en los que estarán eternamente.

Ese es el triunfo inmenso. (89).

Y algunos beduinos que se excusan vienen a que se les de permiso, pero los que mintieron a Dios y a Su Mensajero se quedan sentados. Los que de ellos no creen pronto padecerán un castigo doloroso.[1] (90)

No hay razón para ir contra los débiles, ni los enfermos, ni quienes no disponen de medios, ni contra los que obran bien, siempre que alberguen buenos deseos para Dios y Su Mensajero. Y Dios es perdonador, misericordiosísimo con los creyentes. (91)

Ni tampoco contra aquellos a quienes, cuando vinieron a ti para que les proporcionases monturas, les dijiste: «No encuentro monturas para vosotros» y se dieron la vuelta con los ojos llenos de lagrimas de la tristeza por no encontrar medios, (92)

Parte 11

pero sí contra aquellos que te piden permiso siendo ricos.

Están satisfechos de estar con los que se quedan atrás. Dios selló sus corazones, así que ellos no saben. (93)

---

[1] El versículo distingue dos grupos entre quienes no participaron en la expedición a Tabuk. Uno, el de algunos beduinos que se excusaban de ir al combate por no disponer de armas y monturas y otro, el de aquellos que no tenían ninguna excusa para no participar pero que se quedaran sentados en sus casas.

Os ofrecerán sus excusas cuando regreséis a ellos.

Di: «No os excuséis. Nunca os creeremos, pues Dios nos ha informado sobre vosotros. Y Dios y Su Mensajero ven vuestros actos. Luego, seréis devueltos al Conocedor de lo oculto y lo manifiesto y Él os informará de lo que hacíais.» (94)

Pronto os jurarán por Dios, cuando volváis a ellos, para que cambiéis de opinión sobre ellos. ¡Apartaos de ellos! Verdaderamente, son malvados y pecadores y su morada será el Infierno, recompensa por lo que obtuvieron con su comportamiento. (95) Os jurarán para que estéis a bien con ellos, pero, aunque les aceptéis, en verdad, Dios no acepta a la gente transgresora.[1] (96)

Los beduinos son los que menos creen, los más hipócritas y los más propensos a ignorar las leyes que Dios hizo descender sobre Su Mensajero. Y Dios todo lo conoce, es sabio. (97)

Y, entre los beduinos, hay quienes consideran un perjuicio económico lo que gastan[2] y desean que os suceda algo malo.

¡Qué algo malo les suceda a ellos!

Y Dios todo lo oye, todo lo sabe. (98)

Y, entre los beduinos, hay quienes creen en Dios y en el Último Día y consideran lo que gastan y las bendiciones que piden para el Mensajero medios para obtener mayor cercanía a Dios.

¿Acaso no son para ellos un medio de obtener cercanía?

Dios les hará entrar en Su misericordia.

En verdad, Dios es perdonador, misericordiosísimo con los creyentes. (99)

---

[1] Algunos exegetas han dicho que estos versículos se refieren a un grupo de más de ochenta hipócritas, pues, cuando el Profeta regreso de la expedición a Tabuk, dio la orden de que nadie se reuniese ni hablase con ellos y ellos, al verse sometidos a la exclusión social, acudieron a disculparse ante el Profeta. *Nemune*. t. VIII, p. 88.

[2] Al tener que participar en las batallas de los musulmanes.

De la vanguardia de los primeros emigrantes y auxiliares y de quienes les siguieron en hacer el bien [1] Dios está satisfecho y ellos están satisfechos de Él. Y Él les ha preparado Jardines de cuyas profundidades brotan los ríos, en los que estarán eternamente.

¡Ése es el triunfo grandioso! (100)

Y entre los beduinos que están alrededor vuestro y también entre la gente de Medina hay hipócritas que practican la hipocresía con asiduidad.

Tú no les conoces, pero Nosotros les conocemos. Pronto les castigaremos dos veces.[2] Luego serán destinados a un castigo inmenso. (101)

Y otros, que reconocen sus pecados, han mezclado actos buenos y otros malos.

Puede que Dios acepte su arrepentimiento. En verdad, Dios es perdonador, misericordiosísimo con los creyentes. (102)

Toma de sus riquezas una limosna para limpiarles y purificarles por medio de ella y reza por ellos. En verdad, tu oración es una tranquilidad para ellos. Y Dios todo lo oye, todo lo sabe. (103)

¿Acaso no saben que Dios es Quien acepta el arrepentimiento de Sus siervos y Quien toma la limosna y que Dios es el Perdonador, el Misericordiosísimo con los creyentes? (104)

Y di: «Haced lo que queráis, que Dios verá vuestras obras, y también Su Mensajero y los creyentes. Y pronto seréis llevados hacia el Conocedor de lo oculto y lo manifiesto y Él os informará de lo que hacíais.» (105)

Otros estarán a la espera de lo que Dios ordene: que les castigue o que les perdone. Y Dios todo lo conoce, es sabio. (106)

---

[1] A los musulmanes que emigraron de La Meca el Corán les denomina «Los emigrantes» (*Al-muhaŷirun*) y a quienes les acogieron al llegar a la ciudad de Medina, les alojaron en sus casas y les facilitaron su asentamiento «Los auxiliares» (*ansar*). En cuanto a quiénes son «La vanguardia de los primeros» (*Al-Sabiquna al-Awalun*), se han emitido muchas opiniones. Se ha dicho: «Son los que rezaron en dirección a las dos *qiblas*». Otros han dicho «Son quienes hicieron al Profeta el juramento de fidelidad de Ridwan, en Hudaybiyya.» Otros han dicho: «Son únicamente los que participaron en la batalla de Badr.» y otros: «Son los que aceptaron el Islam antes de la emigración», como recoge el *Tafsir al-Minar*, pero ninguno de ellos aporta pruebas orales. Y es posible que se refiera a quienes se hicieron musulmanes antes de la emigración y emigraron antes de la batalla de Badr y a quienes creyeron en el Profeta y le proporcionaron casa y refugio, como, hasta cierto punto, el versículo parece indicar al referirse al decir diciendo «La Vanguardia de los primeros» sin aportar nombres concretos, indicando con ello a la primera fila de los primeros musulmanes. Cfr. *Al-Mizan*, t. IX, p. 504, 505.

[2] Sobre el significado de estas dos veces que serán castigados se han emitido muchas opiniones, pero todas ellas sin pruebas orales que las respalden, y la más verosímil de ellas nos parece la que considera que la primera vez serán castigados en esta vida, con la prisión y la muerte y la segunda con el castigo que recibirán en la tumba por sus malos actos en esta vida. Cfr. *Al-Mizan*, t. IX, p. 511.

Y quienes hicieron una mezquita para hacer daño y para ocultar la verdad, para crear división entre los creyentes y servir de refugio a quienes combatieron anteriormente a Dios y a Su Mensajero, con seguridad, jurarán: «Sólo queríamos el bien» pero Dios es testigo de que ellos mienten. (107)

¡No asistas a ella jamás! [1]

Una mezquita fundada sobre el temor de Dios desde el primer día tiene más derecho a que asistas a ella. En ella hay hombres que aman purificarse y Dios ama a los que se purifican. (108)

¿Quién es mejor? ¿Quien ha fundado su edificio sobre el temor de Dios y Su satisfacción o quien ha fundado su edificio al borde de un precipicio a punto de desmoronarse y que le arrastrará al fuego del Infierno?

Y Dios no guía a la gente opresora. (109)

El edificio que han construido no cesará de inquietar sus corazones hasta que sus corazones se despedacen. Y Dios todo lo conoce, es sabio. (110)

En verdad, Dios ha comprado a los creyentes sus personas y sus bienes porque para ellos es el Jardín.

Combaten por la causa de Dios y matan y son matados.

Es un compromiso cierto que Él ha asumido en la Torá, el Evangelio y el Corán. Y ¿Quién es más leal a sus pactos que Dios?

¡Alegraos de la beneficiosa transacción que habéis realizado! ¡Eso sí que es el triunfo grandioso! (111)

---

[1] Cuando el Profeta estaba ultimando sus preparativos para la expedición a Tabuk, un grupo de hipócritas aconsejados por Abu 'Amer le pidieron permiso para construir una mezquita en la zona habitada por la tribu de los Bani Salem, cercana a la mezquita de Quba, alegando que la mezquita existente estaba demasiado lejana para los ancianos, los enfermos y los impedidos. El Mensajero les dio su autorización y al regreso de la expedición ellos le pidieron que fuese a rezar a ella y a bendecirla, pero, en esa circunstancia, fueron revelados estos versículos que desvelaron las verdaderas intenciones de este grupo, por lo que el Mensajero ordenó que fuese quemada. Esa mezquita fue conocida en la historia como la «Mezquita del Perjuicio» (Masyid al-dirar), tal y como el Corán mismo la denomina.

La frase: «quienes combatieron anteriormente a Dios y a Su Mensajero» se refiere al mismo Abu Amer, padre de Hanzala, famoso mártir de la batalla de Uhud, quien, a la llegada del Profeta a Medina emigró a La Meca y participó activamente en las batallas de Badr y Uhud contra los musulmanes, entre los que se contaba su propio hijo. Cfr. *Nemune*. t. VIII, p. 134, 135.

[Los creyentes son] Los que se arrepienten, los que adoran a Dios, los que Le alaban, los que viajan a las mezquitas,[1] los que se inclinan ante Dios, los que se prosternan ante Él, los que ordenan el bien y prohíben el mal y los que protegen las leyes de Dios.

¡Anuncia la buena nueva a los creyentes! (112)

No es apropiado que el Profeta y los creyentes pidan el perdón para los idólatras, aunque sean sus parientes cercanos, después de habérseles explicado claramente que ellos son gente destinada al Infierno. (113)

El perdón que Abraham pidió para su padre no fue sino en cumplimiento de una promesa que le había hecho, pero cuando le quedó claro que él era enemigo de Dios se apartó de él.[2]

En verdad, Abraham era piadoso, tolerante. (114)

Y Dios no extravía a un pueblo después de haberle guiado sin antes explicarle claramente aquello que debe temer y evitar.

En verdad, Dios conoce todas las cosas. (115)

En verdad, a Dios pertenece el gobierno de los cielos y la Tierra. Él da la vida y la muerte y no tenéis aparte de Dios ni amigo ni protector ni quien pueda auxiliaros. (116)

Ciertamente, Dios se ha vuelto con misericordia hacia el Mensajero y los emigrantes y los auxiliares[3] que le siguieron a la hora de la dificultad, después de que los corazones de un grupo de ellos estuviesen a punto de desviarse, y les ha perdonado. En verdad, Él es para ellos compasivo, misericordiosísimo.[4] (117)

---

[1] *Siyahat*, significa viajar por la tierra. Aquí significa viajar a las mezquitas y a los lugares de adoración y no, como algunos han pensado (cf. *Tafsir al-Minar*, t. XI, p. 52), ayunar o reflexionar sobre el sorprendente poder de Dios y observar Su Creación, o viajar en busca del conocimiento, pues eso no guarda coherencia con el conjunto de la frase. Cfr. *Al-Mizan*, trad. persa, t. IX, p. 540. Y se ha transmitido que dijo el Mensajero de Dios: «El viaje (*siyahat*) de mi comunidad es a las mezquitas.» *Al-Mizan*, t. IX, p. 552.

[2] Cfr. *Corán*, 6:74 y nota al pie; 14:39; 19:47 y 60:4

[3] Cfr. *Corán*, 9:100 y nota al pie.

[4] Los comentarista coránicos coinciden en que este versículo se refiere a la expedición a Tabūk y a las dificultades que los musulmanes tuvieron que enfrentar en ella, hasta el punto que un grupo de ellos estuvo a punto de darse la vuelta y regresar a Medina. También se refiere a uno de los seguidores del Profeta, Abu Hitama, que no partió con la expedición a Tabuk por falta de ánimo, ante el calor y la dureza del viaje, hasta que pasados diez días de la partida del Profeta no pudo aguantar más y salió el solo a pesar de los ruegos de sus familiares, hasta alcanzar al Profeta en las cercanías de Tabuk. Cfr. *Nemune*. t. VIII, p. 168, 169.

Y hacia los tres que se quedaron,[1] hasta que la Tierra, con toda su amplitud, se les hizo estrecha y sus propias almas se angustiaron y supieron que no podrían refugiarse de Dios excepto en Él mismo.

Luego, Él se volvió a ellos con misericordia para que pudiesen arrepentirse. En verdad, Dios es Quien acepta el arrepentimiento, el Misericordiosísimo con los creyentes. (118)

¡Oh, los que creéis! ¡Sed temerosos de Dios y estad con los sinceros! (119)

No es adecuado para la gente de Medina y para los beduinos que hay alrededor de ellos que se queden atrás del Mensajero de Dios,[2] ni preferirse a ellos mismos antes que a él, ya que no sufrirán sed ni cansancio ni hambre en la senda de Dios. Ni darán ningún paso que irrite a los que no son creyentes, ni soportarán golpe alguno de sus enemigos sin que sea consignado para ellos como una buena obra.

En verdad, Dios no deja que se pierda la recompensa de los que hacen el bien. (120)

Y no realizarán gasto alguno, sea poco o mucho, ni cruzarán valle alguno sin que quede escrito para ellos y Dios les recompense por ello como lo mejor que han hecho. (121)

No es adecuado que todos los creyentes salgan de expedición.

¿Por qué no viajan algunos de cada grupo para ser instruidos en la religión y que amonesten a los suyos cuando regresen a ellos y así, quizás, sean temerosos?[3] (122)

---

[1] Kaab ibn Malik, Marara ibn Rabi y Hilal ibn Umayya eran tres musulmanes que no participaron en la expedición a Tabuk, pero no por hipocresía o por oposición a las decisiones del Profeta sino por no sentirse con ánimos para participar en una expedición tan ardua. Cuando el Profeta regresó de la expedición se negó a hablar con ellos y ordenó a los musulmanes que hiciesen lo mismo. Su situación llegó a un punto tal que sus propias esposas e hijos dejaron de hablarles. El ambiente en Medina se hizo tan asfixiante para ellos que buscaron refugio en un pueblo de los alrededores. La evidencia de su error les hizo llegar a la conclusión de que ellos mismos no debían hablar entre sí y se separaron, permaneciendo aislados y en silencio hasta que pasados cincuenta días descendió este versículo anunciando el perdón de Dios para ellos. Cfr. *Machma al-Bayan*, y *Tafsir Abu al-Futuh Razi*. Nemune. t. VIII, p. 169,170.

[2] Es decir: «Que no le acompañen cuando sale a la batalla.»

[3] Tras lo ocurrido en la expedición a Tabuk, todos los musulmanes estaban deseosos de salir a combatir, pero este versículo desciende para indicarles la conveniencia de que algunos de ellos de cada tribu o de cada pueblo, en lugar de salir a pelear, viajasen a Medina junto al Profeta para aprender las leyes y disposiciones islámicas e instruir a su gente cuando regresasen a ellos. Cfr. *Al-Mizan*, t. IX, p. 549, 550.

¡Oh, los que creéis! Combatid a los incrédulos que tenéis en vuestra vecindad. Y que os encuentren firmes y duros y sabed que Dios está con quienes son temerosos. (123)

Y, cuando se hace descender un capítulo, hay entre ellos alguno que dice: «¿A quién de vosotros le ha incrementado la fe con él?»

Pero a quienes son creyentes ello les incrementa la fe y les hace felices. (124) Y a quienes tienen sus corazones enfermos les añade mal a su mal y mueren sin tener fe.[1] (125)

¿Acaso no ven que son puestos a prueba cada año una o dos veces? Pero ellos ni se arrepienten ni recapacitan. (126)

Y, cuando se hace descender un capítulo, se miran unos a otros: "¿Os ha visto alguien? y se dan la vuelta.

Dios dará la vuelta a sus corazones porque son una gente que no comprende. (127)

Ciertamente, ha venido a vosotros un Mensajero de entre vosotros mismos[2] al que le abruma vuestro sufrimiento, se preocupa por vosotros y con los creyentes es compasivo, misericordioso. (128)

Y si (a pesar de todo ello) te vuelven la espalda, di: «Dios es suficiente para mi. No hay más dios que Él. En Él confío y Él es el Señor del Trono inmenso.» (129)

---

[1] En el *Tafsir Ayashi*, se recoge de Zurara ibn Ayan que escuchó decir a Abu Yafar Muhammad al-Baqir que el significado de «mal sobre mal» era «duda sobre duda.» Cfr. *Al-Mizan*, t. IX, p. 563.

[2] En *Dur al-Manzur*, t. III, p. 294, en el comentario a este versículo, se recoge que Abu Nuaym en su *Kitab al-Dalail*, cita una transmisión de ibn Abbas en la que se refiere que dijo el Mensajero de Dios: «Ninguno de mis antepasados mantuvo relaciones fuera del matrimonio y Dios no cesó de hacerme pasar de los riñones de un padre puro al seno de una madre pura y me fue poniendo en los riñones de los hijos más puros y mejores.» Cfr. *Al-Mizan*, t. IX, p. 563.

Capítulo 10

Jonás

En el nombre de Al.lah, el Clementísimo, el Misericordiosísimo.

Alif, lam, ra.
Esos son los versículos de la *Escritura* sabia. (1)

¿Acaso sorprende a las personas que Nosotros hayamos revelado a un hombre de entre ellos: «Amonesta a las gentes y anuncia a los creyentes la buena nueva de que hay para ellos una posición de Verdad[1] junto a Su Señor»?
Quienes no creen dicen: «En verdad, éste es un mago evidente.» (2)

En verdad, vuestro Señor es Dios, Quien creó los cielos y la Tierra en seis días. Luego se situó sobre Su trono, dirigiendo el asunto.
No hay nadie que pueda interceder sino después de haber obtenido Su permiso.
Ése es Dios ¡Adoradle, pues! ¿Es que no os dejaréis amonestar? (3)
A Él regresaréis todos. La promesa de Dios es verdadera.
Él inicia la Creación y luego la hace regresar (a Él) para recompensar con equidad a quienes creyeron y obraron rectamente. Y aquellos que no creyeron tendrán una bebida de agua hirviente y un castigo doloroso por haber ocultado la Verdad. (4)

Él es Quien hizo al Sol resplandecer y a la Luna iluminar y estableció en ella fases para que conozcáis el número de los años y la cuenta.
Dios no ha creado esto sino con la Verdad.
Él explica detalladamente las señales para un pueblo que posee conocimiento. (5)

En verdad, en la diferencia de la noche y el día y en lo que Dios creó en los cielos y en la Tierra hay señales para una gente que es temerosa. (6)

---

[1] *Qadama sidqin*: Se ha interpretado como una posición verdadera y real, como indica el versículo 54:55. Y se ha entendido que los creyentes disfrutarán de una posición verdadera junto al Creador de los cielos y la Tierra, porque la sinceridad en la fe tiene como consecuencia la cercanía de Dios y, de la misma manera que la fe es verídica, la posición y el lugar junto a Dios es verídico Cfr. *Al-Mizan*, t. X, p. 8.

En verdad, quienes no esperan encontrarse con Nosotros y están satisfechos de la vida mundanal y seguros de ella y quienes no prestan atención a Nuestras señales (7) tendrán de morada el Fuego por lo que obtenían con sus actos. (8)

En verdad, a quienes creen y obran rectamente, Dios les guía por medio de su fe. Correrán a sus pies los ríos en los Jardines de las Delicias. (9)

La invocación de ellos allí será: «¡Glorificado seas, Oh Dios!» y entre ellos se saludarán: «¡Paz!» y al final de su invocación: «¡Alabado sea Dios, Señor de los mundos!» (10)

Si Dios apresurase la llegada del mal para los hombres de la misma manera que estos desean que se apresure la llegada de lo bueno, su plazo ya se habría cumplido, pero dejamos que quienes no esperan encontrarse con Nosotros vaguen errantes en su rebeldía. (11)

Cuando alguien sufre un perjuicio Nos invoca acostado, sentado o de pie, pero cuando eliminamos el mal que le aquejaba pasa como si no Nos hubiera suplicado por el mal que le aquejaba.

Así es como les son adornados sus actos a los despilfarradores. (12)

Ciertamente, destruimos a otras generaciones anteriores a vosotros cuando fueron opresores y vinieron a ellos sus Mensajeros con las pruebas claras, pero no creyeron. Así recompensamos a la gente pecadora. (13)

Luego, tras ellos, os pusimos como herederos en la Tierra para observar como actuabais. (14)

Y, cuando se les recitan Nuestros claros versículos, quienes no esperan encontrarse con Nosotros dicen: «Tráenos otro Corán o altéralo.»

Di: «Yo no puedo alterarlo por iniciativa propia. Yo sólo sigo lo que se me ha revelado. En verdad, temo, si desobedezco a mi Señor, el castigo de un día inmenso.» (15)

Di: «Si Dios hubiera querido yo no os lo habría recitado ni Él os lo habría dado a conocer. Antes de ello he permanecido entre vosotros una vida.[1] Es que no razonaréis.» (16)

¿Quién es más opresor que quien inventa mentiras sobre Dios o desmiente Sus señales? En verdad, los pecadores no triunfarán. (17)

Y adoran, aparte de Dios, lo que no les perjudica ni les beneficia y dicen: «¡Éstos son nuestros intercesores ante Dios!»

Di: «¿Vais a informar a Dios de algo que Él no sepa de los cielos o de la Tierra? Glorificado y Ensalzado sea por encima de lo que asocian a Él.» (18)

Los humanos eran una sola comunidad[2] pero disintieron entre ellos y si no hubiera sido por una disposición previa de tu Señor ya se habría juzgado entre ellos sobre aquello en lo que disentían. (19)

Y dicen: «¿Por qué no se ha hecho que descienda sobre él[3] una señal procedente de Su señor?»

Di: «En verdad, lo oculto pertenece a Dios, así pues, esperad, que yo también esperaré con vosotros.» (20)

---

[1] Según recoge el *Tafsir Qommi*, edición de Nayaf, t. I, p. 309, en el comentario a este versículo, los Quraysh de La Meca dijeron al Profeta: «¡Oh Mensajero de Dios! Tráenos otro Corán, pues éste lo has aprendido de los judíos y de los cristianos.» En respuesta a ello descendieron estos versículos.

Y la frase: «Antes de ello he permanecido entre vosotros una vida» se refiere a que el Profeta había vivido durante cuarenta años entre los Quraysh de La Meca y era bien conocido por todos ellos, que le llamaban Al-Amin (El Digno de confianza) antes de comenzar a recibir la revelación, y jamás les habló en esos términos, señal de que lo que les recitaba no era un conocimiento adquirido gradualmente. Cfr. *Al-Mizan*, t. X, p. 55.

[2] Cfr. *Corán*, 2:213

[3] Sobre el profeta Muhammad.

Y cuando hacemos probar a la gente una misericordia después de haberles tocado una desgracia, ellos traman contra Nuestras señales.

Di: «Dios es más rápido tramando.» En verdad, Nuestros enviados [1] escriben lo que tramáis. (21)

Y Él es Quien os lleva de viaje por la tierra y el mar.

Cuando estáis en el barco navegando con viento favorable y disfrutando de ello y llega un viento tempestuoso y las olas llegan a ellos por todos lados y se sienten rodeados (por la muerte), invocan a Dios con una creencia sincera: «Si nos salvas de ésta seremos, ciertamente, de los agradecidos.»(22)

Pero cuando Él les salva, vuelven a comportarse injustamente en la Tierra, sin derecho.

¡Oh, gentes! En verdad, vuestra injusticia caerá sobre vosotros. Disfrutaréis de la vida mundanal, luego regresaréis a Nosotros y os informaremos de lo que hacíais. (23)

En verdad, la vida de este mundo es como el agua que Nosotros hacemos descender del cielo. Se nutre con ella la vegetación de la Tierra, de la cual comen las personas y el ganado.

Hasta que, cuando la Tierra se ha embellecido y adornado y sus gentes creen que tienen poder sobre ella, llega a ella Nuestra orden, por la noche o por el día, y la dejamos como si hubiera sido cosechada, como si no hubiera estado florecida el día anterior.

Así explicamos detalladamente las señales para gente que reflexiona. (24)

Y Dios invita a la morada de la paz[2] y dirige hacia el camino recto a quien Él quiere. (25)

---

[1] Los ángeles encargados de escribir los actos de cada persona

[2] En el *Tafsir al-Burhan*, t. II, p. 183, se recoge de Ibn Babuya y él, por su propia cadena de transmisión, lo hace de Ala ibn Abd ul-Karim, que éste dijo: «Escuché al Imam Abu Yafar, sobre él la paz, comentar la frase: Dios invita a la morada de la paz... y dijo: La Paz es Dios mismo, Poderoso y Majestuoso y la Morada que Él ha creado para Sus amigos es el Paraíso.» Cfr. *Al-Mizan*, t. X, p. 57.

Quienes hacen el bien recibirán el mismo bien y más en recompensa y ni el polvo ni la humillación cubrirán sus rostros.[1] Esos son los habitantes del Paraíso, en el que vivirán eternamente. (26)

Y quienes hagan el mal tendrán de recompensa el mismo mal y les cubrirá la humillación. No tendrán nadie que les proteja de Dios. Como si sus rostros fueran cubiertos por un fragmento de la noche tenebrosa.

Esos son los habitantes del Fuego, en el que estarán eternamente. (27)

Y, el día en que les reunamos a todos ellos, diremos a quienes equipararon a otros dioses a Dios: «Quedaos en vuestro sitio, vosotros y aquellos a quienes adorabais.»

Y les separaremos a unos de otros y dirán sus asociados[2]: «No era a nosotros a quienes adorabais[3] (28) y Dios basta como testigo entre nosotros y vosotros de que nosotros desconocíamos vuestra adoración.» (29)

Allí, cada alma examinará lo que hizo anteriormente y serán devueltos a Dios, su verdadero Señor, y se alejarán de ellos aquellos que inventaron. (30)

Di: «¿Quién os procura el sustento del cielo y de la Tierra?

¿Quién posee el oído y la vista? ¿Quién hace salir la vida de la muerte y la muerte de la vida? y ¿Quién dirige todo?» Dirán: «Dios»

Di, pues: «¿Es que no seréis temerosos (de Él)?» (31)

Ese es Dios, vuestro verdadero Señor. Y ¿Qué hay después de la Verdad excepto el extravío? Así pues ¿Por qué os apartáis? (32)

Así se ha verificado la palabra de tu Señor sobre los transgresores, de que ellos no creerán. (33)

---

[1] *Qatar* significa humo o polvo negro y se dice de la gente del Paraíso que no cubrirá sus rostros el polvo ni la humillación porque la característica de la gente del Fuego es precisamente que tanto sus rostros como sus almas estarán oscuros y sombríos. Cfr. *Al-Mizan*, t. X, p. 61.

[2] Aquellos a quienes adoraban como si fueran dioses junto a Dios.

[3] Ese día, Dios cortará la relación ilusoria que había entre ellos y sus falsos dioses, ya que la relación que los idólatras establecieron con sus ídolos y sus falsos dioses en la vida mundanal no era más que producto de su imaginación y de sus suposiciones y, puesto que al morir se disipan las tinieblas y la verdadera realidad de las cosas se hace evidente, se romperá la relación ilusoria que los idólatras tenían establecida con aquello que adoraban y ambos grupos verán cortados los lazos imaginarios que les unían y se evidenciará el fracaso de sus propósitos, ya que otorgaron a sus ídolos poderes equiparables a los poderes divinos cuando, en realidad, Dios no tiene semejante alguno, de manera que no existe nada ni nadie que se pueda asociar o equiparar a Él. Por eso, esos falsos dioses les dirán: «Realmente no era a nosotros a quienes adorabais, ya que no había razón para que lo hicieseis. En realidad adorabais vuestras propias suposiciones.» Cfr. *Al-Mizan*, t. X, p. 59 y 62.

Di: «¿Existe entre aquellos que adoráis alguno que origine la Creación y luego la haga regresar a él?»[1]

Di: «¡Dios es Quién origina la Creación y luego la hace regresar a Él! Entonces ¿Por qué os apartáis (de la Verdad)?» (34)

Di: «¿Existe, entre aquellos que adoráis, alguno que guíe hacia la Verdad?»

Di: «¡Dios es Quien guía hacia la Verdad! ¿Quién tiene más derecho a ser seguido, quien guía hacia la Verdad o quien no guía a no ser que él mismo sea guiado? ¿Qué pasa entonces con vosotros, que juzgáis de esa manera?» (35)

La mayoría de ellos no siguen sino suposiciones, y las suposiciones no tienen valor frente a la Verdad. Ciertamente, Dios conoce bien lo que hacéis. (36)

Nadie más que Dios ha podido crear este Corán que, además, confirma lo que ellos ya tenían en sus manos y explica detalladamente la *Escritura* que, sin duda alguna, procede del Señor del Universo. (37)

O dicen: «Lo ha creado él.»[2]

Di: «Entonces, traed un capítulo semejante o llamad a quien podáis aparte de Dios, si es que decís la verdad.»[3] (38)

Pero ellos desmienten aquello que su conocimiento no abarca y cuyo significado trascendente[4] no ha llegado a ellos. Así mismo desmintieron quienes les precedieron, pero observa cuál fue el final de los opresores. (39)

De ellos, hay quien cree en él y hay quien no cree en él, pero tu Señor es quien mejor conoce a los corruptores. (40)

Y si te desmienten, di: «Para mí mis actos y para vosotros vuestros actos. Vosotros no sois responsables de lo que yo hago ni yo soy responsable de los vosotros hacéis.» (41)

Y, entre ellos, algunos te escuchan, pero ¿Cómo podrás hacerte oír de quien es sordo y no razona? (42)

---

[1] *Maad* comprende la idea de hacer retornar a la vida corporal a las almas después de su muerte, es decir, después de la separación del alma y el cuerpo en este mundo, hecho que tendrá lugar, según la creencia islámica, el Día del Juicio Final.

[2] El profeta Muhammad.

[3] Los que no creen, dicen: «Muhammad ha creado el Corán y dice que es una revelación divina.» Dios dice al Profeta: «Diles: 'Si es verdad lo que decís, cread vosotros algo semejante o traed a quien pueda hacerlo, que no sea Dios mismo.'»

[4] *Tawil*. Hermenéutica espiritual. Las realidades que las palabras simbolizan y a cuyo conocimiento no se puede acceder sino por medio de la revelación o de la inspiración divina.

Y, entre ellos, alguno te mira, pero ¿vas a guiar al ciego aunque no puede ver? (43)

En verdad, Dios no oprime a las personas en absoluto, sino que son las personas quienes se oprimen ellas mismas. (44)

Y, (recuérdales) el día en que Él les reúna como si sólo hubiesen permanecido una hora del día. Se reconocerán entre ellos.

Sin duda, habrán perdido quienes negaron el encuentro con Dios y no estaban bien guiados.[1] (45)

Y, tanto si te hacemos ver algo de lo que les prometimos como si te hacemos morir, ellos habrán de volver a Nosotros y Dios es testigo de lo que hacen.[2] (46)

Y para cada comunidad hay un Mensajero. Cuando llega a ellos su Mensajero, juzga entre ellos con equidad y ellos no son oprimidos. (47)

Y dicen: «¿Cuándo llegará lo prometido, si decís la verdad?» (48)

Di: «Yo no tengo poder para perjudicarme o para beneficiarme, excepto lo que Dios quiera. Cada comunidad tiene un plazo. Cuando llega su plazo no pueden atrasarlo o adelantarlo ni una hora.» (49)

Di: «Decidme, si Su castigo llega a vosotros de noche o de día ¿Por qué quieren apresurarlo los pecadores?[3] (50) ¿Creeréis en él cuando ya haya ocurrido?»

«¿Ahora? Y vosotros queríais precipitar su llegada.»[4] (51)

Entonces se dirá a los opresores: «¡Probad el castigo eterno! ¿Se os ha recompensado con algo distinto a lo que obtuvisteis?» (52)

Querrán que les informes: «¿Es eso cierto?»

Di: «Sí. Juro por mi Señor que es la Verdad y no podréis evitarlo.» (53)

---

[1] El sentido del versículo sería: «Quienes negaban el Día del Juicio y el encuentro con Dios en él, cuando sean resucitados sentirán que su vida en este mundo no ha durado más que una hora y se reconocerán unos a otros sin haber olvidado nada. Por tanto no deberían vivir tan volcados a esta vida mundanal, pensando que durará eternamente y albergando esperanzas desmedidas en ella.» Cfr. *Al-Mizan*, t. X, p. 98.

[2] El significado de este versículo sería: «Tanto si, mientras tú, ¡Oh Muhammad! estés vivo, te permitimos ver como castigamos a los idólatras como si te hacemos morir antes de que enviemos para ellos esos castigos, ellos habrán de regresar a Nosotros finalmente y Nosotros estaremos informados de lo que hacían.» Cfr. *Al-Mizan*, t. X, p. 99, 100.

[3] Es decir: «¡Informadme! Si el castigo de Dios llegase a vosotros en la noche mientras estáis durmiendo o de día mientras estáis ocupados trabajando ¿Qué vía de escape tendríais? ¿Por qué los pecadores, en lugar de arrepentirse y ser temerosos del castigo divino, quieren apresurar su castigo?» Cfr. *Al-Mizan*, t. X, p. 100.

[4] Es decir: «Cuando vuestro castigo se hace evidente creéis en él, mientras que antes os burlabais, diciendo: '¡Que venga ya, si es cierto lo que decís!' Pero ahora es demasiado tarde y ya no se acepta vuestro arrepentimiento.» Cfr. *Al-Mizan*, t. X, p. 108.

Si todo aquel que ha oprimido poseyera cuanto hay en la Tierra, lo daría a cambio de su rescate.

Cuando vean el castigo disimularán su remordimiento, pero serán juzgados con equidad y no serán oprimidos. (54)

¿Acaso no pertenece a Dios lo que hay en los cielos y en la Tierra?

¿Acaso no es cierta la promesa de Dios?

Pero la mayoría de ellos no saben. (55)

Él da la vida y la muerte y hacia Él regresaréis. (56)

¡Oh, gentes! ¡Ciertamente, ha llegado a vosotros una amonestación de vuestro Señor, cura para lo que hay en vuestros pechos y guía y misericordia para los creyentes![1] (57)

Di: «¡Que se alegren del favor de Dios y de Su misericordia!»

¡Eso es mejor que todo lo que ellos atesoran! (58)

Di: «Decidme ¿Cómo es que, de la provisión que Dios hace descender para vosotros, vosotros habéis declarado alguna lícita y otra ilícita?»[2]

Di: «¿Os ha dado Dios permiso o inventáis cosas sobre Dios?» (59)

Y, ¿Qué pensarán, quienes inventaron mentiras sobre Dios, el Día del Levantamiento?

En verdad, Dios favorece a las personas, pero la mayoría de ellas no agradecen. (60)

Y no hay estado en que te encuentres, ni nada de lo que del Corán recitas, ni nada de lo que hacéis, de lo que Nosotros no seamos testigos desde que lo iniciáis. Y no escapa a tu Señor ni el peso de un átomo en la Tierra o en el cielo. Y no hay nada menor o mayor que eso que no esté consignado en una *Escritura* clara. (61)

---

[1] El Corán.
[2] Cfr. *Corán*, 5:103 y nota al pie. Se refiere a determinados animales que los árabes pre-islámicos declaraban sagrados por alguna razón, y prohibían que se les hiciese trabajar o que se comiese su carne. *Bahira* (de *bahr*: «amplio») era la camella que había tenido cinco partos y el último era un macho, por lo que no se la podía matar ni hacer trabajar. *Saibah* (de *sayb*: «el fluir del agua y el caminar libremente») era la camella que había tenido diez o, según otras transmisiones, doce crías, razón por la cual se la dejaba libre y se prohibía incluso montarla, teniendo derecho a beber de cualquier fuente sin ser molestada. *Wasila* (de *wasl*: «estar juntos o unidos») la oveja que había tenido siete partos y que paría gemelos, por lo que estaba prohibido matarla. *Ham* (sujeto agente de *hemoyat*: «prestar servicio»), el camello semental que había fecundado diez veces y del que habían nacido diez crías, por lo que estaba prohibido cabalgar sobre él.

Presta atención: Los amigos de Dios no tendrán que temer ni estarán tristes.[1] (62)

Son aquellos que creyeron y fueron temerosos. (63) Para ellos hay buenas nuevas en esta vida y en la Otra. La palabra de Dios no cambia.[2]

Ese es el triunfo inmenso. (64)

¡Que no te entristezcan lo que ellos digan! En verdad, todo el poder pertenece a Dios. Él es Quien todo lo oye, Quien todo lo sabe. (65)

Presta atención: En verdad, a Dios pertenecen quienes están en los cielos y quienes están en la Tierra.

¿Qué es lo que siguen quienes invocan a otros que equiparan a Dios?

En verdad, no siguen más que suposiciones y sólo son gente que especula y fabrica mentiras. (66)

Él es Quien ha puesto la noche para que reposéis en ella y el día para que veáis con claridad. En verdad, en ello hay señales para gente que escucha. (67)

Dicen: «Dios a tomado un hijo.» ¡Glorificado sea! Él se basta a Sí mismo. A Él pertenece cuanto hay en los cielos y en la Tierra. No tenéis autoridad alguna para decir eso.

¿Decís sobre Dios lo que no sabéis? (68)

Di: «En verdad, quienes inventan mentiras sobre Dios no triunfarán.» (69)

Un disfrute en este bajo mundo y luego regresarán a Nosotros. Entonces les haremos probar el castigo severo por haber estado ocultando la Verdad. (70)

---

[1] Los amigos de Dios temen a Dios. El temor de Dios les libra de temer a ninguna otra cosa de esta vida o de la otra y de estar tristes por lo que hicieron. Este versículo indica que estos atributos no son característica de todos los creyentes, sino de un grupo particular de ellos: aquellos que han tenido un grado especial de fe y de temor de Dios. Cfr. *Al-Mizan*, t. X, p. 135.

Y se recoge en el *Tafsir Ayashi* que dijo el Imam Abu Yafar Muhammad al-Baqir: «En el Libro de Ali ibn al-Husayn Zayn al-Abidin, se recoge que, comentando este versículo, dijo: Son quienes hacen lo que Dios ha decretado obligatorio, actúan conforme a la práctica del Profeta de Dios y se apartan de lo que Dios ha decretado prohibido. Están desapegados de los bienes materiales, del dinero y de los placeres mundanales y se sienten atraídos por lo que está junto a Dios y lo desean. Obtienen la provisión que viene de Dios de manera lícita y pura y no se vuelven prepotentes cuando obtienen beneficios y pagan sus deudas y los salarios de quienes tienen contratados. Esos son a quienes Dios bendice sus beneficios y a quienes recompensará por las buenas obras que envían por delante (a la otra vida)». Cfr. *Al-Mizan*, t. X, p. 142, 143.

[2] «Ésta es la palabra de Dios y la palabra de Dios no cambia.»

Y relátales la historia de Noé, cuando dijo a su gente: «¡Oh, pueblo mío! Si os resulta difícil de soportar mi misión espiritual y el que os recuerde las señales de Dios, yo pongo mi confianza en Dios. Decidid junto con vuestros dioses y que no os preocupe llevar a cabo lo que decidáis y ejecutad vuestra sentencia contra mí sin hacerme esperar más.» (71)

«Y si me dais la espalda, yo no os he pedido recompensa alguna. Mi recompensa sólo incumbe a Dios. Se me ha ordenado que sea de los musulmanes.»[1] (72)

Pero ellos le tacharon de mentiroso y Nosotros le salvamos, junto a los que estaban con él, en el Arca y les hicimos herederos[2] y ahogamos a quienes desmintieron Nuestras señales.

Mira cual fue el fin de los que habían sido amonestados. (73)

Luego, tras él, enviamos a otros Mensajeros a sus pueblos y fueron a ellos con las pruebas claras, pero no creyeron en aquello que ya antes habían desmentido. Así es como sellamos los corazones de los transgresores. (74)

Luego, tras ellos, enviamos a Moisés y a Aarón al Faraón y a sus notables con Nuestras señales, pero se ensoberbecieron y fueron una gente pecadora. (75)

Y cuando vino a ellos la Verdad procedente de Nosotros, dijeron: «En verdad, esto es magia evidente.» (76)

Moisés dijo: «¿Eso decís de la Verdad cuando llega a vosotros? ¿Es esto magia? Los magos no triunfarán.» (77)

Dijeron: «¿Habéis venido a nosotros para apartarnos de aquello que vimos hacer a nuestros padres, para conseguir vosotros dos la supremacía en el país? No os creeremos.» (78)

---

[1] *Min al-muslimin*: «de los sometidos». Es decir: de los que se someten gustosos a las órdenes divinas.

[2] De la Tierra.

Y el Faraón dijo: «¡Traedme a todos los magos expertos!» (79)

Y, cuando los magos llegaron, Moisés les dijo: «Lanzad lo que debáis lanzar.» (80)

Y cuando lo lanzaron, dijo Moisés: «Lo que habéis hecho es magia. En verdad, Dios la anulará. Dios no aprueba la conducta de los corruptores. (81) Y Dios, con Sus palabras, hace que triunfe la Verdad, aunque eso disguste a los pecadores.» (82)

Y nadie tuvo fe en Moisés excepto algunos jóvenes de su pueblo, pues temían que el Faraón y sus notables les creasen problemas, ya que el Faraón poseía un gran poder en su país y era un déspota. (83)

Y Moisés dijo: «¡Oh, pueblo mío! Si creéis en Dios y estáis sometidos a Él, poned vuestra confianza en Él.» (84)

Ellos dijeron: «Confiamos en Dios.»

«¡Señor nuestro! ¡No hagas de nosotros un medio para poner a prueba al pueblo de los opresores (85) y sálvanos, por Tu misericordia, del pueblo de los que no tiene fe!» (86)

Y Nosotros revelamos a Moisés y a su hermano: «Proveed de casas a vuestra gente en Egipto y construid vuestras casas como lugar de oración y haced la oración y dad la buena nueva a los creyentes.»[1] (87)

Y Moisés dijo: «¡Señor nuestro, en verdad, Tú has dado a Faraón y a sus notables adornos y riquezas en esta vida para que se extravíen ¡Señor nuestro! de Tu camino!»

«¡Señor nuestro! Elimina sus riquezas y endurece sus corazones para que no crean hasta que vean el castigo doloroso.» (88)

---

[1] El significado de este versículo sería: «Reúne a tu pueblo en un mismo lugar, para que se agrupen en una comunidad y puedan rezar juntos y comunícales la buena nueva de que sus súplicas han sido escuchadas y pronto su Señor les liberará de la opresión del Faraón y de su gente». Cfr. Al-Mizan, t. X, p. 168.

Dijo Él: «Vuestra súplica ha sido aceptada. Seguid ambos el camino recto y no sigáis la senda de aquellos que no saben.» (89)

Permitimos que los Hijos de Israel cruzasen el mar.

Faraón y sus soldados les siguieron con ánimo hostil y violento, hasta que, al comprender que se ahogaba, dijo: «Creo en que no hay más dios que ese en el que creen los Hijos de Israel y soy de los que se someten (a Él).» (90)

«¿Ahora?

¿Cuándo antes desobedeciste y fuiste de los corruptores?» (91)

«Hoy salvaremos tu cuerpo a fin de que seas un signo para los que vengan después de ti, a pesar de que la mayoría de las personas no prestan atención a Nuestros signos.» (92)

Y establecimos a los Hijos de Israel en un buen sitio y les proveímos de buenas cosas.

Y no discreparon entre ellos hasta que les llegó el conocimiento.

En verdad, tu Señor juzgará entre ellos el Día del Levantamiento sobre aquello en lo que discrepaban.[1] (93)

Y si tienes dudas sobre aquello que hicimos descender para ti, pregunta a quienes leen la *Escritura* desde antes que tú.

Ciertamente, ha venido a ti la Verdad procedente de tu Señor, no seas, pues, de los escépticos. (94)

Y no seas de esos que desmienten las señales de Dios, pues serías de los perdedores. (95)

En verdad, aquellos sobre los que el juicio de Dios ha sido tajante[2] no creerán, (96) aunque vengan a ellos toda clase de señales, hasta que vean el castigo doloroso. (97)

---

[1] Su olvido de las mercedes divinas y sus diferencias respecto a la Verdad esta vez no eran producto de su ignorancia de las disposiciones divinas, pues se produjeron después de haber llegado a ellos el conocimiento de las leyes de Dios. *Al-Mizan*, t. X, p. 178.

[2] En cuanto al juicio tajante de Dios contra quienes desmienten la Verdad que las señales divinas contienen, se refiere a las palabras que Dios dirigió a Adán y Eva el primer día, estableciendo con ellas una disposición general para los seres humanos, tal como recoge el Sagrado Corán, en el capítulo II: Dijimos: ¡Descended de él (del Paraíso), todos! Y, si de Mí parte viene a vosotros una guía, quienes sigan Mi guía no habrán de temer ni estarán tristes. (38) Pero los que no crean y desmientan Nuestras señales, esos serán la gente del Fuego, en el que estarán eternamente. (39) *Al-Mizan*, t. X, p. 184.

¿Por qué no hubo ciudad que creyera y se beneficiara de su fe, excepto la gente de Jonás? En cuanto creyeron apartamos de ellos el castigo degradante de esta vida y les permitimos disfrutar de ella durante un tiempo.[1] (98)

Y si tu Señor hubiera querido, todos los que habitan la Tierra habrían tenido fe.

¿Acaso quisieras obligar a las personas a que fueran creyentes? (99)

No es posible que ningún alma crea si no es con permiso de Dios y Él hace dudar[2] a quien no razona. (100)

Di: «Observad lo que hay en los cielos y en la Tierra.»

Pero las señales y las amonestaciones no benefician a la gente que no tiene fe. (101)

¿Qué esperan entonces, sino días semejantes a los de quienes pasaron antes que ellos?[3]

Di: «¡Esperad pues! Que yo también esperaré con vosotros.» (102)

Entonces, salvaremos a Nuestros Mensajeros y a quienes hayan tenido fe. Ese es Nuestro deber: Salvar a los creyentes. (103)

Di: «¡Oh, gentes! Si tenéis dudas sobre mis creencias, (sabed que) yo no adoro a quienes vosotros adoráis en lugar de Dios, sino que adoro a Dios, Aquel que os hará morir. Se me ha ordenado que sea de los creyentes.» (104)

Y dirige tu rostro hacia la creencia pura y verdadera y no seas jamás de los que adoran falsos dioses, equiparándolos a Dios. (105)

Y no invoques, en lugar de Dios, a lo que no tiene poder para beneficiarte ni perjudicarte. Y, si lo hicieras, serías de los opresores. (106)

---

[1] El significado del versículo sería: «¿Por qué los pueblos a quienes enviamos profetas les desmintieron, no optaron libremente por la fe y se beneficiaron de ello, hasta que hicimos descender el castigo sobre ellos, excepto el pueblo de Jonás? Por haber hecho caso de las señales, no les castigamos en la vida mundanal y les permitimos disfrutar de ella mientras viviesen.» Cfr. *Al-Mizan*, t. X, p. 186. El pueblo de Jonás vivía en la ciudad de Nínive, en Iraq. Jonás, desanimado por no conseguir que su pueblo le escuchase, abandonó la ciudad. Pero su pueblo, reconociendo las señales del castigo que se avecinaba y del que Jonás repetidamente les había avisado, se arrepintió en masa y salió en su búsqueda, sin poder encontrarle. Cfr. *Corán*, 37:139-148.

[2] En *Usul al-Kafi* de Kulayni, t. I, p. 288, *Hadiz* I y en *Al-Bashair*, p. 138 (significado de *riys*), por una cadena de transmisión que llega a Abu Bashir, se recoge que dijo el Imam Al-Sadiq: «*riys* quiere decir duda y nosotros jamás dudamos de nuestra fe.» Cfr. *Al-Mizan*, t. X, p. 193.

[3] Es decir: «Puesto que ni las señales divinas ni las amonestaciones tienen efecto sobre los que no tienen fe y no van a creer, que no esperen que les suceda algo diferente a lo que les sucedió a quienes fueron como ellos en el pasado, que fueron castigados por Dios. Y si esperáis otra cosa, yo también esperaré con vosotros y veremos quién tiene razón.» Cfr. *Al-Mizan*, t. X, p. 189.

Y si Dios te aflige con una desgracia, nadie podrá librarte de ella excepto Él. Y si Él desea un bien para ti, nadie puede impedir Su Favor.

Él se lo concede a quien quiere de Sus siervos y Él es el Perdonador, el Misericordiosísimo con los creyentes. (107)

Di: «¡Oh, gente! Ha venido a vosotros la Verdad procedente de vuestro Señor, así pues, quien se guíe, en verdad, se guía en beneficio propio y quien se extravíe, en verdad, se extravía para su propio perjuicio, y yo no soy vuestro tutor.»[1] (108)

¡Sigue lo que te ha sido revelado y se paciente hasta que Dios juzgue! ¡Y Él es el mejor de los jueces! (109)

Capítulo 11

Hud[2]

En el nombre de Al.lah, el Clementísimo, el Misericordiosísimo.

Alif, lam, ra. (Este Corán es una) *Escritura* cuyos versículos han sido establecidos[3] y luego han sido explicados detalladamente por un Sabio[4] bien informado:(1)

¡Que no adoréis nada ni nadie excepto a Dios! En verdad, yo soy para vosotros un amonestador y un portador de buenas nuevas de Su parte. (2)

¡Y que pidáis perdón a vuestro Señor y luego os volváis a Él arrepentidos! Él os permitirá disfrutar de buenas cosas durante un plazo ya establecido y otorgará Su favor a todo el que merezca ser favorecido.

Pero si dan la espalda, (diles:) «¡Temo que caiga sobre vosotros el castigo de un día grande![5] (3) Regresaréis hacia Dios y Él tiene poder sobre todas las cosas.» (4)

¡Ved cómo se repliegan en sus pechos queriendo ocultarse de él![6] ¡Ved cómo cubren sus cabezas con sus ropas! Él conoce lo que ocultan en secreto y lo que manifiestan. En verdad, Él es Quien mejor conoce lo que hay en el fondo de los pechos. (5)

---

[1] De manera que sea obligación del Profeta llevar a cabo lo que es obligación personal de cada uno. *Al-Mizan*, t. X, p. 198.

[2] Hud fue un profeta de Dios enviado al pueblo de Ad. Cfr. *Corán*. 11:50-60.

[3] «De manera sintética.» *Al-Mizan*, t. X, p. 199.

[4] Dios mismo.

[5] El Día del Juicio Final.

[6] Queriendo ocultar al Profeta de Dios lo que hablan entre ellos.

Parte 12

No existe animal en la Tierra cuya provisión no corra a cargo de Dios y Él conoce su guarida y el lugar al que se desplaza. Todo ello está en una *Escritura* clara. (6)

Y Él es Quien creó los cielos y la Tierra en seis días y puso Su trono sobre el agua,[1] para poneros a prueba y ver quién de vosotros obra mejor.

Juro que si dices: «En verdad, seréis resucitados después de la muerte», los que no creen seguro que dirán: «Eso no es más que magia evidente.»(7)
Y juro que si retrasamos su castigo hasta un momento determinado, seguro que dirán: «¿Cuál es el impedimento?»[2]

Sabed que el día que venga a ellos nada podrá cambiarlo y se verán asediados por aquello de lo que se burlaban. (8)

Si hacemos que la persona disfrute una misericordia procedente de Nosotros y luego la apartamos de él, caerá en una profunda desesperación y desagradecimiento. (9)

Y, si le hacemos disfrutar de una merced después de haber sufrido una dificultad, con seguridad dirá: «Se han ido de mí los males.» y se llenará de alegría y orgullo. (10)

Excepto quienes son pacientes y obran rectamente. Ellos son quienes obtendrán perdón y una gran recompensa. (11)

Puede que tú dejases parte de lo que te ha sido revelado[3] y que se angustie tu pecho porque dicen: «¿Por qué no se ha hecho descender para él un tesoro o ha venido con él un ángel?»[4]
En verdad, tú eres (solamente) un amonestador y Dios es responsable de todo. (12)

---

[1] Es decir: «Hizo surgir del agua a todos los seres vivos.» Cfr. *Al-Mizan*, t. X, p. 224.

[2] Es decir, se burlan de las palabras del Profeta, cuando éste les amonesta con el castigo que, recibirán en el futuro por su comportamiento, diciendo: "¿Cuál es el impedimento para que ese castigo nos alcance inmediatamente?"

[3] Es decir: «Puede que, por temor a quienes no creen y niegan que tus palabras sean revelaciones procedentes de Dios, tú quisieras dejar de comunicarles algunos de los versículos que te son revelados...» Cfr. *Al-Mizan*, t. X, p. 236.

[4] Es decir: «En lugar de las palabras que dice haber recibido de parte de Dios ¿Por qué no se ha hecho descender para él un tesoro o un ángel que confirme la verdad de su misión profética?» Cfr. *Al-Mizan*, t. X, p. 239.

O dicen: «Él lo ha inventado».¹

Di: «Si es verdad lo que decís ¡Traed entonces diez capítulos semejantes a éste, inventados con ayuda de quien podáis, (y decid que son revelados) de parte de Dios!»(13)

Y si no pueden daros respuesta, sabed que (este Corán) ha descendido gracias al conocimiento de Dios y que no hay más dios que Él ¿Seréis entonces musulmanes?² (14)

A quienes deseen la vida mundanal y sus encantos, Nosotros les entregaremos en ella el resultado todo de sus obras, sin merma alguna. (15) Esos son quienes no tendrán en la otra vida excepto el fuego. Habrán arruinado cuanto construyeron en ella³ e invalidado cuanto hicieron. (16)

¿Acaso quien posee una prueba clara que procede de su Señor y quienes, de su gente, le siguen y dan testimonio de Él y, antes de él de la *Escritura* de Moisés, que fue un dirigente y una misericordia (son como quienes no creen)? ⁴ Esos creen en él y, quienes, de entre los distintos grupos, no creen en él, tienen el Fuego como lugar de cita.

Por tanto ¡No seas de los que dudan de ello! En verdad, ello es la Verdad procedente de tu Señor, pero la mayoría de la gente no cree. (17)

¿Y, quién es más opresor que quien inventa mentiras sobre Dios? Esos serán llevados ante su Señor y los testigos dirán: "¡Esos son quienes dijeron mentiras sobre su Señor!"

Has de saber que la maldición de Dios es para los opresores. (18) Aquellos que ponen trabas en la senda de Dios y quisieran hacerla tortuosa y que no creen en la otra vida. (19)

---

¹ El profeta Muhammad.
² Es decir: «¿Os someteréis entonces a Él?»
³ Es decir, en esta vida.
⁴ Quien posee una prueba clara de su Señor es el profeta Muhammad y «la prueba clara» es el Sagrado Corán y quienes dan testimonio de ella son los creyentes y el pronombre «él» de (min hu) se refiere a Dios y el pronombre «él» de «antes de él» (min qablihi) al Corán o al Profeta. Así pues, la frase sería: «¿Acaso (el Profeta) que posee una prueba clara procedente de su Señor y quienes de su gente le siguen y dan testimonio de Dios y, antes del Coránlos signos y atributos del Profeta ya fueron citados en la Escritura de Moisés, que fue un dirigente y una misericordia» y toda esta frase es el sujeto (*mubtada*) de un predicado (*jabar*) oculto: «son como quienes no creen?» Cfr. *Nemune*. t. IX, p. 52.

Ellos no podrán escapar en la Tierra ni tendrán aparte de Dios amigos ni protectores. Se les doblará el castigo.[1] No podían oír ni ver.[2] (20)

Esos son quienes se han perdido a sí mismos y se apartará de ellos lo que inventaban.[3] (21) No hay duda de que ellos serán los que más pierdan en la otra vida. (22)

En verdad, quienes creen y obran rectamente y son humildes ante su Señor serán quienes habiten el Paraíso. En él estarán eternamente. (23)

Estos dos grupos son como el que es ciego y sordo y el que ve y oye ¿Acaso son iguales ambos ejemplos? ¿Por qué, entonces, no recapacitáis? (24)

Y es cierto que Nosotros enviamos a Noé a su pueblo:

«En verdad, soy para vosotros un amonestador que os habla claramente. (25) Excepto a Dios, nada adoréis. Temo para vosotros el castigo de un día doloroso.» (26)

Pero los notables de su pueblo, aquellos que no creyeron, dijeron: «No vemos en ti otra cosa que un hombre como nosotros, ni vemos que te sigan más que los pobres de entre nosotros, que carecen de criterio, ni vemos en vosotros nada que os haga superiores a nosotros, más bien creemos que sois unos mentirosos.» (27)

Dijo: «¡Oh, pueblo mío! Decidme ¿Si me basase en una prueba clara procedente de mi Señor y Él me hubiera otorgado una misericordia venida de Él aunque sea invisible para vosotros, podríamos obligaros a aceptarla cuando vosotros la rechazáis?» (28)

---

[1] Una vez por haberse extraviado y otra por extraviar a los demás. *Nemune*. t. IX, p. 58.
[2] La Verdad. *Nemune*. t. IX, p. 59.
[3] Se habrán perdido a sí mismos en esta vida y en la otra no encontrarán a los falsos dioses que inventaron y comprenderán que no fueron más que ilusiones y mentiras y que sólo Dios tiene realidad. Cfr. *Al-Mizan*, t. X, p. 285.

Y «¡Oh, pueblo mío! No os pido a cambio bienes materiales. En verdad, mi recompensa sólo incumbe a Dios. Ni voy a rechazar a quienes tienen fe. Ellos se encontrarán con su Señor. Pero veo que vosotros sois una gente ignorante.» (29)

«¡Oh, pueblo mío! ¿Quién podría protegerme de Dios si yo les rechazase? ¿Es que no reflexionáis?» (30)

«Y no os digo que yo posea los tesoros de Dios, ni que tenga conocimiento del mundo oculto a los sentidos. Ni os digo: 'Verdaderamente, yo soy un ángel.' Ni diré a quienes ante vuestros ojos son despreciables que Dios no les otorgará bien alguno. Dios es Quien mejor conoce lo que hay en sus almas. Entonces, sería, verdaderamente, uno de los opresores.» (31)

Ellos dijeron: «¡Oh, Noé! Nos has refutado y has discutido con nosotros en demasía, así que, tráenos aquello con lo que nos amenazas, si eres de los que dicen la verdad.» (32)

Dijo: «En verdad, Dios os lo traerá, si Él quiere, y vosotros no podréis evitarlo.» (33)

«Ni os beneficiaría en absoluto mi consejo, aún cuando yo desease aconsejaros, si Dios quisiera extraviaros. Él es vuestro Señor y a Él regresaréis.»(34)

O dicen: «¡Él lo ha inventado!»
Di: «Si yo lo hubiese inventado mi pecado recaería sobre mí, pero yo estoy absuelto de los pecados que vosotros cometáis.» (35)

Y Nosotros revelamos a Noé: «No creerán de tu pueblo más que los que ya han creído, así pues, no te disgustes por lo que hagan. (36) Y construye el Arca ante Nuestros ojos y conforme a lo que Nosotros te hemos revelado y no Me hables más de quienes han sido opresores. En verdad, ellos serán ahogados.» (37)

Y se puso a construir el Arca. Y cada vez que pasaban ante él los ricos de su pueblo, se burlaban de él. Él dijo: «Si os burláis de nosotros, nosotros nos burlaremos de vosotros como vosotros os burláis. (38) Pronto sabréis a quién le llegará un castigo que le destruirá y sufrirá un castigo permanente.»[1] (39)

Hasta que, cuando llegó Nuestra orden y el horno comenzó a hervir,[2] le dijimos: «Carga en ella dos de cada especie, a tu familia, excepto quien fue sentenciado previamente, y a los que creyeron.» Y no habían creído con él excepto unos pocos. (40)

Y dijo: «¡Embarcad en ella! ¡Que navegue y llegue a puerto mediante el nombre de Dios! ¡En verdad, mi Señor es perdonador, misericordiosísimo con los creyentes!» (41)

Y navegó con ellos sobre olas como montañas. Y Noé llamó a su hijo que estaba a un lado: «¡Oh, hijito mío! ¡Embarca con nosotros y no te quedes con los que no creen!» (42)

El dijo: «Me refugiaré ahora mismo en una montaña que me proteja del agua.» (Noé) dijo: «Hoy no hay quien esté protegido de la orden de Dios, excepto aquel de quien Él tenga misericordia.»

Y surgieron las olas entre ambos y fue de los que se ahogaron. (43)

Y fue dicho: «¡Oh Tierra, absorbe tu agua!» y «¡Oh cielo, escampa!» y el agua decreció y la orden fue ejecutada y se posó sobre el (monte) Yudi.[3]

Y fue dicho: «¡Qué la gente opresora sea alejada!»[4] (44)

E invocó Noé a su Señor y dijo: «¡Oh Señor mío! En verdad, mi hijo es de mi familia y, en verdad, Tu promesa es la Verdad y Tú eres el más justo de los jueces.»[5] (45)

---

[1] Pronto será castigado en esta vida con un castigo que le destruirá y en la otra recibirá un castigo en el que permanecerá. *Al-Mizan*, t. X, p. 332.

[2] Los exégetas coránicos han emitido numerosas opiniones acerca de la relación que el horno con el agua hirviente pudiera tener con el diluvio. Algunos han dicho que era una señal divina para avisar a Noé que el momento de embarcar había llegado. Otros han dicho que es una metáfora para indicar el enfado divino contra los pecadores llegando al límite. Cfr. *Nemune*. t. IX, p. 97.

[3] Y el Arca de Noé se posó sobre el monte Yudi que, según la mayoría de los comentaristas, es un monte del norte de Iraq, cercano a la ciudad de Mosul, Y en la Torá ha sido llamado Monte Ararat.
Cfr. http://www.fortunecity.com/meltingpot/oxford/1163/id21.htm

[4] De la misericordia divina. *Al-Mizan*, t. X, p. 333.

[5] Este versículo regresa al momento en el que las olas se interponen entre Noé y su hijo y Noé le suplica a Dios que salve a su hijo, ya que él es parte de su familia y, como Dios mismo, en el versículo 40, le había ordenado: «Sube en el Arca a tu familia», le recuerda que su hijo es parte de su familia y, por tanto, incluido en la promesa divina de ser salvado, pues Noé pensaba que la frase divina: «Excepto quien fue sentenciado previamente» se refería a una de sus esposas que no tenía fe y era idólatra. Cfr. *Nemune*. t. IX, p. 115.

Dijo (Dios): «¡Oh, Noé! En verdad, él no es de tu familia. Es un acto incorrecto. Por tanto, no me pidas sobre lo que no tienes conocimiento. Te prevengo para que no seas de los ignorantes.» (46)

Dijo: «¡Señor mío! Me refugio en Ti de pedirte algo sobre lo que no tengo conocimiento. Y si no me perdonas y tienes misericordia de mí seré de los perdedores.»(47)

Se le dijo: «¡Oh, Noé! ¡Desembarca con Mi paz y Mis bendiciones para ti y para algunas comunidades de quienes están contigo! Y otras comunidades disfrutarán un tiempo y luego Nosotros haremos que les toque un castigo doloroso.»[1] (48)

Esto es parte de las noticias del mundo oculto a los sentidos que Nosotros hemos revelado para ti.[2] Ni tú ni tu pueblo las conocíais antes de esto. Así pues ¡Se paciente! En verdad, el final es para quienes son temerosos. (49)

Y (enviamos) a Ad a su hermano Hud.[3] Dijo: «¡Oh, pueblo mío! Adorad a Dios. No tenéis otro dios más que Él. En verdad, vosotros sólo inventáis.»[4] (50)

«¡Oh, pueblo mío! No os pido recompensa. En verdad, mi recompensa incumbe únicamente a Quien me creó. ¿Es que no razonáis?» (51)

Y «¡Oh, pueblo mío! Pedid perdón a vuestro Señor y volveos arrepentidos a Él. Él enviará el cielo sobre vosotros con una lluvia abundante y añadirá fuerza a vuestra fuerza. Y no deis la espalda como pecadores.» (52)

Dijeron: «¡Oh, Hud! No has venido a nosotros con pruebas claras y no abandonaremos a nuestros dioses por lo que tú dices, pues no creemos en tus palabras. (53)

---

[1] Este versículo, distingue dos tipos de comunidades entre las familias que descienden del Arca de Noé. Unas que tienen la bendición de Dios y otras que disfrutarán un tiempo y luego serán castigadas por desviarse del camino recto nuevamente. Con ello se repite la misma situación que ya se produjo la primera vez cuando Adán fue expulsado del Paraíso, pues toda la gente que existía en tiempos de Noé eran descendientes de Adán y se dividieron en dos comunidades, una de creyentes, temerosos de Dios, y otra de gente si fe y amantes de los placeres de este mundo, como ya vimos en Corán, 2:36-39. De la misma manera, todos los habitantes de la Tierra hasta el Día del Juicio Final somos descendientes de Noé y de las familias que con él descendieron del Arca tras el diluvio. Cfr. *Al-Mizan*, t. X, p. 359-360.

[2] En este versículo, Dios se dirige al Profeta del Islam: «Esto (la historia de Noé o sus detalles) es algo que tú, ¡Oh, Muhammad! y tus seguidores desconocíais y que pertenece a los secretos del mundo oculto a los sentidos corporales. Ahora, que sabes cómo Dios hizo a los seguidores de Noé herederos de la Tierra por haber sido pacientes y temerosos de Dios, ten paciencia ante las dificultades pues, finalmente, la victoria será para vosotros si sois pacientes y temerosos de Dios.» Cfr. *Al-Mizan*, t. X, p. 362.

[3] Y enviamos al pueblo de Ad a su hermano Hud. *Al-Mizan*, t. X, p. 442.

[4] Y no tenéis prueba alguna que demuestre la divinidad de los ídolos que adoráis. *Al-Mizan*, t. X, p. 441.

Sólo decimos que alguno de nuestros dioses te ha visitado con un mal.»[1]

Él dijo: «Pongo a Dios por testigo y sed testigos vosotros de que yo repudio lo que vosotros adoráis (54) como si fuera Él. Así pues, reuníos todos y planead contra mí. Luego, no me hagáis esperar.» (55)

«En verdad, confío en Dios, mi Señor y vuestro Señor. No existe criatura que Él no lleve agarrada por su flequillo. Verdaderamente, mi Señor está sobre un camino recto.»[2] (56)

«Así pues, si volvéis la espalda, yo ya os he transmitido aquello con lo que fui enviado a vosotros y mi Señor os sustituirá por otro pueblo distinto y no Le perjudicaréis en absoluto. En verdad, mi Señor es Quien se ocupa de proteger y cuidarlo todo.» (57)

Y, cuando llegó Nuestra orden, salvamos a Hud y a quienes con él habían creído mediante una miseri-cordia procedente de Nosotros. Y les salvamos de un duro castigo.[3] (58)

Esos fueron los Ad. Negaron las señales procedentes de su Señor y desobedecieron a Sus Mensajeros y siguieron (en cambio) las órdenes de cualquier tirano implacable. (59) Por ello serán perseguidos por una maldición en este bajo mundo y el Día del Levantamiento.

¡Ved como los Ad no creyeron en su Señor! ¡Alejados sean los Ad, el pueblo de Hud![4] (60)

Y (enviamos) al pueblo de Tamud a su hermano Salih.[5] Dijo: «¡Oh pueblo mío! Adorad a Dios. No tenéis otro dios aparte de Él. Él os hizo surgir de la tierra y os ha establecido en ella, por tanto, pedidle perdón. Luego, volveos a Él arrepentidos. En verdad, mi Señor está cercano y responde.» (61)

Ellos dijeron: «¡Oh, Salih! Antes de esto eras una esperanza entre nosotros.»

«¿Vas a prohibirnos que adoremos lo que nuestros antepasados adoraban?»

«En verdad, nosotros dudamos seriamente de aquello a lo que nos invitas.» (62)

---

[1] Es decir: «Que alguno de nuestros dioses te ha trastornado la cabeza.» *Al-Mizan*, t. X, p. 446.

[2] Es decir: «No existe criatura que no dependa de Él y eso no significa que Él utilice su poder sobre las criaturas de forma arbitraria, porque Dios es el camino recto de la justicia y la equidad.» Cfr. *Al-Mizan*, t. X, p. 441 y *Nemune*. t. IX, p. 138.

[3] Acerca de las razones para que Dios repita en este versículo la palabra «salvamos», algunos exegetas coránicos han opinado que la primera vez se refiere a la salvación del castigo en este mundo y la segunda en la otra vida. Algunos otros han emitido una opinión muy sutil: Dios no habría querido utilizar el termino «duro castigo» inmediatamente a continuación de «una misericordia proveniente de Nosotros» y, por ello, habría intercalado nuevamente el término «salvación». *Nemune*. t. IX, p. 141.

[4] De la misericordia divina. *Nemune*. t. IX, p. 145.

[5] Y al pueblo de Tamud, Dios envió al profeta Salih, que era uno de ellos.

Dijo: «¡Oh, pueblo mío! Decidme, si me basase en una prueba clara procedente de mi Señor y Él me hubiera otorgado una misericordia venida de Él ¿Quién me protegería de Dios si yo le desobedeciese? Eso sólo me perjudicaría más aun.» (63)

Y: «¡Oh, pueblo mío! Esta camella de Dios es una señal para vosotros. Dejadla, pues, comer libremente en la tierra de Dios y no le hagáis daño, pues os alcanzaría pronto un castigo.» (64)

Pero la desjarretaron[1] y dijo: «¡Disfrutad de tres días en vuestros hogares![2] ¡Esta no es una falsa promesa!» (65)

Y, cuando llegó Nuestra orden, salvamos a Salih y a los que con él habían creído, mediante una misericordia venida de Nosotros, (del castigo) y de la desgracia de ese día.

En verdad, tu Señor es El fuerte, el Poderoso. (66)

Y a quienes fueron opresores les alcanzó el grito y amanecieron en sus casas caídos de bruces sobre el suelo (67) como si nunca hubiesen vivido en ellas. ¡Ved como los Tamud no creyeron en su Señor! ¡Alejados sean los Tamud![3] (68)

Y, ciertamente, Nuestros Mensajeros vinieron a Abraham con la buena nueva. Dijeron: «Paz.» Dijo él: «Paz» y no tardó en traer un ternero asado. (69)

Y cuando vio que las manos de ellos no lo tocaban, pensó que eran enemigos y sintió miedo. Ellos dijeron: «No temas. Hemos sido enviados al pueblo de Lot.» (70)

A su esposa, que estaba en pie, le bajó la menstruación, y le anunciamos a Isaac y, tras Isaac, a Jacob.[4] (71)

---

[1] Las gentes de Tamud pidieron a Salih que hiciese salir una camella de una roca para demostrarles que era un profeta de Dios y Salih así lo hizo y dispuso que la camella tendría derecho a beber de las fuentes de los Tamud un día y ellos otro, advirtiéndoles que si la molestaban serían castigados por Dios, pero los Tamud finalmente cortaron los tendones de las patas de la camella para que esta muriera. Cfr. *Al-Mizan*, t. X, p. 473.

[2] Es decir: «Vuestro plazo se ha terminado. Tenéis tres días más de vida, después os alcanzará el castigo divino.» *Nemune*. t. IX, p. 153.

[3] De la misericordia divina. *Nemune*. t. IX, p. 161.

[4] La mayoría de los exégetas coránicos han interpretado el término «*Dahikat*» como que Sara, la esposa de Abraham, se rió, pero no se han puesto de acuerdo sobre el sentido que tiene esa frase en ese contexto y la razón por la que se rió, pero el verbo *Dahika* indica también el estado de menstruación de la mujer y la frase que viene a continuación parece confirmar esta interpretación, así como el hecho de que, al ser una mujer anciana y cuya menstruación se había retirado, ella estuviese presente en la conversación que su esposo Abraham mantenía con sus invitados. El hecho de que en ese momento a Sara le bajase la menstruación y de que los ángeles le anunciasen que tendría a su primer hijo, vendría a confirmar su condición angélica y la verdad de sus palabras diciéndole a Abraham que no temiese de ellos pues habían sido enviados para castigar al pueblo de Lot. Cfr. *Al-Mizan*, t. X, p. 482.

Ella dijo: «¡Ay de mí! ¿Acaso tendré un hijo siendo yo anciana y este marido mío anciano? ¡Verdaderamente, esto es una cosa sorprendente!» (72)

Ellos dijeron: «¿Te sorprende la orden de Dios con la misericordia de Dios y Sus bendiciones para vosotros, gente de la Casa?[1] En verdad, Él es digno de alabanza, generoso.»(73)

Cuando el sentimiento de temor se hubo ido de Abraham y le llegó la buena noticia,[2] discutió con Nosotros sobre el pueblo de Lot.[3] (74)

En verdad, Abraham era poco inclinado a la venganza, sensible y volcado a Dios. (75)

«¡Oh, Abraham! ¡Deja eso! ¡Ha llegado la orden de tu Señor y, con certeza, vendrá a ellos un castigo irrevocable!» (76)

Y cuando Nuestros enviados vinieron a Lot él se disgustó por causa de ellos y se sintió impotente para protegerles y dijo: "Este es un día difícil."[4] (77)

Y vino a él su pueblo apremiándole y ya desde antes eran gente que cometía indecencias. Dijo: «¡Oh, pueblo mío! Esas son mis hijas. ¡Ellas son una opción más pura para vosotros![5] ¡Temed a Dios y no me avergoncéis con mis invitados! ¿No hay entre vosotros un hombre recto?» (78)

Ellos dijeron: «Tú bien sabes que no tenemos interés en tus hijas y tú bien sabes lo que queremos.» (79) Él dijo: «Ojalá tuviese fuerza frente a vosotros o pudiese apoyarme en un soporte fuerte.» (80)

(Los ángeles) dijeron: «¡Oh, Lot! ¡Verdaderamente, somos enviados de tu Señor! ¡Ellos no podrán llegar a ti!» «Parte en secreto con tu familia en un momento de la noche y que nadie de vosotros se de la vuelta.»

«Exceptuando a tu esposa, que sufrirá la misma suerte que ellos.»

«En verdad, la cita es al amanecer. ¿Acaso el amanecer no está cercano?» (81)

---

[1] «¿Cómo puede sorprenderos la orden de Dios a vosotros que sois la gente de la Casa de la Profecía y que sabéis perfectamente que Dios es El digno de alabanza y El generoso por excelencia?» Cfr. *Al-Mizan*, t. X, p. 476.

[2] De que su esposa Sara tendría un hijo.

[3] Después de que Abraham comprendió que sus invitados no rechazaban su comida por que trajesen malas intenciones, sino porque eran ángeles, dejó de sentir miedo de sus intenciones y después de recibir la buena nueva de que él y su esposa Sara tendrían a Isaac y tras él a Jacob, comenzó a discutir con Dios (es decir con los ángeles que Dios había enviado) para tratar de evitar que el pueblo de Lot fuera castigado, pues Abraham era una persona poco inclinada a la venganza, sensible e impresionable ante el mal y volcado a Dios. *Al-Mizan*, t. X, p. 486-487.

[4] Al ver la belleza de los ángeles, que se le presentaron con forma de hermosos jóvenes.

[5] Lot les recrimina su homosexualidad y les indica que casarse con sus hijas es una opción más pura y, según algunos exegetas, al decir «mis hijas» se referiría a todas las jóvenes de su pueblo, a las que, como profeta de Dios que era, consideraría bajo su tutela y protección. Cfr. *Nemune*. t. IX, p. 181 y *Al-Mizan*, t. X, p. 505.

Y, cuando llegó Nuestra orden, la volvimos de arriba abajo e hicimos llover sobre ella piedras de arcilla con orden y continuidad, (82) marcadas por tu Señor. Y este (castigo) no está lejos de los opresores.[1] (83)

Y (enviamos) a Madyan a su hermano Shuayb.[2] Dijo: «¡Oh, pueblo mío! ¡Adorad a Dios! ¡No tenéis otro dios aparte de Él!»

«Y no deis de menos en la medida ni en el peso. En verdad, os veo en buena posición y, en verdad, temo para vosotros el castigo de un día que todo lo abarcará.»(84)

Y: «¡Oh, pueblo mío! ¡Dad con equidad la medida y el peso y no defraudéis a la gente en sus cosas y no corrompáis en la Tierra! (85) Lo que queda de Dios[3] es mejor para vosotros, si sois creyentes. Y yo no soy vuestro protector.»[4] (86)

Dijeron: «¡Oh, Shuayb! ¿Acaso tu oración te ordena que abandonemos lo que nuestros antepasados adoraban o que no podamos hacer con nuestros bienes lo que queramos? Precisamente tú que, en verdad, eres el razonable, el que obra con máxima rectitud.» (87)

Él dijo: «¡Oh, pueblo mío! ¿Acaso habéis considerado si yo me baso en una prueba evidente venida de mi Señor y que Él me ha provisto de un buen sustento?»[5]

«Yo no quiero contrariaros con aquello que os prohíbo. No quiero más que corregir lo que estaba mal en la medida de mis posibilidades, pues mi éxito depende exclusivamente de Dios. En Él pongo mi confianza y hacia Él me vuelvo.» (88)

---

[1] Es decir: «Cuando llegó la orden divina para que la ciudad de Sodoma fuera castigada, tuvo lugar un terremoto que puso lo de arriba abajo y lo de abajo arriba y cayó una lluvia de piedras de barro cocido, cada una de ellas marcada por la sabiduría divina y ninguna de ellas falló. Y un castigo semejante no está muy alejado de nadie que se comporte de manera injusta y tiránica, consigo mismo y con los demás.» Cfr. Al-Mizan, t. X, p. 515.

[2] «Y Nosotros enviamos al profeta Shuayb a los habitantes de la ciudad de Madyan, que era uno de ellos, no un extraño.»

[3] El beneficio que queda haciendo los negocios como Dios manda. Al-Mizan, t. X, p. 544.

[4] «Sois vosotros mismos quienes, una vez recibido el mensaje de Dios que yo os he transmitido, tenéis la responsabilidad de adoptar un comportamiento adecuado y correcto.» Al-Mizan, t. X, p. 544.

[5] Es decir: «Decidme, en caso de que yo haya sido enviado a vosotros por Dios y Él haya enviado milagros e indicaciones claras que confirmen mi condición profética ¿Seguiréis pensando que mis opiniones y métodos no tienen ningún valor? y ¿Acaso en aquello a lo que yo os convoco hay una negación de vuestra libertad? No soy yo quien limita vuestra libertad, sino Dios, que es vuestro Señor y Señor de toda cosa. Y, puesto que vosotros sois sus siervos, no podéis ser libres respecto a Su naturaleza esencial, sino que, por el juicio que establece la razón y por exigencia de vuestra condición de seres creados por Él, estáis obligados a obedecer cualquier cosa que Él disponga y Él, por exigencia de Su condición de creador, puede ordenaros lo que considere oportuno y, finalmente, a Él regresaréis.» Cfr. Al-Mizan, t. X, p. 549.

Y: «¡Oh, pueblo mío! ¡Que vuestra enemistad y oposición a mí no sea causa de que os aflijan los mismos males que afligieron al pueblo de Noé o al pueblo de Hud o al pueblo de Salih!»

«Y lo que le sucedió al pueblo de Lot no está muy distante de vosotros.» (89)

«Pedid perdón a vuestro Señor. Luego, volveos a Él arrepentidos. En verdad, mi Señor es misericor-diosísimo con los creyentes, constante en Su amor.» (90)

Ellos dijeron: «¡Oh, Shuayb! No comprendemos mucho de lo que dices y, la verdad, vemos que entre nosotros eres débil. Si no fuera por tu pequeña tribu te habríamos apedreado. Tú no tienes poder sobre nosotros.» (91)

Él dijo: «¡Oh, pueblo mío! ¿Acaso mi pequeña tribu tiene más poder sobre vosotros que Dios y por eso Le habéis dado la espalda, olvidándoos de Él? ¡En verdad, mi Señor abarca cuanto hacéis!» (92)

«Haced lo que podáis hacer que yo también actuaré. Pronto sabréis a quién le ha de llegar un castigo que le avergüence y humille y quién es mentiroso. Y esperad vigilantes, que yo también estaré a la espera con vosotros» (93)

Y, cuando llegó Nuestra orden, salvamos a Shuayb y a quienes con él habían tenido fe, mediante una misericordia venida de Nosotros y a quienes habían sido opresores les alcanzó el Grito y amanecieron en sus casas caídos de bruces, muertos. (94) Como si nunca hubieran vivido en ellas. ¡Alejados sean los Madyan[1] igual que fueron alejados los Tamud![2] (95)

Y es cierto que enviamos a Moisés con Nuestras señales y con un poder evidente (96) al Faraón y a sus cortesanos. Pero ellos siguieron la orden del Faraón y la orden del Faraón no era correcta. (97)

---

[1] En el *Tafsir Qommi* se recoge que: «Dios envió al profeta Shu'ayb a la gente de Madyan que era una ciudad situada en el camino a Siria, pero no creyeron en él.» *Al-Mizan*, t. X, p. 563.
  Shuayb fue el tercero de los cuatro profetas de los árabes y los otros tres fueron Hud, Salih y Muhammad y parte de su biografía se recoge en los capítulos 7, 11, 26, 28 y 29. Era de la ciudad de Madyan, situada en el camino que va de la península de los árabes a Siria y contemporáneo de Moisés ibn Imran, quien se casó con una de sus dos hijas después de acordar trabajar para él durante ocho años como dote. Moisés estuvo en total diez años junto a Shuayb y luego partió de Madyan con su familia en dirección a Egipto. Las gentes de Madyan eran idólatras y disfrutaban de gran prosperidad en tiempos del profeta Shu'ayb. Su ciudad era segura y la prosperidad era tan grande que los precios de las cosas eran bajos. Pero sus costumbres se corrompieron, y mermaban en el peso y en la medida de los artículos que vendían. La mayoría de ellos no creyeron en la profecía de Shu'ayb y persiguieron a sus seguidores hasta que Dios les aniquiló. *Al-Mizan*, t. X, p. 566.

[2] De la misericordia divina. *Nemune*. t. IX, p. 216.

Irá delante de su pueblo el Día del Levantamiento y les llevará a beber al borde del Fuego. ¡Qué mala bebida para beber! (98)

Serán perseguidos por una maldición (divina) en esta (vida) y en el Día del Levantamiento. ¡Qué mal regalo recibirán! (99)

Estas que te hemos relatado son noticias de algunas ciudades. Alguna de ellas aun está en pie y otras han sido arrasadas. (100)

Y no fuimos Nosotros quienes les oprimimos, sino que ellos se oprimieron a sí mismos. Y los dioses que invocaban aparte de Dios no les beneficiaron en nada cuando llegó la orden de tu Señor. Sólo incrementaron su ruina. (101)

Así es el castigo de tu Señor cuando castiga a una ciudad que ha sido opresora. En verdad, Su castigo es doloroso, severo.[1] (102)

En verdad, en ello hay señales para quien tema el castigo de la otra vida. Ese día será congregada toda la humanidad y será un día del que todos serán testigos. (103) Y no lo retrasaremos más que hasta un plazo establecido. (104)

Viene un día en el que nadie hablará sino con Su permiso. Unos serán desgraciados y otros afortunados. (105)

Los desgraciados estarán en el Fuego. Allí sólo tendrán gemidos y lamentos. (106) Estarán eternamente allí mientras duren los cielos y la Tierra, a no ser que tu Señor quiera otra cosa. En verdad, tu Señor hace lo que quiere. (107)

Y los afortunados estarán en el Paraíso eternamente, mientras duren los cielos y la Tierra, a no ser que tu Señor quiera otra cosa.

Un regalo que no se interrumpirá.[2] (108)

---

[1] En *Al-Dur al-Manzur*, se recoge que Bujari, Muslim, Tirmidi, Al-Nisai, Ibn Maya, Ibn Yarir, Ibn Abi Hatam, Abu l-Shayj, Ibn Marduya y Bayhaqi, citan todos ellos que Abu Musa al-Ashari dijo: «El Mensajero de Dios, las bendiciones y la paz de Dios sean con él, dijo: 'Dios, glorificado sea, da tantas oportunidades al tirano que, cuando le castiga es porque ya no le queda otro camino.' y entonces recitó este versículo.» *Al-Mizan*, t. XI, p. 45.

[2] En el *Tafsir de Al-Ayashi*, t. II, p. 160, hadit 68, se recoge que dijo Hamran: «Pregunté a Abu Yafar Muhammad al-Baqir cuál era el significado del versículo: *Estarán eternamente allí, mientras duren los cielos y la Tierra, a no ser que tu Señor quiera otra cosa.* y respondió: 'Ese versículo es para un grupo que sale del Fuego.'»

Y, en el mismo libro, t. II, p. 160, hadit 69, se ha recogido de Abu Basir que dijo Abu Yafar: «'La frase: *Estarán eternamente allí, mientras duren los cielos y la Tierra, a no ser que tu Señor quiera otra cosa*, cuando se refiere a la gente del Fuego establece una excepción, pero cuando se refiere a la gente de Paraíso, no.' Con ello quería decir que en caso de la gente destinada al Paraíso nadie será sacado de él y que la frase sólo indica que Dios tiene poder para hacer lo que Él quiera en todo momento, por eso a continuación puntualiza: *Un regalo que no se interrumpirá.*» Cfr. *Al-Mizan*, t. XI, p. 52.

No tengas dudas, pues, de lo que ellos adoran. No adoran sino lo que adoraban sus padres desde antes. En verdad, que les daremos lo que les corresponde sin merma alguna. (109)

En verdad, dimos a Moisés la *Escritura* [Sagrada] y se discrepó sobre ella y si no hubiese sido por una decisión previa de tu Señor habríamos juzgado entre ellos.[1]

Y, en verdad, aún tienen dudas sobre ella, dudas mal intencionadas. (110)

En verdad, tu Señor recompensará plenamente a cada cual por sus obras. En verdad, Él está bien informado de lo que ellos hacen. (111)

Por tanto ¡Mantente firme como te ha sido ordenado y también los que se han vuelto hacia Dios contigo y no os endioséis! En verdad, Él observa lo que hacéis.[2] (112)

Y no os inclinéis hacia los opresores pues os alcanzaría el Fuego y, como no tenéis aparte de Dios quien os proteja, no seríais auxiliados. (113)

¡Haced la oración de los dos extremos del día y en las horas de la noche cercanas al día![3] En verdad, las buenas obras borran las malas. Esto es una amonestación para la gente que recuerda (a Dios) (114)

Y se paciente, pues, en verdad, Dios no permite que se pierda la recompensa de los que realizan buenas acciones. (115)

¿Por qué no hubo en las generaciones anteriores a vosotros gente sabia que se opusiese a la corrupción en la Tierra, excepto unos pocos a los cuales Nosotros pusimos a salvo, y los opresores siguieron en la lujuria y la opulencia y fueron pecadores? (116)

Y tu Señor no destruye una ciudad injustamente cuando sus gentes corrigen lo que está mal. (117)

---

[1] Este versículo va dirigido al profeta Muhammad y su intención es decirle: «No te sorprenda que tu pueblo ponga objeciones al Corán que tú les recitas, pues ya anteriormente eso mismo le sucedió a Moisés, a quien entregamos la *Escritura* Sagrada y, a pesar de ello, entre su pueblo unos creyeron en ella y otros no. Y si no les juzgamos inmediatamente y castigamos a los que se oponen a Nuestro mensaje es porque hemos establecido que no serán juzgados hasta el Día del Juicio Final.» Cfr. *Nemune*. t. IX, p. 255. Y si alguien objetase: «Entonces ¿Por qué Dios no pospuso el castigo de otros pueblos como los Ad y los Tamud y el pueblo de Lot?» Responderemos que es debido a que en esos pueblos nadie prácticamente escuchó y siguió la llamada de sus profetas. Cfr. *Al-Mizan*, t. XI, p. 59.

[2] En la obra *Machma al Bayan*, en el comentario a este versículo, se cita que dijo Ibn Abbas: «No descendió un versículo que preocupara al Profeta tanto como éste, por eso, cuando sus compañeros le dijeron: '¡Oh Mensajero de Dios! ¡La vejez te ha llegado de golpe y tus cabellos se han vuelto blancos!' él respondió: 'La *sura* de Hud y la *sura* de El acontecimiento (56) me han envejecido.'» *Al-Mizan*, t. XI, p. 88.

[3] En el *Tafsir* de Al-Ayashi, t. II, p. 161, se recoge que dijo Harir que Abu Abd Al.lah, sobre él la paz, dijo: «Los dos extremos del día son el atardecer y el amanecer y con 'las horas de la noche cercanas al día' se refiere a la oración de la noche ('*Isha'*).» Cfr. *Al-Mizan*, t. XI, p. 89.

Y, si tu Señor hubiera querido, habría hecho de las gentes una sola comunidad.

Y no dejarán de discrepar entre ellos (118) excepto aquellos de quienes Dios ha tenido misericordia. Y por eso les ha creado.

Y la palabra de tu Señor es terminante: «He de llenar el Infierno de hombres y genios, todos juntos.» (119)

Todas estas noticias que te contamos de los profetas son para fortalecer con ello tu corazón y con ellas llega a ti la Verdad y una amonestación y un recordatorio para los creyentes. (120)

Y di a quienes no son creyentes: «¡Haced aquello que tengáis poder para hacer que yo también actuaré (121) y esperad vigilantes que yo también esperaré!» (122)

Y a Dios pertenece lo que en los cielos y en la Tierra no se puede percibir con los sentidos y hacía Él regresan todos los asuntos.

Así pues, adoradle y depositad vuestra confianza en Él, pues vuestro Señor no está desatento a lo que hacéis. (123)

Capítulo 12

José[1]

En el nombre de Al.lah, el Clementísimo, el Misericordiosísimo.

Alif, lam, ra.
Estos son los versículos de la *Escritura* clara. (1)
En verdad, la hemos hecho descender como una recitación en árabe, quizás así razonéis. (2)
Con este Corán que te revelamos, Nosotros te vamos a relatar la mejor de las historias y, antes de ello, la desconocías. (3)
Cuando José dijo a su padre: «¡Oh, padre mío querido! He visto en un sueño once estrellas y el Sol y la Luna. ¡Los he visto postrándose ante mí!» (4)

---

[1] Este capítulo toma el nombre de José, el hijo de Jacob del que nos habla el *Antiguo Testamento*.

Dijo: «¡Oh, hijito! No cuentes tu visión a tus hermanos, pues tramarán algo contra ti. En verdad, Satanás es un enemigo declarado de las personas.» (5)

«Y así es como tu Señor te escogerá y te enseñará a interpretar el significado verdadero de los acontecimientos y confirmará Su bendición sobre ti y sobre la familia de Jacob, igual que anteriormente la confirmó sobre tus antepasados Abraham e Isaac.»

«En verdad, tu Señor todo lo conoce, es sabio.» (6)

Ciertamente, en José y sus hermanos hay señales para quienes [se] preguntan. (7)

Cuando ellos dijeron: «José y su hermano son más queridos por nuestro padre que nosotros, siendo nosotros un grupo (mayor).[1] ¡Verdaderamente, nuestro padre esta en un extravió evidente!» (8)

«¡Matad a José o abandonadlo en una tierra alejada para que, así, vuestro padre sólo os preste atención a vosotros! Y, después de eso, sed gente recta.» (9)

Uno de ellos dijo: «¡No matéis a José! Dejadlo en el fondo del aljibe para que lo encuentre algún viajero, si es que hacéis algo.» (10)

Dijeron: «¡Oh, padre nuestro! ¿Por qué no nos confías a José? Nosotros somos buenos consejeros para él. (11) Envíale con nosotros mañana. Que pasee y juegue y nosotros le cuidaremos.» (12)

Dijo: «Me preocupa que os lo llevéis y temo que se lo coma el lobo en un descuido vuestro.» (13)

Ellos dijeron: «Si el lobo se lo comiese, siendo nosotros un grupo grande, entonces si que seríamos unos desgraciados.» (14).

---

[1] Aunque todo eran hijos de Jacob, José y su hermano Benjamín eran hijos de otra madre y los más jóvenes.

Y, cuando se lo llevaron con ellos y se pusieron de acuerdo en ponerle en el fondo del aljibe, Nosotros le revelamos: «Ciertamente, tú les informarás de este asunto y ellos no se darán cuenta.»¹ (15)

Y ellos regresaron a su padre al anochecer llorando. (16)

Dijeron: «¡Oh, padre nuestro! Nos fuimos a hacer carreras y dejamos a José junto a nuestras cosas y se lo comió el lobo. No nos creerás, pero decimos la verdad.» (17)

Y trajeron su camisa manchada de sangre falsa.

Él dijo: «[No es así] Sino que vuestras almas os han susurrado algún asunto. Así pues, ¡Paciencia hermosa!² Y en Dios busco ayuda ante lo que decís.» (18)

Y llegó una caravana y enviaron a su aguador que sumergió su cubo.

Dijo: «¡Buena noticia! Es un joven.»

Y lo ocultaron como una mercancía. Y Dios sabía bien lo que hacían. (19)

Y lo vendieron barato, por unas pocas monedas, sin prestarle mucha atención. (20)

Y el egipcio que le compró dijo a su esposa: «Facilítale un buen alojamiento, puede que nos beneficie o que lo adoptemos como hijo.»

Así fue como establecimos a José en aquella tierra y para enseñarle a interpretar el verdadero significado de los acontecimientos.³

Y Dios siempre obtienen la victoria sobre lo que ordena, pero la mayoría de la gente no sabe. (21)

Y cuando llegó a la pubertad le dimos sabiduría y conocimiento. Así es como recompensamos a los que hacen el bien. (22)

---

¹ Es decir: «Nosotros revelamos a José: 'Ciertamente, tú les recordarás un día lo que hicieron con su hermano y ellos no se darán cuenta de que eres el hermano que ellos abandonaron en el pozo.»

² Se ha recogido en el *Tafsir al-Burhan*, t. II, p. 25, que uno de los Imames, comentando la expresión de este versículo: «Paciencia hermosa» dijo: «Es decir: sin dudar.» y es posible que se refiera a Imam Yafar al-Sadiq, ya que las tradiciones anteriores a ésta están referidas a él. Y, en *Dur al-Manzur*, t. IV, p. 10, también se recoge que el Profeta de Dios dijo lo mismo. Cfr. *Al-Mizan*, t. XI, p. 155.

³ Es decir: «Así fue como dimos una buena posición a José, para que pudiese cumplir lo que teníamos decretado para él y también para enseñarle a interpretar el verdadero significado de los sueños.» Cfr. *Al-Mizan*, t. XI, p. 149,150

Y la señora de la casa en la que él estaba le acosó. Cerró las puertas y dijo: «¡Ven!»

Él dijo: «¡Dios me proteja! En verdad, Él es mi Señor y me ha dado un buen alojamiento. ¡En verdad, los opresores no triunfarán!»[1] (23)

Ciertamente, ella le deseaba y él la hubiese deseado sino hubiera visto en ello una prueba de su Señor.

Así hicimos para apartar de él el mal y la indecencia. En verdad, él era de Nuestros siervos puros. (24)

Y corrieron ambos hacia la puerta y ella rasgó la camisa de él por detrás[2] y junto a la puerta encontraron al esposo de ella.

Ella dijo: «¿Qué recompensa merece quien quería un mal para tu familia, excepto que sea encarcelado o que se le aplique un castigo doloroso?» (25)

Él dijo: «Ella me acosó.»

Y un miembro de la familia de ella dijo: «Si la camisa de él está desgarrada por delante, ella dice la verdad y él es un mentiroso (26) y si su camisa está desgarrada por detrás, ella miente y él dice la verdad.» (27)

Y cuando vio su camisa rasgada por detrás dijo[3]: «En verdad, esto es una treta propia de vosotras. En verdad, vuestras tretas son enormes.» (28)

«José ¡No des importancia a esto! Y tú, mujer ¡Pide perdón por tu pecado! ¡En verdad, has cometido un error!» (29)

Un grupo de mujeres de la ciudad dijo: «La mujer del poderoso acosó a su mancebo. Está apasionadamente enamorada. En verdad, la vemos en un extravío evidente.» (30)

---

[1] Es decir, José en respuesta a la solicitud de la señora de la casa, dice: «Me refugio en Dios antes de ceder a lo que tu me llamas, pues Dios es mi Señor y me ha dado este lugar para vivir y me ha hecho una persona recta y temerosa de Él y si no me comportase correctamente sería injusto con Sus disposiciones y con los favores que Él me ha otorgado y me oprimiría a mí mismo. Y Dios no permite que los opresores triunfen.» Cfr. Al-Mizan, t. XI, p. 168.

[2] Al tratar de impedir que él escapase.

[3] Cuando su esposo vio la camisa de José rasgada por detrás.

Y cuando ella oyó sus cotilleos las hizo llamar y preparó para ellas un lugar en el que sentarse cómodamente y dio a cada una de ellas un cuchillo y le dijo: «Sal donde ellas están.»

Y cuando ellas le vieron se quedaron absortas y se cortaron en las manos[1] y dijeron: «¡Santo Dios! ¡Esto no es un hombre, sino un ángel precioso!» (31)

Ella dijo: «Pues éste es aquél por el cual me criticabais.»

«Yo le acosé, pero él se contuvo. Pero si no hace lo que yo le ordeno, será, ciertamente, encarcelado y humillado.» (32)

Él dijo: «¡Dios mío! ¡Más quiero la cárcel que aquello a lo que ellas me invitan! Si Tú no cambias los planes que tienen para mí, cederé ante ellas y seré de los ignorantes.»[2] (33)

Su Señor respondió a su súplica y le protegió de los planes de ellas. En verdad, Él es Quien todo lo oye, Quien todo lo sabe. (34)

Luego, les pareció, a pesar de haber visto las señales,[3] que debían encarcelarle por un tiempo. (35)

Y con él entraron en la prisión dos jóvenes.

Uno de ellos dijo: «En verdad, me he visto en un sueño prensando uvas para hacer vino.»

Y dijo el otro: «En verdad, me he visto en un sueño llevando pan sobre mi cabeza y los pájaros comían de él.»

«¡Infórmanos que significan! En verdad, vemos que tú eres una persona virtuosa.» (36)

El dijo: «Antes de que os llegue la comida que está preparada para vosotros os habré informado a ambos de lo que significan. Esto forma parte de las cosas que mi Señor me ha enseñado. En verdad, yo he dejado de lado las creencias de una gente que no tiene fe en Dios ni en la Otra vida (37)

---

[1] Cuando Zulayja, que así se llamaba la esposa del poderoso (*aziz*), escuchó las murmuraciones de las mujeres, preparó un banquete para ellas y en el momento en el que todas estaban pelando la fruta ordenó a José que saliese donde ellas estaban. Todas ellas, al verle, se quedaron tan absortas y maravilladas con la belleza de José que se olvidaron de lo que estaban haciendo y se hicieron profundos cortes en sus manos sin darse cuenta. Cfr. *Al-Mizan*, t. XI, p. 202.

[2] «Si cedo ante sus deseos me comportaré como los que ignoran los mandatos divinos.» *Al-Mizan*, t. XI, p. 232.

[3] Se refiere a las señales que indicaban su inocencia. *Al-Mizan*, t. XI, p. 232.

y he seguido las creencias de mis padres, Abraham e Isaac y Jacob.»

«Nosotros no hemos asociado nada a Dios.[1] Eso es por un favor de Dios para nosotros y para la gente, pero la mayoría de la gente no es agradecida.» (38)

«¡Oh, compañeros de prisión! ¿Son mejor diferentes dioses o Dios, El Único, el Victorioso?» (39)

«Aparte de Él no adoráis más que nombres que vosotros mismos y vuestros padres habéis creado y para los que Dios no ha hecho descender ningún poder.»

«En verdad, el juicio sólo pertenece a Dios. Él ha ordenado que no adoréis nada excepto a Él.»

«Esa es la creencia establecida, pero la mayoría de la gente no tiene conocimiento.» (40)

«¡Oh, compañeros de prisión! Uno de vosotros escanciará vino a su señor, pero el otro será crucificado y los pájaros comerán de su cabeza.»

«Aquello sobre lo que ambos me pedíais opinión es un asunto que ya ha sido decretado.» (41)

Y dijo al que pensaba que se salvaría de los dos: «¡Recuérdame ante tu señor!»[2]

Pero Satanás le hizo olvidarse de recordárselo a su señor y (José) permaneció en prisión varios años. (42)

Y el rey dijo: «En verdad, he visto en un sueño siete vacas gordas que eran comidas por siete flacas y siete espigas verdes y otras tantas secas.»

«¡Oh, cortesanos! ¡Dadme vuestra opinión sobre mi sueño, si es que sabéis interpretar los sueños!» (43)

---

[1] *Nushrika*. De la raíz *sharika*: «asociar». Indica la idea de adorar a algo o a alguien como si fuera Dios. Como si Dios tuviera socios con los que compartiera Su divinidad. Por eso el término *mushrik*, se traduce a veces, de manera literal, como «asociadores», es decir idólatras o politeístas.

[2] Es decir, ante el Faraón, pues el joven era el sumiller del Faraón.

Dijeron: «Son un puñado de pesadillas y nosotros no sabemos interpretar las pesadillas.» (44)

Y el que se salvó de los dos, que recordó después de un tiempo, dijo: «Yo os informaré lo que significa. ¡Dejadme ir!»[1] (45)

«José ¡Oh, el verídico! Danos tu opinión sobre siete vacas gordas que son comidas por siete flacas y siete espigas verdes y otras tantas secas, para que yo pueda volver a la gente y que ellos sepan.»(46)

Dijo: «Sembraréis siete años seguidos. Cuando cosechéis, dejadlo en la espiga excepto un poco de lo que comeréis.» (47)

«Después de eso, vendrán siete años duros en los que comeréis lo que habíais guardado previamente para ellos, excepto un poco que preservaréis.»[2] (48)

«Después, vendrá tras eso un año en el que la gente será favorecida, lloverá en abundancia y podrá prensar.»[3] (49)

El rey dijo: «¡Traedlo a mí!» Y cuando llegó el mensajero, él dijo:[4] «Regresa a tu señor y pregúntale sobre las mujeres que se cortaron las manos. En verdad, mi Señor conoce bien lo que ellas planearon.» (50)

Dijo:[5] «¿Qué os proponíais vosotras cuando acosasteis a José?»

Ellas dijeron: «¡Santo Dios! ¡No conocemos nada malo de él!»

Y la mujer del poderoso dijo: «¡Ahora se ha aclarado la verdad! ¡Yo le acosé y él dice la verdad!» (51)

«Esto es para que él sepa que yo no le traicioné en su ausencia[6] y que Dios no guía los planes de los traidores.» (52)

---

[1] En busca de José.

[2] Para la siembra siguiente.

[3] Si se lee *ya'sirun* significa «prensarán» es decir, habrá uva y olivas en abundancia, Si se lee *yu'sarun*, como hace el Imam Yafar al-Sadiq, significaría «lluvias abundantes». Ver *Machma al-Bayan* y *Tafsir al-Qummi* y también *Lisan al-Arab*, bajo el epígrafe *asr*. Y esta misma lectura es atribuida a Al-Arach y a Isa al-Basri (Ver *Mu'yam al-Qira'at al-Qur'aniyya). The Qur'an, p.329.

[4] José.

[5] El Faraón.

[6] Es decir, José dijo entonces: «Todo esto lo he hecho para que su esposo sepa que yo no traicioné su confianza mientras él estaba ausente.»

Parte 13

«Yo no disculpo a mi alma. En verdad, el alma ordena insistentemente el mal, excepto en lo que mi Señor tiene misericordia. En verdad, mi Señor es perdonador, misericordiosísimo con los creyentes.» (53)

Y dijo el rey. «¡Traedlo a mí! ¡Le haré mi favorito!» y cuando habló con él, dijo: «En verdad, hoy (has encontrado) entre nosotros un puesto de honor y de confianza.» (54)

Él dijo: «Ponme al frente de los almacenes del país. En verdad, soy un buen guardián y tengo conocimiento.» (55)

Así es como dimos a José una posición en la Tierra que le permitía establecerse donde quisiera.

Nosotros otorgamos Nuestra misericordia a quien queremos y no dejamos que se pierda la recompensa de quienes hacen el bien. (56)

Y, sin duda, para quienes han creído y han sido temerosos la recompensa de la otra vida es mejor aún. (57)

Y vinieron los hermanos de José y se presentaron ante él y él les reconoció, pero ellos no le reconocieron. (58)

Y cuando les hubo suministrado sus provisiones, dijo: «Traedme a vuestro hermano de padre.[1] ¿No veis como os doy la medida justa[2] y soy el mejor de los anfitriones? (59) Y si no venís a mí con él, no obtendréis de mi más medidas ni os acercaréis a mí.» (60)

Ellos dijeron: «Se lo pediremos a su padre con insistencia y, en verdad, lo haremos.» (61)

Él dijo a sus mancebos: «Ponedles los objetos con los que han pagado en sus sacos, puede que los reconozcan cuando regresen a su familia, quizás así regresen.» (62)

Y, cuando regresaron a su padre, dijeron: «¡Oh, padre nuestro! ¡Nos han negado la medida![3] Envía, pues, con nosotros a nuestro hermano para que podamos obtener las medidas y nosotros, ciertamente, le protegeremos.» (63)

---

[1] «La próxima vez que vengáis a comprar grano, traed con vosotros a vuestro hermano por parte de padre.» *Nemune*. t. X, p. 15

[2] De trigo. Pues el grano se media por recipientes de una capacidad determinada, no por peso.

[3] Es decir: «Se han negado a darnos más medidas de grano si no llevamos a nuestro hermano.»

Él dijo: «¿He de confiárosle como os confié a su hermano anteriormente? Pero Dios es mejor protector y el más misericordioso de los misericordiosos.» (64)

Y cuando abrieron su cargamento encontraron que les habían devuelto los objetos con los que habían pagado.

Dijeron: «¡Oh, padre nuestro! ¿Qué más podemos desear? Estos son los objetos con los que habíamos pagado, que nos han sido devueltos. Obtendremos provisiones para nuestra familia y protegeremos a nuestro hermano y obtendremos una carga mayor, pues ésta es una carga pequeña.»[1] (65)

Dijo: «No le enviaré con vosotros hasta que me aseguréis solemnemente ante Dios que me lo traeréis, excepto que vuestra vida esté en peligro.»

Y cuando se lo aseguraron, dijo: «Dios es testigo de lo que decimos.» (66)

Y dijo: «¡Oh, hijos míos! No entréis por una misma puerta. Entrad por diferentes puertas. Y no puedo favoreceros en nada frente a Dios. En verdad, el juicio pertenece solamente a Dios.[2] En Él confió. Que quienes confían confíen en Él.» (67)

Y aunque entraron como su padre les había ordenado eso no les sirvió de nada frente a Dios,[3] pero se cumplió el deseo del alma de Jacob.

Y, en verdad, él poseía un conocimiento que Nosotros le habíamos enseñado, que la mayoría de la gente no conoce. (68)

Y cuando entraron ante José, acercó a sí a su hermano (y le) dijo: «En verdad, yo soy tu hermano. No estés triste ni enfadado por lo que hicieron.» (69)

---

[1] Es decir: «El grano que esta vez hemos traído es poco para nuestras necesidades, llevaremos a nuestro hermano y aprovecharemos su camello para traer una carga mayor.» Cfr. *Al-Mizan*, t. XI, p. 295.

[2] Cuando Jacob, en el momento en que sus hijos partían para Egipto, les dice: «No entréis en la ciudad por la misma puerta...» no lo hace por miedo al poderoso de Egipto, pues el sabía que ese hombre no les quería mal. Temía que las gentes, al ver entrar juntos a los once hijos de un mismo padre, sintieran envidia y tramasen algo contra ellos o les echasen un mal de ojo. Cfr. *Al-Mizan*, t. XI, p. 298.

[3] Ya que Dios había dispuesto otra cosa y les separó, haciendo que el hermano pequeño quedase detenido y que el mayor permaneciese en Egipto. Cfr. *Al-Mizan*, t. XI, p. 300.

Y, cuando les suministraba sus provisiones, puso la copa en la carga de su hermano. Luego, un pregonero voceó: «¡Eh vosotros, los de la caravana! ¡Sois unos ladrones!» (70)

Volviéndose hacia ellos, dijeron: «¿Qué echáis a faltar?» (71)

Ellos dijeron: «Echamos a faltar la copa del rey y a quien la traiga le daremos la carga de un camello. Yo lo garantizo.» (72)

Dijeron: «¡Lo juramos por Dios! Vosotros sabéis con certeza que nosotros no hemos venido a corromper en esta tierra y que no somos ladrones.» (73)

Ellos dijeron: «¿Cuál será el castigo si estáis mintiendo?» (74)

Dijeron: «El pago de quien lo tenga en sus alforjas será él mismo. Así castigamos a los opresores.»[1] (75)

Y comenzó por las alforjas de ellos antes que por la alforja de su hermano, luego lo sacó de la alforja de su hermano.

Eso fue lo que Nosotros le sugerimos a José. No podía retener a su hermano, conforme a la ley del rey, excepto si Dios quería.

Nosotros elevamos el rango de quien queremos. Por encima de todo el que posee conocimiento hay otro que sabe más. (76)

Ellos dijeron: «Si ha robado, ya robó un hermano suyo antes.»

Pero José lo guardó en secreto para sí mismo y no se lo reveló a ellos.[2]

Dijo: «¡Vosotros os encontráis en peor situación y Dios es Quien mejor conoce lo que alegáis!» (77)

Ellos dijeron: «¡Oh, poderoso! Él tiene un padre muy anciano, toma a uno de nosotros en su lugar.[3] En verdad, nosotros vemos que tú eres de los que hacen el bien.» (78)

---

[1] Es decir: «El castigo para el que roba es que él mismo pasa a ser propiedad de aquel a quien ha robado.» Y, la frase. «Así castigamos a los opresores.» nos indica que esa era la costumbre del profeta Jacob. *Al-Mizan*, t. XI, p. 307.

[2] Es decir, los hermanos de José dijeron: «Si él ha robado, no es extraño, pues su hermano también había robado antes.» A José le disgustaron sus palabras mentirosas, pero no mostró su enfado y lo guardó en secreto. *Al-Mizan*, t. XI, p. 290.

[3] Es decir: «Él tiene un padre muy anciano que no podrá soportar la noticia de que su hijo ha sido hecho prisionero en Egipto y morirá del disgusto. Toma a cualquiera de nosotros en su lugar y deja que él regrese libremente.» *Al-Mizan*, t. XI, p. 290.

Él dijo: «Dios no permita que apresemos a nadie excepto a aquél a quien hemos encontrado nuestro objeto pues, entonces, seríamos injustos.» (79)

Y cuando perdieron la esperanza sobre él[1] se retiraron a deliberar en voz baja.

El mayor de ellos dijo: «¿Acaso no sabéis que vuestro padre os tomó un solemne juramento por Dios y, anteriormente, faltasteis a vuestras obligaciones con José? Yo no abandonaré esta tierra hasta que mi padre no me dé permiso o Dios disponga algo para mí, pues Él es el mejor de los jueces. (80) Regresad a vuestro padre y decid: '¡Oh, padre nuestro! ¡Tu hijo ha robado! No damos testimonio sino de lo que sabemos. No estamos informados de lo que está oculto a los sentidos.» (81)

«Pregunta en la ciudad en la que estuvimos y en la caravana con la que vinimos. En verdad, somos sinceros.» (82)

Él dijo[2]: «[No es así] Sino que vuestras almas os han susurrado algún asunto. Así pues, ¡Paciencia hermosa![3] Puede que Dios me los devuelva a todos. En verdad, Él es Quien todo lo conoce, el Sabio.» (83)

Y apartándose de ellos dijo: «¡Oh, que tristeza por José!» Y sus ojos se volvieron blancos de la tristeza, pero reprimió su exasperación. (84)

Ellos dijeron: «¡Por Dios! Tanto recuerdas a José que enfermarás gravemente o morirás.» (85)

Él dijo: «Sólo me quejo de mi dolor y mi tristeza ante Dios. Y sé, procedente de Dios, lo que vosotros no sabéis. (86)

---

[1] El pronombre «él» remite a José, así, el significado sería: «Y, cuando perdieron la esperanza de hacer cambiar de opinión a José...» *Al-Mizan*, t. XI, p. 311.

[2] Es decir: Jacob, después de escuchar lo que sus hijos le contaron.

[3] Cfr. *Corán*, 12:18

¡Hijos míos! Id y buscad información acerca de José y de su hermano y no desesperéis de la misericordia de Dios, que de la misericordia de Dios solamente desespera la gente que no tiene fe.» (87)

Y cuando entraron ante él dijeron: «¡Oh, poderoso! A nosotros y a nuestra familia nos ha tocado la desgracia y hemos traído una mercancía poco valiosa. ¡Danos la medida completa y sé generoso con nosotros En verdad, Dios recompensa a quienes son generosos!» (88)

Él dijo: «¿Sabéis lo que hicisteis a José y a su hermano, en vuestra ignorancia?» (89)

Ellos dijeron: «¿Eres tú realmente José?»

Él dijo: «¡Yo soy José y éste es mi hermano! Dios nos ha favorecido.

En verdad, si uno es temeroso y paciente, Dios no permite que se pierda la recompensa de quienes hacen el bien.» (90)

Ellos dijeron: «¡Por Dios! ¡En verdad, Dios te ha preferido a nosotros y nosotros estuvimos equivocados!» (91)

Él dijo: «¡Hoy nada se os reprochará! ¡Dios os ha perdonado! Él es el más misericordioso de los misericordiosos.» (92)

«Llevad está camisa mía y ponedla sobre el rostro de mi padre, recuperará la vista. Y traedme a toda vuestra familia.» (93)

Y, cuando la caravana se alejó,[1] dijo el padre de ellos: «Percibo el olor de José, si no creéis que chocheo.» (94)

Ellos dijeron: «¡Por Dios! ¡Vuelves a tu antiguo extravío!» (95)

---

[1] Se alejó de Egipto.
En *Machma al-Bayan*, t. V, p. 262, se recoge que Imam Yafar al-Sadiq, comentando este versículo, dijo: «Jacob percibió el olor de José cuando la caravana salió de Egipto y la distancia entre la caravana y Palestina, que era donde Jacob habitaba, era de diez noches.» *Al-Mizan*, t. XI, p. 344.

Cuando el portador de la buena nueva llegó, la puso sobre su rostro y él recuperó la vista.[1]

Él dijo: «¿No os dije que yo conozco, procedente de Dios, lo que vosotros no conocéis?»[2] (96)

Ellos dijeron: «¡Oh, padre nuestro! Perdona nuestros pecados. ¡Verdaderamente, estábamos equivocados!» (97)

Él dijo: «Pediré a mi Señor que os perdone. En verdad, Él es el Perdonador, el Misericordiosísimo con los creyentes.» (98)

Y cuando entraron ante José acercó a él a sus padres y les dijo: «¡Entrad en Egipto que, si Dios quiere, estaréis a salvo!» (99)

Y subió a sus padres al trono y [todos] cayeron prosternados ante él y él dijo: «¡Oh, padre mío! Éste es el significado del sueño que vi anteriormente.[3] Mi Señor ha hecho que se verifique y me favoreció cuando me sacó de la prisión y os trajo del desierto, después de haber destruido Satanás la relación entre yo y mis hermanos.»

«En verdad, mi Señor es sutil en lo que desea. En verdad, Él es Quien todo lo conoce, el Sabio.» (100)

«¡Señor mío! ¡Tú me has dado parte del gobierno y me enseñaste la interpretación de los acontecimientos! ¡Creador de los cielos y de la Tierra! Tú eres mi protector en esta vida y en la otra. ¡Hazme morir sometido a Ti y ponme junto a los justos!» (101)

Estas son algunas noticias del mundo oculto a los sentidos que Nosotros te hemos revelado, pues Tú no estabas junto a ellos cuando se reunieron y planearon lo que harían. (102) Y la mayoría de las personas, por mucho que lo intentes, no creerán. (103)

---

[1] Puso la camisa de José sobre el rostro de Jacob y éste recuperó la vista.

[2] Cfr. *Corán*, 12:86

[3] En el *Tafsir Qommi*, t. I, p. 356, se recoge que Imam Abu Hasan Ali al-Hadi dijo: «El que Jacob y sus hijos se prosternasen ante José no es problema, ya que su prosternación no era en señal de adoración a José, sino de reconocimiento y agradecimiento ante Dios, de la misma manera que la prosternación de los ángeles ante Adán fue un gesto de obediencia a Dios.... Acaso no veis que el propio José en ese momento dijo: ¡Señor mío! Tú me has dado parte del gobierno y me enseñaste la interpretación de los acontecimientos...hazme morir sometido a Ti y ponme junto a los justos.» *Al-Mizan*, t. XI, p. 346.

Y en el *Tafsir Al-Ayashi*, t. II, p. 198, hadit 87, se recoge que Muhammad ibn Muslim transmitió: «Pregunte al Imam Abu Yafar (sobre él la paz): ¿Cuántos años vivió Jacob en Egipto después de que Dios reuniese de nuevo a su familia y les mostrase el significado del sueño de José? Y él me respondió: Dos años. Y le pregunté: En esos dos años ¿Quién fue el representante de Dios en la Tierra, Jacob o José? Y él me respondió: "Fue Jacob. Cuando Jacob murió, José puso sus restos mortales en un féretro y le llevó a Sham, dándole sepultura en la ciudad de Bait al-Muqaddas (Jerusalén) y, tras el fallecimiento de Jacob, José fue el representante de Dios en la Tierra.» *Al-Mizan*, t. XI, p. 348.

Y tú no les pides una recompensa por ello. En verdad, él no es más que un recuerdo para todo el mundo.[1] (104)

¡Cuántas señales hay en los cielos y en la Tierra ante las que pasan y se apartan de ellas! (105) ¡La mayoría de ellos no creen en Dios excepto para asociar a Él falsos dioses! (106) ¿Acaso están a salvo de que llegue a ellos una sombra del castigo de Dios cubriéndoles o que les llegue la hora de manera imprevista y repentina? (107)

Di: «Éste es mi camino. Llamo hacia Dios, con una profunda visión de las cosas, a todo el mundo. Yo y quienes me siguen.»

«Y ¡Glorificado sea Dios! no soy de los que adoran falsos dioses junto a Dios.» (108)

Y antes de ti no enviamos sino a hombres de las mismas ciudades, a los cuales dimos la revelación.[2] ¿Por qué no viajan por la Tierra y observan cual fue el final de quienes les precedieron?

Y para quienes son temerosos de Dios la morada de la otra vida es mejor. ¿Acaso no razonáis? (109)

Hasta que, cuando los Mensajeros perdieron la esperanza y pensaron que habían sido engañados, llegó a ellos Nuestra ayuda y salvamos a quien Nosotros quisimos. Y Nuestro castigo no abandonará a la gente pecadora.[3] (110)

En sus historias hay una enseñanza para quienes están dotados de intelecto. No son hechos inventados, sino que confirma lo que ellos ya tenían en sus manos y explica detalladamente todas las cosas y es una guía y una misericordia para las personas creyentes.[4] (111)

---

[1] Es decir: «Ellos no creerán aunque tú, ¡Oh Muhammad! no les pides que te paguen o te recompensen por transmitirles este Corán que te ha sido revelado y que es sólo un medio de llamar a todo el mundo al recuerdo de Dios.» *Al-Mizan*, t. XI, p. 375.

[2] Es decir: «Ante de enviarte a ti ¡Oh, Muhammad! aquellos Mensajeros que enviamos a la gente también fueron de sus mismas ciudades, no ángeles, ni hombres extraños a ellos, sino hombres como ellos, que habían vivido entre ellos y eran conocidos por ellos.» *Al-Mizan*, t. XI, p. 380.

[3] El rechazo de los pueblos a quienes los profetas anteriores fueron enviados fue tan grande que, finalmente, los Mensajeros divinos perdieron la esperanza de ser escuchados y pensaron incluso que los pocos seguidores que tenían tampoco les creían sinceramente. Cfr. *Nemune*. t. X, p. 98.

[4] Es decir: «En la historia de José y sus hermanos y en los relatos de los profetas anteriores y de los pueblos que creyeron en ellos o que les desmintieron hay lecciones importantes, para que la gente que tiene inteligencia reflexione. No son relatos que tú ¡Oh Muhammad! te hayas inventado, sino revelación divina que viene a confirmar lo que hay en las Sagradas Escrituras de los profetas anteriores y que explica con detalle todo aquello que las personas necesitan para obtener su felicidad y su perfección espiritual.» Cfr. *Nemune*. t. X, p. 100-101.

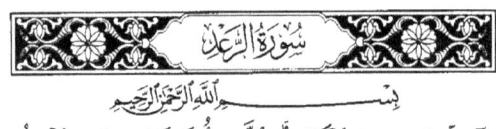

Capítulo 13

El trueno

En el nombre de Al.lah, el Clementísimo, el Misericordiosísimo.

Alif, lam, mim, ra.
Esos[1] son los versículos de la *Escritura* [Sagrada].
Lo que ha sido hecho descender a ti, procedente de tu Señor, es la Verdad, pero la mayoría de la gente no tiene fe. (1)

Dios es quien elevó los cielos sin columnas que podáis ver, después se instaló en el Trono. Y sometió al Sol y a la Luna. Cada uno se desplaza durante un tiempo establecido.
Él dirige los asuntos y explica detalladamente las señales, quizás así tengáis certeza de que os encontraréis con vuestro Señor. (2)

Y Él es quien extendió la Tierra y puso en ella firmes montañas y ríos y puso en ella, de todas las frutas, una pareja. Cubre el día con la noche. En verdad, en ello hay señales para una gente que reflexiona. (3)

Y en la tierra hay parcelas colindantes y viñedos y plantaciones de cereales y palmeras de un tronco o de varios, regado (todo) con una misma agua, pero favorecemos unos alimentos sobre otros. En verdad, en ello hay señales para la gente que razona.[2] (4)

Y si te sorprendes, sorprendente es lo que ellos dicen: «¿Acaso cuando seamos polvo seremos creados de nuevo?»
Esos son los que no creen en su Señor y quienes llevan sus cuellos encadenados y son la gente del Fuego. En él permanecerán eternamente. (5)

---

[1] El uso del demostrativo lejano (*tilka*), en lugar del cercano (*hadihi*) se utiliza para enfatizar la grandeza de los versículos. *Nemune*, t. X, pág. 109.

[2] Es decir: «En la Tierra hay terrenos colindantes, aparentemente iguales, y en ellos crecen las viñas y los cereales y los dátiles y todo se riega con la misma agua, pero, al comerlos, unos resultan ser más deliciosos que otros y en eso hay señales que hablan de un criterio organizador y director que dispone tales cosas.» Cfr. *Al-Mizan*, t. XI, p. 399.

Te piden que apresures lo malo antes que lo bueno aunque, antes de ellos, han tenido lugar castigos ejemplares[1] y, en verdad, tu Señor puede perdonar a los hombres a pesar de sus injusticias. Y, en verdad, tu Señor es duro castigando. (6)

Y, aquellos que no creen dicen: «¿Por qué no se hace descender sobre él una señal de su Señor?»

En verdad, tú eres un amonestador y para todo pueblo hay un guía. (7)

Dios sabe lo que porta toda hembra y lo que merma en los senos maternos y lo que incrementa.[2] Y todo junto a Él tiene una medida. (8) Él es Quien conoce lo oculto y lo manifiesto, el Grande, Quien está por encima de todo. (9)

Da igual que alguno de vosotros hable en secreto o en público o que se esconda en la noche o se muestre en el día, (10) tiene guardianes por delante y por detrás que le protegen por orden de Dios.

En verdad, Dios no cambia la situación de un pueblo mientras ellos no cambien lo que hay en sus almas.

Y cuando Dios quiere el mal para un pueblo nadie puede impedirlo y no tendrán amigo o protector, aparte de Él. (11)

Él es Quien os hace ver el relámpago con miedo y admiración y Quien hace surgir las nubes cargadas [de agua]. (12)

El trueno con sus alabanzas y los ángeles con su temor Le glorifican y Él envía los rayos con los que alcanza a quien quiere.

Ellos discuten sobre la existencia de Dios y Él posee un poder ilimitado.[3] (13)

---

[1] Es decir: «Ellos, en lugar de pedir misericordia a Dios a través de ti, te piden que apresures el castigo con el que les amenazas. ¿Acaso creen que el castigo divino es mentira, a pesar de que en el pasado otras comunidades rebeldes fueron castigadas?» Cfr. *Nemune*, t. X, pág. 125.

[2] Es decir: «Dios sabe lo que porta en su seno toda hembra embarazada.» Y, respecto a la frase: «Lo que merma y lo que incrementa en los senos maternos.» algunos exégetas han creído que se refiere a funciones que cumple el seno materno durante el embarazo y el término «merma» (*tagidu*) se refiere a la sangre que el seno envía al feto para alimentarle y el termino «incremento» (*tazdadu*) se refiere a la sangre que la mujer expulsa en el post-parto o, a veces, durante el embarazo. Aunque algunos han opinado que se refiere a los fetos prematuros y a los que nacen después de su tiempo. Pero no poseemos ningún testimonio que nos permita afirmar tal cosa. Cfr. *Al-Mizan*, t. XI, p. 416-417.

[3] También puede entenderse: «Y Él es severo en el castigo.»

La súplica verdadera es la que se dirige a Él y aquellos a quienes invocan en lugar de Él no les responderán nada. Como el que extiende las palmas de sus manos hacia el agua para llevarla a su boca y no lo consigue.

La súplica de los que no creen no es más que extravío. (14)

Ante Dios se postran quienes están en los cielos y en la Tierra, así como sus sombras, de buen grado o a disgusto, al comienzo y al final del día. (15)

Di: «¿Quién es el Señor de los cielos y la Tierra?»

Di: «Dios.»

Di: «¿Por qué, entonces, habéis tomado, aparte de Él, amigos y protectores que no tienen capacidad de beneficiarse o perjudicarse a sí mismos?»

Di: «¿Son semejantes el ciego y el que ve o se asemejan las tinieblas y la luz?»

¿Acaso han puesto junto a Dios socios que hayan creado como crea Él y lo que estos crean les parece semejante a lo que Él ha creado?

Di: «Dios es el Creador de todo y Él es el Único, el Dominante.» (16) «Él hace descender de los cielos agua que fluye por los valles según la capacidad que poseen y la corriente lleva espuma flotando; semejante a la espuma que sale de lo que se pone sobre el fuego para fabricar adornos o instrumentos.»

Así compara Dios la Verdad con la falsedad.

La espuma desaparece, pero lo que es beneficioso para la gente permanece en la Tierra.

Así es como pone Dios los ejemplos. (17)

Quienes han respondido a (la llamada de) su Señor obtendrán el bien y quienes no Le han respondido, aunque poseyeran todo lo que hay en la Tierra y otro tanto, no les serviría de rescate. Su cuenta les saldrá mal y su morada será el Infierno ¡Que mal lugar de reposo! (18)

¿Acaso quien sabe que lo que ha descendido a ti procedente de tu Señor es la Verdad es igual que el que está ciego?

En verdad, sólo se dejan amonestar los dotados de inteligencia, (19) aquellos que cumplen con el pacto de Dios y que no rompen la promesa[1] (20) y aquellos que mantienen unido lo que Dios ha ordenado mantener unido y temen a su Señor y temen que su cuenta salga mal.[2] (21) Y aquellos que son pacientes, buscando contemplar el rostro de su Señor[3] y que hacen la oración y que reparten, secreta o públicamente, de aquello que les proveemos y que, con el bien, rechazan el mal.

Para ellos es la última morada:(22) Los Jardines del Edén, en los que entrarán con aquellos de sus antepasados y esposas y descendientes que fueron rectos y los ángeles vendrán a ellos entrando por todas las puertas:(23)

«¡Paz sobre vosotros por haber sido pacientes! ¡Que excelente es la última morada!» (24)

Y para aquellos que violan en contrato de Dios después de haberlo pactado y cortan lo que Dios ordenó que se mantuviera unido y corrompen la Tierra, la maldición, y para ellos la mala morada. (25)

Dios concede la provisión a quien Él quiere y la quita a quien Él quiere. Y ellos se regocijaron de esta vida, cuando esta vida no es más que un breve disfrute. (26)

Y aquellos que no creen dicen: «¿Por qué no se ha hecho descender sobre él una señal procedente de su Señor?» Di: «En verdad, Dios extravía a quien quiere y guía hacia Él a quien se arrepiente, (27) aquellos que creen y tienen sus corazones tranquilos.» Con certeza, es mediante el recuerdo de Dios como se tranquilizan los corazones. (28)

---

[1] Y por «promesa» se refiere a ese pacto que han realizado con su Creador en el lenguaje de la esencia en la que han sido creados (*fitrat*) consistente en aceptar que Él es Uno y Único y a dar testimonio de ello actuando en conformidad con los principios de tal creencia. Y esa naturaleza esencial en la que han sido creados es el pacto mismo con Dios, pues es la aceptación de la verdadera naturaleza en la que han sido creados todos los seres. Y también el pacto y la promesa implican el respeto a las leyes y disposiciones que Dios ha enviado a los seres humanos a través de Sus mensajeros y enviados. Cfr. *Al-Mizan*, t. XI, p. 468.

[2] Lo que Dios ha ordenado mantener unido son las disposiciones de la ley que Dios ha enviado a través de los profetas y el temor a que la cuenta les salga mal se refiere a que temen que, el Día del Juicio Final, cuando se les haga la cuenta de sus actos en este mundo, su resultado sea negativo para ellos. Cfr. *Al-Mizan*, t. XI, p. 468.

[3] Es decir: «Buscando que su Señor esté satisfecho de ellos y no los bienes de este mundo.»

13. EL TRUENO

Quienes creen y obran rectamente tendrán la mejor vida[1] y el mejor final. (29)

Así mismo,[2] te hemos enviado a una comunidad antes de la cual pasaron otras comunidades, para que les recites lo que Nosotros te hemos revelado, pero ellos no creen en el Misericordioso.[3]

Di: «Él es mi Señor. No hay dios sino Él. En Él confío y a Él me vuelvo arrepentido.» (30)

Y [no creerían] aunque con este Corán caminaran las montañas o se partiera en pedazos la Tierra o hablasen los muertos. Pero a Dios pertenecen todos los asuntos.

¿Acaso los que creen no saben que si Dios hubiera querido habría guiado a todos los seres humanos?

Y la desgracia no cesará de afligir a quienes no creen, o cerca de sus hogares, por lo que han hecho, hasta que llegue el castigo acordado por Dios. En verdad, Dios no incumple lo prometido.[4] (31)

Y, ciertamente, se burlaron de los Mensajeros anteriores a ti, así pues, di un plazo a los que no creían y luego les atrapé y ¡Cómo fue Mi castigo! (32)

¿Acaso Quien vigila los actos de cada alma (es como quien no posee ese poder)? Pero ellos atribuyen socios a Dios. Di: «Decid sus nombres o informadle de lo que Él no sepa sobre la Tierra. ¿O es que habláis por hablar?» Quienes no creen se adornan con sus intrigas y han sido apartados del camino (de Dios). Y a quien Dios extravía no habrá quien le guíe. (33) Tendrán un castigo en esta vida y el castigo de la otra será más duro aún. Y no tendrán quien les proteja de Dios. (34)

---

[1] *Tuba*, femenino de *atib*: «lo mejor, lo más puro de cada cosa». Y en numerosos *ahadiz* leemos que *tuba* es un árbol que tiene sus base en la casa del Profeta o de Ali en el Paraíso y cuyas ramas llegan a todos los sitios y están sobre las cabezas de todos los creyentes y sobre los techos de sus casas. *Nemune*, t. X, p. 209-210

[2] Es Decir: «Así como enviamos anteriormente a otros profetas,»

[3] Este versículo descendió el año 6º de la hégira, en el momento en el que el Mensajero de Dios estaba redactando el tratado de paz de Hudaybiyya con los Quraysh. El Mensajero de Dios dijo a Ali ibn Abi Talib: «Escribe: En el Nombre de Dios, El Misericordioso con toda la Creación (*Al-Rahman*), El Misericordiosísimo con los creyentes (*Al-Rahim*), Suhayl ibn Amr y sus compañeros Quraysh dijeron: No conocemos ningún *Rahman*. Escribe: En tu nombre, ¡Oh Al.lah!, como hemos hecho siempre.» *Nemune*, t. X, p. 219.

[4] Este capítulo desciende en La Meca después de la designación profética y antes de la emigración a Medina, pero relata lo que les sucedería a los idólatras de La Meca después de la emigración del Profeta a Medina y hasta la liberación de La Meca. Con la frase «La desgracia no dejará de afligir a los que no creen» se refiere a los idólatras que vivían en los alrededores de La Meca dedicados a la guerra, el asesinato y el pillaje y por «o cerca de sus hogares» se refiere a los idólatras de La Meca, y con «El castigo acordado por Dios» se refiere a la muerte por espada que sufrieron en las batallas de Badr y Uhud. *Al-Mizan*, t. XI, p. 495.

El Jardín que les ha sido prometido a los temerosos de Dios es así: De sus profundidades brotan los ríos, siempre tiene frutos y sombra. Ese será el destino final de los temerosos, pero el destino final de los que no creen es el Fuego. (35)

Aquellos a quienes dimos la *Escritura* [Sagrada] se alegran de lo que fue hecho descender para ti, pero, en los partidos, hay quienes niegan parte de ello.[1] Di: «En verdad, me fue ordenado que adore a Dios y que no Le asocie nada ni nadie. A Él convoco y a Él regreso.» (36)

Así mismo, lo hicimos descender como una ley en lengua árabe.[2] Pero si sigues sus deseos, después del conocimiento que ha llegado a ti, no tendrás ante Dios amigo ni protector. (37)

Ciertamente, enviamos Mensa-jeros antes de ti y les dimos esposas y descendencia. Y no es propio de un Mensajero realizar milagros si no es con el permiso de Dios. Para cada época hay una *Escritura* Sagrada. (38) Dios anula y confirma lo que quiere. Junto a Él está la *Escritura* Madre.[3] (39)

Si te hacemos ver algo del castigo que les hemos prometido o si te hacemos morir (antes), a ti sólo te corresponde transmitir (el Mensaje divino) y a Nosotros el ajuste de cuentas. (40)

¿Acaso no ven como reducimos los bordes de la Tierra?[4] Dios juzga y nadie puede aplazar Su juicio y Él es rápido en ajustar las cuentas. (41)

Ya planearon los que vinieron antes de ellos, pero Dios es el dueño de todos los planes. Él conoce lo que obtiene cada ser con sus actos y los que no creen sabrán pronto para quién es la última morada. (42)

---

[1] Es decir: «Los judíos, los cristianos y los zoroástricos, se alegran de la revelación del Sagrado Corán.» *Al-Mizan*, t. XI, p. 509. Cfr. *Corán*, 28:52, 7:159. Y, «los partidos» son las comunidades de judíos y cristianos, entre los cuales muchos se guiaban por criterios de familia y de grupo y no seguían sus propias Sagradas Escrituras, por eso el Corán no se refiere a ellos como gente de la *Escritura* y les denomina «partidos». *Nemune*, t. X, p. 234.

[2] De la misma manera que a los profetas anteriores les enviamos Escrituras celestiales, te enviamos a ti una ley en lengua claramente comprensible. *Nemune*, t. X, p. 237.

[3] Este versículo enfatiza el anterior y aporta argumentos sobre el hecho de que cada orden y cada acontecimiento tiene su momento y si vemos que algunas ordenes divinas anulan otras anteriores es por esa misma razón que Dios alega en este versículo e introduce una ley general: En la Creación de los seres y en los acontecimientos existen dos niveles, uno que no esta sometido a cambios y que en el versículo se denomina *Umm al-Kitab*, «La *Escritura* Maestra» o «La *Escritura* Madre» y otro nivel susceptible de sufrir variaciones. *Nemune*, t. X, p. 240-241.

[4] Es una metáfora para indicar cómo Dios hace morir a las gentes que habitan la Tierra y destruye sus imperios y civilizaciones. *Nemune*, t. X, p. 250 y *Al-Mizan*, t. XI, p. 518. Cfr. *Corán*, 21:44.

Y quienes no creen dicen: «Tú no eres un Mensajero.»

Di: «Es suficiente Dios y los que tienen el conocimiento de la *Escritura* Sagrada como testigos entre vosotros y yo.» (43)

Capítulo 14

Abraham

En el nombre de Al.lah, el Clementísimo, el Misericordiosísimo.

Alif, lam, ra.
Una *Escritura* [Sagrada] que hemos hecho descender a ti para que saques a la gente de las tinieblas hacia la Luz con el permiso de su Señor, hacia el camino del Poderoso, el Alabado. (1) Dios, a Quien pertenece lo que hay en los cielos y en la Tierra.

¡Ay! ¡Qué duro castigo para los que ocultan la Verdad y no tienen fe! (2) Aquellos que prefieren la vida de este mundo a la del Otro y ponen dificultades en el camino de Dios, tratando de desviar a la gente. ¡Esos están muy extraviados! (3)

No enviamos Mensajero alguno que no hablase la lengua de su pueblo, para que pudiera explicarles con claridad.

Dios extravía a quien Él quiere y guía a quien Él quiere. Él es el Poderoso, el Sabio.[1] (4)

Y, ciertamente, enviamos a Moisés con Nuestros milagros: «¡Saca a tu pueblo de las tinieblas a la Luz y recuérdales los Días de Dios! »[2]

En verdad, en ello hay señales para todo el que sea muy paciente, muy agradecido. (5)

---

[1] Con la frase: «Dios extravía a quien Él quiere y guía a quien Él quiere» nos indica que eso no es algo que esté en manos de los profetas, sino de Dios mismo y que la función de los profetas es, únicamente, llamar a las gentes al camino recto y explicarles con claridad el Mensaje. Cfr. *Nemune*, t. X, p. 269

[2] Se refiere a días particulares en los que el poder de Dios se hace especialmente evidente, como son el día de la muerte y el Día del Juicio Final o los días en los que los pueblos de Noé y Ad y Tamud fueron destruidos y también es posible que se refiera a los días en los que se manifiestan la misericordia y las bendiciones de Dios. Y se ha recogido que el Mensajero de Dios dijo comentando el significado del versículo: «Recuérdales los Días de Dios», «es decir: las mercedes divinas.» Y en otra transmisión se recoge que dijo: «Los Días de Dios son los favores y las dificultades de Dios, y son los ejemplos de Dios Glorificado» y de Imam al-Sadiq, que dijo: «Son el día de la Manifestación del Mahdi, el día de la muerte y el Día del Levantamiento» pero eso no quiere decir que se limite a esos tres días, sino que esos tres día están entre los que se pueden denominar «Días de Dios.» Cfr. *Al-Mizan*, t. XII, p. 24.

PARTE 13   14. ABRAHAM

Y (recuerda) cuando dijo Moisés a su pueblo: «Recordad la merced de Dios con vosotros cuando os salvó de la gente del Faraón, que os sometían a un terrible castigo y degollaban a vuestros hijos y dejaban vivas a vuestras mujeres. Y en ello había una prueba inmensa para vosotros, procedente de vuestro Señor.» (6)

Y (recuerda) cuando anunció vuestro Señor: «Si sois agradecidos os daremos más y si no creéis... En verdad, Mi castigo es duro.» (7)

Y dijo Moisés: «Aunque no creáis, vosotros y todos los que están sobre la Tierra, en verdad, Dios se basta a Sí mismo, es Digno de Alabanza.»[1] (8)

¿Acaso no han llegado a vosotros noticias de quienes os precedieron? ¿Los pueblos de Noé, de Ad y de Tamud y los que vinieron tras ellos, que nadie conoce excepto Dios?

Vinieron a ellos sus Mensajeros con las pruebas claras, pero ellos llevaron sus manos a sus bocas[2] y dijeron: «En verdad, no creemos en aquello con lo que habéis sido enviados y, en verdad, dudamos de aquello a lo que nos invitáis.» (9)

Sus Mensajeros dijeron: «¿Dudáis de Dios, el Creador de los cielos y la Tierra?»

«Él os llama para perdonaros vuestros pecados y os da tiempo hasta un plazo establecido.»[3]

Ellos dijeron: «No sois más que seres humanos como nosotros. Deseáis desviarnos de lo que adoraban nuestros antepasados. Dadnos una prueba clara de vuestra autoridad.» (10)

---

[1] Es decir: «Aunque vosotros y todos cuantos habitan en la Tierra no creáis en Dios con ello no podéis perjudicarle en absoluto, pues Él es Rico por Sí mismo, no necesita de nadie para ser, es autosuficiente y por ello merece ser alabado.» Cfr. *Nemune*, t. X, p. 284-285

[2] Los dos pronombres de sus manos y de sus bocas remiten a los profetas, así el significado del versículo sería: «Los que no creían llevaron las manos de los profetas a las bocas de esos profetas.» Es una metáfora para indicar que no les permitieron hablar y comunicar la Verdad con la que habían sido enviados. Y la frase que les dirigen a continuación: «En verdad, no creemos en aquello con lo que habéis sido enviados y, en verdad, dudamos de aquello a lo que nos invitáis.» confirma esto. Cfr. *Al-Mizan*, t. XII, p. 32.

[3] «Os da un tiempo» para que podáis completar vuestra construcción personal o, al menos, para que podáis marchar de esta vida con las suficientes obras buenas. Cfr. *Nemune*, t. X, p. 289.

Sus Mensajeros les dijeron: «Sólo somos seres humanos como vosotros, pero Dios favorece de entre sus siervos a quien Él quiere y nosotros no podemos venir a vosotros con una prueba de nuestra autoridad, excepto con el permiso de Dios. Y es en Dios en Quien deben confiar los creyentes.» (11)

«¿Por qué no íbamos a confiar en Dios si Él es Quien nos ha guiado en nuestros caminos?»

«Tendremos paciencia ante lo que nos molestáis. Quienes confían, deben confiar en Dios.»(12)

Y aquellos que no creían dijeron a sus Mensajeros: «O volvéis a nuestras creencias o, ciertamente, os expulsaremos de nuestra tierra.»

Entonces su Señor les reveló: «¡Destruiremos a los opresores (13) y, tras ellos, os estableceremos a vosotros en la Tierra! Así será para quien tema Mi posición y tema Mi amenaza.»[1] (14)

Pidieron a Dios que les diese la victoria y todo tirano obstinado fue destruido.[2] (15) El Infierno anda tras él y le darán de beber un agua fétida.[3] (16)

La beberá a sorbos con dificultad, casi sin poder tragarla y la muerte le vendrá por todos lados pero no morirá. Un castigo abrumador anda tras él. (17)

Las obras de aquellos que no creen en su Señor son como cenizas esparcidas por el viento en un día de tormenta. No tendrán poder sobre nada de lo que obtuvieron. Éste será el extravío lejano y prolongado. (18)

---

[1] El término «posición» (*maqam*) es un infinitivo *mimí* e indica la posición de superioridad de Dios sobre toda la Creación y «amenaza» (*wa'id*) se refiere a la realizada por Dios a través de Sus profetas sobre quienes desobedezcan Sus órdenes. Cfr. *Corán*, 7:128. *Al-Mizan*, t. XII, p. 47.

[2] El pronombre de «pidieron la victoria» remite a los Mensajeros de Dios y el significado del versículo sería: «Cuando los Mensajeros de Dios desesperaron de ser escuchados, pues los poderosos les habían cerrado todos los caminos y desmentido la verdad de su Mensaje, pidieron a Dios que les concediese la victoria sobre ellos, como hizo el profeta Noé, quien dijo a su Señor: ¡Dios mío, he sido vencido! ¡Auxíliame!» Cfr. *Corán*, 54:10. *Al-Mizan*, t. XII, p. 48.

[3] Es decir: «El Infierno le está esperando.»

¿Acaso no ves que Dios ha creado los cielos y la Tierra con la Verdad?[1] Si Él quisiera os destruiría y haría una Creación nueva. (19) Eso no le supone a Dios ningún esfuerzo. (20)

Comparecerán todos ante Dios[2] y los débiles dirán a los prepotentes: «En verdad, fuimos seguidores vuestros ¿Podéis prestarnos ahora alguna ayuda frente al castigo de Dios?»

Ellos dirán: «Si Dios nos hubiera guiado, nosotros os habríamos guiado. [Pero ahora] Da igual que nos impacientemos o que tengamos paciencia, no tenemos escapatoria.» (21)

Y dirá el Demonio cuando el caso esté ya concluido: «Ciertamente, Dios os prometió la Verdad y yo también os prometí, pero no cumplí.»

«Yo no tenía poder sobre vosotros excepto para convocaros y vosotros me respondisteis. No me censuréis a mí, censuraos a vosotros mismos.»

«Ni yo puedo acudir a vuestras llamadas de socorro ni vosotros podéis acudir a las mías. Verdaderamente, reniego de la condición divina que antes me otorgasteis.»

En verdad, los opresores sufrirán un castigo doloroso. (22)

Y quienes creyeron y obraron rectamente serán introducidos en Jardines de cuyas profundidades brotan los ríos, en los que estarán eternamente con permiso de su Señor. En ellos se saludarán entre sí diciendo: «¡Paz!» (23)

¿No has visto cómo Dios compara una buena palabra con un árbol bueno? Su base está firme y sus ramas están en el cielo. (24)

---

[1] Cfr. *Corán*, 38:28 y 44:38,39.
[2] El Día del Juicio Final.

Da su fruto en toda época, con permiso de su Señor.

Dios pone ejemplos a las gentes para que, quizás así, reflexionen. (25)

Y una mala palabra es semejante a un árbol malo, arrancado de la tierra, sin estabilidad. (26)

Dios fortalece a quienes creen mediante la palabra firme en esta vida y en la otra y Dios extravía a los opresores.

Dios hace lo que quiere. (27)

¿No has visto a quienes cambiaron la merced de Dios por la incredulidad y llevan a su gente a la morada de la destrucción,[1] (28) el Infierno en el que arderán? ¡Qué mal lugar de descanso! (29)

Pusieron semejantes a Dios, para desviar a otros de Su camino.[2]

Di: «¡Disfrutad![3] Pues, en verdad, vuestro camino os lleva hacia el Fuego.»(30)

Di a Mis siervos, aquellos que creen: «Haced la oración y repartid, en secreto o abiertamente de lo que Nosotros os hemos provisto antes de que llegue un día en el que no hay comercio ni amistad.» (31)

Dios es quien creó los cielos y la Tierra y hace descender de los cielos agua mediante la cual hace surgir frutos para vuestro sustento y ha puesto a vuestro servicio los barcos para que surquen los mares por orden Suya y ha puesto a vuestro servicio los ríos. (32)

Y ha puesto a vuestro servicio el Sol y la Luna, que siguen un curso establecido[4] y ha puesto a vuestro servicio la noche y el día (33)

---

[1] El sentido de la frase: «Cambiaron la merced de Dios por la incredulidad» es: «Cambiaron el agradecimiento por la merced de Dios, por la incredulidad.» Por tanto, se ha omitido el término «agradecimiento». Y el sentido de la frase, aunque se dirija al Profeta de Dios, es general, aunque algunos han dicho que se refería a los incrédulos de La Meca o a los incrédulos de Quraysh, y va dirigido a todos aquellos que han actuado de esa manera, tanto de las comunidades anteriores como de las comunidades presentes. Cfr. *Al-Mizan*, t. XII, p. 79.

[2] El término «*andad*» es el plural de «*nidd*» que significa: igual, semejante, similar. Y se refiere a los ídolos a los que los idólatras escogieron como objeto de su adoración en lugar de Dios. *Al-Mizan*, t. XII, p. 81.

[3] «Disfrutad de la vida de este mundo.» *Al-Mizan*, t. XII, p. 55.

[4] «*Da'ibin*» procede de «*da'ub*» que significa «continuar una acción conforme a una costumbre establecida». *Nemune*, t. X, p. 350.

y os ha dado de todo lo que pedisteis.

Y si tratáis de contar las mercedes de vuestro Señor no podréis calcularlas. En verdad, el hombre es muy opresor y muy desagradecido.[1] (34)

Y (recuerda) cuando Abraham dijo: «¡Señor mío! Haz esta tierra segura[2] e impide que yo y mis hijos adoremos a los ídolos.» (35)

«¡Señor mío! En verdad, ellos[3] han extraviado a muchos hombres.»

«Quién me siga será de los míos y quien me desobedezca... En verdad, Tú eres perdonador, misericordiosísimo con los creyentes.» (36)

«¡Señor nuestro! En verdad, he asentado a parte de mi descendencia en un valle desierto, junto a Tu Casa Sagrada ¡Señor nuestro! para que hagan la oración. ¡Haz, pues, que los corazones de la gente se vuelvan hacia ellos y provéeles de frutos para que sean agradecidos!» (37)

«¡Señor nuestro! En verdad Tú sabes lo que ocultamos y lo que manifestamos. Y no se oculta de Dios nada de lo que hay en la Tierra ni en los cielos.» (38)

«Alabado sea Dios, Quien me otorgó, a pesar de mi mucha edad, a Ismael e Isaac. En verdad, mi Señor escucha la súplica.» (39)

«¡Señor mío! ¡Haz que yo y mis descendientes seamos de los que hacen la oración! ¡Señor nuestro! ¡Acepta mi súplica!» (40)

«¡Señor nuestro! ¡Perdónanos a mi y a mis padres y a los creyentes el Día del Ajuste de Cuentas!» (41)

¡Y no penséis que Dios se despreocupa de los actos de los opresores! ¡Sino que se lo pospone[4] para un día en que las miradas quedarán paralizadas! (42)

---

[1] *Kaffar* quiere decir que hace mucho *kufr*: «Se oprime a sí mismo y no agradece las mercedes de Dios». *Al-Mizan*, t. XII, p. 88.
[2] Se refiere al territorio de La Meca. Cfr. *Corán*, 2:126.
[3] Los falsos ídolos. *Nemune*, t. X, p. 360.
[4] Su castigo.

¡Sus cuellos estirados, sus cabezas erguidas, sus pupilas inmóviles, un vacío en sus entrañas! (43)

Advierte a la gente de un día en que vendrá a ellos el castigo y en el que los opresores dirán: «¡Señor nuestro! ¡Retrásanoslo un pequeño plazo para que podamos responder a Tu convocatoria y seguir a los Mensajeros!»

¿Acaso no jurabais anteriormente que no llegaría el fin para vosotros (44) y habitasteis en los mismos lugares que quienes se oprimieron a sí mismos y os informamos claramente de lo que hicimos con ellos y os pusimos ejemplos? (45)

Y, ciertamente, tramaron sus planes, pero Dios conocía sus planes, aunque sus planes eran como para aplastar las montañas. (46)

No contéis, pues, con que Dios incumpla la promesa que Él hizo a Sus Mensajeros -en verdad, Dios es poderoso, dueño de la venganza- (47) el día en que la Tierra se transforme en otra Tierra y los cielos [también] y ellos comparezcan ante Dios, el Uno, el Dominador. (48)

Y verás ese día a los pecadores unidos por cadenas, (49) sus ropas de alquitrán y el Fuego cubriendo sus rostros, (50) para que Dios recompense a cada alma por lo que realizó. En verdad, Dios es rápido en ajustar las cuentas. (51)

Este es un aviso para la gente. Para que se den por advertidos y para que sepan que Él es un Dios Único y para que reflexionen los dotados de discernimiento. (52)

Parte 14

Capítulo 15

Al-Hichr[1]

En el nombre de Al.lah, el Clementísimo, el Misericordiosísimo.

Alif, lam, ra.
Esos son los versículos de la *Escritura* [Sagrada] y de un *Corán* claro. (1)

¡Cuánto desearán los que no creen haber sido musulmanes![2] (2)
¡Déjales que coman y disfruten y les engañe la esperanza!
¡Pronto sabrán! (3)
No hemos destruido a ningún pueblo sin haberle dado un plazo determinado. (4) Ninguna comunidad puede adelantar su plazo ni retrasarlo. (5)
Y dijeron: "¡Eh tú! ¡Ese para quien fue hecho descender el recuerdo! ¡Verdaderamente, estás loco! (6) ¿Por qué no nos traes a los ángeles, si es verdad lo que dices?" (7)
No hacemos descender a los ángeles excepto con la Verdad y entonces no tendrán que esperar. (8)
En verdad, Nosotros hacemos descender el Recuerdo[3] y, en verdad, Nosotros somos sus protectores. (9)
Y, ciertamente, enviamos antes de ti otros Mensajeros a los primeros pueblos. (10) Y no enviamos un solo Mensajero sin que se burlasen de él. (11)
Así es como lo introducimos[4] en el corazón de los pecadores. (12) No creen en él y esa misma fue la costumbre de los pueblos anteriores. (13)
Aunque hubiéramos abierto para ellos una puerta en el cielo por la que pudieran ascender a él, (14) habrían dicho: «¡Nos han hipnotizado!¡Nos han hechizado!» (15)

---

[1] Este capítulo toma su nombre de Hichr, mencionado en el versículo 80, una región que, se dice, estuvo habitada por la gente de Tamud.
[2] Cuando vean las malas consecuencias que sus actos les han reportado. *Nemune*, t. XI, p. 5.
[3] Es decir: El Sagrado Corán. *Nemune*, t. XI, p. 17.
[4] El Sagrado Corán. *Nemune*, t. XI, p. 32.

Ciertamente, hemos puesto en el cielo constelaciones y lo[1] hemos adornado para los observadores (16) y lo hemos protegido de cualquier demonio maldito (17) y quien se acerca a escondidas para escuchar,[2] es perseguido por una estrella fugaz brillante. (18)

Y expandimos la Tierra y pusimos en ella firmes montañas[3] e hicimos surgir de todo de manera equilibrada (19) y pusimos en ella los medios necesarios para vivir, vosotros y otros que no dependen de que vosotros les sustentéis. (20)

No existe nada de lo que Nosotros no hayamos dispuesto grandes cantidades, pero no lo hacemos descender sino en una proporción determinada. (21)

Y hemos enviado los vientos fecundadores y hacemos descender agua de los cielos con la que os damos de beber y no sois vosotros quienes la almacenáis. (22)

Y, en verdad, somos Nosotros quienes damos la vida y la muerte y Nosotros somos los herederos.[4] (23)

Y conocemos, en verdad, a quienes os precedieron y a quienes vendrán después. (24)

Y, en verdad, tu Señor es Quien les congregará. En verdad, Él es sabio, todo lo conoce. (25)

Y, ciertamente, creamos al ser humano de un barro seco procedente de un lodo negro y maloliente. (26)   Y creamos a los genios anteriormente de fuego ardiente. (27)

Y (recuerda) cuando tu Señor dijo a los ángeles: «En verdad, crearé a un ser humano de barro seco procedente de un lodo negro y maloliente. (28) Cuando lo haya terminado y sople en él de Mi Espíritu, caed prosternados ante él.» (29)

Todos los ángeles se prosternaron (30) excepto Iblís, que rehusó ser de los que se prosternan. (31)

---

[1] El cielo.
[2] Las conversaciones de los ángeles sobre los asuntos ocultos y los acontecimientos futuros. *Al-Mizan*, t. XII, p. 202.
[3] Cfr. Corán, 16:15
[4] «Después de haberos dado toda una vida os hacemos morir y sólo Nosotros quedamos.» Cfr. *Al-Mizan*, t. XII, p. 214.

Dijo (Dios): «¿Qué te sucede que no eres de los que se prosternan?» (32)

Dijo (Iblís): «¡No estoy para prosternarme ante un ser humano al cual Tú has creado de barro seco procedente de un lodo negro y maloliente!» (33)

Dijo (Dios): «¡Sal, entonces, de ella![1] Se, pues, de los excluidos.[2] (34) Y, en verdad, sea sobre ti la maldición hasta el Día de la Recompensa.» (35)

Dijo (Iblís): «¡Señor mío! ¡Dame de plazo hasta el día en que sean resucitados!»[3] (36)

Dijo (Dios): «Se, pues, de aquellos a quienes se ha dado un plazo (37) hasta un Día cuyo tiempo es sabido.» (38)

Dijo (Iblís): «¡Señor mío! Puesto que has dejado que me extravíe, les adornaré[4] en la Tierra y les desviaré a todos, (39) excepto a quienes de entre ellos sean Tus siervos puros.» (40)

Dijo (Dios): «Éste es Mi camino recto.[5] (41) En verdad, no tendrás poder sobre Mis siervos, excepto sobre los extraviados que te sigan. (42) Y, en verdad, todos ellos están citados en el Infierno. (43) Tiene siete puertas y a cada puerta le corresponde un grupo concreto de ellos.» (44)

En verdad, los temerosos estarán en Jardines y Fuentes. (45) «¡Entrad en ellos en paz y seguridad!» (46)

Eliminaremos el rencor que quede en sus pechos. Hermanos sobre lechos unos frente a otros. (47) Allí no les alcanzará la desgracia ni serán de allí sacados. (48)

Informa a Mis siervos que, en verdad, Yo soy el Perdonador, el Misericordiosísimo con los creyentes (49) y que Mi castigo es el castigo doloroso. (50)

E informales de los huéspedes de Abraham. (51)

---

[1] De la fila de los ángeles. *Nemune*, t. XI, p. 67. De entre los ángeles, del Cielo, o, en pocas palabras, de la posición de cercanía a Dios de la que disfrutabas. *Al-Mizan*, t. XII, p. 230.

[2] *Rayim* es sujeto agente del verbo *rayama*: «apedrear, maldecir, excluir, rechazar». Pero aparece como sujeto paciente.

[3] Iblís pide a Dios, invocando Su señorío sobre toda la Creación, para asegurarse así que su súplica será aceptada por Él, no ser castigado hasta el Día del Juicio Final, día en el que los seres humanos serán resucitados. Cfr. *Al-Mizan*, t. XII, p. 232.

[4] Las ventajas materiales, los beneficios materiales. *Nemune*, t. XI, p. 73.

[5] Es una metáfora para indicar que todos los asuntos están en Sus manos. Y que incluso Satanás, para poder hacer su trabajo de desviar a los seres humanos del camino recto, está necesitado de Él. *Al-Mizan*, t. XI, p. 244.

Según otra lectura, en lugar de *alayya* se leería *aliyyun*, y significaría: «Este es un camino recto ensalzado.» Esta lectura es recogida de Imam Al-Sadiq en *Machma al-Bayan* y de treinta otras autoridades, entre la cuales están Yaqub, Al-Dahhak, Muyahid, Qatada e Ibn Sirin (Cfr. *Muyam al-Qiraat al-Quraniyya*) *The Qur'an*, p. 363.

Cuando entraron donde él se hallaba y dijeron: «¡Paz!».

Él dijo: «La verdad, nos atemorizáis.» (52)

Ellos dijeron: «No temas. En verdad, te anunciamos la buena noticia de un joven muy sabio.»[1] (53)

Él dijo: «¿Me anunciáis la buena noticia a pesar de lo mayor que soy? ¿Qué es lo que me estáis anunciando?» (54)

Ellos dijeron: «Te anunciamos la Verdad. ¡No seas de los que pierden la esperanza!» (55)

Él dijo: «¿Quién desespera de la misericordia divina excepto los extraviados?» (56)

Dijo: «¿Qué asunto importante os ha traído ¡Oh Mensajeros!?» (57)

Ellos dijeron: «En verdad, hemos sido enviados a un pueblo en el que todos son pecadores (58) excepto la familia de Lot. En verdad, les salvaremos a todos ellos (59) excepto a su mujer. Hemos decretado que sea de los que se quedan.»[2] (60)

Y, cuando los Mensajeros, llegaron a la familia de Lot, (61) (éste) dijo: «Verdaderamente, sois gente desconocida.» (62)

Ellos dijeron: «Hemos venido a ti con aquello de lo que ellos dudaban. (63) Hemos venido a ti con la Verdad. En verdad, somos sinceros. (64) Parte, pues, con tu familia durante la noche y tú síguelos por detrás[3] y que ninguno de vosotros se vuelva a mirar,[4] e id a donde se os ha ordenado.» (65)

Y le revelamos este asunto: «¡Todos ellos serán destruidos al amanecer!» (66)

Las gentes de la ciudad se informaron unos a otros y vinieron.[5] (67)

Dijo (Lot): «Estos son mis invitados. ¡No me deshonréis! (68) ¡Temed a Dios y no me humilléis!» (69)

Ellos dijeron: «¿Acaso no te habíamos prohibido a todo el mundo?»[6] (70)

---

[1] Es decir: "Que tendrás un hijo que será un joven muy sabio."

[2] "De los que se quedan en la ciudad que ha sido condenada a ser destruida y no será salvada." *Nemune*, t. XI, p. 102.

[3] Para protegerles y que ninguno se quede rezagado. *Al-Mizan*, t. XII, p. 270.

[4] Para observar qué está sucediendo. *Al-Mizan*, t. XII, p. 270.

[5] Las gentes de Sodoma se informaron unos a otros de la llegada a casa de Lot de unos jóvenes desconocidos y acudieron en gran número, dominados por el deseo. Cfr. *Al-Mizan*, t. XII, p. 271.

[6] Es decir: «¿Acaso no te habíamos prohibido que trajeses a tu casa a ningún invitado, fuera de donde fuese?» *Nemune*, t. XI, p. 110.

Dijo: «Aquí están mis hijas, si es que queréis actuar [rectamente].»[1] (71)

Juro por tu vida que, en su embriaguez, no sabían lo que hacían[2] (72)

Y el Grito les sorprendió a la salida del Sol. (73) Y pusimos lo de arriba de ella[3] abajo e hicimos llover sobre ellos piedras de arcilla. (74)

Verdaderamente, en ello hay signos para quienes prestan atención. (75)

En verdad, ella está en un camino que todavía existe[4] (76) y en ello hay un signo para los creyentes. (77)

En verdad, los habitantes de Al-Aika[5] fueron opresores. (78) Así que Nos vengamos de ellos. Y ambas[6] están a la vista en el camino. (79)

Ciertamente, los habitantes de Al-Hichr[7] desmintieron a los Mensajeros. (80) Les habíamos enviado Nuestras señales pero se apartaron de ellas. (81)

Habían excavado en la montaña casas seguras, (82) pero el Grito les sorprendió en la mañana (83) y todo lo que habían obtenido no les sirvió de nada. (84)

No hemos creado los cielos y la Tierra y lo que hay entre ambos sino con la Verdad. En verdad, la Hora ha de llegar, así pues, perdona con un hermoso perdón. (85)

Verdaderamente, tu Señor es el Creador de todo, el Conocedor de todo. (86)

En verdad, te hemos dado siete de las que se repiten[8] y el *Corán* Inmenso. (87)

No alargues tu mirada hacia lo que Nosotros hemos otorgado a algunos de ellos para que disfruten y no te entristezcas por ello y protege con tus alas a los creyentes (88) y di: «En verdad, yo soy un amonestador claro.» (89)

(Les enviaremos un castigo) como lo enviamos a los troceadores. (90)

---

[1] Es decir: «Aquí están mis hijas, casaos con ellas si es que queréis obrar rectamente.» y algunos exégetas han opinado que al decir «mis hijas» se refiere a las jóvenes casaderas de su pueblo. Nemune, t. XI, p. 112.

[2] Es decir: «Extraviados en la pérdida de razón que supone la falta de atención a Dios y el abandono a las pasiones, a la perversión y al pecado.» *Al-Mizan*, t. XII, p. 272.

[3] La ciudad de Sodoma.

[4] Es decir: «No creáis que las señales de su destrucción han desaparecido. Sus ruinas están todavía en un camino frecuentado por las caravanas y los viajeros en la ruta a Sham.» Nemune, t. XI, p. 114. Cfr. Corán, 11:77-83.

[5] Muchos exegetas opinan que Aikah es un territorio boscoso situado en una zona entre la península arábiga y Sham (Siria-Palestina) y que la gente de Al-Aika eran el pueblo de Shuayb. Nemune, t. XI, p. 120. Cfr. Corán, 26:176-191, 38:13 y 50:14.

[6] Sodoma y Al-Aika. Nemune, t. XI, p. 120.

[7] El pueblo de Tamud, es decir, el pueblo del profeta Saleh y la ciudad de Al-Hichr estaba en la ruta de las caravanas entre Medina y Sham. Nemune, t. XI, p. 120.

[8] La Sura al-Fatiha. *Al-Mizan*, t. XII, p. 281.

Aquellos que trocearon el *Corán*.[1] (91)

Así que, juro por tu Señor que hemos de interrogarles a todos (92) por lo que estuvieron haciendo. (93)

Comunica, pues, claramente aquello que se te ha ordenado y apártate de los idólatras.[2] (94)

En verdad, Nosotros te bastamos frente a quienes se burlan, (95) aquellos que ponen otros dioses junto a Dios. ¡Pronto van a saber! (96)

En verdad, Nosotros sabemos que tu pecho se encoge por lo que ellos dicen, (97) pero glorifica con alabanzas a tu Señor y se de los que se prosternan. (98) Y adora a tu Señor hasta que te llegue la certeza.[3] (99)

Capítulo 16

La abeja[4]

En el nombre de Al.lah, el Clementísimo, el Misericordiosísimo.

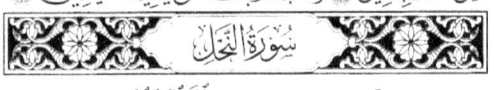

Viene la orden de Dios, no queráis pues apresurarla.

¡Glorificado y ensalzado sea por encima de aquello que asocian a Él! (1)

Él hace descender a los ángeles con el Espíritu procedente de Su orden sobre quien Él quiere de Sus siervos: «¡Advertid que no existe otro dios que Yo, así pues, temedme a Mí!» (2) Él creó los cielos y la Tierra por medio de la Verdad. Él está muy por encima de aquello que asocian a Él. (3)

Él creó al ser humano de semen[5] y ¡helo aquí! un discutidor obstinado. (4)

Y también creó a los animales. En ellos hay para vosotros calor y beneficio y de algunos de ellos os alimentáis (5) y, para vosotros, hay una belleza en ellos cuando los recogéis al atardecer y cuando les lleváis por la mañana a los pastos (6)

---

[1] Tal como se recoge en las tradiciones proféticas, se refiere a un grupo de los Quraysh de La Meca que trocearon figuradamente el Corán: parte lo calificaron de magia, parte de mitos de los hombres primitivos y parte de invenciones fabricadas. *Al-Mizan*, t. XII, p. 286.

[2] Se recogió que dijo el Imam Al-Sadiq: «El Mensajero de Dios permaneció trece años en La Meca, después del comienzo de la revelación. Al principio éste hecho permaneció en secreto hasta que, pasados los tres primeros años, descendió la aleya: *Comunica, pues, claramente aquello que se te ha ordenado y apártate de los idólatras*. A partir de ese momento se hizo pública la revelación. *Al-Mizan*, t. XII, p. 291.

[3] Es decir: «la muerte». *Nemune*, t. XI, p. 139. Y esa certeza es el Otro Mundo, pues es el mundo de la certeza general sobre lo que hay al otro lado del velo, no la certeza que se obtiene mediante la reflexión o con la práctica o con la adoración. *Al-Mizan*, t. XII, p. 289.

[4] El capítulo toma su nombre de la abeja mencionada en los versículos 68 y 69.

[5] Se refiere a la manera en que la especie se reproduce, no a la Creación genérica del ser humano. *Al-Mizan*, t. XII, p. 310.

Y transportan vuestras pesadas cargas a países que no podríais alcanzar excepto con gran dificultad y esfuerzo para vosotros.

En verdad, vuestro Señor es piadoso, misericordiosísimo con los creyentes. (7)

Y (Él ha creado) los caballos, los mulos y los asnos para que montéis en ellos y para (vuestro) realce y embellecimiento. Y Él crea cosas que no conocéis. (8)

A Dios corresponde la responsabilidad de mostrar el camino recto, pues algunos de ellos están desviados. Si Él quisiera os guiaría a todos. (9)

Él es Quien hace descender agua del cielo.

De ella obtenéis bebida y de ella beben las plantas con las que alimentáis al ganado. (10) Con ella hace Él crecer para vosotros las cosechas, los olivos, las palmeras, las viñas y de todos los frutos.

En verdad, en ello hay una señal para gente que reflexiona. (11)

Y ha puesto a vuestra disposición la noche y el día. El Sol, la Luna y las estrellas están sometidas a Su mandato.

En verdad, en ello hay señales para gente que usa su intelecto. (12)

Y en lo que ha creado para vosotros en la Tierra hay variados colores. En verdad, en ello hay una señal para gente que se deja amonestar.[1] (13)

Y Él es Quien ha puesto el mar a vuestro servicio para que comáis de él carne fresca y para que extraigáis de él adornos para vuestra indumentaria.

Y ves la nave surcándolo para que disfrutéis de Su favor. Y, quizás así, seáis agradecidos. (14)

---

[1] Y en estos tres últimos versículos, establece diferencias respecto a quienes van dirigidas esas señales, porque en el primer caso el principio es sencillo y basta con pararse a reflexionar sobre él para comprenderlo con facilidad. En el segundo caso hace referencia a principios científicos que sólo poseen los estudiosos de los fenómenos celestes, astrónomos y geólogos. Sólo quien está familiarizados con los movimientos de los cuerpos celestes y las consecuencias que esos movimientos tienen, puede establecer conclusiones a partir del estudio de esas señales. En el tercer caso, la señal esta compuesta de principios generales y filosóficos de manera que solamente pueden extraer conclusiones de ello y, con ello, establecer la unicidad de Dios en el Señorío, quienes reflexionan sobre los principios generales de la existencia. *Al-Mizan*, t. XII, p. 317.

Y ha fijado en la Tierra firmes montañas para que no tiemble con vosotros y ríos y caminos, para que así, quizás, vayáis bien dirigidos. (15) Y (ha colocado) señales. Y ellos se guían con las estrellas. (16)

¿Acaso Quien crea es como quien no crea? ¿Es que no os dejaréis amonestar? (17)

Si trataseis de enumerar las mercedes de Dios no podríais contabilizarlas. En verdad, Dios es perdonador, misericordiosísimo con los creyentes (18) y Dios conoce los que ocultáis y lo que manifestáis. (19)

Y aquellos a quienes ellos ruegan aparte de Dios no han creado nada sino que han sido creados. (20) Están muertos, no vivos, y no se darán cuenta en qué momento serán resucitados. (21)

Vuestro dios es un dios Único.
Pero los corazones de quienes no creen en la otra vida niegan y ellos son arrogantes. (22)

No hay duda que Dios conoce lo que ocultan y lo que manifiestan. En verdad, Él no ama a los arrogantes. (23)

Y si se les dice: «¿Qué ha hecho descender vuestro Señor?», dicen: «¡Fábulas de los primitivos!» (24)

Portarán su pesada carga completa el Día del Levantamiento y la carga de aquellos a quienes, por su falta de conocimiento, ellos desviaron. ¡Observad que mala carga portarán! (25)

Quienes vivieron antes que ellos maquinaron, pero Dios debilitó su edificio desde los cimientos y el techo cayó sobre ellos desde lo alto y el castigo les vino sin que se dieran cuenta de cómo ni de dónde. (26)

Luego, el Día del levantamiento, Él les avergonzará y les dirá: «¿Dónde están Mis socios sobre los que no os poníais de acuerdo?»[1]

Aquellos a quienes les fue dado el conocimiento dirán: «En verdad, hoy la vergüenza y la desgracia son para los que no tienen fe.» (27)

Aquellos que cuando los ángeles vienen a tomar sus almas mientras ellos están oprimiéndose a sí mismos se muestran humildes y sumisos: «¡No hacíamos nada!»[2]

¡Claro que sí! ¡Dios sabe muy bien lo que hacíais! (28)

¡Entrad por las puertas del Infierno en el que estaréis eternamente!

¡Qué mala es la morada final de los arrogantes! (29)

Y a quienes fueron temerosos se les dirá: «¿Qué fue lo que hizo descender vuestro Señor?» Ellos dirán: «El bien.»

Quienes hayan hecho el bien en esta vida obtendrán bien, pero, sin duda, la morada de la Otra es mejor aún.

¡Qué bendición la morada de los temerosos! (30)

Entrarán en los Jardines del Edén, de cuyas profundidades brotan los ríos. Allí hay para ellos todo lo que deseen.

Así es como Dios recompensa a quienes son temerosos. (31) Aquellos a quienes los ángeles vienen a tomar sus almas y, encontrándoles de conducta pura, les dicen: «La Paz sobre vosotros. Entrad en el Jardín por lo que hacíais.» (32)

¿Qué esperan sino que vengan a ellos los ángeles[3] o que llegue a ellos la orden de tu Señor?[4]   Lo mismo hicieron quienes vinieron antes de ellos.[5] Y Dios no les oprimió sino que ellos mismos fueron quienes se oprimieron. (33) Sufrieron las consecuencias de sus malas acciones y les alcanzó el castigo del que se burlaban. (34)

---

[1] Con los que sólo adoraban a Dios. *Al-Mizan*, t. XII, p. 339.

[2] Este versículo viene para detallar quienes son aquellos que no tienen fe, citados al final del versículo anterior: «Aquellos a quienes los ángeles de la muerte sorprenden mientras están oprimiendo a sus propias almas, al negar la Verdad en la que fueron creados, y a los que su arrepentimiento, al comprobar la evidencia de la Verdad que negaban, les llegará demasiado tarde.» Cfr. *Al-Mizan*, t. XII, p. 341.

[3] Cuando los ángeles descienden es para ejecutar las ordenes que portan de manera inmediata, por tanto, la frase «Que vengan a ellos los ángeles» quiere decir: «Que vengan a ellos los ángeles con un castigo que les destruya de manera inmediata y total», tal como vimos en el versículo 8 de la *Sura Al-Hichr*: «No hacemos descender a los ángeles excepto con la Verdad y entonces no tendrán que esperar.» *Al-Mizan*, t. XII, p. 345.

[4] «La orden de tu Señor» quiere decir «El Día del Juicio Final.» *Al-Mizan*, t. XII, p. 346.

[5] Es decir: "También negaron la Verdad y se burlaron de ella." *Al-Mizan*, t. XII, p. 346.

16. LA ABEJA — PARTE 14

Y los idólatras dicen: «Si Dios hubiera querido no habríamos adorado nada aparte de Él, ni nosotros ni nuestros padres, ni habríamos declarado nada prohibido sin Su permiso.»

Eso mismo hicieron quienes les precedieron.

¿Acaso la responsabilidad de los Mensajeros es otra que transmitir el mensaje claro? (35)

Ciertamente, Nosotros enviamos a cada comunidad un Mensajero: «¡Adorad a Dios y abandonad los ídolos!»

Hubo algunos de ellos a quienes Dios guió y otros que merecieron el extravío.

¡Viajad, pues, por la Tierra y ved cuál fue el final de los desmentidores! (36)

Te gustaría guiarles, pero, en verdad, Dios no guía a quienes ha desviado. Y no tendrán quien les auxilie. (37)

Y juran por Dios con solemnes juramentos que Dios no resucitará a quien esté muerto.

¡Pues sí! Es una promesa que Él se ha impuesto, aunque la mayoría de las personas no saben, (38) para mostrarles claramente aquello sobre lo que tenían diferentes opiniones y para que quienes no creen sepan que eran unos mentirosos. (39)

En verdad, cuando Nosotros deseamos que algo exista, simplemente le decimos: «¡Sé!» y es. (40)

Y a quienes emigraron por Dios después de haber sido oprimidos les proporcionaremos una buena situación en esta vida y la recompensa de la Otra será mayor. ¡Si ellos supieran! (41) Esos que fueron pacientes y confiaron en su Señor.[1] (42)

---

[1] Algunos exégetas han considerado que estos dos versículos fueron revelados cuando un grupo de musulmanes, tales como Bilal, 'Ammar Yasir, Shuhayb y Jubbab, después de aceptar el Islam en La Meca fueron sometidos a fuertes presiones y tras la emigración del Profeta ellos también emigraron a Medina. Shuhayb, que era un hombre anciano, se entrevistó con los idólatras que gobernaban en La Meca y les dijo: «Soy un viejo y a vosotros no os reporta ningún beneficio el que yo permanezca aquí. Tomad mis bienes y dejadme ir a Medina.» Ellos aceptaron y Shuhayb les dio todas sus propiedades y emigró junto al Profeta. Algunos se burlaron de él diciendo: «¡Vaya negocio que has hecho!» y fue en esa circunstancia que estos versículos fueron revelados. *Nemune*, t. XI, p. 235-236.

Y, antes de ti, solamente hemos enviado hombres[1] a los cuales Nosotros revelamos -preguntad a la gente del recuerdo[2] si no sabéis-(43) las pruebas claras y las Escrituras Sagradas.[3] E hicimos descender para ti el Recuerdo[4] para que puedas aclarar a la gente lo que fue hecho descender para ellos (anteriormente) y para que, quizás así, reflexionen. (44)

¿Acaso quienes planearon el mal están a salvo de que Dios haga que la tierra les trague o que les llegue el castigo sin que se den cuenta por dónde? (45) ¿O que les alcance en plena actividad sin que puedan evitarlo? (46) ¿O que les alcance de manera que les vaya atemorizando cada vez más?

En verdad, tu Señor es piadoso, misericordiosísimo con los creyentes. (47)

¿Acaso no ven que todas las cosas que Dios ha creado desplazan sus sombras a derecha e izquierda en prosternación ante Dios y son humildes? (48) Y para Dios se prosterna cuanto animal y ángel hay en los cielos y en la Tierra y no son arrogantes. (49) Temen a su Señor, que está por encima de ellos y hacen lo que se les ha ordenado. (50)

Dice Dios: «¡No toméis dos dioses! ¡En verdad, Él es un dios Único! Así pues ¡Temedme sólo a Mí!» (51) A Él pertenece lo que hay en los cielos y en la Tierra y Suya es la creencia inmutable ¿Vais, pues, a temer a otro que a Dios? (52)

No poseéis don alguno que no proceda de Dios, por ello, cuando os aqueja un mal os refugiáis en Él. (53) Luego, cuando Él elimina el mal que os aquejaba, algunos de los vuestros asocian falsos dioses a su Señor. (54)

---

[1] Una de las objeciones más frecuentes de los idólatras es: «¿Por qué Dios no ha enviado ángeles para transmitir Su mensaje?» o «¿Por qué el Mensajero no viene acompañado de una legión angélica que le de poder para imponerse sobre ellos?» A lo que Dios les contesta: «Siempre he enviado hombres como vosotros para transmitiros Mi mensaje.» Así es, hombres como ellos, con los mismos deseos y necesidades que ellos, para que no puedan luego pretextar que no pueden seguir su ejemplo porque no son seres humanos como ellos. Cfr. *Nemune*, t. XI, p. 241.

[2] Por «gente del recuerdo» se refiere aquí a la gente sabia e informada y si la mayoría de los exegetas coránicos han dicho que se refiere a los doctores de la ley judíos y cristianos no ha sido con ánimo reduccionista, sino por concordancia con el marco en el que se produce, pues el versículo hace referencia a los enviados y profetas anteriores. *Nemune*, t. XI, p. 241.

[3] «Las pruebas claras» es decir: los milagros y pruebas que demuestran que los Mensajeros han sido enviados por Dios y «las *Escrituras* Sagradas» los textos que recogen el mensaje divino transmitido a través de esos Mensajeros. *Nemune*, t. XI, p. 242.

[4] El Sagrado *Corán. Nemune*, t. XI, p. 240.

Ocultando lo que Nosotros les hemos otorgado.

¡Disfrutad, pues! ¡Pronto vais a saber! (55)

Atribuyen a lo que no conocen parte de aquello que Nosotros les hemos proveído.[1]

¡Por Dios, que seréis interrogados sobre lo que inventabais! (56)

Y atribuyen a Dios las hijas ¡Glorificado sea! y a ellos mismos lo que desean.[2] (57)

Y cuando a alguno de ellos se le anuncia la buena nueva de una hembra su rostro se ensombrece y se llena de pesar. (58) Se aparta de la gente por el mal que se le ha comunicado ¿Se quedará con ella a pesar de la humillación o la ocultará bajo tierra?

¡Observad qué mal juzgan! (59)

Quienes no creen en la otra vida poseen malos atributos y a Dios pertenecen los atributos más elevados y Él es el Poderoso, el Sabio. (60)

Si Dios diese a las gentes lo que se merecen por sus injusticias no dejaría un ser vivo sobre ella,[3] pero se lo pospone hasta una fecha señalada y cuando llegue su plazo no podrán retrasarlo ni una hora, ni tampoco adelantarlo. (61)

Atribuyen a Dios lo que ellos aborrecen[4] y proclaman con sus lenguas la mentira de que ellos obtendrán el bien. No hay duda de que para ellos será el Fuego y que serán los primeros en ser enviados a él. (62)

Juro por Dios que enviamos [Mensajeros] a las comunidades anteriores a ti, pero Satanás les embelleció su [mal] comportamiento y hoy él es su amigo y protector. Y les aguarda un castigo doloroso. (63)

Y Nosotros no te enviamos la *Escritura* sino para que les expliques claramente aquello sobre lo que tienen diferencias y como una guía y una misericordia para la gente que es creyente. (64)

---

[1] Es decir: «Atribuyen a los falsos dioses, de los que ignoran que no pueden beneficiarles ni perjudicarles, parte de lo que Nosotros les hemos otorgado.» *Al-Mizan*, t. XII, p. 396.

[2] Es decir, los hijos. Los idólatras, entre los ídolos que adoraban, tenían varias diosas y decían de ellas que eran las hijas de Dios y también consideraban que los ángeles eran femeninos, así pues el sentido del versículo es: «Lo que para vosotros no es deseable, en cambio, lo consideráis aceptable para Dios.» *Al-Mizan*, t. XII, p. 397-398.

[3] Sobre la superficie de la Tierra. *Nemune*, t. XI, p. 278.

[4] Es decir: «El que les nazcan hijas.» *Nemune*, t. XI, p. 279.

Y Dios hace descender agua del cielo y con ella da vida a la tierra después de haber estado muerta. En verdad, en ello hay un signo para la gente que escucha. (65)

Y, en verdad, en el ganado hay una enseñanza.

Os damos de beber, de lo que llevan en su interior entre heces y sangre, leche pura, grata para los bebedores. (66)

Y (os damos) de los frutos de las palmeras y de las vides, de los cuales obtenéis embriagante y una buena provisión.

En verdad, en ello hay una señal para gente que razona. (67)

Y tu Señor reveló a la abeja: «Pon tu casa en las montañas y en los árboles y en lo que construyen.[1] (68) Luego, come de todos los frutos y transita sumisa los caminos de tu Señor.»

De su vientre sale una bebida de diferentes colores en la que hay una cura para la gente.

En verdad, en ello hay una señal para gente que piensa. (69)

Y Dios os crea y luego se lleva vuestra alma[2] y a algunos de vosotros les hace llegar a una edad tan avanzada que después de haber sabido no saben nada.

En verdad, Dios es Quien todo lo sabe, poderoso. (70)

Y Dios favorece a algunos de vosotros con más provisión que a otros, pero quienes fueron favorecidos no están dispuestos a dar de su provisión a sus siervos de manera que se igualen en ello.[3]

¿Rechazan, pues, las bendiciones de Dios? (71)

Y Dios os ha dado esposas de vuestra misma especie y os ha dado, de vuestra esposas, hijos y nietos[4] y os ha provisto de cosas buenas y puras.

¿Creerán en lo falso y no creerán en las bendiciones de Dios? (72)

---

[1] En los panales que los hombres construyen. *Al-Mizan*, t. XII, p. 416.
[2] En el momento de la muerte.
[3] Es decir: «Hasta que sus medios de vida y los propios sean semejantes.» *Nemune*, t. XI, p. 310.
[4] Y de vuestros hijos, nietos.

Y adoran, aparte de Dios, lo que no posee provisión para ellos de nada de lo que hay en los cielos o en la Tierra y no pueden.¹ (73)

Así pues, no comparéis a Dios con nada. En verdad, Dios sabe y vosotros no sabéis. (74)

Pone Dios el ejemplo de un siervo esclavo que no tiene poder sobre nada y otro a quien Nosotros hemos provisto de un buen sustento y que reparte de ello secreta y abiertamente.
¿Son iguales?
¡Alabado sea Dios!
Pero la mayoría de ellos no saben.² (75)

Y pone Dios el ejemplo de dos hombres, uno de ellos es mudo de nacimiento y no tiene poder sobre nada y es una carga para su amo. A cualquier asunto al que le envía no le trae nada bien ¿Serán iguales él y quien ordena la justicia y está sobre un camino recto? (76)

Y a Dios pertenece lo que está oculto a los sentidos en los cielos y en la Tierra y la orden de la Hora es como un parpadeo o más próxima aún.³ En verdad, Dios tiene poder sobre todas las cosas. (77)

Y Dios os ha hecho salir del interior de vuestras madres sin tener conocimiento de nada y os ha dado el oído, la vista y el intelecto,⁴ puede que, así, seáis agradecidos. (78)

¿Acaso no han visto a las aves suspendidas en el aire del cielo? Nadie las sostiene excepto Dios. En verdad, en ello hay señales para gente que tiene fe. (79)

---

¹ Y no solamente no poseen nada de ello, sino que no tienen poder para crearlo y, por tanto, no pueden proveerles de nada de lo que los seres humanos necesitan para su sustento cotidiano. *Nemune*, t. XI, p. 322.

² Pero la mayoría de los idólatras no saben que todas las bendiciones que tienen provienen de Dios. *Al-Mizan*, t. XII, p. 434.

³ Es decir: «La orden que provoque la llegada del Día del Juicio es tan fácil para Dios y lo puede hacer realidad tan rápidamente como un parpadeo o más aún.» *Al-Mizan*, t. XII, p. 441.

⁴ *Af'ida* es el plural de *fu'ad* que significa corazón e intelecto. Y el versículo se refiere al conocimiento adquirido (*husuli*), no al conocimiento innato (*huduri*), por ello hace referencia a las fuentes de estos conocimientos que son la vista y el oído, ya que el resto de los sentidos son secundarios respecto a estos dos, y al corazón, que es la fuente de la confirmación y el intelecto. *Al-Mizan*, t. XII, p. 452.

Y Dios ha dispuesto para vosotros vuestras casas para el reposo y la tranquilidad y ha dispuesto, de las pieles del ganado, casas que os resulten ligeras el día en que tengáis que partir y el día que tengáis que acampar, y de su lana, su pelo y su crin, enseres domésticos y vestidos para disfrute durante un tiempo.[1] (80)

Y Dios dispuso para vosotros, de aquello que Él ha creado, sombra, refugios en las montañas y vestimentas que os protejan del calor (y del frío) y vestimentas que os protejan de vuestra violencia.[2] De esa manera, Él completa Su bendición sobre vosotros para que así, quizás, os sometáis. (81)

Pero, si te dan la espalda, en verdad, tu responsabilidad es únicamente transmitir el mensaje claro. (82)

Ellos conocen la bendición de Dios pero la niegan. La mayoría de ellos no tienen fe. (83)

Y [recordad] el día en que designaremos un testigo de cada comunidad y no se dará permiso a quienes no hayan tenido fe[3] y no podrán buscar el perdón de Dios. (84)

Y cuando, quienes fueron opresores, vean el castigo, no se les atenuará ni se les hará esperar. (85)

Y cuando, quienes fueron idólatras, vean a sus ídolos, dirán: «¡Dios nuestro! ¡Esos son los que asociábamos a Ti! ¡Aquellos a los que adorábamos en lugar de adorarte a Ti!»

Entonces sus ídolos les dirán: «¡En verdad, vosotros sois unos mentirosos!» (86)

Ese día, ellos se someterán a Dios y se alejará de ellos lo que inventaron.[4] (87)

---

[1] El tiempo que permanezcáis en este mundo. *Al-Mizan*, t. XII, p. 450.

[2] Se refiere a las armaduras que protegen a los hombres de las heridas en la guerra. *Al-Mizan*, t. XII, p. 456.

[3] No tendrán permiso para hablar, pues sus manos y sus pies, sus ojos y sus oídos y hasta la piel de su cuerpo y los lugares en los que estuvieron hablarán por ellos y darán testimonio de sus actos. *Nemune*, t. XI, p. 354.

[4] Ese día ellos se someterán a Dios, mientras que siempre que en esta vida se les llamó a someterse se mostraron altivos y llenos de orgullo. Por tanto, en ese momento en el que la Verdad se haya hecho evidente, su sometimiento no les servirá de nada y los falsos dioses que ellos mismos inventaron desaparecerán. Cfr. *Al-Mizan*, t. XII, p. 462.

A quienes no creen y ponen dificultades en el camino de Dios les añadiremos castigo sobre castigo por haber corrompido. (88)

Y el día que designemos un testigo de cada comunidad, escogido de entre ellos mismos y que de testimonio sobre ellos, te traeremos a ti como testigo sobre éstos.¹

Hicimos descender sobre ti la *Escritura* que explica claramente todas las cosas y que es guía, misericordia y buena nueva para los sometidos. (89)

En verdad, Dios ordena la justicia, el bien y la generosidad con los familiares y prohíbe la indecencia, los malos actos y la opresión. Él os amonesta para que, quizás así, reflexionéis. (90)

Y, cuando concertéis un pacto con Dios, sed fieles al pacto y no rompáis vuestros juramentos después de haberlos ratificado y haber puesto a Dios por garante vuestro. En verdad, Dios sabe lo que hacéis. (91)

Y no seáis como aquella que destruía lo que había hilado después de haberlo tejido fuertemente, usando vuestros juramentos para defraudaros, pretextando que una comunidad es mayor y más fuerte que la otra.²

Verdaderamente, con ello Dios os pone a prueba y, sin duda, el Día del Levantamiento Él os aclarará aquello sobre lo que manteníais diferencias. (92)

Si Dios hubiera querido habría hecho de vosotros una sola comunidad, pero extravía a quien Él quiere y guía a quien Él quiere y seréis interrogados sobre lo que hacíais. (93)

---

¹ Este versículo conecta con el versículo 84 de este mismo capítulo y amplia la información sobre ese día. *Nemune*, t. XI, p. 359. Y la razón de que Dios designe a un testigo salido de esa misma comunidad es para que su testimonio sea más detallado y terminante y nadie pueda poner ninguna excusa falsa. Y, por «estos» en la frase «te traeremos a ti como testigo sobre estos» se refiere a la comunidad del profeta Muhammad y a todas las personas para las que fue designado profeta, desde su época hasta el Día del Levantamiento. Tanto sus contemporáneos como los que vinieron después, estuvieran presentes en la época del Profeta o ausentes, forman parte de su comunidad y él será testigo sobre todos ellos. Cfr. *Al-Mizan*, t. XII, p. 465.

² El gran exegeta coránico Ṭabrisi en su obra *Machma al-Bayan*, en el comentario a estos versículos, escribe: «Cuando los musulmanes eran aún un grupo pequeño y los enemigos del Islam eran numerosos y poderosos, algunos creyentes, debido precisamente a esta diferencia y al sentimiento de encontrarse solos, rompieron su juramento de fidelidad al Profeta y le abandonaron. En estas circunstancias descendieron estos versículos llamándoles la atención.» *Nemune*, t. XI, p. 376.

Y no uséis vuestros juramentos para defraudaros entre vosotros de manera que vacile vuestro paso después de haber sido firme y probéis la desgracia por apartaros del camino de Dios y sufráis un castigo inmenso. (94)

Y no vendáis el pacto de Dios por poco precio.

En verdad, lo que hay junto a Dios es mejor para vosotros. Que lo sepáis. (95)

Lo que vosotros poseéis perece y lo que hay junto a Dios permanece.

Y a quienes sean pacientes les recompensaremos conforme a lo mejor que hacían.[1] (96)

A quien obre rectamente, sea hombre o mujer, y sea creyente, le haremos vivir una vida buena.[2] Y les recompensaremos conforme a lo mejor que hacían. (97)

Y cuando recitéis el Corán buscad la protección de Dios de Satanás el expulsado.[3] (98)

En verdad, él no tiene autoridad sobre quienes son creyentes y confían en su Señor. (99)

En verdad, él tiene poder sobre quienes le toman por amigo y sobre quienes le adoran como si fuese Dios. (100)

Y cuando cambiamos un versículo por otro[4] -y Dios es Quien mejor sabe lo que hace descender- ellos dicen: "¡En verdad, tú lo has inventado!" Pero la mayoría de ellos no saben. (101)

Di: «Lo ha bajado el Espíritu Santo, procedente de tu Señor, por medio de la Verdad, para consolidar a los que creen y como guía y buena nueva para los musulmanes.» (102)

---

[1] Es decir: «Dios dará a todos los buenos actos de quienes fueron pacientes la recompensa que merezcan los mejores actos que hayan realizado.» *Nemune*, t. XI, p. 388.

[2] La sintaxis de esta frase indica que Dios hace vivir a los creyentes que obran rectamente una vida nueva que no ha dado a los que no son creyentes. No que les mejore la misma vida que ha dado a todos, sino que le hace nacer a un tipo nuevo de vida, mejor cualitativamente, como indica el versículo 6:122: «¿Acaso quien estaba muerto y Nosotros le dimos la vida y pusimos para él una luz con la que caminar entre la gente es igual que quien está en las tinieblas sin poder salir de ellas?» *Al-Mizan*, t. XII, p. 491-492.

[3] *Istiada* significa «búsqueda de protección». Por ello, lo que significa este versículo es: «Cuando vayas a leer el Corán pide a Dios que, mientras estés ocupado con su lectura, te proporcione un estado y una disposición de corazón y de alma apropiada para comprenderlo adecuadamente.» O se te ordena que, mientras estés ocupado con la lectura del Corán, mantengas en tu corazón ese sentimiento de buscar el refugio de Dios frente a la seducción de Satanás, no que digas con tu lengua: «Me refugio en Dios de Satanás el expulsado» pensando que la frase misma es el refugio o que es una mera formula de cortesía previa a la recitación de Corán, pues Dios Altísimo no ha dicho: «Cada vez que vayas a recitar el Corán di: Me refugio en Dios ...» sino «Cada vez que vayas a recitar el Corán busca el refugio de Dios...» *Al-Mizan*, t. XII, p. 494-495.

[4] Se refiere a los versículos que abrogan una disposición establecida por otro versículo revelado anteriormente.

Nosotros bien sabemos que ellos dicen: «En verdad, es un ser humano quien le instruye.»[1]

La lengua de aquel a quien ellos se refieren no es árabe y ésta es una lengua árabe clara. (103)

En verdad, Dios no guía a quienes no creen en las señales de Dios y sufrirán un castigo doloroso. (104)

Los que inventan esta mentira son quienes no creen en las señales de Dios y ellos son los mentirosos. (105)

Quienes renieguen de Dios después de haber creído -no quien se ve obligado a ello pero su corazón permanece seguro en la fe- sino quienes abran su pecho a la incredulidad, sufrirán la ira de Dios y tendrán un castigo inmenso.[2] (106) Eso será por haber preferido esta vida a la Otra y porque Dios no guía a la gente que no tiene fe. (107) Aquellos a quienes Dios a cerrado sus corazones, sus oídos y su vista. Ellos son los negligentes.[3] (108) No hay duda de que en la otra vida serán los perdedores. (109)

Luego, tu Señor, con quienes emigraron después de haber sido perseguidos y combatieron y fueron pacientes, después de todo ello, será perdonador, misericordiosísimo (110)

---

[1] Otra de las calumnias que inventaron los poderosos de La Meca que no creían en la condición profética fue que el Corán no era revelación divina sino la enseñanza que el Mensajero recibía de un hombre versado en cuestiones religiosas. Dios les responde en los tres versículos siguientes, diciendo: «Si decís que alguien le dicta el texto del Corán, sabed que ese en quien vosotros pensáis no habla la lengua árabe. Si decís: No le dicta el texto, sino que le enseña los asuntos y él luego lo expone en lengua árabe pura y dice que lo ha recibido de Dios, sabed que si el Mensajero obrase así, él mismo no tendría fe en lo que dice y entonces Dios no le guiaría, ya que Dios no guía a quienes no creen en Sus palabras. Pero es evidente que sí cree en lo que dice y actúa en consecuencia con ello, por tanto, no lo inventa, ya que sólo quienes no creen en los signos de Dios inventan mentiras y se las atribuyen a Dios. Por tanto, este Corán no es una invención del Profeta, ni algo aprendido de otro hombre, sino revelación de Dios Altísimo.» Cfr. *Al-Mizan*, t. XII, p. 500-501.

[2] Se recoge de Ibn Abbas que, cuando el Profeta emigró a Medina, los poderosos de La Meca apresaron a varios de sus seguidores y les sometieron a torturas. Entre ellos estaban Bilal, y Ammar y los padres de éste, Yaser y Sumaya. Fueron torturados para obligarles a renegar del Islam y Sumaya murió mártir a manos de ellos. Su hijo Ammar era un joven y cedió ante sus torturas y dijo lo que ellos le pedían, tras lo cual, todos fueron liberados. Ammar se sentía muy mal por lo que había hecho, pero cuando llegaron a Medina, descendió este versículo. Cfr. *Al-Mizan*, t. XII, p. 515.

[3] Al haber optado por esta vida material, han cerrado su corazón, sus oídos y sus ojos y no prestan atención a las cuestiones espirituales, que están más allá de la vida material y que es en lo que consiste la otra vida. Cfr. *Al-Mizan*, t. XII, p. 511.

el Día en que cada alma esté ocupada en defenderse a sí misma y en que cada ser reciba la recompensa por lo que hizo. Y no serán tratados injustamente. (111)

Dios pone el ejemplo de una ciudad que vivía segura y tranquila y a la que llegaba abundante provisión de todos los lugares, pero no creyeron en las bendiciones de Dios y Dios les hizo probar el vestido del hambre y el temor por lo que hacían. (112)

Y, ciertamente, vino a ellos un Mensajero de entre ellos mismos y le desmintieron y el castigo les alcanzó, pues eran opresores.[1] (113)

Comed, pues, de lo lícito y puro que Dios os ha proveído y agradeced la bendición de Dios si es sólo a Él a Quien adoráis. (114)

En verdad, Él os ha prohibido la carroña y la sangre, la carne del cerdo y la de aquello que se ha sacrificado a otro distinto de Dios.

Pero con quien se vea obligado,[2] no por extravagancia o por transgredir, Dios será, en verdad, perdonador, misericordiosísimo. (115)

Y no digáis, calificando falsamente con vuestras lenguas: «Esto es lícito y esto es ilícito», atribuyendo a Dios cosas que son mentira.[3]

En verdad, quienes atribuyan a Dios cosas que son mentira no tendrán éxito. (116) Obtendrán un disfrute pequeño y un castigo doloroso. (117)

Y a los judíos les hicimos ilícito lo que ya te hemos relatado antes[4] y Nosotros no fuimos injustos con ellos, sino que ellos mismos oprimieron sus propias almas. (118)

---

[1] Algunos han dicho que este no es un ejemplo general, sino que se refiere a la ciudad de La Meca, a la que Dios hizo pasar siete años de escasez y hambre, pues, después de que Dios les favoreció con Sus bendiciones, Le negaron y después de que les envió un profeta de entre ellos mismos y al que conocían bien, le desmintieron y, por una maldición del Profeta, sus caravanas fueron atacadas y Dios se disgustó con ellos. Esta opinión se encuentra recogida en *Machma al-Bayan*, atribuida a Ibn Abbas, Muyahid y Qutada. *Al-Mizan*, t. XII, p. 522.

[2] Quien se vea obligado a comer de esas cosas que Dios ha prohibido. Cfr. *Corán*, 2:173; 5:3 y 6:145.

[3] Esta frase va dirigida a los creyentes y su intención es impedir las innovaciones en las creencias, calificando de lícito o ilícito cosas que Dios no ha calificado así y que no han sido reveladas. *Al-Mizan*, t. XII, p. 526.

[4] Cfr. *Corán*, 6:146

Con quienes hicieron el mal por ignorancia, luego, tras ello, se arrepintieron y rectificaron, tu Señor, en verdad, será perdonador, misericordiosísimo. (119)

Verdaderamente, Abraham era una nación, obediente a Dios, buscador de la Verdad y nunca fue uno de los idólatras. (120)

(Por ser) Agradecido a Sus mercedes, Dios le escogió y le guió a un camino recto (121)

Y Yo le di lo bueno en esta vida y, en verdad, en la otra será de los Rectos.[1] (122)

Luego, te revelamos: «Sigue las creencias de Abraham, el buscador de la Verdad, que no nunca fue uno de los idólatras.» (123)

En verdad, el Sabat[2] fue establecido solamente para aquellos que discrepaban sobre ello y, en verdad, tu Señor juzgará entre ellos, el Día del Levantamiento, sobre aquello en lo que discrepaban. (124)

Invita al camino de tu Señor con sabiduría y buenas palabras y discute con ellos de la mejor manera.

En verdad, tu Señor es Quien mejor conoce quién se extravía de Su camino y Él es Quien mejor conoce o los bien guiados. (125)

Y si castigáis, castigad en la misma medida en que fuisteis castigados, pero si sois pacientes, eso es mejor para quien sea paciente. (126)

Se paciente, pero no podrás ser paciente si no es por Dios. Y no te entristezcas por ellos[3] ni te preocupes por sus intrigas. (127) En verdad, Dios está con quienes son temerosos y con quienes hacen el bien. (128).

---

[1] Cfr. *Corán*, 2:130 y nota al pie.

[2] La palabra *sabt* significa originalmente «corte» y se ha dicho que Dios altísimo inició la Creación un domingo y la concluyó en seis días y el séptimo paró su Creación y, por esa razón, llamó al sábado «*sabt*». El hecho es que Dios no estableció el sábado para los judíos como día de descanso, por eso dice estableció el *sabt* «sobre» ('ala) los judíos y no «para» (li) los judíos, sino como una prueba y un examen (cf. 7:163). Y con la frase «Discrepaban sobre ello» se refiere a algunas de las disposiciones legales relativas al sábado, ya que algunos de los Hijos de Israel las aceptaron y otros no y un tercer grupo hizo una trampa, como se vio en los capítulos 2, 4 y 7. Cfr. *Al-Mizan*, t. XII, p. 530.

Por tanto, el significado del versículo sería: «No hay duda que el *sabt* fue establecido para los judíos como festivo para dedicarlo a la adoración y como una prueba de obediencia a las órdenes de Dios y, después de establecerlo como un principio de la ley, discreparon sobre ello. Algunos lo aceptaron y otros no y un tercer grupo lo aceptó aparentemente, pero en secreto ingeniaron una trampa para poder capturar los peces que se acercaban a la orilla. Y el Día del Juicio Final Dios juzgará sobre aquello en lo que no se ponían de acuerdo.» Cfr. *Al-Mizan*, t. XII, p. 531-532.

[3] Por quienes no tienen fe. *Al-Mizan*, t. XII, p. 538.

Parte 15

Capítulo 17

El viaje nocturno[1]

En el nombre de Al.lah, el Clementísimo, el Misericordiosísimo.

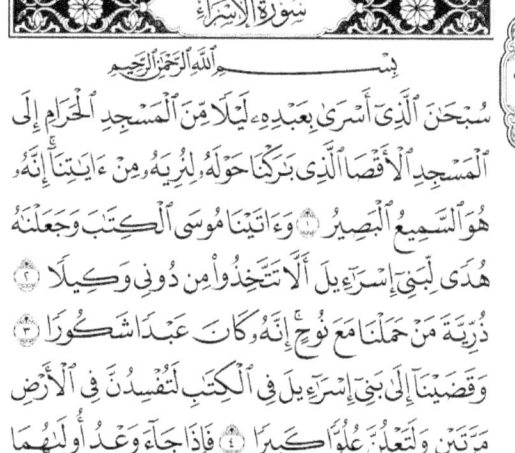

Glorificado sea Quien hizo viajar una noche a Su siervo,[2] para hacerle ver algunas de Nuestras señales, desde la Mezquita Sagrada a la Mezquita Mas Lejana,[3] cuyo entorno Nosotros bendijimos. En verdad, Él es Quien todo lo oye, Quien todo lo ve. (1)

Y dimos a Moisés la *Escritura* y la pusimos como una guía para los Hijos de Israel: «No toméis protector aparte de Mí, (2) descendientes de quienes Nosotros transportamos con Noé. En verdad, él era un siervo agradecido.» (3)

Y anunciamos a los hijos de Israel en la *Escritura*:[4] «Ciertamente, corromperéis la tierra[5] dos veces y ejerceréis una gran tiranía. (4) Y cuando la primera promesa se cumpla, enviaremos contra vosotros a Nuestros siervos dotados de un gran poder que os buscarán en el interior de las casas. Es una promesa terminante.» (5)

Luego os dimos el turno (de imponeros) sobre ellos e incrementamos vuestra riqueza e hijos e hicimos de vosotros un grupo más numeroso. (6)

En verdad, si hacéis el bien lo haréis en vuestro propio beneficio y si hacéis el mal lo haréis en vuestro propio perjuicio.

Y, cuando se cumpla la otra promesa, vuestros rostros reflejarán la tristeza y el miedo y entrarán en la Mezquita[6] como entraron la primera vez y destruirán todo lo que caiga en su poder. (7)

---

[1] El capítulo toma su nombre del primer versículo. También es conocido como *Sura de Bani Israil* por las referencias que hace a ellos al principio y al final de este capítulo y porque en las tradiciones proféticas que hablan de las bendiciones de este capítulo siempre es citado por este nombre. También es conocido como *Sura Subhan* por referencia a la primera palabra con la que comienza este capítulo. *Nemune*, t. XII, p. 3.

[2] El profeta Muhammad.

[3] Es decir: «Desde La Meca a Jerusalén, que fue la primera parte del viaje a los cielos del Profeta.» *Nemune*, t. XII, p. 7.

[4] En la Torá o Pentateuco. *Al-Mizan*, t. XIII, p. 50.

[5] Se refiere a la tierra de Palestina y sus alrededores. *Al-Mizan*, t. XIII, p. 50.

[6] El Templo de Jerusalén. *Al-Mizan*, t. XIII, p. 45.

Puede que vuestro Señor tenga misericordia de vosotros, pero si reincidís Nosotros reincidiremos y hemos puesto el Infierno como prisión para los que niegan la Verdad. (8)

En verdad, este Corán guía a lo que es más firme y anuncia a los creyentes que obran rectamente que hay para ellos una gran recompensa (9) y que hemos preparado para quienes no creen en la Otra Vida un castigo doloroso. (10)

El hombre busca el mal lo mismo que busca el bien. El hombre es precipitado. (11)

Y hemos puesto la noche y el día como dos señales. Ocultamos la señal de la noche y hacemos visible la señal del día para que busquéis el favor de vuestro Señor y para que conozcáis el número de los años y para el cómputo.

Hemos explicado todas las cosas de manera detallada. (12)

Hemos colocado los actos de cada persona en su cuello[1] y el Día del Levantamiento haremos salir para él un libro que encontrará abierto.[2] (13)

«¡Lee tu libro! ¡Hoy, tú mismo eres suficiente para ajustarte la cuenta!» (14)

Quien se guíe, en verdad, se guía en beneficio propio y quien se extravíe, en verdad, se extravía en su propio perjuicio.

Nadie portará la carga de otro[3] y no castigamos sin haber enviado previamente un Mensajero. (15)

Cuando queremos destruir una ciudad, damos órdenes a los favorecidos de ella y entonces ellos transgreden.[4] Se cumple así la palabra decretada y la destruimos completamente. (16)

¡Cuántos pueblos hemos destruido después de Noé!

Tu Señor se basta para estar informado y ver los pecados de Sus siervos. (17)

---

[1] Lit: «El ave de cada persona.» Se ha recogido en el *Tafsir Nur al-Zaqalayn* que dijo el Imam Al-Sadiq comentando este versículo: «Sea bueno o sea malo, está con él donde él esté y no se separará de él de ninguna manera hasta el día que su libro, que son sus propios actos, le sea puesto en sus manos.» *Al-Mizan*, t. XIII, p. 96.

[2] El libro que recoge los actos de cada persona, cuyo significado permanece oculto en esta vida, pero que se hace evidente en la Otra. Cfr. *Nemune*, t. XII, p. 49.

[3] La pesada carga de los pecados de otro. *Nemune*, t. XII, p. 50.

[4] Es una manera de hablar metafórica pues, como leemos en 7:28: «Dios no ordena jamás cometer lo que es indecente y abominable.» *Al-Mizan*, t. XIII, p. 82.

A quien desee esta vida efímera, Nos apresuraremos a darle de ella lo que queramos, a él y a quien queramos. Luego, le pondremos en el Infierno en el que arderá maldecido, despreciado. (18)

Y quien desee la otra vida y se esfuerce por obtenerla y tenga fe será recompensado por su esfuerzo. (19)

Damos a todos con largueza de los dones de tu Señor. Los dones de tu Señor no se le niegan a nadie. (20)

¡Observa como favorecemos a unos sobre otros![1] ¡Y en la otra vida obtendrán mayor posición y mayores favores! (21)

¡No coloques junto a Dios a otro dios, pues quedarás maldecido, abandonado! (22)

Tu Señor ha decretado que no adoréis nada excepto a Él y que tengáis el mejor comportamiento con vuestros padres.

Si se hace mayor junto a ti uno de ellos o ambos, no les digas «¡Uf!» ni les grites, sino que, más bien, háblales con palabras dulces y tiernas. (23)

Y baja para ellos con misericordia las alas de la humildad y di: «¡Señor mío! ¡Ten misericordia de ellos igual que ellos me cuidaron cuando yo era pequeño!» (24)

Vuestro Señor es Quien mejor conoce lo que hay en vuestras almas. Si os comportáis rectamente, Él perdona a quienes se vuelven a Él arrepentidos. (25)

Y da a los familiares su derecho y a los necesitados y al viajero y no seas derrochador. (26) En verdad, los derrochadores son hermanos de los demonios y el Demonio es desagradecido con su Señor.[2] (27)

---

[1] "En esta vida, por su esfuerzo en el camino del bien." *Nemune*, t. XII, p. 63.

[2] Y se considera derroche el gasto excesivo que se realiza en cosas vanas e innecesarias, pero no el que se realiza para reparar una situación o para ayudar al necesitado, aunque sea mucho lo que en ello se gaste. *Al-Mizan*, t. XIII, p. 111-112.

Y si has de alejarte de ellos buscando la misericordia de tu Señor,[1] háblales con amabilidad. (28) Y no lleves tu mano cerrada a tu cuello ni la extiendas completamente,[2] pues serás censurado y quedarás debilitado. (29)

En verdad, tu Señor proporciona con largueza la provisión o la restringe a quien Él quiere. En verdad, Él está bien informado de Sus siervos, les observa. (30)

Y no matéis a vuestros hijos por miedo a la pobreza. Nosotros les proveeremos y también a vosotros. Verdaderamente, matarlos es un gran pecado. (31)

Y no os acerquéis a la fornicación ni al adulterio. En verdad, eso es una indecencia y un mal camino. (32)

Y no matéis a quien Dios ha prohibido matar, excepto con derecho.

Y si alguien es matado injustamente, daremos poder a su representante, pero que éste no se exceda al matar. En verdad, él ha sido auxiliado.[3] (33)

Y no os acerquéis a las propiedades del huérfano excepto para beneficiarle, hasta que llegue a la mayoría de edad. Y cumplid los contratos, pues se os pedirán cuentas por ello. (34)

Y cuando midáis dad la medida justa y pesad con equidad y exactitud. Eso es lo que está bien y tiene las mejores consecuencias. (35)

Y no vayas tras aquello de lo que no tienes conocimiento.[4] En verdad, del oído, de la vista, del intelecto[5], de todo ello se os pedirán cuentas. (36)

Y no vayas por la Tierra con arrogancia. En verdad, tú no puedes atravesar la Tierra ni alcanzar la altura de las montañas. (37)

El mal que hay en todo ello es detestable para tu Señor. (38)

---

[1] Es decir: «Y si te apartas de ellos sin poder satisfacer su demanda, pero con la esperanza de que tu Señor te favorezca en el futuro...» *Al-Mizan*, t. XIII, p. 113.

[2] Es decir: «No seas tacaño ni excesivamente generoso.» *Nemune*, t. XII, p. 90.

[3] Es decir: «Daremos poder al representante legal del muerto para reclamar la vida del culpable si quiere, o el llamado «precio de la sangre» o, si quiere, para perdonarle. Pero no deberá excederse en el castigo, ensañándose con el culpable o castigando también a otras personas o matando a otros además de al culpable directo. Y debe saber que Nosotros le hemos apoyado y que el culpable no escapará de él de ninguna manera.» *Al-Mizan*, t. XIII, p. 123.

[4] Es decir: «No creas en aquello que desconoces o de aquello que ignoras si es correcto. No hables de lo que no sabes y no hagas aquello de lo que no posees conocimiento.» Ya que obrar con conocimiento de causa es, en verdad, consustancial con la naturaleza humana. *Al-Mizan*, t. XIII, p. 126.

[5] *Fuad*, significa intelecto o corazón, o ambas cosas, ya que el Corán considera que el corazón es el lugar en el que habita el intelecto. Cfr. 16:78 y la nota correspondiente.

Esto es parte de la sabiduría que te ha revelado tu Señor. No pongas, entonces, otro dios junto a Dios, pues caerías en el Infierno, censurado, derrotado. (39)

¿Acaso vuestro Señor os ha dado preferencia, otorgándoos hijos varones y tomando para Sí hijas de entre los ángeles?

Verdaderamente, lo que decís son palabras mayores. (40)

Ciertamente, hemos diversificado la forma de exponer las cosas en este Corán de manera que reflexionen, pero sólo incrementa su rechazo. (41)

Di: «Si hubiese junto a Él otros dioses, como dicen, entonces buscarían un camino hacia el Dueño del Trono.»[1] (42)

¡Glorificado y ensalzado está Él, muy por encima de lo que dicen! (43)

Los siete cielos y la Tierra y quienes en ellos están Le glorifican y no hay cosa alguna que no le glorifique con su forma de glorificar, pero vosotros no comprendéis sus glorificaciones.[2] En verdad Él es indulgente, perdonador. (44)

Y, cuando lees el Corán, ponemos un velo invisible entre tú y quienes no creen en la otra vida. (45) Y hemos puesto sobre sus corazones velos a su entendimiento y endurecido sus oídos y, cuando recuerdas a tu Señor el Único en el *Corán*, se vuelven de espaldas con rechazo. (46)

Nosotros somos quienes mejor conocemos lo que escuchan cuando te escuchan y cuando deliberan en secreto. Cuando los opresores dicen: «Solamente seguís a un hombre embrujado.» (47)

¡Mira a lo que te comparan! Se equivocan y no pueden encontrar el camino. (48)

Y dicen: «¿Acaso cuando seamos sólo huesos y polvo, vamos a ser creados nuevamente?» (49)

---

[1] Es decir: «Buscarían un camino para acceder a la posición de dominio que sólo Dios detenta.» Cfr. *Al-Mizan*, t. XIII, p. 146.

[2] En el *Tafsir Al-Ayashi*, t. II, p. 294 se recoge del Imam Ali Zain al-Abidín que dijo: «El Mensajero de Dios prohibió que se quemase el rostro del ganado y que se les golpease en la cara diciendo: «Porque los animales también glorifican a Dios con sus alabanzas.» Y en la misma obra se recoge que dijo el Imam Al-Sadiq: «Un hombre vino a mi padre (Imam Muhammad al-Baqir) y le preguntó sobre la veracidad de este versículo y le preguntó: "¿También un árbol seco glorifica a Dios? Y mi padre le respondió: 'Sí. ¿Acaso no has oído el ruido que hace la leña seca que tienes en tu casa? Es su alabanza a Dios y dice: 'Glorificado sea Dios en cualquier situación o estado.'» Y en *Dur al-Manzur*, t. IV, p. 183, se recoge que dijo el Mensajero: «Las hormigas glorifican a Dios.» y en la misma obra, t. IV, p. 183, se recoge que dijo: «No matéis a las ranas, pues su croar es su manera de glorificar a Dios.» *Al-Mizan*, t. XIII, p. 166.

Di: «¡Sed piedras o hierro (50) o cualquier criatura que os parezca difícil!»

Dicen: «¿Quién nos hará regresar?»

Di: «El mismo que os creó la primera vez.»

Y moviendo hacia ti sus cabezas con altanería dirán: «¿Cuándo será eso?»

Di: «Puede que sea pronto.» (51)

El día que Él os llame, responderéis alabándole y creeréis que no habéis permanecido más que un poco.[1] (52)

Y di a Mis siervos que hablen de la mejor manera. En verdad, Satanás incita los malos sentimientos entre ellos. Satanás es para la gente un enemigo evidente. (53)

Vuestro Señor es quien mejor os conoce. Si Él quiere tendrá misericordia de vosotros y si quiere os castigará y no te hemos enviado a ellos para que seas su guardián.[2] (54)

Tu Señor es Quien mejor conoce a quienes están en los cielos y en la Tierra. Y, ciertamente, hemos favorecido a unos profetas sobre otros y otorgamos a David los Salmos. (55)

Di: «¡Invocad a quien vosotros suponéis[3] en lugar de Él! Ellos no tienen poder para eliminar vuestras dificultades ni para cambiar vuestra situación.» (56)

Esos mismos a quienes invocan buscan un medio para ver quién de ellos se aproxima más a su Señor y tienen esperanza en Su misericordia y temen Su castigo.

En verdad, el castigo de tu Señor es digno de ser temido. (57)

No hay pueblo que Nosotros no destruyamos antes del Día del Levantamiento o que no castiguemos con un duro castigo. Esto ha sido consignado en la *Escritura*.[4] (58)

---

[1] Y el significado de «Que Él os llame» es la llamada del Más Allá, que hará que todos los seres vuelvan a la vida y la respuesta de la Creación a esa llamada es su misma aceptación de la misma volviendo a la vida y su alabanza será a causa del reconocimiento del poder de Dios que les hace volver a la vida, ya que ese día se desvelan todas las verdades y se comprenderá que, en la sabiduría divina, estaba decretado devolver a la vida a todas Sus criaturas y recompensarlas o castigarlas conforme a sus actos. Y ese día les parecerá que no han permanecido en la tumba sino poco tiempo, es decir, que entre el día de su muerte y el Día del Levantamiento ha transcurrido muy poco. *Al-Mizan*, t. XIII, p. 161.

[2] Es decir: «No te hemos enviado para que tú ¡Oh Muhammad! te sientas obligado a que ellos tengan fe.» *Nemune*, t. XII, p. 157.

[3] "Que son Dios"

[4] En la *Escritura* original conocida como *Al-Lauh al-Mahfud* o «La tabla protegida». *Nemune*, t. XII, p. 167.

Nada nos impidió enviar milagros, excepto el que los antiguos los desmintieran.

Enviamos a Tamud la camella para que abrieran los ojos, pero la trataron injustamente.[1]

Y no enviamos los milagros sino para atemorizar. (59)

Y recuerda cuando te dijimos: «En verdad, tu Señor tiene bajo control a toda la humanidad.»[2]

No pusimos esa visión que te hicimos ver sino como una prueba para la gente, así como el árbol maldito en el *Corán*.[3]

Nosotros les atemorizamos, pero eso sólo incrementa en ellos su rebeldía. (60)

Y recuerda cuando dijimos a los ángeles: «¡Prosternaos ante Adán!» y todos se prosternaron excepto Iblís.

Dijo: «¿Acaso voy a prosternarme ante quien has creado de barro?» (61)

Dijo: «¿Has visto a quién has dado preferencia sobre mí? Si me das de plazo hasta el Día del Levantamiento, destruiré, sin duda, a toda su descendencia, excepto a unos pocos.» (62)

Él dijo: «¡Ve tú y quien de ellos te siga! El Infierno será vuestra recompensa. Una recompensa abundante. (63) Y tienta con tu voz a quien puedas de ellos y dirige contra ellos tu caballería e infantería. Y asóciate a ellos en los bienes y los hijos y hazles promesas.» Pero Satanás sólo promete mentiras. (64)

«En verdad, sobre Mis siervos no posees ningún poder y tu Señor es suficiente para protegerles.» (65)

Vuestro Señor es Quien dirige para vosotros las naves en el mar, para que podáis buscar Su favor. En verdad, Él es misericordiosísimo con vosotros. (66)

---

[1] Es decir: «Lo que nos hace no enviar los milagros que piden los idólatras de Quraysh es que no queremos castigarles igual que castigamos a sus antepasados cuando no pidieron un milagro y, a pesar de que se lo concedimos, no creyeron en la Verdad que sus profetas les traían.» Dios envió al pueblo de Tamud a un profeta salido de entre ellos mismos llamado Saleh. La gente de Tamud pidió a Saleh que hiciese salir una camella de una roca para creer que él era un enviado de Dios y Dios le permitió hacer el milagro. A pesar de ello no creyeron en él y terminaron matando a la camella de Dios, tras lo cual, Dios les castigó severamente. Cfr. *Corán*, 26:141-158. *Al-Mizan*, t. XIII, p. 186 y 187.

[2] Y conoce perfectamente su situación. *Nemune*, t. XII, p. 168.

[3] Se ha dicho que la visión del Profeta fue el propio viaje a los cielos del que habla este capítulo, pero otros han opinado que no fue una visión, sino un viaje en cuerpo y alma. Un grupo de exégetas, entre ellos Fajr al-Razi, Al-Qurtubi y Tabarsi opinan que se refiere a un sueño muy famoso en el que el Profeta vio como un grupo de monos se subía a su púlpito y que significaría la toma del califato por los Omeyas. En cuanto al árbol maldito, algunos han opinado que es el árbol de Zaqqum (Cfr. 37:62), pero otros han dicho que en el Corán ese árbol no aparece maldecido y que se refiere a los Omeya (Cfr. *Corán*, 14:26 y *Tafsir Nur al-Zaqalayn*, t. II, p. 538). *Nemune*, t. XII, p. 172-174.

Y, cuando sufrís un percance en el mar, todos aquellos a los que invocáis desaparecen excepto Él, pero cuando os pone a salvo en tierra firme os apartáis de Él.

La gente carece de fe y es desagradecida. (67)

¿Estáis seguros de que Él no hará que la tierra os trague o de que envíe contra vosotros una tormenta de arena? Entonces, no encontraríais nadie que os protegiera. (68)

O ¿Acaso estáis seguros de que no os devolverá a él[1] otra vez y enviará sobre vosotros un tifón huracanado que os ahogue por no haber tenido fe y ser desagradecidos? Entonces, no encontraríais nadie que reclamase por ello ante Nosotros. (69)

Y, ciertamente, hemos sido generosos con los seres humanos[2] y les hemos llevado por la tierra y el mar y les hemos proveído de cosas buenas y les hemos otorgado una preferencia absoluta sobre muchas cosas de las que hemos creado. (70)

[Recuerda] el día en que convoquemos a cada grupo de gentes con su dirigente.

A quienes les sea entregado su libro en su mano derecha lo leerán y no serán oprimidos en lo más mínimo. (71)

Y quien estuvo ciego en esta vida estará ciego en la Otra y aún más alejado del camino. (72)

Cerca estuvieron de apartarte de lo que te hemos revelado para que inventases sobre Nosotros algo diferente. Entonces te habrían tomado como amigo. (73)

Si no te hubiésemos fortalecido habrías podido inclinarte algo hacia ellos.[3] (74) Entonces te habríamos hecho probar el doble en la vida y el doble en la muerte,[4] luego no habrías encontrado quien te auxiliara frente a Nosotros. (75)

---

[1] Al mar.

[2] Lit: Los hijos de Adán.

[3] En la obra *Machma al Bayan* se recoge que los idólatras le pidieron al Mensajero de Dios que dejase de atacar a sus ídolos y de maldecirlos y apartase de su lado a todos aquellos esclavos y gentes de clase humilde y, entonces, ellos se acercarían a él y escucharían sus palabras y el Mensajero de Dios, al escuchar sus palabras, tuvo esperanza de que aceptasen el Islam. Y en esas circunstancias descendió este versículo. Cfr. *Al-Mizan*, t. XIII, p. 244.

[4] Es decir: «Si te hubieses inclinado, aunque sólo fuese un poco, a los deseos de los idólatras, habrías sufrido el doble del castigo que les damos a ellos en esta vida y el doble en la otra.» *Al-Mizan*, t. XIII, p. 239.

Cerca han estado de persuadirte a salir de la tierra[1] para expulsarte de ella y, entonces, no habrían permanecido en ella sino poco tiempo. (76)

Es la costumbre de Nuestros Mensajeros, aquellos a quienes enviamos antes de ti.[2] Y no encontrarás cambios en Nuestras costumbres. (77)

Haz la oración desde el declinar del sol hasta entrada la noche, así como la recitación del amanecer. En verdad, la recitación del amanecer es observada.[3] (78)

Y levántate parte de la noche e incrementa. Puede que tu Señor te otorgue una posición bendecida.[4] (79)

Y di: «¡Señor mío! ¡Hazme entrar con sinceridad y salir con sinceridad y otórgame un poder que me ayude!» (80)

Y di: «¡Ha venido la Verdad y ha desaparecido la falsedad! ¡En verdad, la falsedad estaba llamada a desaparecer!» (81)

E hicimos descender en el *Corán* lo que es una cura y una misericordia para los creyentes y que a los transgresores sólo les incrementa los perjuicios. (82)

Cuando favorecemos al ser humano es desagradecido y se aleja y cuando sufre un mal se desespera. (83)

Di: «Cada cual actúa conforme a su forma de ser y vuestro Señor es Quien mejor conoce quién va mejor guiado en el camino.» (84)

Te preguntan sobre el Espíritu, di: «El Espíritu es una de las ordenes de mi Señor y no se os ha dado del conocimiento más que un poco.» (85)

Y si Nosotros quisiéramos nos llevaríamos lo que te hemos revelado. Entonces no encontrarías quien te protegiera de Nosotros en ello. (86)

---

[1] De La Meca.

[2] «La costumbre de destruir a las gentes que expulsan a sus profetas de sus ciudades.» Y si dice «la costumbre de los profetas» es debido a que Dios ha establecido esa práctica por el trato dado a Sus profetas. *Al-Mizan*, t. XIII, p. 240.

[3] *Duluk* significa el declinar del Sol que comienza al mediodía y termina con la puesta del Sol y *gasaq il-layl* indica el momento en que la noche está oscura. Y en los dichos de los Imames de *Ahl ul-Bait* se interpreta como el medio día y la media noche. Y las oraciones obligatorias que durante este tiempo han de realizarse son cuatro y la quinta de ellas es indicada con la expresión «la recitación del amanecer». Y la frase: «La oración del amanecer tiene testigos» se refiere a los ángeles de la noche, en el momento de marcharse, y a los ángeles del día, en el momento de llegar. *Al-Mizan*, t. XIII, p. 241.

[4] *Nafila* proviene de la raíz *nafala* que significa «excedente, exceso, añadido». Y, aquí, indica realizar oraciones añadidas a las cinco obligatorias. Y la «posición bendecida» se refiere a la capacidad del Profeta de interceder por sus seguidores el Día del Levantamiento. *Al-Mizan*, t. XIII, p. 241.

Excepto por una misericordia procedente de tu Señor.[1] En verdad, Su favor sobre ti ha sido grande. (87)

Di: «Si los hombres y los genios se juntasen para traer un Corán como éste no podrían traerlo aun que se ayudasen unos a otros.»[2] (88)

Hemos expuesto todo tipo de ejemplos en este *Corán* para la gente,[3] pero la mayoría de la gente insiste en ocultar la Verdad. (89)

Y dicen: «No te creeremos hasta que hagas brotar de la tierra, para nosotros, una fuente que nunca se seque, (90) o tengas un jardín con palmeras y viñas y hagas que broten en medio de él manantiales abundantes, (91) o hagas que caiga el cielo en pedazos sobre nosotros, como pretendes que sucederá, o hasta que traigas a Dios y a los ángeles ante nosotros, (92) o hasta que tengas una casa de oro o te eleves en el cielo.»

«Y no creeremos en tu ascensión hasta que no hagas descender para nosotros un libro que podamos leer.»

Di: «¡Glorificado sea mi Señor! ¿Acaso soy otra cosa que un ser humano, un Mensajero?»[4] (93)

Y lo único que impide a la gente creer cuando les llega la Guía es decir: «¿Ha designado Dios mensajero a un hombre?» (94)

Di: «Si hubiera en la Tierra ángeles caminando y residiendo, Nosotros habríamos hecho descender del cielo para ellos de Mensajero a un ángel.» (95)

Di: «Dios es suficiente como testigo entre yo y vosotros. En verdad, Él está bien informado de Sus siervos, les ve.» (96)

---

[1] «Excepto por una misericordia procedente de tu Señor.» es la respuesta a una frase condicional elidida del tipo: «El espíritu y aquello que lo acompaña no lo has obtenido…». *Al-Mizan*, t. XIII, p. 279.

[2] Este versículo desafía a reproducir la perfección y los atributos del *Corán*, no solamente su perfección formal y su elocuencia, ya que si se refiriese únicamente al milagro morfológico y sintáctico no tendría sentido citar a los ángeles y a los genios y, en ese caso habría dicho: «Si se juntasen todos los árabes...» *Al-Mizan*, t. XIII, p. 279.

[3] «De manera que les quede clara la Verdad.» *Al-Mizan*, t. XIII, p. 280.

[4] Al decir: «Solamente soy un hombre, un mensajero.» Dios quiere que los hombres entiendan que ser un Mensajero de Dios no implica otra cosa que recoger el mensaje que Dios envía a los hombres y transmitirlo y que esa función no conlleva automáticamente el poder de obrar milagros, ya que un Mensajero de Dios es un hombre igual al resto de los hombres y si puede en un momento dado realizar milagros es por el poder y el permiso que Dios le otorga para ello. *Al-Mizan*, t. XIII, p. 282.

Y a quien Dios guía ese está bien guiado y a quienes extravíe, no encontrarás, aparte de Él, quienes les protejan y sean sus amigos y el Día del Levantamiento les reuniremos boca abajo, ciegos, mudos y sordos. Su refugio será el Infierno. Cada vez que sus llamas decrezcan las avivaremos. (97)

Esa será su recompensa por no haber creído en Nuestras señales y porque dijeron: «¿Acaso cuando seamos huesos y polvo se nos otorgará una nueva Creación?» (98)

¿Acaso no ven que Dios, que ha creado los cielos y la Tierra, tiene poder para crear otros como ellos, y que les ha dado un plazo sobre el que no hay duda?

Los opresores perseveran en ocultar la Verdad. (99)

Di: «Incluso si poseyeseis los tesoros de la misericordia de mi Señor, los retendríais con avaricia por miedo a gastarlos.»

El hombre es muy tacaño. (100)

Ciertamente, dimos a Moisés nueve señales claras.[1]

Pregunta a los Hijos de Israel cuando fue a ellos y el Faraón le dijo: «En verdad, creo ¡Oh, Moisés! que estás embrujado.» (101)

[Moisés] Dijo: «Tu sabes que estas señales no las ha hecho descender sino el Señor de los cielos y la Tierra para abrir los ojos de las gentes. Y creo ¡Oh Faraón! que serás destruido.» (102)

Él quiso expulsar a la gente del país y Nosotros le ahogamos, a él y a todos los que estaban con él. (103)

Y, tras ello, dijimos a los Hijos de Israel: «Habitad la tierra y cuando venga a vosotros la promesa final os traeremos a todos juntos.»[2] (104)

---

[1] Los milagros que Moisés ibn Imran realizó y que el *Corán* recoge son más de nueve y los nueve que cita en este versículo son aquellos que realizó ante el Faraón para llamarle a la fe: convertir el bastón en una serpiente, (cfr. 20:20) mostrar su mano resplandeciente, (cf. 20:22) la tormenta, las plagas de langostas, de piojos, de ranas y de sangre y los años de sequía y escasez de frutos. (cfr. 7:130 y 133). *Al-Mizan*, t. XIII, p. 302.

[2] Se refiere, seguramente, a la tierra de Egipto, de la que el Faraón quiso expulsarles y también en otros versículos Dios promete a los Hijos de Israel que heredarán la tierra del Faraón y sus seguidores. Pero puede que se refiera a la tierra sagrada de Palestina ya que, tras todos estos milagros, los Hijos de Israel viajaron a Palestina y se les ordenó que entrasen en ella.(Cfr. 5:21) Y la «promesa final» quiere decir, seguramente, la otra vida, ya que la frase «os traeremos a todos juntos» así parece indicarlo, pero algunos exegetas coránicos han opinado que se refiere a la promesa que Dios hace a los Hijos de Israel de que corromperán la tierra dos veces, tal y como hemos leído al principio de este capítulo. *Nemune*, t. XII, p. 313.

Con la Verdad lo hicimos descender y con la Verdad descendió y no te enviamos sino como un portador de buenas noticias y un amonestador. (105)

Es un *Corán* que hemos dividido en pequeñas partes para que lo recites a la gente poco a poco y que hicimos descender gradualmente. (106)

Di: «Creáis en él o no creáis, en verdad, aquellos a quienes les fue dado el conocimiento antes de él,[1] cuando se les recita, caen al suelo con la frente en prosternación (107) y dicen: "¡Glorificado sea nuestro Señor! ¡La promesa de nuestro Señor se cumple!"» (108)

Ponen la frente en el suelo llorando y su humildad aumenta. (109)

Di: «¡Invocad a Dios o invocad al Misericordiosísimo! De cualquier manera que Le invoquéis, a Él pertenecen los mejores nombres.» Y no levantes la voz excesivamente en tus oraciones ni tampoco la conviertas en un murmullo, más bien busca un camino intermedio. (110)

Y di: «Glorificado sea Dios que no ha tomado hijos y que no tiene socio en el reinado y que no necesita que nadie Le proteja ante la debilidad y ensálzale proclamando Su grandeza.» (111)

Capítulo 18

La Cueva[2]

En el nombre de Al.lah, el Clementísimo, el Misericordiosísimo.

Alabado sea Dios que hizo descender sobre Su siervo la *Escritura* y no ha puesto en ella nada desviado. (1) Hecha para advertir de un duro castigo de Su parte y para dar la buena noticia a los creyentes, aquellos que obran rectamente, de que para ellos hay una buena recompensa. (2) En él estarán eternamente.[3] (3) Y advierte a quienes dijeron: «Dios ha tomado un hijo.» (4)

---

[1] Es decir: «Aquellos que, antes de que fuera revelado el *Corán*, ya tenían conocimiento de Dios y de Sus señales, judíos, cristianos o creyentes de cualquier otro credo.» *Al-Mizan*, t. XIII, p. 307.

[2] El capítulo toma su nombre de la historia de los compañeros de la cueva que se relata al principio del mismo.

[3] La buena recompensa es el Paraíso, en el cual estarán eternamente por sus buenas acciones en este mundo.

Ellos no poseen ningún conocimiento sobre eso, ni tampoco sus padres. Eso que sale de sus bocas son palabras mayores. No dicen más que mentiras. (5)

Puede que quieras morir de tristeza tras sus huellas si no creen en este relato.[1] (6)

En verdad, hemos puesto lo que hay en la Tierra como un adorno para probarles y ver quién de ellos actúa mejor. (7) Y, en verdad, haremos que todo lo que hay en ella desaparezca y quede pelada. (8)

¿Has pensado que los compañeros de la cueva y Al-Raqim[2] son parte de Nuestras sorprendentes señales? (9)

Cuando los jóvenes puros se refugiaron en la cueva y dijeron: «¡Señor nuestro! ¡Otórganos una misericordia venida de Ti y facilítanos una guía en nuestro asunto!» (10)

Y les hicimos dormir en la cueva durante muchos años. (11)

Luego, les hicimos despertar para saber cual de los dos grupos podría calcular mejor cuánto permanecieron.[3] (12)

Nosotros vamos a relatarte la historia verdadera.

En verdad, ellos eran unos jóvenes buenos que creían en su Señor y Nosotros incrementamos su guía (13) y fortificamos sus corazones cuando se pusieron en pie y dijeron: «Nuestro Señor es el Señor de los cielos y de la Tierra. No invocaremos, aparte de a Él, a otro dios. En ese caso estaríamos faltando a la Verdad.» (14)

«Este pueblo nuestro ha tomado otros dioses aparte de Él. ¿Por qué no aportan pruebas evidentes de su poder?»

¿Quién es más opresor que quien inventa mentiras acerca de Dios? (15)

---

[1] Con «relato» se refiere al *Corán* mismo.

[2] La mayoría de los exégetas consideran que los compañeros de la cueva y Al-Raqim son dos nombres para designar a las mismas personas. Se denomina *kahf* a una cueva profunda y *raqim* proviene de la raíz *raqama* que significa «escribir, numerar y caligrafía», y significa «algo escrito». Y existen muchas opiniones de por qué se les ha llamado «los compañeros de Al-Raqim», pero la más correcta parece ser la que relaciona el nombre con el hecho de que su historia fue encontrada escrita en tablas de arcilla. *Al-Mizan*, t. XIII, p. 341.

[3] Con «dos grupos» se refiere a los mismos compañeros de la cueva que no se ponían de acuerdo acerca de cuánto tiempo habían permanecido dormidos. *Al-Mizan*, t. XIII, p. 346.

Y cuando os alejéis de ellos y de lo que adoran aparte de Dios, refugiaos en la cueva. Vuestro Señor extenderá de Su misericordia para vosotros y os ayudará a resolver vuestro asunto favorablemente. (16)

Habrías visto que el Sol, cuando salía, entraba por el lado derecho de la cueva y cuando se ponía se marchaba por su lado izquierdo mientras ellos estaban en un espacio amplio de ella.[1]

Eso es parte de las señales de Dios. A quien Dios guía está bien guiado y para quien Él extravía no encontrarás protector ni guía. (17)

Pensarías que estaban despiertos, pero dormían y Nosotros les volvíamos del lado derecho y del lado izquierdo y su perro permanecía con sus patas delanteras extendidas en la boca de la cueva.

Si les hubieses visto habrías huido de ellos y te habrías llenado de terror. (18)

Entonces, les levantamos del sueño para que se preguntasen entre ellos.
Uno de ellos dijo: «¿Cuánto habéis permanecido?»
Dijeron: «Hemos permanecido un día o parte de un día.»
Dijeron: «Vuestro Señor es quien mejor sabe lo que habéis permanecido.»[2]
«Enviad a uno de vosotros con este dinero que tenéis a la ciudad para que mire quien posee el alimento más puro y os traiga una provisión de él. Pero que sea sutil y no llame en absoluto la atención de nadie sobre vosotros. (19) En verdad, si ellos os descubrieran os lapidarían u os harían aceptar sus creencias y entonces nunca triunfaríais.» (20)

---

[1] Es decir, la cueva estaba orientada al sur, de manera que el Sol entraba por la mañana y la abandonaba por la tarde, manteniéndola caliente, pero era amplia y el Sol no caía directamente sobre los durmientes. Cfr. *Al-Mizan*, t. XIII, p. 354.

[2] Por la manera en que está compuesta la frase se entiende que otro grupo de ellos no estaba conforme con que sólo hubiesen permanecido un día o menos y también de ello se deduce que los durmientes debían ser al menos siete, ya que el plural en la lengua árabe indica tres o más de tres, por tanto al menos habría tres en cada grupo, más el primero de ellos que preguntó: «¿Cuánto habéis permanecido?». *Al-Mizan*, t. XIII, p. 361.

Así fue como Nosotros permitimos que se descubriera su existencia, para que la gente supiese que la promesa de Dios es verdadera y que no hay duda de que la Hora llegará.

Cuando discutieron entre ellos sobre su asunto, dijeron: «Construid un edificio sobre ellos. Dios es quien mejor sabe lo que fue de ellos.»

Los que vencieron en su asunto dijeron: «Haremos sobre ellos un lugar de adoración.»[1] (21)

Dirán: «Eran tres y su perro el cuarto.» Dirán: «Eran cinco y su perro el sexto», especulando sobre lo que desconocen. Y dirán: «Eran siete y su perro el octavo.»

Di: «Mi Señor es Quien mejor sabe su número. Excepto unos pocos, nadie sabe de ellos.»

No discutas, por tanto, sobre ellos, excepto con pruebas y no preguntes por ellos a ninguno de ellos.[2] (22)

Y no digas jamás sobre nada: «En verdad, lo haré mañana» (23) sin añadir «Si Dios quiere.»

Y recuerda a tu Señor si olvidas y di: «Puede que mi Señor me guíe a algo más correcto que esto.» (24)

Ellos permanecieron en su cueva trescientos años y nueve más. (25)

Di: «Dios es Quien mejor sabe cuánto permanecieron. A Él pertenece lo que está oculto a los sentidos en los cielos y en la Tierra. Es Quien mejor oye. Es Quien mejor ve. Aparte de Él no tienen protector o amigo y nadie comparte con Él el gobierno.» (26)

Y recita lo que te ha sido revelado de la *Escritura* de tu Señor. En Su palabra no hay cambios y no encontrarás refugio aparte de Él. (27)

---

[1] La permanencia de los durmientes en la cueva durante más de trescientos años fue una señal divina para que las gentes supiesen que la llegada del Día del Juicio, en el que Dios levantará a los muertos y les hará vivir de nuevo y les juzgará por lo que hicieron mientras estuvieron vivos, es cierta. Cuando las gentes supieron de su existencia, acudieron a la cueva y hablaron con ellos. Poco después de responder a las preguntas de la gente todos ellos murieron y los testigos del milagro no se pusieron de acuerdo sobre la verdad del mismo. Un grupo de ellos dijo: «Construyamos un muro sobre este asunto. Dios es quien mejor sabe lo que sucedió.» Es decir: «No hablemos más de este asunto. Sólo Dios sabe si es verdad o no que ellos durmieron durante más de trescientos años.» Pero la mayoría, creyó en ellos y tuvo fe, por lo que decidieron levantar allí mismo un lugar dedicado a la adoración a Dios y que perpetuara el recuerdo de los durmientes. Cfr. *Al-Mizan*, t. XIII, p. 367.

[2] A nadie de entre las gentes de la *Escritura* Sagrada. *Al-Mizan*, t. XIII, p. 375.

18. LA CUEVA — PARTE 15

Y se paciente con quienes invocan a su Señor mañana y tarde deseando Su rostro[1] y no apartes tus ojos de ellos por deseo de los adornos de esta vida mundana y no obedezcas a quien Nosotros hemos hecho que esté desatento de Nuestro recuerdo, que sólo sigue sus pasiones y actúa de manera inmoderada. (28)

Y di: «La Verdad procede de vuestro Señor, por tanto, quien quiera que crea y quien quiera que no crea.»

En verdad, Nosotros hemos preparado para los opresores un Fuego cuyas paredes les cercarán. Y si imploran ayuda se les auxiliará con un agua como cobre fundido que les abrasará el rostro.[2] ¡Qué mala bebida y qué mal lugar de reposo! (29)

En verdad, quienes creen y obran rectamente...

No dejaremos que se pierda la recompensa de quien hace el bien. (30) Para ellos son los Jardines del Edén de cuyas profundidades brotan los ríos. En él serán adornados con brazaletes de oro y vestirán con ropas verdes de seda y brocado y se recostarán en lechos. ¡Qué buena recompensa y qué buen lugar de reposo! (31)

Y ponles el ejemplo de dos hombres a uno de los cuales le dimos dos jardines de viñedos que rodeamos de palmeras datileras y pusimos en medio de ellos cultivos. (32)

Ambos jardines daban sus frutos sin que nada se malograse e hicimos que entre ambos brotase un río. (33)

Poseía abundantes frutos y dijo a su amigo cuando conversaba con él: «Poseo más riqueza que tú y más poder en gentes.» (34)

---

[1] Es decir: «Deseando Su cercanía, buscando Su satisfacción.»
[2] En *Dur al-Manzur* se ha recogido de Abu Said Judri que el Mensajero de Dios, comentando la frase «agua como cobre fundido», dijo: «Como orujo de aceite, tan caliente que cuando se acerquen a él para beberlo se les caerá la piel del rostro.» *Al-Mizan*, t. XIII, p. 422.

Y entró en su jardín, opresor de sí mismo,[1] diciendo: «No creo que esto pueda destruirse jamás (35) y no creo que la Hora tenga lugar y si soy devuelto a mi Señor seguro que a cambio encontraré junto a Él algo mejor que esto.» (36)

Y su amigo le dijo al conversar con él: «¿Acaso has dejado de creer en Quien te creó de barro, luego de semen y luego te dio forma de hombre? (37) Pero Él es Dios, mi Señor y yo no asocio a nadie a mi Señor. (38)

Sino, cuando entrabas en tu jardín habrías dicho: '¡Que sea lo que Dios quiera! ¡No hay más poder que el que viene de Dios!'

Y si ves que tengo menos bienes e hijos que tú (39) puede que mi Señor me otorgue algo mejor que tu jardín y envíe contra él rayos que lo dejen arrasado (40) o haga que su agua se sumerja y no puedas encontrarla.» (41)

Y se arruinó su cosecha y se retorcía las manos por todo lo que había gastado en él y ahora se había destruido, diciendo: «¡Ojalá no hubiera asociado a nadie con mi Señor!» (42)

Y no hubo ningún grupo que le auxiliase[2] aparte de Dios y él mismo no pudo ayudarse. (43)

En esa situación sólo puede auxiliar Dios, la Verdad.

Él es Quien mejor recompensa y Quien mejor fin otorga. (44)

Y compárales la vida de este mundo con el agua que hacemos descender del cielo y con la que se mezclan las plantas de la Tierra. Luego se secan y el viento las dispersa.

Y Dios tiene poder sobre todas las cosas. (45)

---

[1] U «opresor de su alma» al no comprender que sus bienes procedían de la misericordia divina y mostrarse arrogante con su amigo, pues, al actuar de manera incorrecta, lo primero que oprimimos es nuestra propia alma, creada en el principio del orden y de la armonía y buena por naturaleza y sometida a su Creador, mientras que por la manera de hablar a su amigo se evidencia que atribuía su éxito a sí mismo, cayendo por tanto en el pecado de adorar a otro junto a Dios. Cfr. Al-Mizan, t. XIII, p. 431.

[2] Este versículo responde a sus palabras: «Poseo más poder en gentes que tú.» Cfr. Al-Mizan, t. XIII, p. 439.

18. LA CUEVA — PARTE 15

ٱلْمَالُ وَٱلْبَنُونَ زِينَةُ ٱلْحَيَوٰةِ ٱلدُّنْيَا وَٱلْبَٰقِيَٰتُ ٱلصَّٰلِحَٰتُ خَيْرٌ عِندَ رَبِّكَ ثَوَابًا وَخَيْرٌ أَمَلًا ﴿٤٦﴾ وَيَوْمَ نُسَيِّرُ ٱلْجِبَالَ وَتَرَى ٱلْأَرْضَ بَارِزَةً وَحَشَرْنَٰهُمْ فَلَمْ نُغَادِرْ مِنْهُمْ أَحَدًا ﴿٤٧﴾ وَعُرِضُواْ عَلَىٰ رَبِّكَ صَفًّا لَّقَدْ جِئْتُمُونَا كَمَا خَلَقْنَٰكُمْ أَوَّلَ مَرَّةٍۭ بَلْ زَعَمْتُمْ أَلَّن نَّجْعَلَ لَكُم مَّوْعِدًا ﴿٤٨﴾ وَوُضِعَ ٱلْكِتَٰبُ فَتَرَى ٱلْمُجْرِمِينَ مُشْفِقِينَ مِمَّا فِيهِ وَيَقُولُونَ يَٰوَيْلَتَنَا مَالِ هَٰذَا ٱلْكِتَٰبِ لَا يُغَادِرُ صَغِيرَةً وَلَا كَبِيرَةً إِلَّا أَحْصَىٰهَا وَوَجَدُواْ مَا عَمِلُواْ حَاضِرًا وَلَا يَظْلِمُ رَبُّكَ أَحَدًا ﴿٤٩﴾ وَإِذْ قُلْنَا لِلْمَلَٰٓئِكَةِ ٱسْجُدُواْ لِـَٔادَمَ فَسَجَدُوٓاْ إِلَّآ إِبْلِيسَ كَانَ مِنَ ٱلْجِنِّ فَفَسَقَ عَنْ أَمْرِ رَبِّهِۦٓ أَفَتَتَّخِذُونَهُۥ وَذُرِّيَّتَهُۥٓ أَوْلِيَآءَ مِن دُونِى وَهُمْ لَكُمْ عَدُوٌّۢ بِئْسَ لِلظَّٰلِمِينَ بَدَلًا ﴿٥٠﴾ مَّآ أَشْهَدتُّهُمْ خَلْقَ ٱلسَّمَٰوَٰتِ وَٱلْأَرْضِ وَلَا خَلْقَ أَنفُسِهِمْ وَمَا كُنتُ مُتَّخِذَ ٱلْمُضِلِّينَ عَضُدًا ﴿٥١﴾ وَيَوْمَ يَقُولُ نَادُواْ شُرَكَآءِىَ ٱلَّذِينَ زَعَمْتُمْ فَدَعَوْهُمْ فَلَمْ يَسْتَجِيبُواْ لَهُمْ وَجَعَلْنَا بَيْنَهُم مَّوْبِقًا ﴿٥٢﴾ وَرَءَا ٱلْمُجْرِمُونَ ٱلنَّارَ فَظَنُّوٓاْ أَنَّهُم مُّوَاقِعُوهَا وَلَمْ يَجِدُواْ عَنْهَا مَصْرِفًا ﴿٥٣﴾

La riqueza y los hijos son el adorno de la vida de este mundo, pero los buenos actos perduran, obtendrán una mayor recompensa junto a tu Señor y son una esperanza mejor fundada.[1] (46)

Y [recuérdales] el día que hagamos desplazarse a las montañas y veas la Tierra desnuda,[2] y los reunamos a todos, sin dejar fuera ni uno de ellos (47) y sean presentados ante tu Señor en una misma fila:

«Ciertamente, venís a Nosotros igual que os creamos la primera vez, a pesar de que creíais que no estableceríamos una cita para vosotros.» (48)

Y sea expuesto el libro[3] y veas a los pecadores temerosos de lo que hay en él y digan: «¡Ay de nosotros! ¿Qué libro es éste que no deja nada, pequeño o grande, sin enumerar?»

Y encontrarán ante ellos lo que hicieron.

Y tu Señor no oprime a nadie.[4] (49)

Y [recuerda] cuando dijimos a los ángeles: «Prosternaos ante Adán» y todos se prosternaron excepto Iblís que era uno de los genios y desobedeció la orden de su Señor. ¿Vais a tomarle, a él y a su descendencia, que son vuestros enemigos, como protectores en Mi lugar? ¡Qué mal cambio hacen los opresores! (50)

No les hice testigos de la Creación de los cielos y la Tierra ni tampoco de su propia Creación, ni tomé como ayudantes a quienes extravían a los demás. (51)

Y el día que Él diga: «¡Llamad a quienes pretendíais que eran Mis socios!» Les llamarán, pero ellos no les responderán.

Pondremos un abismo entre ellos. (52) Los pecadores verán el Fuego y sabrán que caerán en él, pero no encontrarán manera de escapar. (53)

---

[1] Aunque un grupo de exégetas han creído que «los buenos actos perdurables» se refiere a una serie de actos especiales tales como la oración diaria o la recitación de la frase: *subhan al-lahi, wa l-hamdu lil lahi, wa la ilaha illa Allah, wa Allahu akbar*(«Glorificado sea Dios y Alabado sea Dios y Hay un solo Dios y Dios es más grande») y recitaciones semejantes, el sentido es mucho más general y amplio, ya que cada pensamiento, cada palabra y cada acto bueno y adecuado tiene un efecto permanente, pues sus consecuencias y sus bendiciones afectan positivamente al resto de las personas y a la existencia en general. Cfr. *Nemune*, t. XII, p. 446.

[2] El Corán se ha referido a ello de diferentes maneras, Cfr. 73:14; 101:5; 56:5 y 6; 78:20. Las montañas desaparecerán y la Tierra quedará desnuda de accidentes. Cfr. *Al-Mizan*, t. XIII, p. 447.

[3] Que recoge todos los actos realizados por cada uno en la vida mundanal. Cfr. *Al-Mizan*, t. XIII, p. 451.

[4] Ya que la recompensa de cada cual reside en los propios actos que haya realizado y nadie puede inmiscuirse en ello, por lo tanto, no tiene sentido hablar de opresión. Cfr. *Al-Mizan*, t. XIII, p. 452.

Ciertamente, hemos expuesto para la gente en este *Corán* toda clase de ejemplos, pero el ser humano es el mayor porfiador. (54)

¿Por qué los humanos no tienen fe cuando llega a ellos la guía y piden perdón a su Señor sino cuándo llega a ellos lo que les ocurrió a los primeros o ven el castigo ante sus ojos?[1] (55)

Y no enviamos a los Mensajeros sino como portadores de buenas noticias y amonestadores.

Y quienes no creen porfían con falacias para refutar con ello la Verdad y toman a burla Mis señales y las amonestaciones. (56)

Y ¿Quién es más opresor que quien, habiéndosele recordado las señales de su Señor, se aparta de ellas y olvida lo que ha enviado por delante con sus propias manos?[2]

En verdad, hemos puesto en sus corazones velos a su entendimiento y endurecido sus oídos y aunque les invites a la guía jamás se guiarán. (57)

Y tu Señor es el Perdonador, Dueño de la Misericordia. Si les diese lo que han obtenido con sus actos, sin duda apresuraría su castigo, pero tienen un plazo establecido. No encontrarán refugio fuera de Él. (58)

Estas son las ciudades que Nosotros destruimos cuando fueron opresoras y pusimos un plazo para su destrucción. (59)

Y (recuerda) cuando Moisés le dijo a su discípulo:[3] «No descansaré hasta que alcance la unión de los dos mares,[4] aunque tenga que caminar durante mucho tiempo.» (60)

Y, cuando alcanzaron la unión de los mares, olvidaron el pez de ambos y éste cogió su camino hacia el mar.[5] (61)

---

[1] Es decir: «Los seres humanos no están dispuestos a tener fe, cuando eso sólo les reporta beneficios. Lo que buscan es que, conforme a la costumbre de Dios con los primeros pueblos que no quisieron creer, llegue a ellos el castigo que les destruya y lo único que les hace tener fe es ver ante sus propios ojos el castigo inevitable, momento en el que tener fe ya no les servirá de nada.» *Al-Mizan*, t. XIII, p. 461.

[2] Es decir: «Los actos realizados con sus propias manos y que envían por delante de ellos mismos a la otra vida y con los que se encontrarán cuando lleguen a ella.»

[3] Según la mayoría de los exégetas, Yusha ibn Nun, un hombre bueno, valiente y de fe, de los Hijos de Israel. *Nemune*, t. XII, p. 480.

[4] Seguramente la unión del golfo de Aqaba con el golfo de Suez. *Nemune*, t. XII, p. 480.

[5] El pez que llevaban para comer cobró vida y salto al mar y, conforme a las tradiciones, eso era una señal del encuentro con el maestro que Moisés estaba buscando. *Al-Mizan*, t. XIII, p. 470.

Y cuando hubieron pasado[1] dijo a su discípulo: «Trae nuestra comida pues, ciertamente, nos encontramos fatigados de este viaje.» (62)

Dijo: «¿Has visto? Cuando nos cobijamos en la roca me olvide del pez y nada sino Satanás hizo que me olvidara de mencionártelo, pues tomó su camino al mar de manera sorprendente.» (63)

Dijo (Moisés): «Eso es lo que buscábamos.»[2]

Y volvieron atrás sobre sus pasos (64) e inmediatamente encontraron a uno de Nuestros siervos al que habíamos otorgado una misericordia y habíamos instruido en una ciencia procedente de Nosotros.[3] (65)

Moisés le dijo: «¿Puedo seguirte para que me enseñes de lo que se te ha enseñado de la guía?» (66)

Dijo: «En verdad, no podrás tener paciencia conmigo. (67) ¿Cómo podrías ser paciente con aquello cuyo conocimiento no abarcas?» (68)

Dijo: «Me encontrarás, si Dios quiere, paciente y no te desobedeceré en ningún asunto.» (69)

Dijo: «Si me sigues no me preguntes sobre nada hasta que yo te diga algo sobre ello.» (70)

Así pues, partieron. Hasta que, cuando montaron en una barca, él hizo un agujero en ella. Dijo (Moisés): «¿La has agujereado para que se ahogue la gente que va en ella? ¡Has hecho, ciertamente, algo terrible!» (71)

Dijo: «¿No te dije que, en verdad, no podrías tener paciencia conmigo?» (72)

Dijo: «No me tomes en cuenta el haberlo olvidado y no me impongas una tarea difícil.» (73)

Y partieron. Hasta que se encontraron con un joven y él le mató. Dijo (Moisés): «¿Mataste a un ser inocente que no había matado a nadie? ¡Has cometido algo reprobable!» (74)

---

[1] La confluencia de los dos mares.

[2] Es decir: Moisés dijo: «Esto que ha sucedido con el pez es la señal que estábamos buscando» y volvieron sobre sus pasos al lugar donde esto había sucedido. Y de esa frase se comprende que Moisés antes de partir había recibido una iluminación en la que se le ordenaba encontrarse con el sabio maestro en la confluencia de los dos mares y que había recibido una señal de dónde se produciría el encuentro y por eso desandan sus pasos y allí encuentran al sabio que estaban buscando. Al-Mizan, t. XIII, p. 473.

[3] Esa ciencia no es adquirida con el estudio sino inspirada, como indica la expresión «min ladunna» y, como veremos más adelante, se refiere a la interpretación de los acontecimientos aparentes (ta'wil). Al-Mizan, t. XIII, p. 474.

Parte 16

Dijo: «¿No te dije que, en verdad, no podrías tener paciencia conmigo?» (75)

Dijo [Moisés]: «Si te interrogo sobre algo después de esto, no me permitas seguir en tu compañía. Me disculpo ante ti.» (76)

Así que partieron, hasta que, al llegar a una ciudad pidieron comida a su gente, pero ellos rehusaron darles hospitalidad. Entonces, encontraron un muro a punto de caerse y él lo levantó.

Dijo (Moisés): «Si hubieses querido podrías haber obtenido una paga por ello.» (77)

Dijo: «Ha llegado el momento de que tú y yo nos separemos.

Voy a informarte del verdadero significado de aquello con lo que no has podido tener paciencia. (78)

En cuanto a la barca, era de una pobre gente que trabajaba en el mar. Quise inutilizarla pues venía tras ellos un rey que se apropiaba de todos los barcos por la fuerza. (79)

Y en cuanto al joven, sus padres eran creyentes y temimos que él les forzara a la idolatría y la pérdida de la fe (80) y quisimos que su Señor les otorgase a cambio otro más puro y más misericordioso. (81)

Y en cuanto al muro, era de dos jóvenes huérfanos de la ciudad y bajo él había un tesoro que les pertenecía a ambos y su padre había sido un hombre recto. Así pues, quiso tu Señor que llegasen a la pubertad y su tesoro saliese a la luz.

Una misericordia de tu Señor. No lo hice por propia iniciativa.

Esa es la interpretación de aquello sobre lo que no pudiste tener paciencia.»[1] (82)

Y te preguntan sobre Du l-Qarnayn.[2]

Di: «Os contaré algo sobre él.» (83)

---

[1] En el *Corán* no se vuelve a mencionar nada sobre este maestro de Moisés, pero por las tradiciones proféticas sabemos que se refiere al profeta Jidr. En una transmisión de Muhammad ibn Umara, recogida del Imam Al-Sadiq, se relata que era un profeta de Dios y que poseía el don de hacer que cualquier tronco seco sobre el que se sentaba se volviese verde y cualquier tierra seca sobre la que se sentaba se llenase de hierba y de ahí procedería su apelativo Jidr ya que proviene de la raíz que indica el color verde, pues su nombre original es Tali ibn Mulkan ibn Aber ibn Arfajshad ibn Sam ibn Nuh. Y de muchas fuentes diferentes que remiten a los *Imames* de *Ahl ul-Bait* se recoge que aún permanece vivo y no se ha ido de este mundo, que es hijo directo de Adán y que Dios le ha hecho vivir para que desenmascare al Dayal cuando aparezca y que el profeta Adán rogó a Dios para que su hijo viviese en este mundo hasta el Día del Juicio Final. *Al-Mizan*, t. XIII, p. 488.

[2] *Du l-Qarnayn* significa «Dueño de dos coronas» o «Dueño de dos cuernos», y se ha dicho que se refiere a Alejandro Magno y a Cosroes el Grande. *Nemune*, t. XII, p. 543.

18. La Cueva

En verdad, le dimos poder en la Tierra y los medios para todo (84) y utilizó esos medios para viajar (85) hasta que, cuando alcanzó el lugar en el que el Sol se ponía, encontró que éste se ocultaba en una fuente cenagosa y allí halló a un pueblo.

Dijimos: «¡Oh Du l-Qarnayn! O les castigas o les tratas con amabilidad.» (86)

Dijo: «A quien oprima pronto le castigaremos. Luego se le hará regresar a su Señor y Él le castigará con un castigo sin precedentes. (87) Pero quien tenga fe y obre rectamente obtendrá la mejor recompensa y le daremos órdenes fáciles de cumplir.» (88)

Luego usó esos medios de viaje (89) hasta que alcanzó el lugar en el que surgía el Sol y lo encontró ascendiendo sobre un pueblo al que no habíamos dado nada con que cubrirse de él.[1] (90)

Así fue. Y Nosotros conocíamos bien los medios de que disponía. (91)

Luego utilizó esos medios (92) hasta que se encontró entre dos montañas y halló cerca de ellas a un pueblo distinto de los otros dos y que no entendían ninguna habla.[2] (93)

Dijeron: «¡Oh, Du l-Qarnayn! Ciertamente, Yayuy y Mayuy [Gog y Magog] corrompen la Tierra. ¿Podemos entregarte un tributo para que pongas entre nosotros y ellos una barrera?» (94)

Dijo: «El poder que Dios me ha dado es mejor.[3] Ayudadme con gente y medios y pondré entre vosotros y ellos una barrera. (95) Traedme trozos grandes de hierro.»

Cuando igualó la altura de ambas montañas, dijo: «Soplad» y cuando se puso ardiendo dijo: «Traedme cobre fundido para verterlo encima y sellar los huecos.» (96)

Y no pudieron escalarlo ni pudieron agujerearlo. (97)

---

[1] Es decir, que se encontraban en un estado muy primitivo y no habían aprendido a cubrirse con vestidos ni a construirse refugios o casas. *Al-Mizan*, t. XIII, p. 502.

[2] Metáfora para indicar que eran un pueblo de mente simple y sencilla. *Al-Mizan*, t. XIII, p. 503.

[3] Es decir: «No hace falta que me paguéis nada, pues no lo necesito.» *Al-Mizan*, t. XIII, p. 503.

Dijo: «Esto es una misericordia procedente de mi Señor. Y cuando llegue la promesa de mi Señor la destruirá totalmente.[1] La promesa de mi Señor es verdadera.» (98)

Y dejaremos que ese día se mezclen unos con otros como olas y será tocada la trompeta y les reuniremos a todos.[2] (99)

Ese día mostraremos totalmente el Infierno a los que no creían. (100) Aquellos cuyos ojos estaban velados a Mi recuerdo y que no podían oír.[3] (101)

¿Acaso quienes no creen calculan que podrán tomar a Mis siervos como protectores fuera de Mí?

En verdad, hemos preparado el Infierno como alojamiento para los que no creen. (102)

Di: «¿Queréis que os informe de quienes son los que peor obran? (103) Aquellos que malgastan sus esfuerzos persiguiendo la vida mundanal y creyendo que actúan bien. (104) Son quienes no creen en las señales de su Señor y en el encuentro con Él. Sus obras no obtendrán recompensa y el Día del Levantamiento no pondremos una balanza para ellos.[4] (105) Su recompensa será el Infierno por no haber creído y por haber tomado Mis señales y a Mis mensajeros a broma.» (106)

En verdad, quienes creen y obran rectamente tendrán por alojamiento los jardines del Paraíso. (107) En ellos estarán eternamente, sin desear cambio alguno. (108)

Di: «Si el mar fuera tinta para las palabras de mi Señor, antes se agotaría el mar que las palabras de mi Señor, aunque trajéramos otro mar de tinta semejante.» (109)

Di: «En verdad, yo soy un ser humano igual a vosotros. Me ha sido revelado que vuestro Dios es un Dios Único. Por tanto, quien tenga esperanza de encontrarse con su Señor que obre rectamente y que no asocie a nadie en la adoración a su Señor.» (110)

---

[1] Es decir: «Una misericordia con la que mi Señor protege a este pueblo de la invasión de Yayuy y Mayuy y que se mantendrá en pie hasta que se cumpla la promesa de mi Señor.» Cfr. *Corán*, 21:96 y 97. *Al-Mizan*, t. XIII, p. 506.

[2] Es decir: «Se atropellarán unos a otros como olas de un mar embravecido, movidos por el terror.» Y la referencia al toque de la trompeta se refiere al segundo toque de las trompetas del Juicio Final, que anuncia que todos los seres humanos serán devueltos a la vida. *Al-Mizan*, t. XIII, p. 507.

[3] Ya que los seres humanos acceden a la Verdad al ver y reflexionar sobre las señales de Dios o al escuchar las palabras sabias. *Al-Mizan*, t. XIII, p. 507.

[4] Puesto que la balanza servirá para pesar las buenas obras que hayan realizado en esta vida (Cfr. 7:8-9) y ellos no hicieron nada en ella buscando la satisfacción de Dios. *Al-Mizan*, t. XIII, p. 548.

19. María

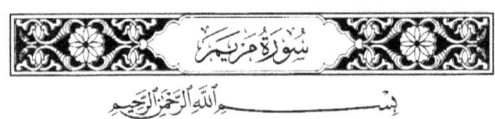

Capítulo 19

María[1]

En el nombre de Al.lah, el Clementísimo, el Misericordiosísimo.

Kaf, Ha, Ya, 'Ain, Sad.(1)

Recuerdo de la misericordia de tu Señor con Su siervo Zacarías,[2] (2) cuando invocó a su Señor con una súplica desde un lugar solitario, (3) diciendo: «¡Señor mío! Mis huesos se han debilitado y mi cabeza ha encanecido y no tengo queja, Señor, de cuando te he suplicado.[3] (4) Y, en verdad, temo por mis familiares después de mí, pues mi esposa es estéril. Otórgame, pues, un hijo (5) que herede de mí y de la familia de Jacob.[4] Y hazlo, Señor, complacido.»[5] (6)

«¡Oh, Zacarías! En verdad, te anunciamos un hijo de nombre Juan. No habíamos dado ese nombre a nadie antes de él.» (7)

Dijo: «¡Señor mío! ¿Cómo podré tener un hijo siendo mi mujer estéril y habiendo llegado yo, por la mucha edad, a la decrepitud?» (8)

Dijo: «Así ha hablado tu Señor: Eso es sencillo para Mí. Yo te creé anteriormente, cuando no eras nada.» (9)

Dijo: «¡Señor mío! Dame una señal.»

Dijo: «Tu señal será que no hablarás con nadie durante tres noches, aun estando sano.» (10)

Así pues, salió ante su pueblo desde el lugar en el que rezaba y les indicó que glorificasen mañana y tarde.[6] (11)

---

[1] El capítulo toma su nombre de la historia de la Virgen María que se relata en los versículos 16-34.

[2] Es decir: «Éste es un recuerdo de la misericordia de tu Señor, al responder a la súplica de Su siervo Zacarías.» *Al-Mizan*, t. XIV, p. 6.

[3] «Porque Tú siempre has respondido a mis súplicas con rapidez.» *Nemune*, t. XIII, p. 8.

[4] Se refiere a una herencia espiritual. Imam Yafar al-Sadiq transmitió que dijo el Mensajero de Dios: «La herencia de Dios Altísimo para sus siervos creyentes es un hijo recto que, tras él, obedezca los mandatos divinos.» Y, a continuación recitó este versículo coránico. *Nemune*, t. XIII, p. 12.

[5] «Satisfecho con lo que Tú hayas decretado para Él.»

[6] Es decir, les indicó por señas que glorificasen a Dios mañana y tarde.

«¡Oh, Juan! ¡Toma la *Escritura Sagrada* con fuerza!»

Y le otorgamos la sabiduría desde niño (12) y le concedimos de Nuestra compasión y pureza y fue temeroso de Dios (13) y bueno con sus padres y no arrogante ni desobediente. (14)

¡La paz sobre él el día en que nació, el día en que muera y el día en que sea devuelto a la vida! (15)

Y recuerda en la *Escritura* a María cuando se apartó de su familia hacia un lugar oriental[1] (16) y puso un velo que la apartase de ellos.

Nosotros enviamos para ella a Nuestro Espíritu,[2] que se presentó ante ella con la forma de un ser humano completo. (17)

Ella dijo: «En verdad, me refugio en el Clementísimo de ti, si eres temeroso de Dios.» (18)

Él dijo: «En verdad, yo soy un Mensajero de tu Señor para otorgarte un muchacho puro.» (19)

Ella dijo: «¿Cómo tendré un hijo si no me ha tocado ningún ser humano y no he perdido mi castidad?» (20)

Él dijo: «Así ha dicho tu Señor: ¡Eso es fácil para Mí! Haremos de él una señal para la gente y una misericordia procedente de Nosotros. Es un asunto decidido.» (21)

Así que ella le concibió y se retiró con él a un lugar apartado. (22) Los dolores del parto la llevaron junto al tronco seco de una palmera.

Ella dijo: «¡Ojalá hubiese muerto antes de pasar por esto y hubiese sido totalmente olvidada!»[3] (23)

Entonces, él la llamó desde debajo de ella: «No estés triste por mi causa. Tu Señor ha puesto a tus pies un arroyo. (24) Mueve hacia ti el tronco de la palmera y caerán sobre ti dátiles maduros recién cortados.»[4] (25)

---

[1] La Escritura aquí se refiere al mismo *Corán*. Y es posible que «el lugar oriental» se refiera a un lugar dentro mismo del templo en el cual vivía. *Al-Mizan*, t. XIV, p. 45

[2] El arcángel Gabriel. *Al-Mizan*, t. XIV, p. 46.

[3] La referencia al tronco de la palmera, y no a la palmera directamente, nos indica que la palmera estaba seca. Y el término «nasyan» quiere decir una cosa insignificante que no merece ser recordada, algo sin valor, que pronto se olvida y de lo que la gente no habla, ya que sabía que ella pronto daría que hablar a la gente. *Al-Mizan*, t. XIV, p. 55.

[4] Se refiere a Jesús, su hijo, no al Espíritu Santo y la frase «*El la llamó desde debajo de ella: 'No estés triste por mi.*» lo confirma. Y el hecho de que Dios hiciera surgir un arroyo a sus pies y que de la palmera seca cayesen dátiles maduros era una señal para fortalecer su ánimo ante las dificultades con las que había de enfrentarse. Cfr. *Al-Mizan*, t. XIV, p. 46.

19. MARÍA

«Así que come y bebe y alegra tus ojos. Y si ves a algún ser humano dile: En verdad, he hecho voto al Clementísimo de ayunar, por tanto hoy no hablaré con nadie.» (26)

Y volvió con él a su gente llevándole en brazos.

Ellos dijeron: «¡Oh, María! ¡Ciertamente, has venido con un grave asunto! (27) ¡Oh, hermana de Aarón![1] ¡Tu padre no era un hombre malo, ni tu madre era una transgresora!» (28)

Entonces, ella señaló hacia él.[2]

Ellos dijeron: «¿Cómo vamos a hablar con un niño que está en la cuna?» (29)

Él dijo: «En verdad, yo soy un siervo de Dios. Él me ha dado la *Escritura* y me designó profeta (30) y me ha bendecido dondequiera que yo esté y me ha encomendado la oración y el pago del impuesto religioso mientras viva (31) y que sea bueno con mi madre. Y no me ha hecho arrogante ni orgulloso.[3] (32) Y la paz ha estado conmigo el día en que nací y estará el día en que muera y el día en que vuelva a la vida.» (33)

Éste es Jesús el hijo de María, el que proclama la Verdad acerca de la cual dudan. (34)

No es propio de Dios tener un hijo. ¡Glorificado sea! Cuando Él decide un asunto, en verdad, le dice: «¡Sé! y es». (35)

Y, en verdad, Dios es mi Señor y vuestro Señor. Así pues, ¡Adoradle! ¡Ese es el camino recto! (36)

Pero los grupos discreparon entre ellos.[4]

¡Ay de quienes no creen cuando sean testigos de un Día Inmenso! (37)

¡Qué bien oirán y verán el día en que vengan a Nosotros!

Pero los tiranos se encuentran hoy en un extravío evidente. (38)

---

[1] La Virgen María era descendiente del profeta Aarón, hermano de Moisés hijo de Imran.

[2] Hacia su hijo Jesús, indicándoles que hablasen con él.

[3] *Yabbar* («arrogante») se dice de aquel que se considera con todos los derechos ante los demás y no considera que los demás tengan derecho alguno sobre él y también del que, por envidia y odio, golpea y mata a las gentes y cuyas órdenes no son razonables y quiere eliminar su mediocridad y poca entidad clamando su importancia y su grandeza, todos ellos atributos evidentes de los falsos líderes y de los arrogantes de todos los tiempos.

Shaqi («orgulloso») se dice de quien no acepta consejos. Y leemos en una transmisión profética que Jesús dijo: «Mi corazón es tierno y me considero poca cosa ante mí mismo.» Señalando las actitudes opuestas a *Yabbar* y *Shaqi*. *Nemune*, t. XIII, p. 53.

[4] Acerca del mensaje que trajo Jesús. *Al-Mizan*, t. XIV, p. 64.

Y adviértales del Día del Remordimiento, cuando se decida el asunto.

Pero ellos están descuidados y no creen. (39)

En verdad, Nosotros heredaremos la Tierra y a quienes están en ella y a Nosotros retornarán. (40)

Y recuerda en la Escritura[1] a Abraham -Ciertamente, él era amante de la Verdad, profeta-[2] (41) cuando dijo a su padre:[3] «¡Oh, padre! ¿Por qué adoras a lo que no oye ni ve y no puede beneficiarte en nada?» (42)

«¡Oh, padre! En verdad, ha llegado a mí un conocimiento que no ha llegado a ti, así que, sígueme y te guiaré a un camino recto.» (43)

«¡Oh, padre! ¡No adores al Demonio! En verdad, el Demonio es rebelde con el Clementísimo.» (44)

«¡Oh, padre! En verdad, temo que te alcance un castigo del Clementísimo y te conviertas en amigo del Demonio.» (45)

Él dijo: «¿Acaso ¡Oh, Abraham! te disgustan mis dioses?

¡Si no desistes te lapidaré! ¡Aléjate de mí por un tiempo prolongado!» (46)

[Abraham] dijo: «La paz sea contigo. ¡Pediré a mi Señor que te perdone! En verdad, Él es complaciente conmigo.» (47)

«Me apartaré de vosotros y de lo que adoráis aparte de Dios y suplicaré a mi Señor. Quizás no quede defraudado de mi ruego a mi Señor.» (48)

Así que, cuando se apartó de ellos y de lo que ellos adoraban en lugar de Dios, le otorgamos a Isaac y a Jacob e hicimos a ambos profetas. (49) Y les otorgamos de Nuestra misericordia y les dimos una altísima reputación. (50)

Y recuerda en la Escritura[4] a Moisés.

En verdad, él era un ser puro, Mensajero y profeta. (51)

---

[1] Es decir: «En este *Corán*.»

[2] *Nabi*, procede de la raíz *naba'a* («informar») y si se denomina así a los profetas es debido a que ellos, mediante la revelación divina, traen información a los seres humanos del mundo oculto a los sentidos. Algunos han dicho que procede de la raíz *nabawwa* que significa «elevación» y son así denominados por su elevación espiritual. *Al-Mizan*, t. XIV, p. 74.

[3] Como se explica en la nota al versículo 6:74, todos los sabios y exégetas *shias* explican que Azar no era el padre de Abraham, y que el término «padre» se utiliza también para dirigirse al hermano del padre o al abuelo. Cfr. *Nemune*, t. XIII, p. 77.

[4] En el *Corán*.

Y le llamamos desde el lado derecho del monte y le acercamos a Nosotros para hablar con él confidencialmente.[1] (52) Y le otorgamos, por Nuestra misericordia, a su hermano Aarón como profeta. (53)

Y recuerda en la Escritura a Ismael. En verdad, fue cumplidor de la promesa y fue Mensajero y profeta. (54) Solía invitar a su familia a la oración y al impuesto religioso purificador de la riqueza y su Señor estaba satisfecho de él. (55)

Y recuerda en la Escritura a Idrís. Ciertamente él era veraz, profeta, (56) y le elevamos a una altísima posición espiritual. (57)

Esos son los que Dios ha agraciado de entre los profetas de la descendencia de Adán y de entre los que llevamos con Noé y de la descendencia de Abraham e Israel y de los que Nosotros guiamos y escogimos, quienes, cuando les eran recitados los versículos del Clementísimo, caían prosternados y llorando. (58)

Tras ellos, sus descendientes se desviaron, abandonaron la oración y siguieron sus pasiones y pronto encontrarán su extravío.[2] (59) Excepto quienes se arrepientan, tengan fe y obren rectamente, pues ellos entrarán en el Jardín y no serán oprimidos en absoluto. (60)

Jardines del Edén[3] que el Clementísimo ha prometido a Sus siervos, aunque aún no los hayan visto. La promesa de Dios se cumplirá. (61)

Allí no escucharán palabras vanas, sino solamente ¡Paz! y en ellos tendrán su provisión mañana y tarde. (62)

Ese es el Jardín que Nosotros daremos en herencia a aquellos de Nuestros siervos que sean temerosos. (63)

Y no lo hacemos descender sino por orden de tu Señor. A Él pertenece lo que tenemos entre nuestras manos y lo que tenemos a nuestras espaldas y lo que hay entre ello.[4] Tu Señor no es olvidadizo. (64)

---

[1] Se refiere a una cercanía espiritual, no física. *Al-Mizan*, t. XIV, p. 83.

[2] Es decir: «Las consecuencias de su extravío.» *Al-Mizan*, t. XIV, p. 104.

[3] *Adn* («Edén») significa «eterno» y el *Corán* denomina así a los Jardines de la otra vida porque los creyentes estarán en ellos eternamente. *Al-Mizan*, t. XIV, p. 105.

[4] «*Y no lo hacemos descender sino por orden de tu Señor*» serían, conforme a una transmisión de Ibn Abbas, palabras del ángel Gabriel al Profeta, cuando éste le preguntó por qué no había venido a visitarle antes. Y el significado de «*lo que tenemos entre nuestras manos...*» ha recibido muchas interpretaciones, la más frecuente es: «A Dios pertenecen el futuro, el pasado y el presente.» *Al-Mizan*, t. XIV, p. 110-111.

Señor de los cielos y de la Tierra y de lo que entre ellos hay. Así pues ¡Adoradle y perseverad en vuestra adoración a Él! ¿Conoces a alguien así denominado?[1] (65)

El ser humano dice: «¿Acaso cuando muera seré sacado[2] a la vida?» (66)

¿Acaso no recuerda el ser humano que Nosotros le creamos anteriormente, cuando no era nada? (67)

Juro por tu Señor que les reuniremos a ellos y a los demonios y les haremos comparecer en el Infierno de rodillas. (68)

Luego, sacaremos de cada grupo a los que hayan sido más desobedientes al Clementísimo. (69) Pues, ciertamente, Nosotros somos Quienes mejor sabemos quiénes son los que más merecen abrasarse en él. (70)

Y todos vosotros entraréis en él. Es una decisión terminante de tu Señor.[3] (71) Luego, salvaremos a los que son temerosos de Dios y dejaremos allí de rodillas a los opresores. (72)

Y cuando les son recitados Nuestros claros versículos, aquellos que no tienen fe dicen a los creyentes. «¿Cuál de los dos grupos disfruta de mejor posición y compañía?» (73)

¡Cuántas generaciones hemos destruido antes de ellos que poseían mejores propiedades y apariencia! (74)

Di: «A quienes estén en el extravío, el Clementísimo se lo prolongará hasta que, cuando vean lo que les fue prometido, bien sea el castigo o bien la Hora,[4] sepan quién tiene peor posición y un ejército más débil.» (75)

Y Dios incrementa la guía de quienes van por el buen camino y los buenos actos perdurables obtienen mejor recompensa junto a tu Señor y mejor lugar de regreso. (76)

---

[1] Es decir: «Señor de los cielos y la Tierra.» *Al-Mizan*, t. XIV, p. 113.

[2] De la tumba. *Al-Mizan*, t. XIV, p. 116.

[3] Y con «todos vosotros» se refiere tanto a los que niegan a Dios como a los creyentes y la prueba de ello es que, a continuación, dice: «luego, salvaremos a quienes son temerosos de Dios.» *Al-Mizan*, t. XIV, p. 121.

Y en *Machma al-Bayan* se recoge que algunos han dicho: «El beneficio de que los creyentes entren en el Fuego es, tal como se ha recogido en algunas tradiciones proféticas, que Dios Altísimo no hace entrar a nadie en el Paraíso sin antes hacerle ver el Fuego, para que observe los castigos que en él tienen lugar y, por tanto, pueda valorar mejor el favor de su Señor con él y su alegría sea mayor.» *Al-Mizan*, t. XIV, p. 127.

[4] Por «el castigo» se refiere al castigo en esta vida y por «la Hora» se refiere al Día del Juicio Final. *Al-Mizan*, t. XIV, p. 139.

¿Acaso no has visto a quien niega Nuestras señales y dice: «Me serán dados riqueza e hijos abundantes.»? (77)

¿Es que está informado de lo que está oculto a los sentidos o ha obtenido una promesa del Clementísimo? (78) ¡Nada de eso!

¡Tomaremos nota de lo que dice y le prolongaremos el castigo! (79) Y heredaremos de él lo que dice[1] y vendrá a Nosotros él solo. (80)

En lugar de Dios toman otros dioses para que les den poder. (81)

¡Pero no! ¡Rechazarán la adoración que ellos les profesan y se pondrán contra ellos![2] (82)

¿No ves que Nosotros enviamos a los demonios sobre aquellos que no creen para que les inciten con insistencia al mal? (83)

No tengas prisa respecto a ellos, que Nosotros llevamos su cuenta con precisión.[3] (84)

El día en que reunamos a los temerosos de Dios como invitados del Clementísimo (85) y conduzcamos a los pecadores sedientos hacia el Infierno, (86) nadie tendrá poder para interceder excepto quien haya realizado un compromiso con el Clementísimo. (87)

Y dicen: «El Clementísimo ha tomado un hijo.» (88)

Ciertamente, venís con algo odioso. (89)

A punto están los cielos de rasgarse, de abrirse la Tierra y de desmoronarse las montañas (90) por haber ellos atribuido un hijo al Clementísimo. (91)

No tiene sentido que el Clementísimo tome un hijo. (92) No hay nadie en los cielos y la Tierra que no venga como siervo ante el Clementísimo. (93)

Ciertamente, Él los ha enumerado a todos y los ha contado con precisión (94) y todos ellos vendrán a Él en solitario el Día del Levantamiento. (95)

---

[1] La riqueza y los hijos. *Al-Mizan*, t. XIV, p. 135.

[2] Es decir: «Pronto esos mismos dioses a los que adoran se pondrán contra ellos.» *Al-Mizan*, t. XIV, p. 148.

[3] Es decir: «No tengas prisa por que Yo les ajuste las cuentas, pues, como el tiempo que el ser humano permanece en este mundo es tiempo para ser examinado y puesto a prueba, el tiempo que Yo les doy de vida sirve para contabilizar las acciones por las que luego les castigaré.» Cfr. *Al-Mizan*, t. XIV, p. 150-151.

En verdad, el Clementísimo ha puesto el amor para aquellos que creen y obran rectamente.[1] (96)

Y, en verdad, lo hemos hecho fácil para tu lengua,[2] de manera que, por medio de él, anuncies la buena nueva a los temerosos de Dios y amonestes a la gente hostil. (97)

¡Cuántas generaciones hemos aniquilado antes de ellos! ¿Acaso percibes a alguno de ellos o les escuchas murmurar? (98)

Capítulo 20

Ta Ha

En el nombre de Al.lah, el Clementísimo, el Misericordiosísimo.

Ta Ha.[3] (1)

No hicimos descender el *Corán* sobre ti para crearte molestias[4] (2) sino para invitar al recuerdo a quienes son temerosos. (3)

Hecho descender por Quien creó la Tierra y los altos cielos. (4)

El Clementísimo está sobre el Trono.[5] (5) A Él pertenece lo que hay en los cielos y en la Tierra y lo que hay entre ambos y lo que hay bajo ella. (6) Y, aunque hables en voz baja, en verdad, Él conoce lo secreto y lo más oculto. (7)

Al.lah, no hay más dios que Él. A Él pertenecen los nombres mejores. (8)

¿Te ha llegado el relato de Moisés? (9)

Cuando vio un fuego y dijo a su familia: «¡Esperad! En verdad, he creído divisar un fuego. Puede que traiga unas brasas para vosotros o que encuentre el camino con él.» (10)

Y cuando llegó a él, fue llamado: «¡Oh, Moisés! (11) ¡En verdad, Yo soy tu Señor! Así pues, quítate tus sandalias. Estás, en verdad, en el valle sagrado de Tuwa.[6] (12)

---

[1] Dijo Ibn Abbas: «*Wudda* quiere decir el amor en el corazón de los creyentes.» Y se ha recogido de Yaber ibn 'Abd al-lah y de Ibn Abbas que dijo el Profeta: ¡Oh Ali! Di: '¡Dios mío! Establece un compromiso conmigo y pon en el corazón de los creyentes amor por mí!' (*Allahumma iy'al li 'indaka 'ahdan wa iy'al li fi qulubi al-mu'minina wuddan*) y cuando Ali lo dijo, Dios reveló este versículo. *Al-Mizan*, t. XIV, p. 158.

[2] La recitación del *Corán*. *Al-Mizan*, t. XIV, p. 160.

[3] Dijo Imam Yafar al-Sadiq: «Ta Ha es uno de los nombres del Profeta y significa: ¡Oh, el buscador de la Verdad y quien guía a ella!» (*Talib ul-haqq, al-hadi ilayhi*) *Nemune*, t. XIII, p. 157.

[4] El Mensajero de Dios dedicaba tanto tiempo en sus oraciones a recitar *Corán*, que sus pies se hinchaban. *Nemune*, t. XIII, p. 156.

[5] Como ya se indicó en 7:54, es una metáfora para indicar que el Gobierno divino abarca toda la creación. *Al-Mizan*, t. XIV, p. 166.

[6] En el Monte Sinaí. *Al-Mizan*, t. XIV, p. 190.

Y Yo te he elegido, así que escucha lo que te ha sido revelado. (13) En verdad, Yo soy Dios. No hay más dios que Yo. Así pues ¡Adoradme y haced la oración en recuerdo Mío! (14)

En verdad, la Hora viene. He querido mantenerla oculta para que cada alma sea recompensada conforme a su esfuerzo. (15) Que no te aparten de ella quienes no creen en ella y siguen sus pasiones y seas aniquilado.[1] (16)

¿Y qué es eso ¡Oh, Moisés! que tienes en tu mano derecha?» (17)

Él dijo: «Es mi bastón. En él me apoyo y con él vareo los árboles para alimentar a mi ganado y también le doy otros usos.» (18)

Dijo [Dios]: «¡Lánzalo! ¡Oh, Moisés!» (19)

Y lo arrojó y fue una serpiente reptando veloz. (20)

Dijo [Dios]: «¡Tómalo y no tengas miedo! Lo devolveremos a su condición primera. (21) Y guarda tu mano bajo tu axila. Saldrá blanca, sin defecto alguno. Es otra señal,[2] (22) para hacerte ver algunas de Nuestras grandes señales.»[3] (23)

«Y ve al Faraón. En verdad, él se ha endiosado.» (24)

Dijo [Moisés]: «¡Señor mío! Ensancha mi pecho (25) y facilita mi misión (26) y desata el nudo de mi lengua (27) para que entiendan mis palabras. (28) Y ponme un ayudante de mi familia. (29) A Aarón, mi hermano. (30) Fortalece con él mi poder (31) y asóciale a mi misión (32) para que Te glorifiquemos mucho (33) y Te recordemos mucho. (34) En verdad, Tú siempre has estado informado de nuestra situación.» (35)

Dijo: «El poder que Dios me ha dado es mejor.

Y dejaremos que ese día se mezclen unos con otros como olas y será tocada la trompeta y les reuniremos a todos.

Dijo [Dios]: «Ciertamente te he concedido tus peticiones ¡Oh, Moisés! (36)

Y, ciertamente, ya te habíamos agraciado otra vez (37)

---

[1] Ya que dejarse esclavizar por las pasiones causa la pérdida de la fe. *Al-Mizan*, t. XIV, p. 198.

[2] Según recogen algunas tradiciones proféticas, la mano de Moisés salió resplandeciente, con un brillo perfecto. *Nemune*, t. XIII, p. 180.

[3] Se refiere a esos dos mismos milagros que Dios acaba de hacer con él: transformar su bastón en una serpiente y hacer que de su mano surja un resplandor blanco. *Nemune*, t. XIII, p. 181.

cuando Nosotros revelamos a tu madre lo que le fue revelado: (38) Ponle en la cesta y pon ésta en el río y el río la depositará en la costa. Le recogerá un enemigo Mío y enemigo suyo.»[1]

Y deposité sobre ti Mi amor, para que fueras criado bajo Mi mirada (39) cuando tu hermana fue y dijo: «¿Queréis que os indique a quien se ocupe de él?» y te hicimos regresar a tu madre para que se alegraran sus ojos y no estuviera triste.

Y mataste a un hombre y Nosotros te salvamos de la angustia[2] y te pusimos a prueba en la dificultad.

Y permaneciste durante años con la gente de Madyan.[3]

Luego, viniste cuando estaba decretado

¡Oh, Moisés! (40) Te he escogido y purificado para Mí. (41) ¡Id, tú y tu hermano con Mis señales y no os debilitéis en el recuerdo de Mí![4] (42)

¡Id ambos al Faraón! ¡En verdad, se ha endiosado! (43) Y habladle con amabilidad. Quizás así se deje llamar al recuerdo o tema. (44)

Ellos dijeron: «¡Señor nuestro! ¡En verdad, tememos que se precipite sobre nosotros o que se extralimite en su opresión!» (45)

Dijo: «¡No temáis! En verdad, Yo estaré con vosotros dos. Oiré y veré. (46) Así que id a él y decidle: En verdad, somos Mensajeros de tu Señor. Deja, por tanto, ir con nosotros a los Hijos de Israel y no les castigues. Ciertamente, hemos venido a ti con una señal procedente de tu Señor. La paz sea con quien sigue la Guía. (47) En verdad, nos ha sido revelado que quien desmienta y de la espalda será castigado.» (48)

Dijo [Faraón]: «¿Quién es entonces ¡Oh, Moisés! vuestro Señor?» (49)

Dijo: «Nuestro señor es Quien ha creado toda cosa y luego la ha guiado.» (50)

Dijo: «¿Y que fue de las generaciones primeras?»[5] (51)

---

[1] Los adivinos del Faraón le dijeron que nacería un niño de los Hijos de Israel que le arrebataría el poder. El Faraón dio órdenes de que todos los niños de los Hijos de Israel que nacieran fuesen matados. *Al-Mizan*, t. XIV, p. 206.

[2] Del miedo a ser capturado por los soldados del Faraón y ser ejecutado por haber matado a un egipcio. *Al-Mizan*, t. XIV, p. 210.

[3] Cuando Moisés huyó de Egipto para evitar ser apresado, llegó a Madyan y se casó con una de las hijas del profeta Shuaib, también conocido como Yetro, viviendo allí diez años y trabajando de pastor para él. *Al-Mizan*, t. XIV, p. 209.

[4] *Taniya* viene de la raíz *wana* que indica debilidad, relajación, laxitud. Y la intención de la frase es: «No dejéis de llamar a la gente a tener fe en Dios." más que «recordar a Dios con la lengua o con el corazón», como algunos han entendido. *Al-Mizan*, t. XIV, p. 213.

[5] Algunos exegetas han opinado que la intención del Faraón al decir esto es: «¿Entonces, cómo es que las generaciones anteriores no creyeron en Dios y no fueron guiadas?» Cfr. *Nemune*, t. XIII, p. 220.

Dijo: «El conocimiento de ellos está junto a mi Señor en una Escritura. Mi Señor no se equivoca ni se olvida.»[1] (52)

Él es Quien ha puesto para vosotros la Tierra como un lecho y ha trazado en ella, para vosotros, caminos e hizo descender del cielo agua, por medio de la cual hacemos surgir diversas clases de plantas por parejas. (53)

¡Comed y pastoread vuestro ganado! En verdad, en ello hay señales para quien posee inteligencia. (54)

De ella[2] os hemos creado y a ella os hacemos regresar y de ella os haremos salir otra vez. (55)

Ciertamente, le hicimos ver todas Nuestras señales, pero él las negó y rechazó. (56)

Dijo: «¡Oh Moisés! ¿Has venido a nosotros para sacarnos de nuestra tierra con tu magia? (57) Pues vendremos a ti con una magia semejante. Fija una cita entre nosotros y tú en un terreno neutral, a la que ni nosotros ni tú faltaremos.» (58)

Dijo: «Vuestra cita será el Día del Adorno[3] y que la gente se reúna al medio día.» (59)

El Faraón se retiró. Preparó su plan y acudió. (60)

Moisés les dijo: «¡Ay de vosotros! ¡No inventéis mentiras sobre Dios, pues os aniquilará con un castigo! ¡Ciertamente, quien invente mentiras fracasará!» (61)

Así que discutieron la cuestión entre ellos y mantuvieron en secreto sus deliberaciones. (62)

Dijeron. «En verdad, esos dos son magos que quieren expulsaros de vuestra tierra con su magia y destruir vuestras tradiciones. (63) Así que, reunid vuestros artificios y venid en una fila cerrada. Quien gane hoy será el triunfador.» (64)

---

[1] Es decir: «La cuenta y el libro de sus acciones está cuidado y preservado por Dios y finalmente, cada cual recibirá lo que haya merecido.» *Nemune*, t. XIII, p. 221.

[2] «De la tierra». *Al-Mizan*, t. XIV, p. 239.

[3] Día en el que los egipcios celebraban una fiesta. *Al-Mizan*, t. XIV, p. 241.

Ellos dijeron: «¡Oh Moisés! ¡Lanza tú o seremos nosotros los primeros en lanzar!» (65)

Dijo: «¡Lanzad pues!»

Entonces le pareció, por efecto de su magia, que sus cuerdas y bastones caminaban (66) y Moisés sintió miedo en su interior. (67)

Dijimos: «¡No temas! ¡En verdad, tú eres superior!» (68)

«¡Lanza lo que tienes en tu mano derecha y se tragará lo que han creado!»

«En verdad, lo que han creado son trucos de mago y el mago no triunfará donde quiera que vaya.» (69)

Y los magos cayeron prosternados. Dijeron: «¡Creemos en el Señor de Aarón y Moisés!» (70)

Dijo [Faraón]: «¿Habéis creído en Él antes de que yo os diera permiso?»

«Él es vuestro maestro y el que os ha enseñado a vosotros la magia. Os cortaré las manos y los pies opuestos y os crucificaré en el tronco de una palmera y sabréis quien de nosotros castiga de manera más dura y permanente.» (71)

Ellos dijeron: «Nunca te preferiremos a ti por encima de las pruebas claras que nos han llegado y de Aquel que nos ha creado.»

«Decidas lo que decidas, tú decides sobre la vida de este mundo.» (72)

«En verdad, hemos creído en nuestro Señor para que nos perdone por nuestros errores y por la magia que nos has obligado a realizar. Dios es mejor y más duradero.» (73)

En verdad, quien venga a su Señor como un pecador obtendrá el Infierno, en el cual no morirá ni vivirá. (74)

Y quienes vengan a Él como creyentes que han obrado rectamente obtendrán los grados más elevados. (75) Los Jardines del Edén, de cuyas profundidades brotan los ríos y en los que estarán eternamente.

Y esa será la recompensa de quien se haya purificado. (76)

Y, ciertamente, revelamos a Moisés: «Saca a Mis siervos en el secreto de la noche y abre para ellos un camino seco en el mar. No temas que os persigan y no tengas miedo.»[1] (77)

Y les persiguió el Faraón con su ejército y el mar[2] les cubrió totalmente con sus olas. (78)

El Faraón extravió a su pueblo y no le guió. (79)

«¡Oh, Hijos de Israel! Os salvamos de vuestros enemigos y os citamos junto a la ladera derecha del monte[3] e hicimos descender para vosotros el maná y las codornices. (80)

Comed de lo bueno y puro que os hemos proporcionado y no os endio-séis en ello,[4] pues provocaríais Mi ira sobre vosotros y quien provoque Mi ira sobre él, ciertamente, se hundirá.»[5] (81)

Y, en verdad, Yo soy muy perdonador con quien se arrepiente y tiene fe y actúa rectamente y, por tanto, sigue la buena guía. (82)

«¡Oh, Moisés! ¿Por qué te has adelantado tan apresuradamente a tu pueblo?» (83)

Dijo: «Ellos vienen siguiendo mis pasos y yo me apresuré en venir a Ti, Señor mío, para complacerte.» (84)

Dijo (Dios): «En verdad, pusimos a prueba a tu pueblo después de que tú les dejases y el samaritano les extravió.» (85)

Moisés regresó a su pueblo enfadado y muy preocupado.

Dijo: «¡Oh, pueblo mío! ¿Acaso vuestro Señor no os hizo una buena promesa? ¿Acaso os pareció demasiado larga la espera en mi ausencia o quisisteis provocar sobre vosotros la ira de vuestro Señor y por eso faltasteis a la promesa que me hicisteis?» (86)

Dijeron: «No faltamos a la promesa que te hicimos por deseo propio, sino que cargábamos las joyas del pueblo y las arrojamos al fuego y el samaritano hizo esto con ellas.» (87)

---

[1] «Mis siervos» quiere decir los Hijos de Israel. *Al-Mizan*, t. XIV, p. 256.
No temas que os persigan los soldados del Faraón ni tengas miedo de ahogarte. *Nemune*, t. XIII, p. 256.

[2] *Yam* significa mar o un río de grandes dimensiones y algunos sabios creen que es una palabra antigua egipcia, no árabe. *Nemune*, t. XIII, p. 259. Cfr. http://www.fortunecity.com/meltingpot/oxford/1163/id17.htm

[3] Es decir, en un lugar sagrado, ya que la ladera derecha del monte Sinaí es el lugar en el que Dios habló con Moisés y le entregó las Tablas de la *Torá*. *Nemune*, t. XIII, p. 261.

[4] No endiosarse en la comida que Dios les ha proporcionado, significa negar las mercedes divinas, como vimos que hicieron (Cfr. 2:61) y no estar agradecidos con Él. *Al-Mizan*, t. XIV, p. 261.

[5] Es decir: «Caerá de la posición de cercanía de Dios de la que disfrutaba y provocará su propia destrucción.» *Nemune*, t. XIII, p. 262.

Y fabricó para ellos la estatua de un ternero que mugía.

Y dijeron:[1] «Éste es vuestro dios y el dios de Moisés, y se olvidó.»[2] (88)

¿Acaso no vieron que no les respondía y que no tenía poder para perjudicarles ni beneficiarles? (89)

Ciertamente, Aarón les había dicho anteriormente: «¡Oh, pueblo mío! ¡En verdad, se os está poniendo a prueba con ello y, en verdad, vuestro Señor es el Clementísimo! ¡Seguidme pues y obedeced mis órdenes!» (90)

Ellos dijeron: «¡No dejaremos de adorarle hasta que Moisés regrese a nosotros!» (91)

(Moisés) dijo: «¡Oh, Aarón! ¿Qué te impidió, cuando les vistes que se extraviaban, (92) seguirme? ¿Acaso desobedeciste mis órdenes?» (93)

Él dijo: «¡Oh, hijo de mi madre! ¡No me tires de la barba ni me tomes de la cabeza! En verdad, temí que me dijeras: 'Has dividido a los Hijos de Israel y no tuviste en cuenta mis palabras.'» (94)

(Moisés) dijo: «Y tú, Samaritano ¿Qué tienes que decir?» (95)

Él dijo: «Yo observé lo que ellos no observaron y tomé un puñado de la huella del Mensajero y lo arrojé.[3] Eso fue lo que mi ego me sugirió.» (96)

(Moisés) dijo: «¡Vete! En verdad, durante toda tu vida tendrás que decir: '¡No me toques!'[4] Y, en verdad, tienes una cita a la que no podrás faltar. Y mira a tu dios, al cual seguiste con devoción. Lo quemaremos y dispersaremos totalmente sus restos en el mar.» (97)

En verdad, tu dios es Dios. No hay otro dios más que Él. Su conocimiento abarca todas las cosas. (98)

---

[1] Algunos del pueblo que participaron con el Samaritano en la fabricación del becerro. *Al-Mizan*, t. XIV, p. 269.

[2] Según Zamajshari, algunos exégetas dicen que el pronombre de olvidó remite a Moisés. En ese caso, significaría: «Pero Moisés se olvidó de este dios y, aunque está aquí, se fue al monte Sinaí a buscarle.» Y otros dicen que remite al samaritano, por lo que el significado sería: «Samarí se olvidó de Dios, después de haber creído en Él.» *Al-Mizan*, t. XIV, p. 269.

[3] En ninguna otra parte del *Corán* se vuelve a mencionar este acontecimiento ni se hace referencia a él, pero la mayoría de los exégetas, en base a las tradiciones proféticas, han comentado que Samarí observó la huella dejada por el ángel Gabriel, o por su caballo, cuando descendió para ayudar a Moisés, cuando el Faraón les perseguía. Tomó un puñado de tierra del lugar en el que estaba la huella y lo guardó, hasta que, cuando fabricaba el becerro, lo arrojó al recipiente en el que el oro se fundía. *Al-Mizan*, t. XIV, p. 272-273.

[4] Es decir: «¡No te acerques a mí!» *Al-Mizan*, t. XIV, p. 275.

20. TA HA

Así es como te hemos relatado algunas noticias de lo que sucedió en el pasado. Ciertamente, te hemos dado un Recuerdo procedente de Nosotros.[1] (99) Quien se aparte de él cargará el Día del Levantamiento con un pesado fardo [2] (100) que portará eternamente. ¡Qué mala carga para ellos el Día del Levantamiento! (101) El día en que sea tocada la trompeta.

Y juntaremos ese día a los pecadores con los ojos morados,[3] (102) que susurrarán entre ellos: "Sólo hemos permanecido diez días [muertos]."[4] (103)

Nosotros somos quienes mejor sabemos de lo que hablan cuando el mejor de ellos[5] dice: «Sólo permanecisteis un día.» (104)

Y te preguntan sobre las montañas. Di: «Mi Señor las pulverizará y aventará (105) y las dejará como una llanura desértica. (106) No verás en ella valles ni colinas.» (107)

Ese día seguirán a quien les convocará sin cometer un solo error y se apagarán las voces ante el Clementísimo y no escucharás más que un susurro. (108)

Ese día no servirá la intercesión excepto de aquel a quien el Clementísimo dé permiso y de cuya palabra Él esté satisfecho. (109)

Él conoce lo que ellos tienen entre sus manos y lo que hay a sus espaldas, pero ellos no abarcan el conocimiento que Él posee.[6] (110)

Sus rostros se humillarán ante Quien es la Vida y el Sustentador de la vida y, ciertamente, habrá fallado quien cargue con injusticias. (111)

Y quien haya realizado buenas obras y sea creyente no temerá ser oprimido ni ser tratado injustamente. (112)

Así es como lo hemos hecho descender, como un *Corán* árabe, y hemos expuesto en él amonestaciones de distintas maneras para que, quizás así, sean temerosos o les sirva de recuerdo. (113)

---

[1] El Sagrado *Corán. Al-Mizan*, t. XIV, p. 292.
[2] «De pecados y responsabilidades.» *Nemune*, t. XIII, p. 293.
[3] *Zurq* significa «azul oscuro». Según recoge Al-Farra en su obra *Ruh al-Maani*, azul oscuro quiere decir aquí «ciego» y esa interpretación se ajusta a la descripción del versículo 17:97. Cfr. *Al-Mizan*, t. XIV, p. 293. Y algunos han entendido que quiere decir «Morados del dolor y del esfuerzo de portar la pesada carga de pecados originada por su extravío». Cfr. *Nemune*, t. XIII, p. 297-298.
[4] «*Solamente permanecisteis diez días en esta vida*» debido a que la perspectiva de una vida eterna de sufrimiento hace que el tiempo que permanecieron en este mundo les parezca poco. *Al-Mizan*, t. XIV, p. 293.
[5] Es decir: «El que más se acerca a la verdad.» Ya que, respecto a la duración de la otra vida, el tiempo que permanecemos en esta es como un solo día. *Al-Mizan*, t. XIV, p. 294.
[6] Seguramente se refiere a los pecadores y con «*lo que tienen entre sus manos*» se refiere a la recompensa que se merezcan, lo que tienen ante sí, y con «*lo que hay a sus espaldas*» los actos de su vida pasada. *Al-Mizan*, t. XIV, p. 297.

Ensalzado sea Dios, el Soberano verdadero.

Y no te apresures con la recitación del *Corán* antes de que se complete su revelación[1] y di: "¡Señor mío! ¡Incrementa mi conocimiento! (114)

Anteriormente, habíamos aceptado una promesa de Adán, pero él la olvidó y no encontramos en él firmeza.[2] (115)
Cuando dijimos a los ángeles: «Prosternaos ante Adán.» y se prosternaron todos menos Iblís que se negó. (116)

Dijimos: «¡Oh, Adán! En verdad, éste es un enemigo para ti y para tu pareja, así que no le permitáis que os saque del Jardín pues sufriríais. (117) En verdad, en él no sufrirás hambre ni desnudez (118) y en él no pasarás sed ni calor.» (119)

Pero le tentó Satanás.
Dijo: «¡Oh, Adán! ¿Puedo mostrarte el árbol de la inmortalidad y del gobierno imperecedero?» (120)
Entonces, ambos comieron de él y se les hizo evidente su desnudez y comenzaron a cubrirse mutuamente con hojas del Jardín.
Adán desobedeció a su Señor y se extravió. (121)
Luego, su Señor le escogió, aceptó su arrepentimiento y le guió. (122)
Dijo: «Descended ambos de él, todos juntos. Seréis enemigos unos de otros.»[3]

Y si viene a vosotros una guía procedente de Mí, quien siga Mi guía no se extraviará ni se sentirá desgraciado. (123)
Pero quien se aparte de Mi recuerdo tendrá una vida difícil y el Día del Levantamiento le resucitaremos ciego. (124)
Dirá: «¡Dios mío! ¿Por qué me resucitas ciego, si yo veía?» (125)

---

[1] Cfr. *Corán*, 75:16-18.
[2] La promesa de no acercarse al árbol prohibido. *Nemune*, t. XIII, p. 318. Cfr. *Corán*, 7:22 y nota al pie.
[3] Aunque Dios aceptó el arrepentimiento de Adán y le perdonó, Adán no pudo recuperar inmediatamente la elevación espiritual que anteriormente disfrutaba. «*Ambos*» se refiere a Adán y Eva y «*todos juntos*» a ellos dos y a los demonios y «*seréis enemigos unos de otros*» quiere decir «los seres humanos y los demonios.» Cfr. *Nemune*, t. XIII, p. 326.

Dirá: «Así como te di Nuestras señales y tú las olvidaste, de la misma manera hoy tú eres olvidado.»[1] (126)

Y a quien se propase[2] y no crea en las señales de su Señor Nosotros le recompensaremos de la misma manera. Y el castigo de la otra vida es peor y más duradero. (127)

¿Es que no les sirve de guía ver cuántas generaciones, por cuyas moradas caminan, hemos destruido antes de ellos?

En verdad, en ello hay señales para quienes poseen inteligencia. (128) Y si no hubiese sido por una palabra previa de tu Señor y por un plazo determinado previamente ellos también lo habrían sido.[3] (129)

Por tanto, se paciente con lo que dicen y glorifica con alabanzas a tu Señor antes de la salida del Sol y antes de que se oculte. Y glorifícale parte de la noche y en los extremos del día.[4] Quizás así estés satisfecho y feliz.[5] (130)

Y no alargues tus ojos hacia lo que Nosotros hemos proporcionado a algunos de ellos, flor de esta vida mundanal, para ponerles a prueba con ello, pues la provisión de tu Señor es mejor y más duradera. (131)

Y ordena a tu gente la oración y persevera en ella.

No te pedimos que nos proveas. Nosotros te proveemos a ti. Y el buen final es para el temor de Dios. (132)

Y dicen: "¿Por qué no nos trae una señal procedente de su Señor?"

¿Acaso no ha venido a ellos la prueba clara de lo que contenían las Escrituras primeras? (133)

Si Yo les hubiera destruido con un castigo antes de ello,[6] habrían dicho: «¡Señor nuestro! ¿Por qué no nos envías un Mensajero para que sigamos Tus señales antes de que nos alcance la humillación y la desgracia?» (134)

Di: «Todos estamos a la espera. Así pues, esperad y pronto sabréis quienes son la gente del camino llano y quienes son los guiados.» (135)

---

[1] «De la misma manera que tú estuviste ciego a Mis señales, hoy eres resucitado ciego.» Es decir: «Eres olvidado.» Cfr. *Al-Mizan*, t. XIV, p. 317-318.
[2] Es decir, sobrepasar la línea que marca la diferencia entre el creyente y el que descree de Dios. Cfr. *Al-Mizan*, t. XIV, p. 325.
[3] Es decir: «También ellos habrían sido destruidos.» *Al-Mizan*, t. XIV, p. 326.
[4] Y el sentido de la glorificación que se menciona en el versículo es absoluto y no está limitado a la oración, obligatoria o voluntaria. *Al-Mizan*, t. XIV, p. 329.
[5] Es decir: «Se paciente y glorifica a tu Señor. Quizás así alcances el estado de satisfacción con Su decreto.» *Al-Mizan*, t. XIV, p. 329.
[6] «Antes de haberles enviado esa señal que me piden», es decir: «Antes de haberles enviado el *Corán*.» *Al-Mizan*, t. XIV, p. 336.

Parte 17

Capítulo 21

Los profetas

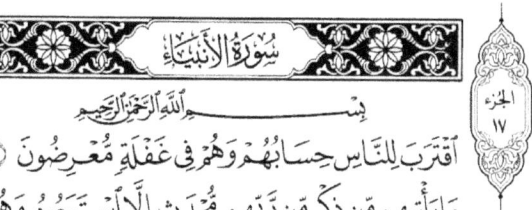

En el nombre de Al.lah, el Clementísimo, el Misericordiosísimo.

Se acerca para los seres humanos el momento de rendir cuentas, pero ellos están descuidados y le dan la espalda. (1) No llega a ellos ningún nuevo recuerdo de su Señor sin que ellos lo escuchen como si fuera un juego, (2) vacíos sus corazones.

Los opresores secretean entre sí diciendo: «¿Acaso no es éste[1] un ser humano igual que vosotros? ¿Vais, pues, a caer en la magia cuando la estáis viendo?»[2] (3)

Él dijo: «Mi Señor sabe lo que se dice en los cielos y en la Tierra, pues Él es Quien todo lo oye, Quien todo lo sabe.» (4)

Pero ellos dijeron: «¡Son un montón de delirios!» o «¡Se lo ha inventado!» o "¡Es un poeta!" «¡Qué nos traiga una señal como las que les fueron enviadas a los primeros!»[3] (5)

No creyó, antes de ellos, ninguna ciudad de las que Nosotros destruimos[4] ¿Van ellos a creer? (6)

Y no hemos enviado antes de ti sino a hombres a los que Nosotros inspiramos. ¡Preguntad a la gente del recuerdo,[5] si es que vosotros no sabéis! (7)

No les dimos un cuerpo que no necesitase comer alimentos y no eran inmortales. (8)

Fuimos leales a la promesa que les hicimos y les salvamos a ellos y a quienes Nosotros quisimos y destruimos a los transgresores. (9)

Ciertamente, hicimos descender a ti una *Escritura* en la que hay una amonestación para vosotros. ¿Acaso no razonáis? (10)

---

[1] Se refieren al profeta Muhammad. *Al-Mizan*, t. XIV, p. 351.

[2] Es decir: «No es un profeta. ¿Vais a creer que son milagros cuando estáis viendo que es magia?» Cfr. *Al-Mizan*, t. XIV, p. 352.

[3] Es decir: «Que haga salir un camello de una roca o que su bastón se convierta en una serpiente, como hacían los primeros profetas.» *Al-Mizan*, t. XIV, p. 353.

[4] «Aunque vieron esos milagros que ellos piden.» *Al-Mizan*, t. XIV, p. 354.

[5] Los sabios entre la gente de las *Sagradas Escrituras*. *Al-Mizan*, t. XIV, p. 356

¡Cuántas ciudades habremos destruido que eran opresoras y, tras ellas, hicimos surgir a otros pueblos! (11) Y cuando sintieron Nuestro castigo huyeron rápidamente de ellas. (12)

«¡No huyáis y regresad a vuestras distracciones y mansiones! ¡Puede que seáis preguntados!» (13)

Ellos dijeron: «¡Ay de nosotros! ¡En verdad, fuimos opresores!» (14)

Y no cesó ese lamento hasta que les segamos la vida de raíz y quedaron silenciados. (15)

No creamos el cielo, la Tierra y lo que hay entre ambos por juego. (16) De haber querido entretenernos lo hubiéramos hecho por Nosotros mismos, de haberlo hecho. (17)

Pero no. Lanzamos la Verdad sobre lo falso para destruirlo, hasta que desaparece.

¡Ay de vosotros por vuestras conjeturas! (18)

A Él pertenecen quienes están en los cielos y la Tierra. Y quienes están junto a Él no se vuelven arrogantes por adorarle y no se agotan.[1] (19) Glorifican noche y día y no se cansan. (20)

¿Acaso los dioses que tomaron en la Tierra pueden resucitar a los muertos? (21)

Si hubiera en ellos dos[2] otros dioses aparte de Dios, ambos se corromperían. Así pues ¡Glorificado sea Dios, Señor del Trono, por encima de aquello que Le atribuyen! (22)

Él no será interrogado por lo que hace, pero ellos sí serán interrogados.[3] (23)

¿Han tomado otros dioses aparte de Él?

Di: «¡Aportad vuestras pruebas!»[4]

«Este es el Recuerdo de quienes están conmigo y el Recuerdo de los que estaban antes de mí. Pero la mayoría de ellos no conocen la Verdad y se apartan.»[5] (24)

---

[1] Sus siervos más cercanos y los ángeles... no se cansan de adorar a Dios. *Al-Mizan*, t. XIV, p. 373.

[2] En el cielo y en la Tierra.

[3] El pronombre «Él» remite sin duda a Dios y el pronombre «ellos» remite a los dioses que los idólatras adoran o a los seres humanos, o a ambos. *Al-Mizan*, t. XIV, p. 377.

[4] Que justifiquen la validez de ese comportamiento.

[5] «El Recuerdo de quienes están conmigo» quiere decir el Corán y «el Recuerdo de quienes estaban antes de mí» quiere decir las *Escrituras Sagradas* que fueron reveladas a los profetas anteriores, como la Torá, el Evangelio, Los Salmos y otras. Y «se apartan» quiere decir: «se apartan de ella.» Cfr. *Al-Mizan*, t. XIV, p. 385

Y no hemos enviado antes de ti a ningún Mensajero sin haberle revelado: «No hay más dios que Yo, así pues, ¡Adoradme!» (25)

Y ellos dicen: «El Clementísimo ha tomado un hijo.»

¡Glorificado sea! No son sino siervos favorecidos.[1] (26) No se adelantan a Él al hablar y actúan conforme a Sus órdenes. (27) Él conoce lo que tienen entre sus manos y lo que tienen a sus espaldas y no interceden por la salvación de nadie excepto de quien Él esté satisfecho y sólo por temor a Él se angustian.[2] (28)

Y si alguno de ellos dijese: «En verdad, yo soy un dios aparte de Él», le recompensaríamos con el Infierno. Así es como recompensamos a los opresores. (29)

¿Acaso quienes no creen no ven que los cielos y la Tierra formaban un todo único y Nosotros los separamos e hicimos del agua toda cosa viva?

¿No creerán, pues? (30)

Y pusimos en la Tierra firmes montañas para que se moviera con ellos y dispusimos en ellas amplios caminos para que, quizás así, ellos puedan guiarse.[3] (31) Y pusimos el cielo como un techo protegido.[4] Pero ellos dan la espalda a Sus señales. (32)

Y Él es Quien creó la noche y el día y el Sol y la Luna. Cada uno navegando en su órbita. (33)

Y antes de ti no hemos hecho a ningún ser humano inmortal.

¿Acaso si tú mueres ellos vivirán eternamente?[5] (34)

Todo ser humano probará la muerte y os ponemos a prueba con lo malo y con lo bueno. Y a Mí regresaréis. (35)

---

[1] Los idólatras decían que los ángeles eran las hijas de Dios. *Nemune*, t. XIII, p. 389.

[2] Es decir: «Él conoce lo que han hecho hasta ahora y lo que harán en el futuro.» *Al-Mizan*, t. XIV, p. 389. Precisamente, por el conocimiento que tienen de que los profetas no pueden interceder por ellos sin el permiso divino, sólo temen a Dios y ese miedo es el único que permiten que entre en sus corazones. No temen el haber cometido pecados sino el quedarse cortos en su adoración. *Nemune*, t. XIII, p. 391.

[3] *Tamid* viene de la raíz *mayada*: «moverse, temblar»; con la partícula *bi*: «oscilar con violencia». Y el significado del versículo sería. «Pusimos en la Tierra firmes montañas para que no temblase con violencia y los seres humanos pudieran vivir sobre ella y pusimos en ellas amplios caminos para que puedan llegar a sus destinos.» *Al-Mizan*, t. XIV, p. 393.

[4] Es posible que el significado de «*un techo protegido*» quiera decir «protegido de los demonios» como se menciona en 15:16-17 y que por «*dan la espalda a sus señales*» se refiera a que los cielos dan señales claras de un único orden y por tanto de un único Ordenador, pero ellos no se dan cuenta y siguen en su idolatría. *Al-Mizan*, t. XIV, p. 393-394.

[5] Los creyentes decían del Profeta: «Como está convencido de ser el último de los profetas, creerá que va a vivir eternamente para proteger el mensaje divino. Su muerte demostrará la falsedad de su alegato.» *Nemune*, t. XIII, p. 403.

21. LOS PROFETAS

سُورَةُ الأنبِيَاء

PARTE 17

الجزء السابع عشر

Y cuando los que no creen te ven no te toman sino a broma:

«¿Es éste el que habla mal de vuestros dioses?»

Mientras, ellos niegan el recuerdo del Misericordioso. (36)

De la prisa fue creado el ser humano.¹ Pronto os haré ver Mis señales, así que no me metáis prisa. (37)

Y dicen: «¿Cuándo se cumplirá esa promesa, si es que decís la verdad?» (38)

Si los que no creen supieran que llegará un momento en el que no podrán apartar el Fuego de sus rostros ni de sus espaldas y que no serán auxiliados...² (39)

Llegará a ellos por sorpresa y les dejará anonadados y no podrán eludirlo ni les será aplazado. (40)

Ciertamente, también se burlaron de los profetas anteriores a ti, pero quienes les ridiculizaban fueron cercados por aquello de lo que se burlaban.³ (41)

Di: «¿Quién os protegerá del Misericordioso por la noche y por el día?»
Pero no sirve de nada. No prestan atención al Recuerdo de su Señor.⁴ (42)
¿Acaso poseen aparte de Mis otros dioses que les protejan?⁵ No pueden protegerse a sí mismos ni Nosotros les hemos otorgado poder para auxiliar. (43)
Dejamos que ellos y sus antepasados disfrutasen hasta una edad avanzada.
¿Acaso no ven cómo reducimos los bordes de la Tierra?⁶
¿Acaso son ellos los vencedores?⁷ (44)

---

¹ Imagen para decir que el ser humano actúa de forma precipitada. *Al-Mizan*, t. XIV, p. 407.
² No clamarían así para que se apresurase su llegada. *Nemune*, t. XIII, p. 406.
³ Es decir: «El castigo del que se burlaban.» *Al-Mizan*, t. XIV, p. 410.
⁴ Es decir, al *Corán*, aunque otros han opinado que el término «recuerdo» tiene un sentido absoluto. *Al-Mizan*, t. XIV, p. 410.
⁵ «Que les protejan de Mi si quiero castigarles.» *Al-Mizan*, t. XIV, p. 410
⁶ Cfr. *Corán*, 13:41 y nota al pie.
⁷ «¿Acaso no ven cómo unas generaciones suceden a otras y cómo el decreto de Dios las aniquila? ¿Quién tienen ellos que les proteja de Mi destrucción? ¿Acaso si Dios desea destruirles pueden ellos enfrentarse a Él y salir victoriosos?» *Al-Mizan*, t. XIV, p. 411.

Di: «En verdad, aquello con lo que os amonesto es la revelación divina.» Pero los sordos no oyen la invitación cuando son amonestados. (45)

Pero si les roza un soplo del castigo de tu Señor, con seguridad dirán: «¡Ay de nosotros! ¡En verdad, fuimos injustos!» (46)

Y colocaremos las balanzas equilibradas con precisión para el Día del Levantamiento y nadie será tratado injustamente en lo más mínimo. Y aunque sus actos tengan el peso de un grano de mostaza, les recompensaremos por ellos. Y Nosotros somos suficientes para llevar las cuentas. (47)

Y, ciertamente, dimos a Moisés y a Aarón el Criterio y una luz y un recuerdo para los temerosos de Dios.[1] (48) Aquellos que temen a su Señor en la intimidad y sienten temor de la Hora.[2] (49)

Y éste[3] es un recuerdo bendecido que Nosotros hemos hecho descender. ¿Acaso lo rechazaréis? (50)

Y, ciertamente, dimos a Abraham su guía anteriormente, pues le conocíamos,[4] (51)

Cuando dijo a su padre y a su pueblo: «¿Qué son esas imágenes sin alma que vosotros adoráis?» (52)

Ellos dijeron: «Vimos que nuestros padres las adoraban.» (53)

Él dijo: «Ciertamente, vosotros y vuestros padres estabais en un extravío evidente.» (54)

Ellos dijeron: «¿Vienes a nosotros con la Verdad o eres de los que bromean?» (55)

Él dijo: «No bromeo. Vuestro Señor es el Señor de los cielos y la Tierra y Quien los ha creado. Y yo soy uno de los que dan testimonio de ello.» (56)

«Y juro por Dios que planearé algo contra vuestros ídolos en cuanto os deis la vuelta.» (57)

---

[1] El Criterio, la luz y el recuerdo es la *Torá* que Dios entregó a Moisés y a su hermano Aarón, que compartía con él la condición profética. Y Dios denomina a las *Escrituras Sagradas* «El Criterio» porque mediante ellas es posible diferenciar lo verdadero de lo falso. Cfr. *Corán*, 2:53. *Al-Mizan*, t. XIV, p. 417.

[2] La Hora quiere decir el Día del Juicio Final. *Nemune*, t. XIII, p. 424.

[3] *Corán*. *Nemune*, t. XIII, p. 425.

[4] «Antes de dar a Moisés y a Aarón la *Torá* ya habíamos dado a Abraham su guía pues le conocíamos.» Es decir Dios conocía su estado espiritual y sus grandes aptitudes. Y al decir «*su guía*» se refiere a esa visión interior que le permitió reconocer al Dios Uno y Único sin haber tenido un maestro que le educase y guiase. Cfr. *Al-Mizan*, t. XIV, p. 419.

Así que los hizo pedazos, excepto a uno de ellos más grande, para que se volvieran hacia él.¹ (58)

Ellos dijeron: «¿Quién hizo esto con nuestros dioses? ¡En verdad, él es de los opresores!» (59)

Dijeron: «Oímos a un joven hablar mal de ellos. Le llaman Abraham.» (60)

Dijeron: «¡Pues traedle ante la vista de la gente! Quizás así ellos testifiquen.»² (61)

Dijeron: «¿Has sido tú ¡Oh, Abraham! quien hizo esto a nuestros dioses?» (62)

Él dijo: «No. Lo hizo ese grande. ¡Preguntadles! si es que pueden hablar.» (63)

Así que se ensimismaron y dijeron:³ «Verdaderamente, vosotros sois los opresores.» (64)

Luego dieron vuelta a sus cabezas: «¿Acaso no sabes que ellos no pueden hablar?» (65)

Él dijo: «¿Adoráis pues, en lugar de Dios, a quien no puede beneficiaros ni perjudicaros en nada? (66)

¡Uf! ¡Vosotros y lo que vosotros adoráis en lugar de Dios! ¿Es que no reflexionáis?» (67)

Dijeron: «¡Quemadle y salid en defensa de vuestros dioses si es que sois gente de acción!» (68)

Dijimos: «¡Oh, fuego! ¡Se frío e inofensivo para Abraham!» (69)

Quisieron con ello perjudicarle, pero hicimos que ellos fueran quienes más perdieran. (70)

Y salvamos a él y a Lot en la tierra que nosotros habíamos bendecido para toda la humanidad.⁴ (71) Y le otorgamos a Isaac y a Jacob como una bendición e hicimos que ambos fueran de los justos. (72)

---

¹ Y le preguntasen lo que había sucedido. Cfr. *Nemune*, t. XIII, p. 433.
² Que le han escuchado hablar mal de los dioses. *Al-Mizan*, t. XIV, p. 423.
³ Ante la evidencia de lo que Abraham les había hecho comprender, se volvieron hacia sí mismos y cada uno se dijo: «Tú si que eres opresor, que adoras un ídolo que no puede ni hablar.» *Al-Mizan*, t. XIV, p. 425.
⁴ La tierra de Sham (Líbano, Siria y Palestina). Lot fue el primero en creer en Abraham y se exilió junto con él. Cfr. *Corán*, 29:26. *Al-Mizan*, t. XIV, p. 428.

Y les pusimos como dirigentes para que guiasen conforme a Nuestro mandato y les revelamos que hicieran el bien, que realizaran la oración y entregaran el impuesto religioso purificador de la riqueza. Y fueron siervos obedientes a Nosotros. (73)

Y a Lot le dimos juicio y conocimiento y le pusimos a salvo de la ciudad en la que se cometían actos viciosos. En verdad, era un pueblo malvado y trasgresor. (74)

Y le hicimos entrar en Nuestra misericordia. En verdad, él era de los rectos. (75)

Y, anteriormente, a Noé, cuando invocó y Nosotros le respondimos y le salvamos, a él y a su familia, de la gran tragedia. (76) Y le auxiliamos ante la gente que desmentía Nuestras señales.

En verdad, eran una mala gente y Nosotros les hicimos ahogarse a todos juntos. (77)

Y (recuerda a) David y Salomón cuando ambos juzgaron sobre el huerto en el que entró de noche a pastar el ganado de una gente y Nosotros fuimos testigos de su juicio. (78)

Nosotros se lo hicimos comprender a Salomón. Y dimos a ambos juicio y conocimiento.[1]

Y sometimos las montañas y las aves para que glorificasen con David. Nosotros fuimos Quienes lo hicimos. (79)

Y le enseñamos a fabricar cotas de malla para vosotros, para que os protegieran de la violencia. ¿Seréis agradecidos? (80)

Y (sometimos) a Salomón los vientos huracanados, para que soplasen, cuando él lo ordenase, hacia la tierra que Nosotros habíamos bendecido.[2]

Y Nosotros poseemos el conocimiento de todas las cosas. (81)

---

[1] Siendo David rey de los Hijos de Israel y su hijo Salomón un niño, un hombre vino ante él a denunciar que el ganado de su vecino había entrado en sus campos durante la noche y había destruido sus cosechas. David juzgó que el dueño del ganado debía entregar éste a su vecino para compensarle de las pérdidas, pero su hijo Salomón le aconsejó que variase el juicio, condenándole a cuidar de sus tierras hasta que estas se recuperasen, mientras su vecino disponía de los beneficios que le reportase el ganado, en leche, lana y crías.

Y, posiblemente, David invitó a su hijo a juzgar con él para mostrar a su pueblo la gran sabiduría y capacidad de gobernar que Salomón poseía desde niño. *Al-Mizan*, t. XIV, p. 438-439.

[2] La tierra de Sham en la que vivía. *Al-Mizan*, t. XIV, p. 439.

Y, entre los demonios, algunos buceaban para él y realizaban otras tareas diferentes. Y Nosotros les vigilábamos.[1] (82)

Y (recuerda) a Job, cuando invocó en voz alta a su Señor: «¡En verdad, me ha alcanzado la aflicción y Tú eres el Más Misericordioso de los misericordiosos!» (83)

Así que le respondimos y eliminamos el mal que le aquejaba. Y le dimos su familia y otro tanto con ellos.[2]

Una misericordia de Nuestra parte y un recordatorio para los siervos creyentes. (84)

Y [recuerda] Ismael e Idrís y Du l-Kifl.[3] Todos ellos eran de los pacientes (85) y les hicimos entrar en Nuestra misericordia. En verdad, ellos eran de los rectos. (86)

Y [recuerda a] Du l-Nun[4] cuando se fue indignado pensando que no le pondríamos en dificultades. Y gritó en la oscuridad: «¡No hay más Dios que Tú! ¡Gloria a Ti! ¡En verdad, he sido de los opresores!» (87)

Y le respondimos y le salvamos de la angustia. Así es como salvamos a los creyentes. (88)

Y [recuerda a] Zacarías, cuando invocó a su Señor: «¡Señor mío! ¡No me dejes sin descendencia! ¡Tú eres el mejor dando herederos!» (89)

Y le respondimos y le otorgamos a Juan y sanamos a su esposa para él.[5]

En verdad, ellos competían en buenas acciones y nos invocaban por anhelo y temor y eran humildes ante Nosotros. (90).

---

[1] Dios sometió a los demonios a Salomón y algunos de ellos trabajaban para él extrayendo del mar perlas y otras riquezas y otros hacían para él palacios, calderos, estatuas, etc. Cfr. *Corán*, 34:13. Y Dios mismo se encargaba de vigilarles para que no desobedeciesen las órdenes de Salomón. *Al-Mizan*, t. XIV, p. 443.

[2] Dios puso a prueba al profeta Job. Perdió todas sus propiedades y todos sus hijos murieron y se vio afectado por una cruel enfermedad que pudría su cuerpo. Su aceptación del decreto divino le convirtió desde antiguo en paradigma de la paciencia. Cfr. *Al-Mizan*, t. XIV, p. 443.

[3] La historia de Ismael se relata en el capítulo 37, la historia de Idris en el capítulo 19 y la de Du l-Kifl en el capítulo 38.

[4] Du l-Nun quiere decir el «Dueño del Pescado». Se refiere al profeta Jonás, que fue enviado por Dios al pueblo de Nínive. Como no tenían fe en él, les maldijo pidiendo a Dios que les castigase y se alejó de ellos. Cuando vieron las señales del castigo que se avecinaba se arrepintieron y tuvieron fe. Dios apartó de ellos el castigo e hizo que una ballena se tragase a Jonás en alta mar. Jonás imploró a Dios desde la oscuridad del vientre de la ballena y Dios le perdonó y le envió de nuevo junto a su pueblo. *Al-Mizan*, t. XIV, p. 444.

[5] La esposa de Zacarías era anciana. «*Sanamos a su esposa para él*» es una imagen para indicar que Dios la hizo capaz de concebir nuevamente. *Al-Mizan*, t. XIV, p. 446.

Y [recuerda] a aquella que protegió su castidad y en la que Nosotros insuflamos de Nuestro Espíritu.¹ Y pusimos a ella y a su hijo como una señal para toda la humanidad. (91)

En verdad, esta comunidad vuestra es una comunidad única² y Yo soy vuestro Señor. Así pues ¡Adoradme! (92)

Ellos se han dividido en lo relativo a su asunto.³ Todos regresarán hacia Nosotros. (93) Y no se ignorará el esfuerzo de quien realice buenas acciones y sea creyente. En verdad, Nosotros seremos sus escribanos. (94)

Queda prohibido para una ciudad que Nosotros hayamos destruido (por sus pecados, el que vuelvan a ella)⁴ Ellos jamás volverán (95) hasta que sean liberados Yayuy y Ma'yuy y se precipiten desde todas las alturas.⁵ (96)

Se aproxima la promesa verdadera⁶ y, cuando llegue, las miradas de los que no creyeron se quedarán inmovilizadas: «¡Ay de nosotros! ¡Nos desentendimos de esto y fuimos opresores!» (97)

«En verdad, vosotros y lo que vosotros adorabais en lugar de Dios, seréis combustible para el Infierno. Entraréis en él.» (98) Si ellos fueran dioses no entrarían en él. Pero todos ellos estarán en él eternamente. (99) Aullarán de dolor en él y no oirán nada. (100)

En verdad, aquellos para quienes Nosotros habíamos decretado previamente el bien⁷ estarán muy alejados de él. (101)

---

¹ La Virgen María hija de Imrán. Y el hecho de que la nombre antes que a su propio hijo demuestra la alta consideración que Dios le otorga. *Al-Mizan*, t. XIV, p. 446.

² «Que tiene una intención única.» Y algunos ha opinado que quiere decir: «Vuestra creencia es una creencia unitaria, creyente en un sólo Dios.» *Al-Mizan*, t. XIV, p. 455.

³ Los hombres han troceado esa creencia única, la religión unitaria a la que todos los profetas ha convocado. Cada grupo se ha quedado con una parte y ha abandonado el resto y así han creado las distintas religiones. *Al-Mizan*, t. XIV, p. 456.

⁴ De todas las interpretaciones que se han hecho de este versículo la que parece más adecuada es la que entiende que los habitantes de las ciudades que Dios ha destruido por sus pecados, al presenciar el castigo divino o al llegar al Mundo Intermedio (*Barzaj*) y descorrerse para ellos el velo del orgullo y la distracción, desearán regresar a donde estuvieron para reparar su mal comportamiento. Cfr. *Corán*, 23:99-100. *Nemune*, t. XIII, p. 502.

⁵ Cfr. *Corán*, 18:93-100. La liberación de Yayuy y Mayuy es una de las señales de la proximidad del Día del Juicio Final. *Al-Mizan*, t. XIV, p. 460.

⁶ Se refiere al Día del Juicio Final. *Al-Mizan*, t. XIV, p. 461.

⁷ Debido a su fe y a sus buenas acciones. *Nemune*, t. XIII, p. 509.

No escucharán su crepitar y estarán eternamente en lo que sus almas deseen. (102)

No les afligirá el gran terror[1] y saldrán a su encuentro los ángeles:

«¡Éste es el día que se os había prometido!» (103)

El día en que Nosotros enrollemos los cielos como se enrolla un pergamino de escritos.

Igual que iniciamos la primera creación la repetiremos. Es una promesa que hicimos y, en verdad, lo haremos. (104)

Y, en verdad, escribimos en los *Salmos*,[2] después del Recuerdo,[3] que la Tierra la heredarían Mis siervos rectos.[4] (105)

En verdad, en esto[5] hay un comunicado elocuente para la gente dedicada a la adoración. (106)

Y no te hemos enviado sino como una misericordia para toda la humanidad.[6] (107)

Di: «En verdad, lo que me ha sido revelado es que vuestro Dios es un Dios Único, por tanto ¿Os someteréis?»[7] (108)

Pero si dan la espalda di: «Os prevengo a todos por igual.[8] Pero no sé si lo que se os ha prometido está cercano o lejano.» (109)

«En verdad, Él conoce lo que habláis en voz alta y conoce lo que ocultáis. (110) No sé.[9] Puede que sea una prueba para vosotros y os permita disfrutar por un tiempo.» (111)

Dice:[10] «¡Señor mío! ¡Juzga con justicia! ¡Nuestro Señor es el Misericordiosísimo! Nuestra mejor ayuda contra lo que vosotros decís.» (112)

---

[1] «Que sentirán las almas cuando escuchen sonar las trompetas que anuncian la llegada del día del Juicio Final.» Cfr. *Corán*, 27:87. *Al-Mizan*, t. XIV, p. 463.

[2] Es el nombre que reciben las *Escrituras Sagradas* reveladas al profeta David. *Al-Mizan*, t. XIV, p. 465.

[3] La Torá. *Nemune*, t. XIII, p. 515.

[4] Y se recoge en *Mayma al-Bayan*, en los comentarios a este versículo, que dijo el Imam Muhammad al-Baqir: «Son los compañeros del Imam al-Mahdi al final de los tiempos.» *Nemune*, t. XIII, p. 518.

[5] «*En esto*» se refiere a los conocimientos transmitidos en este capítulo. *Al-Mizan*, t. XIV, p. 467.

[6] O: «para todos los mundos.»

[7] Lit: «¿Seréis, pues, musulmanes?»

[8] Del castigo divino. *Nemune*, t. XIII, p. 525.

[9] «Yo no sé por qué Él no os castiga inmediatamente por vuestra desobediencia.» *Nemune*, t. XIII, p. 530.

[10] Según otra lectura: «¡Di!». *Al-Mizan*, t. XIV, p. 469.

Capítulo 22

La Peregrinación

En el nombre de Al.lah, el Clementísimo, el Misericordiosísimo.

¡Oh, gentes! ¡Temed a vuestro Señor! En verdad, el terremoto de la Hora será una cosa terrible. (1)

El día en que lo veáis, olvidará toda nodriza[1] a su lactante y toda embarazada abortará y verás a las gentes ebrias, pero no estarán ebrias, sino que el castigo de Dios será severo. (2)

Entre las gentes, hay quienes disputan sobre Dios sin conocimiento y siguen a cualquier demonio rebelde, (3) para el cual se ha decretado que extraviará a cualquiera que le tome por amigo y le conducirá hacia el castigo del Fuego flamígero. (4)

¡Oh, gentes! Si tenéis dudas sobre la resurrección, [sabed que] en verdad, Nosotros os creamos de barro, después de una gota, después de algo suspendido,[2] después de una masa de carne, en parte formada, en parte sin formar, para dejároslo claro.[3]

Y depositamos en los senos maternos a quien Nosotros queremos hasta que se cumple un plazo establecido. Luego os sacamos pequeños, luego alcanzáis la madurez y la fuerza. Y de vosotros hay quienes mueren [jóvenes] y a otros se les hace alcanzar una edad tan avanzada que después de haber poseído algún conocimiento no conocen nada.

Y ves la tierra árida, pero cuando hacemos que descienda sobre ella el agua, se agita, se esponja y fructifican por parejas todo tipo de plantas coloridas. (5)

---

[1] Se dice *Murdi* a la madre que acaba de a dar a luz y tiene leche en sus pechos, pero se dice *Murdia* a la madre en el momento en el que está dando de mamar a su cría. *Al-Mizan*, t. XIV, p. 478.

[2] El embrión, en los primeros días se fija a las paredes del útero con unos filamentos que le dejan suspendido en el útero a salvo de cualquier golpe brusco y a través de los cuales se alimenta.

[3] Que tenemos poder para resucitaros, igual que lo hemos tenido para crearos por vez primera. *Al-Mizan*, t. XIV, p.485.

Esto es porque Dios es la Verdad y porque Él da vida a lo que estaba muerto y porque Él tiene poder sobre todas las cosas (6) y porque la Hora viene, no hay duda en ello y porque Dios resucitará a quienes están en las tumbas. (7)

Entre la gente hay quien disputa sobre Dios sin conocimiento y sin guía y sin una *Escritura* luminosa, (8) apartándose con arrogancia[1] para desviar [a la gente] del camino de Dios.

Será humillado en esta vida y el Día del Levantamiento le haremos probar el castigo abrasador. (9)

«Eso, por lo que vuestras manos han enviado por delante[2] y porque Dios no oprime a Sus siervos.» (10)

Y entre la gente hay quien adora a Dios en un solo sentido: Si le sucede algo bueno lo disfruta, pero si le viene una prueba cambia su rostro,[3] perdiendo esta vida y la otra.

Ésa es la pérdida auténtica. (11)

Invoca, en vez de a Dios, lo que no le puede perjudicar ni beneficiar.

Ése es el extravío profundo. (12)

Invoca a quien más que beneficiar perjudica.

¡Qué mal protector y qué mala compañía! (13)

En verdad, Dios introduce a quienes son creyentes y obran rectamente en Jardines de cuyas profundidades brotan los ríos.

En verdad, Dios hace lo que quiere. (14)

Quien piense que Dios no le ayudará en esta vida y en la otra, que extienda una cuerda hacia el cielo y corte y vea si su plan elimina aquello que le irritaba.[4] (15)

---

[1] Lit: «rompiendo sus costados».

[2] Es decir, los buenos o malos actos que ha realizado en esta vida y sus consecuencias es lo que cada uno envía por delante de sí mismo a la otra vida y al llegar a ella cada cual se encontrará con la recompensa de lo que para sí mismo haya enviado. Dios no oprime a sus siervos, sino que ellos mismos se oprimen a sí mismos con sus malos actos, que van en contra de la naturaleza pura en la que han sido creados.

[3] Es decir: «Creen en Dios mientras las cosas les van bien, pero cuando la vida les pone a prueba con dificultades, se aparta de la fe.» Cfr. *Al-Mizan*, t. XIV, p. 494.

[4] Según la mayoría de los comentaristas coránicos, el versículo se refiere al profeta Muhammad, de quien los idólatras de La Meca decían que Dios no le respaldaba y que mentía cuando proclamaba que era un Mensajero divino. Pero cuando emigró a Medina y Dios le auxilió y su mensaje se extendió por todos lados, ellos se enfurecieron. Por ello, Dios les dice que extiendan una cuerda bien alta y corten con ella su vida, ahorcándose, y vean si así acaban con el disgusto que la victoria del Profeta les ocasiona. *Al-Mizan*, t. XIV, p. 496.

Y así, Nosotros lo hemos hecho descender como una señal clara.[1] Y Dios guía a quien Él quiere.[2] (16)

En verdad, Dios establecerá las diferencias[3] entre los creyentes, los judíos, los sabeos, los cristianos y los magos[4] y los politeístas el Día del Levantamiento. En verdad, Dios es testigo de todas las cosas. (17)

¿Acaso no habéis visto que para Dios se prosternan quienes están en los cielos y en la Tierra y el Sol y la Luna y las estrellas y las montañas y los árboles y los animales y muchos de los seres humanos?[5] Pero muchos otros merecen el castigo.

Quien es humillado por Dios no encontrará quien le honre.

En verdad, Dios hace lo que quiere. (18)

Esos dos contendientes se enfrentan por su Señor.[6] Pero a los que no creen les serán cortados vestidos de fuego y desde lo alto de sus cabezas les será arrojada agua hirviente (19) que fundirá sus entrañas y sus pieles. (20) Y hay para ellos martillos de hierro. (21)

Cada vez que quieran salir de ello, presos de angustia, se les hará regresar: «Saboread el castigo abrasador.» (22)

En verdad, Dios hará entrar a quienes creen y realizan buenas acciones en Jardines de cuyas profundidades brotan los ríos. Serán adornados con brazaletes de oro y perlas y sus vestidos serán allí de seda. (23)

---

[1] «El *Corán*, con explicaciones y pruebas claras, semejantes a las que hemos revelado en los versículos precedentes.» *Al-Mizan*, t. XIV, p. 497.

[2] Pero todas estas señales no son suficientes. Es necesario también una disposición personal a aceptar la Verdad. La preferencia de Dios no es arbitraria. Él guía a quien se esfuerza en el buen camino y busca la guía desde el fondo de su alma. *Nemune*, t. XIV, p. 42.

[3] Juzgará y separará la verdad de la falsedad. *Nemune*, t. XIV, p. 40.

[4] Al decir «*los creyentes*» se refiere a los seguidores del *Corán* y del profeta Muhammad. Y «*magos*» (*mayus*) es el nombre que reciben los seguidores del profeta Zaratustra y de su *Escritura Sagrada El Avesta*. Cfr. *Al-Mizan*, t. XIV, p. 505.

[5] Si diferencia la prosternación de los seres humanos del resto de las prosternaciones es porque en el primer caso es una prosternación genérica, es decir indicativa del sometimiento a Dios de toda la creación, mientras que en el caso de los seres humanos indica además la prosternación ritual. *Al-Mizan*, t. XIV, p. 496

[6] Todos los exégetas coránicos coinciden en que este versículo descendió el día de la batalla de Badr, cuando tres musulmanes, Ali, Hamza y Abida ibn Rabiah ibn 'Abd al-Mualib, se enfrentaron contra tres politeístas, Jalid ibn Utba, Utba ibn Rabi y Shaiba ibn Rabi. Aunque las circunstancias concretas en las que los versículos coránicos fueron revelados no limitan el carácter general y atemporal del mensaje que transmiten. *Nemune*, t. XIV, p. 45.

Y serán guiados a la buena palabra y serán guiados a la senda del Alabado. (24)

En verdad, a quienes no creen y ponen barreras para dificultar el acceso a la senda de Dios[1] y a la Mezquita Sagrada, la cual dispusimos para toda la gente, tanto para los residentes como para los de fuera, y a quienes pretendan cometer en ella injusticia y opresión, les haremos probar del castigo doloroso. (25)

Y [recuerda] cuando dispusimos para Abraham el emplazamiento de La Casa:

«No asocies nada a Mí y purifica Mi Casa para los que dan vueltas alrededor de ella, para los que permanecen en pie [rezando] y para los que se inclinan y prosternan.»[2] (26)

«Y llama a la gente a la peregrinación. Vendrán a ti a pie o en flacos camellos desde todo camino alejado (27) para atestiguar los beneficios que para ellos hay y para recordar el nombre de Dios en los días sabidos, sobre las cabezas del ganado que Él les ha proporcionado.»[3]

«¡Comed pues de ellas y alimentad al indigente, al necesitado!» (28)

«Luego, que limpien su suciedad, que completen sus votos y que circunvalen la Casa Antigua.»[4] (29)

Esto es lo ordenado. Y quien respete las prohibiciones establecidas por Dios hará lo mejor para él ante su Señor.

«Y es lícito para vosotros todo el ganado, excepto lo que se os ha mencionado. Y absteneos de lo abominable que proviene de los ídolos y absteneos de la palabra vana, (30)

---

[1] Se refiere a los politeístas de La Meca antes de la emigración profética, que prohibían a los musulmanes de la ciudad practicar sus ritos ante la Kaba y, a los que no eran de la ciudad, entrar en ella. Y por «*senda de Dios*» se refiere al Islam mismo. Y, como Dios ha dispuesto que los creyentes puedan realizar en ella sus actos de adoración, quien trate de impedirlo comete un acto de injusticia y de opresión con los creyentes. *Al-Mizan*, t. XIV, p. 517.

[2] Es decir: «Recuerda cuando dijimos al Abraham el lugar que debía dedicar a la adoración de Dios.» Al decir «*No asocies nada a Mí*» quiere decir «no consideres nada digno de ser adorado como si fuera Dios, excepto a Dios mismo.» Y al decir «*purifica Mi Casa*» quiere indicar que es un lugar dedicado solamente a la adoración, por tanto, la orden de purificarla se refiere especialmente a la impureza espiritual, es decir, purificarla de la idolatría. Cfr. *Al-Mizan*, t. XIV, p. 520.

[3] Es decir: «Para mencionar el nombre de Dios en el momento de ir a sacrificar el ganado en los días diez, once, doce y trece del mes de la peregrinación, conocidos como *Ayam al-Tashriq* («Los días luminosos»).» *Al-Mizan*, t. XIV, p. 523.

[4] Es decir: «Dejad las ropas de peregrino tras haber cortado el pelo y las uñas y tomado un baño y completad los votos y promesas que tengáis.» Y la orden de circunvalar la Casa Antigua se refiere al *Tawaf* («circunvalación») de las mujeres, tras el cual vuelve a ser lícita la relación con las esposas y con el que finaliza la peregrinación. *Al-Mizan*, t. XIV, p. 524.

buscando sólo a Dios, sin asociar nada a Él.»

Y quien adora otros dioses junto a Dios es como lo que cae del cielo y las aves lo devoran o lo arrastra el viento a un lugar lejanísimo. (31)   Así es.

Y quien sea reverente con los ritos establecidos por Dios,[1] en verdad, su comportamiento procederá del temor a Dios de los corazones. (32)

Hay en ello, para vosotros, un beneficio hasta un plazo determinado,[2] hasta que llegue su momento en la Casa Antigua. (33)

Y hemos establecido ritos para todas las comunidades, para que recuerden el nombre de Dios sobre aquellas cabezas de ganado que Él les ha proveído.[3]

Vuestro Dios es un Dios Único, por tanto ¡Someteos a Él!

Y transmite la buena nueva a los humildes. (34) Aquellos a quienes, si se les recuerda a Dios, sus corazones tiemblan, son pacientes ante las desgracias, hacen la oración y, de lo que les proveemos, reparten. (35)

Hemos establecido para vosotros el sacrificio de los camellos[4] como uno de los ritos de Dios. En ello hay un bien para vosotros.

Mencionad, pues, el nombre de Dios cuando estén en fila.[5] Y cuando hayan caído sobre sus flancos comed de ellos y alimentad a los necesitados y a los mendigos.

Esto es lo que Nosotros hemos dispuesto para vuestro beneficio. Quizás así seáis agradecidos. (36)

Ni su carne ni su sangre llegan a Dios, lo que llega a Él es vuestra piedad.

Eso es lo que Dios ha dispuesto para vosotros, para que ensalcéis a Dios por la guía que os ha proporcionado.

Y anuncia la buena nueva a los que hacen el bien. (37)

En verdad, Dios defiende a quienes tienen fe.

En verdad, Dios no ama a ningún traidor ingrato. (38)

---

[1] Se refiere a los camellos escogidos para ser sacrificados al final de la peregrinación.

[2] «Podéis beneficiaros de los camellos destinados al sacrificio, por ejemplo, usándolos como monturas o aprovechando su leche, hasta que lleguen el momento en el que van a ser sacrificados.» *The Qur'an*, p. 467.

[3] Es decir: «Vosotros, seguidores de Abraham, no sois la primera comunidad a la que se ordena invocar el nombre de Dios sobre el ganado que Él os ha proporcionado cuando vayáis a sacrificarle. Eso mismo también le fue ordenado a las comunidades anteriores.» *Al-Mizan*, t. XIV, p. 529.

[4] *Budna* significa «camellos gordos y bien cebados».

[5] «Cuando los camellos estén e fila, de pie, con las patas traseras igualadas y las delanteras atadas, listos para ser sacrificados.» *Al-Mizan*, t. XIV, p. 529.

Se ha dado permiso a quienes son atacados,[1] por haber sido oprimidos.

Y, en verdad, Dios tiene poder para auxiliarles. (39)

Aquellos que han sido expulsados de sus hogares sin derecho, sólo por haber dicho «Dios es nuestro Señor.»[2]

Y si Dios no hubiera defendido a unas personas por medio de otras, habrían sido destruidos monasterios, iglesias, sinagogas y mezquitas, en las que se menciona mucho el nombre de Dios.

Ciertamente, Dios auxilia a quienes Le auxilian. En verdad, Dios es fuerte, poderoso. (40) Aquellos que, si les damos poder en la Tierra, hacen la oración, dan el impuesto religioso purificador de la riqueza, ordenan lo que está bien y prohíben lo que está mal.[3] Y la conclusión de todos los asuntos está en manos de Dios. (41)

Y si te desmienten, también antes de ellos desmintieron el pueblo de Noé y el de Ad y el de Zamud (42) y el pueblo de Abraham y el pueblo de Lot (43) y los habitantes de Madyan y fue desmentido Moisés.

Di un plazo a los que no creían y luego me apoderé de ellos. ¡Cómo fue Mi castigo! (44)

¡Cuántas ciudades hemos destruido por haber sido opresoras y quedaron totalmente en ruinas! ¡Cuántos pozos abandonados! ¡Cuántos palacios derrumbados! (45)

¿No han viajado jamás por la Tierra con corazones capaces de entender y oídos capaces de escuchar?

No es su vista la que está cegada sino los corazones que hay en sus pechos los que no ven. (46)

---

[1] Es decir : «Se les ha permitido combatir porque han sido atacados y oprimidos.» *Al-Mizan*, t. XIV, p. 543.

[2] Este versículo es la continuación del anterior. Aquellos que han sido autorizados a combatir son quienes han sido expulsados de sus hogares sin derecho. *Al-Mizan*, t. XIV, p. 543.

Éste es el primer versículo en el que Dios concedió permiso a los musulmanes para defenderse de los ataques. Muchas veces, mientras estaban en La Meca, tuvieron que soportar las agresiones de los idólatras y cuando fueron a quejarse ante el Profeta éste les llamó a tener paciencia, ya que Dios no les comunicaba que tuvieran derecho a defenderse de los ataques. Dios no les concedió ese permiso hasta que emigraron a Medina. *Nemune*, t. XIV, p. 113.

[3] Este versículo describe las características de aquellos que en el versículo anterior ha mencionado diciendo que son los que Dios ha dado poder para defender a otros, para así impedir que los idólatras destruyan los lugares en los que se recuerda el nombre de Dios y, en consecuencia, las comunidades de los creyentes. Cfr. *Nemune*, t. XIV, p. 117.

Te piden que apresures el castigo, pero Dios no falta a Su promesa.

Y, en verdad, un día junto a tu Señor es como mil años de los que vosotros contáis.[1] (47)

¡A cuántas ciudades he dado Yo un respiro siendo opresoras y después me apoderé de ellas! El retorno es hacia Mí. (48)

Di: «¡Oh, gentes! ¡Yo soy para vosotros un amonestador claro!»[2] (49)

Y quienes tengan fe y obren rectamente obtendrán perdón y una provisión generosa, (50) pero quienes se esfuercen en despreciar Mis señales serán los moradores del Infierno. (51)

Y no hemos enviado antes de ti a ningún Mensajero ni profeta que no tuviera un deseo, sin que Satanás se interpusiera en su deseo.

Pero Dios anula los obstáculos puestos por Satanás y hace Dios que se cumplan Sus señales, pues Dios todo lo conoce, es sabio,[3] (52) haciendo de los obstáculos de Satanás una prueba para quienes tienen una enfermedad en sus corazones y para los duros de corazón - En verdad, los opresores mantienen un comportamiento profundamente inadecuado- (53) y para que sepan quienes obtuvieron conocimiento, que ello es la Verdad que proviene de tu Señor y crean en ella y humillen ante Él sus corazones.

En verdad, Dios guía a quienes tienen fe hacia un camino recto. (54)

Pero quienes no tienen fe no cesarán de dudar de él[4] hasta que llegue a ellos la Hora repentinamente o llegue a ellos el castigo del día del que no nacerá otro.[5] (55)

---

[1] Los idólatras de La Meca desmentían al Profeta cuando éste les amenazaba con la llegada del día en el que tendrían que dar cuenta de sus actos y, burlándose, le pedían que Dios les castigase cuanto antes. En el versículo, Dios confirma las palabras del Profeta y les asegura que él castigo prometido llegará en su momento y que unos pocos años más o menos para Dios no significan nada, ya que un día en la otra vida es como mil años de ésta. Cfr. *Al-Mizan*, t. XIV, p. 550.

[2] Dios ordena al Profeta que diga a la gente que él solamente tiene la misión de explicarles claramente las consecuencias que tendrán sus actos: la fe unida a las buenas acciones obtendrá el perdón de los pecados y un estado paradisíaco y negar a Dios y cometer opresión e injusticias obtendrá castigo y sufrimiento eternos. Cfr. *Al-Mizan*, t. XIV, p. 551-552.

[3] *Tamanna*, significa «anhelar que un deseo se cumpla». En el caso de los profetas divinos, su deseo es que la gente comprenda la verdad de su Mensaje y siga la buena guía que Dios les indica. Satanás trata siempre de impedir que ese deseo se cumpla, incitando a la gente a la desobediencia, movilizando a los poderosos contra ellos y tentando a los corruptos. Cfr. *Al-Mizan*, t. XIV, p. 552-553.

[4] Del *Corán*. *Al-Mizan*, t. XIV, p. 557

[5] Del que no nacerá otro día. Por lo tanto, no podrán subsanar sus errores. *Al-Mizan*, t. XIV, p. 557

Ese día la soberanía pertenecerá a Dios[1] y Él juzgará entre ellos.

Y quienes hayan tenido fe y actuado rectamente estarán en los Jardines de las Delicias. (56) Y quienes no hayan tenido fe y hayan desmentido Nuestras señales, obtendrán un castigo humillante. (57)

Y a quienes emigraron por la causa de Dios y fueron matados o mueran[2] Dios les otorgará, con certeza, una buena provisión. Y, en verdad, Dios es Quien mejor provee. (58)

Les hará entrar en un lugar que les satisfará. En verdad, Dios todo lo conoce, es indulgente. (59)

Así es. A Quien devuelva un agravio semejante al que se le hizo sufrir[3] y posteriormente vuelva a ser agredido, con certeza, Dios le auxiliará.[4] En verdad, Dios es muy indulgente, perdonador. (60)

Eso es así porque Dios hace entrar la noche en el día y hace entrar el día en la noche y porque Dios todo lo oye, todo lo ve.[5] (61)

Eso es así porque Dios es la Verdad y lo que ellos invocan aparte de Él es falso y porque Dios es el Altísimo, el Grande. (62)

¿Acaso no veis que Dios hace descender del cielo agua y la Tierra se vuelve verde? En verdad, Dios es sutil, bien informado. (63)

A Él pertenece lo que hay en los cielos y lo que hay en la Tierra y, en verdad, Dios es el Rico en Sí mismo, el digno de Alabanza. (64)

---

[1] «La soberanía siempre pertenece a Dios.» Lo que quiere decir con ello es que el Día del Juicio Final se hará evidente para todo el mundo que así es y que Su soberanía no era metafórica, sino real. *Al-Mizan*, t. XIV, p. 558.

[2] «Y fueron matados defendiendo la causa de Dios o mueran defendiendo la causa de Dios.» *Al-Mizan*, t. XIV, p. 565.

[3] Es una metáfora para referirse a una agresión armada. *Al-Mizan*, t. XIV, p. 566.

[4] Y la frase *la iansuranna-hu Al.lah* («con certeza Dios le auxiliará») se ha interpretado como el permiso divino para combatir si se es atacado injustamente. *Al-Mizan*, t. XIV, p. 566.

En algunas tradiciones proféticas, se recoge que un grupo de los idólatras de La Meca se enfrentaron con los musulmanes cuando solamente faltaban dos noches para que terminase el mes de Muharram. Los idólatras se dijeron: «Los seguidores de Muhammad no combaten durante este mes, pues lo consideran sagrado» y, por esa misma razón, iniciaron su ataque. Los musulmanes trataron de impedirlo, pero ellos no los escucharon, por lo cual se vieron obligados a defenderse y lo hicieron con valentía y bravura y Dios les concedió la victoria e hizo descender este versículo. *Nemune*, t. XIV, p. 152.

[5] Es una ley inmutable de Dios auxiliar a los oprimidos contra los opresores de la misma manera que hacer que el día ocupe el lugar de la noche y la noche el lugar del día, y, como Él todo lo oye y todo lo ve, ve la opresión de los injustos y escucha la queja de los oprimidos. *Al-Mizan*, t. XIV, p. 568.

¿Acaso no has visto que Dios ha dispuesto para vosotros lo que hay en la Tierra y los barcos que surcan el mar a una orden Suya y mantiene el cielo para que no caiga sobre la Tierra, excepto con Su permiso?

En verdad, Dios es con los seres humanos el más amable, Misericordiosísimo. (65)

Él es Quien os da la vida, luego os hace morir, luego os devuelve a la vida.[1]

En verdad, el ser humano es muy desagradecido. (66)

Para cada comunidad[2] hemos establecido un ritual con el que ellos adoran. Por tanto, que no discutan contigo sobre este tema. Invita a la gente hacia tu Señor. En verdad, estás sobre un camino recto. (67)

Y si discuten contigo, di: «Dios es quien mejor sabe lo que hacéis.» (68)

Dios juzgará entre vosotros el Día del Levantamiento sobre aquello en lo que no os poníais de acuerdo. (69)

¿Es que no sabéis que Dios conoce los que hay en los cielos y la Tierra? En verdad, todo eso está en una *Escritura*.[3] En verdad, eso es fácil para Dios. (70)

Y adoran, en lugar de Dios, algo a lo que Él no ha concedido poder y sobre lo que no poseen ningún conocimiento.[4]

Los opresores no tendrán quien les auxilie. (71)

Y, cuando les son recitados Nuestros versículos claros, reconocerás el rechazo en los rostros de quienes no son creyentes. Poco les falta para lanzarse sobre quienes les recitan Nuestros versículos.

Di: «¿Queréis que os informe de algo peor que eso?:[5] Dios ha prometido el Fuego a quienes no son creyentes y ¡Qué mal destino!» (72)

---

[1] «Luego os devuelve a la vida» se refiere al Día del Juicio Final, no a la vida en el Mundo Imaginal o *Barzaj* en el que se vive desde que morimos hasta el Día del Levantamiento. Cfr. *Al-Mizan*, t. XIV, p. 570.

[2] Se refiere a las comunidades anteriores a la llegada del Islam. *Al-Mizan*, t. XIV, p. 574.

[3] Esa Escritura contiene el registro de todas las acciones, de toda la existencia y de todas las causas y efectos, sin que falte nada ni nada en él se pierda. Es también denominada La Tabla Protegida (*Al-Lauh al-Mahfud*). *Nemune*, t. XIV, p. 166.

El versículo va dirigido a los idólatras: «Todo lo que Dios sabe de vosotros queda registrado. No se pierde nada, ni se olvida, ni se malinterpreta. Queda protegido hasta el día en que Dios juzgue vuestros actos.» *Al-Mizan*, t. XIV, p. 576.

[4] Es decir: «Ni Dios les ha ordenado hacerlo ni existe ninguna causa racional para ello.» *Nemune*, t. XIV, p. 169.

[5] Es decir: «De algo peor para vosotros que escuchar la recitación de los versículos coránicos que tanto os molestan.» *Al-Mizan*, t. XIV, p. 577.

¡Oh, gentes! Se os pone un ejemplo ¡Escuchadle!:

«En verdad, aquellos que invocáis en lugar de Dios no crearían ni una mosca aunque se reuniesen todos para ello y si una mosca se llevara algo de ellos no podrían recuperarlo.»

¡Qué débiles el pretendiente y el pretendido! (73)

No valoran a Dios como Él merece ser valorado. En verdad, Dios es fuerte, poderoso. (74)

Dios elige Mensajeros entre los ángeles y entre los hombres. En verdad, Dios todo lo oye, todo lo ve.[1] (75)

Él conoce lo que tienen entre sus manos y lo que tienen tras ellos y a Dios regresan todos los asuntos.[2] (76)

¡Oh, los que sois creyentes! ¡Inclinaos y prosternaos y adorad a vuestro Señor y haced el bien! ¡Quizás así triunféis! (77)

¡Y esforzaos por Dios con un esfuerzo verdadero por Él![3]

Él os ha elegido y no ha puesto en la religión, la creencia de vuestro padre Abraham, ninguna dificultad para vosotros.

Él os ha llamado musulmanes anteriormente y en éste,[4] para que sea el Mensajero testigo sobre vosotros y seáis vosotros testigos sobre la gente.[5]

Por tanto, haced la oración, dad el impuesto purificador de la riqueza y aferraos a Dios. Él es vuestro Señor y Protector. Un excelente Protector y un excelente Defensor. (78)

---

[1] Según recogen Al-Qurtubi, Abu l-Futuh Razi y Fajru Razi en sus exégesis, algunos idólatras de La Meca, entre ellos Walid ibn Mugira, que era considerado el cerebro de ellos, cuando el Profeta comenzó a recibir la revelación, dijeron: «¿Cómo es posible que, de entre todos nosotros, el Recuerdo haya descendido sobre él?» En respuesta fue revelado este versículo. *Nemune*, t. XIV, p. 178.

[2] «Dios conoce la responsabilidad que Sus Mensajeros tienen ante sí y conoce su pasado.» *Nemune*, t. XIV, p. 180.

[3] La mayoría de los exégetas islámicos consideran que el término *yihad* en este versículo, significa «esfuerzo. en sentido amplio. Tanto esfuerzo en el combate contra el propio ego o «esfuerzo mayor» (*yihad al-akbar*), como la lucha contra los enemigos opresores y tiranos o «esfuerzo menor» (*yihad al-asgar*). Y Marhum Tabrisi en su obra *Machma al-Bayan*, recogiendo la opinión de muchos exégetas, dice que la expresión *haqqa yihadihi* significa «con un esfuerzo puro en la intención y en la realización». *Nemune*, t. XIV, p. 181.

[4] En las *Escrituras* anteriores y en este *Corán*. *Nemune*, t. XIV, p. 183.

[5] «Para que el Mensajero sea un ejemplo que de testimonio de Dios entre vosotros y vosotros seáis un ejemplo que de testimonio de Dios entre toda la gente y también para que seáis testigos del comportamiento de la gente y sea el Mensajero testigo de vuestro comportamiento.» Cfr. *Nemune*, t. XIV, p. 185.

Parte 18

Capítulo 23

Los creyentes

En el nombre de Al.lah, el Clementísimo, el Misericordiosísimo.

Ciertamente, los creyentes han triunfado y se han salvado. (1) Aquellos que en su oración están atentos y sumisos. (2) Aquellos que se apartan de lo superficial. (3) Aquellos que dan de sus bienes.[1] (4) Aquellos que protegen sus partes privadas (5) excepto de sus esposas o de sus esclavas,[2] pues entonces no son censurables. (6) Quienes busquen más allá de esto serán los transgresores.[3] (7) Y aquellos que respetan lo que se les confía, cumplen sus promesas (8) y protegen sus oraciones.[4] (9)

Esos serán los herederos. (10) Ellos heredarán el Paraíso en el que estarán eternamente. (11)

Y, ciertamente, hemos creado al ser humano de un trozo de barro. (12) Luego, le hemos creado de una gota en un lugar protegido. (13) Después, de la gota creamos algo suspendido[5] y, de eso suspendido, una masa parecida a carne picada y de eso, huesos y cubrimos los huesos con carne y entonces creamos otra criatura.

Por tanto ¡Bendito sea Dios, el mejor de los creadores! (14)

Después de eso habréis de morir. (15) Luego, el Día del Levantamiento, seréis devueltos a la vida. (16)

Y, ciertamente, hemos creado sobre vosotros siete caminos y no estamos descuidados de la creación. (17)

---

[1] Este capítulo descendió en La Meca y todavía no se entendía el término *zakat*, como la parte proporcional sobre las cosechas, el ganado y otros bienes, que debe ser entregada anualmente a los necesitados, para que, así, el uso de la riqueza restante sea lícito. Por eso no dice «que dan el *zakat*» sino que dice: «son activos en el *zakat*» es decir: «que reparten su riqueza; que dan de sus bienes para purificar su alma; que están interesados en ese repartir de sus bienes porque su fe en Dios no les permite ser felices sino contribuyen a crear una sociedad feliz». Cfr. *Nemune*, t. XIV, p. 152.

[2] La referencia a las esclavas corresponde a la época en que el *Corán* fue revelado y en la que era corriente poseer esclavos. El Islam establece el derecho del dueño de esclavas a mantener relaciones sexuales con ellas. La esclava que tenía un hijo de su amo perdía la condición de esclava.

[3] «Quien mantenga relaciones sexuales con otras mujeres, fuera de estos dos grupos, transgredirá los límites establecidos por Dios». *Al-Mizan*, t. XV, p. 11.

[4] Es decir: «No dejan de hacer ninguna de sus oraciones.» *Al-Mizan*, t. XV, p. 12.

[5] Cfr. *Corán*, 22:5 y nota al pie.

Hacemos descender de cielo agua en una determinada cantidad y la almacenamos en la Tierra. Y, en verdad, podríamos hacerla desaparecer. (18)

Y por medio de ella producimos para vosotros jardines de palmeras datileras y viñedos en los que tenéis frutos abundantes de los cuales coméis (19) y un árbol que sale en el monte Sinaí que da un fruto en el que hay aceite y condimento para los que comen. (20)

Y, en verdad, hay en el ganado, para vosotros, un motivo de reflexión. Os damos de beber de lo que hay en sus entrañas y obtenéis de él múltiples beneficios y coméis de él (21) y montáis en él y en los barcos. (22)

Y, ciertamente, enviamos a Noé a su pueblo y dijo: «¡Oh, pueblo mío! ¡Adorad a Dios! ¡No tenéis otro Dios que Él! ¿Seréis, pues, temerosos?» (23)

Pero los notables de su pueblo, que no eran creyentes, dijeron: «No es más que un ser humano como vosotros que quiere obtener una posición de favor entre vosotros y, si Dios hubiese querido, habría hecho descender ángeles».

«No hemos escuchado nada de esto de nuestros primeros padres.[1] (24) No es más que un hombre poseído. Dadle, pues, un plazo de espera.»[2] (25)

Él dijo: «¡Señor mío! ¡Ellos me desmienten, auxíliame Tú!» (26)

Así que le revelamos: «¡Construye un barco, que Nosotros te observaremos y te inspiraremos!»

«Y cuando llegue Nuestra orden y el horno comience a hervir,[3] introduce en él una pareja de todo y a tu familia, excepto aquellos que fueron sentenciados previamente.»[4]

«Y no me hables de quienes son opresores. En verdad, ellos serán ahogados.»(27)

---

[1] Es decir: «Si Dios hubiera querido enviar profetas que nos hablasen del mundo que está más allá de los sentidos, habría enviado ángeles.» Cfr. *Nemune*, t. XIV, p. 224.

[2] Hasta que muera o cure de su locura. *Nemune*, t. XIV, p. 226.

[3] Cfr. *Corán*, 11:40 y nota al pie.

[4] En «*tu familia*» se incluye los creyentes que le seguían, como vemos en 11:40 y «*quienes fueron sentenciados previamente*» fueron la esposa y un hijo de Noé que no creyeron en él. Cfr. *Nemune*, t. XIV, p. 230.

«Y cuando tú y quienes están contigo os encontréis instalados en el barco, di: ¡Alabado sea Dios que nos ha salvado del pueblo de los opresores!» (28)

Y di: «¡Señor mío! ¡Hazme descender en un lugar bendecido, pues Tú eres el mejor haciendo llegar a buen puerto!» (29)

En verdad, en ello hay señales y en verdad, somos Nosotros quienes ponemos a prueba.[1] (30)

Tras ellos hicimos surgir otras generaciones (31) y les enviamos profetas de entre ellos: «¡Adorad a Dios! ¡No tenéis otro Dios que Él! ¿Seréis, pues, temerosos?» (32)

Los notables de su pueblo, que no eran creyentes y desmentían el encuentro de la otra vida y a quienes Nosotros habíamos favorecido en esta vida, dijeron: «No es más que un ser humano como vosotros. Come de lo mismo que vosotros coméis y bebe de lo que vosotros bebéis (33) y si obedecéis a un ser humano como vosotros, entonces, seréis de los perdedores.» (34)

«¿Os promete que después de que muráis y seáis polvo y huesos seréis sacados?»[2] (35)

«¡Qué lejos está de la verdad lo que se os promete! (36) No existe más que esta vida. Morimos y nacemos y no seremos resucitados. (37) No es más que un hombre que ha inventado una mentira sobre Dios, pero nosotros no creemos en él.»(38)

Él dijo: «¡Señor mío! ¡Ellos me desmienten, auxíliame Tú!» (39)
Dijo (Dios): «¡Muy pronto se arrepentirán!» (40)

Y les sorprendió el Grito[3] con la Verdad y les dejamos como pasto seco.
¡Maldito sea el pueblo opresor! (41)

Tras ellos hicimos surgir otras generaciones. (42)

---

[1] Es decir: «En la historia de Noé y sus compañeros hay señales para quienes reflexionan y Nosotros ponemos a prueba a todos los seres humanos en todas las épocas.» Cfr. *Nemune*, t. XIV, p. 232.
[2] De las tumbas y vueltos a la vida.
[3] Es una metáfora para indicar el castigo divino. *Al-Mizan*, t. XV, p. 44.

Ninguna comunidad puede adelantar su plazo ni diferirlo. (43)

Luego fuimos enviando a Nuestros Mensajeros uno tras otro.

Cada vez que llegaba a una comunidad su Mensajero le desmentían. Así que las destruimos una tras otra e hicimos que fueran solamente una leyenda. ¡Alejado sea el pueblo que no cree! (44)

Luego, enviamos a Moisés y a su hermano Aarón con Nuestras señales y un poder evidente (45) al Faraón y a sus notables, pero se llenaron de soberbia y fueron un pueblo altivo. (46)

Así pues, dijeron: «¿Vamos a creer en un ser humano como nosotros y cuyo pueblo es esclavo nuestro?» (47)

Les desmintieron a ambos y fueron de los destruidos. (48)

Y, ciertamente, dimos a Moisés la *Escritura*, para que así quizás se guiasen. (49)

E hicimos del hijo de María y de su madre una señal[1] y les alojamos en una colina fértil y segura provista de manantiales.[2] (50)

«¡Oh Profetas! ¡Comed de los alimentos puros y obrad rectamente! En verdad, Yo conozco bien lo que hacéis.» (51)

«Y, en verdad, vuestra comunidad es una comunidad única y Yo soy vuestro Señor.[3] Así pues ¡Sed temerosos de Mí!» (52)

Pero ellos se dividieron, cada uno con su Escritura y cada grupo contento con lo que tiene. (53)

Déjales en su extravío por un tiempo. (54) ¡Acaso piensan que los bienes y los hijos que les hemos concedido (55) es porque nos apresuramos a complacerles? ¡No! Pero no se dan cuenta.[4] (56)

En verdad, quienes por temor a su Señor se estremecen (57) y quienes creen en las señales de su Señor (58) y quienes no adoran nada junto a su Señor (59)

---

[1] Es decir: «Pusimos el nacimiento extraordinario de Jesús como una señal del poder ilimitado de Dios.» Cfr. *Al-Mizan*, t. XV, p. 46.

[2] Cuando nació Jesús, algunos supieron de ello y del futuro que le aguardaba y le buscaron para matarle, por eso Dios les puso a ambos a salvo en una tierra segura. Algunos han dicho que esa tierra fue Egipto, otros que fue Damasco y otros Ramala, una ciudad al noreste de Jerusalén, ya que ambos estuvieron algún tiempo en cada uno de esos lugares. *Nemune*, t. XIV, p. 252.

[3] Cfr. *Corán*, 21:92 y nota al pie.

[4] «Si actuamos así es para que se endiosen cada vez más.» Cfr. *Corán*, 7:182,183. *Al-Mizan*, t. XV, p. 53.

y dan de lo que Yo les doy y sus corazones temen porque regresan hacia su Señor,[1] (60) esos son quienes se apresuran a realizar buenas obras y van en ello por delante.[2] (61)

Nosotros no exigimos de nadie más allá de su capacidad.

Y junto a Nosotros hay una escritura que dice la verdad y ellos no serán oprimidos.[3] (62)

Pero sus corazones ignoran totalmente esto y por ello actúan de manera diferente, sin tenerlo en cuenta.[4] (63)

Cuando Nos apoderemos de los que entre ellos vivían en la opulencia y les castiguemos, entonces ellos suplicarán. (64)

"¡No supliquéis hoy! ¡No recibiréis Nuestro auxilio! (65) Se os recitaban Mis versículos y vosotros os dabais media vuelta. (66) Llenos de soberbia ante ellos, pasabais las noches en charlas delirantes." (67)

¿Es que no reflexionaban en el Discurso o es que llegó a ellos algo que no les fue dado a sus primeros padres?[5] (68) ¿O no reconocen a su Mensajero y por eso le niegan? (69) O dicen: «¡Está poseído!»

Pero no es así. Ha venido a ellos con la Verdad y a la mayoría de ellos les repugna la Verdad. (70)

Si la Verdad hubiese seguido sus deseos, se habrían corrompido los cielos y la Tierra y todo lo que hay en ellos. En cambio, les dimos su Recuerdo, pero ellos se apartan de su Recuerdo. (71)

¿Acaso les pides alguna remuneración? La remuneración de tu Señor es mejor y Él es Quien mejor provee (72) y tú, en verdad, les llamas a un camino recto (73) pero, verdaderamente, quienes no creen en la otra vida se desvían del camino. (74)

---

[1] El significado del versículo sería: «Los creyentes son aquellos que lo que dan, o los actos buenos que realizan, lo hacen con un corazón temeroso, porque saben que pronto regresarán a Dios. Y es esa certeza la que pone el temor en sus corazones y les hace obrar rectamente en todo y repartir de sus bienes a los necesitados.» *Al-Mizan*, t. XV, p. 55.

[2] Es decir: «Los creyentes, esos cuyos atributos hemos indicado en estos últimos versículos, se apresuran en la realización de buenas acciones y van en eso por delante del resto de las personas.» *Al-Mizan*, t. XV, p. 55.

[3] Una escritura que recoge las buenas acciones de los creyentes y que servirá para hacer sus cuentas el Día del Juicio Final. Y no serán oprimidos porque no faltará nada de lo bueno que hicieron y serán recompensados conforme a ello. *Al-Mizan*, t. XV, p. 59.

[4] Es decir: «Quienes no son creyentes no tienen en cuenta todo esto que se ha dicho, ni que todas sus acciones son registradas, ni las buenas cualidades de los creyentes y, por ello, sus actos no poseen ninguna de todas esas cualidades.» *Al-Mizan*, t. XV, p. 60.

[5] Es decir: «¿No reflexionaban sobre el *Corán* que se les recitaba o es que su mensaje difería de lo que les fue revelado a sus antepasados?». *Al-Mizan*, t. XV, p. 61.

Y si tuviésemos misericordia de ellos y eliminásemos sus dificultades, seguramente, persistirían extraviados en su endiosamiento. (75)

Les castigamos, pero no se someten a su Señor ni le imploran con humildad (76) hasta que abrimos sobre ellos la puerta de un duro castigo. Entonces se desesperan.[1] (77)

Él es Quien ha creado para vosotros el oído, la vista y el intelecto. ¡Qué poco agradecidos sois! (78)

Y es Él Quien os creó y diseminó por la Tierra y hacia Quien habréis de regresar. (79)

Y es Él Quien da la vida y la muerte y Quien establece la variación de la noche y el día. ¿Es que no razonáis? (80)

Pero dicen lo mismo que dijeron los primeros. (81)

Dicen: "¿Acaso cuando hayamos muerto y seamos polvo y huesos seremos devueltos a la vida?" (82)

"Ya se nos había prometido lo mismo anteriormente, a nosotros y a nuestros padres. No son más que fábulas de los primitivos." (83)

Di: «¿A quién pertenece la Tierra y lo que hay en ella, si es que lo sabéis?» (84)

Dirán: «A Dios»

Di: «¿Entonces, por qué no reflexionáis?» (85)

Di: «¿Quién es el Señor de los siete cielos y el Señor del Trono Inmenso?» (86)

Dirán: «Dios».

Di: «¿No seréis, pues, temerosos?» (87)

Di: «¿Quién tiene el gobierno de todas las cosas en Su mano y otorga protección pero nadie puede protegerse de Él, si es que lo sabéis?» (88)

Dirán: «Dios»

Di: «¿Qué es, entonces, lo que os alucina?»[2] (89)

---

[1] Es decir: «Nada les hace cambiar, ni Mi misericordia ni Mis castigos, hasta que llega a ellos un castigo terrible, o sea, la muerte, tras la cual les aguarda el castigo eterno.» *Al-Mizan*, t. XV, p. 69.

[2] Es decir: «¿Hasta cuándo, entonces, vais a considerar falso lo que es verdadero? No se dan cuenta de que, si el gobierno absoluto de todo está en manos de Dios, Quien todo lo ha creado, Él puede hacer que vuelvan a la vida tras haber estado muertos, sin ninguna dificultad. A Él le basta con decir "¡Sé!" y es». *Al-Mizan*, t. XV, p. 85.

PARTE 18   23. LOS CREYENTES

Hemos venido a ellos con la Verdad y ellos la desmienten. (90)

Ni Dios ha tenido un hijo ni existe otro dios junto con Él. Pues, en ese caso, cada dios se llevaría lo que hubiese creado y unos se impondrían sobre otros.[1]

¡Glorificado sea Dios sobre aquello que Le atribuyen! (91)

Él es el Conocedor de lo oculto y lo manifiesto y está muy por encima de lo que Le asocian. (92)

Di: «¡Señor mío! Si me haces ver lo que se les ha prometido (93) ¡Señor mío! no me pongas con el pueblo de los opresores.»[2] (94)

Y, en verdad, Nosotros tenemos poder para hacerte ver lo que les hemos prometido. (95)

Rechaza el mal con lo que es mejor. Nosotros somos Quienes mejor sabemos lo que ellos profieren.[3] (96)

Y di: «¡Señor mío! Me refugio en Ti del susurro de los demonios (97) y me refugio en Ti ¡Señor mío! de su presencia cerca de mi.» (98)

Cuando a alguno de ellos le llega la muerte, dice: «¡Señor mío! ¡Hazme regresar (99) para que pueda actuar rectamente en aquello que dejé descuidado!»

¡Pero no! Eso no son más que palabras que ellos dicen. Y les está aguardando el mundo intermedio,[4] en el cual estarán hasta que sean devueltos a la vida. (100)

Y, cuando sea soplada la trompeta, ese día no habrá entre ellos lazos de parentesco y no se preguntarán unos por otros. (101)

Y aquellos cuyas obras tengan peso en la balanza serán los triunfadores. (102)

Y aquellos cuyas obras no tengan peso en la balanza habrán echado a perder sus almas. Estarán en el Infierno eternamente. (103) El fuego cortará sus rostros y les desfigurará. (104)

---

[1] Si hubiese varios dioses, cada uno de ellos gobernaría su creación independientemente y se crearían mundos diferentes y separados, cada cual con su ordenamiento y sus leyes. Por ejemplo, el orden del mundo humano entraría en conflicto con el establecido en el mundo animal y los cielos y la Tierra se destruirían. Cfr. *Al-Mizan*, t. XV, p. 87.

[2] Es decir: «Si me haces presenciar el castigo que has prometido a los idólatras.» *Al-Mizan*, t. XV, p. 91.

[3] Es decir: «Si ellos obran mal contigo, tú actúa bien con ellos y si te hablan de manera inadecuada, tú respóndeles con buenos modales. Nosotros sabemos bien lo que dicen y cómo califican tu invitación al camino de Dios.» *Nemune*, t. XIV, p. 306-307

[4] Es decir: «Les está esperando un mundo intermedio entre esta vida y la otra.» Y al decir *barzaj* se refiere al mundo de la tumba, al Mundo Imaginal *(Alam al-Mizal)*, en el cual viven hasta el día del Juicio los seres humanos al morir, ya que *barzaj* significa «un puente o una barrera entre dos cosas; algo entre dos cosas». Cfr. *Al-Mizan*, t. XV, p. 97.

«¿Acaso no se os recitaban Mis versículos y vosotros los desmentíais?» (105)

Dirán: «¡Señor nuestro! Nos vencieron nuestras pasiones y fuimos gente extraviada.» (106)

«¡Señor nuestro! ¡Sácanos de él! Y si reincidimos, seremos entonces opresores.»[1] (107)

Él dirá: «¡Id a él y no me habléis!» (108)

«En verdad, había un grupo de Mis siervos que decía: ¡Señor nuestro! ¡Hemos creído! Perdónanos pues y ten misericordia de nosotros ya que Tú eres el mejor de los misericordiosos. (109) Pero vosotros les tomabais a broma y os reíais de ellos hasta hacer que os olvidarais de Mí.»[2] (110)

«En verdad, hoy les he recompensado por lo pacientes que fueron, pues ellos son los triunfadores.» (111)

Él dirá: «¿Cuántos años permanecisteis en la Tierra?»[3] (112)

Ellos dirán: «Permanecimos un día o parte de un día. Pregunta a quienes llevan la cuenta.»[4] (113)

Él dirá: «En verdad, no permanecisteis más que un poco. ¡Si vosotros lo hubieseis sabido! (114) ¿Acaso creísteis que os habíamos creado gratuitamente y que no se os haría regresar a Nosotros?» (115)

Ensalzado sea Dios, el Soberano, la Verdad. No hay más dios que Él. Señor del Noble Trono. (116)

Quien invoca a otro dios junto a Dios no tiene razones para ello y, en verdad, la cuenta de sus actos está junto a su Señor.

En verdad, Él no da el éxito a quienes no son creyentes. (117)

Y di: «¡Señor mío! ¡Perdona y ten misericordia! ¡Tú eres el mejor de los misericordiosos!» (118)

---

[1] Es decir: «Sácanos del Fuego y devuélvenos a la vida en la que vivíamos antes y esta vez actuaremos correctamente.» *Al-Mizan*, t. XV, p. 101.

[2] Los pronombres de la segunda persona remiten a los incrédulos y los de la tercera persona a los creyentes. Y *dikri* («recordarMe») se refiere a la misma súplica de los creyentes mencionada: «*¡Señor nuestro! ¡Hemos creído! Perdónanos pues...*» Y *Ansau kum dikri* («ellos hicieron que os olvidarais de recordarMe»), quiere decir «de tanto burlarse y reírse de los creyentes, los incrédulos se olvidaron de Dios». Y si lo expresa de esa manera es para hacerles comprender que lo único que les interesaba era burlarse de los creyentes. *Al-Mizan*, t. XV, p.102.

[3] Es decir: «En la tumba» *Al-Mizan*, t. XV, p. 103.

[4] Es decir: «Nosotros no sabemos calcular exactamente cuánto hemos permanecido. Pregunta a quienes puedan calcularlo.» Y algunos exegetas han dicho que con ello se refiere a los ángeles. *Al-Mizan*, t. XV, p. 103.

PARTE 18   24. LA LUZ

Capítulo 24

La luz[1]

En el nombre de Allah, el Clementísimo, el Misericordiosísimo.

Una *sura* que hemos hecho descender y hemos hecho obligatoria.[2] E hicimos descender en ella señales claras para que quizás así reflexionéis. (1)

A la fornicadora y al fornicador castigadles con cien azotes a cada uno. Y si creéis en Dios y en el Último Día no dejéis que la compasión por ellos dos os impida aplicar la pena establecida por Dios.

Y que su castigo sea presenciado por un grupo de los creyentes. (2)

Que el fornicador no se case sino con una fornicadora o con una idólatra y que la fornicadora no se case sino con un fornicador o un idólatra. Tal cosa está prohibida para los creyentes.[3] (3)

Y a quienes acusen a mujeres casadas y luego no aporten cuatro testigos, castigadles con ochenta azotes y no aceptéis jamás su testimonio. Esos son los transgresores. (4) Excepto quienes, después de ello, se arrepienten y se corrigen, pues, en verdad, Dios es perdonador, Misericordiosísimo. (5)

Y quienes acusen a sus esposas y no aporten más testigos de ello que ellos mismos, que él jure por Dios cuatro veces que dicen la verdad (6) y la quinta vez, [que diga] que Dios le maldiga si lo que dice es mentira. (7)

Pero ella se librará del castigo si jura por Dios cuatro veces que él miente (8) y la quinta vez (ella dice) que la ira de Dios caiga sobre ella si lo que él dice es cierto. (9)

Y si no hubiera sido por el favor de Dios sobre vosotros y porque Dios acepta el arrepentimiento y es sabio… [4](10)

---

[1] Este capítulo toma su nombre del hermosísimo versículo 35, conocido como «Versículo de la luz» (*Ayat al-Nur*).

[2] Es decir: «Ésta es una *sura* («capítulo») que Nosotros hemos revelado. Y hemos hecho obligatorio para vosotros actuar conforme a las disposiciones que en ella se recogen.» *Al-Mizan*, t. XV, p.112.

[3] Este es un versículo claro y unívoco (*muhkam*) y su juicio es permanente y no ha sido abrogado y tampoco necesita interpretación simbólica (*ta'wil*) y es un castigo legal: Una vez que el acto del fornicador se hace público y éste es condenado legalmente y recibe su castigo, si el condenado no hace una manifestación pública de su arrepentimiento, no tiene permitido casarse con una mujer musulmana y pura. Y el mismo juicio es aplicable a la fornicadora. *Al-Mizan*, t. XV, p. 114.

[4] Es decir: «Si no fuese porque Dios ha establecido disposiciones legales sobre la fornicación y acepta el arrepentimiento y es sabio para saber como se debe juzgar, vuestra sociedad habría quedado expuesta al mal y al desorden.». *Al-Mizan*, t. XV, p. 118.

24. LA LUZ

En verdad, quienes vinieron con la calumnia son un grupo de entre vosotros. No penséis que es un mal para vosotros. Al contrario, es un bien para vosotros. Cada uno de ellos recibirá conforme a su pecado y el mayor responsable entre ellos tendrá un inmenso castigo.[1] (11)

¿Por qué, cuando escuchasteis hablar de ello, los creyentes y las creyentes no pensaron bien para sus adentros y dijeron: «Esto es una calumnia evidente?»(12)

¿Por qué no vinieron ellos con cuatro testigos?

Al no venir con los testigos, ante Dios, ellos son los mentirosos. (13)

Si no hubiese sido por el favor y la misericordia de Dios con vosotros en esta vida y en la otra, habrías sufrido un castigo inmenso por el pecado que habéis cometido (14) cuando lo pasasteis de unas lenguas a otras, diciendo con vuestras bocas algo de lo que no teníais conocimiento, considerando que era algo sin importancia cuando, ante Dios, es algo grave. (15) Si no, cuando lo escuchasteis, habríais dicho: «No es algo de lo que nosotros debamos hablar. ¡Gloria a Ti! ¡Eso es una calumnia terrible!» (16)

Dios os exhorta a no repetir algo semejante jamás si sois creyentes. (17)

Dios os explica con claridad las señales. Dios todo lo conoce, es sabio. (18)

En verdad, quienes desean que se extienda la indecencia entre los creyentes tendrán un castigo inmenso en esta vida y en la otra. Y Dios conoce y vosotros no conocéis. (19)

Y si no hubiese sido por el favor de Dios sobre vosotros y por Su misericordia y porque Dios es compasivo, misericordiosísimo... [2](20)

---

[1] Sobre las circunstancias en las que estos versículos descendieron existen dos opiniones. La más conocida es la que relata que, al regreso de la batalla contra los Bani Musṭ'alaq, el año quinto de la hégira, 'Aysha, una de las esposas del Profeta, quedó sola en medio del desierto y de la noche. Al amanecer fue encontrada por Safwan ibn Mutal, uno de los musulmanes que había participado en la expedición militar y regresó con ella a Medina. Algunas gentes habrían aprovechado este suceso para murmurar contra ella y, de manera destacada 'Abdel.lah ibn abi Salul. Según otras opiniones, se refieren a una calumnia vertida sobre otra de las esposas del Profeta, María la Copta, madre de Ibrahim, del que se dijo que era hijo de Yarih el Copto, aunque posteriormente se demostró que eso era imposible porque Yarih estaba castrado. Ambas versiones presentan muchas incongruencias, pero, en cualquier caso lo relevante son las disposiciones que estos versículos establecen. Nemune, t. XIV, p. 387-391.

[2] «Habríais sido castigados duramente.» Nemune, t. XIV, p. 401.

¡Oh, creyentes! ¡No sigáis la senda extraviada de Satanás!

Y quien siga la senda extraviada de Satanás ha de saber que, en verdad, él ordena los actos indecentes y lo que está mal.

Y si no hubiese sido por el favor de Dios sobre vosotros y Su misericordia, ninguno de vosotros habría conseguido jamás ser puro.

Pero Dios purifica a quien Él quiere. Y Dios todo lo oye, todo lo conoce.[1] (21)

Aquellos de vosotros que tienen posición y medios no deben negarse a ayudar a sus familiares, a los necesitados y a quienes han emigrado por la causa de Dios, y deben perdonarles y olvidar.[2] ¿Acaso no queréis que Dios os perdone a vosotros?

Y Dios es perdonador, Misericordiosísimo con los creyentes. (22)

En verdad, quienes acusen a las mujeres casadas honestas, inocentes y creyentes, serán maldecidos en esta vida y en la otra y obtendrán un castigo inmenso (23) el día que sus propias lenguas, manos y pies testifiquen contra ellos por lo que hacían. (24)

Ese día, Dios les otorgará su justa recompensa y sabrán que Dios es la Verdad evidente. (25)

Las mujeres indecentes son para los hombres indecentes y los hombres indecentes para las mujeres indecentes y las buenas mujeres son para los buenos hombres y los buenos hombres para las buenas mujeres. Ellos están libres de lo que dicen.[3] Obtendrán perdón y una provisión generosa. (26)

¡Oh, creyentes! No entréis en una casa distinta a la vuestra sin anunciaros[4] y sin saludar a su gente. Esto es mejor para vosotros. Quizás así recapacitéis.[5] (27)

---

[1] Es decir: «Él oye la súplica del quien le pide que le purifique y reúne las condiciones para ser purificado, pues Él todo lo sabe y sabe quien reúne esas condiciones.» Cfr. *Al-Mizan*, t. XV, p. 133-134.

[2] Este versículo estaría relacionado con el caso de la calumnia y se dirige a uno de los creyentes que juró no auxiliar a quienes habían participado en la difamación. *Al-Mizan*, t. XV, p. 134.

[3] «Son inocentes de lo que dicen de ellos los difamadores.»

[4] «De manera que sus habitantes sepan que alguien quiere entrar en ella.»

Tastanisu proviene de la raíz *Uns* que significa «actuar de manera que el corazón quede tranquilo, actuar amablemente». Por lo tanto, el término indicaría no sólo pedir permiso sino hacerlo con educación y amabilidad. *Al-Mizan*, t. XV, p. 153.

[5] «Quizás así recapacitéis» Es la explicación de una frase elidida del tipo: «Se os ordena que actuéis de esa manera...» (para que, quizás así recapacitéis y comprendáis la razón por la que debéis obrar así.) *Al-Mizan*, t. XV, p. 153.

Y si no encontráis a nadie en ella, entonces no entréis hasta que obtengáis permiso y si se os dice que regreséis [más tarde] regresad. Eso es más adecuado. Y Dios conoce bien lo que hacéis. (28)

No cometéis nada malo si entráis en una casa deshabitada que contenga algo que os pertenece. Y Dios conoce lo que manifestáis y lo que ocultáis. (29)

Di a los creyentes que recaten sus miradas y que protejan sus partes privadas. Eso es más puro. En verdad, Dios está bien informado de lo que hacen. (30)

Y di a las creyentes que recaten sus miradas y protejan sus partes privadas y no muestren sus encantos, excepto lo que está a simple vista.[1]

Que cubran sus pechos y que no muestren sus encantos excepto a sus esposos, sus padres, los padres de sus esposos, sus hijos, los hijos de sus esposos, sus hermanos, los hijos de sus hermanos, los hijos de sus hermanas, sus mujeres, sus esclavas, los hombres con deficiencia mental que carezcan de deseo sexual o los niños que aún no reconocen las partes privadas de las mujeres.[2] Y que no golpeen con sus pies para dar a conocer sus encantos ocultos.[3]

Volveos todos arrepentidos hacia Dios ¡Oh, creyentes! para que, quizás así, tengáis éxito. (31)

---

[1] Por «*lo que está a simple vista*» se entiende el rostro, las manos y los pies, según se recoge en las tradiciones proféticas. *Al-Mizan*, t. XV, p. 156.

[2] «*Sus mujeres*» quiere decir «las mujeres creyentes» y la expresión «*los niños que aun no reconocen las partes privadas de las mujeres*» es una imagen para referirse a los niños que aun no han llegado a la pubertad. *Al-Mizan*, t. XV, p. 156.

[3] Es decir: «Que al caminar no golpeen con fuerza en el suelo de manera que el sonido de su taconeo llame la atención sobre ellas.» *Al-Mizan*, t. XV, p. 157.

Y casad a quienes estén solteros de vuestra gente y a vuestros esclavos y esclavas en condiciones de contraerlo. Si son pobres Dios les enriquecerá con Su favor.

Y Dios todo lo abarca, todo lo conoce. (32)

Y quienes no cuenten con recursos para contraer matrimonio que mantengan el celibato hasta que Dios les enriquezca con Su favor.

Y a quienes, de entre vuestros esclavos, deseen su escritura, escribídsela si sabéis que en ellos hay bien.[1] Y dadles de los bienes de Dios que Él os ha otorgado.

Y, buscando obtener las ganancias de esta vida mundanal, no forcéis a vuestras esclavas a la prostitución si desean permanecer célibes. Pero si son obligadas, en verdad, Dios, tras haber sido ellas obligadas, es perdonador, misericordiosísimo.[2] (33)

Ciertamente, hemos hecho descender para vosotros señales evidentes y ejemplos de quienes vivieron antes que vosotros y amonestación para los temerosos. (34)

Dios es la Luz de los cielos y la Tierra.[3] El ejemplo de Su Luz es como un nicho en el que hay una lámpara. La lámpara está en un recipiente de cristal. El cristal es como una estrella resplandeciente. Se enciende gracias a un árbol bendito de aceitunas, que no es oriental ni occidental, cuyo aceite casi alumbra sin que le haya tocado el fuego. Luz sobre luz.

Guía Dios a Su Luz a quien Él quiere.

Pone Dios los ejemplos para las gentes.

Y Dios conoce bien todas las cosas. (35)

En casas que Dios ha permitido que sean erigidas y en las que es recordado Su nombre. En ellas Él es glorificado mañana y tarde[4] (36)

---

[1] Es decir: «A quienes deseen la escritura que certifique su condición de hombres libres, dádsela si veis que ellos se la merecen por su buena condición». *Al-Mizan*, t. XV, p. 158.

[2] Algunos exégetas han dicho que Abdel.lah ibn Abi tenía seis esclavas y las obligaba a venderse para obtener beneficios de ellas. Cuando descendió el juicio que hablaba de combatir los actos incompatibles con la castidad, (en este mismo capítulo) fueron ante el Profeta a denunciar su situación, circunstancia en la que fue revelado esto. Cfr. *Nemune*, t. XIV, p. 461.

[3] Fue preguntado el Imam al-Rida sobre el significado de esta frase y respondió: «Él es el guía de la gente del cielo y de la gente de la Tierra.» *Al-Mizan*, t. XV, p. 193.

[4] Este versículo es la continuación de "un nicho" o de "Guía Dios" en el versículo anterior. Cfr. *Al-Mizan*, t. XV, p. 175.

por hombres a quienes ni los negocios ni las ventas distraen del recuerdo de Dios, de hacer la oración y de dar el impuesto purificador de la riqueza y que temen el día en el que los corazones y las miradas sean puestos del revés, (37) para que Dios les recompense conforme a lo mejor que hicieron[1] y les incremente de Su favor.

Y Dios provee sin medida a quien Él quiere. (38)

Y los actos de quienes no creyeron son como un espejismo en una llanura desierta. El sediento cree que es agua hasta que llega a ella y no encuentra nada. Y encontrará a Dios junto a él que le abonará sus cuentas.

Y Dios es rápido saldando la cuenta. (39)

O como tinieblas en medio de un mar profundo. Cubierto por olas sobre las que hay más olas sobre las cuales hay nubes. Tinieblas sobre tinieblas. Cuando saca su mano casi no puede verla.

A quien Dios no le proporciona luz no dispone de luz alguna. (40)

¿Acaso no has visto que quienes están en los cielos y en la Tierra y las aves con sus alas desplegadas glorifican a Dios?
Cada cual sabe como rezar y glorificar y Dios sabe bien lo que ellos hacen. (41)
A Dios pertenece el reino de los cielos y la Tierra y Dios es el destino final. (42)

¿No has visto que Dios conduce las nubes y las junta entre sí y las amontona y ves entonces como la lluvia sale de su interior y desciende de las montañas que hay en el cielo[2] el granizo con el que perjudica a quien Él quiere y del que libra a quien Él quiere, y que el resplandor del rayo casi ciega? (43)

---

[1] Es decir, cada acto bueno que realizaron, Dios se lo recompensará con la recompensa que se merezca el mejor de todos ellos. *Al-Mizan*, t. XV, p. 179.

[2] Una metáfora para referirse a las nubes inmensas cargadas de lluvia. *The Qur'an*, p. 496.

Dios alterna la noche y el día. En verdad, en ello hay motivo de reflexión para quienes poseen visión. (44)

Y Dios ha creado a todos los animales a partir del agua y, de ellos, algunos caminan sobre sus vientres, otros sobre dos piernas y otros sobre cuatro.

Dios crea lo que quiere. En verdad, Dios tiene poder sobre todas las cosas. (45)

Ciertamente, hemos hecho descender señales claras. Y Dios guía a quien Él quiere a un camino recto. (46)

Ellos dicen[1]: «Creemos en Dios y en el Mensajero y obedecemos.»

Después de eso, un grupo de ellos da la espalda y no tiene fe. (47)

Y, cuando son llamados a Dios y a Su Mensajero para que juzgue entre ellos, una parte de ellos se aleja. (48)

Pero cuando el derecho está de su lado vienen a él complacientes. (49)

¿Acaso hay una enfermedad en sus corazones, o tienen dudas, o temen que Dios y Su Mensajero sean injustos con ellos?

Al contrario. Ellos son los opresores. (50)

En verdad, la respuesta de los creyentes cuando son llamados a Dios y a Su Mensajero para que juzgue entre ellos es decir: «¡Oímos y obedecemos!» y ellos son quienes obtienen éxito. (51)

Quienes obedezcan a Dios y a Su Mensajero y teman a Dios y sean buenos serán los triunfadores. (52)

Juran por Dios con juramentos solemnes que, si tú se lo ordenases, sí saldrían.[2]

Di: «¡No juréis! ¡Dad señales de una obediencia pura! En verdad, Dios está bien informado de lo que hacéis.»(53)

---

[1] Es decir: «los hipócritas». *Al-Mizan*, t. XV, p. 201.

[2] «Abandonarían sus casas y sus bienes para salir a combatir.»

Un grupo de los hipócritas, tras la revelación de los versículos anteriores y la severa condena que en ellos se hace de los hipócritas, se sintieron muy disgustados y fueron ante el Profeta y le prometieron con gran énfasis que se someterían a sus órdenes. En respuesta a sus falsos juramentos descendieron estos versículos en los que se les dice: «No es necesario que juréis nada. Simplemente actuad recta y sinceramente, pues Dios es testigo de todo cuanto hacéis.» Cfr. *Nemune*, t. XIV, p. 523.

Di: «¡Obedeced a Dios y obedeced al Mensajero!»

Y si dais la espalda, él sólo es responsable de su propia carga y vosotros de la vuestra. Y si le obedecéis estaréis bien guiados. La obligación del Mensajero es únicamente transmitir el mensaje de manera clara. (54)

Dios ha prometido que designará herederos y representantes Suyos[1] en la Tierra a quienes de entre vosotros sean creyentes y realicen buenas acciones, igual que designó herederos y representantes Suyos a quienes vinieron antes de ellos.

Que hará que fructifiquen y se consoliden las creencias que Él ha hecho satisfactorias para ellos y que transformará el miedo que han pasado en seguridad,[2] si Me adoran sin asociar en su adoración nada junto a Mí.

Y quienes abandonen la fe tras eso serán los transgresores. (55)

Haced la oración, dad el impuesto que purifica la riqueza y obedeced al Mensajero para que, quizás así, se tenga misericordia de vosotros. (56)

No penséis que quienes no creen podrán escapar en la Tierra. Su morada será el fuego.[3] ¡Qué mal destino! (57)

¡Oh, creyentes! Que vuestros esclavos y quienes de los vuestros todavía no hayan llegado a la pubertad os pidan permiso en tres momentos:[4] Antes de la oración del amanecer, cuando os quitáis vuestros vestidos al mediodía y tras la oración de la noche. Tres momentos de intimidad para vosotros.

Después de ellos, no hay falta para vosotros ni para ellos en que os frecuentéis unos a otros. Así es como Dios os aclara sus señales. Y Dios todo los conoce, es sabio. (58)

---

[1] Cfr. *Corán*, 7:128 y 21:105.

[2] Cuando el Profeta y sus compañeros emigraron de La Meca a Medina y los musulmanes de Medina les dieron acogida, todos los árabes se levantaron contra ellos de tal manera que se vieron obligados a ir siempre armados y vivir pendientes de ser atacados en cualquier momento. Esta situación de inseguridad les resultaba bastante incómoda y algunos de ellos le preguntaron al Profeta «¿Hasta cuándo se prolongará esta situación? ¿Llegará un día en que podamos dormir tranquilos si temer a nadie más que a Dios?» La mayoría de los exégetas coránicos, entre los que se cuentan Suyuti, Tabarsi, Seyed Qutb y Al-Qurtubi, coinciden en señalar que fue en esta situación cuando descendió este versículo. *Nemune*, t. XIV, p. 526.

[3] «Si los enemigos del Islam piensan que podrán impedir que Dios establezca el gobierno de los creyentes en la Tierra, se equivocan, ya que su poder no es nada frente al poder divino. Y no podrán escapar del castigo divino, ni en esta Tierra ni en la otra vida.» *Nemune*, t. XIV, p. 536.

[4] Os pidan permiso para entrar en vuestras habitaciones privadas. *Nemune*, t. XIV, p. 538.

Y cuando vuestros hijos pequeños alcancen la pubertad, que pidan permiso, como pidieron permiso quienes les precedieron. (59)

Y las mujeres mayores, que no tienen esperanza de contraer matrimonio, no cometen pecado si relajan su vestimenta sin llegar a mostrar sus adornos.[1] Pero es mejor para ellas que se recaten.

Y Dios todo lo oye, es sabio. (60)

No hay falta en que el ciego, el lisiado, el enfermo o vosotros mismos, comáis en vuestras casas o en las casas de vuestros padres o de vuestras madres, de vuestros hermanos, de vuestras hermanas, o en las casas de vuestros tíos paternos o de vuestras tías paternas o de vuestros tíos maternos o de vuestras tías maternas o en aquellas de las que poseéis las llaves o en las de vuestros amigos. No hay falta si coméis juntos o separados.[2]

Y cuando entréis en las casas saludaos con una fórmula venida de Dios, bendita y buena.

Así es como Dios aclara para vosotros Sus señales, para que, quizás de esa manera, reflexionéis. (61)

---

[1] Se refiere a que cubrirse el pelo es obligatorio para todas las mujeres excepto para aquellas de edad avanzada, que pueden ir sin *hiyab*, pero sin resaltar sus encantos. *Al-Mizan*, t. XV, p. 228.

[2] Según algunas tradiciones, la gente de Medina, antes de la llegada del Islam, no permitía que los ciegos, los lisiados o los enfermos se sentasen con ellos a la mesa y no comían con ellos. Y cuando dice «*vosotros mismos*» quiere decir «sin necesidad de pedir permiso previamente». *Nemune*, t. XIV, p. 550.

En verdad, los creyentes son quienes creen en Dios y en Su Mensajero y cuando están con él en un asunto colectivo no se retiran sin pedirle permiso. En verdad, quienes te piden permiso son quienes creen en Dios y en Su Mensajero.

Cuando te pidan permiso para algún asunto suyo, autoriza a quien quieras de ellos y pide el perdón de Dios para ellos.[1] En verdad, Dios es perdonador, misericordiosísimo. (62)

No consideréis la invitación del Mensajero como consideráis la invitación de unos a otros.[2] Ciertamente, Dios conoce a quienes de vosotros se retiran con disimulo.

Que quienes desobedecen sus ordenes tengan cuidado de que les sobrevenga una prueba penosa o tengan que sufrir un castigo doloroso. (63)

¿Acaso, en verdad, no pertenece a Dios lo que hay en los cielos y en la Tierra? Ciertamente, Él conoce bien en lo que estáis. Y el día en el que se les haga regresar a Él, les informará de lo que hacían. Y Dios conoce bien todas las cosas. (64)

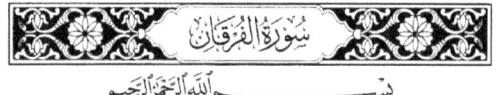

Capítulo 25

El Discernimiento[3]

En el nombre de Al.lah, el Clementísimo, el Misericordiosísimo.

Bendito sea Quien hizo descender El Discernimiento a Su siervo para que amoneste a toda la humanidad. (1)

Aquel a quien pertenece la soberanía de los cielos y de la Tierra, que no tiene un hijo y que no comparte la soberanía con nadie y que lo ha creado todo y lo ha determinado absolutamente. (2)

---

[1] En algunas tradiciones, leemos que este versículo hace referencia a Hanzala ibn Abi Ayash, quien se casó la misma noche en la que se realizaban los preparativos para la batalla de Uhud y pidió permiso al Profeta para pasar la noche con su esposa. Por la mañana se incorporó con precipitación a la batalla sin haberse purificado y, repentinamente, fue matado. Y dijo el Profeta, que vio como los ángeles lavaban su cadáver. *Nemune*, t. XIV, p. 561.

[2] «*La invitación del Mensajero*» se refiere a aquellas cosas a las que el Mensajero les convoque, y la prueba de ello es la frase que viene a continuación: «*Ciertamente, Dios conoce a quienes de vosotros se retiran con disimulo.*» Por tanto, no sería cierto que se refiere a la manera de dirigirse al Mensajero, diciendo: «¡Eh Muhammad!» en lugar de «¡Oh, Mensajero de Dios!». *Al-Mizan*, t. XV, p. 230-231.

[3] El capítulo toma su nombre del primer versículo, en el cual se refiere al *Corán* llamándole «El Discernimiento», termino que procede de la palabra *farq* («diferencia»). Y si es así denominado se debe a que sirve para diferenciar la verdad de la falsedad. *Al-Mizan*, t. XV, p. 239.

Y ellos[1] toman, en lugar de Él, dioses que nada han creado y que han sido creados y que no poseen poder para perjudicarse a ellos mismos ni para beneficiarse, ni disponen de la muerte, ni de la vida, ni de la resurrección. (3)

Y los que no creen dicen: «En verdad, esto no es más que una mentira que él ha inventado con ayuda de otro grupo.»[2]

Ciertamente, ellos vienen con opresión y mentiras. (4)

Y dicen: «¡Fábulas de los primitivos que él ha pedido que le escriban y que le son leídas mañana y tarde!»[3] (5)

Di: «Lo hace descender Quien conoce el secreto de los cielos y la Tierra. En verdad, Él es perdonador, misericordiosísimo.» (6)

Pero ellos dicen: «¿Qué clase de Mensajero es éste que come alimentos y transita por los mercados? ¿Por qué no se ha hecho que descienda un ángel que amoneste con él (7) o se le ha proporcionado un tesoro o un jardín del que pueda comer?»[4]

Y dicen los opresores: «No seguís sino a un hombre hechizado.» (8)

¡Mira con lo que te comparan! Pero se extravían y no pueden encontrar el camino. (9)

Bendito sea Quien, si Él hubiera querido, habría puesto para ti algo mejor que eso, jardines de cuyas profundidades brotasen los arroyos, y habría puesto para ti palacios.[5] (10)

Pero ellos desmienten la Hora. Y a quienes desmienten la Hora les daremos el fuego infernal. (11)

---

[1] Los idólatras. *Al-Mizan*, t. XV, p. 244.

[2] *Esto* se refiere al *Corán* y *otro grupo* hace referencia a Adas, Yasar y Yabar, que eran gente de las *Escrituras*, contemporáneos del Profeta, y que conocían la *Torá*. *Al-Mizan*, t. XV, p. 248.

[3] "Para poder memorizarlas." *Al-Mizan*, t. XV, p. 250.

[4] En el *Tafsir Nur al-Zaqalayn*, t. IV, p. 6, leemos que: «Un día que el Mensajero de Dios estaba sentado junto a la Casa de Dios, Abdel.lah ibn Abi Umaya Majzumi le interpeló en esos términos: «Tú crees que eres un enviado divino e invitas a seguir un camino trascendente, pero no es apropiado que el Creador de todos los mundos envíe de Mensajero a un ser humano como nosotros que se ve obligado a comer y que hace la misma vida que nosotros, yendo a los mercados para procurarse sus necesidades.» A lo que él Mensajero de Dios respondió: «¡Señor, Tú oyes todas las palabras y sabes todo lo que dicen tus siervos!» queriendo decir: «¡Respóndele Tú!». Y en esas circunstancias descendió este versículo. *Nemune*, t. XV, p. 25.

[5] «En este mundo» Y la intención divina es puntualizar que las dificultades que sufre el Mensajero son parte de Su decreto. *Al-Mizan*, t. XV, p. 252.

Cuando les vea desde lejos, ellos escucharán su furor y bramido. (12) Y cuando se les sitúe encadenados en un lugar estrecho y reducido de él, gritarán pidiendo su aniquilación. (13)

«¡No pidáis hoy una simple aniquilación, pedid muchas aniquilaciones!» (14)

Di: «¿Es mejor esto o el Jardín de la Eternidad que fue prometido a los temerosos como recompensa y destino final?» (15)

Allí tendrán eternamente lo que deseen. Es una promesa que obliga a tu Señor. (16)

Y el día en que Él les reúna a ellos y a lo que ellos adoraban en lugar de Dios, Él dirá: [1] «¿Fuisteis vosotros quienes desviaron a Mis siervos o fueron ellos quienes extraviaron el camino?» (17)

Ellos responderán: «¡Glorificado seas! No era adecuado para nosotros tomar protectores aparte de Ti, pero Tú les permitiste disfrutar a ellos y a sus padres hasta que olvidaron el Recuerdo[2] y fueron un pueblo echado a perder.» (18)

Ciertamente, ellos desmentirán lo que vosotros decís y no podréis cambiar ni ser auxiliados[3] y a quien de vosotros oprima le haremos probar un gran castigo.[4] (19)

Y no hemos enviado antes de ti Mensajero alguno que no comiera alimentos y fuese a los mercados.

Y os pusimos a unos como prueba para los otros ¿Seréis pacientes?[5]

Y tu Señor todo lo ve. (20)

---

[1] «A los ídolos que los idólatras adoraban.» *Al-Mizan*, t. XV, p. 262

[2] Es decir, los ídolos que ellos adoraban responderán «No habría sido adecuado que nosotros dejáramos de adorarte para adorar a otro distinto de Ti y que tomáramos como protector y amigo a otro que Tú, pero los idólatras nos tomaron como dioses y nos adoraron» y la frase «*Hasta que olvidaron el Recuerdo*» se refiere a que se olvidaron de recordar a Dios. *Al-Mizan*, t. XV, p. 263.

[3] En este versículo, Dios se dirige a los idólatras y les dice: «Aquellos que adorabais en lugar de adorarme a Mí desmentirán tener los poderes que vosotros les atribuíais y negarán su condición divina ¿Cómo podréis entonces cambiar vuestra situación y evitar que se os castigue o encontrar quien os auxilie?» *Al-Mizan*, t. XV, p. 265.

[4] Y el sentido que el versículo da a «oprimir» es general y no es un juicio que afecte solamente a la idolatría de la que todos ellos son culpables, pues en ese caso habría dicho "por la opresión que habéis cometido". *Al-Mizan*, t. XV, p. 265.

[5] Y puede que uno de los significados de la frase: «*Y os pusimos a unos como prueba para los otros ¿Seréis pacientes?*» sea: «Hemos puesto a los profetas como una prueba para que los hombres vayan de la duda a la fe» y, puesto que quienes siguen sus pasiones no tienen paciencia ante el amargor de la Verdad, les pregunta ¿Tendréis paciencia para obedecer a Dios y apartaros de la dulzura del pecado? *Al-Mizan*, t. XV, p. 267.

Parte 19

Quienes no esperan el encuentro con Nosotros[1] dicen: «¿Por qué no se hace que desciendan los ángeles a nosotros o que veamos a nuestro Señor?» Ciertamente, sus almas se han llenado de arrogancia y endiosado enormemente. (21)

El día que vean a los ángeles, no habrá para los pecadores buenas noticias y dirán: «¡Dadnos refugio!»[2] (22)

Nos ocuparemos de cada obra que realizaron y la dejaremos como polvo disperso en el aire. (23)

Ese día la gente del Jardín estará en la mejor morada y en el mejor lugar de descanso. (24)

El día en el que el cielo y las oscuras nubes se abran y se haga descender a los ángeles de forma majestuosa. (25) Ese día la soberanía verdadera pertenecerá al Misericordiosísimo[3] y será un día difícil para los que no creían. (26)

Un día en el que el opresor se morderán las manos diciendo: «¡Ojalá hubiese tomado el camino junto al Mensajero! (27) ¡Ay de mí! ¡Ojalá no hubiese tomado a fulano como amigo! (28) ¡Después de que el recuerdo había llegado a mí, me desvió de él!»

¡Ciertamente, Satanás siempre deja al hombre abandonado! (29)

Y el Mensajero dirá: «¡Oh, Señor mío! ¡En verdad, mi pueblo ha abandonado este *Corán*!» (30)

Y, así mismo, designamos a cada profeta un enemigo de entre los pecadores, pero tu Señor es suficiente guía y auxilio. (31)

Y los que no creen dicen: «¿Por qué no le ha sido revelado el *Corán* de una sola vez?» Así es, te lo hemos recitado gradual y ordenadamente para afianzar con ello tu corazón. (32)

---

[1] Es decir: «Quienes no creen en el Día del Levantamiento y que ese día estarán ante Mí». Pues ese día, la grandeza divina hará que caigan todos los velos y quienes ignoraban a Dios o vivían desentendidos verán claramente que Dios es la Verdad. *Al-Mizan*, t. XV, p. 273.

[2] Los pecadores pedirán refugio a los ángeles que viene a castigarles por sus pecados. Algunos exégetas han entendido que el pronombre del verbo remite a los ángeles y que serán los ángeles quienes dirán a los pecadores: «¡No hay refugio para vosotros!» pero la primera interpretación se ajusta más al sentido del versículo. *Al-Mizan*, t. XV, p. 275.

[3] Es decir: «Se hará evidente para todos que la verdadera soberanía pertenece a Dios y que siempre fue así.» *Al-Mizan*, t. XV, p. 280.

No vendrán a ti con un argumento sin que Nosotros te traigamos la verdad y una interpretación mejor. (33)

Aquellos que sean reunidos frente al Infierno serán quienes tengan el peor lugar y el camino más extraviado. (34)

Y, ciertamente, dimos a Moisés la *Escritura* y pusimos a su hermano Aarón para que le ayudase. (35) Y dijimos: «Id al pueblo que desmiente Nuestras señales.»

Y les destruimos totalmente.[1] (36)

Y cuando las gentes del pueblo de Noé desmintieron a los Mensajeros, les ahogamos e hicimos de ellos una señal para las gentes.[2]

Hemos preparados para los opresores un castigo doloroso. (37)

Y a Ad y a Zamud y a los habitantes de Al-Rass[3] y a muchas generaciones entre ellos. (38) A todos ellos les pusimos ejemplos. Y a todos ellos les destruimos totalmente.[4] (39)

Ciertamente, ellos han pasado por la ciudad sobre la que cayó una lluvia maléfica.[5] ¿Acaso no la han visto? Lo que sucede es que no esperan ser resucitados. (40)

Cuando te ven se burlan de ti: «¿Éste es al que Dios ha designado Mensajero? (41) Casi nos desvía de nuestros dioses si no hubiera sido porque hemos sido perseverantes con ellos.»

Pronto sabrán, cuando vean el castigo, quien está más desviado del camino. (42)

¿Has visto a quien ha tomado como dios a sus pasiones? ¿Acaso eres tú su protector? (43)

---

[1] Si alguien dice: «Cómo puede Dios decir que desmiente Nuestras señales si todavía no las ha enviado», se deberá responder que Dios relata al Profeta la historia de Moisés y Aarón, por ello encadena los acontecimientos como instantáneas de lo que sucedió, sin atenerse a una lógica temporal. *Al-Mizan*, t. XV, p. 299

[2] Se refiere al hecho de no creer el mensaje de Noé, ya que desmentir a un profeta es como desmentir a todos ellos. Y «ponerles como señal» quiere decir «hacer de ello un motivo de reflexión.» *Al-Mizan*, t. XV, p. 300.

[3] *Rass* significa «pozo». Y algunos han dicho que era el nombre de un río junto al cual construyeron doce ciudades a las que pusieron los nombres que posteriormente los persas darían a sus meses. Adoraban a un pino que había plantado, después del diluvio, Yafez hijo de Noé, junto a una fuente. Dios envió para ellos un profeta de la tribu de Yahuda. Cfr. *Al-Mizan*, t. XV, p. 300-302. Muchos historiadores creen que los habitantes de Al-Rass vivían en Yamama y su profeta fue Hanzala y que le mataron y arrojaron a un pozo. *Nemune*, t. XV, p. 92.

[4] «Ejemplos edificantes que les llevasen a la fe y otros que les hicieran tener miedo y les sirvieran de amonestación. Pero cuando nada de esto tuvo consecuencias positivas, les destruimos.» *Nemune*, t. XV, p. 90.

[5] Se refiere a Sodoma, la ciudad del pueblo de Lot, que estaba en la ruta de Hiyaz a Sham, y sobre la que Dios envió una lluvia de piedras. *Al-Mizan*, t. XV, p. 301.

¿Crees que la mayoría de ellos escuchan o razonan? La verdad es que son como el ganado. No, aún más extraviados del camino. (44)

¿Acaso no has visto cómo tu Señor alarga la sombra? Si Él hubiese querido habría hecho que permaneciera inmóvil. Pusimos al Sol como causa de su existencia. (45) Luego, la recogemos hacia Nosotros lenta y suavemente. (46)

Él es Quien ha hecho para vosotros de la noche una vestidura y del sueño descanso y del día movimiento y búsqueda de la provisión. (47)

Y Él es Quien envía los vientos como portadores de buenas noticias, anunciando Su misericordia.

Y hacemos descender del cielo agua purificadora (48) con la que Nosotros revivimos una tierra muerta y con la que damos de beber a muchos animales y humanos de los que hemos creado. (49) Y, ciertamente, la distribuimos[1] entre ellos para que reflexionen. Pero la mayoría de las personas se niegan a ser agradecidos. (50)

Si hubiéramos querido habríamos enviado un amonestador a cada ciudad. (51)

No obedezcas, pues, a quienes no creen y libra con él[2] una gran batalla contra ellos. (52)

Y Él es Quien ha unido los dos mares, uno de aguas dulces y agradables y el otro de aguas saladas y amargas y ha puesto entre ambos una barrera y un límite infranqueable.[3] (53)

Y es Él Quien ha creado del agua al ser humano y dispuso para él lazos familiares paternos y maternos. Tu Señor es poderoso. (54)

Pero ellos adoran en lugar de Dios lo que no puede beneficiarles ni perjudicarles. Quien no es creyente es un ayudante contra su Señor.[4] (55)

---

[1] «Haciendo que unas veces llueva en unos lugares y otras veces en otros.» *Al-Mizan*, t. XV, p. 315.

[2] Con el *Corán*. *Nemune*, t. XV, p. 120.

[3] Esta frase es la continuación de «*Y Él es Quien envía los vientos...*» y utiliza la imagen de los dos mares cuyas aguas están juntas sin mezclarse, como una imagen del mensaje divino que establece una barrera entre creyentes y no creyentes, de manera que, aunque ambos están juntos en una misma tierra, no se mezclan. *Al-Mizan*, t. XV, p.316.

[4] Es decir: «Los que no creen, además de ser enemigos de Dios, son auxiliares de Satanás en su lucha contra Él.» *Al-Mizan*, t. XV, p.317.

Y no te hemos enviado sino como portador de buenas nuevas y amonestador. (56)

Di: «No os pido por ello¹ una recompensa excepto que quien quiera tome un camino hacia su Señor.» (57)

Y confía en el Vivo que no muere y glorifícale con alabanzas. Él es suficiente para estar informado de los pecados de Sus siervos. (58)

Él es Quien creó en seis días los cielos y la Tierra y lo que entre ambos hay.² Luego, Se estableció sobre el Trono.³ El Clementísimo. Pregúntale, pues Él está bien informado.⁴ (59)

Y si se les dice: «¡Prosternaos para el Clementísimo!" dicen: "¿Y qué es el Clementísimo? ¿Habremos de prosternarnos ante lo que nos ordenéis?» Y se incrementa su rechazo. (60)

Bendito sea Quien ha puesto constelaciones en el cielo y ha puesto en él una lámpara y una Luna luminosa.⁵ (61)

Y Él es Quien ha puesto la noche y el día sucediéndose, para quien quiera reflexionar o quiera agradecer. (62)

Y los siervos del Clementísimo son quienes van por la Tierra con humildad y si los ignorantes se dirigen a ellos, les dicen: «¡Paz!» (63) y quienes pasan parte de la noche prosternados o en pie para su Señor (64) y quienes dicen: «¡Señor nuestro! ¡Aparta de nosotros el castigo del Infierno!»

En verdad, su castigo es abrumador y eterno. (65) Una mala residencia y morada.⁶ (66)

Y quienes, cuando gastan, no despilfarran ni son tacaños, pues el equilibrio está entre ambos extremos. (67)

---

¹ «*Por ello*» quiere decir «por traer para vosotros el *Corán*.» *Al-Mizan*, t. XV, p.318.

² Con «*seis días*» indica que la creación es un proceso gradual.

³ «*Se estableció sobre el Trono*» es una metáfora para indicar que Él asumió el gobierno de Su creación. Es decir: «Él es Quien ha creado todo lo que existe y lo gobierna.»

⁴ «El Clementísimo» es predicado para un sujeto elidido: Él. El significado sería pues: «Él es el Clementísimo» y el sentido de la frase sería: «Él es el Clementísimo, Quien ha creado el mundo y lo gobierna con Su clemencia. Todo lo que existe, por Él ha iniciado su existencia y a Él regresa, por tanto, si quieres saber la verdad, pregúntale a Él, pues Él está bien informado.» Cfr. *Al-Mizan*, t. XV, p. 322.

⁵ La «lámpara» es el Sol, como dice en 71:16: "Él ha puesto en los cielos la Luna como una luz y el Sol como una lámpara." Al-Mizan, t. XV, p. 325.

⁶ *Mustaqarr* y *maqam* tienen ambas el mismo significado de «residencia», «morada» y puede que la primera indique un lugar temporal para los creyentes y la segunda un lugar permanente para los no creyentes. *Nemune*, t. XV, p. 151.

Y quienes no invocan junto a Dios a otro dios y no matan al ser humano, pues Dios lo ha prohibido, excepto por causa justa, y no cometen fornicación ni adulterio.

Y quien haga tales cosas se encontrará con su castigo. (68) Les será doblado el castigo el Día del Levantamiento y en él permanecerán eternamente humillados. (69) Excepto quienes se arrepientan y tengan fe y realicen buenas acciones, pues a ellos Dios les cambiará el mal por bien. Dios es perdonador, misericordiosísimo. (70)

Y quien se arrepiente y realiza buenas acciones, en verdad, regresa hacia Dios. (71)

Y aquellos que no dan falso testimonio[1] y que cuando se tropiezan con palabras vanas pasan de largo con dignidad. (72)

Y aquellos a quienes, si les son recordadas las señales de su Señor, no las reciben con oídos sordos y ojos ciegos. (73)

Y aquellos que dicen: «¡Oh, Señor nuestro! ¡Haz que nuestras esposas y nuestros hijos sean la alegría de nuestros ojos y sitúanos al frente de los temerosos de Dios!»[2] (74)

Ellos serán recompensados por su paciencia[3] con un alto aposento[4] y allí serán recibidos con ofrendas y saludos de paz. (75) Allí estarán eternamente. ¡Excelente lugar y residencia! (76)

Di: «¡Mi Señor no os prestará atención si no le suplicáis!

Desmentíais[5] y pronto seréis castigados.» (77)

---

[1] O «quienes no participan en reuniones superficiales y vacías de espiritualidad.» *Nemune*, t. XV, p. 163.

[2] «*Y sitúanos al frente de los temerosos de Dios*» quiere decir: «Haz que, en la realización de buenos actos y en la recepción de Tu misericordia vayamos por delante de los demás, de manera que otros puedan aprender de nosotros e imitarnos», tal como el *Corán*, en 2:148, dice: «¡*Apresuraos pues en la realización de buenas obras!*» y en 57:21, «*¡Apresuraos en la búsqueda del perdón de vuestro Señor.!*» y en 56:10 y 11, «*Y los más adelantados de los más adelantados, esos son los más cercanos (a Dios).*» *Al-Mizan*, t. XV, p.339.

[3] En *Al-Dar al-Manzur*, t. V, p. 81, se recoge que el Imam Abu Ya'far dijo: «Paciencia en este versículo quiere decir paciencia frente a la pobreza en este mundo.» *Al-Mizan*, t. XV, p. 340.

[4] *Gurfa* significa «aposento elevado, construido sobre otro». Y en este versículo indica un alto grado en el Paraíso. *Al-Mizan*, t. XV, p. 340.

[5] «Las señales de Dios y del Profeta.» *Nemune*, t. XV, p. 172.

Capítulo 26

Los poetas[1]

En el nombre de Al.lah, el Clementísimo, el Misericordiosísimo.

Ta, Sim, Mim (1) Estos son los versículos de la *Escritura* clara. (2)

Puede que quieras morir de pena por que no son creyentes. (3) Si hubiéramos querido habríamos hecho descender del cielo sobre ellos una señal ante la que sus cuellos se inclinarían humillados. (4) No llega a ellos ningún nuevo recuerdo[2] del Clementísimo sin que ellos se aparten de él. (5)

Ciertamente, desmienten, pero pronto les llegarán las noticias de aquello de lo que se burlaban.[3] (6)

¿Acaso no ven como hemos hecho crecer en la Tierra parejas de todo tipo de plantas hermosas y buenas? (7)

En verdad, en ello hay una señal, pero la mayoría de ellos no tiene fe. (8) Y, en verdad, tu Señor es el Todopoderoso, el Misericordiosísimo.[4] (9)

Y (recuerda) cuando tu Señor llamó a Moisés: «¡Ve al pueblo de los opresores! (10) El pueblo del Faraón ¿Por qué no temen a Dios?» (11)

Dijo él: «¡Señor mío! Temo que me desmientan (12) y que mi pecho se angustie y mi lengua no sea suficientemente elocuente. Envía, pues, a Aarón.[5] (13) ¡Y tienen cargos contra mí y temo que me maten!» (14)

Dijo Él: «¡No será así! ¡Id, pues, ambos con Nuestras señales! En verdad, Nosotros estaremos escuchando junto a vosotros. (15)

Id, pues, al Faraón y decidle: "En verdad, soy un Mensajero del Señor del Universo (16) para que dejes ir con nosotros a los Hijos de Israel."» (17)

Dijo [Faraón]: «¿Acaso no te hemos criado entre nosotros de pequeño y permaneciste entre nosotros muchos años de tu vida (18) y luego hiciste lo que hiciste? Eres de los desagradecidos.» (19)

---

[1] El capítulo toma su nombre de los versículos 224-227 que hablan de los poetas.

[2] Es decir: «No es revelado ningún nuevo versículo del *Corán*.» *Al-Mizan*, t. XV, p. 348.

[3] Es decir: «Pronto comprobarán que aquello de lo que se burlaban, o sea, el castigo por sus malas acciones, es cierto.» *Nemune*, t. XV, p. 187.

[4] Es decir: «Él envía Sus señales a los seres humanos, porque es Misericordiosísimo, para que ellos puedan guiarse, y tiene poder para premiar a los que crean y para castigar a los que desmientan.» *Al-Mizan*, t. XV, p. 350.

[5] Es decir: «Envía también a Aarón la revelación para que me ayude en mi misión.» *Al-Mizan*, t. XV, p. 360.

Dijo: «Hice eso cuando era de los extraviados (20) y huí porque tuve miedo de vosotros, pero mi Señor me otorgó juicio y me hizo uno de Sus Mensajeros. (21)

Y éste es el favor que me has hecho: esclavizar a los Hijos de Israel.»[1] (22)

Faraón dijo: «¿Y qué es eso de 'el Señor del Universo'?» (23)

Dijo: «El Señor de los cielos y de la Tierra y de lo que hay entre ambos, si es que sois gente de certezas.»[2] (24)

Dijo a quienes estaban a su alrededor: «¿No estáis oyendo?» (25)

Dijo: «Señor vuestro y Señor de vuestros primeros padres.» (26)

Dijo: «¡En verdad, ese Mensajero que os ha sido enviado está loco!» (27)

Dijo: «El Señor del Oriente y del Occidente y de lo que entre ambos hay, si es que razonáis.» (28)

Dijo: «Si tomas otro dios diferente a mí, te pondré entre los que están en la cárcel.» (29)

Dijo: «¿Aunque te traiga algo evidente?» (30)

Dijo: «¡Tráelo pues, si eres de los que dicen la verdad!» (31)

Entonces, lanzó su bastón y fue claramente una serpiente (32) y sacó su mano y era blanca para los que observaban. (33)

Dijo a los principales que había a su alrededor: «¡En verdad, éste es un mago muy experto! (34) Quiere echaros de vuestra tierra por medio de su magia, así pues, ¿Qué queréis que haga?» (35)

Dijeron: «Dales un plazo a él y a su hermano y envía unos emisarios a las ciudades. (36) Que te traigan todos los magos expertos.» (37)

Así pues, fueron congregados los magos en el lugar acordado para el encuentro el día establecido (38) y se dijo a la gente: «¿Queréis acudir?» (39)

---

[1] Esta frase es la respuesta a la acusación de ser desagradecido que el Faraón le ha hecho. *Al-Mizan*, t. XV, p. 370

[2] «*Si es que sois gente de certezas*» se refiere a que el orden de los cielos, de la Tierra y de lo que hay entre ambos, indica la existencia de un único creador y director y todo el razonamiento lógico y todas las pruebas así lo certifican y quien no tienen certeza de ello se mueve en un mundo de incertidumbres. *Al-Mizan*, t. XV, p. 375.

26. LOS POETAS

«Quizás así sigamos a los magos si son ellos los vencedores.»[1] (40)

Así que, cuando llegaron los magos, dijeron al Faraón: «¿Obtendremos una recompensa si somos los vencedores?» (41)

Dijo: «Sí. Y, en verdad, seréis entonces de los cercanos a mí.» (42)

Moisés les dijo: «¡Lanzad lo que tengáis que lanzar!» (43)

Así pues, lanzaron sus cuerdas y bastones y dijeron: «¡Por el poder del Faraón! ¡Con seguridad, seremos los vencedores!» (44)

Entonces, Moisés lanzó su bastón y éste engulló inmediatamente lo que ellos habían transformado. (45) Los magos cayeron prosternados. (46)

Dijeron: «¡Creemos en el Señor del Universo! (47) El Señor de Moisés y de Aarón.» (48)

Dijo: «¿Habéis creído en él antes de que yo os diera permiso? En verdad, él es el mayor de vosotros y quien os ha enseñado la magia. ¡Vais a saber! ¡Os cortaré las manos y los pies opuestos y os crucificaré a todos!» (49)

Dijeron: «No nos perjudicará. En verdad, nosotros regresaremos a nuestro Señor. (50) Verdaderamente, tenemos esperanza de que nuestro Señor perdone nuestros errores por haber sido los primeros en creer.» (51)

Y revelamos a Moisés: «Parte con Mis siervos durante la noche, pues seréis perseguidos.» (52)

Entonces, el Faraón envió emisarios a las ciudades: (53) «En verdad, ellos son una pequeña banda. (54) y, en verdad, han provocado nuestra ira, (55) pero nosotros somos un colectivo que está en guardia.» (56)

Y les sacamos de los jardines y las fuentes (57) y de los tesoros y espléndidos lugares. (58) Así fue. Y se lo dimos en herencia a los Hijos de Israel.[2] (59) Entonces les persiguieron al amanecer.[3] (60)

---

[1] «Seguir a los magos», quiere decir seguir sus creencias, pues los magos adoraban al Faraón. Con ello quieren indicar que en ningún caso seguirán las creencias de Moisés, no que quieran seguir las creencias de los magos. Es una manera de estimular a los magos para que se esfuercen en vencer a Moisés. *Al-Mizan*, t. XV, p. 383.

[2] «Pues hicimos que el Faraón y su ejército se ahogasen y los Hijos de Israel heredaron sus posesiones.» *Al-Mizan*, t. XV, p. 387.

[3] «Faraón persiguió con su ejercito a los Hijos de Israel al amanecer.» *Al-Mizan*, t. XV, p. 387.

Y cuando los dos grupos se vieron, los compañeros de Moisés dijeron: «En verdad, nos están alcanzando.» (61)

Dijo [Moisés]: «No. En verdad, mi Señor está conmigo y me guiará.» (62)

Entonces revelamos a Moisés: «¡Golpea el mar con tu bastón!» y éste se partió y cada una de las partes era como una montaña inmensa. (63)

Luego, hicimos que los otros se acercarán[1] (64) y salvamos a Moisés y a todos los que con él estaban (65) y entonces ahogamos a los otros. (66)

En verdad, en ello hay una señal. Y la mayoría de ellos no eran creyentes.[2] (67)

Y, en verdad, tu Señor es el Poderoso, el Misericordiosísimo. (68)

Y relátales la historia de Abraham (69) cuando dijo a su padre y a su pueblo: «¿Qué es lo que adoráis?» (70)

Dijeron: «Adoramos ídolos y continuaremos haciéndolo.» (71)

Dijo: «¿Acaso os escuchan si les llamáis (72) u os benefician o perjudican?» (73)

Dijeron: «No. Pero encontramos que nuestros padres hacían lo mismo.» (74)

Dijo: «¿Habéis visto, pues, lo que estabais adorando (75) vosotros y vuestros antepasados? (76)

Ellos son enemigos para mí, pero no el Señor del Universo, (77) el Cual me ha creado y es Quien me guía (78) y Quien me alimenta y me da de beber (79) y cuando estoy enfermo me cura (80) y Quien me hará morir y luego me dará la vida (81) y Quien, espero, me perdonará mis errores el Día de la Recompensa.» (82)

«¡Dios mío! ¡Otórgame juicio y reúneme con los Rectos!»[3] (83)

---

[1] Es decir: «Hicimos que el Faraón y su ejército les persiguieran.» *Al-Mizan*, t. XV, p. 387.

[2] Se refiere a la mayoría de los egipcios, ya que un grupo de ellos creyó en Moisés: Asia, esposa del Faraón, el amigo de Moisés al que el *Corán* se refiere como «*un creyente de entre la gente del Faraón*», los magos arrepentidos y alguna otra gente más. *Nemune*, t. XV, p. 246.

[3] *Salah*, tal y como indica Ragib en su obra *Al-Mufradat*, es lo opuesto a *fasad* («corrupción») que indica el cambio de la condición original de algo, por tanto, indica lo que permanece en su condición original y, como el versículo no hace referencia a rectitud en los actos o en la moral, ha de referirse a la rectitud esencial (*dati*) e indicaría la capacidad natural para aceptar la misericordia divina e ignorar las falsas creencias y las malas acciones. *Al-Mizan*, t. XV, p. 400.

«Y dame una lengua sincera ante las generaciones futuras.[1] (84) Y ponme entre los herederos del Jardín de las Delicias. (85) y perdona a mi padre. En verdad, él era de los extraviados. (86) Y no me dejes sin ayuda el día en que sean devueltos a la vida.»[2] (87)

El día en el que en nada beneficien bienes ni hijos (88), sino el llegar a Dios con un corazón sano[3] (89) y sea aproximado el Jardín para los temerosos de Dios (90) y se muestre el Infierno a los extraviados (91) y se les pregunte: "¿Dónde está lo que adorabais (92) en lugar de Dios? ¿Os auxilian o se auxilian entre ellos?" (93)

Entonces, serán arrojados de cara a él, ellos y los extraviados unos tras otros[4] (94) y el ejército de Iblís, todos juntos. (95)

Allí, peleando entre ellos, dirán: (96) «¡Por Dios que estábamos en un extravío evidente (97) cuando os equiparábamos con el Señor del Universo! (98) ¡Nadie, sino los pecadores, nos extraviaron! (99) Ahora no tenemos quien interceda por nosotros, (100) ni amigo íntimo.[5] (101) Si hubiera para nosotros otra oportunidad seríamos de los creyentes.» (102)

En verdad, es esto hay una señal, pero la mayoría no cree. (103) Y, en verdad, tu Señor es el Todopoderoso, el Misericordiosísimo. (104)

El pueblo de Noé desmintió a los Mensajeros (105) cuando su hermano Noé les dijo: «¿No vais a ser temerosos de Dios? (106) En verdad, soy para vosotros un Mensajero digno de confianza. (107) Temed, pues, a Dios y obedecedme. (108) No os pido por ello una recompensa. Mi recompensa sólo concierne al Señor del Universo. (109) Temed, pues, a Dios y obedecedme.» (110)

Dijeron: «¿Vamos a seguirte cuando sólo te siguen los de abajo?» (111)

---

[1] Significa: «Dame un hijo que sea mi lengua ante las generaciones futuras y que hable con la verdad». Es decir: «En los siglos finales designa un descendiente mío que llame a las gentes a mis mismas creencias, a la religión monoteísta.» Y algunos exégetas han dicho que se refiere al profeta Muhammad y se ha transmitido una tradición en la que el mismo Profeta dice: «Yo soy la súplica de mi padre Abraham.» Cfr. *Al-Mizan*, t. XV, p. 401.

[2] «El día en que devuelvas a la vida a los seres humanos» es decir, el Día del Levantamiento. *Al-Mizan*, t. XV, p. 402.

[3] Es decir, con un corazón no contaminado por la idolatría, los pecados y los deseos y pasiones mundanales. Cfr. *Al-Mizan*, t. XV, p. 405.

[4] Es decir, los ídolos y los idólatras. *Al-Mizan*, t. XV, p. 406.

[5] Yabir ibn Abdul.lah transmitió que dijo el Profeta: «Ciertamente, cuando un hombre que está en el Paraíso diga: ¿Qué hizo mi amigo fulano que está en el Infierno? Dios dirá: ¡Sacadle del infierno y traedle al Paraíso! Por eso, quienes queden en el Infierno, dirán: No tenemos quien interceda por nosotros ni amigo íntimo.» Y en otra tradición se recoge que, comentando estos dos versículos, dijo: «Los intercesores son los *Imames* y los amigos íntimos los creyentes.» *Nemune*, t. XV, p. 276-277.

Dijo: «Yo no tengo conocimiento de lo que ellos hacen, (112) pues su cuenta la lleva sólo mi Señor ¿No lo comprendéis? (113) No voy yo a rechazar a los creyentes. (114) En verdad, yo sólo soy un amonestador que habla con claridad.» (115)

Ellos dijeron: «Si no cesas ¡Oh Noé! ten por seguro que te lapidaremos.» (116)

Él dijo: «¡Señor mío! ¡Mi pueblo me desmiente! (117) Abre, pues, entre yo y ellos una brecha[1] y sálvame a mí y a los creyentes que están conmigo.» (118)

Así pues, salvamos, en el Arca repleta a él y quienes con él estaban. (119) Luego, ahogamos a los que quedaron. (120)

En verdad, en ello hay una señal. La mayoría de ellos no creían. (121) Y en verdad, tu Señor es el Todopoderoso, el Misericordiosísimo. (122)

El pueblo de Ad desmintió a los Mensajeros (123) cuando su hermano Hud les dijo: «¿No vais a ser temerosos de Dios? (124) En verdad, soy para vosotros un Mensajero digno de confianza. (125) Temed, pues, a Dios y obedecedme. (126) No os pido por ello una recompensa. Mi recompensa sólo concierne al Señor del Universo.» (127)

«¿Vais a construir vanamente una señal en cada promontorio[2] (128) y castillos como si fueseis a vivir eternamente? (129) Y cuando hacéis uso de la fuerza la ejercitáis con prepotencia. (130)

Temed, pues, a Dios y obedecedme. (131) Y temed a Quien os ha beneficiado con lo que sabéis. (132) Os ha beneficiado con ganado e hijos, (133) con jardines y viñedos.» (134)

«En verdad, temo para vosotros el castigo de un día grandioso.» (135)

Ellos dijeron: «Nos da igual que nos amonestes o que no nos amonestes. (136)

---

[1] Es decir: «Juzga entre ellos y yo.» *Al-Mizan*, t. XV, p. 417.
[2] Es decir: «Torres y construcciones semejantes, para vanagloriaros de vuestro poder ante los demás.» *Nemune*, t. XV, p. 292.

Eso no es más que el comportamiento de los primitivos.[1] (137) y nosotros no seremos castigados.» (138)

Así pues, le desmintieron y Nosotros les destruimos.

En verdad, en ello hay una señal. La mayoría de ellos no creía. (139)

Y, en verdad, tu Señor es el Todopoderoso, el Misericordiosísimo. (140)

El pueblo de Zamud desmintió a los Mensajeros (141) cuando su hermano Salih les dijo: «¿No vais a ser temerosos de Dios? (142) En verdad, soy para vosotros un Mensajero digno de confianza. (143) Temed, pues, a Dios y obedecedme. (144) No os pido por ello una recompensa. Mi recompensa sólo concierne al Señor del Universo.» (145)

«¿Acaso se os dejará en todo esto a salvo?[2] (146) ¿En los jardines y viñedos (147) cultivos y palmerales de frutos dulces y maduros, (148) excavando casas en la montaña con maestría?» (149)

«Temed, pues, a Dios y obedecedme (150) y no obedezcáis las órdenes de los inmoderados, (151) que corrompen en la Tierra y no corrigen lo que está mal.» (152)

Ellos dijeron: «En verdad, tú estas embrujado. (153) Tú no eres más que un ser humano como nosotros. Tráenos una señal si eres de los que dicen la verdad.» (154)

Él dijo: «Aquí tenéis una camella. Ella tendrá su turno para beber y vosotros el vuestro los días señalados. (155) Y no la maltratéis, pues sufriríais el castigo de un día grandioso.» (156)

Pero la desjarretaron y luego se arrepintieron.[3] (157) Y fueron castigados.

En verdad, en ello hay una señal. La mayoría de ellos no creían. (158) Y, en verdad, tu Señor es el Todopoderoso, el Misericordiosísimo. (159)

---

[1] Es decir: «Lo que tú nos traes, Hud, son las mismas creencias de los primitivos que nada sabían.» *Al-Mizan*, t. XV, p. 424.

[2] Es decir: «¿Acaso pensáis que se os permitirá vivir en medio de todas estas mercedes eternamente?» *Al-Mizan*, t. XV, p. 429

[3] En realidad, quien desjarretó a la camella fue solamente una persona, pero el resto del pueblo se hizo cómplice de su comportamiento, con lo cual se hicieron merecedores del mismo castigo que quien llevó a cabo la acción y, posiblemente, su arrepentimiento tuvo lugar cuando comprendieron las consecuencias de su acto, pues mientras tanto se burlaban diciendo: ¡Eh, Saleh! ¡Ven a nosotros con el castigo que nos prometiste, si eres un profeta!» (*Corán*, 7:77). *Al-Mizan*, t. XV, p. 433.

El pueblo de Lot desmintió a los Mensajeros (160) cuando su hermano Lot les dijo: «¿No vais a ser temerosos de Dios? (161) En verdad, soy para vosotros un Mensajero digno de confianza. (162) Temed, pues, a Dios y obedecedme. (163) No os pido por ello una recompensa. Mi recompensa sólo concierne al Señor del Universo. (164) ¿Vais a los varones de los seres humanos[1] (165) abandonando a las mujeres que Dios ha creado para vosotros? Sois un pueblo trasgresor.» (166)

Ellos dijeron: «Si no cesas ¡Oh, Lot! serás expulsado.»[2] (167)

Él dijo: «En verdad, soy de los que detestan vuestra conducta. (168) ¡Dios mío! ¡Sálvame junto a mi familia de lo que hacen!» (169)

Y les salvamos, a él y a su familia, a todos ellos. (170) Excepto a una mujer anciana que se quedó. (171) Entonces, destruimos a los otros (172) haciendo caer una lluvia sobre ellos. ¡Qué mala la lluvia de quienes habían sido amonestados![3] (173)

En verdad, en ello hay una señal. La mayoría de ellos no creían. (174)

Y, en verdad, tu Señor es el Todopoderoso, el Misericordiosísimo. (175)

El pueblo de Al-Aykah[4] desmintió a los Mensajeros (176) cuando Shu'ayb les dijo: «¿No vais a ser temerosos? (177) En verdad, soy para vosotros un Mensajero digno de confianza. (178) Temed, pues, a Dios y obedecedme. (179) No os pido por ello una recompensa. Mi recompensa sólo concierne al Señor del Universo. (180)

¡Dad con equidad la medida y no seáis de los que sisan![5] (181) ¡Y pesad con una balanza ajustada! (182) Y no deis de menos a la gente en sus cosas al pesar y medir y no corrompáis en la Tierra. (183)

---

[1] «Vais a los machos de los seres humanos» es una metáfora para referirse a la práctica homosexual. *Al-Mizan*, t. XV, p. 435.

[2] «Si no dejas de censurar nuestro comportamiento te expulsaremos de nuestra ciudad.» *Nemune*, t. XV, p. 323.

[3] Una lluvia de piedras que destruyó a las personas y los edificios sin dejar nada en pie. Cfr. *Corán*, 11:82 y 15:74. *Nemune*, t. XV, p. 326.

[4] *Aykah* significa «bosque frondoso». Algunos han dicho que se refiere a un bosque que existía en las cercanías de la ciudad de Madyan y en el que vivían unas gentes a quienes les fue enviado el profeta Shuayb, que no era de ellos. *Al-Mizan*, t. XV, p. 440.

[5] Cfr. *Corán*, 11:84 y 85.

Y temed a Quien os ha creado a vosotros y a las generaciones primeras.» (184)

Ellos dijeron: «¡En verdad, tú estás embrujado!» (185) y «Solamente eres un ser humano como nosotros y creemos que eres un mentiroso. (186) Haz que caiga sobre nosotros un trozo de cielo, si eres de los que dicen la verdad.» (187)

El dijo: «Mi señor es Quien mejor sabe lo vosotros hacéis.» (188)

Así que le desmintieron y les alcanzó el castigo del día de la nube que les daba sombra. En verdad, fue el castigo de un día grandioso. (189)

En verdad, en ello hay una señal. La mayoría de ellos no creían. (190)

Y en verdad, tu Señor es el Todopoderoso, el Misericordiosísimo. (191)

Y, en verdad, lo hace descender[1] el Señor del Universo. (192) Lo baja el Espíritu digno de confianza[2] (193) sobre tu corazón, para que seas de los amonestadores, (194) en lengua árabe clara.[3] (195)

Y, en verdad, ello estaba en la *Escrituras* de los primeros.[4] (196) ¿Acaso no es una señal para ellos que los sabios de los Hijos de Israel lo supieran? (197)

Y si lo hubiéramos hecho descender sobre alguien no árabe (198) y se lo hubiera recitado a ellos no habrían creído en él. (199)

Así es como lo hacemos entrar en el corazón de los pecadores:[5] (200) No creerán en él hasta que vean el castigo doloroso. (201) Y llegará a ellos por sorpresa y ellos no se darán cuenta. (202) Entonces dirán: «¿Se nos dará un plazo?»[6] (203)

¿Acaso no pedían que se apresurase Nuestro castigo? (204)

¿No has visto que les dejaremos disfrutar unos años (205) y luego llegará a ellos lo que les ha sido prometido? (206)

---

[1] Es decir, el *Corán*. Y con está frase retoma lo dicho en el primer versículo de este capítulo: «*Estos son los versículos de la Escritura clara.*» Y los términos *Inzal* y *tanzil* poseen el mismo significado: «hacer descender», pero el primero se utiliza normalmente para indicar la acción de hacer descender algo de una sola vez y el segundo para indicar un descenso gradual. *Al-Mizan*, t. XV, p. 447.

[2] Es decir: «El ángel Gabriel.» *Al-Mizan*, t. XV, p. 448.

[3] Es decir: «En vuestra propia lengua, en un árabe claro y sin ambigüedades, para que podáis entenderlo perfectamente.» Cfr. *Nemune*, t. XV, p. 347.

[4] Es decir: «La noticia de la revelación del *Corán* para ti ya estaba anunciada en las *Escrituras Sagradas* de los profetas anteriores.» *Al-Mizan*, t. XV, p. 453.

[5] Al decir «pecadores» se refiere a los idólatras y a quienes no tienen fe (*kufar wa mushrikin*) *Al-Mizan*, t. XV, p. 457.

[6] «Para poder rectificar nuestra equivocación y hacer algo positivo.» *Nemune*, t. XV, p. 353

De nada les habrá servido lo que hayan disfrutado.¹ (207)

Y no hemos destruido ciudad alguna sin antes haberles amonestado (208) para que recordasen, pues no somos opresores.² (209)

No han sido los demonios quienes han descendido con él.³ (210) No les corresponde a ellos ni tienen poder para hacerlo. (211) En verdad, ellos están lejos de oírlo. (212)

Y no invoques junto a Dios a ningún otro dios, pues serías de los castigados. (213) Y amonesta a tus familiares más cercanos (214) y protege bajo tus alas a los creyentes que te sigan. (215) Pero si te desobedecen, di: «Yo soy inocente de lo que hacéis.» (216)

Y confía en el Todopoderoso, el Misericordiosísimo. (217) Quien te ve cuando te pones en pie (218) y cuando te mueves con los que se prosternan.⁴ (219) En verdad, Él es Quien todo lo oye, Quien todo lo sabe. (220)

¿Queréis que os informe sobre quiénes descienden los demonios? (221) Descienden sobre todo mentiroso pecador. (222) Transmiten lo que escuchan, pero la mayor parte de lo que dicen es mentira.⁵ (223)

En cuanto a los poetas, sólo los extraviados les siguen. (224)

¿Acaso no has visto como divagan por todos los valles⁶ (225) y que dicen lo que no hacen? (226)

Excepto aquellos que son creyentes y hacen buenas obras y recuerdan mucho a Dios y se toman la revancha después de haber sido oprimidos.⁷ Los opresores pronto sabrán a que lugar regresarán. (227)

---

¹ En *Usul al-Kafi*, t. VIII, p. 222, *hadiz* 280, se recoge que el Profeta vio en un sueño que, tras su muerte, los Omeyas subían a su púlpito y desviaban a la gente del camino recto. Despertó muy triste del sueño, hasta que el ángel Gabriel descendió con estos versículos: «*No has visto que les dejaremos disfrutar unos años... de nada les habrá servido lo que hayan disfrutado.*» *Al-Mizan*, t. XV, p. 472.

² Cfr. *Corán*, 17:15.

³ «Con el *Corán*.» Con ello, Dios responde a los idólatras que decían: «Muhammad está embrujado y son los genios quienes le susurran lo que recita.» y también: «Es un poeta» queriendo decir que inventaba y fabulaba. Aquí responde a la primera acusación y a la segunda responde en el versículo 224 y siguientes. *Al-Mizan*, t. XV, p. 463.

⁴ Es decir: «Cuando te pones en pie y te prosternas junto con quienes rezan contigo.» *Al-Mizan*, t. XV, p. 467.

⁵ «Se acercan al cielo a escuchar, pero como los ángeles se lo impiden, lo que escuchan es limitado e incompleto y la mayor parte de lo que dicen es mentira.» *Al-Mizan*, t. XV, p. 468-469.

⁶ Es decir: «Sin poner límites a sus divagaciones, ensalzando a los tiranos y despreciando la Verdad». *Al-Mizan*, t. XV, p. 470.

⁷ «Respondiendo con sus poemas a los poetas mentirosos que atacaban al Profeta, al Islam y a los creyentes con sus versos.» *Al-Mizan*, t. XV, p. 471.

Capítulo 27

Las hormigas[1]

En el nombre de Al.lah, el Clementísimo, el Misericordiosísimo.

Ta, Sim. Estos son los versículos del *Corán* y una *Escritura* clara. (1)

Una guía y una buena nueva para los creyentes. (2) Aquellos que hacen la oración y dan el impuesto purificador de la riqueza y que tienen certeza de la otra vida. (3)

En verdad, a quienes no creen en la otra vida les adornaremos sus obras y vagarán perdidos, ciegas sus almas. (4)

Les aguarda un mal castigo y en la otra vida serán quienes más pierdan. (5)

En verdad, tú recibes el *Corán* de Uno que es sabio, que todo lo conoce. (6)

[Recuerda] Cuando Moisés dijo a su familia: «En verdad, he divisado un fuego. Os traeré alguna noticia de él o una brasa para que, quizás así, os calentéis.»[2] (7)

Y cuando llegó allí, le llamaron: «Bendito sea Quien está en el fuego y alrededor de él y glorificado sea Dios, Señor del Universo.» (8)

«¡Oh, Moisés! ¡En verdad, yo soy Dios, el Todopoderoso, el Sabio! (9)

¡Lanza tu bastón!»

Y, cuando lo vio que reptaba como una serpiente dio la espalda sin mirar atrás.

«¡Oh, Moisés! ¡No temas! En verdad, los Mensajeros no tienen miedo ante Mí, (10) sino quien oprime y luego cambia su mal por bien, pues Yo soy perdonador, misericordiosísimo.» (11)

«Introduce tu mano en tu costado, saldrá blanca, sin defecto. [Eso es] Parte de las nueve señales destinadas al Faraón y su pueblo. En verdad, ellos son un pueblo de transgresores.» (12)

Cuando llegaron a ellos Nuestras señales esclarecedoras dijeron: «Esto es magia manifiesta.» (13)

---

[1] El capítulo toma su nombre de la historia de Salomón y las hormigas mencionada en los versículos 15-19.

[2] Es decir: «Si hay alguien junto a él que pueda indicarme el camino o, al menos, traeré unas brasas con las que podáis calentaros.» *Al-Mizan*, t. XV, p. 486.

Y las negaron, a pesar de la certeza de sus almas, con opresión y altivez. (14)

Ciertamente, dimos a David y a Salomón conocimiento y ambos dijeron: «Alabado sea Dios que nos ha favorecido por encima de la mayoría de Sus siervos creyentes» (15)

Y Salomón heredó a David[1] y dijo: «¡Oh, gentes! ¡Nos ha sido enseñado el lenguaje de las aves y se nos ha dado de todo! ¡En verdad, ello es un favor evidente!» (16)

Las tropas de Salomón, compuestas de genios, hombres y aves, fueron reunidas ante él y puestas en formación. (17)

Cuando llegaron al Valle de las Hormigas, una hormiga dijo: «¡Oh, hormigas! ¡Entrad en vuestros hogares, no sea que Salomón y sus tropas os aplasten sin darse cuenta!» (18)

Sonrió[2] ante sus palabras y dijo: «¡Señor mío! Inspírame para que te agradezca las mercedes con las que me has agraciado y has agraciado a mis padres y pueda realizar buenos actos de los que Tú estés satisfecho y admíteme, por Tu misericordia, entre Tus siervos rectos.» (19)

Pasó revista a las aves y dijo: «¿Por qué no veo a la abubilla? ¿O es que está ausente? (20) He de castigarla duramente o he de degollarla si no me ofrece una excusa clara.» (21)

No esperó mucho [hasta que ella regresó] y dijo: «He tenido conocimiento de algo que tú desconoces y te traigo de Saba una información segura.» (22)

---

[1] Entre los exegetas coránicos hay diferentes opiniones a cerca de la herencia de Salomón. Algunos han dicho que heredó el conocimiento, ya que piensan que los profetas no dejan bienes materiales. Otros han entendido que se refiere a bienes materiales y al gobierno, ya que es lo primero que sugiere el término «herencia», y otros, que se refiere a la capacidad de hablar el lenguaje de las aves. Pero, atendiendo a que la frase se expresa en términos absolutos, sin especificar particularidades y que a continuación se dice: «*Nos ha sido enseñado el lenguaje de las aves y se nos ha dado de todo*» no existe prueba alguna que permita limitar el sentido que se da al termino «heredar», por tanto, ha de entenderse que Salomón heredó todo lo que era de su padre. *Nemune*, t. XV, p. 417.

Y algunos han dicho que heredó la profecía y el conocimiento (Cfr. *Ruh al-Maana*, t. XIX, p. 170.) pero eso no es posible porque la profecía no es hereditaria y el conocimiento de los profetas no es adquirido (*husuli*) sino revelado (*ladunni*). Se puede decir que fulano heredó el conocimiento de los profetas, queriendo indicar que ese profeta le transmitió su conocimiento, pero no que tal profeta heredó el conocimiento de nadie. *Al-Mizan*, t. XV, p. 496.

[2] «Salomón sonrió al escuchar las palabras de la hormiga.»

«En verdad, he encontrado a una mujer gobernándoles y le ha sido dado de todas las cosas y posee un trono grandioso. (23)

He encontrado que ella y su pueblo se prosternan ante el Sol en lugar de hacerlo ante Dios y que Satanás les ha embellecido su comportamiento, por lo que les ha apartado del camino y no están guiados.[1] (24)

No se prosternan ante Dios, que hace salir lo que no era manifiesto en los cielos y la Tierra y que conoce lo que hay en vuestro interior y lo que es manifiesto en vosotros.»[2] (25)

«Dios, no hay más dios que Él, Señor del Trono inmenso.» (26)

Dijo [Salomón]: «Pronto veremos si has dicho la verdad o eres un mentiroso. (27) Lleva esta carta mía y déjala caer junto a ellos, luego regresa cerca de ellos y observa cómo reaccionan.» (28)

Dijo ella: «¡Oh, nobles! Me ha sido enviada una noble misiva. (29) Es de Salomón y en el nombre de Dios, el Clementísimo, el Misericordiosísimo: (30) No seáis altaneros ante mí y venid a mí con sumisión.» (31)

Dijo ella: «¡Oh, nobles! Dadme vuestra opinión en este asunto mío. Yo no decido sobre ningún asunto sin contar con vuestra presencia.» (32)

Ellos dijeron: «Nosotros poseemos fuerzas y poseemos una gran bravura, pero a ti te corresponde decidir sobre este asunto. Mira, pues, lo que ordenas.» (33)

Ella dijo: «En verdad, cuando los reyes entran en un país, lo corrompen totalmente y arruinan a los poderosos de él. Eso es lo que hacen. (34) En verdad, le enviaremos un regalo y veremos con lo que regresan los mensajeros.» (35)

---

[1] Es decir: «Que adoran al Sol en lugar de adorar a Dios y Satanás les ha hecho creer que sus creencias equivocadas son las correctas y, de esa manera, les ha apartado del camino recto y les impide acceder a él». Y, si dice «*del camino*» y no «*del camino de Dios*» es para indicar que en la naturaleza humana está impreso un único camino, que es el camino que lleva a Dios y que no hay otro camino, de manera que sea necesario especificar "el camino de Dios" por eso, y, como conclusión, afirma: «*no están guiados*», ya que, al no haber más camino que el que lleva a Dios, al perder ese camino, el ser humano queda sin guía, queda en el extravío. *Al-Mizan*, t. XV, p. 506-507.

[2] «*Hace salir lo que no era manifiesto*» puede que se refiera a la epifanía del mundo de lo inexistente (alam al-adam), o al mundo de la existencia (alam ul-wuyud). Y la frase «*y conoce lo que hay en vuestro interior y lo que es manifiesto en vosotros*» no se refiere a lo oculto en el sentido de aquello que se realiza a solas y lo que se hace públicamente, sino a lo que hay en vuestro interior y a lo que hay en vuestro exterior. *Al-Mizan*, t. XV, p. 507-508.

Y cuando llegó a Salomón dijo: «¿Queréis incrementar mi riqueza? Lo que Dios me ha otorgado es mejor que lo que os ha otorgado a vosotros. Sois vosotros quienes os alegráis de vuestro regalo.¹ (36)

¡Regresad a ellos! ¡Iremos a ellos con un ejército que no podrán enfrentar y les sacaremos de ella arruinados y quedarán empequeñecidos!» (37)

Dijo: «¡Oh, nobles! ¿Quién de vosotros me traerá el trono de ella antes de que vengan a mí sometidos?» (38)

Un *ifrit*² de entre los genios dijo: «Yo te lo traeré antes de que te levantes de tu sitio. Puedo hacerlo y soy digno de confianza.» (39)

El que poseía un conocimiento procedente de la *Escritura Sagrada*³ dijo: «Yo te lo traeré en un abrir y cerrar de ojos.»

Y cuando lo vio ante él dijo: «¡Esto es un favor procedente de mi Señor para poner a prueba si soy agradecido o desagradecido! ¡Quien es agradecido lo es para su propio beneficio y quien sea desagradecido (sepa) que mi Señor es rico en Sí mismo, no necesita de nadie y es generoso!» (40)

Dijo: «Modificad su trono para ella, que yo vea si discierne o es de los que no tienen discernimiento.» (41)

Y, cuando ella llegó, le dijeron: «¿Es éste tu trono?» Ella dijo: «Se parece a él. Ya se nos había informado antes de ello y nos habíamos sometido.»⁴ (42)

La había limitado lo que adoraba en lugar de Dios. En verdad, ella pertenecía a un pueblo que no creía. (43)

Se le dijo: «¡Entra en el palacio!» Pero al verlo creyó que era un estanque de agua y descubrió sus piernas. Él dijo: «En verdad, es un palacio de cristal pulido.»

Ella dijo: «¡Dios mío! En verdad, he oprimido mi alma y me someto, junto a Salomón, al Señor del Universo.» (44)

---

¹ Es decir: «A vosotros os parece que el regalo que me enviáis es muy valioso y os sentís contentos de ello, pero para mí no es nada.» *Al-Mizan*, t. XV, p. 515.

² *'Ifrit*: «demonio, gigante, rebelde. (adj): malévolo, desafiante, astuto, sucio, repulsivo».

³ Se recoge en las tradiciones proféticas que se refiere a Asif ibn Barjiya, consejero y sucesor de Salomón. Algunos han dicho que era el Jidr, otros que era un hombre que conocía el Nombre Inmenso de Dios, otros que era el ángel Gabriel y algunos otros que era el mismo profeta Salomón, pero no hay pruebas que avalen esas afirmaciones. *Al-Mizan*, t. XV, p. 517.

⁴ Es decir, la presencia de su trono en la corte de Salomón era una muestra de los poderes extraordinarios que Salomón poseía, por eso ella responde: «Ya habíamos sido informados anteriormente de tales poderes y nos hemos sometido a ello.» *Al-Mizan*, t. XV, p. 521.

Y, ciertamente, enviamos a Zamud a su hermano Salih: «¡Adorad a Dios!»

Pero se dividieron en dos grupos que disputaban entre ellos.[1] (45)

Él dijo: «¡Oh, pueblo mío! ¿Por qué pedís que se apresure lo malo antes que lo bueno? ¿Por qué no pedís el perdón de Dios para que, quizás así, se tenga misericordia con vosotros?» (46)

Ellos dijeron: «Tú y los que contigo están nos parecéis aves de mal agüero.»

Él dijo: «Vuestra ave está junto a Dios.[2] Sois un pueblo al que se está poniendo a prueba.»[3] (47)

En la ciudad había nueve grupos de personas que corrompían la Tierra y no reformaban lo que estaba mal. (48)

Ellos dijeron: «Juremos por Dios que atacaremos a él y a su familia durante la noche. Luego, diremos a sus herederos que no estuvimos presentes en la destrucción de su familia y que decimos la verdad.» (49)

Ellos trazaron un plan y Nosotros trazamos un plan sin que ellos se diesen cuenta. (50) Y observa cual fue el final de su plan. Cómo les destruimos a ellos y a su pueblo todos juntos. (51) Esas son sus casas, vacías por la injusticia que cometieron.

En esto hay una señal para gente que tiene conocimiento. (52)

Y pusimos a salvo a quienes creían y eran temerosos de Dios. (53)

Y [recuerda] a Lot cuando dijo a su pueblo: «¿Cometéis esa indecencia a pesar de que sabéis lo que hacéis? (54) ¿Vais a los hombres con deseo en lugar de a las mujeres? Sois una gente ignorante.» (55)

---

[1] El grupo de quienes creyeron es Salih y el de los que le desmintieron. Cfr. *Corán*, 7:75,76 *Nemune*, t. XV, p. 488.

[2] Es decir: «Vuestra mala apreciación y el castigo que os merecéis está en manos de Dios.» Y dice «ave» porque, normalmente, los augurios se realizaban sacrificando un ave y en ello hay un juego de palabras pues «ave» (*ta'yr*) y «mal augurio» (*tat'ayyara*) proceden de la misma raíz. *Al-Mizan*, t. XV, p. 532.

[3] Es decir: «Estáis siendo puestos a prueba para diferenciar quienes de vosotros son creyentes y quienes no lo son.» *Al-Mizan*, t. XV, p. 533

Parte 20

Y la respuesta de su pueblo no fue otra que decir: «Expulsad a la familia de Lot de vuestro pueblo. Verdaderamente, son un grupo de puritanos.» (56)

Así que le salvamos a él y a su familia excepto a su esposa. Decretamos que ella fuera de los que se quedaban. (57)

E hicimos que sobre ellos cayese una lluvia.

¡Qué mala la lluvia de quienes habían sido advertidos! (58)

Di: «¡Alabado sea Dios y la paz sea con aquellos de Sus siervos que Él ha escogido!

¿Es mejor Dios o aquello que asocian a Él?[1] (59)

¿Quién ha creado los cielos y la Tierra y hace descender para vosotros desde el cielo agua, mediante la cual hacemos surgir espléndidos jardines cuyos árboles vosotros no habríais podido hacer surgir?

¿Hay otro dios junto a Dios?»

Pero ellos son gente cambiante.[2] (60)

¿Quién ha hecho la Tierra estable y ha puesto en ella ríos y firmes montañas y ha colocado entre los dos mares una barrera?

¿Hay otro dios junto a Dios?

Pero la mayoría de ellos no saben. (61)

¿Quién responde al que sufre cuando Le invoca y alivia el mal y os ha puesto a vosotros sucesores de la Tierra?

¿Hay otro dios junto a Dios?

¡Qué poco reflexionáis! (62)

¿Quién os guía en las tinieblas de la tierra y del mar y quién envía los vientos como anunciadores de Su misericordia?

¿Hay otro dios junto a Dios?

¡Ensalzado sea Dios por encima de lo que asocian a Él! (63)

---

[1] Es decir: «Los ídolos que equiparan a Él». *Nemune*, t. XV, p. 506.

[2] Es decir, son gente que cambia la verdad por la falsedad y a Dios por lo que no es Él. Y algunos han entendido: «Equiparan lo que no es Dios con Dios.» *Al-Mizan*, t. XV, p. 544.

¿Quién inicia la Creación y la renueva y os provee de lo que hay en los cielos y la Tierra?

¿Hay otro dios junto a Dios?

Di: «¡Aportad vuestra prueba si sois de los que dicen la verdad!» (64)

Di: «Nadie más que Dios conoce lo oculto de los cielos y la Tierra y no saben cuándo serán resucitados.» (65)

Su conocimiento no alcanza a la otra vida. Tienen dudas sobre ella. Más aún, están ciegos sobre ella. (66)

Y los que no creen dicen: «¿Acaso cuando nosotros y nuestros padres seamos polvo, seremos sacados?[1] (67) Ya nos fue prometido eso anteriormente a nosotros y a nuestros padres. No son mas que mitos de los primitivos.» (68)

Di: «Viajad por la Tierra y observad cuál fue el final de los pecadores.» (69)

No te entristezcas por ellos ni te angusties por sus intrigas. (70)

Y dicen: «¿Cuándo tendrá lugar lo que nos prometes, si es que dices la verdad?» (71)

Di: «Puede que algo de aquello cuya venida queréis apresurar esté ya muy cerca, detrás de vosotros.» (72)

Y, en verdad, tu Señor favorece a los seres humanos, pero la mayoría de ellos no agradecen. (73)

Y, en verdad, tu Señor conoce bien lo que esconden en sus pechos y lo que manifiestan.[2] (74)

Y no hay nada de lo que está oculto en los cielos y en la Tierra que no esté consignado en una *Escritura* clara.[3] (75)

En verdad, este *Corán* relata a los Hijos de Israel la mayoría de las cosas en la que ellos no se ponen de acuerdo. (76)

---

[1] Es decir: «¿Cómo es posible que seamos sacados del seno de la tierra nuevamente con la misma forma de hombres que ahora tenemos?» *Al-Mizan*, t. XV, p. 554.

[2] Es decir: «El que se posponga su castigo no es debido a que Dios desconozca lo que hacen y lo que piensan.» *Al-Mizan*, t. XV, p. 531

[3] Con este versículo hace énfasis en la declaración anterior: «Y, en verdad, tu Señor conoce bien lo que esconden en sus pechos y lo que manifiestan.» *Al-Mizan*, t. XV, p. 531. Respecto al significado de «*Escritura clara*» Cfr. *Corán*, 6:59.

Y es, en verdad, una guía y una misericordia para los creyentes. (77)

En verdad, tu Señor emitirá sentencia entre ellos con Su juicio y Él es el Todopoderoso, Quien todo lo sabe. (78)

Y confía en Dios. Ciertamente, tú estás en la Verdad evidente. (79)

En verdad, tú no puedes hacer que los muertos oigan ni que los sordos escuchen la llamada si se vuelven de espaldas, (80) ni puedes guiar a los ciegos sacándoles de su extravío. Sólo puedes hacer que oigan quienes creen en Nuestras señales y se han sometido. (81)

Y cuando se pronuncie la sentencia sobre ellos,[1] haremos salir para ellos una bestia de la tierra que proclamará ante ellos: «¡Los hombres no creyeron en Nuestras señales!»[2] (82)

Y [recuerda] el día que reunamos, de cada comunidad, al grupo de los que desmentían Nuestras señales y sean detenidos. (83)

Hasta que, cuando vengan, Él diga: «¿Desmentíais Mis señales cuando no teníais el conocimiento necesario para entenderlas en su totalidad? ¿Qué es lo que hacíais?» (84)

Y se emita la sentencia contra ellos por haber oprimido y ellos no hablarán. (85)

¿No han visto que pusimos la noche para que puedan descansar en ella y el día para que puedan ver? En verdad, en ello hay señales para gente que es creyente. (86)

Y el día en que sea tocada la trompeta se aterrorizarán quienes están en los cielos y en la Tierra, excepto quien Dios quiera. Y todos vendrán a Él con humildad. (87)

Y verás las montañas, que tú creías sólidas, pasando como pasan las nubes. Obra de Dios, que todo lo hace a la perfección. En verdad, Él está bien informado de lo que hacéis. (88)

---

[1] Se refiere a los idólatras en particular y al conjunto de los seres humanos en general. *Al-Mizan*, t. XV, p. 566.

[2] La frase «*¡Los hombres no creyeron en Nuestras señales!*» es la razón por la cual se pronunciará la sentencia contra ellos. En cuanto a qué tipo de animal es ese que Dios hace salir de la tierra, cuáles son sus particularidades, cómo sale de la tierra, qué más dice, etc, lamentablemente, el *Corán* no dice nada más de él, aunque se han dicho muchas cosas sorprendentes sobre el lugar y el tiempo de su aparición y sus particularidades, pero ninguna de ellas dignas de crédito. *Al-Mizan*, t. XV, p. 567-568.

«Quien venga con buenas obras obtendrá algo mejor aún y ellos estarán a salvo del terror de ese día. (89) Y quienes vengan con malas obras serán arrojados de cara al fuego:

¿Se os ha recompensado por otra cosa que por lo que hacíais? (90) En verdad, se os ordenó adorar al Señor de esta ciudad, la cual Él declaró sagrada. Y a Él pertenecen todas las cosas. Y se me ordenó que fuese de los sometidos a Él. (91) y que recitase el *Corán*.»

Por tanto, quien se guía, en verdad, se guía para su propio bien y a quien se extravía, dile: «En verdad, yo soy solamente uno de los que advierten.» (92)

Y di: «Alabado sea Dios que pronto os hará ver Sus señales y vosotros las reconoceréis.»

Y tu Señor no está desatento a lo que hacéis. (93)

Capítulo 28

El relato[1]

En el nombre de Al.lah, el Clementísimo, el Misericordiosísimo.

Ta, Sim, Mim. (1)
Estos son los versículos de la *Escritura* clara. (2)

Te recitamos la verdad sobre la historia de Moisés y el Faraón para una gente que es creyente. (3)

En verdad, el Faraón fue un tirano altivo en la Tierra.[2] Dividió a la gente de ella en grupos. Debilitaba a uno de ellos, degollando a sus hijos y dejando con vida a sus mujeres. Verdaderamente, él era de los corruptores. (4)
Nosotros quisimos favorecer a quienes habían sido desfavorecidos en la Tierra y les hicimos dirigentes y les hicimos los herederos. (5)

---

[1] El capítulo toma su nombre del versículo 25.
[2] Seguramente, la tierra de Egipto. *Al-Mizan*, t. XVI, p. 7.

Y [quisimos] darles posición en la Tierra y hacer ver por medio de ellos al Faraón, a Haman y al ejército de ambos aquello que temían. (6)

Y revelamos a la madre de Moisés: «¡Amamántale! y cuando temas por él, ponle en el río y no temas ni estés triste. En verdad, Nosotros te lo devolveremos y le haremos uno de los Mensajeros.»(7)

Así pues, le encontró la gente del Faraón, para que terminase siendo enemigo y motivo de preocupación para ellos. En verdad, el Faraón, Haman y el ejército de ambos se equivocaban.[1] (8)

Y la mujer del Faraón dijo: «Será un motivo de alegría para mí y para ti. No le matéis, puede que nos sea útil o que lo adoptemos como hijo.»

Pero ellos no eran conscientes.[2] (9)

El corazón de la madre de Moisés quedó desolado y a punto habría estado de revelar lo ocurrido si no hubiésemos fortificado su corazón para que fuese de los que tienen fe. (10)

Así pues, dijo a su hija: «¡Síguele!» Y ella le fue siguiendo de lejos y ellos no se dieron cuenta. (11)

Nosotros impedimos antes que aceptase ninguna nodriza.[3]

Y ella[4] dijo: «¿Queréis que os muestre una familia que se haga cargo de él para vosotros y lo cuide?» (12)

Así le devolvimos a su madre, para que ella se alegrase y no estuviese triste y para que supiese que la promesa de Dios es verdadera.

Pero la mayoría de ellos no tienen conocimiento.[5] (13)

---

[1] Es decir: «Cuando Faraón y Haman pensaron que matando a los bebés de los Hijos de Israel impedirían que su gobierno fuese derrocado, tal y como Dios había decretado, cometían un error.» *Al-Mizan*, t. XVI, p. 12.

[2] «No eran conscientes de las consecuencias que tendría su acción de salvar a Moisés.» *Al-Mizan*, t. XVI, p. 13.

[3] «*Antes*» se refiere a antes de que su hermana apareciese ofreciéndose a buscar una nodriza. *Al-Mizan*, t. XVI, p. 15.

[4] «*Ella*» se refiere a la hermana de Moisés. Hay en este versículo algunas frases elididas del tipo: «Impedimos que Moisés aceptase el pecho de ninguna otra nodriza más que su propia madre, antes de que su hermana apareciese y ofreciese a la esposa del Faraón buscar una nodriza que le amamantase y que se ocupase de él.» *Al-Mizan*, t. XVI, p. 15.

[5] La frase «*La promesa de Dios es verdadera*» tiene un sentido general. No se limita a la promesa que Dios le hizo de devolverle a su hijo. Y la prueba de ello es la frase que viene a continuación: «*Pero la mayoría de ellos, es decir, de los seres humanos, no tiene conocimiento.*» Es decir, «No saben que Dios siempre se cumple lo que promete.» *Al-Mizan*, t. XVI, p. 16.

Y cuando se hizo mayor y capaz le dimos juicio y sabiduría. Así es como recompensamos a quienes son buenos. (14)

Y entró en la ciudad cuando sus gentes estaban distraídas[1] y encontró en ella a dos hombres que se estaban golpeando, uno de su grupo y el otro de sus enemigos.[2] Y el que era de su grupo le pidió ayuda contra el que era de sus enemigos y Moisés le dio un puñetazo y acabó con él.

Dijo: «Esto es obra de Satanás. En verdad, él es un enemigo, un extraviador declarado.» (15)

Dijo: «¡Dios mío! Verdaderamente, me he oprimido a mí mismo.[3] ¡Perdóname pues!» y Él le perdonó. En verdad, Él es el Perdonador, el Misericordiosísimo. (16)

Dijo: «¡Señor mío! Por el favor que me has otorgado, nunca más ayudaré a los pecadores.» (17)

Y amaneció en la ciudad, temeroso, vigilante. Y cuando aquel a quien había ayudado el día anterior le pidió ayuda nuevamente a gritos, Moisés le dijo: «Eres claramente un desviado.» (18)

Y cuando quiso separarle de quien era enemigo de ambos, él dijo: «¡Oh, Moisés! ¿Acaso quieres matarme como al que mataste ayer? ¡No quieres más que ser un tirano en la Tierra en lugar de querer mejorarla!» (19)

Y de lo más alejado de la ciudad vino un hombre corriendo. Dijo: «¡Oh, Moisés! Los notables están deliberando sobre ti para matarte. Por tanto ¡Sal![4] En verdad, soy para ti un buen consejero.» (20)

Así pues, salió de ella temeroso, vigilante.

Dijo: «¡Señor mío! ¡Sálvame del pueblo opresor!» (21)

---

[1] Es decir: «Un día, Moisés salió del palacio del Faraón y entró en la ciudad en un momento en el que sus habitantes estaban en sus casas, por ser día de fiesta o porque era el mediodía y todo estaba cerrado y sus habitantes descansando.» *Al-Mizan*, t. XVI, p. 21.

[2] Es decir, uno de ellos era israelí y el otro era egipcio. *Al-Mizan*, t. XVI, p. 22.

[3] «Pues, al hacer lo que he hecho me he puesto en peligro a mí mismo.» *Al-Mizan*, t. XVI, p. 24.

[4] Es decir: «¡Sal de la ciudad! ¡Escapa!» *Al-Mizan*, t. XVI, p. 28

28. EL RELATO

Y cuando se dirigía a Madyan[1] dijo: «¡Quizás mi Señor me dirija por el camino recto!» (22)

Y cuando llegó al pozo de Madyan encontró en él a un grupo de gente abrevando a su ganado y encontró a dos mujeres manteniendo al suyo apartado.

Él dijo: «¿Qué hacéis?»

Ellas dijeron: «No abrevamos a nuestro ganado hasta que los pastores no se vayan, pues nuestro padre es muy anciano.»[2] (23)

Así pues, él abrevó el ganado para ellas y luego se volvió a la sombra y dijo: «¡Señor mío! ¡En verdad, estoy necesitado de cualquier bien que envíes para mí!» (24)

Entonces vino una de las mujeres con pasos recatados.

Ella dijo: «En verdad, mi padre te invita para compensarte por haber abrevado nuestro ganado.»

Cuando llegó ante él y le relató la historia de lo que le había sucedido, él le dijo: «No temas. Te has salvado de los opresores.»[3] (25)

Una de las dos dijo: «¡Oh, padre mío! ¡Contrátale! En verdad, ¿A quién mejor puedes contratar? Es un hombre fuerte y digno de confianza.» (26)

Él dijo: «En verdad, quiero casarte con una de estas dos hijas mías[4] a condición de que trabajes para mí durante ocho años. Y si completas diez años eso dependerá de ti. No quiero forzarte. Me encontrarás, si Dios quiere, de los rectos.» (27)

Él dijo: «Esto es entre yo y tú. Así pues, cualquiera de los dos plazos que cumpla no me será reprochado. Y Dios es garante de lo que hemos dicho.» (28)

---

[1] Madyan era la ciudad en la que vivía el profeta Shuayb y que estaba cerca del lago Qalzam y a unas seis jornadas de viaje de la ciudad de Tabuk y que era mayor que Tabuk. Y otros han dicho que estaba a ocho jornadas de Egipto y que el gobierno del Faraón no llegaba a ella. *Al-Mizan*, t. XVI, p. 33.

[2] «Y no puede venir a abrevar el ganado». *Al-Mizan*, t. XVI, p. 33.

[3] Pues el poder del Faraón no llegaba hasta Madyan. *Al-Mizan*, t. XVI, p. 35.

[4] Las hijas de Shuayb, se llamaban Safura y Laya, y Moisés se casó con la primera de ellas. *Nemune*, t. XVI, p. 69.

Y cuando Moisés completo el plazo y partió con su familia, divisó un fuego en las cercanías del monte y dijo a su familia: «¡Esperad! He divisado un fuego. Puede que os traiga de él alguna noticia o una brasa del fuego para que, quizás así, podáis calentaros.» (29)

Y cuando se aproximó a él, fue llamado desde el lugar bendito[1] en el que se encontraba un árbol, en el lado derecho del valle: «¡Oh, Moisés! En verdad, yo soy Dios, Señor del Universo. (30) ¡Arroja tu bastón!»

Y cuando lo vio reptando como si fuera una serpiente se volvió de espaldas sin mirar atrás.

«¡Oh, Moisés! ¡Regresa y no temas! ¡En verdad, estás a salvo! (31) Introduce tu mano en tu costado y saldrá blanca, sin defecto. Pon tu mano sobre tu corazón si sientes temor.

Estas son dos pruebas procedentes de tu Señor para el Faraón y sus notables. En verdad, ellos son una gente corruptora.» (32)

Él dijo: «¡Señor mío! En verdad, he matado a uno de ellos y temo que me maten. (33) Y mi hermano Aarón posee una lengua más elocuente. Envíale, pues, conmigo para que me ayude y confirme mis palabras. En verdad, temo que me desmientan.» (34)

Dijo: «Fortaleceré tu brazo con tu hermano y os daré a ambos tal poder que no podrán tocaros. Con la ayuda de Mis señales, vosotros y quienes os sigan seréis los vencedores.» (35)

---

[1] Cfr. Corán, 20:11-12: «Y cuando llegó a él, fue llamado: "¡Oh, Moisés! ¡En verdad, Yo soy tu Señor! Así que, quítate tus sandalias. Estás, ciertamente, en el valle sagrado de Tuwa.»

Así pues, cuando Moisés vino a ellos con Nuestras pruebas claras, dijeron: «Esto no es más que magia inventada[1] y no oímos nada de esto a nuestros primeros padres.» (36)

Y dijo Moisés: «¡Mi Señor es Quien mejor sabe quién vino con la guía de Su parte y quién obtendrá la Morada Final! ¡Los opresores no triunfarán!» (37)

Y el Faraón dijo: «¡Oh, notables! No conozco ningún otro dios para vosotros más que yo.»

«¡Oh, Haman! Hazme un fuego sobre el barro[2] y construye para mí una torre alta para que, quizás así, pueda echar un vistazo al dios de Moisés, porque creo que él es un mentiroso.» (38)

Él y su ejército se volvieron altivos en la Tierra sin ningún derecho y creyeron que no regresarían a Nosotros. (39) Pero les tomamos a él y a su ejército y les arrojamos al mar. Y observa cuál fue el final de los opresores. (40)

Les hicimos dirigentes llamando al Fuego[3] y el Día del Levantamiento no serán auxiliados. (41)

Hicimos que en esta vida les persiguiera una maldición y el Día del Levantamiento estarán entre los poseedores de un horrible rostro.[4] (42)

Y, ciertamente, entregamos a Moisés la *Escritura* después de que destruyéramos a las primeras generaciones, para abrir los ojos a las gentes y como una guía y una misericordia, para que, quizás así, reflexionasen. (43)

---

[1] *Muftara* trasmite la idea de una mentira inventada y en este versículo se utiliza para decir que Moisés pretendía, de manera mentirosa, que la magia que hacía eran milagros que procedían de Dios. Cfr. *Al-Mizan*, t. XVI, p. 581.

[2] Es decir: «Cuece para mis unos ladrillos de barro.» *Al-Mizan*, t. XVI, p. 52.

[3] Es decir: «Hicimos de ellos líderes que llamaban a la gente a un comportamiento tal que les llevaría al Fuego. La vanguardia de los pecadores y de los que negaban a Dios. De tal manera que, con su mal ejemplo, dirigían a los demás hacia su propia perdición.» *Al-Mizan*, t. XVI, p. 53.

[4] De la misma manera que las consecuencias de su mal ejemplo continuarán tras su muerte, también les perseguirá la maldición de Dios por su comportamiento. Y, puesto que el Día del Juicio no tendrán quien les auxilie e interceda por ellos, nadie querrá acercarse a ellos y sus rostros reflejarán la desesperación y el terror ante el destino que les aguarda. Cfr. *Al-Mizan*, t. XVI, p. 55.

Tú no estuviste en el lado occidental cuando Nosotros dimos la orden a Moisés y no fuiste uno de los testigos,[1] (44) pero hicimos surgir otras generaciones y alargamos sus vidas.

Tú no residías entre la gente de Madyan para recitarles Nuestros versículos, sino que somos Nosotros quienes enviamos Mensajeros.[2] (45)

Y no estabas en la ladera del monte cuando Nosotros llamamos, pero es una misericordia de tu Señor para amonestar a un pueblo al que no habíamos enviado antes de ti un amonestador, para que así, quizás, reflexionen.[3] (46) Pues, si no, cuando les hubiese afligido una desgracia por lo que sus manos enviaron por delante,[4] habrían dicho: «¡Señor nuestro! ¿Por qué no nos enviaste un Mensajero para que siguiéramos Tus señales y fuésemos de los creyentes?» (47)

Pero cuando llega a ellos la Verdad que viene de Nosotros, dicen: «¿Por qué no se le ha dado lo mismo que le fue dado a Moisés?»

¿Acaso no descreyeron también de lo que le fue dado a Moisés anteriormente? Dicen: «¡Ambos son magia manifiesta!» Y dicen: «¡No creemos en nada de ello!»[5] (48)

Di: «Traed, pues, una *Escritura* procedente de Dios que guíe mejor que esas dos para que yo la siga, si es que decís la verdad.» (49) Pero si no te responden, sabe entonces que lo que siguen son sus pasiones y ¿Quién está más extraviado que quien sigue sus pasiones sin guía de Dios? ¡En verdad, Dios no guía a la gente opresora! (50)

---

[1] Es decir: «Tú ¡Oh, Muhammad! no estabas presente en el lado derecho del monte, o del valle, (del Sinaí), ni fuiste testigo cuando hicimos que descendiera la Torá, confirmando la condición profética de Moisés.» *Al-Mizan*, t. XVI, p. 70.

[2] Es decir: «Tú no estabas en Madyan y no fuiste testigo de lo que le sucedió a Moisés cuando estuvo allí, de manera que puedas relatárselo a los idólatras de La Meca, pero somos Nosotros Quienes te hemos enviado a tu pueblo y Quienes te hemos revelado estos versículos para que se los recites a ellos.» *Al-Mizan*, t. XVI, p. 71.

[3] Es decir: «Tú ¡Oh, Muhammad! no estabas junto al monte cuando Nosotros llamamos a Moisés y hablamos con él y le escogimos como portador de la *Escritura*, para poder relatar a la gente de tu época lo que allí sucedió, pero Nosotros te hemos informado de ello para que se lo trasmitas a tu pueblo, que antes no había sido amonestado, como una misericordia venida de Mí para que ellos puedan reflexionar.» Y la referencia al pueblo de Muhammad que antes no había sido amonestado, indica que se refiere a sus contemporáneos y a las generaciones anteriores más cercanas, ya que, anteriormente, a los árabes Dios les había enviado los profetas Hud, Saleh, Shuayb e Ismael. Cfr. *Al-Mizan*, t. XVI, p. 71.

[4] «Cuando les hubiese afligido una desgracia, tanto en esta vida como en la otra, por las malas acciones que ellos mismos cometen previamente.» Cfr. *Al-Mizan*, t. XVI, p. 72.

[5] «Tanto la *Torá* como el *Corán*.» Y puede que repitan el «dicen» porque en el primer caso niegan la autenticidad de las *Escrituras* y en el segundo la profecía misma. *Al-Mizan*, t. XVI, p. 73

28. EL RELATO

Y, ciertamente, hemos compuesto y relacionado para ellos la Palabra para que, quizás así, reflexionen.[1] (51)

Aquellos a quienes Nosotros dimos la *Escritura* antes de él, creen en él[2] (52) y, cuando se les recita, dicen: Creemos en él. Ciertamente, es la Verdad que proviene de nuestro Señor. Ciertamente, nosotros éramos musulmanes[3] desde antes de él.» (53)

A ellos se les recompensará dos veces por lo pacientes que fueron.

Y ellos se defienden del mal con el bien y reparten de aquello que Nosotros les hemos proveído (54) y cuando oyen conversaciones vanas se apartan de ellas y dicen: «Nosotros somos responsables de nuestros actos y vosotros de los vuestros. Quedad en paz. No tratamos con los ignorantes.» (55)

En verdad, tú no puedes guiar a quien quieras,[4] sino que Dios guía a quien Él quiere y Él es quien mejor conoce quiénes están guiados. (56)

Y dicen: «Si seguimos la guía contigo seríamos desposeídos de nuestro territorio.»

¿Acaso no les hemos establecido en un lugar sagrado, seguro, al que llegan toda clase de frutos, como provisión de parte Nuestra?[5]

Pero la mayoría de ellos no tienen conocimiento. (57)

¿Cuántos pueblos hemos destruido que se enorgullecían de su nivel de vida? Esos son sus hogares, los cuales, después de ellos, no están habitados más que por unos pocos y Nosotros fuimos los herederos. (58)

Y tu Señor no destruyó las ciudades hasta haber enviado a su metrópoli un Mensajero que les recitara Nuestros versículos y no destruimos ciudad alguna en la que sus gentes no fueran opresoras. (59)

---

[1] *Wassalna* es la forma *tafyl* de *wasala* e indica abundancia o repetición de la acción de unir o relacionar, por tanto el significado del versículo sería: «Hemos hecho descender el *Corán*, que está compuesto de muchas partes relacionadas unas con otras. Versículo tras versículo y capítulo tras capítulo, hemos relacionado disposiciones legales, relatos históricos, pactos y promesas, enseñanzas y sabiduría, para que así, quizás, los idólatras de La Meca reflexionen.» *Al-Mizan*, t. XVI, p. 75.

[2] Es decir: «Aquellos a quienes dimos la Escritura antes de la llegada del *Corán* creen en el *Corán*», pero no se refiere a todos los creyentes de las *Escrituras* Sagradas anteriores, sino a un grupo particular de gentes con fe entre los cristianos y judíos que, cuando fue revelado el *Corán*, reconocieron la Verdad en él. Cfr. *Al-Mizan*, t. XVI, p. 76.

[3] Es decir: «rendidos o sometidos» a las disposiciones y mandatos divinos.»

[4] Es decir: «No puedes hacer que tenga fe quien tú quieras.» *Al-Mizan*, t. XVI, p. 78.

[5] Es decir: «¿Acaso no os hemos establecido en el territorio sagrado de La Meca, respetado por todos los árabes y, por tanto, seguro y protegido de ser atacado por otros árabes idólatras?» Cfr. *Al-Mizan*, t. XVI, p. 86.

Y lo que os ha sido concedido es sólo el disfrute de la vida mundanal y sus encantos, pero lo que hay junto a Dios es mejor y más duradero. ¿Es que no razonáis? (60)

¿Acaso a quien Nosotros hicimos una buena promesa y se encontrará con ella es como aquel a quien Nosotros hemos dado a disfrutar los placeres de esta vida mundanal y luego, el Día del Levantamiento, será de los que tendrán que presentarse?[1] (61)

Y el día en que Él les llame y diga: «¿Dónde están aquellos que vosotros suponíais que eran Mis socios?» (62) aquellos que hayan sido sentenciados[2] dirán: «¡Señor nuestro! ¡Estos son a quienes nosotros habíamos extraviado! ¡Les extraviamos de la misma manera en que nosotros estábamos extraviados! Nosotros somos inocentes ante Ti. No era a nosotros a quienes ellos adoraban.»[3] (63)

Y se les dirá: «¡Invocad a quienes asociabais a Dios en vuestra adoración!»

Y les invocarán, pero ellos no les contestarán, y verán el castigo.

¡Ojalá hubieran seguido la buena guía! (64)

Y el día en que Él les llame y les diga: «¿Qué respondisteis a los Mensajeros?» (65) Ese día las noticias estarán ciegas para ellos y no se preguntarán unos a otros.[4] (66)

Pero quien se haya arrepentido y haya tenido fe y realizado buenas acciones puede que esté entre los triunfadores. (67)

Y tu Señor crea lo que quiere y elige, mientras que ellos no tienen elección. ¡Glorificado sea Dios y ensalzado por encima de lo que le asocian! (68)

Y tu Señor conoce lo que ocultan sus pechos y lo que manifiestan. (69)

Y Él es Dios. No hay más dios que Él. A Él pertenece la alabanza en esta vida y en la Otra y a Él pertenece el juicio y a Él se os hará regresar. (70)

---

[1] Y la «buena promesa» es el perdón y el Paraíso, pues, como leemos en Corán, 5:9: «Dios prometió a quienes creen y actúan rectamente que serán perdonados y obtendrán una recompensa inmensa.» Y «será de los que tendrán que presentarse», quiere decir: «tendrán que comparecer ante la presencia divina para ser juzgados por sus actos». Al-Mizan, t. XVI, p. 90.

[2] Aquellos que los idólatras adoran como dioses son de dos clases: Unos cómo los ángeles querubines y el profeta Jesús hijo de María y otros como Faraón y Nemrud y el propio Iblís y los demonios que se alían con los hombres. Y es a este segundo grupo a quienes se refiere el versículo al decir: *Aquellos que hayan sido sentenciados.* Al-Mizan, t. XVI, p. 90.

[3] Es decir, aquellos que los idólatras tomaban por dioses, dirán: «Nosotros no obligamos a los idólatras a extraviarse. En realidad, no era a nosotros a quienes adoraban, sino a su propio ego.» *Nemune,* t. XVI, p. 135.

[4] Es decir: «No sabrán que responder y no se preguntarán entre ellos qué pretexto podrían argüir para salvarse del castigo.» *Al-Mizan,* t. XVI, p. 94.

28. EL RELATO

Di: «¿Habéis visto? Si Dios hiciera la noche perpetua sobre vosotros hasta el Día del Levantamiento ¿Qué dios, aparte de Dios, os traería luz? ¿Acaso no escucháis?» (71)

Di: «¿Habéis visto? Si Dios hiciera el día perpetuo sobre vosotros hasta el Día del Levantamiento ¿Qué dios, aparte de Dios, os traería la noche para que descanséis en ella? ¿Es que no veis?» (72)

Y por Su misericordia, ha puesto para vosotros la noche para que descanséis en ella y el día para que busquéis el favor de Dios y, quizás así, seáis agradecidos. (73)

Y el día en que Él les llame y diga: «¿Dónde están aquellos que vosotros suponíais que eran Mis socios?» (74) y hagamos salir un testigo de cada comunidad[1] y digamos: «¡Aportad vuestras pruebas!»[2] Sabrán entonces que el derecho pertenece a Dios y se apartará de ellos lo que inventaban.[3] (75)

En verdad, Qarun era del pueblo de Moisés, pero se comportó altivamente con ellos. Nosotros le dimos tantos tesoros que las llaves de los mismos resultaban pesadas para un grupo de hombres forzudos.

Cuando su pueblo le dijo: «No te vanaglories, pues Dios no ama a quienes se vanaglorian (76) y busca, con lo que Dios te ha otorgado, la Morada de la otra vida[4] y no olvides tu parte de esta vida[5] y haz el bien igual que Dios te ha hecho el bien a ti y no busques corromper en la Tierra. En verdad, Dios no ama a los corruptores.» (77)

---

[1] «El profeta que enviamos a cada comunidad.» *Al-Mizan*, t. XVI, p. 104.

[2] Es decir: «Digamos a los idólatras: Aportad la prueba que justifique vuestra afirmación de que Dios tiene socios en su divinidad y poder.» *Al-Mizan*, t. XVI, p. 104

[3] «Y sabrán que la divinidad es un atributo que pertenece únicamente a Dios y se esfumarán sus falsas presunciones respecto a la divinidad de los ídolos que adoraban.» *Al-Mizan*, t. XVI, p. 104

[4] Es decir: «Gasta en la causa de Dios de los bienes materiales que Dios te ha otorgado y construye con ello una buena morada para ti en la otra vida.» *Al-Mizan*, t. XVI, p. 111.

[5] En la obra *Maani al-Ajbar* se recoge que Emir al-Muminín Ali dijo comentando esta frase: «No olvides tu salud, tu fuerza, tu comodidad, tu juventud y tu disfrute y utilízalos para procurarte la salvación en la otra vida.» *Nemune*, t. XVI, p. 156.

Dijo: «En verdad, se me ha dado todo esto por el conocimiento que poseo.»

¿Acaso no sabía que Dios ha destruido antes de él generaciones que eran más poderosas que él y que habían atesorado más? Los pecadores no serán preguntados por sus pecados.[1] (78)

Y salía ante su pueblo con todos sus adornos[2] y aquellos que deseaban la vida mundanal decían: «¡Ojalá nosotros tuviésemos algo semejante a lo que le ha sido dado a Qarun! ¡En verdad, él posee una riqueza inmensa!» (79)

Pero aquellos a quienes les había sido dado el conocimiento dijeron: «¡Ay de vosotros! ¡La recompensa de Dios es mejor para quienes tienen fe y realizan buenas acciones, pero no la obtendrán más que quienes sean pacientes!»(80)

Hicimos que la tierra se tragase a él y a su casa y no hubo ningún grupo que le auxiliara ante Dios y no pudo ayudarse a sí mismo. (81)

Y quienes ayer deseaban su posición amanecieron diciendo: «¡Ay! ¡Dios expande y restringe la provisión a quien Él quiere de sus siervos! ¡Si Dios no nos hubiese agraciado, nos habría tragado a nosotros!»

¡Ay! ¡Quienes no son creyentes no triunfarán! (82)

Esa es la morada de la otra vida que Nosotros otorgamos a quienes no desean mostrarse altaneros en la Tierra ni corromper.

El buen final es para quienes son temerosos de Dios. (83)

Quien venga con buenas obras obtendrá algo mejor que ellas y quien venga con malas acciones sólo será retribuido por el mal que hacía. (84)

---

[1] «Dios no preguntará a los pecadores qué pecados han cometido, puesto que los conoce perfectamente. Tan sólo emitirá Su juicio y serán castigados inmediatamente, sin que les sea concedido un plazo.» Y se ha dicho que el conocimiento que Qarun poseía era el conocimiento de la *Torá*, pues era quien mejor la conocía entre los Hijos de Israel. Y también que se refiere al conocimiento que tenía de la alquimia, pues la aprendió de Moisés y de Yusha ibn Nun y de Kaleb ibn Yuhana. *Al-Mizan*, t. XVI, p. 114,115.

[2] En el *Tafsir Qommi* se comenta este versículo diciendo: «Qarun salía de su casa acompañado de una comitiva numerosa y vistiendo ropas largas que le arrastraban por el suelo.» *Al-Mizan*, t. XVI, p. 125.

En verdad, Quien ha hecho para ti obligatorio el *Corán*¹ te hará volver al lugar de retorno.²

Di: «Mi Señor es Quien mejor sabe quién sigue la buena guía y quién está en un extravío evidente.» (85)

Tú no esperabas que te fuese entregada la *Escritura*. No fue sino una misericordia procedente de tu Señor. No respaldes, pues, a quienes no tienen fe (86) y no les permitas que te aparten de las señales de Dios después de que han sido hechas descender para ti. Convoca a las gentes hacia tu Señor y no seas de los que adoran a otros como si fueran Dios. (87)

Y no invoques junto a Dios a otros dioses. No hay otro dios más que Él. Todas las cosas perecen excepto Su rostro. Al Él pertenece el juicio y hacía Él se os hará regresar. (88)

Capítulo 29

*La Araña*³

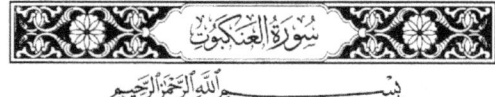

En el nombre de Al.lah, el Clementísimo, el Misericordiosísimo.

Alif, Lam, Mim. (1)

¿Acaso las gentes piensan que se les permitirá decir «¡Creemos!» y no serán puestos a prueba? (2)

Ciertamente, Nosotros pusimos a prueba a quienes les precedieron y Dios conoce a quienes dicen la verdad y conoce a los mentirosos. (3)

¿Acaso quienes hacen el mal piensan que podrán escapar de Nosotros? ¡Qué mal juzgan! (4)

Quien tenga la esperanza de encontrarse con Dios [sepa] que, en verdad, la cita con Dios llegará y Él es Quien todo lo oye, Quien todo lo conoce. (5)

Y quien combate por Dios, en verdad, combate por sí mismo. En verdad, Dios no necesita de las criaturas. (6)

---

¹ Es decir: «Quien ha hecho para ti obligatorio actuar conforme a las ordenanzas y disposiciones del *Corán* y recitárselo y explicárselo a la gente.» *Al-Mizan*, t. XVI, p. 130

² Según algunos exégetas se refiere a La Meca. Otros han dicho que se refiere a la muerte y otros que al Día del Levantamiento. Pero, si ponemos el versículo en relación con los primeros versículos de este capítulo, vemos que se refiere a su regreso a su lugar de origen, que es La Meca. *Al-Mizan*, t. XVI, p. 130.

³ El capítulo toma su nombre del versículo 25.

Y a quienes son creyentes y realizan buenas obras les ocultaremos sus malas acciones y les recompensaremos conforme a lo mejor que hayan hecho. (7)

Y hemos ordenado a los seres humanos que sean buenos con sus padres. Pero si ellos se esfuerzan para que asocies en tu adoración a Mí algo de lo que tú no tienes conocimiento, entonces no les obedezcas.[1]

Regresaréis a Mí y Yo os informaré de lo que hacíais. (8) Y a quienes tengan fe y realicen buenas obras les haremos entrar entre los Rectos.[2] (9)

Y entre los hombres hay quienes dicen: «¡Creemos en Dios!» pero cuando sufren perjuicio por la causa de Dios toman la prueba a que los hombres les someten como un castigo de Dios. En cambio, si viene una ayuda de tu Señor, con seguridad dirán: «¡En verdad, estábamos con vosotros!»

¿Acaso no es Dios Quien mejor conoce lo que hay en el pecho de las criaturas? (10) Y Dios conoce con certeza quienes son los que creen y conoce con certeza quienes son los hipócritas. (11)

Y los que no creen dicen a los que tienen fe: «¡Seguid nuestro camino y nosotros cargaremos con vuestros errores!»[3]

Pero ellos no cargarán con sus errores en absoluto. En verdad, son unos mentirosos. (12) Y, ciertamente, tendrán que cargar sus propias cargas y otras cargas junto con sus propias cargas.[4] Y el Día del Levantamiento serán interrogados sobre lo que inventaban. (13)

Ciertamente, Nosotros enviamos a Noé a su pueblo y permaneció entre ellos mil años menos cincuenta. Después, el diluvio les sorprendió siendo unos opresores. (14)

---

[1] Existen numerosas tradiciones que relatan las circunstancias en las que este versículo fue revelado. Algunos hombres de La Meca aceptaron el Islam en los comienzos de la llamada profética. Cuando sus madres lo supieron decidieron no comer ni beber hasta que sus hijos abandonasen el Islam. Aunque no cumplieron sus amenazas, fue revelado este versículo estableciendo con claridad la actitud a seguir en situaciones similares. Algunas tradiciones dicen que se refiere a Saad ibn Abi Waqas y otras que a Ayash ibn Abi Rabiah Majzumi. *Nemune*, t. XVI, p. 214

[2] Cfr. *Corán*, 2:130 y comentario al pie.

[3] Se refiere a los idólatras de La Meca, quienes por primera vez manifiestan su negativa a aceptar el Islam y llaman a los primeros musulmanes a regresar a las creencias idolátricas con la promesa de que ellos les protegerán y nada les ocurrirá. *Al-Mizan*, t. XVI, p. 159.

[4] Dijo el Mensajero de Dios: «Quien tenga malos hábitos cargará con el peso de ellos y con la carga de quienes les imiten, sin que a estos últimos les sea aliviada la suya.» Cfr. *Nemune*, t. XVI, p. 224.

Y le salvamos a él y a los compañeros del Arca e hicimos de ella una señal para toda la humanidad. (15)

Y [recuerda] a Abraham cuando dijo a su pueblo: «¡Adorad a Dios y temedle! Eso es mejor para vosotros, si es que sabéis. (16) En verdad, lo que adoráis en lugar de Dios son ídolos y creáis una mentira. Lo que adoráis en lugar de Dios no posee provisión. Buscad, pues, vuestra provisión junto a Dios, adoradle y agradecedle. Hacía Él se os hará regresar.» (17)

Y si desmentís, ya desmintieron otras generaciones antes de vosotros, pero la responsabilidad del Mensajero es solamente la transmisión clara.[1] (18)

¿Es que no ven cómo Dios inicia la creación y luego la reproduce?[2] En verdad, eso es fácil para Dios. (19)

Di: «¡Viajad por la Tierra y observad cómo Él ha originado la creación! Luego, Dios hará surgir la creación de la otra vida. En verdad, Dios tiene poder sobre todas las cosas.»[3] (20)

«Castigará a quien Él quiera y tendrá misericordia de quien Él quiera. Y a Él se os hará regresar.» (21)

«Y no podréis escapar ni en la Tierra ni en el cielo y no tendréis, aparte de Dios, protector ni auxiliador.» (22)

Y aquellos que no creen en las señales de Dios y en el encuentro con Él han desesperado de Mi misericordia[4] y tendrán un castigo doloroso. (23)

---

[1] Es decir: «Si decís que lo que el Mensajero de Dios os comunica es mentira, vuestra respuesta era previsible, pues es la costumbre de los pueblos idólatras, pero al Mensajero de Dios no se le pedirán cuentas por vuestra respuesta, pues su responsabilidad es solamente transmitir el mensaje divino con claridad.» Cfr. *Al-Mizan*, t. XVI, p. 172

[2] La frase va dirigida a los que desmienten a los Mensajeros divinos y no creen que Dios sacará a los muertos de las tumbas y revestirá sus cuerpos de carne nuevamente, haciéndoles ver cómo Dios inició la creación y cómo repite constantemente el acto creador. *Al-Mizan*, t. XVI, p. 173.

[3] Es decir: «Observad cómo Dios ha creado por vez primera las diferentes criaturas, con sus colores y formas variadas, sin modelo y sin ensayos previos y sin limitación de especies y de cantidad y sin ayuda de nadie. Y reflexionad cómo todo ello es una señal de Su inmenso e ilimitado poder. Siendo así, podréis comprender cómo, igual que todo lo ha creado una primera vez, puede volver a crearlo de nuevo.» *Al-Mizan*, t. XVI, p. 174.

[4] «Al negar la existencia de la otra vida. Ya que quienes no creen en ella, quedan sin la esperanza de la felicidad eterna y de la misericordia divina.» O puede que se refiera al decreto divino, estableciendo que no entrará en el Paraíso quien no sea creyente. *Al-Mizan*, t. XVI, p. 177.

Y la respuesta de su pueblo no fue otra que decir: «¡Matadle!» o «¡Quemadle!» y Dios le salvó del fuego.

En verdad, en ello hay una señal para gente que tiene fe. (24)

[Abraham] dijo: «En verdad, lo que tomáis en lugar de Dios son ídolos, para establecer lazos de afecto entre vosotros en la vida mundanal.[1] Luego, el Día del Levantamiento, renegaréis unos de otros y os maldeciréis unos a otros.[2] Vuestra morada será el fuego y no tendréis quien os auxilie.» (25)

Lot creyó en él y dijo: «En verdad, soy un emigrante hacia mi Señor. En verdad, Él es el Poderoso, el Sabio.» (26)

Y le otorgamos a Isaac y a Jacob[3] y pusimos en su descendencia la profecía y la *Escritura Sagrada* y le dimos su recompensa en esta vida y, en verdad, en la otra será de los Rectos.[4] (27)

Y [recuerda] a Lot cuando dijo a su pueblo: «En verdad, cometéis una indecencia que ningún ser humano había cometido antes de vosotros. (28)

¿Vais a los hombres, cortáis los caminos y cometéis lo reprobable en vuestras reuniones?»[5]

Pero la única respuesta de su pueblo fue decir: «¡Tráenos el castigo de Dios si eres de los que dicen la verdad!» (29)

Él dijo: «¡Señor mío! ¡Auxíliame contra el pueblo de los corruptores!» (30)

---

[1] Pues la permanencia en la adoración a los ídolos establece y mantiene los lazos entre ellos. Así vemos en *Corán*, 21:52 y 53, que, cuando Abraham interrogó a su pueblo: «¿Qué son esas imágenes sin alma que vosotros adoráis?» ellos dijeron: «Vimos que nuestros padres las adoraban.» y en *Corán*, 26:72-74: Dijo: «¿Acaso os escuchan si les llamáis u os benefician o perjudican?» Dijeron: «No. Pero encontramos que nuestros padres hacían lo mismo.» *Al-Mizan*, t. XVI, p. 179.

[2] Cfr. *Corán*, 43:67.

[3] «Y otorgamos a Abraham a su hijo Isaac y a su nieto Jacob.»

[4] Cfr. *Corán*, 2:130 y nota correspondiente.

[5] «Vais a los hombres en lugar de a las mujeres y cortáis el camino natural para la continuidad de la especie humana.» *Nemune*, t. XVI, p. 254.

Y cuando vinieron Nuestros mensajeros a Abraham con la buena nueva,[1] dijeron: «En verdad, destruiremos a la gente de esta ciudad. Verdaderamente, sus gentes son opresoras.» (31)

Él dijo: «Lot también está en ella.»

Ellos dijeron: «Nosotros sabemos bien quienes están en ella. Le salvaremos a él y a su familia, excepto a su esposa, que será de los que se queden.» (32)

Y cuando Nuestros Mensajeros vinieron a Lot, él se preocupó por ellos y se angustió su corazón,[2] pero ellos dijeron: «No tengas miedo y no estés preocupado. En verdad, os salvaremos a ti y a tu familia, excepto a tu esposa que será de los que se queden. (33) Haremos descender un castigo del cielo sobre la gente de esa ciudad por que son transgresores.» (34)

Ciertamente, hemos dejado con ella una señal clara para una gente que razona.[3] (35)

Y [enviamos] a Madyan a su hermano Shuayb que les dijo: «¡Oh, pueblo mío! ¡Adorad a Dios y tened esperanza en el Último Día y no corrompáis en la Tierra!» (36)

Pero le desmintieron y el terremoto les sorprendió y amanecieron muertos, caídos de bruces en sus casas. (37)

Y a Ad y a Zamud. Y es evidente para vosotros por sus moradas.[4]

Satanás les embelleció sus acciones y les apartó del camino, a pesar de que ellos eran perspicaces.[5] (38)

---

[1] «Con la buena nueva del nacimiento de su hijo Isaac y de su nieto Jacob.» *Al-Mizan*, t. XVI, p. 184.

[2] Lot no se daba cuenta de que eran ángeles y como tenían el aspecto de unos jóvenes hermosos temió no poder defenderles de sus vecinos y quedar avergonzado ante sus invitados por su incapacidad para protegerles. *Nemune*, t. XVI, p. 263.

[3] Es decir: «Con la destrucción de esa ciudad y las ruinas en que la hemos dejado hay una señal para que los hombres tomen nota y sean temerosos de Dios.» *Al-Mizan*, t. XVI, p. 186.

[4] Es decir: «También destruimos a los pueblos de Ad y a Zamud. Por el estado en que quedaron sus hogares podéis ver con claridad cómo fueron destruidos.» Y otros comentaristas han dicho que el significado sería: «Y recuerda a Ad y a Zamud. Por el estado en que...» *Nemune*, t. XVI, p. 270

[5] Ad y a Zamud son pueblos que vivieron después de Noé, por ello, el significado de su perspicacia es que adoraban al Dios Único antes de que Satanás les hiciese ver como buenos sus malos actos y, de esa manera, les apartase del buen camino. *Al-Mizan*, t. XVI, p. 188.

Y Qarun y Faraón y Haman.¹ Y, ciertamente, Moisés vino a ellos con las pruebas claras, pero ellos obraron con arrogancia en la Tierra y no triunfarán.² (39)

Así pues, tomamos a cada uno de ellos por sus pecados. A algunos de ellos Nosotros les enviamos una tormenta huracanada de piedras,³ a otros les sorprendió el Grito,⁴ a otros hicimos que se los tragase la tierra⁵ y a otros les ahogamos.⁶ Y no fue Dios quien les oprimió, ellos se oprimieron a sí mismos. (40)

Si ellos supieran que el ejemplo de quienes toman otros amigos y protectores en lugar de Dios es como la araña que se hace una casa. En verdad, la más débil de las casas es la casa de la araña. Si ellos supieran… (41)

En verdad, Dios conoce lo que ellos invocan en lugar de Él. Él es el Poderoso, el Sabio. (42)

Y Nosotros ponemos estos ejemplos a las gentes, pero sólo los comprenden en profundidad las gentes de conocimiento.⁷ (43)

Dios ha creado los cielos y la Tierra con la Verdad.⁸ En verdad, en ello hay una señal para los creyentes. (44)

Recita lo que te ha sido revelado de la *Escritura* y haz la oración. En verdad, la oración protege del pecado y de la equivocación y el recuerdo de Dios es más grande. Y Dios sabe lo que hacéis.⁹ (45)

---

¹ Qarun, Faraón y Haman son sujetos pacientes de un verbo elidido: «recuerda» o «destruimos» Así, el significado de la frase sería: «Y recuerda a Qarun y Faraón y Haman» o «Y también destruimos a Qarun y Faraón y Haman.»
Qarun es el paradigma de la riqueza, Faraón del poder tiránico y Haman del funcionario al servicio de los poderes tiránicos. *Nemune*, t. XVI, p. 272.
Haman era el jefe de los trabajadores de las canteras de piedra del Faraón. Cfr. Hermann Ranke, *Die Ägyptischen Personennamen, Verzeichnis der Namen*, Verlag Von J. J. Augustin in Glückstadt, Band I, 1935, Band II, 1952.
² *Sabiqun*: «los que van por delante», es una imagen para decir «triunfadores, vencedores». *Al-Mizan*, t. XVI, p. 188.
³ Se refiere al pueblo de Ad, sobre el que cayó una tormenta de piedras durante siete noches y ocho días. Cfr. *Corán*, 69:6 y 7.
⁴ Se refiere al pueblo de Zamud (Cfr. *Corán*, 11:67)
⁵ Se refiere a Qarun, el rico y poderoso hombre de los Hijos de Israel. Cfr. *Corán*, 28:81.
⁶ Se refiere al Faraón y a Haman y a sus seguidores. *Nemune*, t. XVI, p. 274.
⁷ Al decir *Laa ya'qiluna* quiere indicar que el verdadero significado y el núcleo de la intención que guía estos ejemplos no es percibido por la mayoría de quienes los oyen. *Al-Mizan*, t. XVI, p. 196.
⁸ Cfr. *Corán*, 44:38 y 39.
⁹ Es decir: «Dios sabe el bien que hacéis y el mal que hacéis, por ello es importante para vosotros que vigiléis atentamente vuestro comportamiento.» *Al-Mizan*, t. XVI, p. 204

Parte 21

Y no discutáis con la gente de la Escritura sino de la mejor manera -excepto con aquellos que son opresores- y dicen: «Creemos en lo que fue hecho descender a nosotros y en lo que fue hecho descender a vosotros y nuestro dios y el vuestro es uno y nosotros estamos sometidos a Él.» (46)

Y, de la misma manera, hemos hecho descender a ti la *Escritura*.[1]

Y aquellos a quienes hemos dado la *Escritura* creen en ella y de estos algunos creen en ella.[2]

Y nadie combate Nuestras señales excepto quienes no son creyentes. (47)

Y tú no recitabas ninguna Escritura antes de ésta[3] ni la escribías con tu mano derecha, si no, los que falsean la Verdad habrían sembrado dudas. (48) Pero son señales claras en el pecho de aquellos a quienes les ha sido dado el conocimiento.

Y no luchan contra Nuestras señales más que los opresores. (49)

Y ellos dicen: «¿Por qué no se han hecho descender para él señales procedentes de su Señor?» Di: «En verdad, las señales están junto a Dios y, en verdad, yo sólo soy un claro amonestador.» (50)

¿Acaso no es suficiente para ellos el que Nosotros hagamos descender a ti la Escritura que les es recitada?

En verdad, en ello hay una misericordia y un recuerdo para gente que es creyente. (51)

Di: «Es suficiente con Dios de testigo entre yo y vosotros. Él conoce lo que hay en los cielos y en la Tierra. Y quienes creen en la falsedad y no creen en Dios son los perdedores.» (52)

---

[1] Algunos exégetas han dicho que el significado de esta frase es: «Para que os sometáis a Dios.» Otros han dicho que significa: «De la misma manera que hicimos descender la Escritura a Moisés y a Jesús hemos hecho descender el *Corán* a ti.» *Al-Mizan*, t. XVI, p. 206.

[2] Es decir: «Puesto que el *Corán* desciende para que los hombres se sometan a Dios y para confirmar las *Escrituras* y los profetas anteriores, las Gentes de la Escritura creerán de manera natural en él, ya que si han creído el las *Escrituras* Sagradas y en los profetas de Dios es debido a que estaban dispuestos a someterse a los mandatos divinos y a obedecer cada orden que Él les de. Y también entre los idólatras y politeístas habrá algunos que creerán en él.» Cfr. *Al-Mizan*, t. XVI, p. 206.

[3] «Antes del descenso del *Corán*.» Por tanto, el sentido del versículo sería: «Como tus contemporáneos saben que tu no conoces la lectura ni la escritura, aquellos que desmienten la Verdad no pueden argumentar que la revelación que tu les recitas es algo que has aprendido de otras *Escrituras* Sagradas anteriores.» *Al-Mizan*, t. XVI, p. 207.

Y te piden que apresures su castigo. Si no fuera por que existe un plazo establecido,[1] les habría llegado el castigo. Con seguridad, les llegará repentinamente, sin que se den cuenta. (53)

Te piden que les apresures el castigo y, en verdad, el Infierno rodeará a los que no son creyentes (54) el día en que el castigo les cubra por encima y por debajo y Él diga: «¡Probad lo que hacíais!»[2] (55)

«¡Oh, siervos Míos creyentes! ¡Mi Tierra es amplia, por tanto, adoradme sólo a Mí!»[3] (56)

Todo ser probará la muerte. Luego se os hará regresar a Nosotros. (57) Y a aquellos que hayan creído y realizado buenas acciones les alojaremos en el Jardín en aposentos elevados bajo los cuales fluyen los ríos, en donde estarán eternamente. ¡Qué buena la recompensa de quienes obran bien! (58) ¡Esos que son pacientes y confían en su Señor! (59)

¡Cuántos animales hay que no cargan con su sustento! ¡Dios proporciona su sustento y el vuestro! Y Él es Quien todo lo oye, Quien todo lo sabe.[4] (60)

Y si les preguntas: «¿Quién ha creado los cielos y la Tierra y ha sometido al Sol y a la Luna?» seguro que dirán: «¡Dios!» Entonces ¿Por qué mienten? (61)

Dios otorga con largueza Su provisión a quien Él quiere de Sus siervos y la restringe a quien Él quiere. Ciertamente, Dios es Quien mejor conoce todas las cosas. (62)

Y si les preguntas: «¿Quién hace descender agua del cielo y da vida con ella a la tierra después de haber estado muerta?» Seguro que dirán: «¡Dios!»

Di: «¡Alabado sea Dios!» Pero la mayoría de ellos no razonan. (63)

---

[1] «El plazo de vida que Dios ha decretado para cada ser humano.» *Al-Mizan*, t. XVI, p. 210.

[2] «*Probad lo que hacíais*» quiere indicar que el castigo divino no es otra cosa que el resultado de sus propias malas acciones. *Nemune*, t. XVI, p. 323.

[3] Este versículo se dirige a los creyentes que, viviendo en territorio hostil, no pueden manifestar libremente sus creencias. Y su sentido sería: «Mi Tierra es amplia y si no os permiten seguir Mis mandatos en algún lugar de ella, existen otros lugares a los que podéis ir a vivir y en los que podéis adorarme libremente. Así pues, adoradme solamente a Mí y no aceptéis las falsas creencias del lugar en el que viváis.» *Al-Mizan*, t. XVI, p. 218. Muchos exégetas están de acuerdo en que este versículo hace referencia a los primeros creyentes que vivían en La Meca soportando fuertes presiones de los idólatras, de manera que no podían cumplir con sus obligaciones religiosas y por ello les fue ordenado emigrar. *Nemune*, t. XVI, p. 326

[4] Algunos exegetas han dicho que este versículo hace referencia a algunos creyentes de La Meca que sufrían persecuciones por su fe y decían: «Si emigramos a Medina, allí no tendremos casa ni tierras. ¿Quién nos dará de comer y de beber?» *Nemune*, t. XVI, p. 326.

Y la vida de este mundo no es más que distracción y juego y, en verdad, la morada de la otra vida es verdaderamente la Vida. ¡Si supieran! (64)

Y cuando suben al barco invocan a Dios poniendo su fe en Él exclusivamente, pero cuando les deja a salvo en tierra adoran a los ídolos. (65)

¡Que rechacen lo que Nosotros les hemos dado y que disfruten! ¡Pronto sabrán! (66)

¿Acaso no ven que hemos establecido un santuario seguro[1] mientras alrededor de ellos la gente es despojada? ¿Acaso tienen fe en la falsedad y descreen de la merced de Dios? (67)

¿Quién es más opresor que quien inventa una mentira sobre Dios o desmiente la Verdad cuando viene a él? ¿No está en el Infierno la morada de los que niegan la Verdad? (68)

Y a quienes se esfuerzan por Nosotros,[2] ciertamente, les guiaremos a Nuestros caminos. En verdad, Dios está con quienes hacen el bien. (69)

Capítulo 30

Los bizantinos[3]

En el nombre de Al.lah, el Clementísimo, el Misericordiosísimo.

Alif, Lam, Mim. (1)

Los bizantinos han sido vencidos (2) en la tierra más próxima. Pero, tras haber sido vencidos, ellos vencerán (3) dentro de pocos años. A Dios pertenecen los asuntos pasados y futuros. Y ese día, los creyentes se alegrarán (4) por el auxilio de Dios. Él auxilia a quien quiere y Él es el Poderoso, el Misericordiosísimo.[4] (5)

---

[1] El territorio de La Meca.

[2] «Esforzase» (*yahada*), tiene un significado muy amplio y el esfuerzo que se realiza por Dios es, conforme recoge Ragib en su obra *Al-Mufradat*, de tres clases: La lucha contra el enemigo exterior, la lucha contra el demonio y la lucha contra el ego. Y el significado de «*se esfuerzan por Nosotros*» es: «Se esfuerzan en los asuntos que guardan relación con Dios, ya tengan que ver con las creencias o con la acción.» *Al-Mizan*, t. XVI, p. 227.

[3] El capítulo toma su nombre del segundo versículo.

[4] Cuando descendieron estos versículos el imperio persa había vencido al imperio bizantino en una batalla que se libró cerca de Basra, al norte de Arabia. El profeta del Islam aún estaba en La Meca y los creyentes eran una minoría. Los idólatras interpretaron como un buen augurio la victoria de los persas maniqueos sobre los bizantinos cristianos y mono-teístas, pero el *Corán* conforta a los creyentes anunciando la próxima victoria de los bizantinos sobre los persas. Cfr. *Nemune*, t. XVI, p. 359-361.

Promesa de Dios.

Dios no falta a Su promesa, pero la mayoría de las personas no saben. (6) Conocen lo aparente de la vida de este mundo y no prestan atención a la Otra Vida. (7) ¿Acaso no reflexionan en su interior que Dios no ha creado los cielos y la Tierra y lo que hay entre ambos sino con la Verdad[1] y por un plazo determinado?

Pero lo cierto es que mucha gente no cree en el encuentro con su Señor. (8)

¿Acaso no viajan por la Tierra y observan como terminaron quienes les precedieron? Eran mucho más fuertes que ellos, levantaron la tierra y la desarrollaron mucho más de lo que ellos la han desarrollado y vinieron a ellos sus Mensajeros con las señales claras. Y Dios no les oprimía, sino que ellos mismos se oprimían. (9)

Luego, el final de quienes hicieron el mal fue desmentir las señales de Dios y burlarse de ellas. (10)

Dios inicia la creación, luego la recrea y luego se os hace regresar a Él.[2] (11)

Y el día en que tenga lugar la Hora, los pecadores se desesperarán[3] (12) y no habrá quien de sus socios interceda por ellos y ellos renegarán de sus socios.[4] (13)

Y el día en que tenga lugar la Hora, ese día se separarán unos de otros.[5] (14)

Y quienes hayan sido creyentes y hayan realizado buenas obras estarán en un vergel disfrutando. (15)

---

[1] Es decir: «No por casualidad, ni de forma gratuita, sino con una finalidad y un sentido y como parte de una lógica inexorable.» *Al-Mizan*, t. XVI, p. 237.

[2] Este versículo establece de forma concisa la realidad de la otra vida, indicando que, de la misma manera en que Dios tiene el poder y la sabiduría para iniciar la creación por primera vez, posee la capacidad para recrear la vida después de la muerte y que, tras eso, a todas las criaturas se les hará comparecer ante la presencia divina para ser juzgadas por sus obras en este mundo. *Nemune*, t. XVI, p. 377.

[3] Es decir: «Cuando, tras el Levantamiento, llegue el momento de presentarse ante Dios para ser juzgados, los pecadores desesperarán de obtener la misericordia divina.» *Al-Mizan*, t. XVI, p. 230.

[4] Es decir: «No encontrarán entre aquellos falsos dioses a los que ellos adoraban, asociándoles a Dios en poder, ninguno que pueda interceder ante Dios por ellos y renegarán de ellos.» *Nemune*, t. XVI, p. 376. Y según Al.lama Tabatabai: «Ocultarán la adoración que profesaban a sus ídolos.» *Al-Mizan*, t. XVI, p. 240.

[5] «Se separará a los rectos de los pecadores. A unos se les enviará al Paraíso y a los otros al Fuego» tal y como se explica en los versículos siguientes. *Al-Mizan*, t. XVI, p. 241.

Pero quienes no hayan sido creyentes y hayan desmentido Nuestras señales y el encuentro de la Otra Vida serán enviados al castigo. (16)

Glorificado sea Dios al anochecer y al amanecer. (17) Y a Él pertenece la alabanza en los cielos y la Tierra y en la noche y al mediodía. (18)

Él hace salir lo vivo de lo muerto y hace salir lo muerto de lo vivo y da vida a la tierra después de haber estado muerta y de esa misma manera se os hará salir a vosotros.[1] (19)

Y entre Sus señales está el haberos creado de tierra. Y luego, cuando devenís seres humanos, os expandís [por la Tierra.] (20)

Y entre Sus señales está el haber creado de vosotros mismos parejas para que encontréis la calma junto a ellas. Y ha puesto entre vosotros afecto y misericordia.
En verdad, en ello hay señales para gente que reflexiona. (21)

Y entre Sus señales está la creación de los cielos y la Tierra y las diferencias de lengua y de color entre vosotros.
En verdad, en ello hay señales para gente que conoce. (22)

Y entre Sus señales está vuestro sueño en la noche y en el día, y vuestra búsqueda de Su favor.[2]
En verdad, en ello hay señales para gente que escucha. (23)

Y entre Sus señales está el que os muestre el relámpago, motivo de temor y de esperanza,[3] y el hacer descender del cielo agua con la que da vida a la tierra después de haber estado muerta.
En verdad, en ello hay señales para gente que razona. (24)

---

[1] Es decir: «Así mismo seréis vosotros sacados de la tumba.» *Al-Mizan*, t. XVI, p. 244.
[2] Es decir: «la búsqueda de vuestra provisión.» *Al-Mizan*, t. XVI, p. 251.
[3] «Motivo de temor por el trueno y el fuego y de esperanza por la lluvia que anuncia.» *Nemune*, t. XVI, p. 397.

Y entre Sus señales está el que los cielos y la Tierra se mantengan en pie por orden Suya. Luego, cuando os llame para que salgáis de la tierra, saldréis inmediatamente. (25)

Y a Él pertenecen quienes están en los cielos y en la Tierra. Todos están sometidos a Él.[1] (26)

Y Él es Quién ha iniciado la creación, luego la recrea. Y eso es más sencillo para Él.

Y a Él pertenecen las más elevadas descripciones en los cielos y en la Tierra.[2] Y Él es el Poderoso, el Sabio. (27)

Él os pone un ejemplo que tiene que ver con vosotros mismos: «¿Hay entre vuestros siervos quienes compartan con vosotros las riquezas que Nosotros os hemos proporcionado y seáis iguales a ellos en eso y les temáis igual que os teméis entre vosotros?»[3]

Así explicamos en detalle las señales para gente que razona. (28)

Pero los opresores siguen sus propias pasiones sin conocimiento alguno. Así pues ¿Quién puede guiar a quien Dios extravía? Y ellos no tendrán quien les auxilie. (29)

Levanta, pues, tu rostro hacia la religión, como un buscador de la fe pura, siguiendo la naturaleza esencial en la que Dios ha creado a los seres humanos—En la creación de Dios no hay cambios. Esta es la verdadera religión, pero la mayoría de las personas no tienen conocimiento—(30) volviéndoos a Él contritos.

Y sed temerosos de Dios y haced la oración y no seáis de los idólatras. (31) De esos que escinden su religión haciendo partidos, cada partido contento de lo que posee. (32)

---

[1] Pero no sometidos por imperativo legal, sino por imperativo existencial. *Al-Mizan*, t. XVI, p. 255.

[2] Es decir, los atributos de perfección que cada una de las criaturas de los cielos y la Tierra posean y representen: vida, poder, conocimiento, soberanía, generosidad, nobleza, grandeza y otros semejantes, no son más que expresiones limitadas de los que Dios posee en un grado infinito de perfección y plenitud, ya que la posesión de los mismos en las criaturas viene limitada por las limitaciones propias de ellas mismas, mientras que Dios, su Creador, no posee límites en Su perfección y existencia. Cfr. *Al-Mizan*, t. XVI, p. 262.

[3] Dios pone este ejemplo para destruir las suposiciones de los idólatras, que atribuyen a Dios socios en el ejercicio del poder: «¿Poseéis algún esclavo que sea socio de vuestra riqueza y pueda disponer de ella libremente de manera que, siendo vosotros su amo y señor y el propietario de la riqueza que ellos tienen en sus manos, estéis siempre temiendo que pueda hacer mal uso de vuestra riqueza sin vuestro permiso y acuerdo, de la misma manera que teméis que vuestros socios verdaderos puedan hacerlo? ¿Os parece posible tal situación?» No. Es imposible que el criado y el amo sean socios. De la misma manera es imposible que las criaturas compartan el poder que pertenece a su Creador. *Al-Mizan*, t. XVI, p. 265.

Y cuando a los seres humanos les sobreviene un percance, invocan a su Señor volviéndose a Él contritos. Luego, cuando Él les da a probar de Su misericordia, algunos de ellos asocian otros dioses a su Señor, (33) ocultando lo que les hemos dado. ¡Disfrutad pues! ¡Pronto sabréis! (34)

¿Acaso hemos hecho descender para ellos alguna prueba que justifique lo que asocian a Él?[1] (35)

Y cuando hacemos que los seres humanos prueben una misericordia se alegran de ella y si sufren un perjuicio por culpa de lo que ellos mismos hicieron, entonces, se desesperan.[2] (36)

¿Acaso no ven que Dios otorga la provisión en abundancia o la restringe a quien Él quiere? En verdad, en ello hay señales para gente que tiene fe. (37)

Así pues, da a los parientes cercanos su derecho y al necesitado y al viajero.[3] Eso es mejor para quienes desean contemplar el rostro de Dios.[4] Y esos son quienes triunfarán. (38)

Y lo que dais con usura, para obtener beneficios de los bienes de la gente, no obtendrá beneficios ante Dios, pero la limosna purificadora de la riqueza que dais buscando agradar a Dios, eso os será multiplicado. (39)

Dios es quien os ha creado, luego os ha proporcionado los medios de subsistencia, luego os hace morir, luego os da la vida. ¿Hay entre aquellos que vosotros asociáis a Dios alguno que pueda hacer algo de eso?

¡Glorificado y ensalzado sea por encima de aquello que le asocian! (40)

La corrupción se ha manifestado en la tierra y el mar por lo que los seres humanos han hecho, para que prueben algo de lo que han hecho y así, quizás, regresen al buen camino. (41)

---

[1] «*Sultan*» significa «poder, autoridad», pero en el contexto de este versículo quiere decir «prueba» (*burhan*) y *yatakal.lamu* («él habla»), quiere decir «que hable» es decir «que indique"», con lo que el sentido del versículo sería: «¿Acaso les hemos comunicado alguna prueba que justifique su idolatría?». También puede ser que *sultan* se refiera al poseedor de esa autoridad, es decir un ángel o Mensajero, y en ese caso la utilización de los términos *anzala* y *takal.lama* no sería figurada, siendo el sentido del versículo: «¿Acaso hemos hecho descender para ellos un ángel que les hable de la idolatría que profesan?» *Al-Mizan*, t. XVI, p. 274.

[2] Es decir: «Sin pararse a pensar que el bien del que disfrutan es una misericordia de Dios y no un logro personal, mientras que, cuando sufren un pequeño percance por culpa de sus malas acciones, se desesperan sin pensar en recurrir a la misericordia divina.» *Al-Mizan*, t. XVI, p. 275.

[3] Al viajero que se ha quedado sin recursos para regresar junto a su familia. *Nemune*, t. XVI, p. 441.

[4] Es decir: «Para quienes buscan agradar a Dios.» *Al-Mizan*, t. XVI, p. 443.

Di: «Id por la Tierra y observad cuál fue el final de los que vivieron antes. La mayoría de ellos eran idólatras.» (42)

Así pues, levanta tu rostro hacia la religión viva antes de que llegue un día en el que nadie podrá retroceder ante Dios.[1]

Ese día [los seres humanos] serán divididos [2] (43) -Quien haya ocultado la verdad sufrirá las consecuencias de ello y quienes hayan obrado rectamente se habrán preparado para ellos mismos un lugar en el que descansar- (44) para que Él recompense con Su favor a quienes hayan creído y obrado rectamente.

En verdad, el no ama a quienes ocultan la verdad. (45)

Y entre Sus señales está el enviar los vientos como portadores de buenas noticias y el hacer que probéis de Su misericordia y el que los barcos naveguen a una orden Suya y el que busquéis Su favor,[3] para que así, quizás, seáis agradecidos. (46)

Y, ciertamente, antes de ti ya habíamos enviado Mensajeros a sus pueblos que llegaron a ellos con las pruebas claras y Nos vengamos de quienes habían cometido malas acciones. Y es una obligación para Nosotros auxiliar a los creyentes. (47)

Es Dios quien envía los vientos que hacen surgir las nubes que Él dispersa por el cielo como quiere. Y las fragmenta y puedes ver como el aguacero sale de su interior.

Y cuando favorece con ella a quien Él quiere de Sus siervos, ellos se regocijan y se transmiten unos a otros la buena nueva, (48) pues antes de que descendiera sobre ellos estaban desesperados. (49)

Observa, pues, los efectos de la misericordia de tu Señor. Cómo hace vivir la tierra después de haber estado muerta. En verdad, eso es ser el Revivificador de lo muerto.[4] Y Él tiene poder sobre todas las cosas. (50)

---

[1] Es decir: «El Día del Juicio Final», en el cual nadie podrá echarse atrás y evitar el encuentro con la presencia divina. *Al-Mizan*, t. XVI, p. 294.

[2] Se refiere a la división entre quienes irán al Paraíso y quienes irán al Fuego y a las sucesivas subdivisiones en ambos grupos. *Nemune*, t. XVI, p. 454.

[3] Los vientos son anunciadores de la lluvia y facilitan la fertilización de las flores y los frutales y limpian la atmósfera de contaminación, entre otras bendiciones que portan y, además, permiten que los barcos puedan deslizarse por el agua, para que así los seres humanos busquen el sustento que Él envía para ellos como una merced. *Al-Mizan*, t. XVI, p. 298.

[4] El sentido de la frase es: «Dar vida a los muertos es igual que dar vida a la tierra después de que estaba muerta, ya que en ambos casos estaba presente la muerte.» *Al-Mizan*, t. XVI, p. 304.

Pero si enviamos un viento y ven que todo lo [vuelve] amarillo, regresan de nuevo a su falta de fe.¹ (51) Pues, en verdad, tú no puedes hacer oír al muerto ni hacer que el sordo oiga la llamada si se da la vuelta. (52) Y tú no puedes guiar al ciego de su extravío. Y, en verdad, no puedes hacer que oiga más que quien crea en Nuestras señales, pues ellos se han sometido, son musulmanes. (53)

Dios, Quien os ha creado débiles y después de esa debilidad os hace fuertes. Después de fuertes os hace débiles y ancianos. Él crea lo que quiere. Y Él es Quien todo lo sabe, el Poderoso. (54)

Y el día en que llegue la Hora, los que hayan hecho el mal jurarán que no han permanecido más de una hora. Así mismo mentían.² (55)

Y aquellos a quienes les fue dado el conocimiento y la fe dirán: «Permanecisteis hasta el Día de la Resurrección según está en la Escritura de Dios y éste es el Día de la Resurrección, pero vosotros no sabíais.» (56)

Pero ese día no les servirán sus excusas a quienes fueron opresores, ni se les evitará la condena. (57)

Y, ciertamente, pusimos a los hombres todo tipo de ejemplos en este *Corán*. Y si vas a ellos con una señal, quienes no son creyentes seguro que dirán: «Vosotros no sois más que falsarios.» (58)

Así es como Dios sella el corazón de los que no saben.³ (59) Pero se paciente. En verdad, la promesa de Dios es verdadera. Que no te encuentren débil quienes no tienen certeza. (60)

---

¹ Es decir: «Pero si, después de haber dado vida a lo que estaba muerto, enviamos un viento frío o caliente que quema las cosechas y los frutos, vuelven de nuevo a su falta de fe, después de su regocijo anterior.» *Al-Mizan*, t. XVI, p. 305.

² «El día en que llegue la Hora del Juicio Final y sean levantados de las tumbas, los pecadores jurarán que el tiempo transcurrido entre su muerte y la resurrección no ha sido más de una hora. Así es como solían mentir también cuando estaban vivos.» *Nemune*, t. XVI, p. 482. El versículo establece que la falta de fe de los incrédulos es debida a su desconocimiento de la Verdad, que les lleva a considerar la Verdad como falsedad y los milagros que aportan las pruebas como algo carente de fundamento, inventando suposiciones. Y estas suposiciones y este ir de un estado a otro y su tendencia a ir de lo verdadero a lo falso permanece en ellos como una característica de su personalidad hasta el Día del Levantamiento y vuelven a confundir la Verdad y eso les lleva a creer que entre el momento de su muerte y el de su resurrección apenas ha transcurrido un día. *Al-Mizan*, t. XVI, p. 308.

³ Con «*los que no saben*» se refiere a quienes ignoran la existencia de Dios y de Sus señales, entre las cuales está todo lo relativo a la resurrección. *Al-Mizan*, t. XVI, p. 310.

Capítulo 31

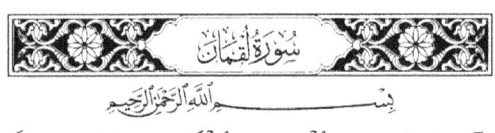

Luqman[1]

En el nombre de Al.lah, el Clementísimo, el Misericordiosísimo.

Alif, Lam, Mim. (1) Estos son los versículos de la *Escritura* Sabia. (2) Guía y misericordia para quienes son buenos. (3) Aquellos que hacen la oración, dan el impuesto purificador de su riqueza y creen en la otra vida. (4) Esos están en la guía que procede de su Señor y serán los triunfadores. (5)

Y entre la gente hay quien compra historias vanas para extraviar, sin conocimiento, del camino de Dios, tomándolo a broma. Esos tendrán un castigo humillante.[2] (6)

Y cuando le son recitados Nuestros versículos se da la vuelta altivo como si no los hubiera oído, como si fuera duro de oído. ¡Anúnciale un castigo doloroso! (7)

En verdad, quienes son creyentes y obran rectamente obtendrán los Jardines del Edén. (8) Estarán eternamente en ellos. La promesa de Dios es cierta. Y Él es el Poderoso, el Sabio. (9)

Ha creado los cielos sin columnas que puedas ver y ha colocado en la Tierra firmes montañas para que no tiemble con vosotros y ha hecho surgir en ella toda clase de animales. Y hacemos descender de los cielos agua con la que hacemos surgir un noble par de todo tipo de plantas.[3] (10)

Esta es la creación de Dios, así pues ¡Hacedme ver lo que han creado otros aparte de Él! ¡Los opresores se encuentran en un extravío evidente! (11)

---

[1] El capítulo toma su nombre del sabio Luqman, del cual se habla en los versículos 12-19.

[2] «*El camino de Dios*» quiere decir en este versículo «el Sagrado *Corán*, sus conocimientos y sus ordenanzas y especialmente sus relatos sobre los Mensajeros y profetas.» *Al-Mizan*, t. XVI, p. 313. Algunos exégetas han dicho que este versículo se refiere a Nadir ibn Harit, un comerciante que había viajado a Irán y que decía a los habitantes de La Meca: «Si Muhammad os relata las historias de Ad y de Zamud yo os contaré las de Rostam e Isfandiar y las noticias de Cosroes y los gobernantes persas.» Otros han dicho que se refiere a un hombre que compró una esclava que cantaba para él noche y día, haciendo que se descuidase del recuerdo de Dios. Y el gran exégeta Marhum Tabarsi, recogiendo esta opinión, cita una tradición en la que el Profeta se basa en este versículo para afirmar que comprar o vender esclavas cantoras o enseñarlas a cantar está prohibido por Dios. *Nemune*, t. XVII, p. 13.

[3] Y las denomina «*nobles*» por el beneficio que hay en ellas para las personas. *Al-Mizan*, t. XVI, p. 315.

31. LUQMAN

Y, ciertamente, dimos a Luqman la sabiduría [y le dijimos]: "¡Da gracias a Dios!"

Quien agradece, agradece en beneficio propio. Y quien no agradece, (sepa que) en verdad, Dios no necesita de Sus criaturas, es rico en Sí mismo, digno de ser alabado. (12)

Y (recuerda) cuando Luqman le dijo a su hijo, aconsejándole: «¡Oh, hijito mío! No adores nada junto a Dios. En verdad, el politeísmo es una opresión inmensa.»[1] (13)

Y encomendamos al ser humano con respecto a sus padres -Su madre le llevó, soportando debilidad sobre debilidad, terminando su lactancia a los dos años- : «¡Se agradecido conmigo y con tus padres! ¡A Mí regresáis!» (14)

Y si se esfuerzan para que tú adores junto a Mí algo de lo que tú no tienes conocimiento, no les obedezcas. Trátales en este mundo con bondad, pero sigue el camino de quien se vuelve a Mí contrito. Luego, regresaréis a Mí y Yo os informaré de lo que hacíais. (15)

«¡Oh, hijito mío! Aunque tus actos tengan el peso de un grano de mostaza y estén bajo una piedra o en los cielos o en la Tierra, Dios los traerá.[2] En verdad, Dios es sutil, está bien informado.» (16)

«¡Oh, hijito mío! ¡Haz la oración y ordena lo que es bueno, prohíbe lo que es malo y se paciente cuando sufras una desgracia! En verdad, esto es una de las cuestiones que exigen mayor entereza y decisión.» (17)

«No gires tu rostro ante la gente con altivez y no camines por la Tierra con arrogancia. En verdad, Dios no ama a quien es vanidoso y engreído.» (18)

«Y se modesto en tu caminar y habla poco y con tono suave. En verdad, la más insoportable de las voces es el rebuzno del asno.» (19)

---

[1] El mayor pecado es la desobediencia a Dios, ya que Él está por encima de toda grandeza y elevación. Puesto que Dios no tiene ni igual a Él ni socio en Su señorío, la mayor desobediencia a Él es adorar como si fuera Dios a cualquier otra persona o cosa. *Al-Mizan*, t. XVI, p. 322.

[2] «El día del Juicio, para ajustar las cuentas de cada cual.» *Al-Mizan*, t. XVI, p. 325.

¿No veis cómo Dios ha sometido para vosotros lo que hay en los cielos y en la Tierra y os ha colmado con Sus favores, tanto internos como externos?[1]

Y entre los hombres hay quienes discuten sobre Dios sin conocimiento ni guía ni Escritura luminosa. (20)

Y si se les dice: «Seguid lo que Dios hizo descender» dicen: «¡No! Seguiremos aquello mismo en lo que encontramos a nuestros padres.»

¿Y si Satanás les estuviese llamando al castigo del Fuego llameante? (21)

Y quien rinde su rostro ante Dios y es bueno, se habrá aferrado al asidero más firme. Y en Dios concluyen los asuntos. (22)

¡Qué no te entristezca la falta de fe de aquellos que no creen! Ellos regresarán a Nosotros y les informaremos de lo que hicieron. En verdad, Dios conoce bien lo que hay en la esencia de los pechos. (23)

Les dejaremos disfrutar un poco y luego les arrastraremos a un castigo durísimo. (24)

Y si les preguntas «¿Quién ha creado los cielos y la Tierra?» Seguro que dicen: «¡Dios!» Di: «¡Alabado sea Dios!» Pero la mayoría de ellos no saben.[2] (25)

A Dios pertenece lo que hay en los cielos y la Tierra. En verdad, Dios es el Rico por sí mismo, el Digno de alabanza. (26)

Si todos los árboles que hay en la Tierra fuesen plumas y se añadiese al mar otros siete mares más, no agotarían las palabras de Dios.[3] En verdad, Dios es todopoderoso, sabio. (27)

Vuestra creación y resurrección no es sino como la creación de un solo ser.[4] En verdad, Dios todo lo oye, todo lo ve. (28)

---

[1] Teniendo en cuenta que Dios se dirige aquí a los idólatras, se entiende por «*favores externos*» los sentidos corporales: vista, oído, ... los miembros corporales, la salud, la provisión... y por «*favores internos*» los que tienen que ver con el mundo oculto a los sentidos corporales: voluntad, intelecto, instinto... *Al-Mizan*, t. XVI, p. 343.

[2] «No saben el alcance que tiene su reconocimiento de Dios como Creador de los cielos y la Tierra.» *Al-Mizan*, t. XVI, p. 346.

[3] El sentido del versículo es: «Si convirtiésemos todos los árboles en plumas para escribir y los mares en tinta, no terminaríamos de enumerar la creación de Dios, ya que los mares y los árboles poseen una realidad limitada, pero la creación divina no tiene límites.» *Al-Mizan*, t. XVI, p. 348.

[4] Es decir: «Ante el poder de Dios, la creación de todos vosotros y vuestra resurrección no supone mayor esfuerzo que la creación de uno sólo de vosotros.» *Al-Mizan*, t. XVI, p. 349.

¿No has visto cómo hace Dios que la noche entre en el día y el día entre en la noche y ha sometido al Sol y a la Luna, haciendo que cada uno de ellos se mueva hacia un plazo establecido,[1] y que Dios está bien informado de lo que hacéis? (29)

Eso es porque Dios es la Verdad y porque lo que ellos invocan en lugar de Él es falso y porque Dios es el Excelso, el Grande. (30)

¿No has visto como el barco surca el mar por el favor de Dios, para haceros ver una de Sus señales? En verdad, en ello hay señales para todo el que es paciente, agradecido. (31)

Y cuando les cubre una ola como una nube sombría, invocan a Dios, creyendo únicamente en Él. Pero cuando les pone a salvo en tierra, unos pocos de ellos permanecen firmes en su propósito.[2] Y no niega Mis señales excepto quien es un mentiroso redomado y un encubridor de la realidad.[3] (32)

¡Oh, gentes! Sed temerosos de vuestro Señor y tened miedo de un día en el que un padre no pueda expiar las faltas de su hijo, ni un hijo pueda expiar las faltas de su padre en absoluto.

En verdad, la promesa de Dios es cierta. Por tanto, que la vida mundanal no os vuelva soberbios y que el Soberbio[4] no os haga soberbios frente a Dios. (33)

En verdad, Dios posee el conocimiento de la Hora. Él hace descender la lluvia y conoce lo que hay en el seno materno. Y ningún ser sabe lo que obtendrá mañana y nadie sabe en que tierra ha de morir.
En verdad, Dios todo lo sabe, está bien informado. (34)

---

[1] Es decir: «Que cada uno de ellos se mueve en el cumplimiento de una fase que tiene su tiempo establecido y que de nuevo regresa a su fase primera.» *Al-Mizan*, t. XVI, p. 351.

[2] La estructura de las frases indica que el sentido de *min hum* («de ellos») es: «Sólo unos pocos de ellos permanecen firmes en el camino recto de la adoración al único Dios que su naturaleza innata les ha mostrado cuando se encontraban a punto de perecer.» *Al-Mizan*, t. XVI, p. 355.

[3] Esta frase es la conclusión de un razonamiento precedente que se ha dejado oculto, del tipo: «Y la mayoría de los que estuvieron a punto de perecer en el mar, cuando se encuentran en tierra firme niegan Mis milagros. Y no niega Mis señales...» *Al-Mizan*, t. XVI, p. 355.

[4] Es decir, Satanás. *Nemune*, t. XVII, p. 90.

Capítulo 32

La prosternación[1]

En el nombre de Al.lah, el Clementísimo, el Misericordiosísimo.

Alif, Lam, Mim. (1)

El descenso de la *Escritura* en la que no hay duda procede del Señor del Universo. (2)

Ellos dicen: «¡Él lo ha inventado!» Pero él es la Verdad que procede de tu Señor para amonestar a un pueblo al que no ha venido un amonestador antes de ti, para que así, quizás, se guíen. (3)

Dios, el Cual creó los cielos y la Tierra y lo que hay entre ambos en seis días[2] y luego se instaló en el Trono. Aparte de Él no tenéis protector ni intercesor. ¿Es que no reflexionaréis? (4)

Él dirige todos los asuntos, desde los cielos hasta la Tierra. Luego, ascienden a Él en un día que dura mil años de los que vosotros contáis. (5) Es el Conocedor de lo oculto y lo manifiesto, el Todopoderoso, el Misericordiosísimo con los creyentes. (6) Quien ha hecho perfecto todo lo que ha creado y Quien creó inicialmente a los seres humanos de barro. (7)

Luego, puso su descendencia en la esencia que se extrae de una gota de líquido insignificante. (8)

Luego le dio forma e insufló en él parte de Su Espíritu y puso para vosotros el oído y la vista y el corazón.[3] ¡Poco es lo que agradecéis! (9)

Y ellos dicen: «¿Acaso cuando nos hayamos perdido, confundidos con la tierra, seremos creados de nuevo?» Ellos no creen en el encuentro con su Señor. (10)

Di: «El ángel de la muerte, al cual habréis sido confiados, tomará vuestras almas[4] y luego se os hará regresar a vuestro Señor.» (11)

---

[1] El capítulo toma su nombre del versículo 15.

[2] Es decir: «En seis etapas.» Cfr. *Corán*, 57:4.

[3] *Af'ida* es el plural de *fu'ad*, que significa «corazón» (*qalb*), pero no en el sentido físico, sino como el lugar que recibe y atesora las mercedes divinas, que percibe, intuye y razona. *Al-Mizan*, t. XVI, p. 375.

[4] Si en algunos versículos (39:42) es Dios quien toma las almas, en otros (6:62) los Mensajeros y en otros (16:28) los ángeles, es debido a los diferentes niveles causales. Los ángeles enviados por el ángel de la muerte son quienes se encuentran más próximos al muerto. El ángel de la muerte es quien recibe directamente las órdenes divinas y las ejecuta enviando a los ángeles a cumplirlas. De la misma manera en que decimos: «El escritor, la mano que escribe, la pluma que escribe.» *Al-Mizan*, t. XVI, p. 376.

Y si vieras cuando los pecadores inclinen sus cabezas ante su Señor: «¡Señor nuestro! ¡Hemos visto y hemos oído![1] ¡Haznos, pues, regresar y obraremos con rectitud! ¡En verdad, (ahora) tenemos certeza!»[2] (12)

Si hubiésemos querido habríamos dado a cada ser su guía, pero se cumplirá Mi promesa: «¡He de llenar el Infierno con los genios y los hombres!»[3] (13)

«¡Gustad [el castigo] por haber olvidado el encuentro de este vuestro día! ¡En verdad, Nosotros también nos olvidamos de vosotros! ¡Gustad el castigo eterno por lo que hacíais!» (14)

En verdad, creen en Nuestras señales quienes, cuando se les recuerdan, caen prosternados y glorifican con alabanzas a su Señor y no se muestran arrogantes. (15)

Sus costados abandonan los lechos[4] para invocar a su Señor con temor y esperanza y de lo que Nosotros les hemos provisto reparten. (16)

Nadie sabe la alegría que ha sido reservada para ellos en recompensa por lo que hacían. (17)

¿Acaso quien es creyente es igual que quien es trasgresor? ¡No son iguales! (18)

Quienes son creyentes y actúan rectamente obtendrán los Jardines de la Morada,[5] como regalo por lo que hacían. (19)

Pero quienes trasgreden tendrán de morada el Fuego. Siempre que quieran salir de él regresarán a él y se les dirá: «¡Gustad el castigo del Fuego! ¡Ese que solíais desmentir!» (20)

---

[1] «Que aquello que nos habías prometido era cierto.» *Nemune*, t. XVII, p. 133.
[2] «De que el Día del Juicio es una realidad.» *Nemune*, t. XVII, p. 133.
[3] «Que sean malvados.» *Nemune*, t. XVII, p. 133.
[4] «En mitad de la noche.» *Nemune*, t. XVII, p. 144
[5] *Ma'wa* se dice del lugar en el que la persona habita y toma como hogar propio. Y se dice *nuzul* a cualquier cosa que se prepara para quien entra en una casa: comida, bebida. Y, por el uso, se hace extensible a cualquier regalo. *Al-Mizan*, t. XVI, p. 396.

Y les haremos gustar algo del pequeño castigo, no del gran castigo. Quizás así regresen.[1] (21)

Y ¿Quién es más opresor que quien cuando le son recordados los versículos de su Señor se aparta de ellos? En verdad, tomaremos venganza de los ofensores criminales. (22)

Y, ciertamente, hicimos entrega a Moisés de la Escritura -así pues, no seas escéptico respecto al encuentro con Él-[2] y la[3] pusimos como guía para los Hijos de Israel (23)

Y, de entre ellos, pusimos dirigentes espirituales[4] que les guiasen conforme a Mi mandato, pues eran pacientes y tenían certeza de Nuestras señales. (24)

En verdad, tu Señor es Quien juzgará entre ellos el Día del Levantamiento sobre aquello en lo que mantenían diferencias.[5] (25)

¿Acaso no les ha quedado claro cuántas generaciones antes de ellos hemos destruido, sobre cuyas casas ellos caminan ahora?

En verdad, en ello hay indicaciones. ¿Es que no oyen? (26)

¿Acaso no ven que Nosotros suministramos el agua a la tierra seca y árida y hacemos salir con ella cosechas de las que comen sus ganados y ellos mismos? ¿Es que no observan? (27)

Y dicen: «¿Cuándo será esa victoria, si decís la verdad?» (28)

Di: «El día de la victoria no les será de utilidad la fe a quienes no la tenían y ellos no serán tenidos en cuenta.» (29)

Así pues, ¡Apártate de ellos y espera! ¡En verdad, ellos también están a la espera! (30)

---

[1] «Regresen a Dios». Es decir, se vuelvan arrepentidos a Dios. Y con «*el castigo pequeño*» se refiere al castigo en esta vida, que Dios hace descender sobre ellos para abrirles los ojos y hacerles temer el gran castigo del Día del Juicio y que puedan arrepentirse antes de que sea tarde. *Al-Mizan*, t. XVI, p. 396

[2] Es decir: «Nosotros también dimos a Moisés la *Escritura* Sagrada (la *Torá*) de la misma manera en que te hemos dado a ti ¡Oh Muhammad! el *Corán*. Por tanto, no tengas dudas sobre lo que el *Corán* relata a cerca del Levantamiento Final.» Y esta confirmación de la veracidad del *Corán* mediante la Torá no sólo aparece en este versículo sino en varios otros lugares del *Corán*. Y la frase siguiente confirma esta interpretación al decir: «*Y la pusimos como guía para los Hijos de Israel y, de entre ellos, pusimos dirigentes espirituales que les guiasen conforme a Mi mandato.*» *Al-Mizan*, t. XVI, p. 398-399.

[3] La Torá. *Al-Mizan*, t. XVI, p. 399.

[4] *A'imma* es el plural de *imam*: «el que está delante de la comunidad». Y puede ser *imam* de una pequeña comunidad o de una oración o *imam* de toda la comunidad, es decir el que ejerce la guía espiritual y la autoridad temporal en la comunidad de los creyentes.

[5] Con «*diferencias*» se refiere a diferencias doctrinales entre las personas. (Cfr. 45:17) Pero no a nivel teórico sino a nivel práctico, lo cual se traduce en opresión de unos sobre otros. Por tanto *yafsilu bainahum* quiere decir «juzgará entre ellos». *Al-Mizan*, t. XVI, p. 400

Capítulo 33

Los partidos

En el nombre de Al.lah, el Clementísimo, el Misericordiosísimo.

¡Oh, profeta! Se temeroso de Dios y no obedezcas a los que no son creyentes ni a los hipócritas. En verdad, Dios todo lo sabe, es sabio. (1) Y sigue lo que te fue revelado procedente de tu Señor. En verdad, Dios está bien informado de lo que hacéis. (2)

Y confía en Dios. Dios es suficiente para proteger. (3)

Dios no ha puesto dos corazones en el interior de ningún hombre[1] ni convierte a la mujer que repudia en su madre,[2] ni hace que vuestros hijos adoptados sean vuestros propios hijos.[3]

Eso son cosas que decís con vuestras bocas, pero Dios dice la Verdad y es Quien guía al camino. (4)

Llamadles por el nombre de su padre.[4] Eso es más equitativo ante Dios. Y si no conocéis el nombre de su padre, entonces, son hermanos vuestros en la fe y vuestros protegidos.

No cometéis pecado si os equivocáis en ello, sino en lo que premeditan vuestros corazones. Pero Dios es perdonador, misericordiosísimo con los creyentes. (5)

El Profeta posee mayores derechos sobre los creyentes que ellos mismos y sus esposas son sus madres.[5] Los familiares consanguíneos tienen preferencia, unos más que otros, en la Escritura de Dios respecto a los creyentes y a los emigrantes,[6] excepto en el bien que podáis hacer a vuestros compañeros.[7]

Esto está recogido en la *Escritura*. (6)

---

[1] Es decir, una persona no puede mantener al mismo tiempo dos creencias o ideologías opuestas. *Al-Mizan*, t. XVI, p. 410.

[2] El Islam abolió una forma de repudiar a las esposas que consistía en decir: «Tu espalda es para mí como la espalda de mi madre.» llamada *Dihar*, pues dejaba a la mujer en una situación en la que no podía volver a casarse. Cfr. *Al-Mizan*, t. XVI, p. 411.

[3] Si un hombre adoptaba un hijo, éste pasaba a tener la misma consideración legal que cualquier otro hijo, por ejemplo, no podía casarse con una de sus hijas. El Islam abolió esta costumbre. *Al-Mizan*, t. XVI, p. 411.

[4] Es decir: «Cuando os dirijáis a ellos, decidles: ¡Oh, hijo de fulano! y no ¡Oh, hijo mío!» *Al-Mizan*, t. XVI, p. 412.

[5] Es decir: «Las esposas del Profeta son las madres de los creyentes.»

[6] Tienen preferencia en el reparto de la herencia, según sus grados de consanguineidad, sobre los creyentes que emigraron de La Meca a Medina y sobre el resto de los creyentes, según consta en el decreto divino. *Al-Mizan*, t. XVI, p. 415.

[7] Este versículo es abrogante (*nasej*) de una disposición que se aplicó en los inicios del Islam consistente en que, cuando para proteger su fe y sus creencias, algún creyente se veía obligado a abandonar su tierra y sus bienes y, por razones de fe, establecía lazos de amistad con otro creyente, ambos ponían en común sus bienes y herencias. Este versículo establece que, a partir de ese momento, solamente los familiares consanguíneos pueden heredar unos de otros. La frase «Excepto el bien que podáis hacer a vuestros compañeros» se refiere a que el creyente puede testar a favor de su hermano en la fe una cantidad que en los comienzos del Islam se limitó a que fuese un tercio de su riqueza o menos. *Al-Mizan*, t. XVI, p. 415.

Y [recuerda] cuando tomamos de los profetas un juramento, de ellos y de ti, de Noé, de Abraham, de Moisés y de Jesús hijo de María.[1]

Y hemos tomado de ellos un grave juramento (7) para que Él pregunte a los sinceros por su sinceridad y castigue a los que no creen con un castigo doloroso. (8)

¡Oh, los que sois creyentes! Recordad el favor que Dios os hizo cuando venía a vosotros un ejército y Él envió contra ellos un viento y un ejército que vosotros no veíais.[2] Pero Dios observa cuanto hacéis. (9)

Cuando vinieron contra vosotros desde arriba y desde abajo y los ojos se desorbitaban de temor y los corazones se subían a la garganta y comenzasteis a especular y a dudar de Dios.[3] (10)

De esa manera fueron puestos a prueba los creyentes y temblaron fuertemente conmocionados. (11)

Y cuando dijeron los hipócritas y aquellos cuyos corazones estaban enfermos: «No nos ha prometido Dios nada más que engaños.» (12)

Y cuando un grupo de ellos dijo: «¡Oh, gente de Yatrib! ¡No tenéis donde estableceros! ¡Regresad!»[4] Un grupo de ellos pidió permiso al Profeta diciendo: «En verdad, nuestras casas están desprotegidas.» Pero no estaban desprotegidas, solamente querían escapar.[5] (13) Si les hubieran invadido por los flancos de sus casas y les hubieran pedido su apostasía, con seguridad la habrían dado sin demorarse mucho en ello. (14)

Ciertamente, habían prometido a Dios anteriormente que no darían la espalda[6] y de las promesas hechas a Dios hay que responder. (15)

---

[1]. El juramento que Dios ha tomado de ellos es transmitir un solo y mismo Mensaje y no disentir entre ellos, como vemos en 42:13. *Al-Mizan*, t. XVI, p. 416.

[2] Se refiere a los días en que se libraba la batalla llamada «del Foso», el año quinto de la hégira. Las tribus y familias de los Qatafan, Quraysh, Ajabish, Kinana y los judíos de Bani Qurayda, y Bani Nadir, habían reunido un ejército numerosísimo y rodearon la ciudad de Medina con la intención de destruir definitivamente el Islam. *Al-Mizan*, t. XVI, p. 427

[3] Los hipócritas dudaron de Dios ese día. *Al-Mizan*, t. XVI, p. 428.

[4] Yatrib es el nombre antiguo que recibía la ciudad de Medina. Los hipócritas quieren decir con ello: «Ya no tendrá sentido que sigáis viviendo aquí cuando los enemigos tomen la ciudad. Regresad al lugar del que vinisteis.» *Al-Mizan*, t. XVI, p. 429.

[5] Es decir: «Un grupo de los hipócritas y de aquellos de fe débil, pidieron permiso al Profeta para abandonar el frente de batalla.» *Al-Mizan*, t. XVI, p. 429.

[6] Es decir, que no darían la espalda al enemigo si eran atacados. *Al-Mizan*, t. XVI, p. 430.

Di: «De nada os servirá huir si pretendéis escapar de la muerte o de que os maten. De todos modos solo disfrutareis un breve plazo.»[1] (16)

Di: «¿Quién podría protegeros de Dios si Él quisiera un mal para vosotros o quisiera para vosotros una misericordia?»

No encontrarán a nadie aparte de Dios que les proteja y les auxilie. (17)

Con certeza, Dios conoce a quienes os ponen dificultades y a los que dicen a sus hermanos: «¡Venid a nosotros!» y no van al frente excepto poco,[2] (18) escatimándoos su ayuda.

Y cuando llega el miedo les verás mirándoos con los ojos desorbitados como al que le viene la muerte. Y cuando se va el miedo, os golpean con lenguas afiladas, disgustados y ávidos del bien que habéis obtenido.

Esos jamás han tenido fe. Por ello, Dios ha invalidado sus acciones. Eso es fácil para Dios. (19)

Creen que los partidos no se han ido.[3] Y si los partidos volviesen de nuevo, desearían estar en el desierto entre los beduinos preguntando las noticias que hay sobre vosotros. Y si estuviesen entre vosotros apenas participarían en la batalla. (20)

Ciertamente, en el Mensajero de Dios tenéis un buen modelo para quien tiene su esperanza puesta en Dios y en el Último Día y recuerda mucho a Dios. (21)

Y cuando los creyentes vieron a los partidos dijeron: «Esto es lo que nos prometieron Dios y Su Mensajero y Dios y Su Mensajero dijeron la verdad.» Y no hizo sino incrementarse su fe y su sometimiento a Dios. (22)

---

[1] «Pues todo el mundo debe morir un día y cuando ese día llega, la muerte no se retrasa ni adelanta un instante, por lo tanto, no tiene sentido tratar de escapar de la muerte.» *Al-Mizan*, t. XVI, p. 430.

[2] Es decir: «Dios conoce a quienes de vosotros disuaden a los hombres de participar en la guerra y a los hipócritas que impiden a los musulmanes participar en la batalla y a los hipócritas que llaman a sus hermanos hipócritas y los de corazón enfermo y les dicen: Venid junto a nosotros y no vayáis a combatir. Y ellos mismos participan lo menos posible en la guerra, negándose a entregar su vida a vuestra causa.» *Al-Mizan*, t. XVI, p. 431.

[3] Es decir: «A causa de intenso miedo que tienen, creen que los partidos (el ejército enemigo compuesto por diferentes grupos) que les asediaban no se han ido.» *Al-Mizan*, t. XVI, p. 432.

Entre los creyentes hay hombres que cumplen lo que han prometido a Dios. Entre ellos hay quienes ya han cumplido su promesa y hay otros que aun esperan y no han cambiado en absoluto.[1] (23) Para que Dios recompense a quienes han cumplido su promesa por su sinceridad y castigue a los hipócritas si quiere o se vuelva a ellos y les perdone si se arrepienten. En verdad, Dios es perdonador, misericordiosísimo con los creyentes. (24)

Dios hizo regresar a los incrédulos llenos de ira y preocupación sin haber obtenido el bien que esperaban y Dios evitó que los creyentes tuvieran que combatir. Dios es fuerte, poderoso. (25)

Él hizo descender de sus fortalezas a quienes de entre la gente de la *Escritura* les había apoyado e infundió el temor en sus corazones.[2]

A un grupo les matasteis y a otro les hicisteis prisioneros. (26)

Y os dio en herencias sus tierras, sus casas y sus bienes y un territorio que todavía no habéis pisado. Dios tiene poder sobre todas las cosas. (27)

¡Oh, Profeta! Di a tus esposas: «Si deseáis la vida de este mundo y sus adornos, venid y os daré para que podáis disfrutarlo y os dejaré ir de buena manera. (28) Pero si queréis a Dios y a Su Mensajero y la morada de la Otra Vida, Dios ha preparado para quienes sois virtuosas una recompensa inmensa.» (29)

¡Oh, esposas del Profeta! ¡Quien de vosotras cometa un pecado evidente, recibirá doble castigo! Eso es fácil para Dios. (30)

---

[1] Y la promesa hecha a Dios consiste en no huir ante el enemigo si son atacados, como hemos visto en el versículo 15. Algunos de los creyentes ya han cumplido su promesa y han muerto o han sido matados en batalla o en defensa de la causa de Dios y otros están a la espera de que llegue su plazo, sin cambiar su actitud ante la promesa que hicieron a Dios en lo más mínimo. *Al-Mizan*, t. XVI, p. 435.

[2] «Dios puso el miedo en los corazones de quienes bajaron de sus fortalezas para ayudar a los idólatras contra los creyentes», es decir, la tribu judía de los Bani Qurayda, quienes el año quinto de la Hégira rompieron su pacto de colaboración con los musulmanes y sacaron sus espadas contra ellos, aliándose a sus enemigos. Cuando los enemigos de los musulmanes levantaron sus tiendas y regresaron a La Meca desanimados y derrotados, los creyentes recibieron órdenes de rodear inmediatamente las fortalezas de los Bani Qurayda y atacarles. Tras veinticinco días de asedio todas las fortalezas se rindieron. *Nemune*, t. XVII, p. 270.

Parte 22

Y, a quienes de vosotras obedezcan a Dios y a Su Mensajero y obren rectamente les daremos dos veces su recompensa y les otorgaremos una provisión generosa. (31)

¡Oh, esposas de Profeta! ¡Vosotras no sois como cualquier otra mujer! Si sois temerosas de Dios, no elevéis vuestro tono de voz al hablar, de manera que se despierte el deseo de quien tiene una enfermedad en el corazón, y hablad de manera buena y adecuada. (32) Y permaneced en vuestras casas y no os mostréis ante los hombres como se mostraban en los tiempos de ignorancia anteriores y haced la oración y dad el impuesto purificador de la riqueza y obedeced a Dios y a Su Mensajero.

Ciertamente, Dios quiere apartar de vosotros la impureza ¡Gente de la Casa! y purificaos absolutamente.[1] (33)

Y vosotras, recordad lo que es recitado del *Corán* en vuestras casas relativo a las señales de Dios y la sabiduría. En verdad, Dios es sutil, está bien informado. (34)

En verdad, para los musulmanes y las musulmanas, los creyentes y las creyentes, los obedientes y a las obedientes a las ordenes de Dios, los sinceros y las sinceras, los pacientes y las pacientes, los humildes y a las humildes ante Dios, los caritativos y las caritativas, los que ayunan y las que ayunan, los que protegen y las que protegen su sexo y los que recuerdan y las que recuerdan mucho a Dios, Dios ha preparado un perdón y una recompensa enormes. (35)

---

[1] Se han emitido muchas opiniones acerca de quienes son aquellos a los que Dios quiere purificar absolutamente, comprendidos en el término «*Gente de la Casa*». Algunos han dicho que se refiere al Profeta y a sus esposas, pero la mayoría de los testimonios fiables transmiten que se refiere al Profeta mismo, a su hija Fátima, a Ali Ibn Abi Talib, esposo de Fátima y primo del Profeta y a los dos hijos de ambos, Al-Hasan y Al-Huseyn. Existen más de setenta tradiciones fiables, la mayoría de ellas *sunníes*, de Umm Salama, (en cuya casa tuvo lugar la revelación de estas palabras) Aysha, Ibn Said Judri, Saad, Abi al-Jamra, Ibn Abbas, Zauban, el siervo liberado del Profeta, Abd Allah ibn Yafar, Ali ibn Abi Talib y Hasan ibn Ali, transmitidos por cerca de cuarenta caminos. Entre la *shía* se recoge de Ali, del Imam al-Sayyad, del Imam al-Baqir, Imam al-Sadiq y del Imam al-Rida, de Umm Salama, Abu Dar, Abu Laila, Ibn al-Asuad Duali, Amr ibn Maimun Udi y Saad ibn Abi-Waqas, por más de veinte caminos diferentes. La *shía* defiende con este versículo la impecabilidad de los Imames de la Casa Profética, todos ellos grandes sabios y maestros de la comunidad islámica. Cfr. *Al-Mizan*, t. XVI, p. 465.

Cuando Dios y Su Mensajero deciden un asunto, los creyentes y las creyentes no tienen elección sobre ese asunto[1] y quien desobedezca a Dios y a Su Mensajero se habrá extraviado con un extravío evidente. (36)

Y [recuerda] cuando dijiste a quien Dios había agraciado y a quien tú habías agraciado: «Reten a tu esposa contigo y se temeroso de Dios» y guardabas en tu alma lo que Dios habría de manifestar, temiendo a la gente, cuando Dios tiene mayor derecho a que Le temas.

Así pues, cuando Zayd cambió de opinión respecto a ella, te la dimos por esposa para que los creyentes no encuentren impedimento en casarse con las esposas de sus hijos adoptivos cuando estos decidan terminar con ellas.

Y la orden de Dios se cumple.[2] (37)

No hay impedimento para el Profeta en aquello que Dios ha dispuesto para él. Es lo habitual en Dios para quienes vivieron antes. -Y la orden de Dios es un decreto establecido. (38) Aquellos que difundieron el mensaje de Dios y Le temen y no temen a nadie más que a Dios. Y Dios es suficiente para llevar la cuenta. (39)

Muhammad no es el padre de ninguno de vuestros hombres, sino el Mensajero de Dios y el Sello de los profetas. Y Dios es Quien mejor conoce todas las cosas. (40)

¡Oh, creyentes! ¡Recordad mucho a Dios (41) y glorificadle mañana y tarde! (42)

Él es Quien os bendice, y lo mismo hacen Sus ángeles, para sacaros de las tinieblas hacia la luz, y Él es misericordiosísimo con los creyentes. (43)

---

[1] Este versículo descendió en un momento en el que el Mensajero de Dios, por mandato divino, pidió a la hija de su tía paterna, Zaynab bint Yahesh en matrimonio para su esclavo liberado Zayd ibn Hariza. Con esa decisión se rompía una costumbre por la cual una mujer de posición no podía casarse con un hombre que había sido esclavo, por muchas cualidades que éste tuviese y, por parte de Zaynab y de su hermano Abd Al.lah hubo, hasta el descenso de este versículo, mucha resistencia a cumplirla. Cfr. *Nemune*, t. XVII, p. 317.

[2] El favor de Dios con Zayd fue iluminarle con la fe y hacer que el Profeta le amase. El favor del Profeta con él fue, no sólo liberarle de su esclavitud, sino tomarle como hijo adoptivo. Zayd quiso divorciarse de su esposa y pidió consejo al Profeta. Éste le aconsejó que no lo hiciese, pero, finalmente, Zayd hizo lo que deseaba y la divorció e inmediatamente Dios ordenó al Profeta que se casase con ella. El Profeta temía que la fe de algunos se debilitase al ver que contraía matrimonio con la mujer de su hijo adoptivo, pero guardó ese temor para sí, aunque Dios lo hizo público para que, así, los creyentes supiesen que no había ningún problema en casarse con las mujeres divorciadas de sus hijos adoptivos. Cfr. *Al-Mizan*, t. XVI, p. 482-484.

El día que se encuentren con Él, se les saludará diciéndoles: «¡Paz!» y Él les tendrá preparada una generosa recompensa. (44)

¡Oh, Profeta! En verdad, te hemos enviado como testigo, como portador de buenas nuevas y como amonestador, (45) como uno que invita hacia Dios con Su permiso y como una lámpara luminosa. (46) Anuncia a los creyentes la buena noticia de que hay para ellos, procedente de Dios, un favor grande (47) y no obedezcas a quienes no creen, ni a los hipócritas. No hagas caso a sus agresiones y confía en Dios. Dios es protector suficiente. (48)

¡Oh, creyentes! Cuando os caséis con mujeres creyentes y os divorciéis de ellas antes de haberlas tocado, ellas no tienen que guardar un plazo antes de que puedan volver a casarse. Dotadlas adecuadamente y dejadlas ir con amabilidad. (49)

¡Oh, Profeta! Hemos hecho lícitas para ti[1] a tus esposas a las cuales has dado sus dotes, a las cautivas que Dios te ha dado como parte del botín de guerra, las hijas de tus tíos paternos y las hijas de tus tías paternas, las hijas de tus tíos maternos y las hijas de tus tías maternas que emigraron contigo[2] y toda mujer creyente que se dé al Profeta, si el Profeta desea casarse con ella. Esto es exclusivamente para ti, no para el resto de los creyentes -Ya sabemos lo que hemos establecido para ellos sobre sus esposas y cautivas- para que no tengas problemas.[3]

Y Dios es perdonador, misericordiosísimo con los creyentes. (50)

---

[1] Es decir: «Que puedas casarte con ellas.» *Al-Mizan*, t. XVI, p. 503.

[2] La referencia a las primas que emigraron con él, se debe a que en aquellos días se consideraba que haber emigrado de La Meca a Medina era una prueba de la fe de la persona y puede que el hecho de haber emigrado fuese un atributo añadido que las hiciese más merecedoras y adecuadas para desposarse con el Profeta. *Nemune*, t. XVII, p. 377.

[3] El permiso concedido en exclusiva al Profeta para contraer numerosos matrimonios se debe al deseo de Dios de facilitarle la solución de toda una serie de problemas sociales y políticos, pues, cuando el Profeta inició su llamada al Islam muy pocas personas le siguieron y todas las tribus de los árabes se movilizaron contra él y el matrimonio suponía, en algunos casos, una manera de establecer lazos de amistad con una tribu y en otros, establecer nuevas disposiciones respecto a las viejas costumbres del periodo anterior al Islam, como vimos en el caso del matrimonio con Zaynab bint Yahesh, en el versículo 37 de este mismo capítulo. Cfr. *Nemune*, t. XVII, p. 381.

Pospón el encuentro con quien quieras de ellas y acerca a ti a quien quieras y si quieres acercar a alguna de las que habías apartado no cometes falta alguna.

Eso es mejor para que estén felices y no se sientan desgraciadas y estén satisfechas con lo que des a cada una de ellas.[1]

Y Dios sabe lo que hay en vuestros corazones. Dios todo lo conoce, es indulgente. (51)

En adelante, no te son permitidas las mujeres, -ni tampoco que las cambies por otras esposas, aunque su belleza te impresione- excepto quienes son tus cautivas.[2]

Y Dios todo lo observa. (52)

¡Oh, creyentes! No entréis en las casas del Profeta, excepto si se os concede permiso para una comida, pero sin presentarse previamente, a la espera de que esté lista. Más bien, entrad cuando se os invite y marchaos cuando terminéis y no os quedéis charlando. En verdad, tal conducta molesta al Profeta, aunque le da vergüenza decíroslo. Pero Dios no se avergüenza de la verdad. Y cuando queráis pedirles algo de la casa a ellas,[3] hacedlo desde detrás de una cortina. Eso es más puro para vuestros corazones y para los corazones de ellas.

No debéis molestar al Mensajero de Dios ni casaros jamás con sus esposas después de él. Eso sería algo gravísimo ante Dios. (53)

Si manifestáis algo o lo ocultáis, en verdad, Dios conoce todas las cosas. (54)

---

[1] Algunas de las esposas del Profeta le pidieron que les aumentase la asignación que les daba y, como vimos en los versículos 28 y 29 de este mismo capítulo, Dios dijo: «¡Oh, Profeta! Di a tus esposas: Si deseáis la vida de este mundo y sus adornos, venid y os daré para que podáis disfrutarlo y os dejaré ir de buena manera. Pero si queréis a Dios y a Su Mensajero y la morada de la Otra Vida, Dios ha preparado para quienes sois virtuosas una recompensa inmensa.» Es este versículo, Dios libera al Profeta de tener que respetar un turno riguroso de visitas a sus esposas y le autoriza a posponer sus visitas a quien quiera de ellas y a visitar a quien quiera de ellas. Es la manera en la que Dios amonesta a algunas esposas del Profeta para que no le creen problemas añadidos, teniendo como tenía la gran responsabilidad de dirigir a su comunidad y defenderla de los ataques enemigos. Cfr. *Nemune*, t. XVII, p. 384-385.

[2] Sobre el significado de este versículo se han emitido muchas opiniones. Algunos exégetas han opinado que la prohibición de que el Profeta contraiga matrimonios se refiere, a matrimonios con mujeres que no están incluidas en la selección realizada en el versículo 50 de este mismo capítulo. Otros, que se refiere a las mujeres señaladas en 4:23 y 24, y otros, que este versículo descendió para proteger al Profeta de las numerosas ofertas que recibía de matrimonio por parte de las tribus que querían emparentar con él o de mujeres que, a título personal, querían casarse con él. Cfr. *Nemune*, t. XVII, p. 391.

[3] Es decir, a las esposas del Profeta. *Nemune*, t. XVII, p. 397.

Ellas no cometen pecado si son sus padres[1] o sus hijos o sus hermanos o los hijos de sus hermanos o los hijos de sus hermanas o sus mujeres[2] o sus esclavas. Y sed temerosas de Dios. En verdad, Dios es testigo de todas las cosas. (55)

En verdad, Dios y Sus ángeles bendicen[3] al Profeta. ¡Oh, creyentes! ¡Pedid bendiciones por él y saludadle con el mejor de los saludos de paz! (56)

En verdad, a quienes molesten a Dios y a Su Mensajero,[4] Dios les maldecirá en esta vida y en la Otra y les tendrá preparado un castigo humillante. (57) Y quienes molesten a los creyentes y a las creyentes por algo que no hayan hecho, cometen una calumnia y un pecado evidente. (58)

¡Oh, Profeta! Di a tus esposas y a tus hijas y a las mujeres de los creyentes que se cubran todo el cuerpo con sus túnicas. Eso es mejor para que sean reconocidas y no sean molestadas.[5]

Y Dios es perdonador, misericordiosísimo con los creyentes. (59)

Si los hipócritas, quienes tienen sus corazones enfermos y los intrigantes de Medina, no cesan, haremos que vayas contra ellos y no permanecerán en ella junto a ti sino por poco tiempo.[6] (60)

Donde quiera que se les encuentre serán maldecidos, apresados y matados. (61)

Es la costumbre de Dios con quienes pasaron anteriormente. Y no encontrarás cambios en la costumbre de Dios. (62)

---

[1] Es decir: «Las esposas del Profeta no cometen pecado si se muestran sin cubrirse antes sus padres.» *Nemune*, t. XVII, p. 411.

[2] Es decir: «Las otras mujeres musulmanas.» *Nemune*, t. XVII, p. 411.

[3] *Salat* originalmente significa «Inclinación, flexibilidad, ternura», por tanto, en este versículo indicaría la ternura e inclinación de Dios hacia el Profeta mediante Su misericordia. *Al-Mizan*, t. XVI, p. 509.

[4] Es evidente que Dios no puede ser molestado, por tanto, el versículo indica una deferencia divina hacia el Profeta al citarle junto a Él, e indica que todo aquello que vaya dirigido contra el Profeta molesta a Dios. *Al-Mizan*, t. XVI, p. 508.

[5] Sobre las circunstancias en que este versículo descendió, leemos en el *tafsir* de Ali ibn Ibrahim: «En aquellos días las mujeres solían ir a rezar tras el Profeta a la mezquita. Cuando anochecía y las musulmanas salían hacia la mezquita para rezar las oraciones del anochecer y de la noche, algunos jóvenes mal educados las molestaban con sus palabras y gestos al pasar y en esa situación descendió este versículo.» *Nemune*, t. XVII, p. 426.

[6] En el mismo *tafsir* se lee que un grupo de hipócritas de Medina se dedicaban a esparcir falsos rumores cuando el Profeta salía de expedición, diciendo que el Profeta había sido matado o herido, y esto molestaba y preocupaba a los musulmanes que habían quedado en la ciudad, por lo que se quejaron de ello al Profeta, circunstancia en la que descendió este versículo. *Nemune*, t. XVII, p. 426.

La gente te pregunta sobre la Hora. Di: «En verdad, ese conocimiento sólo lo tiene Dios y ¿Quién sabe? Puede que la Hora esté cerca.» (63)

En verdad, Dios maldice a los incrédulos y ha preparado para ellos un Fuego llameante (64) en el que permanecerán eternamente. No encontrarán quien les proteja ni quien les auxilie. (65)

El día que sus rostros se desfiguren en el Fuego, dirán: «¡Ojalá hubiésemos obedecido a Dios y hubiésemos obedecido al Mensajero!» (66)

Y dirán: «¡Señor nuestro! ¡En verdad, obedecimos a nuestros nobles y a nuestros grandes y nos desviaron del camino! (67) ¡Señor nuestro! ¡Dales en doble de castigo y maldíceles con una gran maldición!» (68)

¡Oh, creyentes! No seáis como quienes molestaron a Moisés. Dios le consideró inocente de lo que decían y era honorable ante Dios.[1] (69)

¡Oh, creyentes! ¡Sed temerosos de Dios y hablad con fundamento y conforme a la verdad! (70) Él corregirá vuestros actos y os perdonará vuestros pecados. Y quien obedezca a Dios y a Su Mensajero, obtendrá, con seguridad, un triunfo inmenso. (71)

En verdad, ofrecimos el depósito a los cielos, a la Tierra y a las montañas, y rehusaron cargar con él y tuvieron miedo, pero el ser humano cargó con él. En verdad, él es injusto, ignorante. (72) Para que Dios castigue a los hipócritas y a las hipócritas y a los idólatras y a las idólatras y acepte el arrepentimiento de los creyentes y las creyentes.[2] Y Dios es perdonador, misericordiosísimo con los creyentes. (73)

---

[1] Respecto al tipo de molestias a que se refiere el versículo se han emitido muchas opiniones, pero lo más adecuado parece ser entender que la referencia es general, ya que no ha existido ningún otro profeta a quien los Hijos de Israel hayan molestado, calumniado y desobedecido más que a Moisés y el hecho de que sea a él a quien se cite entre todos los profetas es debido a que su ejemplo es el más parecido al del profeta Muhammad, quien también fue acusado de magia, de locura, de estar poseído, de inventar cosas y atribuírselas a Dios y fue molestado y calumniado por su propia comunidad, acusando falsamente a algunas de sus esposas, como vimos en 24:11-20 o criticado sin motivo, como cuando contrajo matrimonio con su prima Zaynab bint Yahesh o fue desobedecido, como sucedió en la batalla de Uhud. Cfr. *Nemune*, t. XVII, p. 444. La frase «*Dios le consideró inocente de lo que decían*» indica claramente que Moisés era acusado falsamente de algo y la razón de que no explicite de qué, es muy posible que se deba, como indican algunas tradiciones proféticas, a que se refiera al falso rumor que lanzaron algunos entre los Hijos de Israel de que Moisés no poseía los atributos propios de la masculinidad. Cfr. *Al-Mizan*, t. XVI, p. 522.

[2] La frase «*Para que Dios castigue a los hipócritas...y las creyentes.*» Indica que el depósito mencionado tiene que ver con la creencia verdadera. *Al-Mizan*, t. XVI, p. 524.

Capítulo 34

Saba'[1]

En el nombre de Al.lah, el Clementísimo, el Misericordiosísimo.

Alabado sea Aquel a quien pertenece lo que hay en los cielos y en la Tierra. A Él pertenece la alabanza en la otra vida y Él es el Sabio, el Bien informado. (1)

Él conoce lo que entra en la tierra y lo que sale de ella y lo que desciende del cielo y lo que asciende a él y Él es el Misericordiosísimo, el Perdonador. (2)

Los que no son creyentes dicen: «La Hora no llegará a nosotros.»[2]

Di: «No es así. Juro por mi Señor que os llegará con seguridad.[3] Él es el conocedor de lo que está oculto a los sentidos. No escapa de Él ni el peso de un átomo en los cielos y la Tierra, ni hay nada más pequeño que eso ni más grande que no esté en una *Escritura* clara,[4] (3) para recompensar a quienes creen y obran rectamente. Ellos obtendrán un perdón y una provisión generosa.» (4)

Pero quienes se esfuerzan en desvirtuar Nuestras señales tendrán un castigo doloroso por su pecado. (5)

Y a quienes les fue dado el conocimiento ven que aquello que descendió a ti procedente de tu Señor[5] es la Verdad y que guía al camino del Todopoderoso, el Digno de alabanza. (6)

Y quienes no creen dicen:[6] «¿Queréis que os indiquemos un hombre que os anuncie que, cuando estéis desmembrados y descompuestos, seréis creados nuevamente?» (7)

---

[1] El capítulo toma su nombre de los versículos 15-19.

[2] Es decir: «No existe la resurrección, ni el Juicio Final.» Cfr. *Nemune*, t. XVIII, p. 13.

[3] El juramento por su Señor es una manera de enfatizar que la resurrección y el Juicio Final son parte de los actos del Señorío de Dios. ¿Cómo es posible que Dios sea el creador y educador de los seres humanos y les dirija hacia su perfeccionamiento interior y deje su obra a medio terminar y, con la muerte, todo llegue a su fin, de manera que la vida no tenga sentido y la creación sea un acto vano y gratuito? *Nemune*, t. XVIII, p. 13.

[4] «La Tabla Protegida» en la que quedan registradas todas las acciones de los seres humanos, sin que nada de ellas se olvide o se pierda. *Nemune*, t. XVIII, p. 15.

[5] Es decir: El Corán. *Al-Mizan*, t. XVI, p. 539.

[6] «Para burlarse». *Al-Mizan*, t. XVI, p. 530.

«Él ha inventado una mentira sobre Dios o está poseído.»

Pero, quienes no creen en la otra vida, estarán en el castigo y en un extravío profundo. (8)

¿Acaso no ven los cielos y la tierra que tienen delante y detrás de ellos? Si Nosotros quisiéramos, haríamos que la tierra se los tragase o que cayese sobre ellos una parte del cielo.

En verdad, en ello hay una señal para todo siervo que se vuelve a su Señor. (9)

Ciertamente, otorgamos un favor a Nuestro siervo David: «¡Oh, montañas y aves, cantad alabanzas con él!»[1]

He hicimos que el hierro fuese blando para él: (10) «Haz cotas de malla y ajusta la medida de los anillos al tejerlas.»

Y obrad rectamente. En verdad, Yo observo lo que hacéis. (11)

Y [sometimes] a Salomón el viento, que en una mañana hacía el recorrido de un mes y en una tarde el de otro mes[2] e hicimos que manará para él la fuente de bronce fundido y que algunos genios trabajasen para él con permiso de su Señor. Y a quien de ellos desobedecía Nuestras órdenes le hacíamos probar el castigo del fuego. (12)

Ellos hacían para él lo que quería: templos, estatuas, recipientes como estanques y grandes marmitas que no se podían trasladar. «Familia de David ¡Sed agradecidos!»

¡Pocos de Mis siervos son agradecidos! (13)

Y, cuando decretamos para él la muerte, nada les indicó su muerte excepto un animal de la tierra que se comió su bastón. Así pues, cuando él cayó, se les hizo claro a los genios que si hubieran tenido conocimiento de lo que está oculto a los sentidos no habrían permanecido en el castigo humillante.[3] (14)

---

[1] Cfr. *Corán*, 38:18 y 19.

[2] Es decir: «El camino que una persona a pie tardaría un mes en recorrer.» *Al-Mizan*, t. XVI, p. 547.

[3] Es decir: «Cuando decretamos la muerte para Salomón, nadie se dio cuenta de que había muerto, (pues quedó de pie, sujeto por su bastón, como si estuviese rezando) hasta que la carcoma se comió su bastón y Salomón cayó al suelo. Entonces, los genios que para él trabajaban comprendieron que si hubiesen tenido conocimiento de lo que está oculto a los sentidos corporales, no habrían tenido que seguir trabajando durantemente para un amo que hacía tiempo había muerto.» Cfr. *Nemune*, t. XVIII, p. 42 y 43.

Ciertamente, en el lugar en el que los Sabeos [1] vivían había una señal milagrosa: dos jardines a derecha e izquierda. «¡Comed de la provisión de vuestro Señor y agradecedle [el tener] un buen país y un Señor perdonador!» (15)

Pero se apartaron y enviamos sobre ellos la inundación del dique y cambiamos sus dos huertos por otros dos que daban frutos amargos, tamariscos y algunos arbustos de azufaifos. (16)

Esa es la recompensa que tuvieron por su ingratitud ¿Acaso recompensamos así excepto a los desagradecidos? (17)

Pusimos, entre ellos y las ciudades que Nosotros habíamos bendecido, [2] ciudades que se divisaban y establecimos caminos equidistantes entre ellas.

«¡Viajad por ellos de noche y de día con seguridad!» (18)

Pero dijeron: «¡Señor nuestro! Alarga las distancias de nuestros viajes.»[3] Y ellos mismos se oprimieron. Hicimos que fueran leyenda[4] y les dispersamos completamente. En verdad, en ello hay señales para todo el que es muy paciente y muy agradecido. (19)

Y, ciertamente, Iblís confirmó sus suposiciones sobre ellos,[5] pues le siguieron todos excepto un grupo de los creyentes, (20) pues sobre ellos no tenía poder.

Sólo queríamos distinguir a quien de ellos creía en la otra vida de quienes tenían dudas sobre ella. Y tu Señor tiene buen cuidado de todas las cosas. (21)

Di: «¡Invocad a quienes vosotros pensáis que son dioses en lugar de Dios! Ellos no poseen ni el peso de un átomo en los cielos ni en la Tierra, ni tienen parte en ambos, ni ninguno de ellos es Su ayudante.» (22)

---

[1] Los sabeos eran un antiguo pueblo de los árabes del Yemen, fundado por Saba hijo de Yashhab, hijo de Yarub, hijo de Qahtan. *Al-Mizan*, t. XVI, p. 548.

[2] Las ciudades de Siria, Líbano y Palestina. *Al-Mizan*, t. XVI, p. 550.

[3] Se olvidaron de las mercedes de Dios y se llenaron de soberbia y, molestos por la facilidad con la que los pobres podían viajar de una ciudad a otra junto a los ricos, pidieron a Dios que alargase la distancia entre sus ciudades, de la misma manera que los Hijos de Israel pidieron a Dios que cambiase el maná y las codornices que Él les enviaba durante su travesía por el desierto, por cebollas y ajos y lentejas. Cfr. *Nemune*, t. XVIII, p. 64-65

[4] Es decir: «Les destruimos totalmente, de manera que no quedó de ellos ningún testimonio de su paso por el mundo, como si sólo hubiesen sido una leyenda.» Cfr. *Nemune*, t. XVIII, p. 66.

[5] «Sus suposiciones de que si les llamaba al mal camino le seguirían.» Cfr. *Corán*, 14:22. *Nemune*, t. XVIII, p. 73.

«Y sólo tiene beneficio la intercesión de aquellos a quienes Él de permiso.» [1]

Hasta que, cuando el temor se aleje de sus corazones, digan: «¿Qué ha dicho vuestro Señor?» Ellos dirán: [2] «La Verdad y Él es el Altísimo, el Grande.» (23)

Di: «¿Quién os procura el sustento de los cielos y la Tierra?»

Di: «¡Dios! Entre nosotros y vosotros unos estamos bien guiados y otros en un error evidente.» (24)

Di: «No se os pedirán cuentas por nuestros pecados, ni a nosotros por los que vosotros cometéis.» (25)

Di: «Nuestro Señor nos reunirá a todos y juzgará entre nosotros con justicia y Él es el Juez que todo lo sabe.» (26)

Di: «Mostradme a quienes consideráis Sus socios. Pero no es así.[3] Él es Dios, el Todopoderoso, el Sabio.» (27)

No te hemos enviado a la gente sino como una protección ante el pecado, portador de buenas nuevas y amonestador, pero la mayoría de las gentes no saben (28) y dicen: «¿Cuándo tendrá lugar vuestra promesa, si es que sois sinceros?»[4] (29)

Di: «Tenéis cita un día que no se os retrasará ni adelantará ni una hora.» (30)

Y quienes no son creyentes dicen: «No creemos en ese *Corán* ni en lo que vino antes de él.»[5] Pero, si pudieses ver cuando los opresores estén ante su Señor culpándose unos a otros. Aquellos que fueron oprimidos[6] dirán a los arrogantes: «Si no hubiese sido por vosotros habríamos sido creyentes.» (31)

---

[1] Se refiere a los ángeles, ya que ellos son los intermediarios que ejecutan las órdenes divinas (Cfr. *Corán*, 21:27 y 35:1). *Al-Mizan*, t. XVI, p. 559.

[2] Los ángeles solamente están a la espera de recibir las órdenes divinas para ejecutarlas inmediatamente y, cuando la orden divina llega a ellos, el temor y la incertidumbre de la espera se disipa de sus corazones. Cuando eso sucede, los ángeles del nivel inferior les preguntan: «Qué ha dicho vuestro Señor?» y ellos les responden: *La Verdad...*» Cfr. *Al-Mizan*, t. XVI, p. 562.

[3] Es decir: «Los ídolos no son socios de Dios.» *Al-Mizan*, t. XVI, p. 566.

[4] Es decir: «¿Cuándo tendrá lugar ese día en el que Dios nos reunirá a todos y juzgará entre nosotros?» *Al-Mizan*, t. XVI, p. 569.

[5] Es decir: «Las *Escrituras Sagradas* anteriores, la *Torá* y el *Evangelio*.» *Al-Mizan*, t. XVI, p. 576.

[6] «y que seguían las creencias de sus opresores» *Al-Mizan*, t. XVI, p. 576

Aquellos que fueron arrogantes dirán a los oprimidos: «¿Acaso nosotros os apartamos de la buena guía cuando llegó a vosotros? No. Sino que erais pecadores.» (32)

Y los oprimidos dirán a los arrogantes: «No. Fueron vuestras maquinaciones de noche y de día, ordenándonos que no creyésemos en Dios y que le atribuyésemos semejantes.»

Cuando vean el castigo, ocultarán su remordimiento.[1] Y pondremos argollas de hierro en los cuellos de quienes no creyeron. ¿Acaso se les retribuirá excepto por lo que hacían? (33)

Y no hemos enviado a ningún pueblo un amonestador sin que quienes vivían en la opulencia dijeran: «No creeremos en aquello con lo que habéis sido enviados.» (34) y dijeran: «Nosotros poseemos más riqueza e hijos. No seremos castigados.» (35)

Di: «En verdad, mi Señor incrementa o restringe la provisión a quien Él quiere, pero la mayoría de las personas no saben.» (36)

Y no es con vuestro dinero ni con vuestros hijos con lo que podéis acercaros a Nosotros, sino quienes crean y obren rectamente. Esos obtendrán dos veces la recompensa por lo que hicieron[2] y estarán a salvo[3] en aposentos elevados.[4] (37)

Y quienes se esfuerzan por negar e invalidar Nuestras señales, permanecerán en el castigo. (38)

Di: «En verdad, Dios otorga con largueza Su provisión a quien Él quiere de Sus siervos y la restringe a quien Él quiere y Él os restituirá aquello que repartáis, pues Él es el mejor de los proveedores.» (39)

---

[1] Al comprender que no tienen manera de escapad de él. *Al-Mizan*, t. XVI, p. 577.
[2] Una por haberse guiado ellos y otra por haber guiado a los demás con su ejemplo. *Al-Mizan*, t. XVI, p. 580.
[3] «del castigo». *Al-Mizan*, t. XVI, p. 580.
[4] Cfr. *Corán*, 29:58 y 39:20.

Y el día que les reúna a todos,[1] dirá a los ángeles: «¿Es a vosotros a quienes ellos adoraban?»[2] (40)

Ellos dirán: «¡Gloria a Ti! ¡Tú eres nuestro amigo y protector, no ellos! Ellos adoraban a los genios.[3] La mayoría tenía fe en ellos.» (41)

Y hoy no podréis beneficiaros ni perjudicaros unos a otros y diremos a quienes oprimieron: «¡Probad el castigo del Fuego que vosotros desmentíais!»(42)

Y cuando les son recitados Nuestros versículos claros dicen: «Éste no es más que un hombre que quiere apartaros de aquello que adoraban vuestros padres.» Y dicen: «Esto no es más que una mentira inventada.»

Y dicen los que no son creyentes cuando la Verdad viene a ellos: «Esto no es más que magia evidente.» (43)

Nosotros no les dimos ninguna de las *Escrituras* [Sagradas] para que la estudiasen ni les habíamos enviado antes de ti ningún amonestador.[4] (44)

También desmintieron los que vinieron antes de ellos y ellos no han obtenido ni la décima parte de lo que les dimos, pero desmintieron a Mis Mensajeros y ¡Cómo fue Mi castigo![5] (45)

Di: «En verdad, os recomiendo una cosa: Que os pongáis en pie por Dios, por parejas o individualmente, y reflexionéis.»

Vuestro compañero[6] no es un poseso. Verdaderamente, el no es para vosotros más que un advertidor del grave castigo que os aguarda. (46)

Di: «No os pido una recompensa. Para vosotros. En verdad, mi recompensa sólo concierne a Dios y Él es testigo de todas las cosas.» (47)

Di: «En verdad, mi Señor aleja la falsedad con la Verdad.[7] Él conoce lo que no se puede percibir con los sentidos.» (48)

---

[1] Es decir: «A los ídolos y a los idólatras.» *Al-Mizan*, t. XVI, p. 581.

[2] Es decir: «¿Os satisfacía ser adorados por los idólatras?» *Al-Mizan*, t. XVI, p. 581.

[3] «No a nosotros.» *Nemune*, t. XVIII, p. 116.

[4] Es decir: «A los no creyentes de Quraysh no les hemos dado ninguna *Escritura* Sagrada a partir de la cual puedan considerar que el *Corán* es una falsa revelación, ni tampoco les hemos enviado ningún Mensajero, antes de ti, que les amonestase y les explicase lo que es verdadero y lo que es falso, de manera que, conforme a sus enseñanzas, puedan afirmar que esta Escritura no es verdadera.» *Al-Mizan*, t. XVI, p. 584-585.

[5] Es decir: «Aquellos que vivieron antes de los idólatras de La Meca también desmintieron las señales divinas y los milagros y eran mucho más fuertes y poderosos que ellos, pero desmintieron a los Profetas y Dios les castigó, destruyendo sus ciudades y su poder.» Cfr. *Nemune*, t. XVIII, p. 132.

[6] Es decir, el profeta Muhammad. *Al-Mizan*, t. XVI, p. 585.

[7] Cfr. *Corán*, 21:18.

Di: «Ha venido la Verdad y la falsedad no puede crear ni recrear.»¹ (49)

Di: «Si me extravío, me extravío por mi ego y si me guío rectamente es gracias a lo que mi Señor me ha revelado. En verdad, Él todo lo oye, está cerca.» (50)

Y, si vieras cuando estén aterrorizados, pero no puedan escapar y sean atrapados desde un lugar cercano (51) y digan: «¡Creemos en él!»

Pero ¿Cómo podrán alcanzarlo desde un lugar tan alejado? (52) habiendo descreído de él anteriormente y habiendo rechazado desde un lugar alejado lo que no se percibe con los sentidos. (53)

Se interpondrá una barrera entre ellos y lo que ellos desean, lo mismo que sucedió con sus semejantes anteriormente. En verdad, ellos tenían una seria duda.² (54)

Capítulo 35

*Fatir*³

En el nombre de Al.lah, el Clementísimo, el Misericordiosísimo.

Alabado sea Dios, Creador de los cielos y la Tierra y Quien ha puesto a los ángeles como mensajeros y poseedores de alas dobles, triples o cuádruples.

Él añade a la creación lo que quiere. En verdad, Dios tiene poder sobre toda la creación (1)

La misericordia que Dios libra para los seres humanos nadie puede obstaculizarla y lo que Él impide nadie después de Él puede realizarlo, pues Él es el Todopoderoso, el Sabio. (2)

¡Oh, gentes! ¡Recordad las mercedes que Dios ha tenido con vosotros! ¿Hay en la creación, aparte de Dios, quien os provea de lo que hay en los cielos y en la Tierra?

No hay más dios que Él. ¿Cómo, pues, os desviáis? (3)

---

¹ Es decir: «Ha descendido el *Corán* que destruye la falsedad con pruebas y argumentos claros y no permite que la falsedad cree nuevas mentiras ni recree las mentiras que la Verdad ha destruido.» *Al-Mizan*, t. XVI, p. 587.

² Se refiere a los idólatras de La Meca, y a los que son como ellos, en el momento de la muerte. Gritarán, pero no podrán escapar al castigo divino, y quienes vengan a castigarles estarán junto a ellos (Cfr. *Corán*, 8:24, 50:16 y 56:85.) y dirán: «Creemos en el *Corán*» cuando ya estén en la otra vida, lejos de este mundo. Entonces tener fe ya no les servirá de nada, pues mientras estaban en este mundo no creyeron y rechazaron la existencia de la otra vida. La muerte pondrá una barrera entre ellos y los placeres de este mundo que tanto amaban, igual que hizo anteriormente con quienes pensaban como ellos y tenían serias dudas sobre la existencia de la otra vida. *Al-Mizan*, t. XVI, p. 588-590

³ El capítulo toma su nombre del versículo primero, pues *fatir* significa «Creador, Originador».

Y si te desmienten, también desmintieron a Mensajeros anteriores a ti, pero los asuntos regresan a Dios. (4)

¡Oh, humanos! En verdad, la promesa de Dios es verdadera. Por tanto, que la vida mundanal no os vuelva soberbios y que el Soberbio no os haga soberbios frente a Dios.[1] (5) En verdad, Satanás en un enemigo para vosotros, así pues, tenedle por enemigo. En verdad, él invita a sus partidarios a que sean gente para el Fuego flamígero. (6)

Para quienes no creen hay un duro castigo y para quienes creen y obran rectamente hay perdón y una gran recompensa. (7)

¿Acaso aquel a quien le parecen hermosos sus malos actos y los ve como buenos…?[2]

En verdad, Dios extravía a quien Él quiere y guía a quien Él quiere. Así pues, no sientas pena por ellos. En verdad, Dios sabe lo que ellos hacen. (8)

Es Dios Quien envía los vientos que levantan las nubes y Nosotros las dirigimos hacia una región muerta y damos vida con ella a la Tierra después de su muerte. Así mismo será la Resurrección. (9)

Quien quiera el poder y la gloria, sepa que todo el poder y la gloria pertenecen a Dios. A Él asciende la buena palabra y la obra recta la eleva.[3]

Y quienes planean maldades tendrán un duro castigo y sus planes serán destruidos. (10)

Dios os ha creado de tierra, luego de una gota, luego os ha puesto en parejas. No hay hembra que conciba o que de a luz sin Su conocimiento y a nadie se le alarga la vida o se le acorta sin que esté consignado en una Escritura.[4] En verdad, eso es fácil para Dios. (11)

---

[1] Cfr. *Corán*, 31:33.

[2] Se ha elidido una frase del tipo: «¿Es igual que quien cree y obra rectamente?» *Al-Mizan*, t. XVII, p. 22.

[3] El pronombre oculto (*mustater*) de «eleva» remite a «la obra recta.» Por tanto, el significado de la frase sería: والعَمَلُ الصَّالِحُ يَرْفَعُ الكَلِمَ الطَّيِّبَ («Y la obra recta eleva la palabra buena.») Al.lama Tehrani, *Resale-ye Lub al-Lubab*, p.43. ed. Entesharat-e Al.lama Tabatabaí, Mashad, 2005.

[4] Es decir, en la Tabla Protegida (*Al-Lauh al-Mahfud*) queda consignado cuando a una persona, a causa de una determinada buena acción, se le alarga la vida o, por culpa de determinada mala acción, se le acorta. *Al-Mizan*, t. XVII, p. 34.

No son iguales las dos grandes extensiones de agua. Una es pura y dulce, agradable de beber y la otra es salada y desagradable, y de ambas coméis carne fresca y extraéis adornos[1] con los que os vestís.

Y ves las naves que las surcan para que busquéis Su favor y, quizás así, agradezcáis. (12)

Él introduce la noche en el día e introduce el día en la noche[2] y ha sometido al Sol y a la Luna, que transcurren durante un plazo establecido.

Ese es Dios vuestro Señor. A Él pertenece el gobierno. Y quienes vosotros invocáis en lugar de Él, no gobiernan ni la piel del hueso de un dátil. (13)

Si les invocáis no escuchan vuestra invocación y si la escuchan no os pueden dar respuesta y el Día del Levantamiento renegarán de vuestra idolatría.

Y nadie te puede informar como Uno que está bien informado. (14)

¡Oh, humanos! Vosotros sois los necesitados de Dios y Dios es el Autosuficiente, el Rico por sí mismo, el Digno de alabanza. (15) Sí Él quisiera os eliminaría y haría una nueva creación. (16) Eso no es difícil para Dios. (17)

Nadie cargará con la carga de los pecados de otro y si alguien cuya carga sea muy pesada pide a otro que la lleve, nadie cargará nada de ella, aunque sea un pariente cercano.

Y, en verdad, tu amonestación sólo surte efecto sobre quienes temen a su Señor en secreto y hacen la oración.

Quien se purifica, se purifica para su propio beneficio y el regreso es hacia Dios. (18)

---

[1] Las perlas y los corales. Cfr. *Corán*, 55:22
[2] Introducir (*ilach*) la noche en el día significa acortar el día al alargar la noche y sumergir el día en la noche, acortar la noche al alargar el día. *Al-Mizan*, t. XVII, p. 38.

Y no son iguales el ciego y el que ve, (19) ni las tinieblas y la luz. (20) ni la sombra y el calor abrasador. (21) Ni son iguales los vivos y los muertos.

En verdad, Dios hace oír a quien Él quiere, pero tú no puedes hacer oír a quienes están en las tumbas.¹ (22) En verdad, tú no eres más que un amonestador. (23)

Ciertamente, te hemos enviado con la Verdad, como portador de buenas nuevas y amonestador, pues no hay comunidad por la que no haya pasado un amonestador. (24)

Y si te desmienten, también desmintieron quienes vinieron antes de ellos.

Vinieron a ellos sus Mensajeros con las pruebas claras, con los *Salmos* y con la *Escritura* luminosa.² (25) Luego, atrapamos a quienes no creyeron y ¡Cuál fue mi rechazo! (26)

¿Acaso no has visto que Dios hace descender el agua y hacemos salir con ella frutos de variados colores?

Y en las montañas hay vetas de diferentes colores: blancas, rojas y de un negro intenso. (27) Y los humanos, las bestias y el ganado también son de diferentes colores.³

En verdad, de Sus siervos, sólo temen a Dios los que son sabios.⁴ En verdad, Dios es todopoderoso, perdonador. (28)

En verdad, quienes recitan la *Escritura* de Dios y hacen la oración y reparten secreta y abiertamente de lo que nosotros les hemos proveído esperan realizar una transacción que no tiene perjuicio (29) Dios les dará su recompensa y les aumentará Su favor. En verdad, Él es perdonador, agradecido. (30)

---

[1] Con «quienes están en las tumbas» se refiere a los no creyentes, que no tienen capacidad para aceptar la buena guía, pues sus corazones están cerrados. *Al-Mizan*, t. XVII, p. 51.

[2] Puede que con *Salmos* (*zubur*), ya que los diferencia de la *Escritura* Luminosa, se refiera a aquellos textos sagrados que solamente se ocupan del recuerdo de Dios, mientras que «*Escritura* Luminosa» indique las *Escrituras* Sagradas que incluyen disposiciones legales, como las *Escrituras* de Noé, Abraham, la *Torá* de Moisés y el *Evangelio* de Jesús. *Al-Mizan*, t. XVII, p. 52.

[3] Este versículo aporta una prueba más acerca de la unidad y unicidad divinas (*tauhid*). Dios envía agua del cielo con la que hace surgir plantas y frutos, pero siendo una misma agua produce frutos no de un mismo color sino de colores variados, y eso mismo es una señal de que tras ello hay un creador, planificador y director poderoso. Y de la misma manera, la variedad de razas, de especies animales y de minerales. *Al-Mizan*, t. XVII, p. 57.

[4] *ulama* quiere decir quienes tienen conocimiento de Dios, de Sus nombres, de Sus atributos y de Sus actos, un conocimiento completo que aporta tranquilidad a sus almas. *Al-Mizan*, t. XVII, p. 59.

Y lo que Nosotros te hemos revelado de la *Escritura* es la Verdad que confirma lo que fue revelado antes de ella.

En verdad, Dios está bien informado, ve a Sus siervos. (31)

Luego dimos en herencia la *Escritura* a quienes escogimos de Nuestros siervos, pues entre ellos hay quienes oprimen sus almas, otros que siguen un camino moderado y otros que van por delante en la realización de buenas obras con el permiso de Dios. Ese es el gran favor.[1] (32)

Entrarán en los Jardines del Edén y allí se adornarán con pulseras de oro y perlas y sus vestidos allí serán de seda. (33) Y dirán: «Alabado sea Dios que ha apartado de nosotros la congoja. En verdad, nuestro Señor es perdonador, agradecido. (34) Él nos ha hecho lícita, por Su favor, la Morada Permanente en la que no sufriremos adversidad ni sufriremos fatiga.» (35)

Y para quienes no creyeron, el fuego del Infierno.
No se les permitirá morir ni se les aliviará su castigo. Así es como Nosotros castigamos a todo el que trató de ocultar la Verdad. (36)

Allí se lamentarán a gritos: «¡Señor nuestro! ¡Sácanos para que obremos rectamente, a diferencia de lo que hacíamos!»
«¿Es que no os dimos suficiente vida para que quien hubiese querido reflexionar se hubiese dejado amonestar y no vino a vosotros el amonestador?»[2]
«Así pues ¡Probad!»[3]
Los opresores no tendrán quien les auxilie. (37)

En verdad, Dios es Quien conoce lo que está oculto a los sentidos en los cielos y en la Tierra. En verdad, Él es Quien conoce lo que hay en el fondo de los corazones. (38)

---

[1] «*El gran favor*» es haber sido escogido entre los siervos de Dios para recibir en herencia la *Escritura* Sagrada, que, en este caso, se refiere, sin duda al Sagrado *Corán*. *Al-Mizan*, t. XVII, p.64.

[2] Es decir: «Los profetas de Dios que os advirtieron del castigo que recibiríais si actuabais mal, oprimiendo a vuestras propias almas y a los demás y, a pesar de ello, no reflexionasteis y corregisteis vuestro comportamiento.» *Al-Mizan*, t. XVII, p. 68.

[3] Es decir: «¡Probad el sabor del castigo!» *Al-Mizan*, t. XVII, p. 68.

Él es Quien os ha puesto como herederos en la Tierra.[1] Así pues, quien trate de ocultar la Verdad, se perjudicará a sí mismo.[2]

La falta de fe de quienes niegan la realidad sólo sirve para incrementar el disgusto de su Señor. La falta de fe de quienes niegan la realidad sólo incrementa su propio perjuicio. (39)

Di: «¿Habéis visto a vuestros asociados, aquellos que invocáis en lugar de Dios? Mostradme lo que han creado en la Tierra o si tienen parte alguna en los cielos o si Nosotros les hemos dado alguna Escritura en la cual puedan apoyarse como una prueba clara.»

¡No! Los opresores sólo se prometen mentiras unos a otros. (40)

En verdad, Dios mantiene los cielos y la Tierra para que no se caigan y si se cayesen nadie podría mantenerlos excepto Él. En verdad, Él es indulgente, perdonador. (41)

Juraron por Dios con solemnes testimonios que si viniese a ellos un amonestador seguirían la guía mejor que ninguna otra comunidad, pero cuando vino a ellos un amonestador sólo incrementó su rechazo, (42) comportándose con arrogancia en la Tierra y maquinando el mal. Pero las malas maquinaciones sólo recaen sobre quienes las realizan.

Así pues ¿Acaso esperan otra suerte que la que tuvieron los antiguos? No encontrarán cambios en la práctica de Dios ni encontrarán variaciones en la práctica de Dios.[3] (43)

¿Acaso no han viajado por la Tierra y han visto cuál fue el final de quienes vivieron antes de ellos, aunque fueron más fuertes y poderosos que ellos?

Nada en los cielos ni la Tierra puede debilitar a Dios. En verdad, Él todo lo conoce, todo lo puede. (44)

---

[1] Es decir: «Herederos de la generación anterior». Y con ello se aporta una prueba más de la existencia de un solo Dios y se niega el señorío de los dioses que invocan los idólatras. *Al-Mizan*, t. XVII, p. 75.

[2] Es decir: «Por tanto, es Dios y no otro el Creador y Señor de los seres humanos y quien niegue esa realidad y trate de ocultarla y de relacionar el Señorío divino con otro distinto a Dios se perjudica a sí mismo.» *Al-Mizan*, t. XVII, p. 75.

[3] «No hay *tabdil*» indica que Dios no sustituye Su castigo por perdón y favor y «no hay *tahwil*» indica que Dios no castiga a un pueblo en lugar de otro. *Al-Mizan*, t. XVII, p. 83.

Si Dios castigase a los seres humanos por lo que sus actos merecen no dejaría a ningún ser vivo sobre la superficie de la Tierra, pero lo pospone para un plazo ya establecido. Y cuando llegue su plazo... Dios observa a Sus siervos. (45)

Capítulo 36

Ya Sin[1]

En el nombre de Al.lah, el Clementísimo, el Misericordiosísimo.

Ya, Sin. (1) Juro por el sabio *Corán* (2) que tú eres uno de los Mensajeros (3) sobre un camino recto. (4) Hecho descender[2] gradualmente por el Todopoderoso, el Misericordiosísimo, (5) para que amonestes con él a un pueblo cuyos padres no fueron amonestados, por lo cual ellos están distraídos.[3] (6)

Juro que se ha confirmado lo dicho[4] para la mayoría de ellos, pero ellos no creen. (7)

Hemos puesto en sus cuellos argollas hasta la barbilla que les mantienen la cabeza levantada (8) y hemos puesto por delante de ellos una barrera y por detrás de ellos una barrera, de manera que les hemos cubierto totalmente y no pueden ver (9) y les da igual que les amonestes o no les amonestes, no creerán. (10)

En verdad, solo aprovecha tu amonestación quien sigue el Recuerdo[5] y teme al Clementísimo en secreto. Así pues, anúnciale la buena noticia de un perdón y una recompensa generosa (11)

En verdad, somos Nosotros quienes damos la vida a los muertos y escribimos lo que han enviado por delante de ellos y las obras que dejan atrás y lo tenemos todo consignado en un libro claro. (12)

---

[1] El capítulo toma su nombre de las dos letras que aparecen en el versículo primero. Y se recoge que dijo el Profeta: «En verdad, todo tiene su corazón y el corazón del *Corán* es Ya Sin.» Y dijo Imam al-Sadiq: «Ya Sin es un nombre del Profeta y la prueba de ello es que Dios Altísimo dice: Ciertamente tú eres uno de los Mensajeros que están sobre el camino recto.» Nemune, t. XVIII, p. 310.

[2] *El Corán.*

[3] Algunos exégetas han opinado que se refiere a los antepasados de los árabes de La Meca y otros que a los antepasados de todos los seres humanos, ya que el Profeta fue enviado como un Mensajero para toda la humanidad. Pero, en cualquier caso, se refiere a las generaciones anteriores más próximas, ya que desde la profecía de Jesús hijo de María habían transcurrido seiscientos años y los árabes son descendientes del profeta Ismael primogénito de Abraham y también tuvieron otro profetas, como Hud, Saleh y Shu'ayb. *Al-Mizan*, t. XVII, p. 91.

[4] Y «lo dicho para la mayoría de ellos» es el castigo al que Dios se refería cuando, en el momento de la creación, dijo a Satanás: «La verdad es –y Yo sólo digo la verdad- que he de llenar el Infierno contigo y con todos aquellos que te sigan.» (*Corán*, 38:84-85) *Al-Mizan*, t. XVII, p. 92.

[5] *El Corán.*

Y cítales el ejemplo de los habitantes de la ciudad a la que vinieron los Mensajeros,[1] (13) cuando Nosotros enviamos a ellos a dos y los desmintieron, así que les reforzamos con un tercero[2] y dijeron: «En verdad, somos Mensajeros enviados a vosotros.» (14)

Ellos dijeron: «Vosotros no sois más que seres humanos como nosotros y el Clementísimo no ha enviado nada. Sois unos mentirosos.» (15)

Ellos dijeron: «Nuestro Señor sabe que somos Mensajeros enviados a vosotros (16) y nuestra responsabilidad no es más que comunicar el mensaje claro.» (17)

Dijeron: «Sois un mal presagio. Si no cesáis os apedrearemos y os haremos sufrir un castigo doloroso.» (18)

Ellos dijeron: «¡Vuestro presagio proviene de vuestra actitud![3] ¿Es que no reflexionaréis? ¡Sois gente transgresora!» (19)

Y de lo más lejano de la ciudad vino un hombre corriendo.[4] Dijo: «¡Oh, pueblo mío! ¡Seguid a los Mensajeros! (20) Seguid a quienes no os piden recompensa y están bien guiados. (21) Y ¿Por qué no voy yo a adorar a Quien me ha creado y a Quien habréis de regresar? (22) ¿Voy a tomar otros dioses en lugar de Él? Si el Clementísimo quisiera causarme un mal, la intercesión de ellos no podría beneficiarme en absoluto ni podrían rescatarme. (23) Estaría entonces en un extravío evidente.» (24)

«Ciertamente, he creído en vuestro Señor, escuchadme pues.» (25)

Le fue dicho: «¡Entra en el Jardín!»

Él dijo: «¡Ojalá mi pueblo supiese (26) que mi Señor me ha perdonado y me ha puesto entre los ennoblecidos y honrados!» (27)

---

[1] Según la versión más popular, se refiere a la ciudad de Antioquia en Asia Menor. *Nemune*, t. XVIII, p. 340. Antakiyya, en la orilla oriental del río Orontes, en la Turquía actual. Fundada el s. IV a.C. por Seleuco I Nikator, general de Alejandro Magno. Fue una de las ciudades más importantes del cristianismo primitivo.

[2] La mayoría de los exégetas coránicos han dicho que estos Mensajeros fueron Shamun, Yuhana y el tercero de ellos Bulus. *Nemune*, t. XVIII, p. 341. Antioquia ocupa un importante lugar en la historia de cristianismo. Fue en esta ciudad donde Pablo predicó su primer sermón cristiano en una sinagoga y donde los seguidores de Jesús fueron llamados *cristianos* por primera vez (*Hechos de los Apóstoles* 11:26). Al expandirse el cristianismo, Antioquia fue una de las sedes de los cuatro patriarcados originales, junto con Jerusalén, Alejandría y Roma.

[3] Es decir: «Nos veis como un mal presagio porque os negáis a abandonar vuestra idolatría y a aceptar la existencia de un solo Dios.» *Al-Mizan*, t. XVII, p. 109.

[4] La mayoría de los exégetas han dicho que su nombre era Habib el carpintero. *Nemune*, t. XVIII, p. 348.

Parte 23

Y, tras él,[1] no hicimos descender sobre su pueblo un ejército desde el cielo ni nunca lo hemos hecho descender. (28) No hubo más que un grito[2] y repentinamente todos murieron. (29)

¡Que pena de siervos! No vino a ellos Mensajero alguno del que no se burlaran. (30) ¿Acaso no ven cuántas generaciones antes de ellos hemos destruido que ya no volverán a ellos? (31) Todos ellos serán reunidos sin excepción ante Nosotros. (32)

La tierra muerta es una señal para ellos. Nosotros la hacemos vivir y sacamos de ella grano del que comen. (33) Y ponemos en ella jardines de palmeras y viñedos y hacemos que broten en ella fuentes (34) para que coman de sus frutos, que no hacen con sus manos. ¿Es que no agradecerán? (35)

Glorificado sea Quien ha creado parejas de todo, de las plantas que surgen de la tierra, de ellos mismos y de lo que ellos no conocen.[3] (36)

Y una señal para ellos es la noche, de la que extraemos el día y quedan en tinieblas. (37)

Y el Sol, que se mueve hacia su lugar de descanso por decreto del Todopoderoso, el Sabio. (38)

Y la Luna. Nosotros hemos decretado casas para ella,[4] hasta que se vuelve como una rama vieja de palmera. (39)

Ni el Sol puede alcanzar a la Luna, ni la noche adelantar al día y cada uno navega en su órbita. (40)

---

[1] Es decir: «Después de que le mataran no hicimos descender un ejército de ángeles que les destruyeran.» *Al-Mizan*, t. XVII, p. 117.

[2] Diciendo «un grito» quiere indicar que acabar con sus vidas es algo fácil para Dios, que no necesita enviar una legión de ángeles que les exterminen. Le basta con enviar un grito, un simple grito, para dejarles paralizados en su sitio, ya que la expresión *jamidun* procede de *jumud*: «paralizar y apagar todo tipo de ruido o movimiento».

[3] Este versículo nos indica que la creación por parejas que dan lugar a un tercer ser no es exclusiva de los seres humanos, de los animales y las plantas, con ello nos señala que Dios ha creado de todo un principio activo y otro pasivo, a partir de los cuales reproduce la creación. *Al-Mizan*, t. XVII, p. 129.

[4] Con ello indica las diferentes fases que la Luna va adoptando a lo largo de los aproximadamente veintiocho días que dura todo el ciclo. *Al-Mizan*, t. XVII, p. 132.

Y una señal para ellos es que Nosotros subiéramos a sus descendientes en la nave abarrotada (41) y creásemos para ellos otros semejantes en los que cabalgar.¹ (42)

Y, si Nosotros hubiésemos querido, les habríamos ahogado. Nadie habría escuchado sus gritos y no se habrían salvado, (43) si no fuera por una misericordia de Nuestra parte para que disfrutasen por algún tiempo. (44)

Y cuando se les dice: «Sed temerosos de lo que tenéis ante vosotros y de lo que está a vuestras espaldas,² para que así se tenga misericordia de vosotros», (45) no viene a ellos una sola de las señales de su Señor³ sin que se aparten de ella. (46)

Y cuando se les dice: «¡Repartid de lo que Dios os ha proveído!» quienes niegan la realidad dicen a quienes son creyentes: «¿Vamos nosotros a alimentar a quienes, si Dios hubiera querido, Él mismo habría alimentado? En verdad, vosotros estáis en un extravío evidente.» (47)

Y dicen: «¿Cuándo será eso que nos prometéis,⁴ si es que decís la verdad?» (48)

No tendrán que esperar más que un solo grito⁵ que les alcanzará mientras discuten (49) y no podrán hacer testamento ni regresar a sus familiares. (50)

Será tocada la trompeta⁶ y se apresurarán a salir de sus tumbas para ir hacia su Señor. (51)

Dirán: «¡Ay de nosotros! ¿Quién nos ha levantado del lugar en el que dormíamos? Esto es lo que nos había prometido el Clementísimo. Los Mensajeros decían la verdad.» (52)

No habrá más que un solo grito y todos estarán presentes ante Nosotros. (53)

«¡Hoy nadie será oprimido en absoluto y sólo seréis recompensados por lo que hacíais!» (54)

---

¹ Es decir: «Y creásemos para ellos otros medios de transporte en los que cabalgar.» Y se refiere con ello a los camellos y caballos. (Cfr. *Corán*, 43:12) *Al-Mizan*, t. XVII, p. 136.

² Se refiere a la idolatría y a los pecados que cometen y que han cometido anteriormente o a los castigos que, por ello, sufrirán en la otra vida. *Al-Mizan*, t. XVII, p. 137.

³ Y al decir *señales* se refiere a milagros, como el *Corán* mismo. *Al-Mizan*, t. XVII, p. 137.

⁴ Es decir: «El Día del Levantamiento». *Al-Mizan*, t. XVII, p. 145.

⁵ Ese grito es el primer toque de la trompeta que anuncia la llegada del Juicio Final, que matará a todos los que aún están vivos y que llegará a ellos mientras están discutiendo y enfrentados. *Al-Mizan*, t. XVII, p. 145.

⁶ Se refiere al segundo toque de trompeta, que devolverá la vida a los muertos y les hará salir de sus tumbas. *Al-Mizan*, t. XVII, p. 146.

En verdad, las gentes del Jardín tendrán hoy una ocupación que les hará sentirse felices. (55) Ellos y sus parejas estarán a la sombra, reclinados en cojines. (56) Allí habrá para ellos frutas y todo lo que pidan. (57) Y se les dirá: «¡Paz, de parte de un Señor misericordioso!» (58)

«Y vosotros, pecadores ¡Apartaos hoy! (59) ¿Acaso no se os aconsejo: ¡Oh, hijos de Adán! que no adoraseis a Satanás? En verdad, él es para vosotros un enemigo claro. (60) ¿Y que Me adoraseis a Mí? Ese es un camino recto.» (61)

«Ciertamente, él ha extraviado a muchos grupos de vosotros. ¿Es que no razonáis?» (62)

«¡Éste es el Infierno que se os prometía! (63) ¡Arded hoy en él por no haber creído!» (64)

Hoy sellaremos sus bocas y sus manos Nos hablarán y sus pies darán testimonio de lo que ellos hacían. (65)

Si Nosotros quisiéramos eliminaríamos sus ojos. Entonces, cuando quisiesen competir para alcanzar el camino recto ¿Cómo verían? (66)

Y si nosotros quisiéramos les trasformaríamos en estatuas en el mismo sitio en el que se encuentran y no podrían avanzar ni retroceder.[1] (67)

Y a quien alargamos la vida le hacemos perder sus facultades ¿Es que no razonan?[2] (68)

Y no le hemos enseñado poesía, ni eso es adecuado para él. Esto no es más que un recordatorio y una recitación clara[3] (69) para amonestar a quien esté vivo y para que se cumpla lo dicho sobre los que niegan la Verdad.[4] (70)

---

[1] En *Machma al-Bayan* leemos: «La palabra *masj* indica transformar a una persona en algo horrible, tal y como en la historia de los Hijos de Israel en la que un grupo de ellos fueron transformados en monos y cerdos.» Y «*en el mismo sitio en el que se encuentran*» indica que hacer eso no representa para Dios ningún esfuerzo y la frase: «*no podrían avanzar ni retroceder*» se refiere a que no podrían avanzar para salir del castigo ni retroceder al estado anterior al castigo. Cfr. *Al-Mizan*, t. XVII, p. 159-160.

[2] Con ello quiere indicar que, de la misma manera que Dios quita la fuerza, el conocimiento y la salud a quien la tenía, puede quitar los ojos o transformar en estatua o en cualquier otra cosa que Él quiera. *Al-Mizan*, t. XVII, p. 160.

[3] Es decir: «No hemos enseñado al Profeta a hacer poesía ni es algo adecuado para él. Este *Corán* no es poesía, sino una manera de llamaros al recuerdo de Dios y una recitación clara.» *Al-Mizan*, t. XVII, p. 161.

[4] Este versículo equipara la fe al hecho de estar vivo y considera el *Corán* una confirmación del castigo prometido a los que niegan la Verdad y tratan de ocultarla. *Nemune*, t. XVIII, p. 442.

¿Acaso no han visto que, de entre las cosas que hemos hecho, hemos creado para ellos ganados de los que ellos son dueños (71) y que hemos sometido a ellos y en algunos de los cuales ellos cabalgan y de otros comen? (72) De ellos obtienen beneficios y de ellos beben. ¿No serán, pues, agradecidos? (73)

Pero toman otros dioses aparte de Dios con la esperanza de que les auxilien. (74) Ellos no pueden auxiliarles y, en cambio, ellos se convierten en un ejército presente para ellos.[1] (75)

Así pues, que no te entristezca lo que dicen. En verdad, Nosotros sabemos lo que ocultan en secreto y lo que manifiestan. (76)

¿Acaso no ve el ser humano que le hemos creado de una gota y en cambio él es un discutidor permanente, siempre en abierta oposición?[2] (77) Y, olvidando su creación, Nos pone ejemplos diciendo: «¿Quién dará vida a los huesos revistiéndolos de carne?» (78)

Di: «Los dará vida el mismo que los creó por primera vez y que conoce a toda la creación. (79) El que ha hecho para vosotros fuego del árbol verde con el que os alumbráis.»[3] (80)

¿Acaso Quien creó los cielos y la Tierra no tiene poder para crear algo semejante a ellos? Sí, pues Él es el Creador de todo, el Sabio. (81)

En verdad, Su orden cuando desea algo es decirle: «¡Sé!» y ello es. (82)

Así pues, glorificado sea Quien tiene en su mano el poder sobre todas las cosas y hacia Quien se os hará regresar. (83)

---

[1] Es decir, los ídolos que los idolatras adoran no pueden prestarles ningún tipo de ayuda a sus adoradores, mientras que los idolatras forman un ejército que sirve y obedece a los ídolos. Ejército que el Día del Juicio estará presente para recibir el castigo que merece por su idolatría. *Al-Mizan*, t. XVII, p. 164.

[2] Es decir: «¿No ve que le hemos creado de algo insignificante y él siempre está discutiendo Nuestras disposiciones, creyéndose más importante que su propio creador?» *Al-Mizan*, t. XVII, p. 165-166.

[3] Es decir: «Si la vida y la muerte os parecen opuestas, también el agua y el fuego lo son y, sin embargo, Él saca fuego de un árbol verde.» *Al-Mizan*, t. XVII, p. 167. Y se ha dicho que se refiere a dos maderas llamadas *marj* y *afar* que crecen en el desierto de Hiyaz. *Nemune*, t. XVIII, p. 462

Capítulo 37

Al-Safat[1]

En el nombre de Al.lah, el Clementísimo, el Misericordiosísimo.

Juro por los que han sido ordenados en filas,[2] (1) que apartan vigorosamente,[3] (2) que recitan un Recuerdo.[4] (3) En verdad, vuestro dios es Uno. (4) El Señor de los cielos y la Tierra y de lo que hay entre ambos y el Señor de los Orientes.[5] (5)

En verdad, hemos embellecido el cielo de este mundo con las estrellas, como adorno (6) y protección contra cualquier demonio rebelde, (7) para que no puedan escuchar al Consejo Supremo y sean apedreados desde todas partes[6] (8) y expulsados. Y les aguarda, necesariamente, un castigo. (9) Y si alguno escucha algo, es perseguido por una estrella fugaz certera.[7] (10)

Pregúntales: ¿Son ellos más difíciles de crear o aquellos a quienes Nosotros hemos creado? En verdad, a ellos los hemos creado de barro viscoso. (11) Tú te asombras, pero ellos se burlan (12) y si se les amonesta no recapacitan (13) y cuando ven un milagro se burlan (14) y dicen: «Eso no es más que magia evidente. (15) ¿Acaso cuando muramos y seamos tierra y huesos seremos resucitados (16) y también nuestros primeros padres?» (17)

Di: «Sí. Y seréis humillados.» (18)

Será un solo grito y todos lo verán (19) y dirán: «¡Ay de nosotros! ¡Este es el Día de la Recompensa!» (20)

Este es el Día de la Separación que negabais. (21)

Reunid a los opresores, a sus pares y a lo que adoraban (22) en lugar de Dios, guiadles hacia el camino del Infierno (23) y paradles. En verdad, se les preguntará: (24)

---

[1] El capítulo toma su nombre del primer versículo: «Los ordenados en filas.»
[2] Se refiere a los ángeles que cierran filas en el camino de la revelación y a los que apartan a Satanás para que no intervenga en la revelación, y a los que traen la revelación a los profetas y en particular al profeta Muhammad. *Al-Mizan*, t. XVII, p. 181.
[3] Según algunos exégetas, se refiere a los ángeles que Dios envía como una iluminación al corazón de los creyentes, para apartarles del pecado. *Al-Mizan*, t. XVII, p. 180
[4] «Que recitan el *Corán*.» *Al-Mizan*, t. XVII, p. 180
[5] Cfr. *Corán*, 55:17 y 70:40
[6] El Consejo Supremo de los ángeles, cuyas conversaciones quisieran los demonios poder escuchar. *Al-Mizan*, t. XVII, p. 185.
[7] Cfr. *Corán*, 15:16-18

«¿Qué os pasa que no os ayudáis unos a otros?» (25)

Pero ese día estarán sometidos (26) y enfrentados. Unos interrogarán a otros (27) diciendo: «En verdad, vinisteis a nosotros por la derecha.»[1] (28)

Ellos dirán: «¡Vosotros no erais creyentes! (29) Nosotros no teníamos ninguna autoridad sobre vosotros. ¡Erais una gente endiosada y rebelde!» (30) «Se ha verificado sobre nosotros la palabra de nuestro Señor. En verdad, lo probaremos.[2] (31) ¡Claro que os extraviamos! ¡Nosotros mismos estábamos extraviados!»[3] (32)

Así que, ese día compartirán el castigo. (33) En verdad, eso es lo que hacemos con los pecadores. (34)

En verdad, ellos se mostraban altivos cuando se les decía: «Hay un solo Dios.» (35) Y decían: «¿Vamos a abandonar a nuestros dioses por un poeta loco?» (36)

Pero el traía la Verdad y confirmaba a los Mensajeros [anteriores]. (37)

En verdad, probaréis el castigo doloroso. (38) Solamente seréis retribuidos por lo que hacíais. (39) Excepto los siervos puros de Dios. (40) Para ellos habrá una provisión conocida: (41) Frutos variados. Y serán tratados con generosidad (42) en los Jardines de las Delicias. (43)

Estarán sobre lechos, unos frente a otros (44) y (sirvientes) circularán a su alrededor escanciándoles copas de un líquido transparente, (45) blanco y delicioso al paladar de los bebedores, (46) que no les perjudicará ni les embriagará. (47)

Junto a ellos habrá seres de modesta mirada y hermosos ojos (48) como si fuesen perlas semicerradas. (49)

Y, vueltos unos hacia los otros, se preguntarán entre ellos.[4] (50)

Uno de ellos dirá: «Yo tenía un compañero (51)

---

[1] Es decir: «Los extraviados dirán a sus extraviadores: Vosotros sois los culpables de nuestro extravío, pues vinisteis a nosotros con buenas palabras y promesas.» *Al-Mizan*, t. XVII, p. 200.

[2] Es decir: «Probaremos el castigo.» *Al-Mizan*, t. XVII, p. 202.

[3] Es decir: «Nosotros no os forzamos a ello. Vosotros nos seguisteis voluntariamente en nuestro extravío.» *Al-Mizan*, t. XVII, p. 202.

[4] «Las personas rectas que hayan sido enviadas al Paraíso se reunirán y charlarán apacible y gratamente unos con otros, preguntándose cómo se encuentran y sobre las circunstancias que les han llevado hasta allí.» *Al-Mizan*, t. XVII, p. 207.

que decía: ¿Eres tú de los que afirman (52) que cuando muramos y seamos polvo y huesos seremos vueltos a la vida y recompensados por nuestros actos?» (53)

Él dirá: «¿Podéis investigar?»[1] (54)

Investigarán y le verán en mitad del Infierno. (55)

Él dirá: «Juro por Dios que estuviste a punto de hacerme caer (56) y si no hubiese sido por el favor de mi Señor habría sido de los destinados al castigo.» (57)

«¿Es cierto que ya no moriremos (58) después de nuestra primera muerte y que no seremos castigados?[2] (59) ¡En verdad, éste es el triunfo inmenso!» (60)

¡Que quienes trabajan trabajen para conseguir algo como esto! (61)

¿Es éste mejor alojamiento o el árbol de Zaqqum? (62) En verdad, lo hemos puesto como una prueba para los opresores. (63) Es, en verdad, un árbol que surge en el fondo del Infierno, (64) cuyos brotes semejan cabezas de demonios (65) y del que ellos comerán y del que llenarán sus estómagos. (66) Luego, beberán una mezcla con agua hirviente y abrasadora. (67) Luego, regresarán al Infierno.[3] (68)

Allí se encontrarán con sus padres extraviados, (69) por haberse apresurado a seguir las huellas de sus pasos. (70)

Ciertamente, antes de ellos se extraviaron la mayoría de los antepasados, (71) aunque, ciertamente, les habíamos enviado amonestadores. (72)

Observa cuál fue el final de los amonestados (73) exceptuando a los siervos puros de Dios. (74)

Ciertamente, Noé Nos invocó y ¡Qué bien le respondimos! (75) Y le salvamos, a él y a su familia, de la agonía inmensa.[4] (76)

---

[1] El que cuenta la historia del amigo que tenía en la Tierra, preguntará a sus compañeros del Paraíso: «¿Podéis investigar dónde se encuentra ahora ese amigo mío?» *Al-Mizan*, t. XVII, p. 208.

[2] El mismo hombre del Paraíso que estaba hablando, se vuelve a sus compañeros y con sorpresa y felicidad les pregunta y se pregunta a sí mismo: «¿Es cierto que, después de la muerte que hemos experimentado para salir de la Tierra ya nunca más volveremos a morir y que estaremos eternamente en el Paraíso y ya jamás sufriremos?» *Al-Mizan*, t. XVII, p. 209.

[3] De este versículo deducimos que el árbol de Zaqqum no está en el Infierno, aunque sus raíces surjan de él. *Al-Mizan*, t. XVII, p. 212.

[4] La invocación de Noé, como vemos en 71:26, fue que no dejase con vida a ningún pecador y con «la gran agonía» se refiere al castigo que Dios envió contra los pecadores de su pueblo. Y con «su familia» se refiere familiares y seguidores. *Al-Mizan*, t. XVII, p. 220.

E hicimos que sus descendientes sobreviviesen (77) y dejamos su buen nombre para la posteridad.¹ (78)

¡La paz sea con Noé en todos los mundos!² (79)

Así es cómo Nosotros recompensamos a quienes hacen el bien. (80) En verdad, él era uno de Nuestros siervos creyentes. (81) Por tanto, hicimos que los demás se ahogasen. (82)

Y, en verdad, entre Nuestros seguidores está Abraham. (83) [Recuerda] cuando vino a su Señor con un corazón sano³ (84) y cuando dijo a su padre y a su pueblo: «¿Qué es lo que adoráis?» (85) "¿Queréis falsos dioses en lugar de Dios? (86) ¿Cuál es vuestra idea acerca del Señor de los Mundos?» (87)

Y miró a las estrellas (88) y dijo: «En verdad, estoy enfermo.» (89) y le dieron la espalda y se alejaron. (90)

Entonces se dirigió hacia los dioses de ellos y dijo: «¿Es que no coméis?»⁴ (91) «¿Por qué no habláis?» (92) Así que fue hacia ellos y les golpeó con la mano derecha. (93)

Ellos fueron apresuradamente junto a él.⁵ (94) Él dijo: «¿Adoráis lo que vosotros mismos esculpís (95) cuando Dios os ha creado a vosotros y lo que vosotros hacéis?» (96)

Ellos dijeron: «Construid una estructura para él y ponedle en medio del fuego llameante.» (97) Quisieron tramar un plan contra él pero Nosotros les humillamos.⁶ (98) Dijo: «En verdad, voy hacia mi Señor y Él me guiará.» (99) «¡Señor mío! ¡Otórgame un hijo de los Rectos!» (100) Y Nosotros le anunciamos la buena noticia de un joven complaciente.⁷ (101)

Así pues, cuando tuvo edad para esforzarse le dijo: «¡Oh, hijito mío! He visto en mi sueño que te sacrificaba. ¿Qué opinas?» Él dijo: «¡Oh padre mío! ¡Haz lo que se te ha ordenado! Encontrarás que soy, si Dios quiere, de los pacientes.» (102)

---

¹ Cfr. *Corán*, 11:25-48
² Se refiere a todas las comunidades de seres humanos hasta el Día del Juicio. *Al-Mizan*, t. XVII, p. 221.
³ Es decir, con un corazón no contaminado por la idolatría, los pecados y los deseos y pasiones mundanales. *Al-Mizan*, t. XVII, p. 223.
⁴ De las ofrendas que sus adoradores dejaban ante ellos. *Al-Mizan*, t. XVII, p. 225.
⁵ Cuando la gente de su pueblo regresó de la fiesta a la que habían ido y vieron los ídolos destruidos, fueron rápidamente junto a Abraham, sospechando que él había sido. *Al-Mizan*, t. XVII, p. 226.
⁶ Construyeron un gran fuego en el que quemarle, pero Dios dijo al fuego: «Se frío y saludable para Abraham», así hicimos que venciera a sus enemigos y éstos quedaran humillados. Cfr. *Corán*, 21:69. *Al-Mizan*, t. XVII, p. 228.
⁷ Su primer hijo, Ismael. *Al-Mizan*, t. XVII, p. 229.

Así pues, cuando ambos se hubieron sometido y le puso la sien en el suelo, (103) le llamamos: «¡Oh, Abraham! (104) ¡Ciertamente, ya has verificado tu visión!»

En verdad, así es como recompensamos a quienes hacen el bien. (105)

Ésta fue una prueba evidente. (106)

Y le rescatamos a cambio de un sacrificio inmenso.[1] (107) y dejamos de él un buen nombre para la posteridad. (108)

¡La paz sea sobre Abraham! (109)

Así es como recompensamos a quienes hacen el bien. (110)

En verdad, él era uno de Nuestros siervos creyentes. (111)

Y le dimos la buena nueva de Isaac, profeta y uno de los Rectos. (112) Y le bendijimos a él y a Isaac. Y, entre los descendientes de ambos, algunos fueron virtuosos y otros oprimieron su alma de manera evidente. (113)

Y, ciertamente, favorecimos a Moisés y a Aarón (114) y salvamos a ellos y a su pueblo de la gran dificultad.[2] (115) Y les auxiliamos y fueron ellos los vencedores. (116)

Y dimos a ambos la Escritura esclarecedora. (117) Y les guiamos a ambos al camino recto (118) y dejamos de ambos un buen nombre para la posteridad. (119)

¡La paz sea sobre Moisés y Aarón! (120)

Así es como recompensamos a quienes hacen el bien. (121)

En verdad, ambos eran de Mis siervos creyentes. (122)

Y, en verdad, Elías era de los Mensajeros.[3] (123)

[Recuerda] Cuando dijo a su pueblo: «¿Es que no seréis temerosos de Dios? (124) ¿Invocáis a Baal y abandonáis al mejor de los creadores: (125) Dios, vuestro Señor y el Señor de vuestros primeros padres?» (126)

---

[1] A cambio de un carnero que Dios dispuso. Y si le califica de inmenso es por haber sido enviado por Dios a cambio de la vida de Ismael. *Al-Mizan*, t. XVII, p. 232.

[2] De la opresión en que los Hijos de Israel vivían bajo el Faraón, que mataba a sus hijos varones y dejaba vivas a las hembras. *Al-Mizan*, t. XVII, p. 239.

[3] El *Corán* sólo nombra al profeta Elías aquí y en 6:85. En los *ahadiz* se hacen referencias a él muy sorprendentes. Así, Ibn Masud dice que Elías es el profeta Idrís. Ibn Abbas transmite que dijo el Profeta: «Elías es el Jidr mismo.» Y en otros *ahadiz* se dice que aún está vivo y estará vivo hasta el tañido de la primera trompeta. Que Dios le llevó a los cielos montado en un caballo de fuego y allí le dio alas para que pudiese volar con los ángeles. *Al-Mizan*, t. XVII, p. 243-244.

Pero le desmintieron y, en verdad, se les hará comparecer.¹ (127) Excepto a los siervos puros de Dios. (128)

Y dejamos de él un buen nombre para la posteridad. (129)

¡La paz sea sobre la familia de Ya Sin!² (130)

Así es como recompensamos a quienes hacen el bien. (131)

En verdad, él era uno de Nuestros siervos creyentes. (132)

Y, en verdad, Lot fue uno de los Mensajeros. (133)

[Recuerda] Cuando le salvamos a él y a su familia, a todos ellos, (134) excepto a una anciana, que fue de los que se quedaron atrás.³ (135) Luego, aniquilamos a los demás.⁴ (136)

Y vosotros pasáis por sus ruinas por la mañana (137) y por la noche.⁵ ¿Es que no pensáis? (138)

Y, en verdad, Jonás fue uno de los Mensajeros. (139)

[Recuerda] Cuando se escapó en la nave repleta (140) y echaron a suertes y salió elegido (141) y el pez se lo tragó y ese fue su castigo. (142)

Y si no hubiese sido de los que glorifican a Dios (143) habría permanecido en su estómago hasta el día en que todos serán resucitados.⁶ (144)

Y le arrojamos enfermo a una playa sin sombra (145) e hicimos crecer sobre él una gran planta de calabaza. (146)

Y le enviamos a una comunidad de cien mil o más, (147) que creyeron y Nosotros les permitimos disfrutar hasta un plazo establecido. (148)

Pregúntales: «¿Son para tu Señor las hijas y para ellos los hijos?⁷ (149) ¿O hemos creado a los ángeles del género femenino y ellos fueron testigos?» (150)

¿Acaso no mienten cuando dicen: (151) «Dios tiene hijos.»? ¡Mienten! (152) ¿Ha preferido Él las hijas a los hijos? (153)

---

¹ Es decir: «Serán resucitados para que reciban el castigo que se merecen.» *Al-Mizan*, t. XVII, p. 240.

² En la obra *Maani al-Ajbar*, t. II, p. 122, leemos una transmisión del Imam al-Sadiq que se remonta hasta Imam Ali, quien, comentando este versículo, dice: «Ya Sin es el Mensajero de Dios y nosotros somos la familia de Ya Sin.» *Al-Mizan*, t. XVII, p. 241.

³ La propia esposa de Lot, que no quiso partir con él y fue aniquilada con el resto de su pueblo. *Al-Mizan*, t. XVII, p. 246.

⁴ Es decir, al pueblo de Sodoma. *Al-Mizan*, t. XVII, p. 246.

⁵ Pues las ruinas de Sodoma estaban en la mitad del camino que va de Hiyaz a Sham. *Al-Mizan*, t. XVII, p. 247.

⁶ El barco en el que iba Jonás estaba a punto de naufragar y sus pasajeros echaron a suertes a quien arrojar al agua para que se calmase la tempestad, pues comprendieron que la tormenta respondía a un propósito divino, y la suerte recayó en Jonás. *Nemune*, t. XIX, p. 155. Cfr. *Corán*, 21:87 y nota correspondiente

⁷ Los idólatras decían que los ángeles eran las hijas de Dios. *Al-Mizan*, t. XVII, p. 261.

¿Qué os pasa? ¿Cómo juzgáis de esa manera? (154) ¿Es que no reflexionáis? (155) ¿O es que poseéis una prueba evidente?¹ (156) ¡Traed pues vuestra Escritura si es verdad lo que decís! (157)

Y han establecido un lazo de parentesco entre Él y los genios. Los genios saben que ellos habrán de comparecer.² (158)

Glorificado sea Dios por encima de lo que Le atribuyen, (159) excepto los siervos puros de Dios.³ (160)

Ciertamente, vosotros y lo que vosotros adoráis (161) no podréis extraviar a nadie (162) más que a quienes arderán en el Infierno. (163)

«No hay ninguno de nosotros que no ocupe su lugar determinado, (164) y, en verdad, somos nosotros los que estamos ordenados en filas (165) y, en verdad, somos nosotros quienes celebramos la gloria de Dios.»⁴ (166)

En verdad, ellos siempre dicen: (167) «Si poseyésemos un Recuerdo procedente de los primeros (168) sólo adoraríamos a Dios.» (169) Pero no creyeron en él y ¡Pronto van a saber!⁵ (170)

Ciertamente, Nuestra promesa ya vino anteriormente a Nuestros siervos los Mensajeros: (171) «Con seguridad, ellos serán los auxiliados (172) y, en verdad, Nuestras tropas serán las vencedoras.» (173)

Así pues, dales un plazo (174) y obsérvales. Pronto verán. (175)

¿Quieren apresurar Nuestro castigo? (176)

Cuando descienda en su lugar ¡Qué mal amanecer el de quienes ya habían sido amonestados! (177)

Así pues, ¡Apártate de ellos hasta un plazo (178) y observa! ¡Pronto van a ver! (179)

¡Glorificado sea tu Señor, Señor del Poder, por encima de lo que le atribuyen! (180) Y la paz sea con los Mensajeros (181) y alabado sea Dios, Señor del Universo. (182)

---

¹ «¿De que los ángeles son del género femenino?» *Al-Mizan*, t. XVII, p. 263
² Los idólatras creían que los genios eran hijos de Dios, pero los genios saben que, el Día del Juicio, tendrán que comparecer ante Dios para ser juzgados por sus actos igual que el resto de las criaturas. *Al-Mizan*, t. XVII, p. 264.
³ El versículo se refiere a quienes poseen una comprensión limitada de Dios y Le atribuyen cualidades con una visión antropomórfica y de esa manera Le limitan, cuando Dios carece de limitaciones. Y exceptúa a los creyentes que Él ha purificado, de tal manera que no se dejan engañar por el mundo de la multiplicidad. *Al-Mizan*, t. XVII, p. 265.
⁴ En estos tres versículos son los ángeles quienes hablan y hacen referencia a los tres primeros versículos de este mismo capítulo. Y están destinados a destruir la suposición de los idólatras sobre la divinidad de los ángeles. (Cfr. *Corán*, 19:64) *Al-Mizan*, t. XVII, p. 267.
⁵ Estos tres versículos se refieren a los idólatras de La Meca y a quienes tienen sus mismas creencias. Con «*Recuerdo procedente de los primeros*» se refieren a una Escritura Sagrada como la que trajeron los primeros Mensajeros. «*Pero no creyeron en él*» se refiere al *Corán Al-Mizan*, t. XVII, p. 269

Capítulo 38

Sad

En el nombre de Al.lah, el Clementísimo, el Misericordiosísimo.

Sad.

Juro por el *Corán*, poseedor del Recuerdo,[1] (1) que quienes tratan de ocultar la Verdad están en una actitud prepotente y rebelde. (2)

¡Cuántos pueblos habremos aniquilado antes de ellos que, cuando descendió el castigo sobre ellos, imploraban a gritos, cuando ya se les había pasado el tiempo de salvarse del castigo! (3)

Y se sorprenden de que quien venga a amonestarles sea uno de entre ellos mismos. Y dicen los que no creen: «¡Éste es un mago mentiroso!» (4)

«¿No ha puesto en lugar de los dioses a un solo Dios? ¡Eso es algo verdaderamente asombroso!» (5)

Los notables se fueron diciendo: «¡Marchaos y defended a vuestros dioses! ¡Eso es lo que debéis hacer! (6) ¡No habíamos escuchado algo semejante en las últimas creencias! ¡Esto no es más que un invento! (7) ¿De entre nosotros, se le ha escogido a él para hacer descender el Recuerdo?» Dudan de Mi recuerdo.[2]

¡Todavía no han probado mi castigo! (8)

¿Acaso poseen ellos los tesoros de la misericordia de tu Señor, el Todopoderoso, el Otorgador? (9) ¿O poseen el reino de los cielos y la Tierra y de lo que hay entre ambos? Pues, entonces, que suban por ellos.[3] (10) ¡Uno de los insignificantes ejércitos de partidos será allá derrotado![4] (11)

Antes de ellos también desmintieron el pueblo de Noé y Ad y Faraón, el de las estacas, (12) y Zamud y el pueblo de Lot y la gente de Al-Aika.[5]

Esos son los partidos. (13) Cada uno de ellos desmintió a los Mensajeros y se cumplió Mi castigo. (14)

No les aguarda más que un solo grito y no tendrán marcha atrás. (15) Ellos dicen: «¡Señor nuestro! ¡Apresura nuestra parte antes del Día de la Cuenta!» (16)

---

[1] «Que posee el recuerdo de Dios, de su Unidad y Unicidad y de los conocimientos que de ello se desprenden.» *Al-Mizan*, t. XVII, p. 276.

[2] Es decir: «Dudan de que el *Corán* sea verdaderamente un mensaje revelado.» *Al-Mizan*, t. XVII, p. 280.

[3] «Que suban a los cielos, mediante ese poder, y tomen ellos la revelación divina en sus manos.» *Al-Mizan*, t. XVII, p. 280.

[4] Una profecía sobre la derrota del ejército de La Meca en la batalla de Badr o en la del Foso (Cfr. *Corán*, 33:9 y nota correspondiente)

[5] Cfr. *Corán*, 15:78 y nota correspondiente

Sé paciente con lo que dicen y recuerda a Nuestro siervo David, poseedor de una gran fuerza.[1]

En verdad, él se volvía continuamente a su Señor. (17) En verdad, Nosotros dispusimos que las montañas glorificasen con Él por la noche y al amanecer (18) y las aves que se reunían en bandadas.

Todo Le glorifica. (19)

Nosotros fortalecimos su reino y le dimos la sabiduría y la capacidad de discernir la verdad de las palabras. (20)

No ha llegado a ti la noticia de los que mantenían un contencioso y saltaron el muro del templo. (21) Cuando entraron ante David, él se sobresaltó.

Ellos dijeron: «¡No temas! Somos dos partes litigantes una de las cuales ha oprimido a la otra. Juzga entre nosotros con justicia, imparcialmente, e indícanos el buen camino.» (22)

«En verdad, este hermano mío posee noventa y nueve ovejas, pero yo sólo una oveja y me dice: 'Déjala en mi rebaño' y es más poderoso que yo discutiendo.» (23)

Él dijo: «Sí. Juro que ha sido injusto pidiéndote que juntases tu oveja con las suyas. En verdad, muchos socios se perjudican unos a otros, excepto quienes son creyentes y obran rectamente, pero pocos son así.»

Y David supo que Nosotros le habíamos puesto a prueba y pidió perdón a su Señor y se inclinó arrepentido.[2] (24)

Y Nosotros le perdonamos por ello y, en verdad, él posee una posición de cercanía ante Nosotros y un buen destino. (25)

«¡Oh, David! En verdad, te hemos hecho heredero en la Tierra, así pues, judga entre los hombres con la Verdad y no sigas tus pasiones, pues te desviarían de la senda de Dios.»

En verdad, quienes se desvían de la senda de Dios sufrirán un castigo doloroso por haber olvidado el Día de la Cuenta. (26)

---

[1] Fuerte en alabanzas a Dios. Y las montañas y las aves le acompañaban en sus alabanzas. Poderoso en fuerza y poderoso en conocimiento y también en la guerra. El mismo que venció a Goliat en combate. *Al-Mizan*, t. XVII, p. 288.

[2] David tenía gran capacidad y experiencia en los juicios, por ello Dios le puso a prueba y le envió unos ángeles que entraron de manera irregular en el templo y le sobresaltaron. Al juzgar, aunque correctamente, se apresuró y no escuchó a la otra parte. Tras emitir su juicio se dio cuenta de ello y de que era una prueba de su Señor para completar su aprendizaje, por lo que cayó arrepentido de su error. *Nemune*, t. XIX, p. 249.

No hemos creado los cielos y la Tierra y lo que hay entre ambos en vano. Eso es lo que piensan quienes no son creyentes. ¡Cuidado con el Fuego los que no son creyentes! (27)

¿Vamos a tratar igual a los que creen y obran rectamente que a los que corrompen la Tierra? ¿O vamos a tratar a quienes son temerosos de Dios como a los pecadores? (28)

Esta es una *Escritura* bendita que Nosotros hacemos descender a ti para que mediten sobre sus signos y para que las gentes de entendimiento reflexionen. (29)

Y otorgamos Salomón a David. ¡Qué bendición de siervo! ¡Ciertamente, él era un alma volcada a su Señor! (30)

[Recuerda] Cuando le mostraron al final del día unos hermosos caballos de carreras (31) y dijo: «En verdad, he amado más las cosas bellas que el recuerdo de mi Señor y el Sol se ha ocultado.[1] (32) Haced que vuelva atrás para mí y pasad vuestras manos por los pies y el cuello.»[2] (33)

Y pusimos a prueba a Salomón y colocamos un cuerpo sin vida en su trono. Entonces, se volvió hacia su Señor contrito. (34) Dijo: «¡Señor mío! ¡Perdóname y otórgame un reino que no sea adecuado para nadie después de mí! ¡En verdad, Tú eres el Otorgador!» (35)

Y sometimos los vientos a él, que soplaban suavemente por orden suya donde él quería. (36) Y a los demonios, que construían y buceaban para él. (37) Y al resto los encadenamos. (38)

«¡Esto es un don de Nuestra parte! Así pues, da de él o restríngelo sin limitaciones.» (39)

En verdad, él posee junto a Nosotros cercanía y un buen lugar de retorno. (40)

Y recuerda a Nuestro siervo Job, cuando invocó a su Señor: «El demonio me ha tocado con desgracia y castigo.» (41)

«¡Golpea con tu pie! Ahí tienes agua fresca para lavarte y beber.» (42)

---

[1] Es decir: «He mostrado más amor a los caballo que al recuerdo de mi Señor y el día se ha ido y yo me he olvidado de mis oraciones.» *Al-Mizān*, t. XVII, p. 308.

[2] Conforme a una tradición recogida en *Bihar al-Anwar* y que remite al Imam al-Sadiq, cuando Salomón, vio que el tiempo de su oración había pasado, ordenó a los ángeles que hicieran volver el tiempo de la tarde para él y dio orden a los que estaban con él de que pasarán las manos por sus pies y su cuello para realizar su ablución purificadora y, así, hacer su oración. Algunos han interpretado que Salomón ordenó cortar los pies y las patas de los caballos que le habían distraído de su oración, pero esa interpretación no es correcta, entre otras cosas porque tal comportamiento es impensable en un profeta de Dios. *Al-Mizan*, t. XVII, p. 309.

Y le otorgamos a su familia y otro tanto como una misericordia procedente de Nosotros y como un recuerdo para los dotados de entendimiento. (43)

«Toma un puñado de ramas y golpea con él y no rompas tu promesa.»[1]

En verdad encontramos que era paciente. ¡Qué bendición de siervo! ¡En verdad, él era un alma volcada a su Señor! (44)

Y recuerda a Nuestros siervos Abraham, Isaac y Jacob.

Eran fuertes y clarividentes en su adoración (45) Les escogimos por causa de su pura dedicación al recuerdo de la morada[2] (46) y, en verdad, ellos son, ante Nosotros, de los escogidos entre los buenos. (47)

Y recuerda a Ismael, a Eliseo y a Du l-Kifl, todos ellos eran de los mejores. (48)

Este es un recuerdo.

Y, en verdad, para los temerosos de Dios hay un buen destino: (49) los Jardines del Edén, cuyas puertas estarán abiertas para ellos. (50) Reclinados en ellos, pedirán de las frutas y bebidas abundantes. (51) Junto a ellos, esposas que sólo a ellos mirarán, de su misma edad y belleza. (52)

«¡Esto es lo que se os había prometido para el Día de la Cuenta!» (53) «¡En verdad, ésta es Nuestra provisión inagotable!» (54)

Así es. Y, en verdad, los rebeldes tendrán un mal destino. (55) El Infierno en el que arderán. ¡Qué mal lugar de reposo! (56) Así es. ¡Que lo prueben! ¡Agua hirviente y pus (57) y otras cosas semejantes! (58)

«¡Ese es otro grupo condenado con vosotros!»[3]

«No hay bienvenida para ellos. En verdad, arderán en el Fuego.»[4] (59)

Ellos dirán: «¡Tampoco para vosotros hay bienvenida! ¡Vosotros preparasteis esto para nosotros! ¡Que mal lugar!»[5] (60)

Ellos dirán: «¡Señor nuestro! ¿A quien preparó esto para nosotros dóblale el castigo en el Fuego!» (61)

---

[1] Job, enojado con su esposa, había prometido que si Dios le sanaba la daría cien azotes y para que no dejase de cumplir su promesa, una vez curado, Dios le dice que tome un puñado de ramitas finas y con ellas la golpee una vez. *Al-Mizan*, t. XVII, p. 320.

[2] «De la morada de la otra vida». Es decir, por su dedicación absoluta a los asuntos trascendentes y su desinterés por los bienes y placeres de este mundo. *Al-Mizan*, t. XVII, p. 322.

[3] Es lo que Dios les dirá a los dirigentes de los idólatras y de los que no tuvieron fe. *Al-Mizan*, t. XVII, p. 334.

[4] Dirán los dirigentes de la idolatría y la incredulidad respecto a sus seguidores. *Al-Mizan*, t. XVII, p. 334.

[5] Son palabras que los idólatras y quienes no tuvieron fe dirán a quienes les guiaron y precedieron en esa dirección.

Dirán: «¿Qué nos pasa que no vemos a hombres a los que considerábamos de lo peor? (62) ¿Nos burlábamos de ellos o es que no les podemos ver?»[1] (63)

Ciertamente, esa es la verdad de lo que discutirá la gente del Fuego. (64)

Di: «Lo que yo soy es un amonestador y no hay más dioses que Dios, el Uno, el Dominador. (65) El Señor de los cielos y la Tierra y de lo que hay entre ambos, el Todopoderoso, el Perdonador.» (66)

Di: «Es una gran noticia (67) de la que vosotros os desentendéis.[2] (68) Yo no tenía conocimiento de lo que en el Consejo Supremo discutían.[3] (69) Sólo me ha sido revelado que yo soy un amonestador claro.» (70)

[Recuerda] Cuando tu Señor dijo a los ángeles: «En verdad, crearé un ser humano de barro. (71) Así pues, cuando le haya dado forma y sople en él de Mi espíritu, prosternaos ante él.» (72)

Así que todos los ángeles se prosternaron (73) excepto Iblís, que se ensoberbeció y fue de los que tratan de ocultar la Verdad.[4] (74)

Dijo Él: «¡Oh, Iblís! ¿Qué te impidió prosternarte ante lo que Yo he creado con mis manos? ¿Te consideras demasiado grande o eres de los que están por encima de ello?» (75)

Dijo: «Yo soy mejor que él. A mí me creaste de fuego y a él le has creado de barro.» (76)

Dijo Él: «Pues entonces ¡Sal de él![5] En verdad eres de los maldecidos. (77) Y, en verdad, Mi maldición pesará sobre ti hasta el Día de la Recompensa.» (78)

Dijo: «¡Señor mío! ¡Dame de plazo hasta el día en que los resucites!» (79)

Dijo Él: «Sé, pues, de los que tienen un plazo (80) hasta el día cuyo tiempo está determinado.» (81)

Dijo: «Juro, pues, por Tu poder, que extraviaré a todos ellos (82) a excepción de quienes entre ellos sean Tus siervos puros.» (83)

---

[1] Es decir: «¿Nos equivocábamos al burlarnos de ellos y eran de los que se salvan o están también en el Infierno y no podemos verlos?» *Al-Mizan*, t. XVII, p. 335.

[2] Se refiere al *Corán* en su totalidad. Y esta opinión parece la más ajustada al sentido de los versículos anteriores y posteriores. *Al-Mizan*, t. XVII, p. 340.

[3] «Hasta que Él no me lo reveló.» Y «*Consejo Supremo*» indica la reunión de los ángeles y puede que se refiera al momento en que Dios les dijo: «En verdad, pondré en la Tierra un sucesor.» (Cfr. *Corán*, 2:30) *Al-Mizan*, t. XVII, p. 340-341.

[4] Cfr. *Corán*, 15:33.

[5] «Sal del Paraíso y de las filas de los ángeles.» *Nemune*, t. XIX, p. 330. (Cfr. *Corán*, 7:13)

Dijo Él: «La verdad –y lo que Yo digo es siempre la verdad- (84) es que llenaré el Infierno contigo y con todos los que te sigan.» (85)

Di: «No os pido recompensa por ello y no soy de los que tratan de imponerse sobre los demás. (86) Esto no es más que un recuerdo para todo el Universo. (87) Y, sin duda, sabréis lo que anuncia cuando llegue el plazo señalado.»(88)

Capítulo 39

Los grupos

En el nombre de Al.lah, el Clementísimo, el Misericordiosísimo.

Ésta es la *Escritura* que desciende gradualmente de parte de Dios, el Todopoderoso, el Sabio. (1)

En verdad, hemos hecho descender a ti la Escritura que dice la Verdad, por tanto, adora a Dios con una creencia pura, volcada únicamente a Él. (2) ¿Acaso la adoración no debe ser para Dios únicamente?

Y a quienes toman protectores aparte de Él diciendo: «No los adoramos sino para que nos aproximen a Dios»,[1] en verdad, Dios les juzgará sobre aquello en lo que disentían.[2]

En verdad, Dios no guía a quien es mentiroso y trata de ocultar la Verdad. (3)

Si Dios hubiera querido tomar un hijo, podría haber elegido lo que hubiese querido de lo que Él ha creado.

¡Glorificado sea!

¡Él es Dios, el Uno, el Dominador! (4)

Él ha creado los cielos y la Tierra con la Verdad. Él envuelve la noche sobre el día y que el día cubra a la noche. Y somete el Sol y la Luna. Cada uno fluye en su curso el tiempo establecido.

¿No es Él el Todopoderoso, el Perdonador? (5)

---

[1] Es decir, aquellos que toman a los ángeles o a los genios o a los hombres y mujeres santos como señores, o sea, como dioses en lugar de Dios, a excepción de la gente común de entre ellos, que incluyen a Dios entre aquellos que son objeto de su adoración. *Al-Mizan*, t. XVII, p. 356-357.

[2] «En aquello en lo que disentían de los creyentes.» *Al-Mizan*, t. XVII, p. 357.

Él os ha creado de una sola alma, luego ha hecho de ella a su pareja.

E hizo descender para vosotros ocho pares de reses.[1]

Él os crea en el seno de vuestras madres, creación tras creación, en una triple oscuridad.[2]

Ese es Dios vuestro Señor. A Él pertenece el reino. No hay más dioses que Él ¿Cómo entonces cambiáis?[3] (6)

Si sois desagradecidos,[4] [sabed que] en verdad, Dios es rico por Sí mismo, no necesita de vosotros y no Le satisface que sus siervos sean desagradecidos. Y si sois agradecidos, Él estará satisfecho de que seáis así.

Nadie cargará con la carga de otro. Luego, vuestro lugar de regreso será Dios y Él os informará de lo que hacíais. En verdad, Él sabe bien lo que hay en el fondo de los corazones. (7)

Cuando al ser humano le aflige una desgracia invoca a su Señor, volviéndose a Él contrito. Luego, cuando le llega un favor procedente de Él, olvida lo que Le imploraba anteriormente y pone semejantes junto a Dios, desviando a otros de Su camino.

Di: «Disfruta de tu alejamiento de Dios un poco. En verdad, tú eres de la gente del Fuego.» (8)

¿Acaso quien adora en mitad de la noche prosternado y en pie, temeroso del castigo en la otra vida y esperando la misericordia de su Señor…?[5]

Di: «¿Acaso son iguales el que sabe y el que no sabe?»

En verdad, sólo se deja amonestar la gente dotada de entendimiento. (9)

Di[6]: «¡Oh, siervos Míos creyentes! ¡Sed temerosos de vuestro Señor! Quienes hagan el bien en este mundo obtendrán el bien.»

«Y la Tierra de Dios es amplia.[7] En verdad, Él concederá a los pacientes su recompensa sin medida.» (10)

---

[1] Cfr. *Corán*, 6:143.

[2] Es decir: «una generación tras otra, en la triple oscuridad del vientre, el útero y la placenta.» *Al-Mizan*, t. XVII, p. 363.

[3] Es decir: «¿Cómo es que cambiáis vuestra adoración a Dios por la adoración a lo que no es Él?» *Al-Mizan*, t. XVII, p. 364.

[4] «Y no reconocéis que Él es Uno.» *Al-Mizan*, t. XVII, p. 364.

[5] «¿Es igual que esos otros que antes hemos mencionado?» *Al-Mizan*, t. XVII, p. 370.

[6] Es decir: «Di: Dios dice: ¡Oh siervos Míos!»

[7] Esta frase se dirige a quienes se veían obligados a abandonar sus tierras y bienes en La Meca para escapar de la ira de los idólatras y proteger su fe. Desde luego, el sentido de la frase es general y abarca a todos los que se encuentren en las mismas circunstancias. *Al-Mizan*, t. XVII, p. 371.

Di: «En verdad, me ha sido ordenado que adore a Dios con una creencia pura, volcada únicamente a Él. (11) Y me ha sido ordenado que sea el primero de los que se someten a Él.» (12)

Di: «En verdad, temo, si desobedezco a mi Señor, el castigo de un día inmenso.» (13)

Di: «Adoro a Dios con una creencia pura, volcada únicamente a Él. (14) Así pues, adorad lo que queráis aparte de Él.»

Di: «En verdad, los perdedores son quienes se pierden a sí mismos y a su familia el Día del Levantamiento.»

¿No es ese acaso la pérdida evidente? (15) Las sombras del Fuego les cubrirán por encima y por debajo.

Así es como Dios atemoriza a Sus siervos.

«¡Oh, siervos Míos! ¡Sed, pues, temerosos de Dios!» (16)

Para quienes se abstienen de adorar a los ídolos y a los falsos dioses y se vuelven arrepentidos hacia Dios hay una buena noticia.

Da, pues, la buena noticia a Mis siervos, (17) aquellos que escuchan la Palabra y siguen la excelencia que en ella hay. Esos son a quienes Dios guía y ellos son los dotados de entendimiento. (18)

¿Acaso aquellos en quienes se cumpla la promesa del castigo…?[1] ¿Podrás tú rescatar a quienes están en el Fuego?

Pero, quienes son temerosos de su Señor, tendrán aposentos elevados sobre los que hay construidos otros aposentos y bajo los cuales fluirán los arroyos.

Promesa de Dios. Dios no incumple su promesa. (20)

¿Acaso no has visto cómo Dios hace descender agua del cielo y la conduce bajo tierra y crea fuentes y luego hace surgir con ella cosechas de variados colores, que después se marchitan y ves como se tornan amarillas y las hace quebradizas?

En verdad, en ello hay un motivo de reflexión para los dotados de entendimiento. (21)

---

[1] El final de esta frase ha sido elidido. El sentido de ella es claro: «¿Acaso aquellos en quienes se verifica la promesa divina del castigo podrán escapar de él?» La frase siguiente viene para confirmar esto mismo: «Ni siquiera el Profeta podrá interceder por aquellos que se han hecho merecedores de ser castigados.» Y esta interpretación es mejor que la de aquellos que han dicho: «El sentido de la frase es: ¿Son mejores aquellos en quienes se verifica la promesa del castigo o aquellos que irán obligatoriamente al Paraíso?» *Al-Mizan*, t. XVII, p. 381.

39. LOS GRUPOS

سُورَةُ الزُّمَر

¿Acaso aquel a quien Dios ha expandido su pecho para que acepte el Islam y por tanto está sobre una luz que procede de su Señor…?[1]

¡Ay de quienes tienen sus corazones endurecidos para el recuerdo de Dios! ¡Ellos están en un extravío evidente! (22)

Dios ha hecho descender la mejor de las palabras.[2] Una *Escritura* cuyas partes se armonizan y explican unas a otras.[3] Con ella se estremecen quienes son temerosos de su Señor. Luego, sus cuerpos y sus corazones se calman y enternecen por el recuerdo de Dios.

¡Esa es la guía de Dios, mediante la que guía a quien Él quiere! Y a quien Dios extravía, no hay quien pueda guiarle. (23)

¿Acaso quien en este mundo y por medio de su temor de Dios se protege del castigo del Día del Levantamiento…?[4]

Y se dirá a los opresores: «¡Probad lo que habéis obtenido!» (24)

Quienes vivieron antes de ellos desmintieron y el castigo les alcanzó cuándo y de dónde menos se lo esperaban. (25) Dios les hizo probar la humillación en esta vida. Y si ellos supieran que el castigo de la otra es mayor… (26)

En verdad, hemos puesto a los seres humanos, en este *Corán*, toda clase de ejemplos, para que, quizás así, reflexionen. (27) Es un *Corán* en árabe, sin desviaciones ni ambigüedades, para que, quizás así, sean temerosos. (28)

Dios pone el ejemplo de una persona que pertenece a unos socios que no se ponen de acuerdo entre ellos y otra persona que pertenece a un solo amo ¿Son ambos iguales? ¡Alabado sea Dios! Pero la mayoría de ellos no saben. (29)

En verdad, tú morirás y ellos morirán. (30) Luego, el Día del Levantamiento, argumentaréis cada uno ante vuestro Señor (31)

---

[1] Esta frase es el sujeto de un predicado elidido y la frase siguiente: «*¡Ay de quienes tienen sus corazones endurecidos para el recuerdo de Dios!*» nos aclara cuál es ese predicado: «¿es igual que quien tiene su corazón endurecido como una piedra para el recuerdo de Dios?» *Al-Mizan*, t. XVII, p. 387. Cfr. *Corán*, 6:125. Por supuesto, con visión profunda de la Verdad y conocimiento del camino recto, por ello, a continuación, dice: «está sobre ('ala) una luz», es decir: «va sobre una luz que le permite ver con claridad lo que entra en su corazón y distinguir lo que es verdadero de lo que es falso.» *Al-Mizan*, t. XVII, p. 387.

[2] Es decir, el *Corán*, pues *hadiz* aquí significa «palabra, discurso.» (Cfr. 52:34 y 77:50)

[3] «Una Escritura cuyas partes se armonizan y explican unas a otras». Pues *mutashabih* significa que cada parte es semejante a las otras partes, que sus versículos no presentan diferencias ni contradicciones entre ellos a lo largo de todo el *Corán*. Y el término *mazani*: «inclinados, entrelazados», indica que sus versículos se inclinan y entrecruzan unos sobre otros, explicándose mutuamente. (Cfr. *Corán*, 4:82) *Al-Mizan*, t. XVII, p. 388-389.

[4] «¿es igual que quien persevera en su negación de la verdad?» *Al-Mizan*, t. XVII, p. 391

39. LOS GRUPOS

Parte 24

¿Quién, pues, es más opresor que quien miente sobre Dios y desmiente la Verdad cuando ésta llega a él? ¿Acaso no es el Infierno el lugar para quienes tratan de ocultar la Verdad? (32)

Y quien viene con la Verdad y quien la reconoce y confirma, esos son los temerosos de Dios. (33) Ellos tienen lo que quieran junto a su Señor. Esa es la recompensa de quienes hacen lo mejor. (34)

Dios ocultará lo peor de lo que ellos hicieron y les recompensará con la recompensa que merezca lo mejor de lo que hacían. (35)

¿No es Dios suficiente para Su siervo?[1]

¡Y tratan de asustarte con los que no son Él![2] A quien Dios extravía no hay quien le guíe (36) y a quien Dios guía no hay quien pueda extraviarle. ¿Acaso Dios no es todopoderoso, dueño de la venganza? (37)

Y si les preguntases: «¿Quién ha creado los cielos y la Tierra?» dirían: «Dios». Di: «¿Habéis visto, pues, si aquellos a quienes adoráis en lugar de Dios, en caso de que Dios quisiera un perjuicio para mí, podrían evitarlo?, o si quisiera para mí un beneficio ¿Podrían ellos impedirlo?»

Di: «¡Dios es suficiente para mí! ¡Es en Él en Quien ponen su confianza quienes ponen su confianza en la Verdad!» (38)

Di: «¡Oh, pueblo mío! Continuad en vuestras posiciones que yo también continuaré en las mías. [3]Y pronto sabréis (39) quién está condenado al fuego que le devorará y sobre quién se ha hecho lícito el castigo eterno.»[4] (40)

---

[1] Es decir: «¿Acaso Dios no es Suficiente para salvar y proteger a Sus siervos de sus enemigos?» *Nemune*, t. XIX, p. 458.

[2] Es decir: «Tratan de asustarte con los dioses de los idólatras.» *Al-Mizan*, t. XVII, p. 396.

[3] Es decir: «Di a los idólatras de tu pueblo: Continuad con vuestra idolatría y obstinación, que yo también permaneceré fiel a lo que me ha sido ordenado y tampoco me apartaré de ello. Pronto sabréis quién está condenado al castigo que le devorará en esta vida (tal como les sucedió en la batalla de Badr) y en el que permanecerá eternamente en la otra.» *Al-Mizan*, t. XVII, p. 406.

[4] Es decir: «Quién está condenado al Fuego que le devore en esta vida y permanecerá en el castigo eterno en la otra.» *Al-Mizan*, t. XVII, p. 406.

En verdad, Nosotros hacemos descender para la gente la *Escritura* con la Verdad.

Así pues, quien se guíe, para sí mismo lo hace y quien se extravíe, a sí mismo se extravía y tú no eres su protector. (41)

Dios recoge las almas cuando les llega la muerte y las de quienes no han muerto cuando duermen. Y toma aquella sobre la que ha sido decretada la muerte y envía las otras para que permanezcan hasta un plazo establecido.[1]

En verdad, en ello hay señales para la gente que reflexiona. (42)

«¿Vais a tomar otros intercesores aparte de Dios?»

Di: «¿Aunque no tengan poder alguno y no razonen?» (43)

Di: «Toda la intercesión pertenece a Dios. A Él pertenecen los cielos y la Tierra y luego regresaréis hacia Él.» (44)

Y cuando es recordado Dios en Su unicidad,[2] los corazones de quienes no creen en la otra vida se contraen de disgusto y aversión. Y cuando se menciona a los que no son Él,[3] se refleja en sus rostros la felicidad y satisfacción que ello les proporciona. (45)

Di: «¡Oh, Dios mío! ¡Originador de los cielos y la Tierra! ¡Conocedor de lo que está oculto a los sentidos y lo que está manifiesto! ¡Tú juzgarás entre Tus siervos sobre aquello en lo que disentían!» (46)

Si los opresores, que niegan la otra vida, tuvieran de nuevo todo lo que poseían en la Tierra y otro tanto, lo darían para librarse del castigo del Día del Levantamiento.

Y se manifestará para ellos, de parte de Dios, aquello con lo que no contaban. (47)

---

[1] La frase se inicia con el nombre de Dios. Con ello, Dios hace acto de presencia para dejar claro que Él es el Único que toma las almas, aunque sea a través del Ángel de la Muerte o de sus ayudantes. Y, aquí, *nafs* quiere decir «espíritu» (*ruh*), el espíritu que está unido al cuerpo y que se separa de él en el momento de la muerte, por ello cuando dice "en el momento de su muerte" se refiere a la del cuerpo, que ya no estará dirigido por él. Y también el espíritu de los que duermen, con la diferencia de que éste vuelve al cuerpo al despertar, para seguir disfrutando de esta vida hasta que llegue su momento de la muerte. *Al-Mizan*, t. XVII, p. 407-408.

[2] Es decir: «Cuando oyen a los creyentes decir: 'Hay un solo Dios' o 'No hay dioses excepto Dios.'» (*La ilaha illa Allah*). *Al-Mizan*, t. XVII, p. 411.

[3] Es decir: «A los falsos dioses que ellos adoran.» *Al-Mizan*, t. XVII, p. 411.

Y se les hará evidente el mal que realizaron y se verificará para ellos aquello de lo que se burlaban. (48)

Y, cuando al ser humano le toca un mal, Nos invoca suplicante. Pero cuando hacemos que le llegue un beneficio que procede de Nosotros, dice: «En verdad, lo he obtenido gracias a mi inteligencia.» Pero, en realidad, es una prueba, aunque la mayoría de ellos no saben.[1] (49)

Eso mismo decían quienes vinieron antes de ellos. Pero nada de lo que obtuvieron les benefició (50) y pronto les alcanzó el castigo por el mal que hicieron.

Y, quienes de ellos[2] hayan sido opresores, pronto sufrirán el mal que hicieron y no podrán escapar del castigo de Dios. (51)

¿Acaso no saben que Dios incrementa la provisión de quien Él quiere o la disminuye? En verdad, en ello hay señales para gente que tiene fe. (52)

Di: «¡Oh, siervos Míos que os habéis excedido con vosotros mismos! ¡No desesperéis de la misericordia de Dios![3] ¡En verdad, Dios perdona todos los pecados! En verdad, Él es el Perdonador, el Misericordiosísimo.» (53)

Y volveos a vuestro Señor y someteos a Él antes de que llegue a vosotros el castigo.[4] Luego no seréis auxiliados. (54)

Y seguid lo mejor de lo que ha descendido a vosotros procedente de vuestro Señor[5] antes de que llegue a vosotros el castigo repentinamente, sin que vosotros os deis cuenta. (55) y cada cual se diga a sí mismo: «¡Ay de mí por mi negligencia con Dios! ¡En verdad, yo era de los que se burlaban!» (56)

---

[1] Es decir: «Ese beneficio que hacemos llegar a él es, en realidad, una manera de poner a prueba su fe y su agradecimiento a Mí, aunque la mayoría de ellos no se dan cuenta de que es eso lo que significa.» *Al-Mizan*, t. XVII, p. 415.

[2] Es decir: «Del pueblo del Mensajero de Dios.» *Al-Mizan*, t. XVII, p. 416.

[3] Se refiere aquí, puesto que se dirige a los pecadores, a la misericordia en la otra vida, no a una misericordia general que abarque esta vida y la otra. *Al-Mizan*, t. XVII, p. 424.

[4] Se refiere al castigo en la otra vida. *Al-Mizan*, t. XVII, p. 426.

[5] Algunos han dicho que se refiere al *Corán* mismo. Y es posible que se refiera a aquellas palabras en las que Dios nos llaman a practicar la adoración, tanto en la creencia como en los actos. Por ejemplo, las que nos llaman a sumergirnos en el recuerdo de Dios Altísimo y también las que nos invitan al amor de Dios y a ser temerosos de Él, ya que seguir esas palabras proporciona una vida buena e incrementa la fe del espíritu y la corrección en los actos y nos hace disfrutar de la generosidad divina. *Al-Mizan*, t. XVII, p. 427.

O diga: «Si Dios me hubiera guiado habría sido de los temerosos.» (57) O diga cuando vea el castigo: «Si tuviera otra oportunidad sería de los que hacen el bien.» (58)

Sí. Vinieron a ti Mis señales pero las desmentiste y te mostraste altivo y fuiste de los que tratan de ocultar la Verdad. (59) Y el Día del Levantamiento verás que los rostros de quienes dijeron mentiras sobre Dios se ennegrecen. ¿Acaso no hay un lugar en el Infierno para los arrogantes? (60)

Y Dios salvará a quienes fueron temerosos dándoles el éxito. El mal no les tocará y no estarán tristes.[1] (61)

Dios es el Creador de toda cosa y Él cuida de todo. (62) A Él pertenecen las llaves de los cielos y la Tierra.[2] Y, quienes tratan de ocultar las señales de Dios, esos son los perdedores. (63)

Di: «¿Me ordenáis que adore a otro distinto que Dios ¡Oh, ignorantes!?» (64)

Y, ciertamente, juro que fue revelado, a ti y a quienes vinieron antes de ti,[3] que si adoras a otros dioses invalidarás tus obras y serás de los perdedores. (65) Así pues, adora a Dios y se de los agradecidos. (66)

No han valorado a Dios en Su verdadera magnitud. Y toda la Tierra estará en su puño el Día del Levantamiento y los cielos estarán enrollados en Su mano derecha.[4] ¡Glorificado sea y ensalzado por encima de lo que Le asocian! (67)

---

[1] Es decir: «Dios les ha salvado y, por tanto, ningún mal les llegará desde fuera y tampoco en su interior se sentirán tristes.» *Al-Mizan*, t. XVII, p. 431.

[2] Es decir: «Las llaves que guardan las recompensas en los cielos y en la Tierra.» *Al-Mizan*, t. XVII, p. 438.

[3] Es decir: «A ti ¡Oh, Muhammad! y a los profetas y Mensajeros que fueron enviados antes de ti.» *Al-Mizan*, t. XVII, p. 440.

[4] «*No han valorado a Dios por lo que verdaderamente vale.*» quiere decir que no Le conocen en realidad como deberían conocerle. «*Toda la Tierra estará en Su puño*» es una metáfora para indicar que Él posee toda la autoridad sobre ella y todo lo que ella contiene. «*Y los cielos estarán enrollados en Su mano derecha*» indica igualmente el poder de Dios, ya que la mano derecha simboliza la mayor fuerza. Y es una imagen para indicar que, ese día, será evidente para todos que nadie más que Dios posee el poder para incidir en el mundo de la existencia. *Al-Mizan*, t. XVII, p. 443.

Será soplada la trompeta y morirán quienes están en los cielos y en la Tierra, excepto quien Dios quiera. Luego, se soplará en ella otra vez y se pondrán en pie expectantes.[1] (68)

Y se iluminará la Tierra por la Luz de su Señor y se expondrá la escritura y se hará comparecer a los profetas y a los testigos y se juzgará entre ellos con la Verdad y nadie será oprimido.[2] (69) Y cada alma recibirá la recompensa de lo que haya hecho. Y Él es Quien mejor sabe lo que hicieron. (70)

Y quienes negaban la Verdad serán conducidos al Infierno en grupos y cuando lleguen a él se abrirán sus puertas y sus ángeles les dirán: «¿Acaso no vinieron a vosotros Mensajeros de entre vosotros mismos que os recitaron las señales de vuestro Señor y os amonestaron con el encuentro de éste vuestro día?» Dirán: «Sí, pero…»[3]

Y se verificará la promesa del castigo sobre quienes no quisieron creer.[4] (71)

Se les dirá: «¡Entrad por las puertas del Infierno en el que permaneceréis eternamente!» ¡Qué mal lugar el destinado a los arrogantes! (72)

Y quienes fueron temerosos de su Señor serán conducidos al Jardín en grupos y cuando lleguen a él se abrirán sus puertas y sus ángeles les dirán: «¡Paz sobre vosotros! ¡Fuisteis buenos! ¡Entrad, pues, en él para siempre!» (73)

Y ellos dirán: «¡Alabado sea Dios, que ha hecho realidad Su promesa y nos hizo heredar la Tierra[5] para que nos establezcamos en el Jardín donde queramos!» ¡Qué buena la recompensa de los que actuaron bien! (74)

---

[1] Es decir: «Observando la llegada del Juicio y de la recompensa.» *Nemune*, t. XIX, p. 534.

[2] Se ha dicho que la *escritura* a la que se refiere es la que recoge todos los actos de cada persona y conforme a la cual va a ser juzgada. Los profetas comparecerán para ser preguntados: «¿Entregasteis el Mensaje de Dios?» y los testigos para que atestigüen lo que vieron hacer a sus pueblos y lo que tuvieron que soportar de ellos. Y al decir «*se juzgará entre ellos con la Verdad*» se refiere a los seres humanos en general y se juzgará sobre aquello que discrepaban con los creyentes en relación con el Mensaje Divino. *Al-Mizan*, t. XVII, p. 448-449.

[3] Dirán: «Sí, pero […] no quisimos aceptar la responsabilidad y les calificamos de mentirosos.» *Al-Mizan*, t. XVII, p. 4

[4] La promesa del castigo es la que Dios hizo a Adán cuando le envió a la Tierra: «Pero aquellos que oculten la verdad y desmientan Nuestras señales, serán la gente del Fuego y en él permanecerán eternamente.» *Corán*, 2:39. *Al-Mizan*, t. XVII, p. 450-451.

[5] La Tierra Celestial. *Nemune*, t. XIX, p. 553.

Y verás a los ángeles alrededor del Trono divino, celebrando a su Señor con alabanzas.

Se juzgará entre ellos con la Verdad y se dirá: «¡Alabado sea Dios, Señor del Universo!» (75)

Capítulo 40

Perdonador

En el nombre de Al.lah, el Clementísimo, el Misericordiosísimo.

Ha, Mim. (1)

El descenso de la Escritura proviene de Dios, el Todopoderoso, el Sabio, (2) perdonador del pecado, aceptador del arrepentimiento, severo en el castigo, favorecedor duradero. No hay más dios que Él y a Él es el regreso. (3)

No discuten las señales de Dios más que quienes tratan de ocultar la Verdad. ¡Que no te engañe la facilidad con que se desenvuelven por el país![1] (4)

Antes de ellos desmintió el pueblo de Noé y después de él los partidos. Y todas las comunidades hicieron planes para capturar a su Mensajero[2] y discutieron vanamente para destruir con ello la Verdad. Pero les atrapé y ¡Cómo fue Mi castigo! (5) Y así se cumplió la palabra de tu Señor sobre aquellos que tratan de ocultar la verdad de que serían la gente del Fuego. (6)

Quienes portan el Trono divino y quienes están alrededor de él celebran a su Señor con alabanzas y creen en Él y le piden que perdone a quienes son creyentes:

«¡Señor nuestro! Tú todo lo abarcas con Tu misericordia y Tu conocimiento. Perdona, pues, a quienes se vuelven a Ti arrepentidos y a quienes siguen Tu senda y líbrales del castigo del Infierno.» (7)

---

[1] Es decir: «No deduzcas que confunden a Dios por la facilidad con la que los que niegan a Dios mejoran su nivel de vida y van de una comodidad a otra.» *Al-Mizan*, t. XVII, p. 463.

[2] Es decir: «Antes de la gente que te desmiente ¡Oh, Muhammad! también desmintieron a Noe y desmintieron las gentes de Ad y Zamud, el pueblo de Lot y otros, e incluso trataron de apoderarse de sus Mensajeros y maltratarles, matarles o expulsarles del país.» *Al-Mizan*, t. XVII, p. 463-464.

«¡Señor nuestro! Hazles entrar en los Jardines del Edén que les habías prometido a ellos y a quienes de sus padres, parejas y descendientes, fueran rectos.

En verdad, Tú eres el Todopoderoso, el Sabio.» (8)

«¡Líbrales del mal! Habrás bendecido con Tu misericordia a quien hayas protegido del mal de ese día.[1] ¡Ese es el triunfo inmenso!» (9)

En verdad, a quienes tratan de ocultar la Verdad se les dirá:[2] «La ira de Dios con vosotros es mayor que vuestra propia ira contra vosotros mismos cuando fuisteis llamados a tener fe y no creísteis.» (10)

Dirán: «¡Señor nuestro! Nos has hecho morir dos veces y nos has dado la vida dos veces. Admitimos nuestros pecados. ¿Hay un camino para salir?»[3] (11)

«Esto os sucede porque, cuando se invocaba a Dios en Su unicidad no creíais, pero cuando se Le asociaban otros falsos dioses creíais.»

Así pues, el juicio pertenece a Dios, el Altísimo, el Más grande. (12) Él es Quien os muestra Sus señales y hace que descienda del cielo la provisión para vosotros. Pero solamente reflexionan quienes se vuelven a Él con contrición. (13) Por tanto ¡Volveos a Dios poniendo vuestra fe únicamente en Él, aunque ello moleste a los que tratan de ocultar la Verdad! (14)

Él es Quien eleva los grados, el Señor del Trono. Él hace descender el Espíritu que procede de Su mandato sobre quien Él quiere de Sus siervos para que advierta del Día del Encuentro. (15) El día en que todos surjan y nada de ellos se oculte a Dios.

¿A quien pertenece la soberanía ese día? A Dios, el Uno, el Victorioso. (16)

---

[1] «A quien Tú hayas protegido del castigo del Día del Juicio.» *Al-Mizan*, t. XVII, p. 471.

[2] «Cuando estén en el Infierno.» *Al-Mizan*, t. XVII, p. 473.

[3] Se refiere a la muerte al final de la vida en este mundo y a la muerte al Mundo Intermedio (*barzaj*) el Día del Juicio Final, y al nacimiento al Mundo Intermedio y al nacimiento del Día del Levantamiento. Y la pregunta «¿*Hay un camino para salir?*» quiere decir: «¿Hay un camino para salir del Infierno en el que nos encontramos?» *Al-Mizan*, t. XVII, p. 475.

«Hoy cada alma recibirá la recompensa por lo que hizo. Hoy no hay opresión. En verdad, Dios es rápido haciendo la cuenta.» (17)

Así pues, adviérteles del Día Inminente, cuando los corazones se suban a las gargantas a causa de la angustia. Los opresores no tendrán amigo ni intercesor aceptado. (18)

Él conoce la traición de los ojos[1] y lo que ocultan los pechos. (19)

Y Dios juzga con la Verdad y quienes ellos invocan en lugar de Él no tienen poder para juzgar nada. En verdad, Dios es Quien todo lo oye, Quien todo lo ve. (20)

¿Acaso no han viajado por la Tierra y han observado cuál fue el final de quienes vivieron antes de ellos? Tuvieron más poder que ellos y dejaron más huellas en la Tierra, pero Dios se apoderó de ellos por sus pecados y no tuvieron quien les protegiera de Dios. (21)

Eso fue porque vinieron a ellos sus Mensajeros con las pruebas claras y no creyeron en ellas, por eso Dios se apoderó de ellos.

En verdad, Él es fuerte, severo en el castigo. (22)

Y, ciertamente, Nosotros enviamos a Moisés con Nuestras pruebas claras y una autoridad evidente (23) al Faraón, a Hamam y a Qarun, pero dijeron: «¡Es un mago! ¡Un mentiroso!» (24)

Así pues, cuando llegaron a ellos con la Verdad procedente de Nosotros, dijeron: «¡Matad a los hijos de los creyentes que están con él y dejad con vida a sus mujeres!»

Pero los planes de quienes trataban de ocultar la Verdad no tuvieron éxito. (25)

---

[1] Se refiere a los pecados que no son evidentes para los demás y quedan ocultos para ellos. *Al-Mizan*, t. XVII, p. 486.

Y dijo el Faraón: «¡Dejadme que mate a Moisés! ¡Y que él invoque a su Señor! En verdad, temo que cambie vuestras creencias o que haga surgir la corrupción en la Tierra.» (26)

Y Moisés dijo: «Me refugio en mi Señor y vuestro Señor de todo arrogante que no crea en el Día de la Cuenta.» (27)

Y un hombre creyente de la gente del Faraón que ocultaba su fe dijo: «¿Vais a matar a un hombre por decir: Mi señor es Dios, y que ha venido a vosotros con las pruebas claras procedentes de vuestro Señor?»

«Y si es mentiroso su mentirá recaerá sobre él y si es sincero sufriréis algunas de las cosas con que os amenaza. En verdad, Dios no guía a quien es inmoderado, mentiroso.» (28)

«¡Oh, pueblo mío! Hoy el reino os pertenece a vosotros y vosotros domináis la Tierra, pero ¿Quién nos auxiliará del castigo de Dios si viene a nosotros?»

El Faraón dijo: «No os muestro más que lo que yo veo y no os guío más que al camino de la rectitud.» (29)

El que creía[1] dijo: «¡Oh pueblo mío! Temo para vosotros algo semejante al día de los partidos."[2] (30) Semejante al castigo del pueblo de Noé y de Ad y de Zamud y de los que vinieron tras ellos. Y Dios no desea oprimir a Sus siervos.» (31)

«Y ¡Oh, pueblo mío! En verdad, temo para vosotros el Día del Griterío.[3] (32) El día en que trataréis de huir y no tendréis quien os proteja de Dios. Y a quien Dios extravía no hay nadie que pueda guiarle.» (33)

---

[1] «*El que creía*» es ese mismo creyente de la gente del Faraón que ocultaba su fe. *Al-Mizan*, t. XVII, p. 500.

[2] Es decir «Temo para vosotros la llegada de un día como el que castigó a los pueblos anteriores.» Los pueblos que a continuación va a citar. *Al-Mizan*, t. XVII, p. 501.

[3] El día en que unos llamarán a gritos a otros para que vengan a auxiliarles. Es decir, el Día del Juicio Final. *Al-Mizan*, t. XVII, p. 501.

«Y, ciertamente, vino a vosotros José anteriormente con las pruebas claras, pero siempre dudasteis de lo que os trajo, hasta que, cuando murió, dijisteis: Dios no enviará después de él ningún otro Mensajero.»

Así es como Dios extravía a quien es inmoderado, escéptico. (34) Aquellos que discuten las señales de Dios sin que les haya sido concedida ninguna autoridad.[1]

Eso es muy detestable para Dios y para quienes son creyentes.

Así es como Dios sella el corazón de todo el que es arrogante, prepotente. (35)

Y Faraón dijo: «¡Oh, Haman! Construye para mí una alta torre, quizás así pueda alcanzar los caminos. (36) Los caminos de los cielos, y pueda echar un vistazo al dios de Moisés. Aunque, en verdad, pienso que es un mentiroso.»

Así es como aparecían adornados ante el Faraón sus malos actos y fue apartado del camino. Y los planes del Faraón sólo obtuvieron el fracaso. (37)

Y el que creía[2] dijo: «¡Oh, pueblo mío! ¡Seguidme! ¡Yo os guiaré al camino de la rectitud! (38) ¡Oh, pueblo mío! En verdad, la vida de este mundo es un disfrute que tiene un plazo limitado y la otra vida es la casa de la permanencia.» (39)

A quien haya cometido un mal no se le recompensará más que con algo semejante y quienes hayan hecho un bien, hombre o mujer, y sean creyentes, entrarán en el Jardín y allí se les recompensará sin medida. (40)

---

[1] Es decir: «Sin ninguna prueba que les de autoridad. Solamente con mentiras y siguiendo los deseos de su ego.» *Al-Mizan*, t. XVII, p. 502.

[2] De nuevo es el creyente de la gente del Faraón quien habla. Y si les dice que si le siguen él les guiará es debido a que él mismo seguía a Moisés. *Al-Mizan*, t. XVII, p. 504.

«Y ¡Oh pueblo mío! ¿Cómo es que yo os invito a la salvación y vosotros me invitáis al Fuego? (41) Me invitáis a que no crea en Dios y a que asocie a Él aquello de lo que no tengo conocimiento,[1] mientras que yo os invito al Todopoderoso, al Perdonador.» (42)

«Es evidente que aquello a lo que me invitáis no tiene poder de convocatoria ni en esta vida ni en la Otra[2] y que regresaremos a Dios y que los inmoderados son gente del Fuego.» (43)

«Entonces recordaréis lo que ahora os digo, mientras que yo he confiado mis asuntos a Dios. En verdad, Dios ve el estado de Sus siervos.» (44)

Dios le protegió del daño de lo que ellos tramaron y confirmó el castigo para la gente del Faraón: (45) el fuego al que se verán siempre expuestos, mañana y tarde.

Y el día en que llegue la Hora:[3] «¡Haced entrar a la gente del Faraón en lo más severo del castigo!» (46)

Y cuando estén discutiendo en el Fuego, los débiles dirán a los arrogantes: «En verdad, fuimos vuestros seguidores. ¿Soportaréis por nosotros una parte del Fuego?» (47)

Los arrogantes dirán: «En verdad, estamos todos en él. En verdad, Dios ha juzgado entre Sus siervos.» (48)

Y los que estén en el Fuego dirán a los guardianes del Infierno: «¡Invocad a vuestro Señor para que nos reduzca un día del castigo!» (49)

---

[1] Es decir: «Me invitáis a que deje de creer en Dios y a que considere como dioses a otras cosas o seres sin que tenga pruebas que me confirmen su divinidad, mientras que yo os invito a creer en Quien tiene todo el poder, de manera que siempre vence y nadie puede vencerle y, a pesar de eso, perdona a quien se arrepiente de sus pecados y se vuelve a Él con fe.» *Al-Mizan*, t. XVII, p. 505-506.

[2] «Puesto que no hay antecedentes de que ellos hayan enviado ningún profeta a la humanidad para invitarles a que les adoren y tampoco en la otra vida nadie se volverá a ellos en busca de salvación.» *Al-Mizan*, t. XVII, p. 506.

[3] El sentido de la frase es: «Y el Día del Juicio se dirá: Hacedles entrar en lo más severo del castigo.» *Al-Mizan*, t. XVII, p. 509.

Ellos dirán: «¿No vinieron a vosotros vuestros Mensajeros con las pruebas claras?»

Ellos dirán: «Sí.»

Ellos dirán: «Pues entonces, invocad vosotros mismos»

Pero lo que invoquen los que no creyeron será en vano. (50)

En verdad, Nosotros auxiliaremos a Nuestros Mensajeros y a quienes tuvieron fe, en esta vida y en el día en el que se pongan en pie los testigos.[1] (51) El día en que de nada sirvan a los opresores sus excusas y sean maldecidos y estén en la mala morada. (52)

Y, ciertamente, dimos a Moisés la guía e hicimos que los Hijos de Israel heredasen la *Escritura*, (53) guía y recuerdo para la gente de entendimiento. (54)

Así pues, ten paciencia, pues la promesa de Dios es verdadera.[2] Y pide perdón por tus pecados[3] y celebra con alabanzas a tu Señor al atardecer y al amanecer. (55)

En verdad, quienes discuten sobre las señales de Dios sin que haya venido a ellos ninguna autoridad, en sus pechos sólo tienen arrogancia. Nunca conseguirán sus propósitos. Buscad, pues, la protección de Dios. En verdad, Él es Quien todo lo oye, Quien todo lo ve. (56)

Ciertamente, la creación de los cielos y la Tierra es más grande que la creación del ser humano, pero la mayoría de la gente lo desconoce. (57)

Y no son lo mismo el ciego y el que ve, ni quienes son creyentes y realizan buenas acciones y quienes obran mal. ¡Qué poco es lo que reflexionáis! (58)

---

[1] Es decir, en el Día del Juicio. Y se ha dicho que los testigos ese día serán los ángeles encargados de vigilar los actos de los seres humanos y también que serán los profetas, testigos del comportamiento de sus comunidades y también que serán los creyentes, testigos de los actos de los seres humanos. Pero puede que incluya también a los miembros de cada persona, pues ellos darán testimonio de lo que cada persona hizo. *Nemune*, t. XX, p. 128.

[2] Se refiere a la promesa hecha en el versículo 52: «En verdad, Nosotros auxiliaremos a Nuestros Mensajeros y a quienes tuvieron fe.» *Al-Mizan*, t. XVII, p. 516.

[3] Algunos exégetas han opinado que, puesto que el Profeta está libre de pecar, se refiere a los pecados de su comunidad, por la que él intercederá. Y también puede que se refiera a pedir perdón por aquellos actos que, desde su santa opinión, sean pecado. *Al-Mizan*, t. XVII, p. 516.

En verdad, la Hora llegará. No hay duda en ello. Pero la mayoría de ellos no creen. (59)

Y vuestro Señor dice: «Invocadme y Yo os contestaré. En verdad, quienes se muestran arrogantes ante su obligación de adorarme pronto entrarán en el Infierno humillados.» (60)

Dios es Quien ha puesto para vosotros la noche para que descanséis en ella y el día para que podáis ver. En verdad, Dios es Quien posee el poder de favorecer a las personas, pero la mayoría de las personas no lo agradecen. (61)

Ese es Dios vuestro Señor. Creador de todas las cosas. No hay más dios que Él. ¿Cómo entonces os desviáis?[1] (62)

Así fue como se desviaron quienes rechazaban las señales de Dios. (63)

Dios es Quien ha puesto para vosotros la Tierra como un lugar en el que vivir y el cielo como una cúpula y Quien os ha dado forma, la mejor de las formas, y os ha proporcionado todas las cosas buenas.

Ese es Dios vuestro Señor. Así pues ¡Bendito sea Dios, Señor del Universo! (64)

Él es el Vivo.[2] No hay más dios que Él. Así pues ¡Invocadle con una fe volcada solamente a Él!

¡Alabado sea Dios, Señor del Universo! (65)

Di: «Se me ha prohibido adorar aquello que vosotros adoráis en lugar de Dios, pues han venido a mí las pruebas claras procedentes de mi Señor y me ha sido ordenado que me someta al Señor del Universo.» (66)

---

[1] «¿Cómo entonces os desviáis del camino verdadero? ¿Cómo os permitís dejar de adorarle a Él para adorar lo que no es Él?» *Al-Mizan*, t. XVII, p. 523.

[2] «*Él es el Vivo*» en sentido absoluto (*dati*). Él es el único que posee la vida sin posibilidad de muerte o desaparición. Él es la Vida y todo lo que está vivo lo está como manifestación o teofanía (*madhar*) de Su atributo. *Al-Mizan*, t. XVII, p. 524.

Él es Quien os ha creado de tierra, luego de una gota, luego de algo suspendido, luego os hace nacer infantes, luego os hace alcanzar la madurez, luego que seáis ancianos -aunque algunos morís antes- hasta que alcanzáis el plazo señalado, para que, quizá así, razonéis. (67)

Él es Quien da la vida y da la muerte y, cuando decreta algo, le dice: «¡Sé!» y ello es. (68)

¿No has visto que quienes discuten las señales de Dios se desvían?[1] (69) Son aquellos que desmienten la *Escritura* y aquello con lo que enviamos a Nuestros Mensajeros.

Pero ¡Pronto van a saber! (70) Cuando, con argollas en sus cuellos y encadenados, sean arrastrados (71) al agua hirviente y luego ardan en el Fuego. (72)

Entonces se les dirá: «¿Dónde está aquello que adorabais como si fuera Dios (73) en lugar de Dios?»

Ellos dirán: «Se han apartado de nosotros. Aunque, lo que invocábamos antes no era nada.»[2]

Así es como Dios extravía a quienes tratan de ocultar la Verdad. (74)

«¡Esto es por lo que os regocijabais en la Tierra sin derecho y por vuestra exultante arrogancia! (75) ¡Entrad por las puertas del Infierno en el que permaneceréis eternamente!»

¡Qué mala estancia la de los arrogantes! (76)

Así pues ¡Se paciente! En verdad, la promesa de Dios es verdadera. Así que, o bien te mostraremos parte de aquello que les hemos prometido o bien te haremos morir antes, pero ellos volverán a Nosotros.[3] (77)

---

[1] «Se desvían del camino de la verdad.» *Al-Mizan*, t. XVII, p. 528.

[2] Pues comprenderán que los falsos dioses que adoraban no tenían realidad y eran sólo nombres sin nada detrás. *Al-Mizan*, t. XVII, p. 532.

[3] Es decir: «O bien haremos que sufran en este mundo parte del castigo que les hemos prometido y tu podrás verlo o bien te haremos morir antes de que hayas podido ver cómo les castigamos. Pero, en cualquier caso, ellos regresarán a Nosotros y no podrán escapar al castigo que les aguarda.» *Al-Mizan*, t. XVII, p. 534.

En verdad, antes de ti habíamos enviado Mensajeros. De algunos de ellos te hemos hablado y de otros no te hemos hablado, pero ningún Mensajero viene con una señal sino es con el permiso de Dios.

Así pues, cuando llegue la orden de Dios, se juzgará conforme a la Verdad y, entonces, los perdedores serán quienes falseaban la realidad.¹ (78)

Dios es Quien ha creado para vosotros los ganados para que montéis en ellos y para que comáis de ellos. (79) En ellos hay beneficio para vosotros y con ellos podéis satisfacer las necesidades que guardáis en vuestros pechos. Y sois llevados sobre ellos y sobre los barcos. (80)

Así os muestra Sus señales ¿Cuál, pues, de las señales de Dios negaréis? (81)

¿Acaso no viajan por la Tierra y ven cual ha sido el final de quienes existieron antes de ellos? Eran más que ellos y poseían más fuerza y dejaron más huellas en la Tierra, pero de nada les sirvió lo que obtuvieron. (82)

Cuando llegaron a ellos sus Mensajeros con las pruebas claras, ellos se sintieron satisfechos del conocimiento que poseían.² Pero se verificó sobre ellos aquello de lo que se burlaban.³ (83)

Y cuando vean Nuestro castigo dirán: «¡Creemos en Dios y sólo en Él y renegamos de aquello que asociábamos a Él!»⁴ (84)

Pero, una vez que hayan visto Mi castigo, su fe no les servirá de nada.

Esa es la manera en que Dios ha tratado a Sus siervos en el pasado. Ahí es cuando pierden quienes trataron de ocultar la Verdad. (85)

---

¹ Aunque la palabra «señal» abarca un significado más amplio, en este versículo, como en muchos otros, significa «milagro». Los milagros que, con el permiso de Dios, los profetas y mensajeros divinos realizan para demostrar a los seres humanos la veracidad de su misión. Y, cuando se emita la orden divina para que los malvados sean castigados, aquellos que falseaban la realidad serán castigados, tanto en esta vida como en la Otra. *Al-Mizan*, t. XVII, p. 535.

² En la frase «*Ellos se sintieron satisfechos del conocimiento que poseían*» el pronombre remite a los idólatras anteriores a la época del profeta Muhammad. Y el significado de la misma es que ellos consideraron que el conocimiento empírico que poseían era superior al conocimiento que los profetas y Mensajeros divinos les traían y los despreciaron y no les tuvieron en cuenta y la mejor prueba de ello es la frase que viene a continuación en el versículo. *Al-Mizan*, t. XVII, p. 538.

³ «Sufrieron el castigo con el que los Mensajeros divinos les advertían si no seguían la senda que Dios les señalaba y de la que ellos se burlaban.» *Nemune*, t. XX, p. 195

⁴ Es decir: «Renegamos de los falsos dioses que adorábamos y a quienes otorgábamos el mismo poder que sólo Dios posee.»

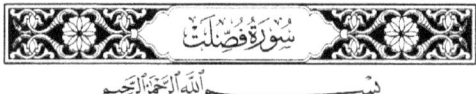

Capítulo 41

Explicadas detalladamente

En el nombre de Al.lah, el Clementísimo, el Misericordiosísimo.

Ha, Mim. (1)

Desciende del Clementísimo, el Misericordiosísimo (2) una *Escritura* cuyos versículos han sido explicados detalladamente.

Una recitación en árabe para una gente que posee conocimiento, (3) portadora de buenas nuevas y de amonestación.

Pero la mayoría de ellos se alejan y no escuchan. (4)

Y dicen: «Nuestros corazones están velados de aquello a lo que nos invitas, nuestros oídos están sordos y hay una barrera entre nosotros y tú. Así pues, ¡Actúa que nosotros también actuaremos!» (5)

Di: «En verdad, yo soy un ser humano como vosotros.

Me ha sido revelado que vuestro dios es un dios único. Dirigíos, pues, hacia Él y pedidle perdón y ¡Ay de quienes adoran falsos dioses! (6) Esos que no dan la limosna purificadora de la riqueza y niegan la existencia de la otra vida.» (7)

En verdad, quienes creen y hacen buenas obras tendrán una recompensa ilimitada. (8)

Di: «¿No vais a creer en Quien ha creado la Tierra en dos días[1] y vais a poner junto a Él semejantes?[2] Ese es el Señor del Universo. «(9)

«Y, en cuatro días,[3] ha puesto en lo alto de ella firmes montañas y la ha bendecido[4] y ha decretado sus variados alimentos, en igualdad para todos los que los necesitan.» (10)

«Luego, se ha dirigido a los cielos que eran humo y les ha dicho a ellos y a la Tierra: Venid a Mí de buen grado o a la fuerza. Y ellos han dicho: Venimos de buen grado.» (11)

---

[1] Al decir «dos días» no se refiere a dos días terrestres, sino a dos periodos de tiempo y, con ello, indica sucesión y evolución. *Al-Mizan*, t. XVII, p. 550.

[2] Es decir, falsos dioses, a los que vais a otorgar el poder y la sabiduría que sólo Dios posee. *Al-Mizan*, t. XVII, p. 549.

[3] Según algunos exégetas, dos días para su creación y otros dos para el establecimiento de las montañas y Sus bendiciones, pero otros han objetado que esos cuatro han de sumarse a los dos primeros para completar así los seis días que Dios, en el mismo *Corán*, dice haber utilizado para crear el mundo. *Al-Mizan*, t. XVII, p. 551.

[4] Es decir: «Ha puesto en la Tierra firmes montañas.» La palabra «firmes» (*rawasi*) es un adjetivo e indica algo firmemente enraizado y el sustantivo «montañas» ha sido elidido. Y al decir que la ha bendecido quiere indicar que Él ha dispuesto en ella bienes en abundancia para beneficio de quienes en ella viven. *Al-Mizan*, t. XVII, p. 550.

«Y los separó en siete cielos en dos días y reveló a cada cielo su función.» Y adornamos el cielo de este mundo con lámparas y lo protegimos.[1] Ese es el decreto del Todopoderoso, el Sabio. (12)

Y si se alejan de ti, di: «Os he advertido de una destrucción similar a la destrucción de Ad y Zamud.»[2] (13) Cuando vinieron a ellos los Mensajeros diciéndoles por delante y por detrás:[3] «No adoréis más que a Dios.»

Ellos dijeron. «Si nuestro Señor hubiese querido habría hecho descender ángeles. En verdad, no creemos en aquello con lo que habéis sido enviados.»(14)

En cuanto a los Ad, fueron arrogantes en la Tierra sin derecho y dijeron: «¿Quién es más fuerte que nosotros?»

¿Es que no veían que Dios, que les había creado, era más fuerte que ellos? Pero negaban Nuestras señales. (15)

Así pues, enviamos contra ellos un viento frío huracanado, en días desafortunados, para hacerles probar el castigo humillante en esta vida mundanal. Y el castigo de la otra es todavía más humillante y no serán auxiliados. (16)

En cuanto a Zamud, Nosotros les guiamos, pero prefirieron la ceguera a la guía, así que les alcanzó la destrucción de un castigo humillante por lo que hacían.[4] (17) Y salvamos a quienes eran creyentes y temerosos de Dios (18)

Y recuerda el día en que los enemigos de Dios sean reunidos a la fuerza y llevados hacia el Fuego y se haga esperar a las filas de los primeros hasta que se unan a ellos las filas de los últimos, (19) hasta que, al llegara a él, sus oídos, sus vistas y sus pieles, den testimonio contra ellos por lo que hacían. (20)

---

[1] Se refiere a que Dios protege los cielos de los demonios (Cfr. *Corán*, 15:17,18.)

[2] Es decir: «Os he advertido que algo como lo que destruyó a los pueblos de Ad y Zamud os destruirá.» Y *saiqa* es un poder destructor cuyos efectos pueden ser un viento huracanado o un sonido extremadamente fuerte. *Al-Mizan*, t. XVII, p. 569.

[3] Es decir: «De todos los modos que pudieron.»

[4] Zamud era un pueblo que vivía en un territorio situado entre la ciudad de Medina en Arabia y la región de Sham (Siria, Líbano, Palestina). Dios les dio un territorio verde, lleno de bosques y de tierras fértiles. Vivían muchos años y eran altos y fuertes y eran expertos agricultores y constructores de edificios sólidos y complejos. (Cfr. 15:82) Dios les envió al profeta Salih que hizo para ellos milagros sorprendentes, como fue el hacer salir de una roca una camella viva con su cría. A pesar de ello se negaron a creer y Dios les castigó (Cfr. 15:83 y 7:78) *Nemune*, t. XX, p. 243.

Y dirán a sus pieles: «¿Por qué testificáis contra nosotros?»

Ellas dirán: «Nos ha hecho hablar Dios, que es Quien hace hablar a todas las cosas y que es Quien os creó la primera vez y hacia Quien regresáis.»¹ (21)

«No podíais esconderos para que vuestros oídos y vuestra vista y vuestra piel no atestiguasen contra vosotros, pero creíais que Dios no conocía mucho de lo que hacíais (22) y esa suposición que vosotros teníais sobre vuestro Señor os destruyó y os convertisteis en los perdedores.» (23)

Y aunque tengan paciencia su morada será el Fuego y aunque traten de evitar la censura no serán de los redimidos.² (24)

Y les asignamos compañeros que les embellecieron lo que tenían entre sus manos y tras ellos.³ Y se verificó contra ellos lo dicho a las generaciones de genios y humanos que pasaron antes de ellos.⁴ En verdad, ellos fueron perdedores. (25)

Y quienes no creen dicen: «¡No escuchéis este *Corán* y hablad sin sentido⁵ cuando se recite, quizás así seáis vencedores!» (26)

Y haremos gustar a los que no creen un duro castigo y les retribuiremos por el mal que hacían. (27) Esa es la recompensa de los enemigos de Dios: el Fuego. En él está para ellos la morada eterna. Recompensa por negar Nuestras señales. (28)

Quienes no creen dirán: «¡Señor nuestro! Muéstranos a los genios y a los humanos que nos desviaron para que los pongamos bajo nuestros pies y así estén en lo más bajo.» (29)

---

¹ De las palabras de Dios se deduce que toda la creación posee conocimiento. Así, también en 17:44 leímos: «Los siete cielos y la Tierra y quienes en ellos están Le glorifican y no hay cosa alguna que no le glorifique con su forma de glorificar, pero vosotros no comprendéis sus glorificaciones.» (Cfr. 46:5 y 6; 99:4 y 5.) *Al-Mizan*, t. XVII, p. 577.

² El sentido de este versículo es el que leemos en 52:16, «¡Arded en él! Tengáis paciencia o no tengáis paciencia os dará igual.» *Al-Mizan*, t. XVII, p. 584.

³ Es decir, esos compañeros les hacían ver como algo bueno el mal que hacían, tanto en este mundo como en lo concerniente a la otra vida. *Al-Mizan*, t. XVII, p. 585.

⁴ Es decir, las palabras en las que se prometía a las generaciones anteriores semejantes a ellos, tanto de genios como de humanos, que serían castigados, se habrán verificado también en ellos. Y esas palabras son: «*Quienes no crean y desmientan Nuestras señales serán la gente del Fuego, en el que estarán eternamente.*» (2:39) *Al-Mizan*, t. XVII, p. 585.

⁵ El término *ilgau* es el imperativo del infinitivo *lagwu* que significa cualquier cosa que no tiene base ni raíces y al aplicarla al habla indica «palabras que nada significan.» *Al-Mizan*, t. XVII, p. 589.

En verdad, los ángeles descienden sobre quienes dicen: «Nuestro señor es Dios», y se mantienen en el camino de la rectitud y la justicia: ¡No temáis y no estéis tristes y recibid la buena nueva del Jardín que se os había prometido! (30)

«Nosotros fuimos vuestros protectores en la vida mundanal y lo somos en la vida siguiente[1] y en ella tendréis lo que vuestras almas deseen y en ella tendréis lo que pidáis. (31) Hospitalidad de Un perdonador misericordiosísimo.» (32)

Y ¿Quién dice mejores palabras que quien invoca a Dios y realiza buenas obras y dice: «En verdad, soy de los que se someten a Dios»?[2] (33)

No son iguales las buenas acciones que las malas. Rechaza el mal con lo que es mejor y aquel con el que estabas enemistado se comportará como si fuera un amigo íntimo. (34) Y eso sólo lo consigue quien tiene paciencia. Eso sólo lo consigue quien posee una inmensa porción.[3] (35)

Si el Demonio te incita al mal, busca refugio en Dios. En verdad, Él es Quien todo lo oye, el Sabio. (36)

Y entre Sus señales están la noche y el día y el Sol y la Luna.

No os prosternéis ante el Sol ni ante la Luna, prosternaos ante Dios que es Quien los ha creado a ambos, si es sólo a Él a quien adoráis. (37)

Pero si se muestran altivos, quienes están cerca de tu Señor Le glorifican noche y día sin cansarse. (38)

---

[1] Los ángeles se dirigen a los creyentes para indicarles que estarán libres del miedo por el castigo que puedan recibir y de la pena por los errores y pecados cometidos, ya que Dios perdona los pecados de los creyentes y les libra del castigo y les comunican que ellos son quienes les protegieron en la vida de este mundo mientras estaban en él y, por tanto, quienes les siguen protegiendo en la otra como consecuencia de la protección que en este mundo le dieron gracias a su buen comportamiento. *Al-Mizan*, t. XVII, p. 591.

[2] Esta aleya está relacionada con la anterior que decía: «*Y quienes no creen dicen: '¡No escuchéis este Corán y hablad sin sentido cuando se recite, quizás así seáis vencedores!*», pues los que no creen, además de enemistad hacia el *Corán*, la sienten hacia el Profeta, pues, como dicen al principio de este capítulo: «*Nuestros corazones están velados de aquello a lo que nos invitas, nuestros oídos están sordos y hay una barrera entre nosotros y tú.*» Por ello, en este versículo, Dios confirma la condición del Profeta diciendo: «*Tu palabra -es decir, tu llamada al Islam- es la mejor de las palabras.*» *Al-Mizan*, t. XVII, p. 593.

[3] «De perfección humana y buenas cualidades.» *Al-Mizan*, t. XVII, p. 595.

Y entre Sus señales está el que tú veas la tierra seca y desolada pero, cuando hacemos que descienda sobre ella el agua, se reanima con energía y brotan las plantas. En verdad, quien la hace vivir es el Vivificador de lo muerto. En verdad, Él tiene poder sobre todas las cosas. (39)

En verdad, quienes no creen en Nuestras señales no pueden ocultarse de Nosotros.

¿Quién, pues, es mejor? ¿Quien será arrojado al Fuego o quien estará seguro cuando venga el Día del Levantamiento?

¡Haced lo que queráis! En verdad, Él ve lo que hacéis. (40)

En verdad, quienes no creen en el Recuerdo[1] cuando llega a ellos…

Y, en verdad, es una *Escritura* poderosa,[2] (41) a la que no alcanzará jamás la falsedad.[3] Desciende gradualmente de Uno que es sabio, digno de alabanza.[4] (42)

No se te dice sino lo que les fue dicho a los Mensajeros anteriores a ti.[5] En verdad, tu Señor es el dueño del perdón y del castigo doloroso. (43)

Y si hubiésemos hecho llegar a ellos un *Corán* en lengua no árabe, con seguridad habrían dicho: "¿Cómo es que sus versículos no se explican con claridad y detalladamente? ¿No es árabe siendo él árabe?

Di: «Es, para quienes creen, una guía y una cura y quienes no creen son duros de oído y están ciegos ante ella. Como si se les llamase desde un lugar alejado.» (44)

Y, ciertamente, dimos a Moisés la *Escritura* y disintieron de ella.

Y si no hubiese sido por una palabra anterior de tu Señor, habría juzgado entre ellos,[6] pues, en verdad, dudaron seriamente de ella. (45)

Quien obre rectamente, obra para su propio beneficio y quien haga el mal, obra contra sí mismo. Tu Señor no oprime a Sus siervos. (46)

---

[1] El *Corán. Nemune*, t. XX, p. 294.

[2] Así pues, el sentido de todo el versículo es: «En verdad, quienes no creen en el Recuerdo cuando llega a ellos, siendo como es una Escritura poderosa, serán arrojados al Fuego el Día del Levantamiento.» *Al-Mizan*, t. XVII, p. 603.

[3] La expresión que utiliza indica aquí que ninguna de sus partes o su totalidad pueden ser eliminadas o adulteradas, o sus leyes y disposiciones, o su doctrina y su moral, dejar de tener validez hasta el Día del Levantamiento. *Al-Mizan*, t. XVII, p. 604.

[4] Esta frase viene como prueba de lo afirmado en la anterior. *Al-Mizan*, t. XVII, p. 605.

[5] Es decir: «Quienes no creen en Dios, dicen de ti que eres un mago, un mentiroso, un loco. Eso mismo fue lo que dijeron sus pueblos de todos los profetas anteriores.» *Al-Mizan*, t. XVII, p. 605.

[6] Cfr. *Corán*, 7:24.

Parte 25

El conocimiento de la Hora Le pertenece y no sale ningún fruto de su envoltura, ni concibe o da a luz mujer alguna, sin Su conocimiento.

El día en que Él les pregunte: «¿Dónde están Mis socios?» dirán: «Te anunciamos que no hay entre nosotros ninguno que lo atestigüe.» (47) Y se apartarán de ellos aquellos a los que antes invocaban y sabrán que no hay escape para ellos. (48)

El ser humano no se cansa de buscar el bien, pero cuando le alcanza un mal se desanima y desespera. (49)

Y cuando, después de haber sufrido una contrariedad, le hacemos probar una misericordia proveniente de Nosotros, dice: «Esto es mío y no creo que llegue la Hora. Y en caso de que se me hiciese regresar a mi Señor sólo bien obtendría de Él.»[1]

En verdad, informaremos a los que no creían de lo que hacían y les haremos probar un castigo contundente. (50)

Cuando favorecemos al ser humano, éste es desagradecido y se aleja de la Verdad con arrogancia, pero cuando sufre un perjuicio no deja de suplicar.[2] (51)

Di: «Decidme. Si viniese de Dios[3] y vosotros no creyeseis en ella ¿Quién estará más extraviado que quien disiente de manera tan evidente?» (52)

Pronto les mostraremos Nuestras señales en el horizonte y en ellos mismos, hasta que sea evidente para ellos que Él es la Verdad. ¿No es suficiente que tu Señor sea testificable en todas las cosas?[4] (53)

Ved cómo dudan del encuentro con su Señor. ¿Acaso no abarca Él todas las cosas? (54)

---

[1] Es decir, cuando, después de haber estado sufriendo una situación difícil, Dios tiene misericordia de él y cambia su situación, el hombre piensa que el bien del que ahora disfruta lo ha conseguido él mismo y es su derecho, sin darse cuenta de que si tuviera ese derecho por sí mismo no habría sufrido el perjuicio anterior y desde el principio habría disfrutado solamente bienestar y beneficios, y dice: «*No creo que exista el Día del Juicio y si existiese y existiese Dios, cuando llegase junto a Él, sólo obtendría cosas buenas.*» (Cfr. 18:35 y 36) *Al-Mizan*, t. XVII, p. 611.

[2] «Para que le libremos de su dificultad.» *Nemune*, t. XX, p. 319.

[3] La *Escritura*, es decir, el *Corán*. *Nemune*, t. XX, p. 319.

[4] «*En el horizonte*» quiere decir en el exterior. El pronombre «él» en la frase «*que él es la Verdad*» se refiere al *Corán*. *Shahid* quiere decir «testigo» o «testificado» (*mashhud*), pero, si atendemos al sentido del versículo, este segundo significado parece el más adecuado. *Al-Mizan*, t. XVII, p. 613.

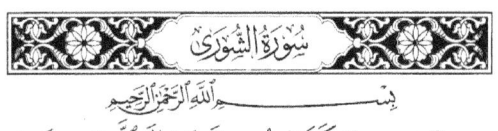

Capítulo 42

La consulta[1]

En el nombre de Al.lah, el Clementísimo, el Misericordiosísimo.

Ha, Mim. (1) 'Ain, Sin, Qaf. (2)

De esta misma manera es como Dios, el Todopoderoso, el Sabio, ha enviado la revelación,[2] a ti y a quienes vinieron antes de ti. (3)

A Él pertenece lo que hay en los cielos y en la Tierra y Él es el Altísimo, el Inmenso. (4)

Los cielos casi se rompen en pedazos sobre ellos[3] y los ángeles glorifican con alabanzas a su Señor y piden perdón para quienes están en la Tierra. Sabed que, en verdad, Dios es el Perdonador, el Misericordiosísimo. (5)

Dios guarda memoria[4] de quienes toman como protectores a otros en lugar de a Él y tú no eres el guardián ni el abogado de ellos. (6)

Y, así mismo, te hemos revelado un *Corán* árabe para que amonestes a la madre de las ciudades y a quienes están alrededor de ella y amonestes sobre el Día de la Reunión, sobre el que no hay duda.[5] Un grupo estará en el Jardín y otro grupo estará en el Fuego llameante. (7)

Y, si Dios hubiera querido, habría hecho de ellos una sola comunidad, pero hace entrar en Su misericordia a quien Él quiere y los opresores no tendrán quien les proteja ni quien les auxilie. (8)

¿Han tomado protectores aparte de Él? Pues Dios es el Protector y Él es Quien da vida a lo muerto y Él es Quien tiene poder sobre todas las cosas. (9) Y cualquier cosa sobre la que discrepéis, Dios la juzgará.

¡Ese es Dios, mi Señor! En Él confío y a Él me vuelvo contrito. (10)

---

[1] El capítulo toma su nombre del versículo 38.

[2] Es decir: «De la misma manera en que Dios te revela los conocimientos de este capítulo (*sura*)» *Al-Mizan*, t. XVIII, p. 9.

[3] «Sobre la cabeza de los seres humanos, ante la inmensidad de la revelación divina.» *Al-Mizan*, t. XVIII, p.10.

[4] Es decir: «Es Él Quien guarda, Quien protege (*hafiz*) la memoria de su idolatría.» *Al-Mizan*, t. XVIII, p. 13.

[5] Es decir: «Para que amonestes con él a las gentes que viven en La Meca y fuera de La Meca y para que adviertas a la gente de la existencia indubitable del día en el que todos los seres serán reunidos, el Día del Juicio Final, pues ese día unos serán enviados al Paraíso y otros al Infierno.» *Nemune*, t. XX, p. 354.

El Originador de los cielos y la Tierra.

Ha hecho parejas para vosotros de vuestras propias almas y parejas del ganado. De ese modo Él os multiplica. No hay nada como Él. Él es Quien todo lo oye, Quien todo lo ve. (11) A Él pertenecen las llaves de los cielos y de la Tierra. Incrementa o restringe la provisión de quien Él quiere. En verdad, Él conoce bien todas las cosas. (12)

Él ha establecido para vosotros los mandatos de la fe que ya había encomendado a Noé y que también Nosotros te hemos revelado a ti, y lo que habíamos encomendado a Abraham, Moisés y Jesús: "Estableced la creencia y no os dividáis por causa de ella."

A los idólatras les resulta difícil aquello a lo que tú les convocas.

Dios escoge para Sí a quien Él quiere y guía a Él a quien se vuelve con arrepentimiento. (13)

Y no se dividieron en distintos grupos hasta después de haberles llegado el conocimiento, por envidia entre ellos.[1] Y si no hubiese sido por una palabra anterior de tu Señor estableciendo un plazo, habría juzgado entre ellos.[2]

Y, en verdad, aquellos a quienes se hizo heredar la *Escritura* tienen serias dudas respecto a ella. (14)

Por ello, predica a las gentes y mantente firme como te ha sido ordenado y no sigas sus pasiones y di: «Creo en lo que Dios ha hecho descender de la *Escritura* y se me ha ordenado que establezca la justicia entre vosotros. Dios es nuestro Señor y vuestro Señor. Nosotros responderemos por nuestros actos y vosotros por los vuestros. No hay preferencias entre nosotros y vosotros. Dios nos reunirá.[3] Todo regresa a Él.» (15)

---

[1] Se refiere a diferencias en cuestiones religiosas. Aquellos a quienes les fue revelado el mensaje divino no se dividieron entre sí sino después de haber llegado a ellos ese conocimiento, por envidia entre ellos. Las diferencias que había entre los humanos anteriormente no fueron provocadas por cuestiones religiosas, como explica el *Corán* en 2:213: «*La Humanidad constituía una sola comunidad y después Dios designó a los profetas como portadores de buenas nuevas y advertidores (del castigo) e hizo descender con ellos la Escritura (Sagrada) con la Verdad para que juzgase entre los hombres en aquello en lo que no se ponían de acuerdo.*» *Al-Mizan*, t. XVIII, p. 42.

[2] Cfr. 2:36. Es decir: «Si no fuera por que Dios ha establecido previamente el tiempo que cada ser humano ha de vivir en este mundo, les juzgaría por las divergencias que tienen en cuestiones religiosas debido a las envidias y les destruiría por el grave pecado que han cometido.» *Al-Mizan*, t. XVIII, p. 42.

[3] El Día del Juicio Final, para juzgarnos y recompensar a cada uno por sus actos. *Al-Mizan*, t. XVIII, p. 46.

42. LA CONSULTA

Y los argumentos de quienes discuten sobre Dios, después de que Su llamada ha sido aceptada, no tienen validez alguna ante su Señor. Sufrirán la ira y un duro castigo.[1] (16)

Dios es Quien hace descender la *Escritura* con la Verdad y la Balanza[2] y ¿Quién sabe? Puede que la Hora[3] esté cerca. (17)

Quienes no creen en ella piden que se adelante,[4] pero quienes creen se estremecen de miedo al pensar en ella y saben que ella es cierta.

Sabed que quienes insisten en negar la Hora están muy extraviados. (18)

Dios es delicado con Sus siervos. Provee a quien Él quiere y Él es el Fuerte, el Todopoderoso. (19)

A quienes deseen la cosecha de la otra vida Nosotros les incrementaremos su cosecha y a quien desee la cosecha de la vida mundanal Nosotros le daremos de ella, pero no tendrá parte alguna en la otra.[5] (20)

¿Acaso tienen socios que han prescrito para ellos en la religión lo que Dios no ha permitido? Si no se hubiese establecido un plazo se habría juzgado entre ellos. Y, en verdad, los opresores tendrán un castigo doloroso. (21)

Verás a los opresores temerosos por lo que cometieron y sufrirán las consecuencias.

Y quienes son creyentes y realizan buenas acciones estarán en los Jardines del Paraíso. Tendrán lo que deseen junto a su Señor. Ese es el gran favor. (22)

---

[1] Es decir: «Son vanos los argumentos de quienes discuten sobre Dios, tratando de negar Su Señorío o de invalidar la creencia en Sus mandamientos a pesar de que las gentes los han aceptado y han entrado en la religión al comprender la claridad y justeza de la misma, y Dios no se los acepta. Sufrirán la ira divina y un duro castigo.» *Al-Mizan*, t. XVIII, p. 48.

[2] Por «*balanza*» se entiende la propia religión, cuyos principios y normas permiten pesar los actos y las ideas y establecer el bien o el mal que hay en ellos y ellas. *Al-Mizan*, t. XVIII, p. 54.

[3] «La Hora» quiere decir el Día del Juicio Final. *Nemune*, t. XX, p. 389.

[4] Es decir, se burlan de ella. Cfr. *Corán*, 10:48. *Al-Mizan*, t. XVIII, p.

[5] Es decir: «A quienes solamente se esfuerzan para obtener los beneficios de esta vida, Dios les dará en esta vida, pero en la otra vida no obtendrán ninguna recompensa por sus esfuerzos.» *Al-Mizan*, t. XVIII, p. 57.

Esa es la buena nueva que Dios anuncia a Sus siervos que son creyentes y realizan buenas acciones.

Di: «No os pido recompensa por ello, excepto el amor a los familiares.»[1]

Y a quien realice una buena acción le incrementaremos la recompensa de su acción. En verdad, Dios es perdonador, agradecido. (23)

Ellos dicen: «Inventa mentiras sobre Dios.»[2]

Pero si Dios quisiera sellaría tu corazón.[3] Dios elimina la falsedad y establece la Verdad con Sus palabras. En verdad, Él conoce bien lo que hay en el fondo de los pechos. (24) Y Él es Quien acepta el arrepentimiento de Sus siervos y perdona los pecados y conoce lo que hacéis. (25) Y responde a quienes son creyentes y obran rectamente y les incrementa Sus favores. Pero a quienes tratan de ocultar la realidad les aguarda un duro castigo.[4] (26)

Si Dios incrementase la provisión para Sus siervos, estos se volverían injustos y opresores en la Tierra, por eso hace que descienda en su medida aquello que Él quiere. En verdad, Él está bien informado y observa a Sus siervos. (27)

Y es Él Quien hace descender la lluvia reparadora cuando ya habían desesperado y distribuye Su misericordia y Él es el Protector, el Digno de alabanza. (28)

Entre Sus señales está la creación de los cielos y la Tierra y los seres vivos que en ambos ha diseminado. Y Él tiene poder para reunirlos cuando quiera. (29)

Y cualquier desgracia que sufráis es consecuencia de lo que vosotros mismos habéis cometido, pero Él perdona mucho. (30) Y no podréis escapar a Su poder en la Tierra y no tenéis, aparte de Dios, quien os proteja y auxilie. (31)

---

[1] Es decir: «No os pido recompensa por difundir el mensaje divino y llamar a las gentes a la religión, solamente os pido que améis a mi familia.» *Al-Mizan*, t. XVIII, p. 60.

[2] Los hipócritas. *Al-Mizan*, t. XVIII, p. 69.

[3] «Pero lo que tu dices es la revelación que Dios te envía. Si Él quisiera sellaría tu corazón para que no recibieses la revelación, pero Él ha querido revelarte Su mensaje.» *Al-Mizan*, t. XVIII, p. 70.

[4] Cuando el Profeta emigró a Medina y su situación se estabilizó, los creyentes de Medina (*ansar*) fueron a poner sus riquezas a su disposición y en esa circunstancia descendió el versículo: «*No os pido recompensa por ello, excepto el amor a (mi) familia.*» Algunos hipócritas dijeron: «Eso se lo ha inventado él para favorecer a su familia cuando ya no esté.» Entonces se reveló: «*Ellos dicen: Inventa mentiras sobre Dios.*» Algunos se arrepintieron de lo que habían dicho y lloraron y entonces se reveló el versículo: «*Y Él es Quien acepta el arrepentimiento de Sus siervos.*» Nemune, t. XX, p. 402-403.

Y entre Sus señales están los barcos, como montañas en el mar. (32)

Y, si Él quiere, aquieta el viento y los inmoviliza en su superficie. En verdad, en ello hay señales para todo el que sea muy paciente, muy agradecido. (33)

O les aniquila por lo que han cometido[1] -pero Él perdona mucho- (34) para que quienes discuten Nuestras señales sepan que no tendrán lugar al que escapar. (35)

Todo lo que se os ha dado es disfrute pasajero de esta vida mundanal y lo que hay junto a Dios[2] es mejor y más duradero para quienes tienen fe y confían en su Señor (36) y se abstienen de los pecados mayores y la inmoralidad y, cuando se les irrita, perdonan. (37) Y que responden a su Señor,[3] hacen la oración, se consultan entre ellos los asuntos[4] y reparten de aquello que Nosotros les proveemos (38) y cuando sufren una injusticia, un ultraje, se ayudan entre sí. (39)

La recompensa del mal es un mal semejante. Así pues, quien perdone y corrija el mal será recompensado por Dios. En verdad, Él no ama a los opresores. (40)

Y quienes se defiendan tras haber sido oprimidos no serán censurados. (41) En verdad, la censura es para quienes oprimen a las gentes y van agrediendo en la Tierra sin derecho. Ellos tendrán un castigo doloroso. (42)

Y ser pacientes y perdonar es señal de quienes poseen una gran firmeza.[5] (43)

Y a quien Dios extravíe no encontrará tras Él quien le proteja y verás a los opresores, cuando les llegue el castigo, diciendo: «¿Hay algún camino para regresar?»[6] (44)

---

[1] Es decir: «O aniquila los barcos por el mal que han hecho las gentes que viajan en ellos, aunque Él perdona muchos de sus pecados.» *Al-Mizan*, t. XVIII, p. 89.

[2] Es decir: «La recompensa que Dios reserva en la otra vida a los creyentes por sus buenos actos.» *Al-Mizan*, t. XVIII, p. 91.

[3] Es decir: «Realizan las buenas obras que su Señor les pide.» *Al-Mizan*, t. XVIII, p. 92.

[4] Es decir: «El creyente, cuando se encuentra con un asunto y no tiene claro cuál debe ser la actuación correcta, pide consejo a otros creyentes.» *Al-Mizan*, t. XVIII, p. 92.

[5] La llamada a la paciencia y al perdón no significa renunciar a defenderse de la opresión, sino una indicación del inmenso valor que poseen esos atributos. *Al-Mizan*, t. XVIII, p. 96.

[6] Es decir: «¿Hay algún camino para regresar a la vida anterior y enmendar nuestras malas acciones?» *Al-Mizan*, t. XVIII, p. 96.

Les verás expuestos a él, abatidos por la humillación, con la mirada baja y desorbitada.

Entonces, los creyentes dirán: «En verdad, los perdedores son quienes han perdido a sus almas y a sus familias el Día del Levantamiento.»[1]

Sabed que, en verdad, los opresores estarán en el castigo permanente (45) y no tendrán, aparte de Dios, protector alguno que les auxilie. Y no hay camino para aquel a quien Dios extravía.[2] (46)

¡Responded a vuestro Señor antes de que Dios haga llegar un día del que no hay manera de regresar! Ese día no encontraréis refugio ni nadie que os defienda.[3] (47)

Y si se alejan, no te hemos enviado para que seas su protector. Tu obligación es solamente transmitir el mensaje.

Y, en verdad, cuando hacemos que el ser humano pruebe una misericordia que viene de parte Nuestra, se regocija de su suerte y si le aqueja un mal por lo que ha cometido, entonces se muestra desagradecido.[4] (48)

A Dios pertenece el reino de los cielos y de la Tierra. Él crea lo que quiere. Otorga hijas a quien Él quiere y otorga hijos a quien Él quiere. (49) O les da de ambos, varones y hembras y hace estéril a quien Él quiere. En verdad, Él es sabio, poderoso. (50)

Y no es posible que Dios hable directamente al ser humano, sino a través de la revelación o tras un velo o enviándole un Mensajero, para que le sea revelado, con Su permiso, lo que Él quiera.[5] En verdad, Él es altísimo, sapientísimo. (51)

---

[1] Algunos exégetas han dicho que «la familia de los perdedores» se refiere a sus parejas y servidores en el Paraíso. *Al-Mizan*, t. XVIII, p. 97.

[2] «*No hay camino para aquel a quien Dios extravía*» es una imagen para indicar que no hay camino para obtener la felicidad excepto aquel que Dios ha establecido para Sus siervos por medio de la revelación. *Al-Mizan*, t. XVIII, p. 98.

[3] «Ese día es el Día del Levantamiento, no el de la muerte.» *Min Al.lah* indica que ese día nadie podrá oponerse al deseo de Dios y regresar a este mundo para reparar los errores cometidos. Algunos exegetas han entendido que *ma la kum min nakir* significaría: No podréis negar vuestros pecados, pero la interpretación dada parece más adecuada.» *Nemune*, t. XX, p. 480.

[4] Es decir: «Se regocija de su suerte olvidándose de su Favorecedor y si le aqueja un mal, lo mismo. Permanece siempre descuidado de su Señor.» *Al-Mizan*, t. XVIII, p. 100.

[5] Así pues, las maneras en que la revelación se produce son tres: o bien directamente, (Cfr. 4:163 y 16:43) o bien a través de un medio físico, como el árbol desde el que Dios habló a Moisés, (Cfr. 28:30) o bien a través de Gabriel, el Ángel de la Revelación. (Cfr. 26:193-194; 2:97) *Al-Mizan*, t. XVIII, p. 108-109.

Así es como te hemos revelado un Espíritu por orden Nuestra. Tú no sabías lo que era la *Escritura* ni la fe pero Nosotros la pusimos como una luz con la que guiamos a quien queremos de Nuestros siervos.

Y, en verdad, tú guías hacia un camino recto,[1] (52) el camino de Dios, a Quien pertenece lo que hay en los cielos y en la Tierra. Sabe que a Dios regresan todas las cosas. (53)

Capítulo 43

Los adornos[2]

En el nombre de Al.lah, el Clementísimo, el Misericordiosísimo.

Ha, Mim. (1)

Juro por la *Escritura* clara[3] (2) que la hemos hecho una recitación árabe. Quizás así, razonéis. (3) Y, en verdad, ella está en La madre de las *Escrituras* [Sagradas] que hay junto a Nosotros, en verdad, sublime sapientísima. (4) ¿Os privaremos, pues, del Recuerdo por ser un pueblo inmoderado? (5)

¡Cuántos profetas Hemos enviado a los primeros pueblos! (6)

Y no llegó a ellos profeta alguno sin que se burlasen de él. (7) Así pues, destruimos a quienes eran más poderosos que estos. Ya vimos lo que les sucedió a los primeros pueblos.[4] (8)

Y si les preguntases: «¿Quién ha creado los cielos y la Tierra?» sin duda, dirían: «Los ha creado el Todopoderoso, el Sapientísimo.» (9)

Él mismo que ha puesto para vosotros la Tierra como un lecho y ha puesto para vosotros en ella caminos para que así os guiéis. (10)

---

[1] Numerosas tradiciones proféticas hablan de que el Mensajero de Dios recibía la revelación por estas tres vías señaladas. La frase «*te hemos revelado un Espíritu*» se refiere al Sagrado *Corán*. Y el sentido de «*Tú no sabías lo que era la Escritura ni la fe*» es enfatizar que aquello que el Profeta conoce y a lo que llama a las gentes no es algo que provenga de él mismo, sino de Dios. Así pues, el significado de la frase sería: «Tu no conocías, antes de que Nosotros te lo revelásemos, las particularidades de la doctrina y las disposiciones legales, ni los detalles de los actos de adoración.» Y sí se nos pregunta por qué traducimos el término *iman* («fe») por «actos de adoración» remitiremos al mismo *Corán*, 2:143. *Al-Mizan*, t. XVIII, p. 113.

[2] El capítulo toma su nombre del versículo 35.

[3] Dios llama al *Corán* «*Escritura clara*» porque muestra claramente el camino de la salvación y explica todas las cosas (Cfr. 16:89). *Al-Mizan*, t. XVIII, p. 122.

[4] Es decir: «Ya vimos en los capítulos anteriores, cómo fueron castigados por su desobediencia.» *Al-Mizan*, t. XVIII, p. 126.

Y Quien hace descender del cielo agua en una cantidad determinada con la que Nosotros damos la vida a una región que estaba muerta. Así mismo seréis sacados vosotros.[1] (11)

Y Quien ha creado las parejas de todo y ha puesto para vosotros los barcos y los animales en que montáis, (12) para que os sentéis en sus lomos. Luego, recordéis las bendiciones de vuestro Señor cuando estéis sentados sobre ellos y digáis: «Glorificado sea Quien a puesto esto a nuestro servicio, pues nosotros no lo habríamos logrado. (13) ¡Y, en verdad, regresaremos a nuestro Señor!» (14)

Ellos han considerados a algunos de Sus siervos parte de Él.[2] En verdad, el ser humano es un clarísimo desagradecido. (15)

¿Iba a tomar hijas de lo que Él ha creado y os iba a conceder los hijos a vosotros?[3] (16)

Y cuando a alguno de ellos se le anuncia la buena nueva de lo que él atribuye al Clementísimo,[4] su rostro se ensombrece, se llena de preocupación y disgusto: (17) «¿Alguien que crece entre adornos y es incapaz de razonar con claridad?» (18)

Y han considerado a los ángeles, que son siervos del Clementísimo, hembras. ¿Acaso ellos han sido testigos de su creación?

Se tomará nota de su testimonio y serán interrogados. (19)

Y dicen: «Si el Clementísimo hubiera querido, no les habríamos adorado.»[5]

¡No tienen ningún conocimiento de eso! ¡No hacen más que conjeturas! (20)

¿Acaso les hemos dado una Escritura anterior a ésta, a la que ellos puedan aferrarse? (21)

Pero dicen: «En verdad, encontramos a nuestros padres siguiendo una creencia y, en verdad, siguiendo sus huellas estamos bien guiados.» (22)

---

[1] «De la tumba y devueltos a la vida.» *Al-Mizan*, t. XVIII, p. 128.

[2] Es decir, hijo suyo, ya que el hijo es una parte que se separa del padre y toma su misma forma y aspecto. *Al-Mizan*, t. XVIII, p. 132.

[3] Los árabes de la época consideraban a los hijos superiores a las hijas y algunos de ellos creían que los ángeles eran hijas de Dios. *Al-Mizan*, t. XVIII, p. 133.

[4] Es decir: «Cuando se le anuncia el nacimiento de una hija.» *Al-Mizan*, t. XVIII, p. 133.

[5] Es decir: «No habríamos adorado a los ídolos.» *Al-Mizan*, t. XVIII, p. 135.

Y, de la misma manera, no hemos enviado antes de ti a ningún amonestador a pueblo alguno sin que los ricos del mismo dijeran: «En verdad, encontramos a nuestros padres siguiendo una creencia y, en verdad, seguimos sus huellas.» (23)

Di: «¿Y si os trajera una guía mejor que aquella en la que encontrasteis a vuestros padres?» Dirán: «En verdad, no creemos en aquello con lo que habéis sido enviados.» (24)

Así pues, nos vengamos de ellos y ¡Mira cual fue el final de los desmentidores! (25)

Y (recuerda) cuando Abraham dijo a su padre y a su pueblo: «En verdad, rechazo aquello que adoráis, (26) pero no a Quien me ha creado, pues, en verdad, Él me guiará.» (27)

Y Él las puso como palabras que permaneciesen en su descendencia para que, quizás así, regresasen.[1] (28) Pero les permití disfrutar a ellos y a sus padres hasta que llegase a ellos la Verdad y un Mensajero que habla claro.[2] (29)

Pero cuando llegó a ellos la Verdad, dijeron: «Esto es magia y, en verdad, nosotros no creeremos en ella.» (30) Y dijeron: «¿Por qué este *Corán* no ha sido revelado a un hombre importante de una de estas dos ciudades?»[3] (31)

¿Son acaso ellos quienes reparten la misericordia de tu Señor? Somos Nosotros Quienes repartimos entre ellos sus medios de vida en este mundo y Quienes hemos elevado el grado de unos sobre otros para que unos tomen a otros a su servicio.

Y la misericordia de tu Señor es mejor que lo que ellos reúnen. (32)

Y si no fuera para que los humanos no terminasen siendo una sola comunidad,[4] habríamos puesto en las casas de quienes no creen en el Clementísimo, techos y escaleras de plata para ascender a ellos. (33)

---

[1] Es decir: «Dios hizo que las palabras de Abraham, rechazando la adoración a los ídolos y declarando su adoración exclusiva al Creador, permaneciesen como declaración de fe de sus descendientes, para que, quizás así, regresasen, es decir para que, quizás así, aquellos que en las generaciones futuras adorasen a los ídolos, abandonasen esas falsas creencias y regresasen a la adoración al único Dios.» *Al-Mizan*, t. XVIII, p. 143

[2] Es decir: «Pero, aunque no regresaron de la idolatría a la adoración al Dios Único, Yo les permití disfrutar de los placeres de este mundo hasta que llegase a ellos el *Corán* y el profeta Muhammad.» *Al-Mizan*, t. XVIII, p. 144.

[3] Las dos ciudades a que se refieren son La Meca y Taif. Y su intención al decir «un hombre importante» es «rico y poderoso», ya que, aunque el Profeta era descendiente directo de Abraham, no poseía bienes materiales. *Al-Mizan*, t. XVIII, p. 145.

[4] Es decir: «Todos ellos alejados de Dios.» *Al-Mizan*, t. XVIII, p. 149.

y en las puertas de sus casas y en los lechos en los que se reclinan,¹ (34) y adornos de oro.

Pero todo esto no es más que disfrute de esta vida mundanal y la otra vida junto a tu Señor es para los temerosos. (35)

Y a quien esté ciego al recuerdo del Clementísimo le asignaremos un demonio que será su compañero permanente. (36) Y, en verdad, ellos les apartarán del camino y creerán que están bien guiados (37) hasta que, cuando vengan a Nosotros, digan: «¡Ojalá entre yo y tú hubiese la distancia de los dos orientes!² ¡Qué mal compañero!» (38)

¡Hoy no os beneficiará lo que oprimisteis, pues compartiréis el castigo!³ (39)

¿Acaso puedes hacer que el sordo oiga o guiar al ciego y a quien está en un extravío evidente? (40)

Así pues, aunque te llevemos, en verdad, nos vengaremos de ellos.⁴ (41) O te haremos ver aquello que les prometimos, pues, en verdad, tenemos poder sobre ellos.⁵ (42)

Por tanto ¡Aférrate a lo que te hemos revelado! En verdad, tú estás sobre un camino recto. (43) Y, en verdad, ello es un recuerdo para ti y para tu pueblo y pronto seréis preguntados.⁶ (44)

Y pregunta a los Mensajeros que Nosotros hemos enviado antes de ti. ¿Acaso pusimos, aparte del Clementísimo, otros dioses para que fuesen adorados? (45)

Y, ciertamente, enviamos a Moisés con Nuestras señales al Faraón y a sus notables y dijo: «En verdad, soy el Mensajero del Señor del Universo.» (46)

Y, cuando llegó a ellos con Nuestras señales, se rieron de ellas. (47)

---

¹ Es decir: «Habríamos hecho de plata las puertas de sus casas y los lechos en los que se reclinan.» *Al-Mizan*, t. XVIII, p. 149.

² Es decir: «La distancia que hay entre Oriente y Occidente.» *Al-Mizan*, t. XVIII, p. 153.

³ «Hoy» se refiere al Día del Juicio». Y el sentido del versículo sería: «Mientras estuvisteis en la Tierra os alegrabais de perjudicaros y de perjudicar a vuestros compañeros y os beneficiabais de su extravío, pero hoy no os beneficiaréis de ellos, pues ambos compartiréis el castigo.» *Al-Mizan*, t. XVIII, p. 153.

⁴ Es decir: «Aunque te llevemos de este mundo antes de castigar a los descreídos y ya no estés entre ellos, les castigaremos igualmente.» *Nemune*, t. XXI, p. 70.

⁵ Por tanto, el sentido de estos dos versículos sería: «Sin duda, hemos de castigarles, después de que tú mueras o antes de que ello suceda.» *Al-Mizān*, t. XVIII, p. 155.

⁶ Es decir: «Este *Corán* es un honor para ti y para el pueblo árabe y un motivo para que recordéis a Dios. Y, el Día del Levantamiento seréis interrogados por como habéis correspondido al honor que habéis recibido.» *Al-Mizan*, t. XVIII, p. 156.

A pesar de que no les mostramos una señal que no fuese mayor que su hermana.

Les hicimos sufrir el castigo para que, quizás así, regresasen.[1] (48)

Y dijeron: «¡Oh tú, mago! ¡Pide por nosotros a tu Señor en nombre del pacto que ha realizado contigo! ¡Nosotros nos dejaremos guiar!»[2] (49)

Pero, cuando apartamos de ellos el castigo, no cumplieron su promesa. (50)

Y, llamando el Faraón a su pueblo, dijo: «¿Acaso no soy yo el rey de Egipto y de estos ríos que corren a mis pies? ¿Es que no os dais cuenta?» (51) «¿No soy yo mejor que éste, que es un pobre siervo y no sabe expresarse con claridad?» (52) «Si no, ¿Por qué no le han sido puestos brazaletes de oro o han venido con él los ángeles acompañándole?» (53)

Así engañó a su pueblo y estos le obedecieron. En verdad, eran un pueblo trasgresor.[3] (54)

Por ello, cuando Nos enojaron, Nos vengamos de ellos y les ahogamos a todos. (55) Y les colocamos a la vanguardia[4] e hicimos de ellos un ejemplo para la posteridad. (56)

Y, cuando se pone de ejemplo al hijo de María, tu pueblo se burla.[5] (57) Y dicen: «¿Son mejores nuestros dioses o él?»

Ellos sólo le citan para discutir contigo. Son gente a quienes les gusta disputar. (58)

Él es, en verdad, un siervo al que Nosotros favorecimos y al que pusimos como ejemplo para los Hijos de Israel. (59)

Y si Nosotros hubiésemos querido, habríamos hecho que algunos de vosotros fuesen ángeles que se sucediesen en la Tierra. (60)

---

[1] Es decir: «A pesar de que cada milagro que les enviamos era mayor que el milagro anterior, para que quizás de esa manera se dieran cuenta de Nuestro poder y regresasen a la religión verdadera.» *Al-Mizan*, t. XVIII, p. 163.

[2] «Es decir: Pide a tu dios que nos libere del castigo que ha enviados sobre nosotros». Y de esas mismas palabras se deduce lo poco dispuestos que estaban a creer en Dios, pues en ese caso, habrían dicho: «Pídele a Dios.» *Al-Mizan*, t. XVIII, p. 163.

[3] *Astajaffat* se usa aquí para indicar la acción de aportar argumentos débiles pero engañosos, aprovechando el poco conocimiento del que escucha. Pero sino hubiera sido porque ellos mismos eran un pueblo trasgresor, no se habrían dejado engañar con tanta facilidad por sus gobernantes. *Nemune*, t. XXI, p. 88.

[4] «A la vanguardia de los que entran en el Fuego.» *Al-Mizan*, t. XVIII, p. 166.

[5] *Yasiddun* significa «ellos se burlan». También se ha recitado *yaduddun* («ellos se apartan»), que parece más en consonancia con la frase que viene a continuación. *Al-Mizan*, t. XVIII, p. 171.

Y, en verdad, él es un medio para el conocimiento de la Hora. Así pues, no dudéis de ella y seguidme.[1] Éste es el camino recto. (61) Y que Satanás no os aparte. En verdad, él es un claro enemigo para vosotros. (62)

Y cuando vino Jesús con las pruebas claras, dijo: «He venido a vosotros con la sabiduría[2] y para aclararos algunas de las cosas en las que discrepáis. Así pues, sed temerosos de Dios y obedecedme. (63) En verdad, Dios es mi Señor y vuestro Señor, así pues ¡Adoradle! Ese es el camino recto.» (64)

Pero los partidos disintieron entre ellos.

Así pues ¡Ay de quienes oprimieron! ante el castigo de un día doloroso.[3] (65)

¿Acaso esperan otra cosa excepto que la Hora llegue a ellos súbitamente sin que ellos se den cuenta? (66)

Ese día los amigos serán enemigos unos de otros, excepto los temerosos de Dios: (67) «¡Oh, siervos Míos! ¡Hoy no tenéis de que temer ni por qué estar tristes!» (68) Quienes creyeron en Mis señales y se sometieron. (69) «¡Entrad en el Jardín, vosotros y vuestras esposas, radiantes de felicidad!» (70)

Circularán entre ellos con bandejas de oro y copas y en ellas tendrán lo que deseen sus almas y un deleite para la vista: «En él estaréis eternamente.» (71)

«Este es el Jardín que se os ha dado en herencia por lo que hacíais. (72) Hay en él para vosotros frutas abundantes para que comáis de ellas.» (73)

---

[1] Es decir: «Jesús hijo de María es un medio para tener conocimiento de la existencia del Día del Juicio Final, ya que dando vida a los muertos y creando pájaros vivos a partir del barro, mostró a los hombres el poder de Dios para dar la vida y recrearla. Y otros han dicho que es debido a que su parusía anuncia la cercanía del Juicio Final. Y, se ha dicho que el sujeto de «*seguidme*» es Dios y también que es el profeta Muhammad.» *Al-Mizan*, t. XVIII, p. 177.

[2] «*La sabiduría*» quiere decir los «conocimientos divinos», tales como la doctrina verdadera y las pautas morales y éticas. *Al-Mizan*, t. XVIII, p. 177.

[3] El pueblo de Jesús se dividió en diferentes grupos, unos le acusaron de incrédulo, otros exageraron, adorándole como a un dios y otros se mantuvieron en un camino justo y moderado. La frase: «*Así pues ¡Ay de quienes oprimieron! ante el castigo de un día doloroso.*» es un aviso y una amenaza para los dos primeros grupos. *Al-Mizan*, t. XVIII, p. 178.

En verdad, los malhechores estarán en el castigo del Infierno eternamente. (74) No se les atenuará y se desesperarán allí. (75) No les oprimiremos, sino que ellos habrán sido los opresores. (76)

Y clamarán: «¡Oh, Málik![1] ¡Que tu Señor nos haga perecer!»

Él dirá: «En verdad, vosotros permaneceréis.[2] (77) Ciertamente, vinimos a vosotros con la Verdad, pero la mayoría de vosotros aborrecéis la Verdad.» (78)

Ellos han establecido un plan pero Nosotros también planificamos. (79) ¿O creen que Nosotros no oímos lo que piensan en secreto y lo que hablan en secreto? Claro que sí. Y Nuestros Mensajeros están junto a ellos tomando nota. (80)

Di: «Si el Clementísimo tuviera un hijo yo sería el primero en adorarle.» (81) «¡Glorificado sea el Señor de los cielos y la Tierra, el Señor del Trono, por encima de lo que Le atribuyen!» (82)

Así pues ¡Déjales que se pierdan en su error y jueguen hasta que se encuentren con el día que se les ha prometido![3] (83)

Él es Aquel que es un dios en los cielos y un dios en la Tierra.[4] Él es el Sabio, el Conocedor de todo. (84)

¡Bendito sea Aquel a Quien pertenece el reino de los cielos y de la Tierra y de lo que hay entre ambos y que posee el conocimiento de la Hora y a Quien habréis de regresar! (85)

Y aquellos a quienes invocan aparte de Él no tienen el poder de interceder, sino aquellos que dan testimonio de la Verdad y que conocen.[5] (86)

Y si les preguntas quién les ha creado, seguro que dirán: «Dios.»
Entonces ¿Por qué se extravían? (87)

Y él[6] dice: «¡Oh, Señor mío! ¡En verdad, ellos son un pueblo que no cree!» (88)
¡Apártate, entonces, de ellos! Y di: «¡Paz!». ¡Pronto sabrán! (89)

---

[1] Málik es el ángel guardián del Infierno. *Al-Mizan*, t. XVIII, p. 184.
[2] «Permaneceréis en el castigo eterno.» *Al-Mizan*, t. XVIII, p. 185.
[3] El Día del Levantamiento. *Al-Mizan*, t. XVIII, p. 190.
[4] Es decir: «Él es el único que tiene derecho a ser adorado en los cielos y en la Tierra.» *Al-Mizan*, t. XVIII, p. 191.
[5] Es decir: «Solamente tienen poder de interceder ante Dios aquellos que conocen la verdad de la unicidad divina y la verdad de estado y de los actos de aquellos por quienes interceden ante Dios.» (Cfr. 78:38) *Al-Mizan*, t. XVIII, p. 192.
[6] Es decir: «El profeta Muhammad.» *Al-Mizan*, t. XVIII, p. 192.

Capítulo 44

El humo

En el nombre de Al.lah, el Clementísimo, el Misericordiosísimo.

Ha, Mim. (1)

Juro por la *Escritura* clara (2) que, en verdad, la hicimos descender en una noche bendita.[1] En verdad, siempre hemos sido amonestadores.[2] (3)

En ella se detallan de manera diferenciada todos los asuntos establecidos.[3] (4) Asuntos que proceden de Nosotros. En verdad, Nosotros somos Quienes la enviamos. (5) Una misericordia de tu Señor. En verdad, Él es Quien todo lo oye, Quien todo lo sabe. (6) El Señor de los cielos y la Tierra y de lo que hay entre ambos, si es que tenéis certeza.[4] (7)

No hay más dios que Él. Da la vida y da la muerte. Es vuestro Señor y el Señor de vuestros primeros padres. (8) Pero ellos dudan y juegan.[5] (9) Así pues ¡Espera el día en que el cielo traiga un humo evidente (10) que cubra a la gente! «¡Esto es un castigo doloroso! (11) ¡Señor nuestro! ¡Aparta de nosotros este castigo! ¡Creemos!» (12)

De qué les servirá el recuerdo si ha venido a ellos un Mensajero claro (13) y se han apartado de él y han dicho: «¡Es un loco al que otros han instruido!» (14)

En verdad, apartaremos un poco el castigo, pero vosotros reincidiréis. (15)

El día que les ataquemos con la gran violencia, nos vengaremos de ellos.[6] (16) En verdad, antes que a ellos pusimos a prueba al pueblo del Faraón y vino a ellos un noble Mensajero: (17) «Someteos a mí, siervos de Dios. En verdad, yo soy para vosotros un Mensajero digno de confianza.» (18)

---

[1] El *Corán* descendió de dos maneras, una de ellas en una sola vez, la Noche del Decreto, en el mes bendito de *Ramadán* (Cfr. 97:1), y otra gradualmente a lo largo de veintitrés años. Tal como vemos en 11:1. *Al-Mizan*, t. XVIII, p. 199.

[2] Es decir: «Antes de este *Corán* hemos amonestado de manera continua a los pueblos anteriores mediante la revelación de los profetas y Mensajeros.» *Al-Mizan*, t. XVIII, p. 199.

[3] Es decir: «En esa noche se especifican en detalle los asuntos que habían sido revelados de manera sintética» tal como indica el versículo 15:21. *Al-Mizan*, t. XVIII, p. 199-200.

[4] Es decir: «Si sois gente que tiene certeza de la existencia de Dios, sabréis que Él es el Señor de los cielos y la Tierra y de cuanto hay entre ambos.» *Al-Mizan*, t. XVIII, p. 202.

[5] «Ellos» se refiere a los contemporáneos del profeta Muhammad y el sentido del versículo es: «Dudan de las palabras del profeta, es decir del mensaje coránico, y se entretienen con sus ocupaciones mundanas.» *Al-Mizan*, t. XVIII, p. 207.

[6] Se ha dicho que ese día es el de la batalla de Badr y también que es el Día del Juicio Final. Y esta segunda interpretación parece más adecuada. *Al-Mizan*, t. XVIII, p. 210.

«Y no os rebeléis contra Dios, pues he venido a vosotros con una autoridad evidente¹ (19) y me refugio en mi Señor y vuestro Señor de que me lapidéis. (20) Y si no creéis en mí ¡Apartaos!» (21)

E imploró a su Señor: «¡Este es un pueblo de malhechores!» (22)

[Dios le respondió:] «Ponte en marcha con Mis siervos durante la noche, pues seréis perseguidos, (23) y salid del mar con calma. En verdad, ellos son un ejército que será ahogado.» (24)

¡Cuántos jardines y fuentes dejaron atrás! (25) ¡Cuántos campos de cultivo y bellas mansiones (26) y bendiciones de las que disfrutaban! (27)

Así fue. Y se lo dimos en herencia a otro pueblo.² (28) Y ni los cielos ni la Tierra lloraron por ello. Y no se les hizo esperar.³ (29)

Y salvamos a los Hijos de Israel del castigo humillante (30) del Faraón. En verdad, él era altivo, de los transgresores. (31)

Ciertamente, con conocimiento, los elegimos sobre todos los pueblos⁴ (32) y les dimos señales con las que les pusimos claramente a prueba.⁵ (33)

En verdad, ellos dicen: (34) «Sólo moriremos esta primera vez y no seremos resucitados. (35) ¡Haced volver a nuestros padres si es verdad lo que decís!» (36)

¿Son ellos mejores o el pueblo de Tuba⁶ y quienes vivieron antes de ellos? Nosotros les destruimos. En verdad, eran malhechores. (37)

Y no hemos creado los cielos y la Tierra y lo que hay entre ambos por juego. (38) No hemos creado ambos sino con la Verdad, pero la mayoría de ellos no saben. (39)

---

¹ Es decir: «Con milagros que son pruebas evidentes de mi condición profética.» *Al-Mizan*, t. XVIII, p. 211.

² Es decir, a los Hijos de Israel. (Cfr. 26:59) *Nemune*, t. XXI, p. 178.

³ «*Y no se les hizo esperar*» se refiere a la rapidez con que el Faraón y su gente fueron castigados. *Al-Mizan*, t. XVIII, p. 214.

⁴ En el envío de profetas y en la realización de milagros para ellos, como la nube que les protegió durante los cuarenta años que permanecieron en el desierto o el envío de maná y codornices. Y, cuando dice «*les elegimos sobre todos los pueblos*» se refiere a la humanidad de su tiempo, ya que el *Corán* dice a los musulmanes: «*Sois la mejor comunidad que se ha hecho surgir entre los seres humanos.*» (Cfr. 3:110) *Al-Mizan*, t. XVIII, p. 215.

⁵ Es decir: «Hicimos para ellos milagros que ninguna otra comunidad había conocido anteriormente y, por esa misma razón, pusimos a prueba su fe.» *Al-Mizan*, t. XVIII, p. 215.

⁶ Nombre de un antiguo pueblo del Yemen y también de la dinastía de sus reyes. *Nemune*, t. XXI, p. 191.

En verdad, el Día de la Diferencia[1] será el momento de encuentro de todos ellos. (40) El día en que un amigo no podrá beneficiar a otro amigo y no serán auxiliados (41) excepto aquellos de quien Dios tenga clemencia. En verdad, Él es el Todopoderoso, el Clementísimo. (42)

En verdad, el árbol de Saqqum (43) será el alimento del pecador. (44) Como metal fundido hirviendo en las entrañas (45) como hierve el agua hirviente. (46)

«Atrapadle y arrastradle en medio del Infierno (47) y luego arrojad sobre su cabeza el castigo hirviente.» (48)

«¡Prueba! ¡En verdad, tú eres el poderoso, el noble!»[2] (49) Esto es aquello de lo que vosotros dudabais.» (50)

En verdad, los temerosos de Dios estarán en un lugar seguro (51) entre jardines y fuentes (52) vestidos de sedas y brocados, unos frente a otros. (53) Así será. Y les emparejaremos con huríes de grandes ojos. (54)

Solicitarán allí todo tipo de frutas y estarán seguros. (55) Allí no probarán más muerte que la muerte primera[3] y estarán a salvo del castigo del Infierno. (56)

Es un favor que procede de tu Señor. ¡Ese es el triunfo inmenso! (57)

En verdad, lo hemos facilitado en tu lengua[4] para que, quizás así, se dejen amonestar. (58)

Así pues ¡Espera! Que ellos también están a la espera.[5] (59)

---

[1] El día en que se establezca la diferencia entre la verdad y la falsedad. *Al-Mizan*, t. XVIII, p. 224.

[2] Es decir: «Tú eres el que decías ser poderoso y noble.» Y puede que se refiera a un episodio ocurrido entre el Profeta y su tío Abu Yahl. El Mensajero de Dios tomó un día a su tío de la mano diciéndole: «¡Espera Abu Yahl, espera!» Abu Yahl retiró disgustado su mano diciendo: «¿Con qué me amenazas? ¡Ni tú ni tu Señor tenéis poder para hacerme nada! ¡En todo este territorio de La Meca soy el más poderoso y el más noble!» *Nemune*, t. XXI, p. 206.

[3] Es decir: «Después de la muerte primera, de la muerte en esta vida mundanal, ya no probarán más la muerte.» *Al-Mizan*, t. XVIII, p. 228.

[4] Es decir: «¡Oh, Muhammad! Hemos hecho descender el *Corán* en lengua árabe para que sea fácil de entender para tu pueblo.» *Al-Mizan*, t. XVIII, p. 230.

[5] Es decir: «Y, puesto que no les ha servido para reflexionar, espera y verás como son castigados.» *Al-Mizan*, t. XVIII, p. 231.

Capítulo 45

La arrodillada[1]

En el nombre de Al.lah, el Clementísimo, el Misericordiosísimo.

Ha, Mim. (1)
El descenso de la Escritura proviene del Todopoderoso, el Sabio. (2)
En verdad, en los cielos y la Tierra hay señales para los creyentes. (3) Y en vuestra creación y en los animales que Él ha diseminado hay señales para un pueblo que tiene certeza. (4)
Y en la diferencia entre la noche y el día y en la provisión que Dios ha hecho descender del cielo, con la que da vida a la tierra después de haber estado muerta, y en la variación de los vientos, hay señales para un pueblo que razona. (5)
Esas son las señales de Dios que Nosotros te recitamos con la Verdad. ¿En qué creerán después de Dios y de Sus señales?[2] (6)

¡Ay de todo el que sea un mentiroso pecador! (7) Que oye las señales de Dios que le son recitadas y persiste en la arrogancia como si no las hubiera oído. ¡Anúnciale un castigo doloroso! (8)

Y que, cuando conoce algo de Nuestras señales, las toma a burla.

Esos son quienes tendrán un castigo humillante. (9) Tras ellos está el Infierno y no les servirá nada de lo que adquirieron ni los que tomaron por protectores en lugar de Dios. Y tendrán un castigo inmenso. (10)

¡Esta es una guía![3] Y quienes no creen en las señales de su Señor tendrán un castigo extremadamente doloroso. (11)

Dios es Quien ha puesto a vuestro servicio el mar para que lo surquen los barcos por orden Suya y para que busquéis Su favor y para que, quizás así, seáis agradecidos. (12)

Y ha puesto a vuestro servicio lo que hay en los cielos y en la Tierra. Todo ello procede de Él.

En verdad, en ello hay señales para un pueblo que reflexiona. (13)

---

[1] El capítulo toma su nombre del versículo 28.
[2] Es decir: «Si no creen en Dios y en las señales que Dios les recita en el *Corán* ¿En qué van a creer?» *Al-Mizan*, t. XVIII, p. 242.
[3] Es decir: «Esta *Escritura*, este *Corán*, es una guía.» *Al-Mizan*, t. XVIII, p. 244.

Di a los creyentes que perdonen a quienes no tienen esperanza en los días de Dios, en los que Él recompensa a la gente por lo que han hecho. (14)

Quien obra rectamente obra para su propio beneficio y quien obra mal obra contra sí mismo. Luego, todos regresaréis a vuestro Señor. (15)

En verdad, dimos a los Hijos de Israel la *Escritura*, el juicio y la profecía[1] y les proveímos de las cosas buenas y les favorecimos por encima de todos los pueblos. (16) Y les otorgamos pruebas claras del asunto.[2]

Así pues, no tuvieron diferencias hasta después de haber venido a ellos el conocimiento, por envidia entre ellos. En verdad, tu Señor juzgará entre ellos el Día del Levantamiento sobre aquello en lo que tenían diferencias. (17)

Luego, te pusimos en la senda del asunto. ¡Síguela pues y no sigas los deseos de quienes no saben! (18) En verdad, ellos no te podrán beneficiar en nada frente a Dios.

Y, en verdad, los opresores se protegen unos a otros y Dios es el protector de quienes Le temen. (19)

Este es un medio para que los seres humanos profundicen su visión de las cosas y una guía y una misericordia para un pueblo que tiene certeza.[3] (20)

¿O creen quienes hacen el mal que les trataremos igual que a quienes creen y obran rectamente y que sus vidas y sus muertes serán iguales? ¡Qué mal juzgan! (21)

Y Dios ha creado los cielos y la Tierra con la Verdad y para recompensar a cada ser por lo que hizo. Y ellos no serán oprimidos. (22)

---

[1] La *Escritura* entregada a los Hijos de Israel es la *Torá*, que recoge las leyes mosaicas. El término juicio (*hukm*), al citarse junto a la *Escritura*, indica las obligaciones que ésta establece, como señala en 2:213: «Hizo descender con ellos la Escritura (Sagrada) con la Verdad, para que juzgasen entre los hombres en aquello en lo que no se ponían de acuerdo.» Y sobre la *Torá* dice en 5:44: «Ciertamente, hicimos descender la Torá. En ella hay guía y luz. Los profetas, obedeciendo a Dios, administraban justicia con ella entre los judíos (y también) los rabinos y sabios.». Así pues, el juicio es una de las consecuencias necesarias de la *Escritura*, al igual que la profecía. *Al-Mizan*, t. XVIII, p. 251-252.

[2] Es decir: «Les dimos pruebas claras y milagros para que supiesen que la religión que los profetas traían era verdadera.» Y con el término asunto (*amr*), se refiere a la religión entendida como el acuerdo que el ser humano establece con Dios (*din*). *Al-Mizan*, t. XVIII, p. 252.

[3] «Este *Corán* es un instrumento para que los seres humanos se guíen, mediante sus leyes y disposiciones, hacia su verdadera felicidad, al permitirles adquirir una visión más profunda de las cosas.» *Al-Mizan*, t. XVIII, p. 258.

¿Has visto a quien toma como dios a sus deseos y pasiones?[1] Dios extravía su conocimiento y sella su oído y su corazón y pone una venda en su vista. Así pues ¿Quién le guiará después de Dios? ¿Es que no reflexionan? (23)

Y dicen: «No existe más vida que nuestra vida de este mundo. Morimos y vivimos y sólo el tiempo nos destruye.» pero no tiene conocimiento de esto. Solamente conjeturan. (24)

Y cuando se les recitan Nuestros versículos claros su único argumento, es decir: «¡Traed de vuelta a nuestros padres si sois sinceros!» (25)

Di: «Dios os hace vivir, luego os hace morir, luego os reúne el Día del Levantamiento. No hay duda de ello.» Pero la mayoría de los seres humanos no saben. (26)

Y a Dios pertenece el reino de los cielos y la Tierra y el día en que la Hora tenga lugar, ese día, los falseadores perderán. (27)

Y verás a cada comunidad arrodillada. Cada comunidad será remitida a su libro:[2] «Hoy seréis recompensados por lo que hacíais.» (28)

«Este libro Nuestro os dice la Verdad. En verdad, Nosotros escribíamos una copia de lo que vosotros hacíais.»[3] (29)

Y a quienes son creyentes y obran rectamente su Señor les hará entrar en Su misericordia. Ese es el triunfo evidente. (30)

Pero a quienes no creyeron: «¿No se os recitaron mis versículos y os mostrasteis arrogantes y fuisteis malhechores?» (31)

Y cuando se os decía: «En verdad, la promesa de Dios es verdadera y no hay duda sobre la Hora» decíais: «No sabemos lo que es la Hora. Sólo hacemos conjeturas, pero no tenemos certeza.» (32)

---

[1] En la frase «*Toman como dios a sus deseos y pasiones*» al poner «dios» antes que «sus deseos», cuando podía haber dicho: «Toman sus deseos y pasiones como su dios», está indicando que conocen que existe Dios y que le deben adoración y obediencia, pero en lugar de ello obedecen a sus pasiones y las divinizan. Niegan, pues, a Dios a sabiendas. Por eso, a continuación, dice: «*Dios extravía su conocimiento*». *Al-Mizan*, t. XVIII, p. 263.

[2] Es decir, a la escritura que recoge todos sus actos, acciones y comportamientos. *Al-Mizan*, t. XVIII, p. 270.

[3] *Istinsaj* significa «copiar, transcribir» y con ello se indica que el Libro de cada comunidad es una copia de aquello que está registrado en la Tabla Protegida (*Al-Lauh al-Mahfud*) y así lo recoge lo transmitido por el Imam Yafar al-Sadiq entre la *shía* e Ibn Abbas entre la *sunna*. (Cfr. *Tafsir Qommi*, t, II, p. 299) *Al-Mizan*, t. XVIII, p. 270 y 278.

Y aparecerá ante ellos el mal que hicieron y les rodeará aquello de lo que se burlaban¹ (33) y se les dirá: «Hoy os olvidamos como vosotros olvidasteis el encuentro de este día y vuestra morada será el Fuego. Y no tendréis quien os auxilie.» (34)

«Eso es para vosotros por haber tomado a burla las señales de Dios y porque os sedujo la vida mundanal.»

Así pues, hoy no serán sacados de él ni les serán aceptadas sus disculpas. (35)

Así pues ¡Alabado sea Dios! Señor de los cielos y Señor de la Tierra. Señor del Universo. (36) A Él pertenece la supremacía en los cielos y la Tierra y Él es el Todopoderoso, el Sabio. (37)

Parte 26

Capítulo 46

Al-Ahqaf²

En el nombre de Al.lah, el Clementísimo, el Misericordiosísimo.

Ha, Mim. (1)
El descenso de la Escritura proviene del Todopoderoso, el Sabio. (2)
No hemos creado los cielos y la Tierra ni lo que hay entre ellos excepto con la Verdad y por un plazo determinado. Pero quienes no creen no hacen caso de aquello con lo que se les amonesta. (3)
Di: «¿Habéis visto aquello que invocáis en lugar de Dios? Mostradme lo que ellos han creado de la Tierra. ¿Tienen alguna participación en los cielos? Traedme una *Escritura* anterior a esta o algún vestigio de conocimiento si es que sois sinceros.»³ (4)
Y ¿Quién está más extraviado que quien invoca en lugar de Dios a quien no le responderá hasta el Día del Levantamiento y que no presta atención a sus invocaciones? (5)

---

¹ Es decir: «El castigo del que los profetas y Mensajeros les advertían si no seguían los mandatos divinos.» *Al-Mizan*, t. XVIII, p. 274.

² El capítulo toma su nombre del versículo 21.

³ Es decir: «Traedme alguna escritura anterior a este *Corán* o algún testimonio del conocimiento divino que haya sido revelado por Dios y que informe de la participación de los dioses de los idólatras en la creación de los cielos y la Tierra.» *Al-Mizan*, t. XVIII, p. 285.

Y que, cuando los seres humanos sean sacados,¹ serán enemigos para ellos y rechazarán su adoración. (6)

Y cuando les son recitados Nuestros versículos claros, aquellos que no creen dicen de la Verdad cuando llega a ellos: «Esto es magia evidente.» (7) o dicen: «Él lo ha inventado.»

Di: «Si yo lo hubiera inventado no podríais hacer nada por mí ante Dios. Él es Quien mejor sabe lo que difundís sobre él.² Él es suficiente testigo entre mí y vosotros y Él es el Perdonador, el Clementísimo con los creyentes.» (8)

Di: «Yo no soy el primer Mensajero que ha venido y no sé lo que se hará conmigo ni con vosotros. Sólo sigo lo que me ha sido revelado y sólo soy un amonestador claro.» (9)

Di: «¿Habéis visto si acaso procede de Dios y vosotros no creéis en él y un testigo de los Hijos de Israel da testimonio de algo semejante³ y cree en ello mientras vosotros os mostráis altivos ante ello? En verdad, Dios no guía a la gente opresora.» (10)

Y los que no creen dicen sobre los creyentes: «Si fuera algo bueno no se nos habrían adelantado en ello.» Y, como ellos no son guiados por él, dicen: «Es una vieja mentira.»⁴ (11)

Y, antes de él, la *Escritura* de Moisés fue una guía y una misericordia y ésta es una Escritura que la confirma en lengua árabe, para amonestar a quienes oprimen y una buena noticia para quienes son buenos. (12)

En verdad, quienes dicen: «Nuestro Señor es Dios.» y luego se mantienen firmes,⁵ no tendrán que temer y no estarán tristes. (13) Ellos son la gente del Jardín en el que estarán eternamente en recompensa por lo que hacían. (14)

---

¹ «Sean sacados de las tumbas.» *Al-Mizan*, t. XVIII, p. 286.

² «Lo que decís sobre el *Corán*: Que es inventado. Que es mentira. Que es magia». *Al-Mizan*, t. XVIII, p. 289.

³ Es decir: «Si el *Corán* procediese de Dios y un testigo de los Hijos de Israel, es decir Moisés, diese testimonio del algo semejante, es decir, la *Torá*.» *Al-Mizan*, t. XVIII, p. 296.

⁴ Es decir, quienes no creen en el *Corán* dicen: «Si hubiera en el *Corán* algo bueno, los creyentes no se nos habrían adelantado.» Pero como su orgullo les impide dejarse guiar por él dicen: «Ese *Corán* es una vieja mentira.» *Al-Mizan*, t. XVIII, p. 298.

⁵ Es decir, que después de afirmar su fe en el único Dios no se echan atrás ni actúan en contraposición con aquello que afirman y sus consecuencias. *Al-Mizan*, t. XVIII, p. 299.

46. AL-AHQAF

Y hemos encomendado al ser humano que sea bueno con sus padres. Su madre le cargó con esfuerzo y con esfuerzo le dio a luz. Y su embarazo y su lactancia toman treinta meses.[1]

Hasta que, al alcanzar la edad adulta y alcanzar la madurez a los cuarenta años, dice: «¡Señor mío! Inspírame para que agradezca los favores con que nos has agraciado a mí y a mis padres y para realizar actos buenos de los que Tú estés satisfecho y haz que mis descendientes sean rectos.»

«En verdad, a Ti me vuelvo arrepentido y, en verdad, soy de los sometidos a Ti.» (15)

Esos son aquellos de quienes Nosotros aceptamos lo mejor de lo que hacen y perdonamos sus faltas. Y estarán entre la gente del Jardín.

Es la promesa verdadera que se les ha hecho. (16)

Y quien diga a sus padres: «¡Uf con vosotros dos! ¿Acaso me prometéis que seré sacado de la tumba, cuando otras generaciones han pasado antes de mí?»[2]
Y ambos invocarán la ayuda de Dios: «¡Ay de ti! ¡Cree! ¡En verdad, la promesa de Dios es verdadera!» Y él diga: «¡Eso no son más que mitos de los primitivos!» (17) Esos son sobre quienes se verificará la palabra dada a las comunidades de genios y de humanos que pasaron antes de ellos. En verdad, ellos serán los perdedores. (18)

Para cada persona hay un grado conforme a lo que hizo. Él les recompensará plenamente por sus actos y no serán oprimidos.[3] (19)

Y el día en que quienes no creen sean expuestos sobre el Fuego [se les dirá]: «Consumisteis las buenas cosas en vuestra vida mundanal y disfrutasteis de ellas. Así pues, hoy seréis retribuidos con el castigo humillante por haber sido arrogantes en la Tierra sin derecho y por haber sido transgresores.» (20)

---

[1] Según *Corán*, 2:233 y 31:14, la lactancia del bebe dura dos años. Por tanto, el versículo indica que el periodo mínimo de embarazo son seis meses. *Al-Mizan*, t. XVIII, p. 307.

[2] «Y han sido destruidas y ninguno de ellos ha sido vuelto a la vida.» *Al-Mizan*, t. XVIII, p. 310

[3] Es decir, tanto para los creyentes que obran rectamente como para quienes tratan de ocultar la Verdad y hacen el mal hay grados conforme a la magnitud de sus actos. Hay grados en el Jardín y grados en el Fuego. *Al-Mizan*, t. XVIII, p. 311.

46. AL-AHQAF سورة الأحقاف PARTE 26

Y recuerda al hermano de Ad, cuando amonestaba a su pueblo en Al-Ahqaf,¹ y otros amonestadores habían venido antes y vendrían después de él:²

«No adoréis más que a Dios. En verdad, temo para vosotros el castigo de un día inmenso.» (21)

Ellos dijeron: «¿Has venido a nosotros para apartarnos de nuestros dioses? Tráenos, pues, aquello con lo que nos amenazas, si es que eres sincero.» (22)

Él dijo: «En verdad, el conocimiento lo tiene Dios y yo os transmito aquello con lo que he sido enviado, pero veo que vosotros sois un pueblo ignorante.» (23)

Así, cuando lo vieron como una gran nube en el horizonte que avanzaba hacia sus valles, dijeron: «Esa nube nos trae la lluvia.»

«No. Es aquello cuya venida pedíais que se apresurase. Un viento que porta un doloroso castigo, ³ (24) que destruye todas las cosas por orden de su Señor.» ⁴ Y cuando amaneció no se veían más que sus moradas. «Así es como retribuimos a la gente malhechora.» (25)

Y, ciertamente, les dimos una fuerza que no os hemos dado a vosotros y les dimos oído y vista e intelecto. Pero de nada les sirvió su vista ni su oído ni su intelecto, pues negaron las señales de Dios y se verificó en ellos aquello de lo que se burlaban. (26)

Y, ciertamente, destruimos las ciudades que había alrededor vuestro, pues les habíamos dado abundantes y variadas señales por si, de esa manera, regresaban.⁵ (27)

¿Por qué no les auxiliaron aquellos que tomaron como dioses en lugar de Dios para obtener cercanía?⁶ Al contrario, se apartaron de ellos.

Así pues, eran mentiras que ellos inventaron. (28)

---

¹ El profeta Hud, miembro del pueblo de Ad, que habitaba la tierra de Ahqaf en el sur de la península arábica, pero del que no poseemos ningún resto histórico. *Al-Mizan*, t. XVIII, p. 321.

² También se puede entender como «amonestadores que vinieron en su época y antes de él». Conforme a otras interpretaciones, se refiere a amonestadores venidos en periodos en los que Dios no envió profetas y Mensajeros. *Al-Mizan*, t. XVIII, p. 321.

³ Un viento que duró ocho días y siete noches.

⁴ Ésta es la respuesta de Dios. Algunos exegetas han dicho que es la respuesta del profeta Hud. *Al-Mizan*, t. XVIII, p. 323.

⁵ Se apartaban de la opresión y regresaban a la adoración del Dios verdadero. *Al-Mizan*, t. XVIII, p. 325.

⁶ Es decir, para que les acercasen a Dios. *Al-Mizan*, t. XVIII, p. 326.

Y recuerda cuando te enviamos a un grupo de genios para que escuchasen el *Corán* y cuando estuvieron presentes, dijeron: «¡Escuchad en silencio!»

Y cuando terminó regresaron a su gente. (29) Dijeron: «¡Oh, pueblo nuestro! En verdad, hemos escuchado una *Escritura* que ha sido hecha descender después de Moisés, confirmando lo que había antes de ella. Guía a la Verdad y a un camino recto.» (30)

«¡Oh, pueblo nuestro! Responded al que llama a Dios[1] y creed en Él. Él os perdonará algunos de vuestros pecados[2] y os protegerá de un castigo doloroso.» (31)

Y quien no responda a la llamada de Dios, ni podrá debilitar a Dios en la Tierra ni tendrá otros protectores aparte de Él. Estarán en un extravío evidente. (32)

¿Acaso no ven que Dios, que ha creado los cielos y la Tierra y que no ha tenido limitaciones para crearlos, es capaz de dar vida a los muertos?[3] Así es. En verdad, Él tiene poder para hacer cualquier cosa. (33)

Y el día que quienes no creen sean expuestos al Fuego: «¿No es esto cierto?»

Dirán: «¡Sí! ¡Lo juramos por nuestro Señor!»

Dirá Él: «¡Probad, pues, el castigo por no haber creído!» (34)

Así pues, se paciente, de la misma manera que fueron pacientes los Mensajeros poseedores de una fuerte determinación,[4] y no quieras apresurar su castigo.

El día en que ellos vean lo que se les ha prometido creerán que sólo han permanecido una hora de un día.[5] Es un comunicado.[6] ¿Acaso alguien va a ser destruido aparte de la gente trasgresora? (35)

---

[1] Es decir: al profeta Muhammad. *Al-Mizan*, t. XVIII, p. 329.
[2] Aquellos pecados cometidos antes de tener fe. (Cfr. 8:38) *Al-Mizan*, t. XVIII, p. 330.
[3] Puesto que Él es la fuente de toda vida y de toda existencia. *Al-Mizan*, t. XVIII, p. 331.
[4] Algunos exegetas han dicho que todos los profetas y Mensajeros divinos son *Ulu l-Azm*. Otros, que son los señalados en 6:83-90. El *Corán* ha utilizado el término *azm* para indicar «paciencia» (42:43), y para indicar «firmeza» (20:115). Se suele utilizar el término «Mensajeros poseedores de determinación» *(Ulu l-Azm)*, para referirse a Noé, Abraham, Moisés, Jesús y Muhammad, interpretando el término *Ulu l-Azm* como «poseedores de *azimah*» es decir «de juicio y legislación», por que él *Corán* así lo indica. (Cfr. 42:13) *Al-Mizan*, t. XVIII, p. 332.
[5] Es decir: «El Día del Juicio, cuando vean el castigo del que se han hecho merecedores y su duración, el tiempo que han vivido en la Tierra les parecerá apenas una hora.» *Al-Mizan*, t. XVIII, p. 331.
[6] Es decir: «Este *Corán*, con las explicaciones que contiene, es un mensaje que Dios os hace llegar a través del Profeta.» *Al-Mizan*, t. XVIII, p. 331

Capítulo 47

Muhammad[1]

En el nombre de Al.lah, el Clementísimo, el Misericordiosísimo.

Él hará que se pierdan las obras de quienes no son creyentes y ponen obstáculos en el camino de Dios.[2] (1)

Y Él ocultará los malos actos y corregirá la situación de quienes son creyentes, hacen buenas obras y creen en lo que se hizo descender sobre Muhammad, que es la Verdad que procede de su Señor. (2)

Eso es porque quienes no creen siguen lo que es falso y quienes creen siguen la Verdad que viene de su Señor. Así es como Dios explica a los seres humanos su situación. (3)

Cuando os encontréis [en batalla] con los que no creen, golpeadles en los cuellos hasta que les hayáis diezmado y apresadles atándoles fuertemente. Luego, o bien otorgadles la libertad o bien pedid un rescate por ellos, para que termine la carga de la guerra. Así sea.

Y si Dios hubiera querido Él mismo les habría castigado,[3] pero lo hace para poner a prueba a algunos de vosotros por medio de otros.

Y Dios no dejará que se pierdan las obras de quienes han sido matados en la senda de Dios. (4) Él les guiará inmediatamente y arreglará su situación[4] (5) y les hará entrar en el Jardín que les había descrito. (6)

¡Oh, creyentes! ¡Si auxiliáis a Dios, Él os auxiliará y consolidará vuestros pasos! (7)

Y quienes no creen estarán perdidos y sus obras habrán sido en vano. (8) Eso es porque rechazaron lo que Dios hizo descender y Él ha invalidado sus obras. (9)

¿Acaso no han viajado por la Tierra y han observado cuál fue el final de quienes les precedieron? Dios les destruyó y los que no creen tendrán un fin similar. (10) Eso es porque Dios es el protector de quienes son creyentes y los que no creen no tienen quien les proteja. (11)

---

[1] El capítulo toma su nombre del versículo 2.

[2] Según algunos exégetas: «Que ponen dificultades para que la gente pueda seguir el Islam», según otros: «Que tratan de impedir que la gente acceda a la fe en aquello que el Profeta les recita», es decir, fe en la existencia de un solo Dios y en Su mensaje. *Al-Mizan*, t. XVIII, p. 337.

[3] Es decir, sin haceros pelear contra ellos. *Al-Mizan*, t. XVIII, p. 341.

[4] Es decir: «Dios les guiará inmediatamente a la noble y feliz morada que ha dispuesto para ellos y arreglará sus situación perdonándoles sus pecados.» *Al-Mizan*, t. XVIII, p. 342.

En verdad, Dios hará entrar a quienes creen y realizan buenas obras en Jardines de cuyas profundidades brotan ríos y quienes no creen disfrutan y comen como come el ganado y el lugar para ellos será el Fuego. (12)

¡Cuántas ciudades más poderosas que tu ciudad, la cual te ha expulsado, hemos destruido y no tuvieron quien les auxiliase! (13)

¿Acaso quien se basa sobre una prueba clara que procede de su Señor es como aquel a quien sus malas acciones le parecen buenas y sigue sus deseos y pasiones? (14)

Descripción del Jardín que ha sido prometido a los temerosos de Dios: En él hay ríos de agua fresca e incorruptible, ríos de leche cuyo sabor no varía, ríos de vino delicioso para quienes lo beben y ríos de miel pura. En él habrá para ellos todo tipo de frutos y el perdón de su Señor.

¿Serán ellos como quien estará eternamente en el Fuego y recibirá para beber agua hirviente que le destrozará los intestinos? (15)

Y, entre ellos, algunos te escuchan, pero cuando abandonan tu presencia dicen a quienes les ha sido dado el conocimiento: «¿Qué es lo que acaba de decir?»[1]

Esos son a quienes Dios ha puesto un sello sobre sus corazones y que siguen sus propios deseos y pasiones. (16)

Y a quienes siguen la buena guía, Él les incrementa la guía y les da temor de Dios. (17)

¿Acaso esperan otra cosa excepto que la Hora llegue a ellos por sorpresa? Ciertamente, sus señales ya han venido y de nada les servirá recordar cuando llegue a ellos.[2] (18)

Así pues, sabe que no hay más dios que Dios y pide el perdón de tus pecados y el de los creyentes y las creyentes. Y Dios conoce vuestros cambios de estado y aquello en lo que sois firmes y estables. (19)

---

[1] Es decir: «Entre los que no creen, algunos escuchan al Profeta recitar el *Corán*, pero cuando salen de su presencia dicen a quienes Dios ha dado conocimiento: ¿Qué es lo que acaba de decir?» Algunos exégetas han dicho que su pregunta es en tono de burla, queriendo decir que no se le entiende nada. Otros que, los no creyentes, ahogados en su orgullo y soberbia, no llegan a comprender el significado del mensaje divino; y otros, que lo dicen para quitar valor a las palabras del Profeta, queriendo indicar que sus palabras están llenas de falsedades y que nada significan. Y las tres opiniones reflejan parte de la verdad de su comportamiento. *Al-Mizan*, t. XVIII, p. 356.

Y la frase «*a quienes les ha sido dado el conocimiento*» es una referencia a los creyentes. *Nemune*, t. XXI, p. 447.

[2] «Recordar que deberían haber tenido fe, cuando ya se les advirtió que la Hora del Juicio Final llegaría sin avisar.» *Al-Mizan*, t. XVIII, p. 357.

Quienes son creyentes dicen: «¿Por qué no se hará descender una *sura*?»[1] Pero cuando se hace descender una *sura* en la que se menciona el combate claramente,[2] ves a quienes tienen una enfermedad en su corazón que te miran con la mirada de quien está cerca de la muerte.[3] Mejor sería para ellos (20) obediencia y nobles palabras. Así pues, una vez resuelto el asunto, si permanecen leales a Dios será mejor para ellos.[4] (21)

¿Habéis tenido en cuenta que si dais la espalda causaréis corrupción en la Tierra y cortaréis los lazos de sangre? (22)

Esos son aquellos a quienes Dios ha maldecido, por lo cual les ha dejado sordos y ciegos. (23)

¿Es que no meditan en el *Corán*? ¿O tienen candados en sus corazones? (24)

En verdad, a quienes dan la espalda después de que les ha sido explicada claramente la guía, Satanás les ha seducido y les ha dado vanas esperanzas. (25) Eso es por decir a quienes aborrecen lo que Dios hace descender: «Os obedeceremos en algunos asuntos.»[5] Pero Dios conoce sus secretos. (26)

¿Qué pasará cuando los ángeles les golpeen sus rostros y sus espaldas? (27)

«Eso por seguir lo que disgusta a Dios y aborrecer lo que a Él le satisface.»

Así pues, Él frustrará sus obras. (28) ¿O creían quienes tienen una enfermedad en sus corazones que Dios no iba a sacara a la luz el profundo odio que ellos tienen? (29)

---

[1] Es decir: «Una disposición en la que se establezca el derecho a combatir y defenderse frente a las agresiones.» *Nemune*, t. XXI, p. 461.

[2] *Suratun muhkama* («Una *sura* firme»), quiere decir una disposición clara, terminante, que no se presta a diferentes interpretaciones (*tashabih*). Y «*en la que se recuerda o menciona el combate*» quiere decir «en la que se da la orden de ir al combate.» *Al-Mizan*, t. XVIII, p. 359.

[3] Con «*quienes tienen una enfermedad en su corazón*» se refiere a los creyentes cuya fe es débil, no a los hipócritas. *Al-Mizan*, t. XVIII, p. 359.

[4] «*El asunto*» es la orden de combatir decidida por Dios. Y la frase «¡*Obediencia y nobles palabras!*» es posiblemente un predicado para un sujeto elidido, del tipo: «Nuestra orden es...» o «Su orden es...» o «Su fe en Nosotros es...». *Al-Mizan*, t. XVIII, p. 360.

[5] Es la promesa que hacen a los idólatras quienes dan la espalda después de haberles sido explicado claramente el camino de la salvación. Es decir, en secreto les prometen obedecerles, pero no totalmente, sino en aquellas cosas que no les pongan en peligro. Son, por tanto, hipócritas, que se manifiestan exteriormente como creyentes pero que, en secreto, prometen obedecer a los que no creen en Dios y adoran falsos ídolos. *Al-Mizan*, t. XVIII, p. 363.

Y, si Nosotros quisiéramos, te los haríamos ver para que les reconocieses por sus rasgos, pero les reconocerás por su manera de hablar. Dios conoce vuestros actos. (30)

Y, ciertamente, os pondremos a prueba, hasta saber quienes son los combatientes esforzados de entre vosotros y los pacientes y pondremos a prueba lo que se dice de vosotros.¹ (31)

En verdad, quienes no creen y ponen trabas en el camino de Dios y desafían al Mensajero después de que les ha sido claramente explicada la guía, no perjudican a Dios en nada y Él pronto frustrará sus obras. (32)

¡Oh, creyentes! ¡Obedeced a Dios y obedeced al Mensajero y no hagáis que vuestras obras no valgan nada! (33)

En verdad, a quienes no creen y ponen trabas en el camino de Dios² y luego mueren sin ser creyentes, Dios no les perdonará. (34)

Así pues, no flaqueéis invitando a la paz, pues vosotros sois los vencedores y Dios está con vosotros y Él no reducirá la recompensa por vuestras obras. (35)

En verdad, la vida de este mundo es juego y vanidad y, si creéis y sois temerosos de Dios, Él os dará vuestra recompensa y no os pedirá vuestros bienes. (36) Si os los pidiera y os presionara os mostraríais avariciosos y provocaría vuestro odio.³ (37)

Se os invita a contribuirán a la causa de Dios, pero algunos de vosotros os mostráis avaros.

Y quien es avaro, en verdad, se perjudica a sí mismo con su avaricia, pues, ciertamente, Dios es rico por Sí mismo y vosotros sois los necesitados.

Y si dais la espalda, Él os sustituirá por otro pueblo que no será como vosotros.⁴ (38)

---

¹ Es decir: «Vuestros actos» ya que los actos informan de lo que hace una persona y de cómo esa persona es. *Al-Mizan*, t. XVIII, p. 366.

² Es decir, ponen dificultades para que la gente no consiga llegar a Dios y a la fe. *Al-Mizan*, t. XVIII, p. 372.

³ «Puesto que amáis mucho los bienes materiales.» *Al-Mizan*, t. XVIII, p. 374.

⁴ Es decir: «El os sustituirá por otro pueblo que tendrá una fe fuerte, será temerosos de Dios y repartirá por la causa de Dios de aquello que Nosotros le damos.» *Al-Mizan*, t. XVIII, p. 375.

Capítulo 48

La Victoria

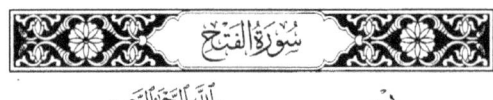

En el nombre de Al.lah, el Clementísimo, el Misericordiosísimo.

En verdad, [Muhammad] te hemos proporcionado una victoria evidente[1] (1) para que Dios te disculpe de los cargos anteriores y de los últimos[2] y para completar Su favor sobre ti y guiarte a un camino recto. (2)

Y Dios te auxiliará con un auxilio poderoso. (3) Él es Quien hizo descender la tranquilidad en el corazón de los creyentes para que añadiesen fe a su fe. A Dios pertenecen los ejércitos de los cielos y de la Tierra y Dios es conocedor, sabio. (4)

Y para que Él haga entrar a los creyentes y a las creyentes en Jardines de cuyas profundidades surgen los ríos, en los que estarán eternamente, y para perdonar sus pecados. Y esto es ante Dios una victoria inmensa. (5) Y para que Él castigue a los hipócritas y a las hipócritas y a los idólatras y a las idólatras, que tienen mala opinión de Dios.[3] Sobre ellos caerá la rueda del mal. Y Dios estará enojado con ellos y les maldecirá y les preparará el Infierno. ¡Qué mal destino! (6)

Y a Dios pertenecen los ejércitos de los cielos y de la Tierra y Dios es todopoderoso, sabio. (7)

En verdad, te hemos enviado como un testigo, uno que porta la buena nueva y un amonestador (8) para que creáis en Dios y en Su mensajero y para que Le apoyéis y Le reverenciéis y Le glorifiquéis mañana y tarde. (9)

---

[1] Se refiere al tratado de paz que el Profeta firmó con los Quraysh, gobernantes de La Meca, conocido como «La paz de Hudaybiyya», el año sexto de la hégira, por el cual se comprometían a no guerrear entre ellos durante diez años y a permitir a los musulmanes peregrinar al año siguiente a La Meca, y que fue determinante en la liberación de La Meca y en el triunfo de la causa islámica en Arabia dos años después. *Al-Mizan*, t. XVIII, p. 379.

[2] Algunos han traducido «para que Dios te perdone tus pecados pasados y por venir», pero el término *danb* no se utiliza aquí como «pecado», sino como «cargo» (Cfr. 26:14), y se refiere a los cargos que contra él tenían los Quraysh antes de la emigración, por hablar en contra de sus dioses y enfrentarse a su autoridad y después, por enfrentarse a ellos en combate y derramar la sangre de sus familiares y amigos. *Al-Mizan*, t. XVIII, p. 381-382.

[3] «Y que piensan que Dios no puede ayudar al Mensajero.» *Al-Mizan*, t. XVIII, p. 394.

En verdad, quienes te juran lealtad, a Dios le juran lealtad. La mano de Dios está sobre sus manos.[1] Así pues, quien rompe su juramento lo rompe en su propio detrimento y a quien es fiel a la promesa que ha hecho a Dios, Él pronto le otorgará una enorme recompensa. (10)

Los beduinos que se quedaron atrás te dirán: «Nuestros bienes y nuestras familias nos mantuvieron ocupados, así pues, pide perdón para nosotros.» Dicen con sus lenguas lo que no hay en sus corazones.

Di: «¿Quién tiene algún poder ante Dios si Él quisiera perjudicaros o quisiera beneficiaros? Pero Dios está bien informado de lo que hacéis.» (11)

Pensasteis que el Mensajero y los creyentes no regresarían a sus familias jamás. Eso es lo que el demonio os hizo creer en vuestros corazones. Tuvisteis un mal pensamiento. Fuisteis una gente corruptora. (12)

Quien no crea en Dios y en Su Mensajero sepa que hemos preparado un fuego llameante para los que no creen. (13)

A Dios pertenece el reino de los cielos y de la Tierra. Perdona a quien Él quiere y castiga a quien Él quiere. Y Dios es perdonador, misericordiosísimo con los creyentes. (14)

Los que se quedaron atrás dirán cuando salgáis a capturar el botín: «¡Dejad que os sigamos!» Quisieran cambiar la palabra de Dios.

Di: «¡Jamás nos seguiréis! Ya lo dijo así Dios anteriormente.»

Entonces dirán: «¡Tenéis envidia de nosotros!» Pero es que poseen muy poco entendimiento.[2] (15)

---

[1] Puesto que quien jura fidelidad toma la mano de aquel a quien se la jura, la mano del que jura fidelidad está bajo la de quien la recibe. Con esta frase Dios confirma que la mano que toman, al tomar la del Mensajero, es Su propia mano. *Al-Mizan*, t. XVIII, p. 410.

[2] De nuevo, Dios habla de lo que va a ocurrir en el futuro. Cuando los creyentes partieron para la batalla de Jaybar en la que obtendrían abundante botín, los beduinos que no habían querido acompañarlos a La Meca temiendo que todos morirían, quisieron acompañarlos.

Algunos exegetas han dicho que la frase: «*Quisieran cambiar la palabra de Dios.*» se refiere a la promesa, que Dios hizo a los participantes en la peregrinación a La Meca que concluyó con la paz de Hudaybiyya, de que pronto les proporcionaría una victoria en la que obtendrían un abundante botín, que sería para ellos exclusivamente, por haber tenido el valor de responder a la convocatoria del Mensajero a una empresa en la que todos creían que morirían. Y la frase «*Pero es que poseen muy poco entendimiento.*» se refiere a que la respuesta que dan los beduinos, no guarda relación alguna con las palabras del Mensajero de Dios. *Al-Mizan*, t. XVIII, p. 418

Di a los beduinos que se quedaron atrás: «Pronto se os convocará contra un pueblo poseedor de una gran fuerza. Les combatiréis si no se hacen musulmanes. Así pues, si obedecéis, Dios os dará una buena recompensa, pero si dais la espalda, como disteis la espalda anteriormente, os castigará con un castigo doloroso.» (16)

No tienen obligación de salir a combatir los ciegos ni los cojos ni los enfermos. Y a quienes obedezcan a Dios y a Su Mensajero, Él les hará entrar en Jardines de cuyas profundidades brotan los ríos, y a quienes den la espalda Él les castigará con un castigo doloroso. (17)

Ciertamente, Dios quedó satisfecho de los creyentes cuando te juraron lealtad bajo el árbol, pues sabía lo que había en sus corazones. Por ello, hizo descender la tranquilidad sobre ellos y les favoreció con una victoria cercana (18) y con la captura de abundantes botines.[1] Y Dios es todopoderoso, sabio. (19) Dios os ha prometido que obtendréis abundantes botines y por eso Él ha acelerado éste y ha apartado de vosotros las manos de la gente.[2] Y para que sea una señal para los creyentes y para guiaros a un camino recto.[3] (20)

Y otros que todavía no habéis obtenido pero que Dios tiene bajo control.[4]
Y Dios tiene poder sobre todas las cosas. (21)

Y, si los que no creen os combaten, darán la espalda. Luego, no encontrarán quien les proteja ni quien les auxilie. (22)

Es la costumbre de Dios, que también existió en el pasado. Y no encontrarás cambios en la costumbre de Dios. (23)

---

[1] En el viaje de los musulmanes a Hudaybiyya, el Mensajero envió a Uzman ibn Afan, que era familiar cercano de Abu Sufian, a negociar con los de Quraysh. Como Uzman no regresaba, los musulmanes creyeron que los idólatras le habían matado y temieron ser atacados. El Mensajero, situado bajo un árbol, renovó el juramento de fidelidad de los musulmanes que le acompañaban, comprometiéndoles a que, en caso de ser atacados, no retrocederían ante el enemigo. Este juramento se hizo famoso como «el Juramento de la Satisfacción de Dios» (*Bayatu ridwan*). Y al decir: «*les favoreció con una victoria cercana*» se refiere a la batalla de Jaybar y al abundante botín que en ella obtuvieron. Nemune, t. XXII, p. 65, 66.

[2] La frase: «*ha apartado de vosotros las manos de la gente*» se refiere a las tribus de Asad y Gatafan, que decidieron atacar la ciudad de Medina tras el regreso del Profeta de Jaybar, pero a quienes Dios infundió un temor que les hizo desistir de sus planes. *Al-Mizan*, t. XVIII, p. 427.

[3] Es decir: «Y también os ha dado esta victoria y este abundante botín para que sea una señal para los creyentes y para guiaros a un camino recto.» *Al-Mizan*, t. XVIII, p. 428.

[4] Es decir: «Y otros botines que se os han prometido y que vosotros no habéis tenido poder para obtener aun, pero que Dios tiene bajo Su control.» *Al-Mizan*, t. XVIII, p. 428.

Él es Quien ha apartado sus manos de vosotros y vuestras manos de ellos en el interior de La Meca,[1] después de daros la victoria sobre ellos.[2]

Y Dios posee una profunda visión de lo que hacéis. (24)

Ellos son quienes no creyeron y os impidieron acceder a la Mezquita Sagrada y que vuestras ofrendas llegasen al lugar del sacrificio.

Y si no hubiese sido por los hombres creyentes y las mujeres creyentes que vosotros no conocíais, a los que habríais podido matar sin querer y que habría hecho que fueseis censurados...[3] Para que Dios haga entrar en Su misericordia a quien Él quiera.

Si ellos hubiesen estado separados, habríamos castigado, con seguridad, a quienes de ellos no creían, con un castigo doloroso (25) cuando el corazón de los no creyentes se llenó de furia, la furia propia de la ignorancia pagana, y Dios hizo descender Su tranquilidad sobre Su Mensajero y sobre los creyentes y les impuso la palabra del temor de Dios, pues ellos y sus familias eran quienes más derecho tenían a ella. Y Dios es Quien mejor conoce todas las cosas. (26)

Ciertamente, Dios confirmó a Su Mensajero la visión verdadera: «Entraréis en la Mezquita Sagrada, si Dios quiere, seguros, con vuestras cabezas afeitadas o el pelo cortado y sin temor.» Y Él conoce lo que vosotros no conocéis y os dará, aparte de esto, una victoria próxima. (27)

Él es Quien ha enviado a Su Mensajero con la guía y con la religión verdadera para que prevalezca sobre todas las religiones. Y Dios es suficiente como testigo. (28)

---

[1] Se refiere a la paz del tratado de Hudaybiyya, ya que Hudaybiyya está muy cerca de la ciudad de La Meca y se considera parte de su territorio sagrado. Los Quraysh habían preparado su ejército para enfrentar a los musulmanes, que habían invadido su territorio y, por su lado, el Mensajero de Dios había jurado que no retrocedería sin haber llegado a un pacto con ellos, aunque se viese obligado a combatir. Y los mil cuatrocientos participantes en la expedición le habían jurado combatir hasta la última gota de su sangre en caso de ser atacados. En esas circunstancias, la guerra parecía inevitable y, sin embargo, Dios la impidió y, a pesar de ello, dio la victoria a los musulmanes. *Al-Mizan*, t. XVIII, p. 430.

[2] La frase: «*después de daros la victoria sobre ellos*» se refiere a un ataque que 30 jóvenes de La Meca realizaron contra el Profeta cuando estaba escribiendo el acuerdo de paz con Quraysh. Todos ellos fueron capturados y puestos en libertad. Así lo relatan numerosos exégetas, entre ellos Al-Qurtubi, Razi, Alusi, Sheyj Tusi en *Al-Tibiyan* y otros. *Nemune*, t. XXII, p. 90.

[3] La respuesta: «Dios no habría apartado vuestras manos de ellos» ha sido elidida. Y el sentido del versículo es: «Si entre la gente de La Meca no hubiera habido hombres y mujeres creyentes a los que no conocíais y a los que podríais haber matado inadvertidamente, incurriendo así en problemas, no habríamos impedido que acabaseis con ellos. Y Dios lo ha impedido para...» *Al-Mizan*, t. XVIII, p. 431.

Muhammad el Mensajero de Dios y los que con él están son duros con los que tratan de ocultar la Verdad y misericordiosos entre ellos.

Los verás inclinándose y prosternándose, buscando el favor de Dios y Su satisfacción. En sus rostros se perciben las señales por efecto de su prosternación. Así están descritos en la *Torá* y en el *Evangelio*.

Son como un sembrado en el que germinan sus semillas, crecen y se ensanchan y fortalecen en su tallo, sorprendiendo a los sembradores. Y con ello Él enoja a los que no creen.

Y Dios ha prometido a quienes de ellos [1] crean y realicen buenas obras, perdón y una recompensa inmensa. (29)

Capítulo 49

Las habitaciones privadas

En el nombre de Al.lah, el Clementísimo, el Misericordiosísimo.

¡Oh, creyentes! No pongáis nada por delante de Dios y Su Mensajero[2] y sed temerosos. En verdad, Dios todo lo oye, todo lo sabe. (1)

¡Oh, creyentes! No levantéis vuestras voces sobre la voz del Mensajero y no le habléis a gritos como os habláis los unos a los otros, no sea que vuestras obras se malogren sin que os deis cuenta. (2)

En verdad, quienes bajan su voz ante el Mensajero de Dios son a quienes Dios ha elegido sus corazones para el temor. Tendrán perdón y una recompensa inmensa. (3)

En verdad, la mayoría de quienes te llaman desde fuera de las habitaciones privadas no razonan. (4)

---

[1] «*De ellos*» se refiere a quienes están con Muhammad. *Al-Mizan*, t. XVIII, p. 448.

[2] Es decir: «No antepongáis juicio alguno al juicio de Dios y de Su Mensajero y no habléis de algo antes de haber obtenido el juicio de Dios y de Su Mensajero.» *Al-Mizan*, t. XVIII, p. 457.

Y si tuviesen paciencia hasta que salgas ante ellos sería mejor para ellos.

Y Dios es perdonador, misericordiosísimo con los creyentes. (5)

¡Oh, creyentes! Si viene a vosotros un trasgresor con una noticia ¡Verificadla! No sea que perjudiquéis a alguien por ignorancia y tengáis que arrepentiros de lo que habéis hecho. (6)

Y sabed que el Mensajero de Dios está entre vosotros. Si os obedeciera en muchas de las cosas sufriríais.[1] Pero Dios os ha hecho amar la fe y la ha adornado en vuestros corazones y os ha hecho odiar la falta de fe, la trasgresión y la desobediencia. Esos son los bien guiados.[2] (7) Un favor y una merced de Dios. Y Dios es Quien todo lo conoce, es sabio. (8)

Si dos grupos de creyentes pelean entre sí, poned paz entre ellos. Pero si uno de ellos oprime y maltrata al otro, combatid contra el que agrede hasta que regrese a la orden de Dios. Y si regresa, entonces poned paz entre ellos con justicia y equidad. En verdad, Dios ama a quienes son ecuánimes. (9)

En verdad, los creyentes son hermanos, así pues, poned paz entre vuestros hermanos, Y sed temerosos de Dios para que, quizás asi, se tenga misericordia de vosotros. (10)

¡Oh, creyentes! ¡Qué un pueblo no se burle de otro, no vayan a ser mejor que ellos! Ni una mujer de otra mujer, no vaya a ser mejor que ella.

Y no os difaméis unos a otros ni os insultéis con motes.

¡Qué mal ser llamado «trasgresor» después de haber recibido la fe!

¡Y quienes no se arrepienten, esos son los opresores! (11)

---

[1] Estos tres últimos versículos guardan relación y denuncian la actitud de algunos compañeros del Profeta que insistían en dar crédito a las palabras de una persona cuyo comportamiento no era correcto. El Mensajero de Dios envió a Walid ibn Uqaba, que era un hombre trasgresor, a recoger el impuesto (*zakat*) de la tribu de Bani al-Mustalaq. Cuando estos le vieron venir, adoptaron una actitud hostil y él, sin decirles palabra, dio media vuelta y regresó a Medina diciendo que se habían negado a pagar el *zakat* porque habían abandonado el Islam. El Mensajero de Dios había tomado la decisión de enviar un ejército contra ellos y dar un escarmiento cuando este versículo fue revelado, haciéndole cambiar de opinión, aunque algunos de sus seguidores seguían insistiendo en que habría sido bueno dar un escarmiento a la tribu de Bani al-Mustalaq. *Al-Mizan*, t. XVIII, p. 468.

[2] Es decir: «Aquellos que aman la fe y que odian la falta de fe, la trasgresión y la desobediencia, son los que están bien guiados.» *Al-Mizan*, t. XVIII, p. 468

¡Oh, creyentes! ¡Absteneos mucho de las dudas! En verdad, algunas dudas son pecado. Y no os espiéis ni os difaméis[1] unos a otros.

¿Acaso alguno de vosotros quiere comer la carne de su hermano muerto? ¡Lo aborreceríais!

Y sed temerosos de Dios. En verdad, Dios acepta el arrepentimiento, es misericordiosísimo con los creyentes. (12)

¡Oh, gentes! En verdad, os hemos creado de un macho y una hembra y hemos hecho de vosotros pueblos y tribus para que os conozcáis.[2]

En verdad, el más noble de vosotros ante Dios es quien posee mayor temor de Dios. En verdad, Dios todo lo conoce, está bien informado. (13)

Los beduinos dicen: «¡Creemos!»

Di: «No creéis. Mejor decid: 'Nos hemos hecho musulmanes' pues todavía no ha entrado la fe en vuestros corazones.»

Y si obedecéis a Dios y a Su Mensajero, Él no os disminuirá en nada la recompensa por vuestras obras.[3] En verdad, Dios es perdonador, misericordiosísimo con los creyentes. (14)

En verdad, los creyentes son aquellos que tienen fe en Dios y en Su Mensajero. Luego, no tienen dudas y combaten con sus bienes y sus personas en la causa de Dios. Esos son los sinceros. (15)

Di: «¿Vais a enseñar a Dios vuestra religión, cuando Dios conoce los que hay en los cielos y en la Tierra?»

Dios tiene conocimiento de todas las cosas. (16)

Creen que te han hecho un favor por haber aceptado el Islam.

Di: «No penséis que me habéis hecho un favor abrazando el Islam. Es Dios Quien os ha hecho un favor a vosotros guiándoos a la fe, si es que sois sinceros.» (17)

En verdad, Dios conoce lo que está oculto a los sentidos en los cielos y en la Tierra y Dios ve claramente lo que hacéis. (18)

---

[1] Se entiende por difamación todo aquello que se dice de una persona ausente que, si estuviera presente, se disgustaría al escucharlo. *Al-Mizan*, t. XVIII, p. 484.

[2] Es decir, os hemos creado de una sola pareja, seáis blancos o negros, árabes o no-árabes y no os hemos agrupado en pueblos y tribus para que os consideréis unos superiores a otros y más nobles que los demás, sino para que os relacionéis y os conozcáis y aprendáis unos de otros, pues la nobleza ante Dios no viene dada por la raza, el color o la posición social, sino por el temor de Dios que la persona tenga. *Al-Mizan*, t. XVIII, p. 488.

[3] Pero ha de ser una obediencia total, de manera que el interior de la persona se corresponda con su apariencia exterior. *Al-Mizan*, t. XVIII, p. 492.

Capítulo 50

Qaf

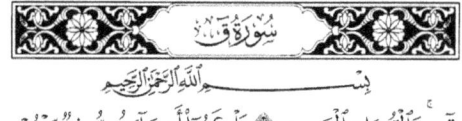

En el nombre de Al.lah, el Clementísimo, el Misericordiosísimo.

Qaf. Juro por el glorioso *Corán*. [1](1) Pero ellos se sorprenden de que venga a ellos un amonestador que procede de ellos mismos y por eso, quienes no creen, dicen: «¡Esto es algo sorprendente! (2) ¿Acaso cuando estemos muertos y seamos polvo…?[2] Ese es un retorno lejano.»[3](3)

Ciertamente, Nosotros sabemos lo que la Tierra disminuye de ellos. Y junto a Nosotros hay una Escritura protectora.[4] (4) Pero desmienten la Verdad cuando llega a ellos, así que se encuentran en un estado de confusión. (5)

¿Acaso no observan cómo hemos construido y adornado el cielo que hay sobre ellos y que no hay fallos en él? (6) ¿Y que hemos expandido la Tierra y fijado en ella firmes montañas y que hemos hecho crecer en ella una pareja de cada planta que alegra la vista, (7) como un medio de profundizar la visión y como un recuerdo para todo siervo contrito? (8)

Y hemos hecho descender del cielo agua bendecida con la que hemos hecho brotar jardines y las semillas de las cosechas (9) y esbeltas palmeras datileras de racimos apretados. (10) Provisión para los siervos.

Y con ella damos vida a una tierra muerta. Así mismo haremos salir a los muertos de sus tumbas. (11)

Antes de ellos desmintió el pueblo de Noé y la gente de Al-Rass[5] y Thamud (12) y de Ad y el Faraón y los hermanos de Lot (13) y la gente de Al-Aykah[6] y el pueblo de Tuba. Todos ellos desmintieron a los Mensajeros y Mi promesa se verificó. (14)

¿Acaso Nos agotamos en la primera creación? Pero ellos dudan de una nueva creación. (15)

---

[1] Se ha elidido una frase del tipo: «Que Nosotros te hemos enviado como un amonestador.» *Al-Mizan*, t. XVIII, p. 505.

[2] «¿[…] vamos a ser devueltos a la vida nuevamente?» *Al-Mizan*, t. XVIII, p. 506.

[3] «*Lejano*» quiere aquí decir que a la mente le resulta difícil de imaginar. *Al-Mizan*, t. XVIII, p. 506

[4] Una escritura que guarda el registro de todo lo que sucede, también conocida como *Al-Lauh al-Mahfud* («*La Tabla Protegida*») *Al-Mizan*, t. XVIII, p. 507.

[5] Cfr. *Corán*, 25:38.

[6] Madyan, en el norte de la península arábiga.

Ciertamente, Nosotros hemos creado al ser humano y sabemos lo que le susurra su alma. Y Nosotros estamos más cerca de él que su vena yugular. (16)

(Y recuerda) Cuando los dos encargados de recoger recojan, sentados a derecha e izquierda.[1] (17) Él no pronunciará una sola palabra sin que a su lado haya un protector atento. (18)

Y llegará la embriaguez de la muerte con la Verdad: «Esto es aquello que querías evitar.» (19)

Y será tocada la trompeta: «¡Este es el día prometido!» (20)

Y con cada alma llegará un conductor y un testigo. (21) «Ciertamente, no prestabas atención a esto.[2] Así pues, hemos apartado de ti tu velo y hoy tu visión es aguda.» (22)

Y su compañero dirá: «Esto es lo que tengo preparado.»[3] (23)

«¡Arrojad al Infierno a todo el que negaba la Verdad con obstinación, (24) enemigo acérrimo del bien, trasgresor y escéptico! (25) ¡Que ponía otro dios junto a Dios! ¡Arrojadle al severo castigo!» (26)

Su compañero dirá: «¡Señor nuestro! No soy yo quien le hizo un tirano prepotente, él ya estaba en un gran extravío.» (27)

Dirá Él: «¡No discutáis en Mi presencia! ¡Ya os advertí previamente! (28) ¡Lo que Yo digo es inalterable![4] ¡Yo no soy opresor con los siervos!» (29)

(Recuerda) El día que Nosotros le digamos al Infierno: «¿Estás ya lleno?» y él dirá: «¿Aún hay más?» (30) Y sea aproximado el Jardín para los temerosos de Dios a un lugar no alejado. (31) «Esto es lo que os fue prometido para todo el que se volviera a Dios con frecuencia y fuese cuidadoso. (32) Para quien temiese al Clementísimo en secreto y viniese con un corazón contrito.» (33)

«¡Entrad en él en paz! ¡Éste es el Día de la Eternidad!» (34)

Allí habrá para ellos lo que deseen y junto a Nosotros más aún. (35)

---

[1] Se refiere a los dos ángeles protectores de cada persona, situados a su derecha e izquierda y encargados de tomar nota de sus acciones. *Al-Mizan*, t. XVIII, p. 520.

[2] Y Dios le dirá: «Ciertamente, no prestabas» … *Al-Mizan*, t. XVIII, p. 523.

[3] Su compañero es, posiblemente, el ángel que le acompañaba en su vida anterior y lo que tiene preparado es el testimonio de lo que en ella hizo. Algunos exegetas han dicho que se refiere al demonio que estuvo toda la vida con él y que le ayudó a extraviarse. En ese caso el sentido de sus palabras sería: «Éste es al que yo he desviado y que está listo para ser arrojado al Fuego.» *Al-Mizan*, t. XVIII, p. 525.

[4] Se refiere a la promesa divina de que todo aquel que muera negando la Verdad irá al Fuego. *Al-Mizan*, t. XVIII, p. 528.

¡Cuántas generaciones hemos destruido antes de ellos que fueron más fuertes que ellos y que construyeron grandes ciudades! ¿Hay manera de escapar? (36)

En verdad, en ello hay un recuerdo para quien tenga corazón o para quien presta oído y está atento. (37)

Y, ciertamente, hemos creado los cielos y la Tierra y lo que hay entre ambos en seis días, sin que Nos tocase la fatiga. (38)

Así pues, se paciente con lo que dicen y glorifica con alabanzas a tu Señor antes de que salga el Sol y antes de que se ponga. (39) Y glorifícale parte de la noche y después de las prosternaciones.[1] (40)

Y permaneced atentos al día en que un pregonero pregone desde un lugar cercano. (41) Día en el que escucharán el Grito con la Verdad.

Ese será el día de la salida de las tumbas. (42)

En verdad, Nosotros damos la vida y damos la muerte y Nosotros somos el destino final[2] (43) el día en que la tierra se abra sobre ellos y acudan rápidos.

Esa reunión es algo fácil para Nosotros. (44)

Nosotros somos Quienes mejor conocemos lo que dicen. Tú no eres alguien que venga a obligarles. Así pues, amonesta con el *Corán* a quien tema Mi amenaza. (45)

Capítulo 51

Los vientos huracanados

En el nombre de Al.lah, el Clementísimo, el Misericordiosísimo.

Juro por los vientos huracanados (1) y por las nubes cargadas de lluvia (2) y por las naves que se deslizan con facilidad (3) y por los ángeles que distribuyen las órdenes. (4) En verdad lo que se os ha prometido es cierto (5) y, en verdad, la recompensa tendrá lugar. (6)

---

[1] Al decir «*y glorifícale parte de la noche*» seguramente se refiere a las oraciones de *magrib* e *isha* y con «después de las prosternaciones» al final de cada oración. Algunos han opinado que se refiere a las «oraciones voluntarias» (*nafila*) que se realizan voluntariamente junto a cada oración obligatoria. *Al-Mizan*, t. XVIII, p. 540.

[2] Y por «*el destino final*» se refiere a la vida el Día del Juicio. *Al-Mizan*, t. XVIII, p. 541.

Juro por los cielos llenos de adornos (7) que vosotros mantenéis opiniones discrepantes. (8)

Quienes discrepan, discrepan de él.[1] (9) ¡Que mueran los mentirosos! (10)

Esos que están en la ignorancia y el descuido (11) preguntan: «¿Cuándo será el Día de la Recompensa?» (12)

Será el día en que ellos se quemarán en el Fuego: (13) «¡Probad vuestro tormento! ¡Esto es lo que pedíais con premura!» (14)

En verdad, los temerosos de Dios estarán en Jardines y Fuentes, (15) recibiendo lo que su Señor les dé. En verdad, antes de ello, eran de los que hacían el bien. (16)

Eran de los que dormían poco durante la noche (17) y antes del amanecer pedían perdón (18) y daban de sus bienes a los mendigos y a los necesitados su derecho. (19)

Y en la Tierra hay señales para quienes tienen certeza, (20) y en vosotros mismos. ¿Cómo es que no las veis? (21)

Y en el cielo está vuestra provisión y lo que os ha sido prometido. (22)

Así pues, juro por el Señor del cielo y la Tierra, que esto es tan verdad como que vosotros habláis. (23)

¿Ha llegado a vosotros la historia de los nobles invitados de Abraham? (24)

Cuando llegaron donde él estaba y dijeron: «¡Paz!» Él dijo: «¡Paz! Sois gente desconocida.»[2] (25)

Se fue discretamente hacia donde estaba su familia y regresó con un cordero bien cebado (26) y lo puso cerca de ellos.

Les dijo: «¿Es que no coméis?» (27) Y sintió miedo de ellos. Ellos dijeron: «No temas» y le dieron la buena nueva de un hijo sabio.[3] (28) Entonces su esposa vino gritando y golpeando con fuerza su rostro y dijo: «¡Soy una anciana estéril!» (29)

Ellos dijeron: «Así lo ha dicho tu Señor. En verdad, Él es el Más sabio, Quien todo lo conoce.» (30)

---

[1] Es decir, discrepan del *Corán* y, en particular, de la promesa coránica de la llegada del Día del Juicio y de la recompensa por los actos realizados en la vida mundanal. *Al-Mizan*, t. XVIII, p. 550.

[2] Es decir, «Dijo: ¡Paz!» y pensó: «Sois gente desconocida.» Pues, no es adecuado para el sentido de la hospitalidad de alguien como el profeta Abraham que les dijese «Sois gente desconocida.» *Al-Mizan*, t. XVIII, p. 567.

[3] De que su esposa daría a luz un hijo sabio. Cfr. *Corán*, 11:73-96 y 15:50-60.

Parte 27

Él dijo: «¿Cuál es vuestra importante misión? ¡Oh, Mensajeros!» (31) Ellos dijeron: «En verdad, hemos sido enviados a un pueblo de malhechores[1] (32) para que lancemos sobre ellos piedras de barro (33) marcadas por tu Señor para los transgresores.»[2] (34)

E hicimos salir a los creyentes que en ella había (35) y no hayamos en ella más que una casa de musulmanes.[3] (36) Y dejamos en ella una señal para quienes temen el castigo doloroso. (37)

Y en Moisés,[4] cuando le enviamos al Faraón con una autoridad evidente.[5] (38) Pero se dio la vuelta, seguro de su poder, y dijo: «¡Un mago o un demente!» (39)

Así pues, atrapamos a él y a su ejército y les arrojamos al mar, pues eran censurables. (40)

Y en Ad, cuando enviamos sobre ellos el viento arrasador, (41) que dejó todo aquello sobre lo que cayó como huesos polvorientos. (42)

Y en Tamud, cuando se les dijo: «¡Disfrutad por un tiempo!»[6] (43) Pero desafiaron la orden de su Señor y les alcanzó el rayo mientras lo miraban, (44) sin poder ni levantarse ni ser auxiliados. (45)

Y, anteriormente, el pueblo de Noe. En verdad, fueron un pueblo de trasgresores. (46)

Y hemos construido el cielo con un poder inigualable y, en verdad, Nosotros lo poseemos en una medida incomparable.[7] (47) Y hemos expandido la Tierra. ¡Que bendición de Expandidor! (48) Y hemos creado todas las cosas por parejas. Quizás así reflexionéis. (49)

Así pues, escapad hacia Dios. En verdad, yo soy para vosotros un amonestador claro de Su parte. (50)

Así pues, no pongáis otro dios junto a Dios. En verdad, yo soy para vosotros un amonestador claro de Su parte. (51)

---

[1] Es decir, el pueblo de Lot. *Al-Mizan*, t. XVIII, p. 569.
[2] Cfr. 11:82-83. Y el conjunto de los exégetas han dicho que «marcadas» quiere decir que cada piedra estaba destinada a una persona concreta, de manera que los seres humanos comprendan hasta qué punto los milagros de Dios son precisos. *Nemune*, t. XXII, p. 356.
[3] Se refiere a la casa del profeta Lot. *Al-Mizan*, t. XVIII, p. 569.
[4] Es decir: «Y con el ejemplo de Moisés hemos dejado también una señal.» *Al-Mizan*, t. XVIII, p. 570.
[5] Es decir: «Con pruebas terminantes y milagros evidentes, confirmando la autoridad de sus palabras.» *Al-Mizan*, t. XVIII, p. 570.
[6] Cfr. *Corán*, 11:65.
[7] O bien: «Hemos construido el cielo con una misericordia que no admite comparación y Nosotros poseemos una amplia misericordia.» *Al-Mizan*, t. XVIII, p. 573.

De la misma manera, no vino ningún Mensajero a quienes existieron antes de ellos sin que dijesen: «¡Un mago o un demente!» (52) ¿Es que se lo han trasmitido unos otros? No. Lo que sucede es que son gente rebelde. (53)

Así pues, ¡Apártate de ellos y no serás censurado! (54) ¡Y recuerda! pues, en verdad, el recuerdo beneficia a los creyentes. (55)

Y no he creado a los genios y los humanos excepto para que Me adoren. (56)

No quiero de ellos ninguna provisión ni quiero que Me alimenten. (57) En verdad, Dios es Quien otorga la provisión con abundancia, el Poseedor de la fuerza, el Firme. (58)

Así pues, quienes oprimieron, en verdad, recibirán su parte, igual que la recibirán sus compañeros. ¡Que no quieran apresurarlo! (59)

¡Ay de quienes no creyeron, ese día que les ha sido prometido! (60)

Capítulo 52

El monte

En el nombre de Al.lah, el Clementísimo, el Misericordiosísimo.

Juro por el monte[1] (1) y por la *Escritura* que fue escrita (2) en un pergamino desenrollado[2] (3) y por la Casa siempre frecuentada[3] (4) y por la bóveda elevada[4] (5) y por el mar rebosante:[5] (6) En verdad, el castigo de tu Señor tendrá lugar. (7) Nada podrá impedirlo. (8)

El día en el que el cielo se agite violentamente (9) y las montañas se pongan en movimiento (10) ¡Ay! ¡ese día, de los desmentidores! (11) ¡Aquellos que se entretienen jugando con palabras vanas! (12) El día en que sean arrastrados al fuego del Infierno: (13) «¡He ahí el Fuego que vosotros desmentíais!» (14)

---

[1] Algunos exégetas han dicho que la referencia es general, pero la expresión se utiliza para referirse al monte en el que Moisés habló con Dios, al Sinaí. *Al-Mizan*, t. XIX, p. 4.

[2] Algunos exegetas han dicho que se refiere a La Tabla Protegida, otros que al *Corán* y otros que a la *Torá*, y esto último es lo que parece más cierto. *Al-Mizan*, t. XIX, p. 5.

[3] Algunos han dicho que se refiere a la Kaba, pero en las tradiciones proféticas leemos que se refiere a la Kaba celestial, frecuentada por los ángeles. *Al-Mizan*, t. XIX, p. 6.

[4] Es decir: «El cielo.» *Al-Mizan*, t. XIX, p. 6.

[5] En las tradiciones proféticas se recoge que el Día del Juicio los mares estarán inflamados por el fuego. *Al-Mizan*, t. XIX, p. 6.

«¿Es esto magia o es que vosotros no veis? (15) ¡Arded en él! Y tengáis paciencia o no tengáis paciencia os dará igual. En verdad, seréis recompensados conforme a lo que hacíais.» (16)

En verdad, los temerosos de Dios estarán en Jardines cómodamente. (17) Felices por lo que les ha dado su Señor y porque su Señor les ha librado del castigo del Infierno: (18) «¡Comed y bebed a placer por lo que hacíais!» (19)

Estarán reclinados en divanes alineados y les emparejaremos con huríes de grandes ojos. (20)

Juntaremos a quienes sean creyentes y a sus descendientes que les hayan seguido en la fe. No disminuiremos en nada (la recompensa de) sus acciones.[1]

Cada cual será rehén de lo que haya realizado. (21)

Les facilitaremos todas las frutas y la carne que deseen. (22) Allí se ofrecerán unos a otros una copa cuyo contenido no les incitará a las palabras vanas ni pecaminosas. (23) Circularán alrededor de ellos jóvenes como perlas guardadas.[2] (24)

Se volverán unos a otros preguntándose. (25)

Dirán: «En verdad, estábamos antes con nuestras familias con un temor reverencial (26) y Dios nos agració y nos protegió del castigo del viento abrasador. (27) En verdad, antes siempre le suplicábamos. En verdad, Él es el Benigno, el Misericordiosísimo con los creyentes.» (28)

Así pues ¡Amonesta! Por la clemencia de tu Señor no eres ni un adivino ni un loco. (29)
Pero dicen: «¡Es un poeta! ¡Esperaremos a que le llegue la conmoción de la muerte!»[3] (30)
Di: «¡Esperad que yo también esperare con vosotros!» (31)

---

[1] Es decir: «Juntaremos con sus padres a los hijos de los creyentes que les hayan seguido en su fe, para proporcionarles mayor alegría sin, por eso, disminuirles la recompensa por sus buenas acciones.» *Al-Mizan*, t. XIX, p. 18.

[2] «Jóvenes que por su belleza y dulzura semejan a perlas, cuyo dueño las guarda para evitar que alguien las robe.» *Al-Mizan*, t. XIX, p. 620.

[3] Dicen del Profeta: «Es un poeta Y con sus palabras atrae a la gente. Esperaremos a que muera y la gente se olvide de él.» *Al-Mizan*, t. XIX, p. 28.

¿Es su propio intelecto quien les ordena esto¹ o es que son gente rebelde? (32)

O dicen: «Él lo ha inventado.»² Pero lo que sucede en que no creen. (33)

¡Que traigan un discurso semejante si es que son sinceros! (34)

¿Fueron ellos creados de la nada o son sus propios creadores? (35) ¿O han creado ellos los cielos y la Tierra? No. Lo que sucede es que no tienen certeza. (36)

¿Acaso poseen ellos los tesoros de tu Señor o poseen el control de todo? (37)

¿O acaso poseen una escalera con la que escuchar?³ Pues, que quien lo haya escuchado traiga una prueba clara. (38)

¿O para Él serán las hijas y para vosotros los hijos?⁴ (39)

¿O acaso les pides una recompensa que les abruma con su peso? (40)

¿O tienen acceso al mundo oculto a los sentidos y toman nota? (41)

¿O es que quieren preparar una trampa? Pues, los que tratan de ocultar la Verdad son quienes caen en la trampa. (42)

¿O tienen ellos otro dios distinto a Dios? ¡Glorificado sea Dios por encima de lo que Le asocian! (43)

Y si vieran un trozo del cielo cayendo, dirían: «¡Son cúmulos nubosos!» (44)

Así pues, ¡Déjales, hasta que encuentren su día, en el cual serán destruidos! (45) El día en el que sus trampas no les servirán de nada y en el que no serán auxiliados. (46)

Y, en verdad, quienes fueron opresores sufrirán otros castigos, pero la mayoría de ellos desconocen. (47)

Espera pacientemente el juicio de tu Señor, pues, en verdad, tú estás ante Nuestros ojos. Y glorifica con alabanzas a tu Señor cuando te levantes (48) y glorifícale parte de la noche y al ocultarse las estrellas. (49)

---

¹ Es decir, las cosas que le dicen al Mensajero de Dios. *Al-Mizan*, t. XIX, p. 28.
² Es decir: «Muhammad ha inventado el *Corán*.» *Al-Mizan*, t. XIX, p. 28.
³ Es decir: «Una escalera con la que subir al cielo y escuchar la revelación.» *Al-Mizan*, t. XIX, p. 31.
⁴ Los idólatras decían que los ángeles son las hijas de Dios mientras ellos valoraban más a los hijos. *Nemune*, t. XXII, p. 457.

Capítulo 53

La estrella

En el nombre de Al.lah, el Clementísimo, el Misericordiosísimo.

Juro por la estrella cuando se oculta. (1) Vuestro compañero no se extravía ni se equivoca[1] (2) y no habla conforme a su deseo, (3) sino que es una inspiración que se le revela, (4) que se la ha dado a conocer el poseedor de una fuerza extraordinaria,[2] (5) dueño de una gran inteligencia, que se manifestó[3] (6) en el horizonte más elevado. (7) Luego, él se acercó hasta estar muy próximo,[4] (8) hasta estar a una distancia de dos arcos o más cerca. (9) Y Él reveló a Su siervo lo que le reveló. (10)

El corazón[5] no ha mentido en lo que vio. (11) ¿Discutiréis, pues, con él sobre lo que vio? (12)

Y, ciertamente, él lo vio en otra ocasión (13) junto al Loto del Límite,[6] (14) cerca del cual está el Jardín de la Morada, (15) cuando cubrió el Loto aquello que cubrió. (16) No se desvió la mirada[7] ni se equivocó. (17) Ciertamente, vio algunas de las grandes señales de su Señor. (18)

«¿Habéis visto a Al-Lat y a Uzza (19) y a Manat, la tercera de ellas?[8] (20) ¿Acaso son para vosotros los varones y para Él las hembras? (21) ¡Eso sería entonces un reparto injusto! (22) Ellas no son más que nombres que vosotros y vuestros padres habéis puesto. Dios no ha hecho descender para ellas ninguna autoridad.»

Ellos sólo siguen conjeturas y los deseos de su ego aunque, ciertamente, ha llegado a ellos la guía de su Señor. (23)

¿Acaso obtendrá el ser humano lo que desea? (24) A Dios pertenecen la otra vida y la primera. (25) Y ¿Cuántos ángeles hay en los cielos de cuya intercesión no podrán beneficiarse en absoluto excepto después de que Dios dé Su permiso para quien Él quiera y del que esté satisfecho? (26)

---

[1] «Vuestro compañero» quiere decir el profeta Muhammad. *Al-Mizan*, t. XIX, p. 42.
[2] Se refiere al ángel Gabriel, conforme a los versículos 81:19-20, aunque algunos exégetas han opinado que se refiere a Dios mismo. *Al-Mizan*, t. XIX, p. 43.
[3] «En la forma original en la que fue creado.» *Al-Mizan*, t. XIX, p. 43.
[4] «El Mensajero se aproximó a Dios hasta llegar a estar muy cerca de Él.» *Al-Mizan*, t. XIX, p. 44.
[5] «El corazón del Profeta.» *Al-Mizan*, t. XIX, p. 46.
[6] Puede que se refiera al límite de los cielos, ya que dice que el Jardín de la Morada está junto a él y sabemos que ese jardín esta en los cielos (Cfr. 51:22). *Al-Mizan*, t. XIX, p. 49.
[7] «La mirada del Mensajero.» *Al-Mizan*, t. XIX, p. 50.
[8] Diosas de los idólatras, a las que consideraban hijas de Dios. *Al-Mizan*, t. XIX, p. 60.

En verdad, quienes no creen en la otra vida dan a los ángeles nombres femeninos (27) aunque no tienen ningún conocimiento de ello. Sólo siguen conjeturas y, en verdad, las conjeturas no sirven de nada frente a la Verdad. (28)

Así pues, apártate de quienes se alejan de Nuestro recuerdo y no desea más que la vida mundanal. (29)

Éste es el límite del conocimiento que ellos pueden alcanzar. En verdad, tu Señor es Quien mejor conoce a quien se extravía de su camino y es Quien mejor conoce a quien se guía. (30) Y a Dios pertenece lo que hay en los cielos y en la Tierra, para retribuir a quienes hacen el mal por lo que han hecho y recompensar a quienes hacen el bien con lo mejor. (31) Aquellos que se abstienen de los grandes pecados e indecencias, excepto los pecados pequeños. En verdad, tu Señor es muy perdonador. Él es Quien mejor os conoce desde que os creó de la tierra y desde que erais fetos en los vientres de vuestras madres. Así pues, no os vanagloriéis. Él es Quien mejor conoce a quienes son temerosos de Dios. (32)

¿Has visto a quien da la espalda,[1] (33) da poco y es tacaño? (34) ¿Acaso posee el conocimiento de lo que está oculto a los sentidos y ve?[2] (35) ¿O no ha sido informado de lo que hay en los escritos de Moisés (36) y de Abraham, el cual fue leal,[3] (37) sobre que nadie cargará con la carga de los pecados de otro (38) y que nada pertenece a la persona excepto aquello por lo que se esfuerza (39) y que pronto se verán las consecuencias de su esfuerzo, (40) que, luego, será recompensado por ello con una recompensa completa (41) y que el destino final es hacia tu Señor (42) y que es Él quien te hace reír y llorar (43) y que es Él Quien da la muerte y da la vida? (44)

---

[1] Es decir: «Da la espalda a repartir de los bienes que Dios le otorga.» *Al-Mizan*, t. XIX, p. 73.

[2] Es decir: «¿[...] y ve que si reparte de sus bienes se arruinará?» *Al-Mizan*, t. XIX, p. 73.

[3] Se refiere a que el profeta Abraham cumplió de la mejor manera con todas las obligaciones que como siervo tenía. *Al-Mizan*, t. XIX, p. 73.

Y que es Él Quien ha creado las parejas, el macho y la hembra, (45) de una gota cuando se eyacula, (46) y que sobre Él recae la segunda creación, (47) y que Él es Quien da la riqueza y la mantiene. (48)

Y que Él es el Señor de Sirio (49) y que Él es Quien aniquiló a los primeros Ad[1] (50) y a Zamud sin dejar a ninguno[2] (51) y, anteriormente, al pueblo de Noé? -En verdad, ellos fueron los más opresores y los más rebeldes- (52) Y a aquellos que destruyó poniendo lo de arriba abajo[3] (53) y cubriéndolas con lo que las cubrió.[4] (54) ¿Cuál, pues, de las mercedes de vuestro Señor pondréis en duda? (55)

Éste[5] es un amonestador como los amonestadores primeros. (56)

Se aproxima lo inminente.[6] (57) Nadie, aparte de Dios, puede librar de ello.[7] (58) ¿Acaso os sorprenderéis de estas palabras? (59) ¿Y reiréis y no lloraréis, (60) permaneciendo distraídos? (61) Así pues, ¡Prosternaos y adorad a Dios! (62)

Capítulo 54

La Luna

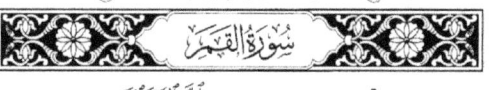

En el nombre de Al.lah, el Clementísimo, el Misericordiosísimo.

La Hora está muy cerca y la Luna se ha partido.[8] (1)

Y si ven una señal se alejan y dicen: «¡Magia! ¡Continuamente!» (2) Y desmienten y siguen sus deseos. Pero todo asunto está establecido (3) y, ciertamente, han venido a ellos noticias con amonestación,[9] (4) con una sabiduría absoluta. Pero la amonestación no les beneficia. (5) Así pues, apártate de ellos.

El día en el que el pregonero convoque hacia algo horroroso, (6)

---

[1] Ad fue el pueblo del profeta Hud. Y si dice «los primeros Ad», es porque hubo dos periodos para ese pueblo. *Al-Mizan*, t. XIX, p. 80.

[2] Zamud era el pueblo del profeta Saleh. (Cfr. 41:17-18) *Al-Mizan*, t. XIX, p. 80.

[3] Las ciudades del pueblo de Lot. *Al-Mizan*, t. XIX, p. 80-81.

[4] Es decir, con una lluvia de piedras. *Nemune*, t. XXII, p. 568.

[5] «Éste» se refiere al profeta Muhammad o al mismo *Corán*. *Al-Mizan*, t. XIX, p. 82.

[6] Es decir, el Día del Juicio. (Cfr. 40:18) *Al-Mizan*, t. XIX, p. 82.

[7] Es decir: «Librar de las dificultades de ese día.» *Al-Mizan*, t. XIX, p. 82.

[8] «La Hora» quiere decir el Día del Juicio Final. Y la Luna partida en dos trozos se refiere a un milagro realizado por el Profeta en La Meca antes de la emigración y a petición de los idólatras, que se lo ponían como condición para creer en él. *Al-Mizan*, t. XIX, p. 89.

[9] «Que informan cómo fueron destruidos otros pueblos anteriores por su desobediencia.» *Al-Mizan*, t. XIX, p. 91.

con la mirada humillada, saldrán de las tumbas como si fueran langostas dispersas, (7) acudiendo apresuradamente hacia quien les convoca. Los que no creían dirán: «Este es un día difícil.» (8)

El pueblo de Noé desmintió antes de ellos. Desmintieron a Nuestro siervo y dijeron: «¡Es un loco y los espíritus le torturan!» (9)

Así pues, él suplicó a su Señor: «¡En verdad, he fracasado! ¡Toma Tú la revancha!» (10)

Así que, abrimos las puertas del cielo con un agua torrencial (11) e hicimos que brotasen de la Tierra fuentes y se juntaron las aguas en la medida decretada (12) y le subimos sobre una armazón de tablas y clavos. (13) que navegó bajo Nuestra mirada atenta, como un castigo para quienes no creían.[1] (14)

Y, ciertamente, lo hemos dejado[2] como una señal.[3] Así pues ¿Habrá alguien que recapacite? (15)

¡Cómo fueron Mi castigo y Mis advertencias! (16)

Ciertamente, hemos hecho el *Corán* fácil de recordar. ¿Habrá quien se deje amonestar? (17)

Ad desmintió[4] y ¡Cómo fueron Mi castigo y Mis advertencias! (18) En verdad, Nosotros enviamos contra ellos un viento violento y helado en un día nefasto e interminable (19) que derribaba a las gentes como troncos de palmeras sacados de cuajo de sus raíces (20) y ¡Cómo fueron Mi castigo y Mis advertencias! (21)

Ciertamente, hemos hecho el *Corán* fácil de recordar. ¿Habrá quien se deje amonestar? (22)

Zamud desmintió Mis amonestaciones. (23) Y dijeron: «¿Acaso vamos a seguir a una persona que es uno de nosotros? Entonces estaríamos extraviados y dementes. (24) ¿Iba a recibir el Recuerdo él de entre todos nosotros? ¡No! Más bien es alguien muy mentiroso y arrogante.» (25)

«¡Mañana van a saber ellos quién es el mentiroso arrogante! (26) En verdad, Les enviaré la camella como una prueba. Así pues, vigílales y ten paciencia.» (27)

---

[1] Cfr. *Corán*, 37:76-82
[2] Se refiere al Arca de Noé y la «*lam*» de «*laqad*» es de juramento. Y *Al-Dar al-Mantur*, t. VI, p. 135, recoge que ha sido transmitido por Abd al-Razaq, Abd ibn Hamid, Ibn Yarir e Ibn Mandur que Qutada transmitió que dijo el Mensajero de Dios, comentando este versículo: «Dios Altísimo ha protegido el Arca de Noe sobre la cumbre del Monte Yudi para que la gente de esta comunidad pudiera verlo.» *Al-Mizan*, t. XIX, p. 112.
[3] Cfr. http://www.fortunecity.com/meltingpot/oxford/1163/id21.htm
[4] «Las gentes de 'Ad también desmintieron a su profeta.» *Nemune*, t. XXIII, p. 37.

«E infórmales que deberán repartir el agua entre ellos[1] y que cada uno deberá estar presente para beber cuando le toque su turno.» (28)

Pero ellos llamaron a su compañero que se ocupó de ello y la mató.[2] (29) y ¡Cómo fueron Mi castigo y Mis advertencias! (30)

En verdad, Enviamos sobre ellos un solo grito y quedaron como arbustos secos amontonados por el ganadero. (31)

Ciertamente, hemos hecho el *Corán* fácil de recordar. ¿Habrá quien se deje amonestar? (32)

El pueblo de Lot desmintió Mis advertencias. (33) En verdad, enviamos sobre ellos un huracán de piedras, excepto a la familia de Lot. Les salvamos un poco antes del amanecer. (34) Una merced de Nuestra parte. Así es como Nosotros recompensamos a quien es agradecido. (35)

Ciertamente, él les advirtió de Nuestro rigor, pero ellos discutieron Nuestras advertencias. (36) Le exigieron que les entregase a sus invitados y cegamos sus ojos: «Probad Mi castigo y Mis advertencias.» (37)

Y, ciertamente, temprano al amanecer les sorprendió un castigo firme y duradero. (38) «Probad, pues, Mi castigo y Mis advertencias.» (39)

Ciertamente, hemos hecho el *Corán* fácil de recordar. ¿Habrá quien se deje amonestar? (40)

Y, ciertamente, a las gentes del Faraón les llegaron las advertencias. (41) Desmintieron todas Nuestras señales, así que, les atrapamos como atrapa Uno que es todopoderoso, omnipotente. (42)

«¿Acaso vuestros incrédulos son mejores que ellos?[3] ¿O hay para vosotros en las Escrituras una excepción?» (43)

¿O dicen: «Nosotros somos un grupo que se auxilia mutuamente y es invencible»? (44) ¡El grupo será derrotado y dará la espalda! (45) Pero se les ha prometido la Hora, y la Hora será más terrible y más amarga. (46)

¡En verdad, los malhechores están extraviados y dementes! (47) El día en que sean arrastrados boca abajo al Fuego: «¡Probad el contacto del Infierno!» (48)

En verdad, hemos creado todo en su justa medida. (49)

---

[1] Es decir, un día la camella y otro ellos. *Nemune*, t. XXIII, p. 49.

[2] Es decir: «Pero la gente de Zamud llamó a uno de ellos para que matase a la camella que Dios había hecho salir de una roca y la mató cortándole los jarretes.» *Al-Mizan*, t. XIX, p. 132.

[3] Estas palabras van dirigidas al pueblo del profeta Muhammad. Y por «ellos» se refiere a los incrédulos de los pueblos anteriores que ha venido citando: Ad y Zamud y el pueblo de Noé y el de Lot y el del Faraón. *Al-Mizan*, t. XIX, p. 137.

Nuestra orden es como un parpadeo de ojos. (50)

Y, ciertamente, aniquilamos en el pasado a vuestros semejantes. Así pues ¿Hay alguien que se deje amonestar? (51)

Todo lo que ellos han hecho está recogido en el libro de sus obras (52) y todo acto, pequeño o grande está registrado. (53)

En verdad, los temerosos de Dios estarán en Jardines y Arroyos (54) en una reunión de gente sincera junto a un soberano todopoderoso. (55)

Capítulo 55

El Clementísimo

En el nombre de Al.lah, el Clementísimo, el Misericordiosísimo.

El Clementísimo (1) ha enseñado el *Corán*, (2) ha creado al ser humano, (3) le ha enseñado a hablar. (4)

El Sol y la Luna se mueven con precisión (5) y la hierba y el árbol se prosternan ante Él.[1] (6)

Él ha elevado el cielo y ha establecido la balanza (7) para que no engañéis al pesar. (8) ¡Dad el peso justo y no deis de menos al pesar! (9)

Y ha puesto la Tierra al servicio de los seres humanos. (10) En ella hay frutas y palmeras datileras, (11) grano con vaina y arrayán.[2] (12)

¿Cuál, pues, de las bendiciones de vuestro Señor negaréis?[3] (13)

Él ha creado al ser humano de barro seco como la cerámica (14) y ha creado a los genios de fuego puro, sin humo. (15)

¿Cuál, pues, de las bendiciones de vuestro Señor negaréis? (16)

El Señor de los dos Orientes y el Señor de los dos Occidentes.[4] (17)

¿Cuál, pues, de las bendiciones de vuestro Señor negaréis? (18)

---

[1] Es decir: «Están sometidos a Dios y obedecen Su mandato.» *Al-Mizan*, t. XIX, p. 160.

[2] Al decir «arrayán» quiere indicar todas las hierbas aromáticas, como la hierbabuena, el mismo arrayán, el tomillo, etc. *Al-Mizan*, t. XIX, p. 164.

[3] La utilización del dual: (*rabbikuma tukaddiban*) hace referencia a los hombres y los genios: «¿Cuál de las bendiciones del Señor de vosotros dos, hombres y genios, ambos negaréis?» *Al-Mizan*, t. XIX, p. 164.

[4] Por donde sale y se oculta el Sol en verano y en invierno. *Al-Mizan*, t. XIX, p. 166.

Él ha hecho fluir los dos mares que se juntan.[1] (19) Entre ellos hay una barrera que no traspasan. (20)

¿Cuál, pues, de las bendiciones de vuestro Señor negaréis? (21)

De ambos salen la perla y el coral. (22)

¿Cuál, pues, de las bendiciones de vuestro Señor negaréis? (23)

A Él pertenecen las naves que hay en el mar como montañas. (24)

¿Cuál, pues, de las bendiciones de vuestro Señor negaréis? (25)

Todo el que está en ella[2] perecerá (26) y sólo permanecerá el rostro de tu Señor,[3] Dueño y Señor de la Majestad y la Generosidad. (27)

¿Cuál, pues, de las bendiciones de vuestro Señor negaréis? (28)

A Él imploran quienes están en los cielos y la Tierra y Él cada día está ocupado en una nueva actividad. (29)

¿Cuál, pues, de las bendiciones de vuestro Señor negaréis? (30)

Pronto nos ocuparemos de vosotros ¡Oh, los dos pesos![4] (31)

¿Cuál, pues, de las bendiciones de vuestro Señor negaréis? (32)

¡Oh, asamblea de genios y humanos! Si podéis atravesar los confines de los cielos y la Tierra ¡Atravesadlos! No los atravesaréis sin una autoridad.[5] (33)

¿Cuál, pues, de las bendiciones de vuestro Señor negaréis? (34)

Se lanzará sobre vosotros dos una llamarada de fuego verde y humo del color del bronce y no podréis auxiliaros unos a otros. (35)

¿Cuál, pues, de las bendiciones de vuestro Señor negaréis? (36)

Así pues, cuando se rasgue el cielo y sea como una piel de color rojo encendido (37)

¿Cuál, pues, de las bendiciones de vuestro Señor negaréis? (38)

Ese día, ni los genios ni los humanos serán preguntados por sus pecados (39)

¿Cuál, pues, de las bendiciones de vuestro Señor negaréis? (40)

Los malhechores serán reconocidos por sus rasgos y serán atrapados por los flequillos y los pies. (41)

---

[1] Cfr. *Corán*, 35:12

[2] Es decir, en la Tierra. *Al-Mizan*, t. XIX, p. 168.

[3] Es decir: «Solo Dios permanecerá.» *Al-Mizan*, t. XIX, p. 170.

[4] Los dos pesos, o las dos cosas de peso, valiosas, según la mayoría de los exegetas se refiere a los humanos y a los genios que son citados a continuación. *Al-Mizan*, t. XIX, p. 178.

[5] Es decir: El Día el Juicio Final no podréis escapar del ajuste de cuentas, conforme a lo que haya en vuestro libro, excepto con una autoridad que no poseéis. *Al-Mizan*, t. XIX, p. 178.

¿Cuál, pues, de las bendiciones de vuestro Señor negaréis? (42)

¡Ese es el Infierno que negaban los malhechores! (43) Circularán entre él y un agua hirviente. (44)

¿Cuál, pues, de las bendiciones de vuestro Señor negaréis? (45)

Y para quien temió comparecer ante su Señor habrá dos Jardines (46)

¿Cuál, pues, de las bendiciones de vuestro Señor negaréis? (47)

Con frutas variadas.[1] (48)

¿Cuál, pues, de las bendiciones de vuestro Señor negaréis? (49)

En ambos habrá dos fuentes manando. (50)

¿Cuál, pues, de las bendiciones de vuestro Señor negaréis? (51)

En ambos habrá dos clases de cada fruta.[2] (52)

¿Cuál, pues, de las bendiciones de vuestro Señor negaréis? (53)

Estarán reclinados en cojines tejidos de seda y la fruta madura de ambos Jardines estará al alcance de la mano. (54)

¿Cuál, pues, de las bendiciones de vuestro Señor negaréis? (55)

En ellos estarán las de mirada recatada, a las que ningún humano o genio habrá tocado antes de ellos, (56)

¿Cuál, pues, de las bendiciones de vuestro Señor negaréis? (57)

como si ellas fuesen rubíes y corales. (58)

¿Cuál, pues, de las bendiciones de vuestro Señor negaréis? (59)

¿Acaso la recompensa de hacer el bien es otra que el bien mismo? (60)

¿Cuál, pues, de las bendiciones de vuestro Señor negaréis? (61)

Y, aparte de esos dos, habrá otros dos Jardines (62)

¿Cuál, pues, de las bendiciones de vuestro Señor negaréis? (63)

de color verde intenso. (64)

¿Cuál, pues, de las bendiciones de vuestro Señor negaréis? (65)

En ambos, [habrá] dos fuentes manando con fuerza. (66)

¿Cuál, pues, de las bendiciones de vuestro Señor negaréis? (67)

En ambos, frutales y palmeras datileras y granados. (68)

¿Cuál, pues, de las bendiciones de vuestro Señor negaréis? (69)

---

[1] O «de sombras frondosas.» *Al-Mizan*, t. XIX, p. 184.

[2] Algunos exégetas han dicho que una de esas dos clases serán conocidas para los humanos porque también la había en la Tierra y otra no, pero en el versículo no hay ninguna indicación sobre el significado de la frase. *Al-Mizan*, t. XIX, p. 184.

En ellos, doncellas buenas y hermosas. (70)

¿Cuál, pues, de las bendiciones de vuestro Señor negaréis? (71)

Huríes de grandes ojos en pabellones protegidos, (72)

¿Cuál, pues, de las bendiciones de vuestro Señor negaréis? (73)

a las que ningún humano o genio habrá tocado antes de ellos. (74)

¿Cuál, pues, de las bendiciones de vuestro Señor negaréis? (75)

Reclinados sobre cojines verdes y hermosas alfombras. (76)

¿Cuál, pues, de las bendiciones de vuestro Señor negaréis? (77)

¡Bendito sea el nombre de tu Señor, Dueño y Señor de la Majestad y la Generosidad! (78)

Capítulo 56

El acontecimiento

En el nombre de Al.lah, el Clementísimo, el Misericordiosísimo.

Cuando tenga lugar el acontecimiento[1] (1) no habrá nada que pueda desmentir su acontecer. (2) Abatidor, exaltador.[2] (3)

Cuando la Tierra tiemble con fuerza[3] (4) y las montañas se pulvericen totalmente[4] (5) y se conviertan en polvo disperso, (6) seréis divididos en tres grupos: (7)

Los compañeros de la derecha.

¿Quiénes son los compañeros de la derecha? (8)

y los compañeros de la izquierda

¿Quiénes son los compañeros de la izquierda?[5] (9)

y los que van por delante, que serán los que vayan por delante.[6] (10)

Esos son los más cercanos (11) Estarán en los Jardines de las Delicias.[7] (12) Muchos de los primeros (13) y pocos de los últimos.[8] (14) Sobre lechos tejidos en oro, (15) recostados en ellos, mirándose a la cara unos a otros. (16)

---

[1] La resurrección de los cuerpos y el Juicio Final. *Al-Mizan*, t. XIX, p. 195.

[2] Porque el Día del Juicio todo lo volverá del revés. Lo que estaba oculto en la Tierra se manifestará y lo manifiesto desaparecerá. Y también provocará ese efecto en las personas. Los abatidos serán elevados y los poderosos serán humillados. *Al-Mizan*, t. XIX, p. 196.

[3] Cfr. *Corán*, 22:1.

[4] Cfr. *Corán*, 78:20

[5] Y con «derecha» e «izquierda» se está indicando la felicidad y la adversidad. *Al-Mizan*, t. XIX, p. 198.

[6] Cfr. *Corán*, 2: 148 y 35:32. Y el sentido del versículo es: «Quienes van por delante en la realización de buenas obras serán los primeros en ser perdonados y bendecidos.» Cfr. 57:21. *Al-Mizan*, t. XIX, p. 199.

[7] Cada uno de los más cercanos a Dios estará en un Jardín. Cfr. 56: 89. *Al-Mizan*, t. XIX, p. 208.

[8] Los más cercanos a Dios, es decir, los amigos de Dios (*auliya' ul-lah*), serán muchos de las primeras comunidades de creyentes y pocos de la comunidad islámica. *Al-Mizan*, t. XIX, p. 208.

56. EL ACONTECIMIENTO

Circularán alrededor de ellos sirvientes de eterna juventud (17) con copas y jarras y un vaso lleno de un vino que mana de una fuente (18) que no les levantará dolor de cabeza ni les embriagará, (19) y las frutas que prefieran (20) y carne de las aves que les apetezca (21) y huríes de grandes ojos, (22) semejantes a perlas bien guardadas,[1] (23) en recompensa por lo que hacían. (24)

Allí no escucharán conversaciones vanas ni pecaminosas (25) sino la palabra «¡Paz!» «¡Paz!» (26)

Y los compañeros de la derecha ¿Qué son los compañeros de la derecha? (27)

Estarán entre lotos sin espinas (28) y plataneros llenos de racimos, (29) bajo una sombra extensa y permanente (30) y tendrán agua que manará eternamente (31) y frutas abundantes (32) que no se agotarán ni estarán prohibidas (33) y lechos elevados. (34)

En verdad, a ellas las hemos creado de una manera especial (35) y las hemos hecho vírgenes (36) amorosas, semejantes,[2] (37) para los compañeros de la derecha. (38) Habrá muchos de los primeros (39) y muchos de los últimos.[3] (40)

Y los compañeros de la izquierda.

¿Qué son los compañeros de la izquierda? (41)

Estarán entre un calor abrasador y agua hirviente (42) y bajo una sombra de humo negro (43) ni fresca ni confortable. (44)

En verdad, antes de esto, ellos estuvieron en la embriaguez de la opulencia (45) y persistieron en el gran pecado.[4] (46) Y decían: «¿Acaso cuando hayamos muerto y seamos polvo y huesos seremos resucitados? (47) ¿Y también nuestros antepasados?» (48)

Di: «En verdad, los primeros y los últimos (49) serán reunidos en un momento determinado de un día conocido.» (50)

---

[1] Por su manera recatada de mirar, como ya hemos explicado. (Cfr. 52:24) *Al-Mizan*, t. XIX, p. 211.

[2] Semejantes unas a otras o de una edad semejante a la de sus esposos. *Al-Mizan*, t. XIX, p. 213.

[3] Como ya hemos dicho, los compañeros de la derecha quieren decir la gente que va al Paraíso, de los cuales muchos serán de las primeras comunidades de creyentes y muchos también de la comunidad última, la islámica. *Al-Mizan*, t. XIX, p. 213.

[4] Es posible que se refiera a su actitud arrogante frente a la promesa original, que todas las almas por la propia naturaleza en la que han sido creadas, han dado de obedecer y adorar a Dios. *Al-Mizan*, t. XIX, p. 215.

Entonces, en verdad, vosotros ¡Oh, extraviados, desmentidores! (51) comeréis de un árbol de Zaqqum,¹ (52) del que llenaréis los estómagos (53) y encima de ello beberéis agua hirviente, (54) beberéis como beben los camellos enfermos que no pueden calmar su sed. (55)

Esa será la hospitalidad que ellos recibirán el Día de la Recompensa. (56)

Nosotros os hemos creado, así pues ¿Por qué no reconocéis?² (57)

¿Habéis reparado en lo que eyaculáis?³ (58) ¿Acaso sois vosotros quienes creáis o somos Nosotros los creadores? (59)

Somos Nosotros quienes decretamos la muerte entre vosotros y nadie Nos podrá impedir (60) que os sustituyamos por vuestros semejantes y a vosotros os hagamos renacer a lo que no conocéis. (61)

Y, ciertamente, ya habéis conocido la primera creación, así pues, ¿Por qué no reflexionáis? (62)

¿Habéis reparado en lo que sembráis? (63) ¿Sois vosotros quienes lo hacéis crecer o somos Nosotros quienes lo hacemos crecer? (64)

Si hubiésemos querido habríamos hecho de ello paja seca. Entonces, os lamentaríais: (65) «¡Hemos sufrido una grave pérdida! (66) Más aun. ¡Estamos arruinados!» (67)

¿Habéis reparado en el agua que bebéis? (68) ¿Sois vosotros quienes la hacéis descender de las nubes o somos Nosotros quienes la hacemos descender? (69)

Si hubiésemos querido la habríamos hecho salobre. Así pues ¿Por qué no sois agradecidos? (70)

¿Habéis reparado en el fuego que encendéis? (71) ¿Sois vosotros quienes habéis hecho crecer el árbol que lo alimenta o Nosotros quienes lo hacemos crecer? (72) Somos Nosotros quienes lo hemos puesto como un recuerdo y para el beneficio de los viajeros. (73)

Así pues ¡Glorifica el nombre de tu Señor, el Inmenso! (74)

¡Juro por el lugar en el que se encuentran las estrellas! (75) -Y, en verdad, si supierais, es un juramento grandioso-, (76)

---

¹ Cfr. *Corán*, 17:60
² «que podemos crearos de nuevo» *Al-Mizan*, t. XIX, p. 228.
³ Es decir: «lo que eyaculáis en el útero femenino». *Al-Mizan*, t. XIX, p. 228.

que, en verdad, es una noble recitación,¹ (77) que está en una *Escritura* escondida.² (78)

No la tocarán más que los purificados. (79)

Hecha descender gradualmente por el Señor del Universo.³ (80)

¿Acaso esta palabra⁴ os parece poca cosa (81) y desmentís lo que es vuestra provisión? (82)

Entonces ¿Por qué, cuando se sube a la garganta, (83) y vosotros estáis contemplando ese momento? (84) -y Nosotros estamos más cerca de él que vosotros, pero no lo veis- (85) ¿Por qué, si no vais a ser recompensados, (86) no la hacéis regresar, si es verdad lo que decís?⁵ (87)

Así, si era de los cercanos, (88) estará tranquilo y bien provisto y tendrá un Jardín de Delicias.⁶ (89)

Y si era de los compañeros de la derecha, (90) pues: «¡Paz para ti! de parte de los compañeros de la derecha.» (91) Pero, si era de los desmentidores extraviados, (92) será alojado en agua hirviendo (93) y arderá en el Infierno (94) En verdad, esto es totalmente cierto. (95)

Así pues, glorifica el nombre de tu Señor el Inmenso. (96)

Capítulo 57

El Hierro

En el nombre de Al.lah, el Clementísimo, el Misericordiosísimo.

Glorifica a Dios lo que hay en los cielos y la Tierra y Él es el Todopoderoso, el Sabio. (1) A Él pertenece el reino de los cielos y la Tierra. (2) Da la vida y da la muerte y Él tiene poder sobre toda cosa.

Él es el Primero y el Último y el Manifiesto y el Oculto y Él conoce toda cosa. (3)

---

[1] El *Corán*. Es decir, Dios jura por los lugares de las estrellas para afirmar que él *Corán* es una noble recitación, frente a quienes negaban la profecía de Muhammad y, por tanto, la autenticidad del *Corán* como mensaje revelado. *Al-Mizan*, t. XIX, p. 237.

[2] La Tabla Protegida (*Al-Lauh al-Mahfzud*). Cfr. 85:21-22. Es decir, el *Corán* está protegido de cualquier alteración en un registro que está junto a Dios. *Al-Mizan*, t. XIX, p. 237.

[3] O: «por el Señor de los Mundos.»

[4] Se refiere a la palabra coránica, es decir, al *Corán* mismo. *Al-Mizan*, t. XIX, p. 239.

[5] Es decir: «¿Por qué, entonces, cuando el alma, en el momento de la muerte, se le sube a la garganta, estando vosotros contemplando ese momento -aunque Nosotros estamos más cerca de él que vosotros y no lo veis- por qué, pues, si no vais a ser recompensados, (es decir: Si no existe un Creador que da la vida y da la muerte y que os resucitará y os juzgará por vuestros actos en este mundo y os recompensará conforme a ello) no le hacéis vosotros regresar a la vida, si es verdad lo que decís?» *Al-Mizan*, t. XIX, p. 240-241.

[6] Es decir: «Mientras muere, estará a salvo de toda preocupación y dolor y temor y tras la muerte le espera un Jardín de Delicias.» *Al-Mizan*, t. XIX, p. 242.

57. EL HIERRO

Él es Quien creó los cielos y la Tierra en siete días. Luego, se estableció sobre el Trono.[1]

Él conoce lo que se introduce en la tierra y lo que sale de ella y lo que desciende del cielo y lo que asciende a él y Él está con vosotros donde quiera que estéis y ve lo que hacéis. (4)

A Él pertenece el reino de los cielos y de la Tierra y a Dios regresan todos los asuntos. (5)

Hace que la noche entre en el día y que el día entre en la noche y Él conoce muy bien lo que hay en el fondo de los pechos. (6)

¡Creed en Dios y en Su Mensajero y repartid de lo que Él os ha dado como sucesores![2] Y, quienes de vosotros crean y repartan, tendrán una recompensa grande. (7)

¿Cómo no vais a creer en Dios habiéndoos el Mensajero llamado a que creáis en su Señor y habiendo Él aceptado vuestro compromiso,[3] si sois creyentes? (8)

Él es Quien hace descender sobre Su siervo pruebas claras, para que os saque de las tinieblas hacia la luz. Y, en verdad, Dios es con vosotros el más amable, misericordiosísimo. (9)

Y no es apropiado para vosotros que no gastéis por la causa de Dios cuando a Dios pertenece la herencia de los cielos y la Tierra.

No son iguales quienes de vosotros repartieron de sus riqueza antes de la victoria y combatieron. Ellos poseen un grado inmensamente superior a quienes repartieron de sus bienes y combatieron después.[4]

Y Dios ha prometido el bien a todos ellos y Dios está bien informado de lo que hacéis. (10)

¿Quién quiere hacer a Dios un buen préstamo y, así, inmediatamente, Él se lo devolverá duplicado y tendrá una recompensa generosa? (11)

---

[1] Es decir: «Comenzó a gobernarlo.» *Al-Mizan*, t. XIX, p. 255.

[2] Como sucesores de sus antepasados, según algunos, o como sucesores del señorío divino en la Tierra, conforme a lo que dice el versículo 2:30, «Ciertamente, pondré en la Tierra un sucesor.» *Al-Mizan*, t. XIX, p. 266.

[3] El compromiso de no obedecer desde ese día a nadie más que a Dios y a Su Mensajero que todo musulmán contrae implícitamente al declarar «No hay más que Un sólo Dios y Muhammad es Su Mensajero.» *Al-Mizan*, t. XIX, p. 267.

[4] Se ha dicho que la victoria a la que el versículo se refiere es la liberación de La Meca y también que es la liberación de Hudaybyya. Y se ha señalado que, aunque el combate ha sido mencionado a continuación del esfuerzo económico en la senda de Dios, eso no significa que, en el versículo, implique gasto en asuntos relativos a la guerra. *Al-Mizan*, t. XIX, p. 269.

El día en que veas la luz de los creyentes y las creyentes manifestándose delante de ellos y a su derecha: «Vuestra buena noticia hoy son Jardines de cuyas profundidades brotan los ríos.»

En ellos estarán eternamente. ¡Ese es el triunfo inmenso! (12)

El día en el que los hipócritas y las hipócritas digan a quienes son creyentes: «¡Esperad para que podamos obtener algo de vuestra luz!»

Se les dirá: «Retroceded y buscad una luz.»[1] Y se pondrá entre ellos[2] una muralla en la que habrá una puerta. En el interior de ella estará la misericordia y frente a ella, en el exterior, el castigo. (13)

Les gritarán: «¿Acaso no estuvimos con vosotros?»

Ellos dirán: «Sí, pero vosotros destruisteis vuestras propias almas y quedasteis a la espera y tuvisteis dudas hasta que llegó la orden de Dios.[3] Y el Seductor os sedujo respecto a Dios. (14) Pero hoy no se os aceptará rescate alguno ni tampoco a quienes no fueron creyentes. Vuestro único destino será el Fuego. ¡Él será vuestro amigo! ¡Qué mal final!» (15)

¿Acaso no es ya tiempo de que los corazones de quienes tienen fe se humillen y teman ante el recuerdo de Dios y de lo que ha descendido de la Verdad[4] y de que no sean como aquellos a quienes les fue entregada la *Escritura* anteriormente?

El tiempo se cobró su impuesto sobre ellos y endureció sus corazones y muchos de ellos fueron transgresores. (16)

Sabed que Dios da vida a la Tierra después de haber estado muerta.

Ciertamente os hemos explicado las señales. Quizás así uséis vuestra inteligencia. (17)

En verdad, a quienes son sinceros y sinceras y hacen a Dios un préstamo bueno se les doblará su pago y tendrán una recompensa generosa. (18)

---

[1] Los ángeles o los grandes santos, semejantes a los Compañeros de los Lugares Elevados (Cfr. 7:46-48), dirán a los hipócritas: «Regresad a la Tierra y buscad una luz para vosotros mismos.» *Al-Mizan*, t. XIX, p. 274.

[2] «Entre los creyentes y los hipócritas.» *Al-Mizan*, t. XIX, p. 274.

[3] Es decir, los creyentes dirán a los hipócritas, que aparentemente eran musulmanes, rezaban, ayunaban y cumplían con los ritos: «Sí, pero vosotros en la prueba destruisteis vuestras almas y quedasteis a la espera y con la esperanza de que la llamada a la fe y los mismos creyentes tuviesen que soportar dificultades y sufrimientos, y en vuestras propias creencias albergabais dudas. Y, entre las variadas ilusiones que albergabais, la mayor era que se apagase la luz de la creencia y los creyentes se apartasen de ella. Os volvisteis arrogantes, hasta que llegó la Orden de Dios, es decir, la muerte. Fue el Demonio el que os hizo arrogantes ante Dios.» *Al-Mizan*, t. XIX, p. 277.

[4] Se refiere al mismo *Corán. Al-Mizan*, t. XIX, p. 2

Y quienes creen en Dios y en Sus mensajeros, eso son los sinceros y los mártires ante su Señor, para ellos sus recompensas y sus luces.[1]

Y quienes no creen y desmienten Nuestras señales son la gente que irá al Infierno. (19)

Sabed que la vida de este mundo no es más que juego y distracción sin sentido y apariencia y orgullo entre vosotros por el mayor número de bienes e hijos.

Es como la lluvia.

El agricultor se impresiona de la vegetación que hace surgir, luego, continúa su proceso y ves como amarillea y luego se torna pasto seco.

Y en la otra vida hay castigo severo y también perdón y satisfacción de Dios.[2] Y la vida de este mundo no es más que el disfrute temporal de la vanidad. (20)

Competid para ser los primeros en obtener el perdón de vuestro Señor y un Jardín tan vasto como los cielos y la Tierra, preparado para quienes crean en Dios y en Sus Mensajeros.

Ese es el favor de Dios, que Él otorga a quien quiere. Y Dios es el Dueño del favor inmenso. (21)

No hay desgracia en la Tierra ni en vosotros mismos que no esté en una escritura[3] desde antes de que la ocasionemos. Esto es algo fácil para Dios. (22) Para que no os entristezcáis por lo que perdáis y no os alegréis con arrogancia por lo que Él os dé.

Dios no ama a quien es presumido, jactancioso. (23) Aquellos que son avariciosos e incitan a la gente a la avaricia. Y quien de la espalda sepa que, en verdad, Dios es rico por Sí mismo, digno de alabanza. (24)

---

[1] Y por «sinceros» y «testigos» se refiere a los mismos que hace referencia en 4:69. Y se entiende por «sinceros» a quienes hacen lo que dicen y por «testigos» a quienes darán testimonio de los actos de los hombres el Día del Levantamiento, no los mártires por la causa de Dios. *Al-Mizan*, t. XIX, p. 286.

[2] Y ha citado antes el perdón que la satisfacción para indicar que quien quiera obtener la satisfacción divina debe antes purificarse mediante Su perdón. En este versículo, además, califica el perdón como un don de Dios, pero no así el castigo. Con ello indica que la naturaleza divina es el perdón y que el castigo se lo origina la propia persona con sus comportamientos inadecuados. *Al-Mizan*, t. XIX, p. 290.

[3] Se refiere a la escritura en la que está registrado todo lo que sucedió, lo que sucede y lo que sucederá hasta el Día del Levantamiento. *Al-Mizan*, t. XIX, p. 293.

Ciertamente, enviamos a Nuestros Mensajeros con las pruebas claras e hicimos descender con ellos la *Escritura* y la Balanza para que los humanos establezcan la justicia.

E hicimos descender el hierro, en el que hay un gran poder y beneficio para los humanos, para que Dios sepa quien acude en ayuda de Él y de Sus Mensajeros en su ausencia.[1] En verdad, Dios es fuerte, poderoso. (25)

Y, ciertamente, enviamos a Noé y Abraham y pusimos en la descendencia de ambos la profecía y la *Escritura*. Y, de ellos, algunos se guiaron y muchos de ellos fueron transgresores. (26)

Luego, tras ellos, enviamos a Nuestros Mensajeros y enviamos a Jesús hijo de María y le dimos el *Evangelio* y pusimos en los corazones de quienes le siguieron amabilidad y misericordia.

Pero el monacato fue una innovación de ellos -Nosotros no se la prescribimos- buscando agradar a Dios. Pero no lo observaron como debían.

Así pues, a quienes de ellos creyeron les dimos su recompensa, pero muchos de ellos fueron transgresores. (27)

¡Oh, creyentes! Sed temerosos de Dios y creed en Su Mensajero y Él os dará el doble de Su misericordia y os pondrá una luz con la que podáis caminar y os perdonará. Y Dios es perdonador, misericordiosísimo con los creyentes. (28)

Que la Gente de la *Escritura* sepa que ellos no tienen poder sobre nada del favor de Dios y que el favor de Dios está en Su propia mano y que lo otorga a quien Él quiere.

Y Dios es dueño de un favor inmenso. (29)

---

[1] Y por «*ayudar a Dios y a Sus Mensajeros*» se refiere a combatir por Su causa, para defender a los creyentes. En cuanto a la expresión «*en su ausencia*» se refiere a quienes ayudan a la causa de Dios en ausencia de Su Mensajero. *Al-Mizan*, t. XIX, p. 302.

Parte 28

Capítulo 58

La discusión

En el nombre de Al.lah, el Clementísimo, el Misericordiosísimo.

Ciertamente, Dios ha escuchado las palabras de aquella que discutía contigo acerca de su marido y se quejaba ante Dios.[1] Dios oye la conversación de vosotros dos. En verdad, Dios todo lo oye, todo lo ve. (1)

Aquellos de vosotros que repudian a sus esposas con el *Dihar* [deben saber que] ellas no son sus madres. Sus madres son sólo aquellas que les trajeron a la vida. Y, en verdad, dicen algo que es reprobable y falso. Y, en verdad, Dios es indulgente, perdonador. (2)

Aquellos que repudian a sus esposas con el *Dihar* y luego se retractan de lo que dijeron, deberán liberar un esclavo antes de poder volver a tocarlas. ¡Se os exhorta a ello! Y Dios está bien informado de lo que hacéis. (3)

Quien no pueda hacerlo, deberá ayunar dos meses seguidos antes de volver a tocarse mutuamente.
Quien no pueda hacerlo, deberá alimentar a sesenta personas necesitadas.
Esto es para que creáis es Dios y en Su Mensajero.
Estos son los límites de Dios y para quienes no crean hay un castigo doloroso. (4)
En verdad, aquellos que se opongan a Dios y a Su Mensajero serán humillados de la misma manera en que fueron humillados los que vivieron antes de ellos.
En verdad, hicimos descender pruebas claras y quienes no crean tendrán un castigo humillante (5) el día en que Dios les resucite a todos y les informe de lo que hacían.
Dios lleva la cuenta de sus obras y ellos las olvidan. Dios es testigo de todas las cosas. (6)

---

[1] Aus ben Samat, en un momento de enfado, repudió a su esposa con la fórmula conocida como *Dihar*, consistente en decir: *Anti 'alaya ka zahri ummi* («Eres para mí como la espalda de mi madre»), que suponía un divorcio permanente para la esposa, pero sin posibilidad de volver a casarse. Arrepentido y sin saber que hacer, le pidió a su esposa Jawila que fuese a consultar al Profeta. Dios hizo descender los cuatro primeros versículos condenando el uso del *Dihar*. Nemune, t. XXII, p. 407-408.

¿Acaso no has visto que Dios conoce lo que hay en los cielos y lo que hay en la Tierra? No hay conversación secreta entre tres sin que Él sea el cuarto, ni entre cinco sin que Él sea el sexto, ni de menos que esto ni de más sin que Él esté con ellos donde quiera que estén. Luego, el Día del Levantamiento, Él les informará de lo que hicieron. En verdad, Dios posee el conocimiento de todas las cosas. (7)

¿Acaso no has visto a aquellos a quienes les fue prohibido hablar en secreto pero vuelven nuevamente a lo que les fue prohibido y hablan en secreto, obrando mal contra sí mismos y contra los demás y desobedeciendo al Mensajero?

Y cuando vienen a ti te saludan de manera diferente a como Dios te saluda[1] y dicen para sí mismos: «¿Por qué Dios no nos castiga por lo que decimos?»[2]

¡Será suficiente para ellos el Infierno en el que arderán! ¡Qué mal destino! (8)

¡Oh, creyentes! Cuando habléis en secreto no lo hagáis de manera que obréis mal contra vosotros mismos y contra los demás y desobedezcáis al Mensajero. Y hablad en secreto con espíritu pío y temor de Dios.

¡Sed temerosos de Dios, pues hacía Él seréis congregados! (9)

En verdad, las conversaciones en secreto son cosa de Satanás para entristecer a quienes creen. Pero él no puede perjudicarles en nada excepto con el permiso de Dios.

¡Qué los creyentes confíen en Dios! (10)

¡Oh, creyentes! Cuando se os diga: «¡Haced sitio en las asambleas!» vosotros haced sitio y Dios os hará sitio a vosotros. Y cuando se os diga: «¡Levantaos!» vosotros levantaos y Dios elevará el grado a quienes de vosotros tengan fe y a quienes les ha sido dado conocimiento.[3]

Dios está bien informado de lo que hacéis. (11)

---

[1] Algunos judíos y algunos hipócritas y gentes de fe débil hablaban en secreto en contra del Mensajero de Dios y de sus seguidores y cuando pasaban junto a ellos en lugar de decir *Al-salam aleykum* («La paz sea con vosotros»), decían: *As-Sam aleikum* («La muerte sea con vosotros»). *Al-Mizan*, t. XIX, p. 324.

[2] Es decir: «Si Muhammad fuera un verdadero profeta Dios nos castigaría por lo que le decimos, por tanto es mentira que sea un profeta de Dios.» *Al-Mizan*, t. XIX, p. 325.

[3] Es una lección de modales para quienes asistían a las asambleas del Profeta y se sentaban de manera que no dejaban sitio para los que venían después. La frase «*Dios os hará sitio*» quiere decir: «Dios os dará en el Paraíso un amplio espacio.» Y la orden de levantarse es para mostrar respeto a los que se incorporan a la asamblea o para dejarles más sitio. *Al-Mizan*, t. XIX, p. 327.

¡Oh, creyentes! Cuando queráis hablar al Mensajero en secreto, dad una limosna antes de hablar con él. Eso es mejor para vosotros y más puro. Y si no podéis, Dios es perdonador, misericordiosísimo con los creyentes. (12)

¿Acaso teméis dar una limosna por adelantado antes de hablar en secreto? Si no lo hacéis y Dios acepta vuestro arrepentimiento, haced la oración y dad la limosna que purifica la riqueza y obedeced a Dios y a Su Mensajero.

Y Dios está bien informado de lo que hacéis. (13)

¿Has visto a quienes se vuelven a un pueblo con el que Dios esta disgustado?[1] No son de los vuestros ni son de ellos. Juran en falso y lo saben.[2] (14)

Dios ha preparado para ellos un severo castigo. En verdad, lo que hacen está mal. (15)

Se protegen tras sus promesas y dificultan a otros el acceso al camino de Dios. Así pues, para ellos hay un castigo humillante. (16)

Sus bienes y sus hijos no les beneficiarán en nada ante Dios. Ellos son la gente del Fuego. En él estarán eternamente. (17)

El día en que Dios les resucite a todos, le prometerán a Él como os prometen a vosotros, calculando que están sobre algo firme. ¿Acaso no son ellos los mentirosos? (18)

Satanás les venció y les hizo olvidar el recuerdo de Dios. Ellos son el partido de Satanás. ¿Acaso los del partido de Satanás no son los perdedores? (19)

En verdad, quienes son enemigos de Dios y de Su Mensajero son los más despreciables. (20)

Dios ha escrito: «Ciertamente, Yo y Mis Mensajeros somos los vencedores.»
En verdad, Dios es fuerte, poderoso. (21)

---

[1] La frase «*un pueblo con el que Dios esta disgustado*» se refiere a los judíos, de quienes Dios ha dicho: «*Aquel a quien Dios ha maldecido y aquel con el que Él está irritado. A algunos de ellos Él los ha convertido en monos y en cerdos y adoraban a los ídolos. Esos son quienes tienen una situación peor y los más extraviados del camino recto.*» (5:60) *Al-Mizan*, t. XIX, p. 335.

[2] Es decir: «Los hipócritas no están con vosotros ni con los judíos. Os juran que son de los vuestros a sabiendas de que mienten.» *Al-Mizan*, t. XIX, p. 335.

No encontrarás a un pueblo que crea en Dios y en el Último día que simpatice con quienes se oponen a Dios y a Su Mensajero, aunque sean sus padres o sus hijos o sus hermanos o la gente de su tribu. Ellos son a quienes Él ha escrito la fe en sus corazones y les ha fortalecido con un espíritu procedente de Él y les hará entrar en Jardines bajo los cuales brotan los ríos, en los que vivirán eternamente. Dios está satisfecho de ellos y ellos están satisfechos de Él. Ellos son el partido de Dios. ¿No es, en verdad el partido de Dios quienes son los triunfadores? (22)

Capítulo 59

El destierro[1]

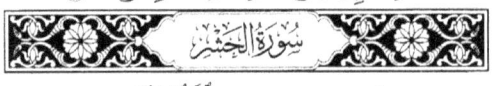

En el nombre de Al.lah, el Clementísimo, el Misericordiosísimo.

Glorifica a Dios lo que hay en los cielos y lo que hay en la Tierra y Él es el Todopoderoso, el Sabio. (1)

Él es Quien hizo salir de sus casas, en el primer destierro, a quienes de la Gente de la *Escritura* no eran creyentes.[2]

No creíais que ellos fueran a salir, y ellos pensaban que sus fortalezas les protegerían de Dios. Pero Dios vino a ellos por donde menos lo esperaban y puso el terror en sus corazones. Destruyeron sus casas con sus propias manos y con las manos de los creyentes.[3] Así pues, ¡Oh, gente que reflexiona! ¡Aprended la lección! (2)

Y, si Dios no hubiese decretado que ellos abandonasen su patria, les habría castigado en esta vida.[4] Y en la otra vida les espera el castigo del Fuego. (3)

---

[1] Este capítulo fue revelado en Medina, el año cuarto de la Hégira y toma su nombre del destierro a que los Banu Nadir fueron condenados por traicionar el pacto que tenían con los musulmanes.

[2] Es decir: «Fue Dios quien hizo salir a los judíos de Banu Nadir por primera vez de la península arábiga.» *Al-Mizan*, t. XIX, p. 349.

[3] Antes de huir destruyeron sus propias casas para que no cayesen en manos de los creyentes y también Dios ordenó a los creyentes que las destruyesen. *Al-Mizan*, t. XIX, p. 350.

[4] «Haciendo que cayesen prisioneros o que fueran muertos», como le sucedió a la tribu judía de los Banu Qurayda. *Al-Mizan*, t. XIX, p. 351.

Eso es porque ellos desafiaron a Dios y a Su Mensajero. Y quien desafía a Dios...En verdad Dios es severo en el castigo. (4)

Las palmeras datileras que cortasteis o dejasteis en pie sobre sus bases fue con el permiso de Dios y para que Él someta a los transgresores.¹ (5)

Y el botín que, de ellos, Dios dio a Su Mensajero² no hizo necesario que montaseis sobre vuestros caballos ni camellos, sino que Dios hace prevalecer a Sus Mensajeros sobre quien Él quiere y Dios tiene poder sobre todas las cosas. (6)

El botín que, de la gente de las ciudades, Dios otorgó a Su Mensajero es para Dios y para el Mensajero, para los familiares y para los huérfanos,³ los necesitados y los viajeros, para que no vaya a parar a las manos de los ricos que hay entre vosotros.

Y lo que el Mensajero os de tomadlo y absteneos de lo que os prohíba. Y sed temerosos de Dios. En verdad, Dios es severo en el castigo (7)

Y para los pobres de entre los emigrantes, que fueron expulsados de sus casas y privados de sus bienes cuando buscaban el favor de Dios y Su satisfacción y que auxilian a Dios y a Su Mensajero.⁴ Ellos son los sinceros. (8)

Y quienes prepararon la casa y la fe antes de ellos aman a quienes emigraron a ellos y no encuentran en sus pechos envidia por lo que se les ha dado⁵ y les prefieren a sí mismos, aunque se encuentre en una extrema necesidad.

Y quienes están a salvo de su propia avaricia, ellos son los triunfadores. (9)

---

¹ En el asedio a las fortalezas de Banu Nadir, el Profeta ordenó talar sus palmerales. Nada más comenzar a hacerlo, los Banu Nadir comenzaron a gritar desesperados al ver sus cosechas en peligro y recriminaron al Profeta tal proceder. *Al-Mizan*, t. XIX, p. 348.

² Es decir, de las propiedades de los Banu Nadir. *Al-Mizan*, t. XIX, p. 352.

³ Es decir, para los familiares del Profeta y para los huérfanos que lo necesiten. Y la parte del botín destinada a Dios debe ponerse a disposición del Profeta, para que él la use en aquello que es del agrado de Dios. *Al-Mizan*, t. XIX, p. 353.

⁴ En las tradiciones proféticas se recoge que el Profeta repartió el botín cogido a los Banu Nadir entre los emigrantes de La Meca y no dio nada a los *ansar* («auxiliares») de Medina, excepto a dos o tres necesitados de entre ellos. *Al-Mizan*, t. XIX, p. 354.

⁵ Es decir: «Quienes prepararon el terreno para reunir a los creyentes en Medina, y perfeccionaron su fe con sus buenas obras no sienten envidia por que el Profeta haya repartido el botín entre los Emigrantes, aun cuando ellos mismos estén necesitados.» *Al-Mizan*, t. XIX, p. 355.

Y quienes vinieron tras ellos dicen: «¡Dios nuestro, perdónanos, a nosotros y a nuestros hermanos, aquellos que nos precedieron en la fe, y no pongas en nuestros corazones rencor contra los creyentes! ¡Señor nuestro, en verdad, Tú eres benévolo, misericordiosísimo con los creyentes!» (10)

¿No has visto a quienes son hipócritas diciendo a sus hermanos, aquellos que no creen de la gente de la *Escritura*: «Os juramos que si sois expulsados saldremos con vosotros y jamás obedeceremos a nadie en contra vuestra y si sois atacados os auxiliaremos?»[1]

Y Dios es testigo de que ellos son unos mentirosos. (11)

Juro que si son expulsados no saldrán con ellos y juro que si son atacados no les auxiliarán y juro que si acuden en su auxilio, seguramente darán la espalda. Por tanto, no serán auxiliados. (12)

Ciertamente, vosotros infundís en sus pechos mayor temor que Dios. Eso es porque son gente que no tiene entendimiento. (13)

No combatirán todos juntos contra vosotros excepto desde ciudades fortificadas o detrás de muros.

Son muy valientes entre ellos.

Tú calculas que están unidos, pero sus corazones están desunidos.

Eso es porque son gente que no razona. (14)

Son semejantes a los que hubo poco antes de ellos.[2] Probaron las malas consecuencias de su comportamiento y tendrán un castigo doloroso.[3] (15)

Su ejemplo es semejante a cuando Satanás dice al ser humano: «¡No creas!» y cuando descree, dice: «En verdad, me aparto de ti. En verdad, yo temo a Dios, Señor del Universo.» (16)

---

[1] Los hipócritas son Abdellah ibn Ubai y sus seguidores y «*sus hermanos, lo que no creen de la gente de la Escritura*» los judíos de la tribu Banu Nadir. *Al-Mizan*, t. XIX, p. 366.

[2] Se refiere a los Banu Nadir y les compara con los judíos de la tribu de Banu Qaynuqa, que eran otra de las tribus que vivían en Medina y que rompieron su pacto con los musulmanes tras la batalla de Badr, por lo cual el Mensajero les expulsó de Medina. Los hipócritas también les prometieron que hablarían con él Mensajero y no permitirían que les expulsase y ellos creyeron sus falsas promesas. *Al-Mizan*, t. XIX, p. 368.

[3] Es decir: «Probaron en esta vida las malas consecuencias de su comportamiento y en la otra vida les aguarda un castigo doloroso.» *Al-Mizan*, t. XIX, p. 368.

Y el final de ambos será que estarán en el Fuego eternamente. Esa es la recompensa de los opresores. (17)

¡Oh, creyentes! ¡Sed temerosos de Dios y que el alma observe lo que envía por delante para mañana![1] ¡Y sed temerosos de Dios! En verdad, Dios esta bien informado de lo que hacéis. (18) Y no seáis como quienes olvidan a Dios y, por tanto, Él hace que se olviden de sus propias almas. Esos son los transgresores. (19)

No son iguales la gente del Fuego y la gente del Jardín. La gente del Jardín son los triunfadores. (20)

Si hiciera descender este *Corán* sobre una montaña, la verías humillarse y desmoronarse por temor a Dios. Estos son los ejemplos que ponemos a los seres humanos para que, quizás así, reflexionen. (21)

Él es Dios y no hay más dios que Él. Conocedor de lo oculto a los sentidos y de lo manifiesto. Él es el Clementísimo, el Misericordiosísimo. (22)

Él es Dios y no hay más dios que Él. El rey,[2] el Santísimo,[3] la Paz,[4] el Protector, el Amparador, el Poderoso, el Dominador, el Sublime.

Glorificado sea Dios por encima de lo que asocian a Él. (23)

Él es Dios, el Creador, el Hacedor, el Formador. A Él pertenecen los nombres mejores.

Le glorifica lo que hay en los cielos y en la Tierra y Él es el Todopoderosos, el Sabio. (24)

---

[1] Es decir: «Que observe lo que hace, porque mañana, es decir, el Día del Juicio Final, se encontrará con las consecuencias de los actos que haya realizado en este mundo.» *Al-Mizan*, t. XIX, p. 375.

[2] *Al-Malik*, el Rey, en tanto que Soberano de los cielos y la Tierra, Dueño y Señor de todas las cosas. Pablo Beneito, *El Secreto de los nombre de Dios*, Murcia, Editora Regional, 1997, p. 329.

[3] *Al-Quddus*, el Santísimo, por Su trascendencia respecto a todo cuanto se Le atribuye. *Ibidem supra*, Pablo Beneito, 1997, p. 330.

[4] *As-Salam*, la Paz, La salvaguardia que preserva de la continuidad del defecto. *Ibidem supra*, Pablo Beneito, 1997, pp. 55-56.

Capítulo 60

La examinada

En el nombre de Al.lah, el Clementísimo, el Misericordiosísimo.

¡Oh, creyentes! ¡No toméis a Mis enemigos y a vuestros enemigos como protectores, mostrando afecto hacia ellos,[1] si salís a combatir por Mi causa y buscando Mi satisfacción, porque ellos han descreído de lo que a vosotros ha venido de la Verdad,[2] expulsando al Mensajero y a vosotros por creer en Dios, vuestro Señor.

Les mostráis afecto en secreto, pero yo soy Quien mejor conoce lo que ocultáis y lo que manifestáis. Y quien de vosotros lo hace, ciertamente, se ha extraviado del camino recto. (1)

Si tienen más poder que vosotros, serán vuestros enemigos y os maltratarán de palabra y obra y querrán que dejéis de tener fe. (2)

Ni vuestras familias ni vuestros hijos os serán de utilidad el Día del Levantamiento. Él os separará a unos de otros. Y Dios ve claramente lo que hacéis. (3)

Hay para vosotros un buen ejemplo en Abraham y en quienes estaban con él, cuando dijeron a su gente: «En verdad, nos apartamos de vosotros y de lo que adoráis en lugar de Dios. Descreemos de vuestra fe y comienza entre nosotros y vosotros la enemistad y el odio para siempre hasta que creáis en el Dios único.» Exceptuando lo que Abraham dijo a su padre: «Pediré perdón por ti, aunque no puedo hacer nada por ti en contra de Dios.»

«¡Señor nuestro! ¡En Ti confiamos y a Ti nos volvemos contritos y hacia Ti es el regreso!» (4)

«¡Señor nuestro! ¡No nos pongas como examen de quienes no son creyentes[3] y perdónanos!»

«¡Señor nuestro! ¡En verdad, Tú eres el Todopoderoso, el Sabio!» (5)

---

[1] En algunas tradiciones proféticas, que hablan de las circunstancias en que fue revelado este versículo, leemos que Hatib ibn Abi Baltaa envió una carta en secreto a los idólatras de La Meca para proteger a sus hijos y familiares que aún estaban en ella, anunciándoles la intención del Profeta de liberar La Meca. *Al-Mizan*, t. XIX, p. 388.

[2] Es decir: «la creencia verdadera, la *Escritura* divina.» *Al-Mizan*, t. XIX, p. 389.

[3] Es decir: «No dejes que los incrédulos puedan perjudicarnos.» *Al-Mizan*, t. XIX, p. 398.

Ciertamente, hay para vosotros en ellos un buen ejemplo de quienes tienen su esperanza puesta en Dios y en el Día del Juicio. Y quien de la espalda (sepa) que Dios es el Rico por Sí mismo,¹ el Digno de alabanza. (6)

Puede que Dios ponga afecto entre vosotros y aquellos de quienes erais enemigos. Dios es poderoso. Dios es perdonador, misericor-diosísimo. (7)

Dios no os prohíbe que tratéis con amabilidad y equidad a quienes no combaten vuestra fe ni os han expulsado de vuestros hogares. En verdad, Dios ama a quienes son equitativos. (8)

Lo que, en verdad, Dios os prohíbe es que seáis amigos de quienes combaten vuestra fe y os expulsan de vuestros hogares o ayudan a que seáis expulsados. Y quienes sean amigos de ellos, esos serán los opresores. (9)

¡Oh, creyentes! Cuando lleguen a vosotros las creyentes emigrantes ¡examinadlas! Dios es Quien mejor conoce su fe. Así pues, si verificáis que son creyentes, no las devolváis a los que no son creyentes. Ellas no son lícitas para ellos ni ellos son lícitos para ellas. Dadles lo que gastaron en ellas.²

Y no cometéis pecado si os casáis con ellas, una vez que les hayáis entregado sus dotes.

Y no mantengáis matrimonio con las que no son creyentes. Pedid lo que gastasteis en ellas y que ellos pidan lo que gastaron en ellas.³

Ese es el juicio de Dios para vosotros. Él juzga entre vosotros. Y Dios todo lo conoce, es sabio. (10)

Y si perdisteis algo de vuestras esposas que se fueron con los incrédulos y conseguís algún botín, dad a aquellos cuyas esposas se fueron algo semejante a lo que gastaron.⁴ Y sed temerosos de Dios, en Quien tenéis fe. (11)

---

¹ Es decir: «Él no necesita nada de nadie. Si ordena y prohíbe es para beneficio de las propias personas.» *Al-Mizan*, t. XIX, p. 398-399.

² Es decid: «Devolved a sus antiguos maridos no creyentes la dote que gastaron en ellas cuando contrajeron matrimonio con ellas.» *Al-Mizan*, t. XIX, p. 409.

³ Es decir: «Si alguna de vuestras mujeres se uniese a los no creyentes, tenéis derecho a pedir que ellos os devuelvan las dotes que les disteis. Y si alguna de sus esposas se uniesen a vosotros, sus esposos no creyentes tienen derecho a pedir que les sea devuelta la dote que les dieron a ellas.» *Al-Mizan*, t. XIX, p. 410.

⁴ Es decir: «Y si alguno de vosotros perdió la dote que dio a su esposa porque ésta se fue con los no creyentes y conseguís algún botín de guerra, dadles a ellos de ese botín la dote que perdieron.» *Al-Mizan*, t. XIX, p. 410.

¡Oh, profeta! Cuando vengan a ti las creyentes y te juren que no asociarán nada a Dios, que no robarán y no cometerán adulterio ni fornicación y que no matarán a sus hijos, que no mentirán sobre lo que han hecho entre sus manos y sus pies[1] y que no te desobedecerán en las cosas buenas,[2] acepta sus juramentos y pide que Dios las perdone. En verdad, Dios es perdonador, misericordiosísimo. (12)

¡Oh, creyentes! No toméis por amigos a una gente con la que Dios está disgustado. Ciertamente, ellos han desesperado de la otra vida igual que los que no creen han desesperado de la gente de las tumbas.[3] (13)

Capítulo 61

La fila

En el nombre de Al.lah, el Clementísimo, el Misericordiosísimo.

Glorifica a Dios lo que hay en los cielos y lo que hay en la Tierra y Él es el Todopoderoso, el Sabio. (1)

¡Oh, creyentes! ¿Por qué decís lo que no hacéis? (2) ¡Dios aborrece mucho que digáis lo que no hacéis! (3)

En verdad, Dios ama a quienes combaten por Su causa en filas apretadas, como un firme edificio. (4)

Y [recuerda] cuando Moisés dijo a su pueblo: «¡Oh, pueblo mío! ¿Por qué me molestáis cuando sabéis con certeza que yo soy el Mensajero de Dios enviado a vosotros?»

Cuando se desviaron, Dios desvió de sus corazones. Y Dios no guía a la gente trasgresora. (5)

---

[1] Es decir, que no mentirán sobre los hijos que puedan tener a consecuencia del adulterio, atribuyéndoselos falsamente a sus esposos, ya que los hijos se dan a luz entre las manos y los pies.

[2] Es decir, en cuestiones como la oración, el ayuno, el pago de la limosna purificadora de la riqueza, etc. *Al-Mizan*, t. XIX, p. 412.

[3] La gente con la que Dios está disgustado son los judíos, que desesperan de la recompensa de la otra vida, igual que quienes no creen en el Día del Juicio desesperan de volver a encontrarse con sus muertos. *Al-Mizan*, t. XIX, p. 412.

61. LA FILA

Y [recuerda] cuando Jesús hijo de María dijo: «¡Oh, Hijos de Israel! En verdad, soy el Mensajero de Dios enviado a vosotros para confirmar la *Torá* anterior a mí y para anunciar a un Mensajero que vendrá tras de mí. Su nombre es Ahmad.»[1] Y cuando vino a ellos con las pruebas claras,[2] dijeron: «¡Esto es magia evidente!»(6)

Y ¿Quién es más opresor que quien inventa mentiras sobre Dios cuando ha sido llamado al Islam? ¡Y Dios no guía a la gente opresora! (7)

Quisieran apagar la luz de Dios con un soplido de sus bocas, pero Dios completa Su luz aunque moleste a los que no creen.[3] (8)

Él es Quien ha enviado a Su Mensajero con la guía y con la religión de la Verdad, para hacer que prevalezca sobre todas las creencias, aunque ello moleste a los idólatras. (9)

¡Oh, creyentes! ¿Queréis que os indique un negocio que os salve de un castigo doloroso?:(10) ¡Tener fe en Dios y en Su Mensajero y combatir por la causa de Dios con vuestros bienes y vuestras almas! ¡Eso es mejor para vosotros! ¡Si supieseis…! (11) Os perdonará vuestros pecados y os introducirá en Jardines de cuyas profundidades brotan los ríos y en buenas mansiones en los Jardines del Edén.[4] ¡Ese es el triunfo inmenso! (12)

Y otra [merced] que amaréis: «Un auxilio procedente de Dios y una victoria próxima.»[5] ¡Informa de la buena nueva a los creyentes! (13)

¡Oh, creyentes! ¡Sed los auxiliares de Dios! como los apóstoles cuando dijo Jesús hijo de María: «¿Quién me auxiliará hacia Dios?»[6] Los apóstoles dijeron: «¡Nosotros seremos los auxiliares de Dios!»

Así pues, un grupo de los Hijos de Israel creyó y otro grupo no creyó. Nosotros apoyamos a los que tuvieron fe sobre sus enemigos y se convirtieron en los vencedores. (14)

---

[1] Ahmad es otro de los nombres del profeta Muhammad y de la misma raíz, *hamada*: «alabar». Ahmad significa «El que alaba mucho a Dios». Este versículo confirma así que el profeta Muhammad es citado el la *Torá* y en el *Evangelio*. *Al-Mizan*, t. XIX, p. 428.

[2] Es decir: «Cuando Jesús vino a los Hijos de Israel». *Al-Mizan*, t. XIX, p. 429.

[3] Es decir: «De la misma manera que una llama se apaga con un soplido, quisieran apagar el mensaje divino con las palabras que salen de su boca, pero Dios no se lo permite y completa la luz de Su mensaje a despecho de los deseos de ellos.» *Al-Mizan*, t. XIX, p. 431.

[4] Jardines del Edén significa «Jardines Eternos». *Al-Mizan*, t. XIX, p. 438.

[5] En algunas tradiciones proféticas se recoge que se refiere a la liberación de La Meca y en otras que a la victoria del Imam al-Mahdi. *Al-Mizan*, t. XIX, p. 441.

[6] Y «auxiliar a Dios» significa ayudar y seguir a Su profeta en el camino que lleva hacia Dios y en la difusión del mensaje divino. *Al-Mizan*, t. XIX, p. 439.

Capítulo 62

El viernes

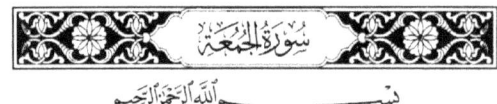

En el nombre de Al.lah, el Clementísimo, el Misericordiosísimo.

Lo que hay en los cielos y lo que hay en la Tierra glorifica a Dios, el Rey, el Santísimo, el Todopoderoso, el Sabio. (1)

Él es Quien designó entre los iletrados[1] a un Mensajero de entre ellos para que les recite Sus versículos, les purifique[2] y le enseñe la Escritura y la sabiduría, pues, antes de ello, estaban en un extravío evidente. (2) Y a otros de entre ellos que aún no se han unido a ellos.[3] Y Él es el Todopoderoso, el Sabio. (3)

Ese es el favor de Dios.[4] Él lo otorga a quien quiere. Y Dios es el Dueño del favor inmenso. (4)

Aquellos a quienes les fue encomendada la *Torá* y luego no actuaron conforme a ella, son semejantes al burro que va cargado de libros. ¡Qué mal ejemplo el de un pueblo que desmiente las señales de Dios! Y Dios no guía a la gente opresora. (5)

Di: «¡Oh, judíos! Si pretendéis que vosotros sois los únicos amigos de Dios, aparte del resto de la gente, entonces ¡Desead la muerte, si sois sinceros!» (6)

Pero no la desearán jamás por lo que enviaron por delante a la otra vida con sus propias manos. Y Dios es Quien mejor conoce a los opresores. (7)

Di: «En verdad, la muerte de la cual huís os encontrará y luego seréis devueltos al Conocedor de lo oculto a los sentidos y de lo manifiesto y Él os informará de lo que hacíais.» (8)

---

[1] Se refiere a los árabes contemporáneos del Profeta que, en su mayoría, no sabían leer ni escribir. Y se ha recogido del Imam Yafar al-Sadiq que dijo el Profeta: «Dios llama iletrados a los árabes, porque no poseían una *Escritura* Sagrada.» *Al-Mizan*, t. XIX, p. 452.

[2] Es decir, para llevarles a la perfección de su condición humana. *Al-Mizan*, t. XIX, p. 448.

[3] Es decir: Dios ha enviado al Mensajero para los árabes iletrados y para otros que aún no se han unido a ellos. Y en la obra *Machma al-Bayan*, t. I, p. 284, y también Suyuti en *Al-Dar al-Manzur*, t. VI, p. 215, han relatado que, estando recitando el Profeta este versículo, un hombre le preguntó: «¡Oh Profeta! ¿Quiénes son esos?» Y el Mensajero de Dios, poniendo su mano sobre el hombro de Salmán, contestó: «Si la fe estuviese en Las Pléyades, los hombres de la raza de este hombre la alcanzarían.» *Al-Mizan*, t. XIX, p. 448 y 453.

[4] Se refiere a la designación profética. *Al-Mizan*, t. XIX, p. 448.

¡Oh, creyentes! Cuando se convoque a la oración del viernes, apresuraos a acudir al recuerdo de Dios y dejad el comercio. Eso es mejor para vosotros. ¡Si supierais…! (9)

Y, cuando termine la oración, dispersaos por la Tierra y buscad el favor de Dios y recordad mucho a Dios, quizás así triunféis. (10)

Pero, cuando ven un negocio o una diversión, escapan hacia ella y te dejan plantado.

Di: «Lo que hay junto a Dios es mejor que la diversión y que los negocios y Dios es el mejor de los proveedores.» (11)

Capítulo 63

Los hipócritas

En el nombre de Al.lah, el Clementísimo, el Misericordiosísimo.

Cuando los hipócritas vienen a ti, dicen: «Damos testimonio de que, en verdad, tú eres el Mensajero de Dios.»
Y Dios sabe que tú eres Su Mensajero y Dios da testimonio de que, en verdad, los hipócritas son unos mentirosos. (1)
Han tomado sus promesas como escudo[1] e impiden el acceso a la senda de Dios. En verdad, ¡Qué malo es lo que han estado haciendo! (2)
Eso es porque ellos tuvieron fe y luego descreyeron, así que sus corazones han quedado sellados[2] y no comprenden. (3)
Y cuando les ves te sorprende su aspecto y cuando hablan escuchas lo que dicen, pero son como palos secos apoyados contra la pared. Creen que cualquier grito va dirigido contra ellos.[3] Son el enemigo, así que, ten cuidado con ellos. ¡Qué Dios acabe con ellos! ¡Qué desviados están! (4)

---

[1] Es decir: «Invocan el nombre de Dios o juran en nombre de Dios, para esconder sus mentiras e hipocresía.» *Nemune*, t. XXIV, p. 150.

[2] Es decir: «Sus corazones no aceptan la Verdad. Sólo siguen sus pasiones y deseos y eso les impide entender y oír la Verdad.» *Al-Mizan*, t. XIX, p. 472.

[3] Es decir, los hipócritas cuidan extremadamente su apariencia exterior y se esfuerzan por hablar de manera culta y educada. Así, cualquiera que les ve, en un primer momento se siente atraído por su engañoso aspecto, pero su interior es seco e inerte como un palo apoyado contra una pared, pues no tienen intelecto. Como siempre están temiendo ser descubiertos, cualquier grito que escuchan les asusta, pues creen que va dirigido contra ellos. *Al-Mizan*, t. XIX, p. 473.

Y cuando se les dice: «¡Venid, el Mensajero de Dios pedirá perdón para vosotros!» giran sus cabezas y les verás apartarse con arrogancia. (5)

Da igual que pidas perdón para ellos o que no pidas perdón para ellos, Dios no les perdonará jamás. En verdad, Dios no guía a la gente malvada, trasgresora. (6)

Ellos son quienes dicen: «No gastéis de vuestros bienes en quienes están con el Mensajero de Dios hasta que no le abandonen.» Y a Dios pertenecen los tesoros de los cielos y la Tierra, pero los hipócritas no entienden. (7)

Dicen: «Cuando regresemos a la ciudad, los más poderosos expulsaran, sin duda, a los más débiles.»[1] Y el poder pertenece a Dios, a Su Mensajero y a los creyentes, pero los hipócritas no tienen conocimiento. (8)

¡Oh, creyentes! ¡No dejéis que vuestros bienes y vuestros hijos os aparten del recuerdo de Dios! Y quienes obren de esa manera serán los perdedores. (9)

Y repartid de lo que Nosotros os hemos provisto antes de que a uno de vosotros le llegue la muerte y, entonces, diga: «¡Señor mío! Si solamente me dieses un pequeño plazo, daría limosna y sería de los rectos.» (10)

Pero Dios no dará plazo alguno al alma cuando le llegue su término. Y Dios está bien informado de lo que hacéis. (11)

---

[1] El autor de estas palabras y de las anteriores es Abdel.lah ibn Ubai ibn Salul y cuando dice «*los más poderosos*» se refiere a él y cuando dice «*los más débiles*» se refiere al Profeta de Dios. Y con esas palabras amenaza al Profeta de que al regresar a Medina, él y sus seguidores serán expulsados de la ciudad. *Al-Mizan*, t. XIX, p. 475.

Parece ser que, al regreso de la expedición de Bani al-Mustalaq, acción que tuvo lugar el año sexto de la hégira en un territorio llamado Qadid, dos musulmanes, sacando agua de un pozo, tuvieron un enfrentamiento. Uno de ellos pertenecía a los emigrantes («*muhayirun*») y el otro a los auxiliares («*ansar*»). Pronto se formaron dos bandos y Abdel.lah ibn Ubai ibn Salul, que era uno de los dirigentes de los hipócritas, tomó partido por el hombre de Medina y dijo: «Hemos dado refugio a los emigrantes de La Meca y les hemos ayudado y somos como el refrán que dice: Engorda a tu perro para que te coma. Y entonces lanzó sus amenazas.» *Nemune*, t. XXIV, p. 156.

Capítulo 64

El desengaño mutuo

En el nombre de Al.lah, el Clementísimo, el Misericordiosísimo.

Glorifica a Dios lo que hay en los cielos y lo que hay en la Tierra. A Él pertenece el reino y a Él pertenece la alabanza y Él tiene poder sobre toda cosa. (1)

Él es Quien os ha creado, pero algunos de vosotros no creéis y otros sois creyentes. Y Dios observa lo que hacéis. (2)

Él ha creado los cielos y la Tierra con la Verdad y os ha dado forma, la mejor de las formas. Y a Él es el retorno. (3)

Él conoce lo que hay en los cielos y la Tierra y conoce lo que guardáis en secreto y lo que manifestáis. Y Dios conoce lo que hay en el fondo de los pechos. (4)

¿Acaso no ha llegado a vosotros la noticia de quienes no fueron creyentes antes de vosotros? Probaron las malas consecuencias de su comportamiento y hay para ellos un castigo doloroso.[1] (5)

Eso es porque vinieron a ellos sus Mensajeros con las pruebas claras y dijeron: «¿Van a guiarnos a nosotros quienes son simples mortales?» y no tuvieron fe y dieron media vuelta. Y Dios no tiene necesidad de ellos. Dios es Rico por Sí mismo, digno de alabanza. (6)

Los que no creen pretenden que no serán resucitados. Di: «¡Sí! ¡Lo juro por mi Señor! ¡Seréis resucitados y luego se os informará de lo que hicisteis! ¡Eso es fácil para Dios!» (7)

Así pues, creed en Dios y en Su Mensajero y en la luz que Nosotros hemos hecho descender.[2] Y Dios está bien informado de lo que hacéis. (8)

El día que Él os reúna para el Día de la Asamblea, ese será el Día del Desengaño Mutuo.[3] Y a quien crea en Dios y obre rectamente le ocultaremos sus errores y le haremos entrar en Jardines de cuyas profundidades brotan los ríos, en los cuales estarán eternamente. Ese es el éxito inmenso. (9)

---

[1] Es decir: «Probaron en esta vida las malas consecuencias de su comportamiento y en la otra vida tendrán un castigo doloroso.» *Al-Mizan*, t. XIX, p. 499.

[2] Es decir, El *Corán*. *Al-Mizan*, t. XIX, p. 503.

[3] Porque tanto los creyentes como los que no creyeron se sentirán defraudados. Los creyentes, al ver la enorme recompensa por sus buenos actos, lamentarán no haber sido mejores. Los incrédulos lamentarán no haber creído. *Al-Mizan*, t. XIX, p. 506.

Y quienes no creyeron y desmintieron Nuestras señales serán la gente del Fuego, en el cual estarán eternamente. ¡Qué mal destino! (10)

No acontece ninguna desgracia sino con permiso de Dios. Y, quien cree en Dios, guía su corazón. Y Dios conoce bien todas las cosas. (11)

Y obedeced a Dios y obedeced al Mensajero, pero si dais media vuelta, sabed que la obligación de Nuestro Mensajero es únicamente transmitir el mensaje con claridad. (12)

Dios. No hay más dios que Él. Por eso, ¡Qué los creyentes confíen en Dios! (13)

¡Oh, creyentes! En verdad, en algunas de vuestras esposas y de vuestros hijos hay un enemigo para vosotros, así pues, tened cuidado con ellos.[1] Y si les excusáis, sois indulgentes y les perdonáis, Dios es perdonador, misericordiosísimo con los creyentes.[2] (14)

En verdad, vuestros bienes y vuestros hijos son un examen. Y junto a Dios hay una recompensa inmensa. (15)

Así pues ¡Sed todo lo temerosos de Dios que podáis y escuchad y obedeced y repartid! Eso es bueno para vosotros mismos. Quienes están a salvo de su propia codicia, esos son los triunfadores. (16)

Si hacéis a Dios un buen préstamo, Él os lo doblará y os perdonará. Y Dios es muy agradecido, muy indulgente. (17)

Él es Quien mejor conoce lo que está oculto a los sentidos y lo manifiesto, el Todopoderoso, el Sabio. (18)

---

[1] Dios se refiere a las esposas e hijos que son enemigos de la fe de sus esposos y padres creyentes y que se disgustan de las buenas acciones de ellos, por ejemplo, cuando ven que reparten de sus riquezas entre los necesitados. *Al-Mizan*, t. XIX, p. 515.

[2] Es decir: «Si disculpáis la animosidad de vuestras esposas e hijos, también Dios será con vosotros perdonador y misericordioso.» *Al-Mizan*, t. XIX, p. 516.

Capítulo 65

El divorcio

En el nombre de Al.lah, el Clementísimo, el Misericordiosísimo.

¡Oh, profeta! Cuando divorciéis a las mujeres, divorciadlas al terminar su periodo[1] y observad el tiempo de espera[2] y sed temerosos de Dios, vuestro Señor. No las expulséis de sus casas y que ellas no salgan,[3] a menos que cometan un pecado evidente.[4]

Esas son las leyes de Dios. Y quien viole las leyes de Dios, ciertamente, se oprimirá a sí mismo. No sabes, puede que Dios disponga después de esto alguna otra cosa.[5] (1)

Así, cuando ellas hayan completado su plazo, retenedlas honorablemente o separaos de ellas honorablemente. Y que dos hombres justos de los vuestros sean testigos. Y estableced el testimonio para Dios. Se exhorta a ello a quien sea creyente en Dios y en el Último Día. Y a quien sea temeroso de Dios Él le dará una salida (2) y hará que le llegue la provisión por donde menos lo espera. Y quien confíe en Dios tendrá suficiente con Él. En verdad, Dios hace que Su orden se realice. Dios ha establecido una medida para cada cosa. (3)

Y respecto a aquellas de vuestras esposas que ya no esperan tener menstruación, si tenéis dudas, su tiempo de espera será de tres meses. Y lo mismo para aquellas que todavía no han tenido menstruación. Y aquellas que están embarazadas, su tiempo de espera concluirá cuando den a luz. Y a quien sea temeroso de Dios Él le facilitará sus asuntos. (4) Esa es la orden de Dios que Él ha hecho descender para vosotros. Y a quien sea temeroso de Dios Él le cubrirá sus errores y le otorgará una gran recompensa. (5)

---

[1] Es decir una vez finalizado su periodo menstrual. *Al-Mizan*, t. XIX, p. 524.

[2] El periodo de espera (*'iddah*) es el periodo que la mujer deberá esperar hasta poder contraer un nuevo matrimonio. Deberá contar tres menstruaciones completas, a partir de la última vez que mantuvo relaciones sexuales con su esposo. Durante ese tiempo tiene derecho a permanecer en su casa y a su manutención. Terminado ese plazo, podrá volver a casarse. Cfr. 2:227-233 y 33:49. *Al-Mizan*, t. XIX, p. 524.

[3] Se refiere a la casa en la que ella estuviese viviendo, aunque pertenezca a su esposo. Durante ese periodo de espera el esposo no debe expulsarla ni ella debe abandonar el hogar conyugal. *Al-Mizan*, t. XIX, p. 525.

[4] Se refiere a adulterio, robo, molestias a los familiares que viven en esa misma casa y cuestiones similares. *Al-Mizan*, t. XIX, p. 525.

[5] Es decir, puede que los sentimientos de su esposo cambien y desee tomarla de nuevo antes de que concluya el periodo de espera. *Al-Mizan*, t. XIX, p. 525.

Hospedadlas donde vosotros viváis conforme a vuestros medios y no las perjudiquéis haciéndoles sufrir estrecheces. Y si estuviesen embarazadas gastad en ellas hasta que den a luz.

Y si dan de mamar a vuestros hijos dadles su remuneración y consultaos entre vosotros honorablemente. Y si no os ponéis de acuerdo, entonces que otra mujer le amamante. (6) Quien tenga medios que gaste de ellos y aquel cuya provisión ha sido limitada que gaste conforme a lo que Dios le ha otorgado.

Dios no obliga a una persona más allá de lo que le otorga. Tras la dificultad Dios pronto os dará la facilidad. (7)

¡Cuántas ciudades desafiaron la orden de su Señor y de Sus Mensajeros y por ello les ajustamos las cuentas con severidad y les castigamos con un castigo terrible! (8) Así, probaron las malas consecuencias de su comportamiento y, finalmente, su comportamiento sólo les produjo pérdidas. (9)

Dios les castigará con un severo castigo.

Así pues ¡Oh, los dotados de inteligencia y que sois creyentes, sed temerosos de Dios!

Ciertamente, Dios ha hecho descender para vosotros un recuerdo. (10) Un Mensajero que os recita los versículos claros de Dios, para que saque a quienes tienen fe y obran rectamente de las tinieblas a la luz.

Y a quien cree en Dios y obra rectamente Él le hará entrar en Jardines de cuyas profundidades brotan los ríos, en los que estará eternamente. Ciertamente, Dios ha dispuesto para él la mejor provisión. (11)

Dios es Quien ha creado siete cielos y otras tantas Tierras.[1] Él hace que la orden descienda gradualmente a través de ellos, para que conozcáis que Dios tiene poder sobre todas las cosas y que Dios abarca a todas las cosas con Su conocimiento. (12)

---

[1] Sobre el significado de «otras tantas Tierras», es decir, «siete Tierras» los exégetas han emitido variadas opiniones. Una que se refiere a siete Tierras como ésta en la que nosotros vivimos. Otra, que se refiere a siete niveles de la Tierra, el primero de los cuales sería la superficie sobre la que vivimos. Otra, que se refiere al ser humano. Otra, que se refiere a los siete climas en los que los geógrafos antiguos dividían las tierras. Otra, que se refiere al propio ser humano, que está compuesto de materia terrenal y de un espíritu celestial. *Al-Mizan*, t. XIX, p. 546, 547.

Capítulo 66

La prohibición

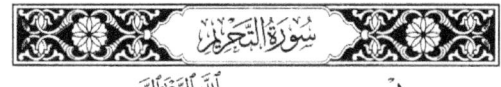

En el nombre de Al.lah, el Clementísimo, el Misericordiosísimo.

¡Oh, Profeta! ¿Por qué prohíbes lo que Dios ha hecho lícito para ti, buscando la satisfacción de tus esposas?[1] Y Dios es perdonador, misericordiosísimo con los creyentes. (1)

Ciertamente, Dios ha hecho permisible para vosotros anular vuestros juramentos.[2] Y Dios es vuestro protector y Él es Quien todo lo conoce, el Sabio. (2)

[Recuerda] Cuando el Profeta confió un asunto en secreto a alguna de sus esposas y ella lo divulgó y Dios se lo hizo saber.

Cuando él le informó a ella de esto, dándole a conocer parte de ello y omitiendo parte de ello, ella dijo: «¿Quién te informó de eso?» él dijo: «Me informó Quien todo lo conoce, el Bien informado.»[3] (3)

Si ambas os volvéis a Dios arrepentidas [será mejor], pues, ciertamente, los corazones de vosotras dos se han inclinado [hacia el mal], pero si os confabuláis contra él, [sabed que] en verdad, Dios es su protector y Gabriel y el recto de los creyentes[4] y los ángeles tras ellos. (4)

Puede que Su señor, si os divorcia a las dos, le dé esposas mejores que vosotras a cambio, musulmanas, creyentes, obedientes, penitentes, devotas, ayunantes, casadas anteriormente o vírgenes. (5)

¡Oh, creyentes! Salvaos a vosotros y a vuestras familias de un Fuego cuyo combustible son los seres humanos y las piedras y sobre los cuales habrá ángeles severos y poderosos, que no desobedecen lo que Dios les ha ordenado y hacen lo que les ha sido ordenado. (6) ¡Oh los que no creéis! No pongáis hoy ninguna excusa. En verdad, seréis retribuidos por lo que hacíais. (7)

---

[1] Imam Yafar al-Sadiq transmitió que dos de las esposas del Profeta, Aysha y Hafsa, estaban disgustadas de que el Profeta mantuviese relaciones con una de sus esclavas, María la Copta, y consiguieron que él prometiese que no volvería a visitarla. *Al-Mizan*, t. XIX, p. 566.

[2] Cfr. *Corán*, 2:225 y 5:89

[3] Según algunas transmisiones, el Profeta prometió a Hafsa que no visitaría de nuevo a María la Copta, pero que lo guardase en secreto, y ella se lo dijo a Aysa. *Al-Mizan*, t. XIX, p. 567-572

[4] Según las tradiciones recogidas, tanto por la gente de la *sunna* como por la gente de la *shía*, se refiere a Amir al Muminin Ali ibn Abi Talib. *Al-Mizan*, t. XIX, p. 556.

¡Oh, creyentes! Volveos a Dios con un arrepentimiento sincero. Puede que vuestro Señor oculte vuestros malos actos y os haga entrar en Jardines de cuyas profundidades brotan los ríos, el día en que Dios no humillará al Profeta y a los que con él tienen fe.

La luz de ellos se moverá ante ellos y a su derecha [1] y ellos dirán: «¡Señor nuestro! ¡Completa nuestra luz y perdónanos! [2] En verdad, Tú tienes poder sobre toda cosa.» (8)

¡Oh, Profeta! Combate a los que no creen y a los hipócritas y se severo con ellos. Su refugio será el Infierno. ¡Qué mal destino! (9)

Dios pone un ejemplo para los que no creen: La mujer de Noé y la mujer de Lot.

Ambas estuvieron bajo la tutela de dos de Nuestros siervos justos y ambas les traicionaron y su relación con ellos no les benefició en nada ante Dios y se les dijo a ambas: «¡Entrad en el Fuego con los que entran en él!» (10)

Y Dios pone un ejemplo para quienes son creyentes: La mujer del Faraón cuando dijo: «¡Señor mío! Constrúyeme una morada junto a Ti en el Jardín y sálvame del Faraón y sus obras y sálvame de la gente opresora.» (11)

Y María hija de Imrán, quien protegió la castidad de su vientre, así que, insuflamos en él de Nuestro Espíritu y confirmó las palabras de su Señor y Sus *Escrituras*[3] y fue de las obedientes. (12)

---

[1] Cfr. 57:12. Y puede que la luz que se mueve ante ellos sea la de su fe y la que está a la derecha sea la de sus actos. *Al-Mizan*, t. XIX, p. 565.

[2] Los creyentes, el Día del Juicio, verán incompleta la luz que su fe y sus actos reflejan y por ello le pedirán a Dios que les perdone y perfeccione su fe, llenando con Su luz los huecos que en su fe y en sus obras haya, como se indica en 57:19. *Al-Mizan*, t. XIX, p. 565.

[3] Este versículo va unido al anterior y por ello ha elidido la frase inicial: «Y Dios pone de ejemplo para los creyentes [...] a María». El *Corán* no cita el nombre de ninguna mujer excepto el de María hija de Imrán y madre de Jesús, que es citado más de treinta veces. Y puede que la frase «*confirmó las palabras de su Señor*» se refiera a la revelación del ángel Gabriel anunciándole su concepción virginal. Y por «*Sus Escrituras*» se refiera a la *Torá*, al *Evangelio* y al mismo *Corán*, que califica a María de sincera. (Cfr. 5:75). *Al-Mizan*, t. XIX, p. 579.

Parte 29

Capítulo 67

El reino

En el nombre de Al.lah, el Clementísimo, el Misericordiosísimo.

Bendito sea Aquel en cuyas manos esta el reino y que tiene poder sobre todas las cosas, (1) el Cual ha creado la muerte y la vida para poner a prueba cuál de vosotros obra mejor. Y Él es el Todopoderoso, el Perdonador. (2) Él es Quien ha creado siete cielos en planos sucesivos.

No verás discordancias en la creación del Misericordioso. Vuelve tu vista ¿Has visto algún fallo? (3) Luego, haz regresar tu vista una segunda vez. Tu vista regresará a ti cansada y derrotada. (4)

Ciertamente, Hemos adornado el cielo de este mundo con lámparas y las hemos puesto para ser lanzadas como proyectiles contra los demonios. Y les daremos el castigo del Fuego llameante. (5)

Y para quienes no creyeron en su Señor el castigo del Infierno. ¡Qué mal destino! (6)

Cuando sean arrojados a él oirán una larga exhalación y será la superficie hirviente (7) como si estuviese a punto de reventar de ira.

Cada vez que un grupo sea arrojado a él sus guardianes les preguntarán: «¿Acaso no vino a vosotros un amonestador?» (8)

Dirán: «Sí, vino a nosotros un amonestador, pero le desmentimos y dijimos: Dios no ha hecho descender nada, sino que estáis en un gran extravío.» (9)

Y dirán: «Si hubiésemos escuchado o reflexionado no estaríamos entre la gente del Fuego llameante.»[1] (10)

Así reconocerán su pecado. ¡Alejada sea[2] la gente del Fuego llameante! (11)

En verdad, quienes temen a su Señor por lo que está oculto a los sentidos,[3] obtendrán perdón y una gran recompensa. (12)

---

[1] Porque las obligaciones de la transacción vital realizada con Dios se establecen a partir de las pruebas que aportan lo que se escucha y la razón. *Al-Mizan*, t. XIX, p. 593.

[2] «Alejada sea de la misericordia divina.» *Nemune*, t. XXIV, p. 326

[3] Es decir: «Creen en el castigo con el que Dios amenaza a quienes no escuchan a los Mensajeros que Él envía para amonestar a los humanos y temen que les pueda alcanzar parte de ese castigo que está al otro lado de la cortina de los sentidos corporales, que no es un castigo físico o que se pueda discernir desde el plano de los sentidos corporales.» *Al-Mizan*, t. XIX, p. 593.

Y, tanto si ocultáis lo que habláis como si lo manifestáis, en verdad, Él es Quien mejor conoce lo que hay en la esencia de los pechos. (13)

¿Acaso no va a conocer Quien creó y es el Sutil, el Bien Informado? (14)

Él es Quien ha hecho para vosotros la Tierra dócil, para que vayáis por sus lomas y comáis de sus provisiones. Y a Él es el retorno. (15)

¿Acaso estáis seguros de que quienes están en el cielo[1] no harán que la Tierra se hunda con vosotros cuando tiemble? (16)

¿O estáis a salvo de que quienes están en el cielo envíen contra vosotros un viento huracanado?

Pronto comprenderéis el significado de la amonestación. (17)

Y juro que quienes vinieron antes de ellos también desmintieron. ¡Y cómo fue Mi castigo! (18)

¿Acaso no ven las aves sobre ellos desplegando y recogiendo sus alas? Sólo las mantiene el Misericordioso. En verdad, Él tiene todas las cosas bajo observación. (19)

¿Quién es el ejército que os ayuda sino el Misericordiosísimo? En verdad, los que no creen sólo están en una ilusión. (20)

¿Quién puede proveeros si Él retiene Su provisión? Pero ellos persisten en su desafío y aversión. (21)

¿Está mejor guiado quien camina cabizbajo o quien camina erguido sobre un camino recto? (22)

Di: «Él es Quien os ha otorgado la existencia y ha puesto para vosotros el oído y la vista y el intelecto. ¡Que poco agradecéis!» (23)

Di: «Él es Quien os ha creado en la Tierra y hacía Él seréis congregados.»[2] (24)

Y dicen: «¿Cuándo será esa promesa si es que sois sinceros?» (25)

Di: «En verdad, el conocimiento de ello lo tiene Dios y, en verdad, yo sólo soy un amonestador explícito y claro.» (26)

---

[1] Se refiere a los ángeles responsables del cielo y de los acontecimientos terrestres. Algunos exégetas han dicho que se refiere a Dios mismo. En ese caso, la imagen de Dios en el cielo, sería una imagen para expresar Su autoridad y dirección de los asuntos, ya que no tiene sentido asignar a Dios un lugar en el que colocarle. *Al-Mizan*, t. XIX, p. 600.

[2] La frase «*hacía Él seréis congregados.*» se refiere a los asuntos relacionados con el renacimiento, el Juicio Final y la recompensa por los actos realizados en esta vida. *Al-Mizan*, t. XIX, p. 609.

Así pues, cuándo lo vean de cerca, se ennegrecerá el rostro de quienes no eran creyentes y se les dirá: «Esto es lo que reclamabais.» (27)

Di: «Si Dios acaba conmigo y con quienes conmigo están o tiene misericordia de nosotros ¿Quién librará a los que no creen de un castigo doloroso?» (28)

Di: «Él es el Clementísimo. Nosotros hemos creído en Él y en Él confiamos. Así pues, pronto conoceréis quién está en un extravío manifiesto.» (29)

Di: «Decidme, si vuestra agua se sumergiese ¿Quién podrá ofreceros agua corriente?» (30)

Capítulo 68

El cálamo

En el nombre de Al.lah, el Clementísimo, el Misericordiosísimo.

Nun.

Juro por el cálamo y lo que escriben: (1) Tú, gracias a tu Señor, no eres un loco (2) y, en verdad, hay para ti una recompensa sin límite (3) y, en verdad, posees un nobilísimo carácter. (4)

Así pues, pronto verás y ellos pronto verán (5) quién de vosotros está seducido por la demencia. (6)

En verdad, tu Señor es Quien mejor conoce quién se extravía de Su camino y Él es Quien mejor conoce a quienes están bien guiados. (7)

Así pues, no obedezcas a quienes desmienten. (8) Ellos quisieran que tú dieses señales de tolerancia con ellos y así ellos darían señales de tolerancia contigo. (9)

Y no obedezcas a ningún perjuro vil (10) que todo lo critica con ironía y autosuficiencia y es un murmurador, un calumniador, (11) que impide el bien, es trasgresor y un gran malhechor, (12) opresor arrogante y, además de todo eso, bastardo, (13) so pretexto de ser dueño de bienes e hijos. (14)

Si le recitas Nuestros versículos, dice: «Fábulas de los primitivos.» (15)

Pronto le marcaremos los morros. (16)

En verdad, les hemos puesto a prueba igual que pusimos a prueba a los dueños del jardín, cuando juraron que recogerían sus frutos por la mañana, (17) sin hacer excepciones.¹ (18)

En la oscura noche cayó sobre él un azote enviado por tu Señor mientras ellos dormían. (19) Así pues, amaneció como un árbol sin frutos. (20)

Y se llamaban unos a otros por la mañana: (21) «Apresuraos para ir a vuestro jardín si queréis recoger la fruta.» (22) Y se fueron hacia allá, hablando en secreto: (23) «Hoy no entrará en él ningún necesitado.» (24)

Y marcharon temprano con premura, con la decisión tomada de cumplir su prohibición y de recoger rápidamente la fruta sin dar ni una pieza a los necesitados. (25)

Y cuando lo vieron, dijeron: «En verdad, nos hemos extraviado. (26) ¡No! ¡Hemos sido despojados!» (27)

El más moderado de ellos dijo: «¿No os dije que por qué no glorificabais a Dios?» (28)

Dijeron: «¡Glorificado sea nuestro Señor! En verdad, hemos sido opresores.» (29)

Y se volvieron unos a otros con recriminaciones, (30) diciendo: «¡Ay de nosotros! ¡Hemos sido rebeldes! (31) Puede que nuestro Señor nos dé a cambio algo mejor que él. En verdad, nos hemos vuelto a nuestro Señor completamente.» (32)

Así es el castigo. Y el castigo de la otra vida es, con seguridad, mayor. Si lo supieran... (33)

En verdad, para los temerosos de Dios hay, junto a su Señor, Jardines de Delicias. (34)

¿Acaso vamos a tratar a los musulmanes como a los malhechores? (35) ¿Qué os pasa? ¿Cómo juzgáis? (36)

¿O poseéis una *Escritura* en la que estudiáis, (37) que, en verdad, os permite hacer lo que queráis? (38)

¿O poseéis alguna promesa de Nuestra parte que os garantice hasta el Día del Levantamiento cualquier cosa que juzguéis conveniente? (39)

Pregúntales quién de ellos garantiza eso. (40)

¿O acaso poseen socios? Entonces, que vengan con sus socios, si son sinceros. (41) [Recuérdales] el día en el que se descubran las piernas y sean conminados a prosternarse y no puedan.² (42)

---

¹ Es decir, sin que ninguno de ellos dijera: «Si Dios quiere.» *Al-Mizan*, t. XIX, p. 625.
² Es una imagen que implica la llegada de una dificultad ante la cual uno se sube los pantalones y se faja para poder afrontarla mejor. Y no podrán humillarse ante Dios porque no poseen ese estado en sus corazones. *Al-Mizan*, t. XIX, p. 645.

Humillada su mirada, sobrecogidos por el abatimiento. Ciertamente, fueron invitados a prosternarse cuando aún estaban sanos. (43)

Déjame con quienes desmintieron estas palabras.[1] Les iré llevando gradualmente hacia su perdición sin que se den cuenta.[2] (44) Y les doy un plazo. En verdad Mis planes son sólidos y precisos. (45)

¿Acaso les pides una recompensa que les abruma por su peso? (46) ¿O conocen lo que está oculto a los sentidos y escriben?[3] (47) Así pues, ten paciencia y espera el juicio de tu Señor y no seas como el hombre del pez cuando suplicaba lleno de ira.[4] (48) De no haberle alcanzado una merced venida de su Señor habría sido arrojado a un árido desierto, execrado, reprobado, condenado.[5] (49) Su Señor le eligió y le puso con los justos y rectos. (50)

Y, en verdad, los que no creen están a punto de fulminarte con la mirada cuando escuchan el Recuerdo[6] y dicen: «¡Verdaderamente, está loco!» (51) ¡Y no es más que un recuerdo para beneficiar a todo el mundo! (52)

Capítulo 69

La inevitable

En el nombre de Al.lah, el Clementísimo, el Misericordiosísimo.
La inevitable (1)
¿Qué es la inevitable? (2)
y ¿Qué te hará entender lo que es la inevitable? (3)
Zamud y Ad desmintieron el Día de la Catástrofe. (4) Los Zamud fueron destruidos por el Grito. (5) y los Ad fueron destruidos por un viento helado y veloz (6) que se desencadenó contra ellos durante siete noches y ocho días sucesivos. Y podías ver a las gentes caídas en el suelo, como troncos de palmera arrancados de raíz. (7) ¿Ves algún resto de ellos? (8)

---

[1] El propio *Corán. Al-Mizan*, t. XIX, p. 644.
[2] La persona se va destruyendo de una manera que desconoce, pues Dios le otorga sus deseos para su propia perdición y el lo vive como un placer. *Al-Mizan*, t. XIX, p. 645.
[3] Es decir: «¿Acaso ellos escriben su propio lugar junto a los verdaderos creyentes en el Día del Juicio?» *Al-Mizan*, t. XIX, p. 646.
[4] La expresión «*el hombre del pez*» remite al profeta Jonás que, irritado con su pueblo por su disipación, pedía a Dios que apresurase su castigo. *Al-Mizan*, t. XIX, p. 646-647.
[5] Jonás, al hacerse consciente de su pecado en el vientre de la ballena, se vuelve a Dios arrepentido y la merced y el perdón de Dios le alcanzan. *Al-Mizan*, t. XIX, p. 647.
[6] El Recuerdo de Dios, el *Corán. Al-Mizan*, t. XIX, p. 648.

Erraron el Faraón y los que vinieron antes de él y los pueblos de la gente de Lot. (9) Desobedecieron al Mensajero de su Señor y Él les arrebató con un arrebato tremendo. (10)

En verdad, cuando desbordó el agua, os subimos a la nave[1] (11) para hacer de ella un recuerdo para vosotros y para que lo transmitáis a los oídos receptivos. (12)

Cuando se sople la trompeta con un solo trompetazo (13) y la Tierra y las montañas sean aplastadas y pulverizadas de un solo temblor, (14) ese día tendrá lugar el Acontecimiento. (15)

Se quebrará el cielo y ese día no tendrá consistencia (16) y los ángeles estarán sobre él y ocho cargarán ese día el Trono de tu Señor sobre ellos. (17)

Ese día seréis expuestos. Nada de vosotros quedará oculto. (18)

Así, quienes reciban su libro en su mano derecha, dirán: «¡Tomad y leed mi libro![2] (19) En verdad, yo estaba seguro de encontrarme con la cuenta.»[3] (20)

Así pues, disfruta ahora una vida satisfactoria (21) en un Jardín elevado, (22) sus frutos maduros al alcance de la mano. (23)

¡Comed y bebed a placer por el bien que hicisteis en los días del pasado! (24)

Pero quienes reciban su libro en su mano izquierda, dirán: «¡Ay de mí! ¡Ojalá no se me hubiese dado el libro (25) y no hubiese sabido lo que era la cuenta! (26) ¡Ojalá hubiese sido esa el fin de todo![4] (27) ¡Todos mis bienes no me sirven de nada! (28) ¡He perdido toda autoridad!» (29)

«¡Prendedlo y encadenadlo! (30) Luego, ¡Enfrentadle al fuego inmenso del Infierno! (31) Luego, ¡Apresadle con una cadena de setenta codos y dejadle así!» (32)

En verdad, no creía en Dios Inmenso (33) y no animaba a dar alimento al necesitado. (34)

Así que, hoy no tiene aquí ningún amigo. (35)

---

[1] Referencia a la historia de Noe y el Arca. *Al-Mizan*, t. XIX, p. 656.

[2] Dirán, volviéndose a los ángeles: «Tomad mi libro y leed en él cómo sentencia mi felicidad.» *Al-Mizan*, t. XIX, p. 666.

[3] «Y por eso tuve fe en mi Creador y corregí mi comportamiento a tiempo.» *Al-Mizan*, t. XIX, p. 667.

[4] Es decir: «¡Ojalá la primera muerte hubiese sido el fin de todo el sufrimiento y de todo!» *Al-Mizan*, t. XIX, p. 667.

Ni más comida que *guislin*.¹ (36) No la comerán más que los transgresores pertinaces. (37)

Y juro por lo que veis (38) y por lo que no veis (39) que es, en verdad, la palabra de un Mensajero noble.² (40) Y su palabra no es la de un poeta. ¡Qué poca es la fe que tenéis! (41) Ni su palabra es la de un adivino. ¡Que poco os dejáis amonestar! (42)

Es hecha descender gradualmente de parte del Señor del Universo. (43)

Si él hubiese presentado su palabra como palabra Mía (44) habríamos tomado de él Nuestro derecho, (45) luego, habríamos cortado su arteria vital (46) y ninguno de vosotros habría podido ocultármelo. (47)

Y, en verdad, él³ es un recuerdo para los temerosos de Dios. (48)

Y, en verdad, conocemos que algunos de vosotros son desmentidores (49) y él es un motivo de remordimiento para los que no creen. (50) Y él es la Verdad cierta. (51) Así pues, ¡Glorifica el nombre de tu Señor el Inmenso! (52)

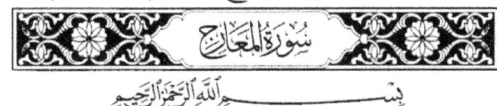

Capítulo 70

Las estaciones graduales

En el nombre de Al.lah, el Clementísimo, el Misericordiosísimo.
Uno que pide, pide que tenga lugar el castigo. (1)
Los que no creen no tendrán defensa (2) ante Dios, Dueño de las estaciones graduales.⁴ (3)

Ascenderán los ángeles y el Espíritu hacia Él en un día cuya duración es de cincuenta mil años. (4)

Así pues, ¡Sé paciente con una paciencia hermosa! (5) En verdad, ellos lo ven lejano (6) pero Nosotros lo vemos cercano. (7)

Día en el que el cielo estará como derretido, licuado, (8) y las montañas serán como copos de algodón rojizo (9) y un ser querido no hablará a su ser querido, (10)

---

¹ *Guislin* es una especie de grasa putrefacta. *Al-Mizan*, t. XIX, p. 669.
² «El *Corán* es la palabra de Muhammad, que es un noble Mensajero.» pues transmite fielmente la palabra divina. *Al-Mizan*, t. XIX, p. 674.
³ El Sagrado *Corán*. *Al-Mizan*, t. XIX, p. 676.
⁴ *Ma'arich* es el plural de *mi'rach* que los exégetas han interpretado como la escalera espiritual y las estaciones del plano siguiente a éste (*malakut*) que los Mensajeros, cuando regresan a Dios, glorificado sea, atraviesan. *Al-Mizan*, t. XX, p. 7.

aun viéndole. El malhechor quisiera liberarse del castigo de ese día dando en pago por ello a sus hijos, (11) a su mujer y a su hermano, (12) la tribu que le considera parte de ellos (13) y todos los que están en la Tierra, si pudiera salvarse de él. (14)

¡No será así! No.

En verdad, es un Fuego de brasas ardientes (15) que arrancará las extremidades (16) y que convoca a quien dio la espalda y se apartó (17) y acumuló bienes y fue avaro. (18)

En verdad, el ser humano ha sido creado impaciente. (19) Cuando le alcanza un mal se desespera (20) y si le alcanza el bien es mezquino. (21) Exceptuando a quienes rezan. (22) Aquellos que son constantes en su oración, (23) de sus bienes dan su derecho establecido (24) al mendigo y al desfavorecido, (25) confirman el Día de la Recompensa[1] (26) y temen el castigo de su Señor. (27)

¡En verdad, del castigo de su Señor nadie está a salvo! (28)

Y protegen su sexualidad, (29) excepto con sus esposas o sus esclavas. En ese caso, ellos no serán censurados. (30) Pero, quienes busquen más allá de eso, serán los transgresores.[2] (31)

Y son cumplidores con lo que se les confía y de sus promesas. (32) Y se mantienen firmes en sus testimonios[3] (33) y protegen sus oraciones. (34)

Esos serán honrados en Jardines. (35)

¿Qué les sucede a los que no creen, que acuden presurosos hacia ti sin apartar los ojos (36) y que están en grupos a la derecha y a la izquierda? (37)

¿Tiene cada uno de ellos la esperanza de ser introducido en el Jardín de las Delicias? (38)

¡No será así! En verdad, les hemos creado para lo que saben.[4] (39)

¡No será así! Juro por el Señor de los Orientes y los Occidentes que Nosotros tenemos poder (40)

---

[1] Quienes cuidan sus oraciones, además de confirmar en su corazón la existencia del Día de la Recompensa, también lo hacen con sus obras, ya que su trayectoria vital es la de una persona creyente. *Al-Mizan*, t. XX, p. 23.

[2] Cfr. *Corán*, 23:5-7.

[3] Cuando se les llama para que sean testigos de algo acceden a ello y cuando son llamados para aportar su testimonio se mantienen fieles a la verdad, sin añadir ni quitar ni cambiar nada. *Al-Mizan*, t. XX, p. 24.

[4] Algunas transmisiones proféticas entienden que el significado de este versículo sería: «Les hemos creado, como ya saben, para perfeccionar su condición humana por medio de la fe y de la obediencia. ¿Cómo pretenden salvarse del castigo y ser introducidos en el Jardín de las Delicias si niegan la existencia divina y no respetan Sus mandatos?» *Al-Mizan*, t. XX, p. 32

para cambiarles por otros mejores que ellos, sin que nadie pueda impedírnoslo. (41)

Así pues, déjales que discutan y jueguen hasta que les llegue el día que les ha sido prometido. (42) Día en el que saldrán de las tumbas precipitadamente, como si se dirigiesen apresuradamente a una meta, (43) abrumada su vista, humillados por el abatimiento.

¡Ese es el día que se os prometía! (44)

Capítulo 71

Noé

En el nombre de Al.lah, el Clementísimo, el Misericordiosísimo.

En verdad, Nosotros enviamos a Noé a su pueblo: «¡Amonesta a tu pueblo antes que venga a ellos un castigo doloroso!» (1)

Él dijo: «¡Oh, pueblo mío! En verdad, yo soy para vosotros un amonestador claro. (2) Adorad a Dios y sed temerosos de Él y obedecedme. (3) Él os perdonará por vuestros pecados y os dará un plazo por un tiempo determinado. En verdad, habéis de saber que cuando se cumpla el plazo de Dios no será pospuesto.» (4)

Dijo: «¡Señor mío! ¡He llamado a mi pueblo noche y día (5) y mi invitación sólo ha servido para que se alejen más! (6) Y, en verdad, cada vez que les invito para que Tú les perdones, ponen sus dedos en sus oídos y se cubren con sus ropas, persisten en su hostilidad y se muestran extremadamente arrogantes.» (7)

«Luego, les he invitado en voz alta y manifiesta.» (8)

«Luego, les he hablado en público y en privado (9) y les he dicho: Pedid el perdón de vuestro Señor. En verdad, Él es muy perdonador.» (10)

«Envía el cielo sobre vosotros cargado de abundantes lluvias (11) e incrementa vuestros bienes e hijos y pone para vosotros jardines y pone para vosotros ríos.» (12)

«¿Qué pasa con vosotros que no ponéis vuestra esperanza en la grandeza de Dios (13) cuando es Él quien os ha creado con caracteres diferentes?» (14)

«¿No habéis visto cómo Dios ha creado siete cielos sucesivos (15) y cómo ha puesto la Luna en ellos como una luz y ha puesto el Sol como una lámpara?» (16)

«Y Dios os hace crecer de la Tierra como plantas. (17) Luego, os hace regresar a ella y (luego) os hace salir totalmente.» (18)

«Y Dios puso la Tierra para vosotros plana como una alfombra (19) para que viajéis por sus caminos.» (20)

Noé dijo: «¡Señor mío! Ellos me han desobedecido y han seguido a quien sus bienes e hijos sólo incrementan su perjuicio (21) y han preparado un gran plan.» (22)

Y dicen: «¡No abandonéis a vuestros dioses! ¡No abandonéis a Wad ni a Suwaa ni a Yaguza y Yauqa y Nasr!» (23)

«¡Y, con seguridad, ellos han extraviado a muchos! ¡No incrementes a los opresores más que su extravío!» (24)

Fueron ahogados por sus iniquidades y se les hará entrar en un Fuego y no encontrarán, aparte de Dios, quien les auxilie. (25)

Y Noé dijo: «¡Señor mío! ¡No dejes sobre la Tierra a ninguno de los que no son creyentes! (26) Si les dejas, extraviarán a Tus siervos y no engendrarán más que hijos corruptos y muy descreídos.» (27)

«¡Dios mío! ¡Perdóname y perdona a mis padres y a quien entre en mi casa siendo creyente, y a los creyentes y a las creyentes, y no incrementes a los opresores más que ruina!» (28)

Capítulo 72

Los Genios

En el nombre de Al.lah, el Clementísimo, el Misericordiosísimo.

Di: «Me ha sido revelado que él[1] fue escuchado por un grupo de los genios e inmediatamente dijeron: «Hemos escuchado una recitación sorprendente (1) que guía en la dirección correcta y hemos creído en ella y no asociamos nada a nuestro Señor.»[2] (2)

«Y que dice que Él, exaltada sea la grandeza de nuestro Señor, no ha tomado compañera ni hijo, (3) y que nuestros estúpidos habían estado diciendo sobre Dios cosas alejadas de la verdad (4) y que nosotros creíamos que los hombres y los genios no decían mentiras sobre Dios (5) y que hombres de los humanos buscaban refugio en hombres de los genios y ellos les incrementaron su pecado y su rebeldía[3] (6) y que ellos pensaban, como pensabais vosotros, que Dios no había designado Mensajero a nadie.» (7)

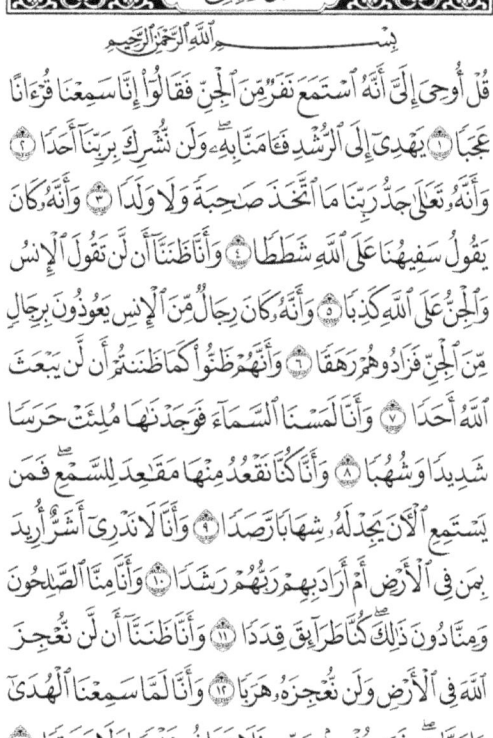

«Y cuando nos acercamos al cielo, encontramos que estaba lleno de guardianes severos y de meteoritos flamígeros.» (8)

«Y nosotros nos sentábamos allí en un lugar para escuchar, pero quien escucha ahora encuentra un meteorito flamígero esperándole.»[4] (9)

«Y no sabemos si se quiere el mal para quienes están en la Tierra o quiere para ellos su Señor que accedan a la realidad.» (10)

«Y que, entre nosotros, hay quienes son rectos y entre nosotros hay quienes no lo son. Somos caminos separados.» (11)

«Y ahora sabemos con certeza que no podemos imponernos a Dios en la Tierra[5] y que no podemos escapar de Él.» (12)

«Y que, cuando escuchamos la guía creímos en ella. Y quien cree en su Señor no temerá ser calumniado ni oprimido.» (13)

---

[1] El *Corán*. *Al-Mizan*, t. XX, p. 59.

[2] Esa recitación les ha llevado a reconocer al Señor que la hizo descender y se han sometido a Él y le han reconocido como el Único Dios, sin adorar junto a Él nada más. Es decir, les ha guiado a la fe monoteísta verdadera. *Al-Mizan*, t. XX, p.61.

[3] Las tribus del Yemen y luego la de Banu Hanifa y finalmente todos los árabes, tomaron por costumbre pedir protección de los ladrones y la mala gente al genio señor del desierto. *Al-Mizan*, t. XX, p. 64.

[4] De este versículo se deduce que antes de la llegada del Mensajero los genios podían acceder al cielo y escuchar las conversaciones de los ángeles. *Al-Mizan*, t. XX, p. 66.

[5] «No podemos anteponer una actitud corruptora de la Tierra a los deseos divinos, prescindiendo de Él.» *Al-Mizan*, t. XX, p. 69. «No podemos imponernos a él.» *Nemune*, t. XXV, p. 114.

«Y que de los nuestros, los hay que se han sometido a la orden de Dios y de los nuestros, los hay que tienden a alejarse de la Verdad.»

Y quienes se han sometido al mandato de Dios han alcanzado el vértice de la realidad y del encuentro con la Verdad. (14)

En cuanto a los que tienden al mal, son leña para el Infierno. (15)

«Y que si se mantienen firmes en la senda, les suministraremos agua en abundancia (16) hasta ponerles a prueba con ello.»[1]

«Y a quien se aparte del recuerdo de su Señor eso le conducirá a un castigo cada vez mayor.» (17)

«Y que las mezquitas pertenecen a Dios. Así pues, no invoquéis a nadie junto a Dios.» (18)

«Y que, cuando el siervo de Dios se levantó para invocarle, acudieron tantos a él que a punto estuvieron de ser multitud.»[2] (19)

Di: «En verdad, invoco a mi Señor y no asocio nadie a Él.» (20)

Di: «En verdad, yo no poseo poder para perjudicaros ni para dirigiros.» (21)

Di: «Nadie puede protegerme de Dios y no encuentro refugio en otro que Él. (22) Mi única responsabilidad es hablar de Dios y de Sus mensajes.»

Y a quien desobedezca a Dios y a Su Mensajero le pertenece el Fuego del Infierno, en el que estará eternamente. Siempre. (23)

Hasta que, cuando vean lo que se les había prometido, comprendan quién es más débil en auxiliares y menor en número. (24)

Di: «¿No se si está cercano lo que os ha sido prometido o si mi Señor le ha dado un plazo? (25) Él es el Conocedor de lo oculto a los sentidos y nadie accede a Su ocultación (26) excepto aquel de los Mensajeros con quién Él se complace y, entonces, Él le pone guardianes por delante y por detrás (27) para saber que, con seguridad, han transmitido los mensajes de Su señor. Él abarca todo lo que tiene que ver con ellos y lleva cuenta de todo.» (28)

---

[1] Esta frase conecta con la primera del capítulo: «Di: Me ha sido revelado que el *Corán* fue escuchado por un grupo de los genios», y elide una frase del tipo: «Y me ha sido revelado que si los genios y los hombres», se mantienen firmes en la senda del Islam, Dios les proveerá en abundancia hasta tal punto que pondrá a prueba con Su generosidad la capacidad de agradecimiento de Sus siervos. *Al-Mizan*, t. XX, p. 71.

[2] Por el sentido de los versículos siguientes, parece que lo más claro es que los pronombres en «acudieron» y «estuvieron» remiten a los idólatras, pues fueron ellos quienes, en el momento en el que el Profeta estaba rezando la oración y recitando *Corán*, organizaron tales burlas y alboroto que, según dicen, no se podía escuchar su voz. *Al-Mizan*, t. XX, p. 78.

Capítulo 73

El envuelto en un manto

En el nombre de Al.lah, el Clementísimo, el Misericordiosísimo.

¡Oh, tú que estás envuelto en un manto! (1) Levántate en la noche excepto una pequeña parte, (2) la mitad de ella o quita de ella un poco (3) o añádele un poco y recita el *Corán* de manera fluida y clara. (4)

En verdad, pronto te transmitiremos palabras de gran peso. (5)

En verdad, la oración de la noche conecta tu lengua con el corazón y pone más presencia y atención en tus palabras. (6) En verdad, durante en día estás muy ocupado (7)

Y recuerda el nombre de tu Señor y ocúpate sólo de suplicarle y rezarle. (8)

El Señor del Oriente y del Occidente. No hay más dios que Él.

Así pues ¡Tómale como protector! (9) Y ten paciencia con lo que digan y apártate de ellos con educación. (10)

¡Déjame solo con los desmentidores, esos que disfrutan de bienestar, y dales un pequeño plazo![1] (11)

En verdad, con Nosotros estarán las cadenas y el Infierno, (12) un alimento que se atraganta y un doloroso castigo, (13) el día que tiemblen la Tierra y las montañas y sean las montañas como arena que se desmorona. (14)

En verdad, hemos enviado a vosotros un Mensajero que sea testigo sobre vosotros, igual que enviamos a Faraón un Mensajero. (15)

Faraón desobedeció al Mensajero y le atrapamos con un castigo duro y pesado. (16)

Y, si no creéis, cómo vais a temer un día en el que a los niños se les pondrá el pelo blanco. (17)

Ese día, el cielo se partirá y Su promesa se realizará. (18)

En verdad, esto es un motivo de reflexión, así pues, quien quiera que tome un camino en dirección a su Señor. (19)

---

[1] Es decir: «Déjales que vivan el tiempo que les toca vivir en esta vida.» *Al-Mizan*, t. XX, p. 104.

En verdad, tu Señor sabe que permaneces levantado casi dos tercios de la noche, la mitad o un tercio de ella, así como un grupo de los que están contigo. Dios establece la noche y el día.[1] Él sabe que no podéis calcularlo con exactitud y acepta vuestro arrepentimiento. Así pues, recitad lo que podáis del *Corán*. Él sabe que algunos de vosotros estaréis enfermos y otros estáis recorriendo la Tierra buscando el favor de Dios y que otros están combatiendo por la causa de Dios. Así pues, recitad lo que podáis de él. Y haced la oración y dad la limosna purificadora de la riqueza y haced a Dios un buen préstamo.

Y el bien que enviéis por delante para vosotros mismos, lo encontraréis junto a Dios como una recompensa mejor y mayor. Y pedid el perdón de Dios. En verdad, Dios es perdonador, misericordiosísimo con los creyentes. (20)

Capítulo 74

El arropado

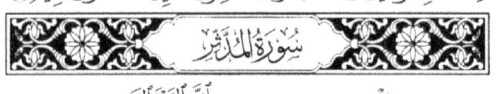

En el nombre de Al.lah, el Clementísimo, el Misericordiosísimo.

¡Oh, tú que estás arropado! (1) Levántate y amonesta (2) y proclama la grandeza de tu Señor (3) y purifica tu ropa (4) y mantente apartado de la impureza y el pecado. (5) Y no des pensando que es mucho (6) y se paciente por tu Señor.[2] (7)

Y cuando la trompeta sea soplada, (8) ese día será un día de dificultades. (9) No será fácil para los que no son creyentes. (10)

Dejadme con quien he creado Yo solo[3] (11) y para quien puse bienes abundantes (12) e hijos que estén junto a él. (13)

Y le he facilitado la vida (14) pero aun desea más. (15)

¡Pero no será así! En verdad, él se oponía a Nuestras señales. (16) Pronto le haré atravesar grandes dificultades. (17)

En verdad, él ha reflexionado y decidido.[4] (18)

---

[1] «¿Cómo no va a saberlo si Él es Quien establece la noche y el día?» *Al-Mizan*, t. XX, p. 116.

[2] Es decir: «Por amor a tu Señor, se paciente ante la adversidad, la dificultad y las molestias que los hombres te ocasionen.» *Al-Mizan*, t. XX, p. 128.

[3] Esta aleya y las 20 siguientes se refieren a Walid ibn Mugira. *Al-Mizan*, t. XX, p. 134.

[4] Walid ibn Mugira estuvo pensando qué decir para acabar con la influencia del Islam y decidió que lo mejor era decir que el *Corán* era una magia creada por el ser humano para separar a los esposos y al padre del hijo. *Al-Mizan*, t. XX, p. 136.

Así pues ¡Que le maten! ¡Cómo ha decidido! (19) ¡Que le vuelvan a matar! ¡Cómo ha decidido! (20) Después ha observado,[1] (21) luego ha fruncido el ceño y su rostro ha mostrado su horrible fealdad, (22) luego, ha mostrado su desprecio y arrogancia (23) y ha dicho: «Esto[2] no es más que magia transmitida desde antiguo. (24) Esto no son más que palabras de un ser humano.» (25) ¡Pronto le enviaré al Infierno de Saqar! (26) Y ¿Qué te hará entender lo que es Saqar? (27) ¡No deja nada vivo, no deja nada! (28) Abrasa la piel. (29) Sobre él hay diecinueve.[3] (30)

Y no hicimos que los compañeros del Fuego fuesen sino ángeles y no les hicimos que fuesen en ese número sino para poner a prueba a quienes no tienen fe y para que obtengan la certeza quienes tomaron la *Escritura*[4] e incremente la fe de los creyentes. Y para que no alberguen dudas ni quienes tomaron la *Escritura* ni los creyentes. Y para que digan aquellos que tienen una enfermedad en su corazón y los que no creen: «¿Qué desea Dios con ese ejemplo?» Así extravía Dios a quien Él quiere y guía a quien Él quiere.

Y nadie conoce los ejércitos de tu Señor excepto Él. Y ellos no son más que un recuerdo para los humanos. (31)

¡Pero no! ¡Lo juro por la Luna! (32) ¡Por la noche cuando declina! (33) ¡Por la mañana cuando brilla! (34)

¡En verdad, él es una de las grandes señales![5] (35)

¡Una advertencia para los humanos! (36) Para quien de vosotros quiera adelantarse o quedarse atrás. (37)

Cada alma es responsable de lo que hizo. (38)

Pero los compañeros de la derecha (39) estarán en Jardines y preguntarán (40) a los malhechores: (41) «¿Qué os ha llevado al Saqar?» (42)

Dirán: «No éramos de los que rezaban, (43) ni éramos de los que alimentan al necesitado (44) y sólo nos preocupábamos de lo intrascendente. (45) Y desmentíamos el Día de la Recompensa (46) hasta que nos llegó la certeza.» (47)

---

[1] «Buscando a alguien que le fuese a dar las respuestas que él quería.» Es decir, para poner en boca de esa persona lo que él quería decir. *Al-Mizan*, t. XX, p. 136.
[2] El *Corán*. *Al-Mizan*, t. XX, p. 137.
[3] Diecinueve ángeles responsables en el Infierno de Saqar del castigo de los malhechores. *Al-Mizan*, t. XX, p. 138.
[4] Pues confirma lo que hay en las Escrituras anteriores. *Al-Mizan*, t. XX, p. 139.
[5] El Infierno de Saqar. *Al-Mizān*, t. XX, p. 149

Y no les beneficiará la intercesión de los intercesores. (48)

¿Qué les sucede que se apartan del Recuerdo (49) como burros salvajes espantados (50) que huyen del león cazador? (51)

Cada uno de ellos quiere que le sea entregado un pergamino desplegado.[1] (52)

¡No será así, pues no temen la otra vida! (53)

¡No será así! ¡Él es un Recuerdo![2] (54) Así pues, quien quiera que lo recuerde. (55)

Y no recordarán más que si quiere Dios. Él es propicio. Es Quien castiga y Quien perdona. (56)

Capítulo 75

El levantamiento

En el nombre de Al.lah, el Clementísimo, el Misericordiosísimo.

¡Juro por el Día del Levantamiento! (1) ¡Y juro por el alma que aconseja el bien! (2)

¿Piensa el ser humano que no reuniremos sus huesos? (3) Pues sí. Tenemos poder para recomponer sus huellas dactilares. (4) Pero el ser humano desea seguir viviendo en el pecado. (5)

Pregunta él: «¿Cuándo tendrá lugar el Día del Levantamiento?» (6)

Así, cuando se debilite la vista (7) y se oculte la Luna (8) y se junten el Sol y la Luna, (9) ese día el ser humano dirá: «¿Dónde está el lugar por el que escapar?» (10)

Pues no. No hay refugio. (11)

Ese día el lugar de encuentro será en dirección a tu Señor. (12) Ese día será informado el ser humano de lo que envió por delante y de lo que dejó atrás. (13)

El ser humano es quien mejor conoce su propia alma (14) aunque trate de disculparse. (15)

No muevas con él tu lengua para apresurarle. (16) En verdad, reunirlo y recitarlo es responsabilidad Nuestra.[3] (17)

Así pues, cuando Nosotros lo hayamos terminado de recitar, repite su recitación. (18) Luego, en verdad, Nosotros nos encargamos de explicarlo. (19)

---

[1] Es decir, una *Escritura* Sagrada. (Cfr. 6:124) *Al-Mizan*, t. XX, p. 157.

[2] Es decir: «No haremos que descienda sobre ellos ninguna *Escritura* Sagrada. Este *Corán* es suficiente para llamar al recuerdo y advertir.» *Al-Mizan*, t. XX, p. 158.

[3] Es decir: «No quieras completar lo que te revelamos antes de que terminemos de hacerlo. Espera a que Nosotros terminemos de recitarlo y a que su significado penetre en ti. No te preocupes de olvidarlo o de recitarlo mal, pues Nosotros somos los responsables de reunirlo, situando cada versículo donde le corresponde y de que tú lo recites correctamente.» *Al-Mizan*, t. XX, p. 174.

¡Pero no! Amáis la vida tran-sitoria[1] (20) y descuidáis la Otra. (21)

Ese día, algunos rostros estarán radiantes (22) mirando a su Señor (23) y algunos rostros, ese día, estarán contraídos (24) al saber que sufrirán un castigo que les quebrará la columna. (25)

¡Pero no! Cuando alcance las clavículas[2] (26) Y se diga: «¿Quién puede salvarle?» (27) y él sepa que le ha llegado el tiempo de la separación (28) y una pierna se junte con la otra, (29) ese día, será conducido hacia su Señor. (30)

Él nunca aceptó ni rezó[3] (31) sino que desmintió y se apartó. (32) Luego, fue hacia su gente con arrogancia. (33) ¡Es lo mejor para ti, es lo mejor! (34) ¡Sí! ¡Es lo mejor para ti, es lo mejor![4] (35)

¿Acaso cree el ser humano que será dejado a su antojo y no Nos ocuparemos de él? (36) ¿Acaso no fue una gota de esperma eyaculado? (37)

Luego fue algo suspendido y Él le creó y le dio forma (38) e hizo de él la pareja del macho y la hembra. (39)

¿Acaso alguien así no es capaz de dar vida a lo muerto? (40)

Capítulo 76

El ser humano

En el nombre de Al.lah, el Clementísimo, el Misericordiosísimo.

¿Acaso ha existido un momento en el que el ser humano no haya sido una cosa recordada? (1)

En verdad, Nosotros creamos al ser humano de una gota mezclada y le fuimos cambiando de estado y forma y le dimos capacidad de oír y ver. (2)

En verdad, le guiamos al camino, lo agradezca o lo rechace. (3)

En verdad, para los que rechazan hemos preparado cadenas y argollas y un Fuego abrasador. (4)

En verdad, los píos beberán de una copa sazonada con alcanfor, (5)

---

[1] Este versículo es continuidad del discurso iniciado con «*¿Piensa el ser humano que no reuniremos sus huesos?*» y los versículos 16 a 19, son una digresión sin relación con lo que les sigue ni con lo anterior a ellos. *Al-Mizan*, t. XX, p. 177.

[2] «Cuando el alma que escapa del cuerpo llegue a las clavículas», *Al-Mizan*, t. XX, p. 181.

[3] «Nunca aceptó la invitación a la verdad que hace el *Corán.*» *Al-Mizan*, t. XX, p. 181.

[4] «Sí, es lo mejor para ti que pruebes las consecuencias de tu comportamiento anterior y que te alcance el castigo que hay preparado para ti.» *Al-Mizan*, t. XX, p. 182.

procedente de una fuente de la que beberán los siervos de Dios y que ellos harán manar donde y cuando quieran. (6)

Fueron leales a sus promesas y temieron un día cuyo mal se extenderá.[1] (7) Y alimentaron, por amor a Él, al necesitado, al huérfano y al preso:[2] (8) «En verdad, os alimentamos por agradar a Dios. No queremos de vosotros recompensa ni agradecimiento. (9) En verdad, tememos de parte de nuestro Señor un día terrible y fatídico.» (10)

Así pues, Dios les protegerá del mal de ese día y les colmará de felicidad y alegría (11) y su recompensa, por haber sido pacientes, será un Jardín y [vestidos de] seda. (12)

En él estarán reclinados sobre cojines y no verán Sol ni frío extremos. (13) Sobre ellos una sombra amplia y frutos fáciles de alcanzar. (14) [Sirvientes] alrededor de ellos, darán vueltas con recipientes de plata y copas cristalinas, (15) de cristal de plata y de las proporciones que ellos deseen. (16)

Allí, les escanciarán una copa perfumada con jengibre. (17)

Allí, habrá una fuente llamada Salsabil (18) y darán vueltas alrededor de ellos sirvientes de eterna juventud que, al verles, pensarías que son perlas esparcidas. (19)

Y, cuando lo veas, verás una gran bendición y un gran reino. (20)

Llevarán vestidos de fina seda verde y brocados y serán adornados con brazaletes de plata y su Señor les dará de beber una bebida pura: (21) «En verdad, ésta es vuestra recompensa. Vuestro esfuerzo ha sido apreciado.» (22)

En verdad, Nosotros hicimos descender sobre ti el *Corán* gradualmente. (23) Así pues, ten paciencia con el juicio de tu Señor y no obedezcas a quienes de ellos son pecadores o desagradecidos (24) y recuerda el nombre de tu Señor mañana y tarde. (25)

---

[1] El Día del Juicio Final. *Al-Mizan*, t. XX, p. 202.

[2] Relató Ibn Abbas que Hasan y Huseyn (sobre ellos la paz) cayeron enfermos y Ali, Fátima (sobre ellos la paz) y Fidda, la sirvienta de ellos, hicieron la promesa de ayunar tres días si se curaban. Su situación económica era muy mala y cuando Hasan y Huseyn curaron apenas tenían un poco de cebada para comer. El primer día del ayuno, Fátima molió un tercio y coció un pan, pero, en el momento de ir a romper su ayuno, un necesitado llamó a su puerta pidiendo algo de comer y ellos le dieron lo único que tenían y rompieron su ayuno con agua solamente. El segundo día sucedió lo mismo con un huérfano y el tercer día con un hombre que acababa de ser liberado de su prisión, de manera que, cuando el Profeta les vio, temblaban de debilidad. Fue en esas circunstancias que estos versículos, hablando de su esfuerzo y de la recompensa que les aguardaba por ello, fueron revelados. *Nemune*, t. XXV, p. 344.

Y en la noche, prostérnate para Él. Y glorifícale por la noche largamente. (26)

En verdad, esos[1] aman la vida transitoria y descuidan un día duro que viene tras ellos. (27)

Nosotros les hemos creado y hemos fortalecido su constitución y cuando quisiéramos les podríamos cambiar por otros semejantes a ellos. (28)

En verdad, esto[2] es un motivo de reflexión.

Así pues, quien quiera, que tome un camino hacia su Señor. (29) Y no lo querréis a menos que Dios lo quiera.

En verdad, Dios es conocedor, sabio. (30) Introduce a quien Él quiere en Su misericordia y a los opresores les ha preparado un castigo doloroso. (31)

Capítulo 77

Los Mensajeros

En el nombre de Al.lah, el Clementísimo, el Misericordiosísimo.

Juro por los sucesivos Mensajeros[3] (1) que viajan con la velocidad de un viento huracanado (2) y juro por quienes difunden por todos lados[4] (3) y establecen claramente las diferencias[5] (4) y juro por quienes facilitan el encuentro con el Recuerdo[6] (5) que sirve de justificación y que amonesta: (6)

En verdad, lo que os fue prometido se cumplirá. (7)

Así pues, cuando las estrellas pierdan su luz (8) y cuando el cielo se parta (9) y cuando las montañas sean pulverizadas (10) y cuando sean emplazados los Mensajeros a dar su testimonio (11) ¿A qué día serán convocados? (12) Al Día de la Diferencia. (13)

Y ¿Qué te hará entender lo que es el Día de la Diferencia? (14)

¡Ay ese día los desmentidores! (15)

¿Acaso no destruimos a los primeros (16) e hicimos que los últimos les siguieran? (17) Así mismo haremos con los malhechores. (18)

¡Ay ese día los desmentidores! (19)

---

[1] Los pecadores y desagradecidos citados en el versículo 24. *Al-Mizan*, t. XX, p. 228.
[2] Se refiere a los temas mencionados en el capítulo. *Al-Mizan*, t. XX, p. 228.
[3] El conjunto de ángeles enviados uno tras otro con la revelación divina. *Al-Mizan*, t. XX, p. 235.
[4] Los ángeles encargados de difundir la revelación. *Al-Mizan*, t. XX, p. 235.
[5] Las diferencias entre la Verdad y la falsedad y entre lo lícito y lo prohibido. *Al-Mizan*, t. XX, p. 235.
[6] El Recuerdo es el *Corán*. *Al-Mizan*, t. XX, p. 236.

77. LOS MENSAJEROS

¿Acaso no os hemos creado de un líquido viscoso (20) que hemos colocado en un receptáculo seguro (21) durante un periodo determinado (22) y entonces hemos dispuesto?[1] ¡Y qué bien disponemos! (23)

¡Ay, ese día, de los desmentidores! (24)

¿Acaso no hemos colocado la Tierra como lugar de encuentro (25) para los vivos y los muertos? (26) ¿Y no hemos puesto en ella altas y firmes cordilleras y escanciado para vosotros agua dulce y deliciosa? (27)

¡Ay, ese día, de los desmentidores! (28)

¡Id hacia aquello que desmentíais! (29) Id hacia una nube de humo con tres ramificaciones,[2] (30) que no da sombra ni protege de las llamas. (31) En verdad, él[3] lanza lenguas de fuego como castillos. (32) ¡Como si fueran camellos amarillos! (33)

¡Ay, ese día, de los desmentidores! (34)

¡Ese día no hablarán (35) y no se les permitirá ofrecer disculpas! (36)

¡Ay, ese día, de los desmentidores! (37)

¡Ese es el Día de la Diferencia, en el que os hemos reunido a vosotros y a los primeros! (38) Así pues, si tenéis algún plan utilizadlo contra Mí. (39)

¡Ay, ese día, de los desmentidores! (40)

En verdad, los temerosos de Dios tendrán sombras y fuentes (41) y de las frutas que prefieran. (42)

«¡Comed y bebed a placer (en recompensa) por lo que hacíais!» (43)

En verdad, así es como recompensamos a quienes hacen el bien. (44)

¡Ay, ese día, de los desmentidores! (45)

«¡Comed y disfrutad un poco! ¡En verdad que sois malhechores!» (46)

¡Ay, ese día, de los desmentidores! (47)

Y cuando se les dice «¡Inclinaos!» no se inclinan.[4] (48)

¡Ay, ese día, de los desmentidores! (49)

Así pues, ¿En qué discurso van a creer si no creen en él?[5] (50)

---

[1] «Hemos dispuesto las circunstancias de tu vida.» *Al-Mizan*, t. XX, p. 246.
[2] «Con tres ramificaciones», quiere indicar con ello la inmensa magnitud del fuego que provoca la nube de humo. *Al-Mizan*, t. XX, p. 248.
[3] Se refiere al Fuego del Infierno que, aunque no se nombra explícitamente, es el lugar al que los desmentidores serán enviados. *Al-Mizan*, t. XX, p. 248.
[4] «*Inclinaos*» es decir, «haced la oración» ya que la oración es un acto de sometimiento a Dios. *Al-Mizan*, t. XX, p. 251
[5] «Si no creen en el *Corán* que es un milagro y una señal divina, que expone con claridad y pruebas contundentes que no hay nada digno de adoración más que Dios y que Dios no tiene socios ¿En qué otras palabras van a creer?» *Al-Mizan*, t. XX, p. 252.

Parte 30

Capítulo 78

La noticia

En el nombre de Al.lah, el Clementísimo, el Misericordiosísimo.

¿Acerca de qué se preguntan unos a otros? (1) Acerca de la grandiosa noticia (2) sobre la cual mantienen diferencias.¹ (3) ¡Pero no es así! ¡Pronto van a saber! (4) ¡No es así! ¡Pronto van a saber!² (5) ¿Acaso no hemos hecho de la Tierra lecho? (6) ¿Y de las montañas estacas? (7) ¿Y os hemos creado por parejas? (8) ¿E hicimos de vuestro sueño descanso? (9) ¿E hicimos de la noche vestidura? (10) ¿Y pusimos el día para ganar el sustento? (11) ¿Y construimos sobre vosotros siete firmes (cielos)? (12) ¿Y pusimos una lámpara radiante? (13) ¿E hicimos descender de las nubes agua a torrentes, (14) para hacer surgir por medio de ella grano y plantas (15) y jardines frondosos? (16)

En verdad, el Día de la Diferencia está fijado para el último momento. (17)

El día en el que soplen la trompeta y acudan en tropeles (18) y se abra el cielo y sea todo puertas (19) y se desmoronen las montañas y parezcan un espejismo, (20)

En verdad, el Infierno será un destino, (21) un lugar de regreso para los rebeldes, (22) en el que permanecerán indefinidamente. (23)

Allí no probarán nada fresco ni bebida alguna, (24) excepto agua hirviendo y pus líquida. (25) Recompensa adecuada.³ (26)

En verdad, ellos contaban con que no regresarían (27) y desmintieron Nuestras señales categóricamente. (28) Pero Nosotros hemos contabilizado todo por escrito (29)

Probad pues. No os incrementaremos más que el castigo. (30)

---

¹ La «*grandiosa noticia*» es la resurrección de los muertos y el Juicio Final, sobre lo cual los idólatras mantenían diferentes opiniones. *Al-Mizan*, t. XX, p. 257.

² Este versículo se dirige a los idólatras para asegurarles repetidamente que en absoluto es como ellos se imaginan, que morirán y terminarán sus vidas y que pronto verán cómo serán resucitados y juzgados por sus actos. *Al-Mizan*, t. XX, p. 259.

³ Recompensa adecuada a los actos que realizaron en vida. *Al-Mizan*, t. XX, p. 272.

En verdad, a los temerosos de Dios les aguarda una gran victoria. (31) Jardines y viñedos (32) y parejas vírgenes y hermosas de su misma edad (33) y copas desbordantes. (34)

Allí no escucharán conver-saciones vanas ni falsedades (35)

Una recompensa de tu Señor. Un regalo calculado. (36) Señor de los cielos y la Tierra y de lo que entre ellos hay. El Clementísimo. No tendrán derecho a dirigirse a Él. (37)

El día en que vengan el Espíritu y los ángeles en filas, no hablará más que aquel que haya sido autorizado por el Clementísimo y no dirá más que la verdad. (38) ¡Ese será el día de la Verdad! Así pues, quien quiera, que tome un camino de regreso hacia su Señor. (39) En verdad, os hemos advertido de un castigo cercano el día en que vea el hombre lo que envió por delante de sí mismo. Y el incrédulo dirá: "¡Ay de mí! ¡Ojalá fuese polvo!¹ (40)

Capítulo 79

Los que arrancan

En el nombre de Al.lah, el Clementísimo, el Misericordiosísimo.

Juro por los que arrancan con violencia, (1) por quienes extraen suavemente, (2) por quienes se apresuran, (3) por quienes van por delante, (4) por quienes dirigen los asuntos:² (5)

El día en que sea tocada la trompeta que provoque el temblor (6) seguido por otro toque, (7) que los corazones, ese día, se estremecerán (8) y observarán temerosos (9) y dirán: «¿En verdad regresaremos a nuestro estado primitivo (10) después de haber sido huesos descompuestos?» (11) Dirán: «Será, entonces, un ruinoso regreso.» (12)

Se producirá un solo tañido (13) y ¡helos aquí! vivos sobre la Tierra pelada. (14)

¿Te hemos relatado la historia de Moisés (15) cuando le llamó su Señor en el valle sagrado de Tuwa?³ (16)

---

¹ «*¡Ojalá fuese polvo!*» quiere decir «¡Ojalá no fuera nada, polvo del camino! De manera que no tuviera ahora que sufrir las consecuencias de mis actos anteriores.» *Al-Mizān*, t. XX, p. 285.

² «Juro por los ángeles que arrancan violentamente el alma del cuerpo de los malvados en el momento de la muerte, los ángeles que extraen suavemente del cuerpo las almas de los creyentes, los ángeles que llevan rápidamente las almas de los creyentes al Paraíso y las de los malvados al Infierno, los ángeles que van por delante de los hombres en la realización de buenas obras y los ángeles que dirigen los asuntos.» *Al-Mizan*, t. XX, p. 293.

³ Tuwa es posiblemente un territorio sagrado situado en Sham, entre Madyan y Egipto y el lugar en el que Moisés recibió el primer destello de la revelación divina. Cfr. 20:12. *Nemune*, t. XXVI, p. 89.

«Ve al Faraón. En verdad se ha endiosado. (17) y dile: «¿Quieres purificarte (18) y que yo te guíe hacia tu Señor para que seas temeroso?» (19)

Así pues, le hizo ver la gran señal,[1] (20) pero él desmintió y rehusó obedecer. (21) Luego, dio la espalda y se esforzó.[2] (22) Luego, congregó a la gente y la arengó, (23) diciendo: «Yo soy vuestro Señor Supremo». (24) Así que Dios le infligió el castigo de la otra vida y de ésta. (25)

En verdad, en todo esto hay una lección para quien tema. (26)

¿Sois vosotros más difíciles de crear o el cielo que Él construyó? (27)

Él elevó su altura y lo ordenó armoniosamente (28) Oscureció su noche y alumbró su día (29) y, después de ello, expandió la Tierra, (30) sacando de ella el agua y los pastos (31) y fijó firmemente las montañas (32) para vuestro disfrute y el de vuestro ganado. (33)

Y cuando llegue el gran acontecimiento,[3] (34) el día en el que el ser humano recuerde sus esfuerzos (35) y sea mostrado el Infierno a quien vea, (36) quien haya sido rebelde (37) y preferido la vida mundanal (38) tendrá el Infierno por albergue (39) y quien haya temido la comparecencia ante su Señor y haya apartado el alma de las pasiones (40) tendrá el Jardín por albergue. (41)

Te preguntan sobre la Hora ¿Cuándo tendrá lugar? (42)

Y ¿Quién eres tú para informar de ella? (43) Su conclusión corresponde a tu Señor. (44)

En verdad, tú eres sólo un amonestador para quienes la temen. (45)

El día que la vean les parecerá que no han permanecido más que una tarde o una mañana.[4] (46)

---

[1] Le hizo ver la gran señal de su condición profética, haciéndole arrojar el bastón y haciendo que éste se transformara en una serpiente. *Al-Mizan*, t. XX, p. 304.

[2] Se esforzó en invalidar la convocatoria de Moisés a seguir los mandatos divinos. *Al-Mizan*, t. XX, p. 305.

[3] Es decir, el Día del Juicio Final. *Al-Mizan*, t. XX, p. 309.

[4] Es decir, la cercanía del Día del Juicio Final respecto a esta vida es tal que el día en que sean resucitados creerán que no han permanecido en la tumba más de una tarde o una mañana. *Al-Mizan*, t. XX, p. 320.

Capítulo 80

Frunció el ceño

En el nombre de Al.lah, el Clementísimo, el Misericordiosísimo.

Frunció el ceño y volvió la espalda (1) cuando el ciego vino junto a él.[1] (2) Y ¿Cómo puedes saber? Puede que él se purificase (3) o aceptase la amonestación y ésta le aprovechase. (4) A ese que alardea de su riqueza (5) tú le atiendes complacido. (6) ¿Y qué te importa si no se purifica? (7) Pero a quien acude a ti anhelante (8) y es temeroso (9) no le prestas atención. (10)

¡Pero no! En verdad, esto es un recordatorio[2] (11) -Así pues, quien quiera lo recordará- (12) recogido en páginas nobles, (13) sublimes, purificadas, (14) de las manos de enviados (15) nobles y píos. (16)

¡Que perezca el ser humano! ¡Qué ingrato es! (17)

¿De qué cosa le ha creado Él? (18) De una gota le ha creado y le ha determinado de manera equilibrada. (19) Luego, ha hecho fácil el camino para él. (20) Luego, le hace morir y le entierra. (21) Luego, cuando Él quiera, le resucitará. (22)

Pero no. No ha cumplido lo que Él le ha ordenado. (23)

Que el ser humano observe aquello de lo que se alimenta. (24)

Cómo derramamos el agua en abundancia. (25) Luego, Nosotros hacemos que la Tierra se abra (26) y hacemos que brote en ella el grano, (27) la uva y los vegetales, (28) el olivo y la palmera datilera (29) y frondosos jardines (30) y frutas y pastos (31) para disfrute vuestro y de vuestro ganado. (32)

Así pues, cuando llegue a vosotros el Tañido ensordecedor, (33) el día en que huya el hombre de su hermano (34) y de su madre y de su padre (35) y de su esposa e hijos, (36) a cada cual, ese día, le bastará su propia preocupación (37)

Ese día habrá rostros resplandecientes, (38) sonrientes, felices (39) y otros rostros, ese día, ensombrecidos, (40)

---

[1] Se relata que el Profeta del Islam estaba conversando con un grupo de los notable de Quraysh, Utba ibn Rabiah, Abu Yahl, Abbas ibn Abd al-Mutalib y otros, invitándoles al Islam, cuando un ciego e indigente, llamado Abd Allah ibn Umm Maktum, se acercó a él y le pidió que le recitase el *Corán* y le instruyese. Según algunas versiones, el Profeta se volvió disgustado por la interrupción. Según otra versión, recogida del Imam Yafar al-Sadiq, el disgustado fue un hombre del clan Omeya, presente en la reunión. *Nemune*, t. XXVI, p. 123.

[2] Este *Corán* o estos versículos. *Al-Mizan*, t. XX, p. 327

cubiertos por la tristeza. (41) Esos serán los incrédulos, los depravados. (42)

Capítulo 81

El Enrollamiento

En el nombre de Al.lah, el Clementísimo, el Misericordiosísimo.

Cuando el Sol sea enrollado (1) y cuando caigan las estrellas (2) y cuando las montañas se desmoronen (3) y cuando las camellas preñadas de diez meses sean abandonadas (4) y cuando las fieras sean agrupadas (5) y cuando los mares se llenen de fuego (6) y cuando las almas sean emparejadas (7) y cuando a la niña enterrada viva se le pregunte (8) por qué delito fue matada (9) y cuando las páginas escritas sean desenrolladas[1] (10) y cuando el cielo sea despellejado[2] (11) y cuando el Infierno sea avivado (12) y cuando el Jardín sea aproximado, (13) entonces, cada alma conocerá lo que presenta.[3] (14)

¡Pues no! ¡Juro por los que se ocultan! (15) ¡Los planetas que giran a gran velocidad y se esconden! (16) Y juro por la noche cuando se va (17) y juro por la mañana cuando respira (18) que, en verdad, él es la palabra de un Mensajero noble,[4] (19) poderoso, y distinguido cerca del Dueño del Trono, (20) donde es obedecido y digno de confianza. (21)

Y vuestro compañero no está loco (22) y, ciertamente, él le vio en el claro horizonte[5] (23) y no es tacaño con lo que está oculto a los sentidos.[6] (24)

Y ello no es la palabra de un Satanás maldecido (25)

Así pues ¿A dónde vais? (26)

Ello es sólo un recuerdo para los mundos,[7] (27) para quien de vosotros quiera ir recto. (28)

Pero no lo querréis a menos que lo quiera Dios, el Señor de los Mundos. (29)

---

[1] Es decir, el día en el que el registro de los actos realizados sea expuesto y contabilizado. *Al-Mizan*, t. XX, p. 351

[2] Cfr. *Corán*, 25:25 y 39:67.

[3] Aquello que realizó mientras vivió en este mundo. Por tanto, este versículo remite a lo mismo que indica el versículo 30 del capítulo 3: «*El día en que cada alma encuentre ante sí lo que hizo de bien y lo que hizo de mal*». *Al-Mizan*, t. XX, p. 352.

[4] Es decir: «Juro que el *Corán* es la palabra que trae el ángel Gabriel.» *Al-Mizan*, t. XX, p. 357.

[5] Es decir: «El Mensajero de Dios no está loco, sino que, verdaderamente, vio a Gabriel en el horizonte.» *Al-Mizan*, t. XX, p. 358.

[6] Es decir, no os oculta nada de lo que le es revelado, ni lo cambia, sino que os lo comunica tal y como él lo recibe. *Al-Mizan*, t. XX, p. 359.

[7] Es decir, el *Corán* es un recuerdo para todo el mundo. *Al-Mizan*, t. XX, p. 361.

82. La Hendidura

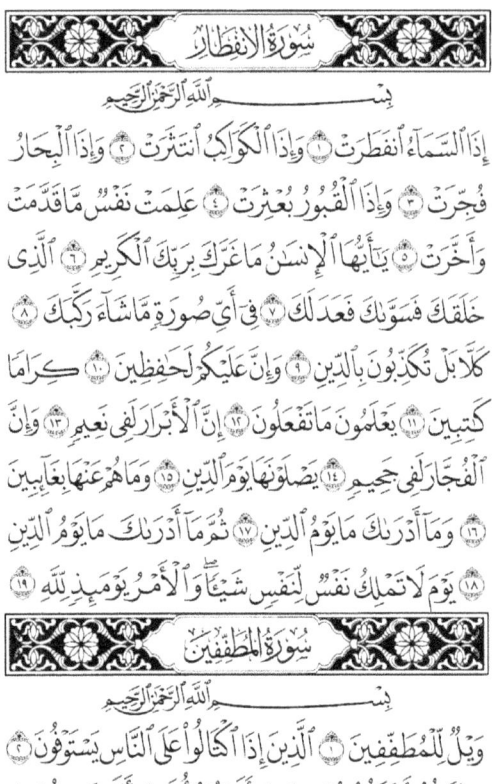

Capítulo 82

La Hendidura

En el nombre de Al.lah, el Clementísimo, el Misericordiosísimo.

Cuando el cielo se hienda, (1) cuando las estrellas se dispersen, (2) cuando los mares se confundan unos con otros, (3) cuando los sepulcros sean vueltos del revés,[1] (4) sabrá el alma lo que hizo y lo que dejó de hacer. (5)

¡Oh, humano! ¿Qué fue lo que te hizo ser arrogante ante tu Señor, el Generosísimo, (6) el Cual te creó, te formó y te perfeccionó (7) y te compuso en la forma que quiso? (8)

¡Pero no! ¡Vosotros desmentís la Recompensa! (9)

Y, en verdad, sobre vosotros hay ángeles guardianes, (10) honorables escribas de vuestras acciones. (11) Ellos saben lo que hacéis. (12)

En verdad, los que obraron bien estarán en la bendición[2] (13) y, en verdad, los que hicieron el mal estarán en el Infierno, (14) en el que entrarán y arderán el Día de la Recompensa (15) y del que no podrán ausentarse. (16)

¿Y qué te hará entender lo que es el Día de la Recompensa? (17)

Otra vez ¿Qué te hará entender lo que es el Día de la Recompensa? (18)

Es el día en el que un alma no poseerá nada que dar a otra alma y el mando en ese día será sólo de Dios. (19)

Capítulo 83

Los Defraudadores

En el nombre de Al.lah, el Clementísimo, el Misericordiosísimo.

¡Ay de los defraudadores! (1) Esos que, cuando compran, exigen la medida exacta (2) pero, cuando ellos dan la medida o el peso a otros, defraudan. (3) ¿Acaso no piensan que serán resucitados (4)

---

[1] Es decir, cuando salga a la luz lo que hay en los sepulcros. *Al-Mizan*, t. XX, p. 366.

[2] del Paraíso Eterno. *Nemune*, t. XXVI, p. 232.

para un día grandioso, (5) el día en el que los humanos comparecerán ante el Señor de los Mundos? (6) ¡Pero no!

En verdad, el registro de los malvados está en Siyyin.[1] (7) ¿Y qué te hará entender lo que es Siyyin? (8) Es una escritura detallada. (9)

¡Ay, ese día, de los desmentidores! (10) ¡Aquellos que desmentían el Día de la Recompensa! (11)

Y nadie lo desmiente, excepto quien es un transgresor pecador. (12) Cuando les son recitados nuestros versículos dicen: «¡Fábulas de los primitivos!» (13)

¡Pero no! ¡Lo que hacían enmoheció sus corazones! (14)

¡Pero no! ¡En verdad, ese día no podrán contemplar a su Señor! (15) Luego, entrarán y arderán en el Infierno. (16) Luego, se les dirá: «¡Esto era lo que desmentíais!» (17)

¡Pero no! ¡En verdad, el registro de los que hacen el bien está en Il.liyyin![2] (18) ¿Y qué te hará entender lo que es Il.liyyin? (19)

Es una escritura detallada (20) que los cercanos atestiguarán.[3] (21)

En verdad, quienes hacen el bien estarán entre bendiciones, (22) reclinados en asientos, contemplando. (23) Reconocerás en sus rostros el resplandor de las bendiciones. (24)

Les será escanciado un néctar sellado.[4] (25) Su sello será almizcle -¡Que quienes emulan emulen por ello!- (26) mezclado con Tasnim,[5] (27) una fuente de la que beberán los cercanos. (28)

En verdad, los malvados se burlaban de quienes eran creyentes (29) y cuando pasaban junto a ellos se hacían guiños de complicidad (30) y cuando regresaban a sus gentes regresaban satisfechos y orgullosos de su comportamiento (31) y cuando les veían decían: «¡En verdad que están extraviados!» (32) aunque no habían sido enviados a ellos de protectores. (33)

---

[1], Siyyin es el libro colectivo en el que se registran los actos de los malvados e Illiyun el libro en el que se registran los actos de los buenos y píos. El término Siyyin proviene de sichn que significa "prisión" y puede que reciba ese nombre por que quienes están incluidos en él serán encarcelados en el Infierno. Nemune, t. XXVI, p. 256.

[2] 'Illiyin es el plural de 'aliy que significa una posición elevada o una persona situada en una posición elevada, noble. Nemune, t. XXVI, p. 270.

[3] Lo verán aquellas gentes del Paraíso que poseen una posición espiritual de cercanía a Dios más elevada que el común de los creyentes, es decir aquellos que poseen certeza. Al-Mizan, t. XX, p. 387.

[4] De manera que nadie podrá alterar su pureza. Al-Mizan, t. XX, p. 387.

[5] Tasnim, como aclara el versículo siguiente es el nombre que Dios ha dado a una fuente del Paraíso y es una palabra que indica elevar y llenar. Así, cuando decimos sanamahu indicamos que hemos levantado tal cosa. Y a la joroba del camello se le dice: Sanam al-Ibil. Y también decimos «llenó el recipiente»: sanama al-'ina'. Al-Mizan, t. XX, p. 394.

Así pues, hoy los creyentes se reirán de los que no creen, (34) reclinados en asientos, contemplando (35) si los que no creían han sido recompensados por lo que hacían. (36)

Capítulo 84

La Rotura

En el nombre de Al.lah, el Clementísimo, el Misericordiosísimo.

Cuando el cielo se rompa (1) y escuche la orden de su Señor, como debe ser, (2) y cuando la Tierra sea allanada y extendida (3) y arroje cuanto en ella hay y quede vacía (4) y escuche la orden de su Señor, como debe ser... (5)

¡Oh, humano! En verdad, te esfuerzas afanosamente hacia tu Señor y te encontrarás con Él. (6)

Así pues, a quien le sea entregada su escritura en su mano derecha (7) pronto será juzgado con benevolencia (8) y regresará feliz a su gente. (9)

Pero a quien le sea entregada su escritura por detrás de su espalda, (10) pronto suplicará [diciendo]: «¡Estoy perdido!» (11) y entrará y arderá en el Fuego llameante. (12)

¡En verdad, estaba contento entre su gente! (13) ¡En verdad, creía que no regresaría jamás![1] (14) ¡Sí! ¡En verdad, su Señor le observaba! (15)

Juro por el rojo del crepúsculo (16) y por la noche y lo que reúne[2] (17) y por la Luna cuando esta llena, (18) que os transformaréis gradualmente.[3] (19)

Así pues, ¿Qué les sucede que no creen (20) y que, cuando se les recita el *Corán* no se prosternan? (21)

Pero los que no creen lo desmienten. (22)

Y Dios es quien mejor conoce lo que ocultan. (23)

Así pues, infórmales de un castigo doloroso, (24)

---

[1] Que no regresaría a su Señor para ser juzgado y retribuido conforme a sus actos. *Al-Mizan*, t. XX, p. 403.

[2] Se refiere a los humanos que regresan a sus hogares y a los animales que regresan a sus nidos y madrigueras al caer la noche. *Al-Mizan*, t. XX, p. 407.

[3] Se refiere a los distintos pasos que experimenta el ser en su proceso vital en esta vida, al morir, al resucitar al mundo intermedio (*alam al-barzaj*) y al reencarnar para el Día del Juicio. *Al-Mizan*, t. XX, p. 407.

excepto a aquellos que creen y realizan buenas acciones. Para ellos hay una recompensa inacabable. (25)

Capítulo 85

Las Constelaciones

En el nombre de Al.lah, el Clementísimo, el Misericordiosísimo.

Juro por el cielo constelado (1) y por el día prometido[1] (2) y por un testigo y lo testimoniado:[2] (3)

¡Maldita sea la gente del foso[3] (4) de fuego inmenso! (5) que se sentaron ante él (6) presenciando lo que hacían a los creyentes. (7)

Y sólo se vengaron de ellos porque creían en Dios, el Todopoderoso, el Digno de Alabanza, (8) a Quien pertenece el reino de los cielos y la Tierra.

Y Dios es testigo de todas las cosas. (9)

En verdad, quienes persiguen y torturan a los creyentes y a las creyentes y luego no se arrepienten, sufrirán el castigo del Infierno y el castigo del Fuego.[4] (10)

En verdad, quienes creen y actúan rectamente tendrán Jardines de cuyas profundidades brotan los ríos.

Ese es el gran triunfo. (11)

En verdad, el castigo de tu Señor será severísimo. (12)

En verdad, Él es Quien inicia la creación y Quien la hace regresar a la vida (13) y Él es el Perdonador, el Afectuoso, (14) el Señor del Trono Glorioso. (15)

Él hace lo que quiere. (16)

¿Ha llegado a ti la historia de los ejércitos (17) del Faraón y de Zamud? (18)

Pero los que no creen persisten en desmentir, (19) aunque Dios les tiene cercados. (20)

Por el contrario, es un *Corán* glorioso (21) (registrado) en una tabla protegida. (22)

---

[1] El Día del Juicio Final. *Al-Mizan*, t. XX, p. 414.
[2] El Profeta Muhammad, que es testigo de los actos de su comunidad y que dará testimonio de ello el Día del Juicio. Y lo testimoniado serán las torturas y persecuciones que los no creyentes llevaron a cabo contra los creyentes y el castigo que por ello recibirán el Día del Juicio. *Al-Mizan*, t. XX, p. 414.
[3] Los opresores que cavaron un gran foso y lo llenaron de fuego y arrojaron a él a los creyentes que se negaron a renunciar a su fe y los quemaron a todos. *Al-Mizan*, t. XX, p. 416. Parece ser que este acontecimiento ha tenido lugar varias veces en la historia, aunque el más documentado es el atribuido a Dun Nawas, último rey de Hamir en el Yemen, quien arrojó al fuego a más de veinte mil cristianos. *Nemune*, t. XXVI, p. 337.
[4] Ya que el fuego es uno de los castigos del Infierno, pero no el único. *Al-Mizan*, t. XX, p. 418.

Capítulo 86

La estrella nocturna

En el nombre de Al.lah, el Clementísimo, el Misericordiosísimo.

Juro por el cielo y por Tariq. (1) ¿Y qué te hará saber lo que es Tariq? (2) Es la estrella que brilla en la noche. (3)

En verdad, no hay alma que no tenga un guardián sobre ella. (4)

Así pues, que observe el ser humano de qué ha sido creado. (5) Ha sido creado de un líquido eyaculado (6) que sale de entre la columna y las costillas. (7) En verdad, Él tiene poder para hacerle regresar (8) el día en que serán examinados los secretos.[1] (9) Y él no tendrá fuerza ni quien le auxilie. (10)

Juro por el cielo que regresa (11) y por la Tierra que se abre.[2] (12)

En verdad, él es una palabra discriminadora[3] (13) y no para ser tomada a broma. (14) En verdad, ellos organizan planes (15) y yo organizo planes. (16) Así pues, da a los que no son creyentes un pequeño plazo. (17)

Capítulo 87

El Altísimo

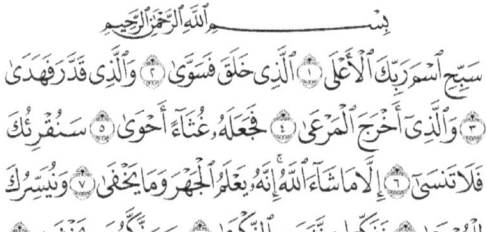

En el nombre de Al.lah, el Clementísimo, el Misericordiosísimo.

¡Glorifica el nombre de tu Señor, el Altísimo! (1) Quien ha creado y ordenado (2) y Quien ha determinado y guiado (3) y Quien hace surgir la hierba (4) y la transforma en heno oscuro. (5)

Te haremos recitar y no olvidarás (6) excepto lo que Dios quiera.

En verdad, Él conoce lo manifiesto y lo que se oculta. (7)

Y te facilitaremos un camino fácil. (8)

Así pues, advierte cuando la advertencia sea beneficiosa. (9)

Se dejará amonestar quien sea temeroso (10)

---

[1] Es decir: «Su creador tiene poder para hacer regresar a la vida al ser humano el día en el que hasta los más ocultos pensamientos serán examinados.» *Al-Mizān*, t. XX, p. 432.

[2] El cielo que regresa cada noche y la Tierra que se abre para dejar que broten las plantas. *Al-Mizān*, t. XX, p. 432.

[3] «El *Corán* es una palabra que establece la diferencia entre la verdad y la falsedad.» *Al-Mizān*, t. XX, p. 433.

y se apartará de ella el infame, (11) el cual será arrojado al Fuego Mayor, (12) en el cual no morirá ni vivirá. (13)

Con seguridad, triunfará quien se purifique (14) y recuerde el nombre de su Señor y rece. (15)
Pero vosotros preferís la vida mundana, (16) aunque la otra es mejor y más permanente. (17)
En verdad, esto está en los escritos primeros. (18) Los escritos de Abraham y de Moisés. (19)

Capítulo 88

La que cubre

En el nombre de Al.lah, el Clementísimo, el Misericordiosísimo.

¿Ha llegado a ti el relato de la que cubre?[1] (1)

Algunos rostros, ese día, estarán sombríos, (2) agitados, fatigados. (3)
Entrarán en el Fuego abrasador. (4)
Se les dará de beber de una fuente hirviente. (5)
No tendrán más alimento que Dariy,[2] (6) que no engorda ni sacia el hambre. (7)
Otros rostros, ese día, resplandecerán (8) satisfechos por su esfuerzo, (9) en un Jardín excelso, (10) en el que no escucharán palabras vanas. (11)
En él hay una fuente que mana. (12)
En él, lechos elevados (13) y copas servidas, (14) filas de cojines en los que recostarse (15) y gruesas alfombras extendidas. (16)
¿Acaso no han observado cómo han sido creados los camellos? (17)
¿Y cómo ha sido elevado el cielo? (18)
¿Y cómo han sido fijadas las montañas? (19)
¿Y cómo ha sido extendida la Tierra? (20)
Así pues ¡Amonesta!
En verdad, tú sólo eres un amonestador. (21) No tienes poder para obligarles. (22)

---

[1] Se refiere a los terribles acontecimientos del Día del Juicio Final que cubrirán y envolverán a la humanidad. *Nemune*, t. XXVI, p. 414.

[2] Al-Qurtubi en su famoso *Tafsir*, t. X, p. 790, dice que Jalil, uno de los sabios gramáticos, dice que *Dari'* es una hierba verde y mal oliente que se extrae de los mares. Ibn Abbas dice que es un árbol del Infierno que, de estar en la Tierra, la abrasaría, conjuntamente con lo que hubiera sobre ella. Y dijo el Profeta: "Existe una cosa en el Fuego del Infierno parecida a un espino, más amargo que la paciencia, más apestoso que la carroña y más ardiente que el fuego, Dios lo ha llamado *Dari*. *Nemune*, t. XXVI, p. 414.

Pero a quien de la espalda y descrea (23) Dios le castigará con el castigo mayor. (24)

En verdad, regresarán a Nosotros. (25)

Luego, en verdad, a Nosotros nos corresponderá ajustarles las cuentas (26)

Capítulo 89

La Aurora

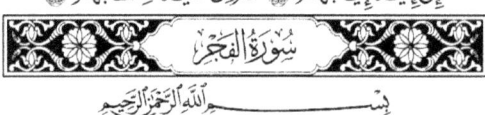

En el nombre de Al.lah, el Clementísimo, el Misericordiosísimo.

Juro por la aurora (1) y por las diez noches[1] (2) y por el par y el impar[2] (3) y por la noche cuando se retira. (4)

¿No es esto suficiente juramento para el que posee intelecto? (5)

¿No has visto lo que hizo tu Señor con la gente de Ad? (6) ¿Con Iram la de las columnas, (7) semejante a la cual no fue creada ninguna otra en la Tierra? (8) ¿Y con Zamud, que excavaron la roca en el valle? (9)

¿Y con Faraón, el señor de las estacas?[3] (10) que se endiosaron en la Tierra (11) e incrementaron la corrupción en ella? (12)

Así, tu Señor descargó con fuerza sobre ellos el látigo del castigo. (13)

En verdad, tu Señor está siempre vigilante. (14)

En cuanto al ser humano, cuando su Señor le pone a prueba honrándole y bendiciéndole, dice: «Mi Señor me ha honrado.» (15) pero cuando le pone a prueba ajustándole la provisión, dice: «Mi Señor me ha humillado.»[4] (16)

¡Pero no! Lo que sucede es que no sois generosos con el huérfano, (17) ni os estimuláis unos a otros a alimentar al necesitado (18) y devoráis las herencias con un apetito insaciable (19) y amáis las riquezas con un amor desaforado (20)

¡Pero no! Cuando la Tierra quede totalmente allanada (21) y venga tu Señor y los ángeles dispuestos en filas sucesivas (22)

---

[1] Según la opinión mayoritaria, los diez primeros días del mes de la peregrinación, testigos de la mayor concentración religiosa de los musulmanes. *Nemune,* t. XXVI, p. 443

[2] Según algunos, las criaturas y Dios, según otros, los tres últimos ciclos de la oración voluntaria de la noche, según otros, los días octavo y noveno del mes de la peregrinación. *Nemune,* t. XXVI, p. 445.

[3] «Señor de las estacas» indicaría un numeroso ejército, cuyas tiendas serían sujetadas por estacas, o aludiría a la manera de torturar a sus víctimas, sujetándolas a estacas. *Nemune,* t. XXVI, p. 455.

[4] Cuando Dios agracia a la persona, ésta se cree cercana a Él y cuando Dios le ajusta su provisión se siente humillado y afrentado por Él, sin comprender que, en ambos casos Dios pone a prueba su fe y su agradecimiento. *Nemune,* t. XXVI, p. 462.

y se haga venir ese día al Infierno...

Ese día, recordará el ser humano y de nada le servirá el recuerdo. (23)

Dirá: «¡Ay de mí! ¡Ojalá hubiese enviado por delante algo de bien para mi vida!» (24)

Así, ese día nadie castigará con Su castigo (25) y nadie apresará con Su presa. (26)

¡Oh, alma sosegada! (27) ¡Regresa a tu Señor, satisfecha de Él y Él satisfecho de ti! (28) Entra con Mis siervos, (29) y entra en Mi Jardín. (30)

Capítulo 90

La Ciudad

En el nombre de Al.lah, el Clementísimo, el Misericordiosísimo.

Juro por esta ciudad,[1] (1) por esta ciudad en la que tú resides, (2) y por un padre y lo que engendra:[2] (3)

Ciertamente, hemos creado al ser humano en el esfuerzo y el cansancio. (4)

¿Cree que nadie tiene poder sobre él? (5)
Dice: «¡He derrochado una gran fortuna!» (6)
¿Cree que nadie le ve? (7)

¿Acaso no le hemos puesto dos ojos? (8) ¿Y una lengua y dos labios? (9) ¿Y no le hemos indicado las dos vías?[3] (10)

Sin embargo, no se apresura a subir la cuesta. (11)

¿Y qué te hará saber lo que es la cuesta? (12)
Es liberar a un esclavo (13) o alimentar en días de hambre (14) a un familiar huérfano (15) o a un necesitado polvoriento, (16) y ser de los que creen y se aconsejan mutuamente la paciencia y se aconsejan mutuamente la misericordia. (17)

¡Esos son la gente de la derecha! (18)

---

[1] La Meca. *Al-Mizan*, t. XX, p. 484.
[2] Se refiere al profeta Abraham y a su hijo Ismael, quienes levantaron los muros de la Kaba y dieron origen a la ciudad de La Meca. *Al-Mizan*, t. XX, p. 485.
[3] El bien y el mal. *Al-Mizan*, t. XX, p. 489.

Y aquellos que no creen en Nuestras señales son la gente de la izquierda, (19) a quienes el Fuego rodeará por todos lados. (20)

Capítulo 91

El Sol

En el nombre de Al.lah, el Clementísimo, el Misericordiosísimo.

Juro por el Sol y por el esplendor de la mañana (1) y por la Luna cuando le sigue (2) y por el día cuando la muestra[1] (3) y por la noche cuando la cubre (4) y por el cielo y Quien lo construyó (5) y por la Tierra y Quien la extendió (6) y por un alma y Quien la creo de forma armoniosa y equilibrada, (7) inspirándole lo que la corrompe y el temor que la mantiene a salvo: (8)

Ciertamente, habrá triunfado quien la purifique (9) y habrá fracasado quien la corrompa (10)

Tamud, en su rebeldía, desmintió (11) cuando el más miserable de ellos se alzó,[2] (12) a pesar de que el Mensajero de Dios les había dicho: «¡Ésta es la camella de Dios, dejadla beber!» (13) Pero le desmintieron y la mataron y su Señor les castigó por su pecado y les aniquiló a todos por igual, (14) sin temer las consecuencias. (15)

Capítulo 92

La noche

En el nombre de Al.lah, el Clementísimo, el Misericordiosísimo.

Juro por la noche cuando cubre (1) y por el día cuando se manifiesta (2)
y por Quien ha creado al varón y a la hembra, (3)
que, en verdad, vuestros esfuerzos obtienen diferentes resultados. (4)
Así pues, a quien dé[3] y sea temeroso de Dios (5) y crea en la buena promesa,[4] (6) le facilitaremos las cosas. (7)
Pero a quien sea avaro y se crea autosuficiente (8) y desmienta la buena promesa, (9)

---

[1] Es decir: «Cuando muestra la Tierra.» *Al-Mizan*, t. XX, p. 497.
[2] Se refiere a Qidar ibn Salef, a quien el pueblo de Tamud encargo la misión de matar la camella de Dios que el profeta Saleh había hecho aparecer. *Al-Mizan*, t. XX, p. 501.
[3] Es decir, quien gaste de sus bienes por la causa de Dios. *Al-Mizan*, t. XX, p. 509.
[4] Que Dios ha hecho a quien gaste de sus bienes por amor a Él. *Al-Mizan*, t. XX, p. 509.

le haremos difícil las cosas (10) y no le beneficiará su riqueza cuando muera. (11)

En verdad, Nosotros tenemos la guía (12) y a Nosotros pertenece la otra vida y la primera (13)

Y os he advertido del Fuego llameante (14) al cual sólo será arrojado el más descreído, (15) que desmiente y se aparta. (16)

Y se librará de él quien sea más temeroso, (17) que dé de sus bienes y los purifique, (18) y que no hace el bien esperando recompensa, (19) sino buscando la satisfacción de su Señor el Altísimo. (20)

Y pronto será satisfecho. (21)

Capítulo 93

La mañana

En el nombre de Al.lah, el Clementísimo, el Misericordiosísimo.

Juro por la mañana cuando resplandece (1)

y por la noche cuando todo está en calma, (2)

que tu Señor no te ha abandonado ni está enojado contigo. (3)

Y, ciertamente, la otra vida será mejor para ti que la primera (4) y pronto te dará tu Señor y estarás satisfecho. (5)

¿Acaso no te encontró huérfano y te amparó? (6)

¿Y te encontró perdido y te guió? (7)

¿Y te encontró pobre y te enriqueció? (8)

Así pues, no oprimas al huérfano (9) ni alejes al mendigo (10) y proclama la merced de tu Señor. (11)

Capítulo 94

La abertura

En el nombre de Al.lah, el Clementísimo, el Misericordiosísimo.

¿Acaso no hemos abierto tu pecho (1) y te hemos liberado de la carga (2)

que pesaba sobre tu espalda? (3) ¿Y hemos elevado para ti el recuerdo?¹ (4)

Así, en verdad, con la dificultad, la facilidad. (5) En verdad, junto a la dificultad, la facilidad. (6)

Así pues, cuando hayas acabado tus obligaciones, esfuérzate en tu adoración (7) y vuélvete a tu Señor anhelante. (8)

Capítulo 95

La Higuera

En el nombre de Al.lah, el Clementísimo, el Misericordiosísimo.

Juro por la higuera y el olivo (1) y por el monte Sinaí (2) y por esta ciudad segura² (3) que, ciertamente, hemos creado al ser humano en la mejor condición.³ (4) Luego, le hemos relegado a lo más bajo de lo bajo, (5) excepto a aquellos que creen y actúan rectamente, pues para ellos hay una recompensa ilimitada. (6)

Así pues, ¿Qué es lo que te hace desmentir la Recompensa?⁴ (7) ¿No es Dios el mejor de los jueces? (8)

Capítulo 96

*Lo que está suspendido*⁵

En el nombre de Al.lah, el Clementísimo, el Misericordiosísimo.

Recita en el nombre de tu Señor, el Cual ha creado. (1)
Ha creado al ser humano a partir de algo que está suspendido.⁶ (2)
Recita.
Tu Señor es el Más Generoso. (3)
Es Quien ha enseñado por medio de la escritura (4)
Ha enseñado al ser humano lo que éste no conocía. (5)
¡Pero no! En verdad, el ser humano se rebela (6) cuando se cree autosuficiente. (7)
En verdad, el regreso es hacia tu Señor. (8)
¿Has visto a quien prohíbe (9) a un siervo que rece?⁷ (10)
¿Has visto si está sobre la buena guía (11) u ordena el temor de Dios?⁸ (12)

---

¹ Es decir, hemos elevado tu nombre, de tal manera que, cuando los musulmanes declaran su fe, citan el nombre del Profeta junto al de Dios.
² Es decir, La Meca.. (Cfr. 29:67) *Al-Mizan*, t. XX, p. 539.
³ Es decir, Dios ha creado al ser humano con la capacidad de alcanzar una gran posición espiritual. *Al-Mizan*, t. XX, p. 540.
⁴ Es decir: «¿Qué te lleva a desmentir la existencia del Día del Juicio Final?" *Al-Mizan*, t. XX, p. 542.
⁵ Este capítulo es el primero que fue revelado al profeta Muhammad, y lo fue de una sola vez, de lo cual se deduce que el Profeta ya rezaba antes de que comenzase la revelación coránica. *Al-Mizan*, t. XX, p. 551.
⁶ Se refiere al óvulo fecundado, suspendido, en su primera fase, de las paredes del útero por unos filamentos, a través de los que se alimenta y que lo mantienen a salvo de posibles golpes.
⁷ Se refiere a Abu Yahil, tío del profeta, quien prometió que impediría rezar al profeta Muhammad. *Al-Mizan*, t. XX, p. 551.
⁸ Es decir: «¿Has visto si ese que reza está sobre la buena guía u ordena el temor de Dios?» *Al-Mizan*, t. XX, p. 553.

¿Has visto si desmiente y se aparta? (13)
¿Acaso no sabe que Dios ve? (14)
¡Pero no!
Si no termina con eso le arrastraremos del flequillo. (15) Flequillo mentiroso y pecador. (16)
Que llame entonces a sus colegas. (17) Nosotros llamaremos a los ángeles guardianes del Infierno. (18)
¡Pero no! No le obedezcas, prostérnate y busca la cercanía de Dios. (19)

Capítulo 97

El decreto

En el nombre de Al.lah, el Clementísimo, el Misericordiosísimo.

En verdad, lo hemos hecho descender en la Noche del Decreto.[1] (1)
¿Y qué te hará entender lo que es la Noche del Decreto? (2)
La Noche del Decreto es mejor que mil meses.[2] (3)
Descienden en ella los ángeles y el Espíritu con el permiso de tu Señor sobre todos los asuntos.[3] (4)
Hay paz en ella hasta la llegada del amanecer. (5)

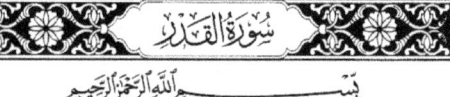

Capítulo 98

La prueba clara

En el nombre de Al.lah, el Clementísimo, el Misericordiosísimo.

No fueron separados los que no creían de la gente de la Escritura y los idólatras hasta que no llegó a ellos la prueba clara.[4] (1) Un Mensajero procedente de Dios que les recita escritos purificados (2) en los que hay mensajes y disposiciones claras y firmes. (3)
Y no se dividieron aquellos a quienes fue dada la Escritura excepto después de haber llegado a ellos la prueba clara. (4)
Y no les fue ordenado, sino que adorasen a Dios, con fe en Él únicamente, como verdaderos buscadores de la Verdad, que hicieran la oración y que diesen el impuesto purificador de la riqueza. Y esa es la religión verdadera. (5)

---

[1] El *Corán* ha descendido de dos maneras. Una gradualmente, en forma de palabras y frases, a lo largo de veintitrés años (Cfr. 17:106) y otra, de una sola vez, durante una de las noches del mes de Ramadán. *Al-Mizan*, t. XX, p. 561.

[2] Es decir, dedicar la Noche del Decreto a actos de adoración tiene una recompensa mayor que los actos de adoración realizados en toda una vida. *Al-Mizan*, t. XX, p. 563.

[3] El Espíritu es parte de la orden de Dios (Cfr. 17:85) y el sentido del versículo es: «En la noche del Decreto, descienden los ángeles y el Espíritu, con el permiso de Dios para la realización de todas Sus órdenes.» *Al-Mizan*, t. XX, p. 563-564.

[4] Es decir: «Dios no dejó de lado a los cristianos y judíos, ni a los árabes politeístas, hasta que no llegó a ellos el Profeta con el Sagrado *Corán*.» (Cfr. 9:115)

En verdad, los que no creen de la gente de la *Escritura* y los idólatras estarán eternamente en el fuego del Infierno.

Ellos son lo peor de la Creación. (6)

En verdad, quienes creen y actúan rectamente son lo mejor de la Creación (7)

Su recompensa junto a su Señor serán los Jardines del Edén, de cuyas profundidades brotan los ríos, en los que estarán eternamente, para siempre.

Dios estará satisfecho de ellos y ellos lo estarán de Él.

Eso será para quien tema a su Señor. (8)

Capítulo 99

El terremoto

En el nombre de Al.lah, el Clementísimo, el Misericordiosísimo.

Cuando la Tierra tiemble con su temblor (1) y la Tierra expulse su carga (2) y diga el ser humano: «¿Qué le sucede?» (3) Ese día, relatará sus crónicas (4) conforme a lo que Dios la inspire. (5)

Ese día, regresarán los seres humanos en grupos con estados diferentes, para que les sean mostradas sus acciones (6)

Así pues, quien haga el peso de un átomo de bien, lo verá (7) y quien haga el peso de un átomo de mal, lo verá. (8)

Capítulo 100

Los que galopan

En el nombre de Al.lah, el Clementísimo, el Misericordiosísimo.

Juro por los que galopan jadeantes (1)
y hacen saltar chispas (con sus cascos) (2)
y atacan al enemigo por sorpresa al amanecer, (3)
levantando una nube de polvo (4) e irrumpiendo en grupo entre las filas enemigas (5)

que, en verdad, el ser humano es muy ingrato con su Señor (6) y, en verdad, él mismo es consciente de ello. (7) En verdad, ama en exceso la riqueza. (8)

¿Acaso no sabe que, cuando sea expulsado lo que hay en las tumbas (9) y se manifieste y diferencie lo que hay en los pechos, (10) en verdad, su Señor, ese día, estará bien informado de ello? (11)

Capítulo 101

La catástrofe

En el nombre de Al.lah, el Clementísimo, el Misericordiosísimo.

La catástrofe. (1)
¿Qué es la catástrofe? (2)
¿Y qué te hará entender lo que es la catástrofe? (3)
Es el día en que los seres humanos estarán como un tumulto de langostas desorientadas y dispersas (4) y las montañas como lana de colores deshilachada. (5)
Entonces, aquel cuya balanza sea pesada (6) disfrutará de una vida satisfactoria (7) y aquel cuya balanza sea ligera (8) tendrá por hogar el abismo. (9)
¿Y qué te hará entender lo que es el abismo? (10)
Es un Fuego abrasador. (11)

Capítulo 102

La rivalidad

En el nombre de Al.lah, el Clementísimo, el Misericordiosísimo.

La rivalidad sin sentido por obtener mayores bienes materiales os mantendrá distraídos (1) hasta que os llegue el momento de visitar las tumbas. (2)
¡Pero no! ¡Pronto sabréis! (3)
Otra vez ¡No! ¡Pronto sabréis! (4)
¡Pero no! ¡Si supieseis con certeza, (5) os juro que veríais el Fuego! (6)
Luego, os juro que lo veréis con certeza absoluta.[1] (7)
Luego, os juro que, ese día, seréis preguntados por las bendiciones.[2] (8)

---

[1] *Ilm al-yaqin*, («saber con certeza»), indica un conocimiento exento de dudas, que permite, en esta vida, tener certeza del Fuego como si se viera. *Ain al-yaqin* indica la certeza que aporta ver el Fuego mismo, el Día del Juicio Final. *Al-Mizan*, t. XX, p. 602.
[2] «Por las bendiciones que Dios os dio en esta vida.» *Al-Mizan*, t. XX, p. 603.

Capítulo 103

La época

En el nombre de Al.lah, el Clementísimo, el Misericordiosísimo.

Juro por la época[1] (1) que, en verdad, el ser humano va hacia su perdición, (2) excepto aquellos que creen y realizan buenas acciones y se aconsejan unos a otros la Verdad y se aconsejan unos a otros la paciencia. (3)

Capítulo 104

El difamador

En el nombre de Al.lah, el Clementísimo, el Misericordiosísimo.

¡Ay de todo difamador murmurador (1) que acumula riqueza y la recuenta! (2) Cree que su riqueza le eternizará. (3) ¡Pero no! Juro que será arrojado al Hutama. (4)

¿Y que te hará entender los que es el Hutama? (5)
Es el fuego abrasador de Dios, (6) que llega hasta el fondo del alma. (7)
En verdad, se cerrará sobre ellos (8) en columnas alargadas. (9)

Capítulo 105

El elefante

En el nombre de Al.lah, el Clementísimo, el Misericordiosísimo.

¿No has visto lo que hizo tu Señor con la gente del elefante?[2] (1)
¿No hizo que fracasasen sus planes (2) y envió sobre ellos pájaros en bandadas sucesivas (3) que les lanzaron piedras de barro, (4) que les dejaron como heno masticado? (5)

---

[1] Aunque algunos lo han traducido como el tiempo de la tarde, atendiendo al sentido de los versículos siguientes, parece que se refiere a la época de la aparición del profeta Muhammad, la época en la que el Islam surgió en el horizonte de la humanidad, la época de la victoria de la Verdad sobre la falsedad. *Al-Mizan*, t. XX, p. 609.

[2] Abraha ibn Sabah Ashram, rey del Yemen, el mismo año en que nació el Profeta Muhammad, decidió destruir la Ka'ba y avanzó sobre La Meca con un ejército de elefantes. *Al-Mizan*, t. XX, p. 622.

Capítulo 106

Los Quraysh

En el nombre de Al.lah, el Clementísimo, el Misericordiosísimo.

¡Juro por la alianza de los Quraysh! (1)

¡Su alianza para el viaje de las caravanas de invierno y verano! (2)

Así pues, que adoren al Señor de esta Casa, (3) el Cual les da de comer en tiempos de hambruna y les da seguridad ante el temor. (4)

Capítulo 107

La ayuda

En el nombre de Al.lah, el Clementísimo, el Misericordiosísimo.

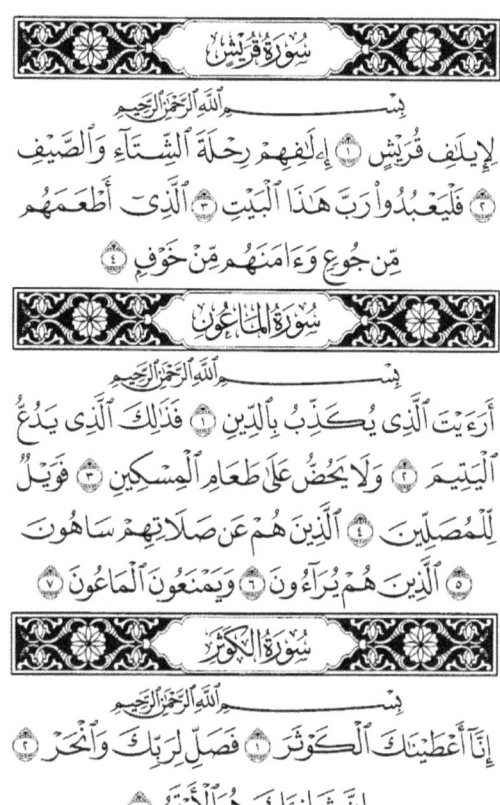

¿Has visto a quien desmiente el Día de la Recompensa? (1)
Es el mismo que aparta de sí violentamente al huérfano (2) y que no anima a alimentar al necesitado. (3)

Así pues ¡Ay de los que rezan (4) y que son negligentes con su oración! (5) Aquellos que la hacen para ser vistos (6) y niegan la ayuda. (7)

Capítulo 108

La abundancia

En el nombre de Al.lah, el Clementísimo, el Misericordiosísimo.

En verdad, te hemos otorgado la abundancia.[1] (1)
Así pues, reza a tu Señor y ofrece sacrificios (2)
En verdad, quien te odia es el que no tendrá descendencia. (3)

---

[1] Según numerosos exégetas coránicos, Fatima Zahra, la hija del Profeta.

Capítulo 109

Los que no creen

En el nombre de Al.lah, el Clementísimo, el Misericordiosísimo.

Di: «¡Oh, vosotros que no creéis! (1) No adoro lo que vosotros adoráis, (2) ni vosotros sois adoradores de lo que yo adoro. (3)

Y yo no soy adorador de lo que vosotros adorabais (4) y vosotros no sois adoradores de lo que yo adoro. (5)

Para vosotros vuestra religión y para mí mi religión.» (6)

Capítulo 110

El auxilio

En el nombre de Al.lah, el Clementísimo, el Misericordiosísimo.

Cuando llegue el auxilio de Dios y la victoria (1) y veas a los seres humanos entrando en la religión de Dios en oleadas sucesivas, (2) glorifica con alabanzas a tu Señor y busca Su perdón.

En verdad, Él acepta al que se arrepiente. (3)

Capítulo 111

El esparto

En el nombre de Al.lah, el Clementísimo, el Misericordiosísimo.

Que perezcan las manos de Abu Lahab y que perezca él. (1)
No le servirá de nada su riqueza ni todo lo que obtuvo. (2)
Entrará en un Fuego llameante (3) y también su mujer, la portadora de leña, (4) con una cuerda de esparto rodeando su cuello. (5)

Capítulo 112

El monoteísmo

En el nombre de Al.lah, el Clementísimo, el Misericordiosísimo.

Di:
«Él es Dios, uno. (1)
Dios, eterno. (2)
No ha engendrado ni ha sido engendrado (3)
y no hay otro semejante a Él.» (4)

Capítulo 113

El alba

En el nombre de Al.lah, el Clementísimo, el Misericordiosísimo.

Di: «Me refugio en el Señor del alba (1) del mal de lo que Él ha creado (2) y del mal de la oscuridad de la noche cuando se extiende (3) y del mal de las sopladoras de nudos (4) y del mal del envidioso cuando envidia.» (5)

Capítulo 114

Los humanos

En el nombre de Al.lah, el Clementísimo, el Misericordiosísimo.

Di: «Me refugio en el Señor de los seres humanos, (1)
el Rey de los seres humanos, (2)
el dios de los seres humanos, (3)
del mal del susurrante tentador, (4)
el que susurra en el pecho de los seres humanos (5)
y procede de los genios y de los seres humanos.» (6)

Súplica
para ser recitada al completarse
la lectura del Sagrado Corán

¡Oh Dios! En verdad Tú me has ayudado a terminar de leer Tu *Escritura*,
la cual hiciste descender como una luz,
y pusiste como una prueba del valor
de todas las Escrituras que Tú has hecho descender;
la diste excelencia por encima de toda palabra que Tú has emitido
y como un criterio con el cual Tú diferencias
entre lo que has hecho lícito y lo que has hecho ilícito.

Es un Corán con el cual Tú has explicado elocuentemente
Tus disposiciones legales;
Una *Escritura* en la cual Tú has explicado todo detalladamente a Tus siervos
y una revelación que Tú hiciste descender sobre Tu Mensajero Muhammad
-Tus bendiciones y Tu paz sean con él y con su familia-
de manera gradual.

Tú lo pusiste como una luz
para que podamos guiarnos a través de la oscuridad del error y la ignorancia siguiéndola;
como una cura para aquél que le presta oído con sinceridad de entendimiento
al escucharlo;
una balanza justa, cuyo lenguaje no aparta de la verdad;
un faro cuya luz siempre permanece visible para los que miran;
una bandera de salvación que no descarría a quien aspira a su camino recto
y las manos de la destrucción no alcanzan al que se aferra con fuerza a su asta protectora.

¡Oh Dios!
Ya que Tú nos ayudaste a recitarlo,
y adaptaste la aspereza de nuestras lenguas a la suavidad de su estilo,
permite que seamos de aquéllos que obedecen sus preceptos como deben ser obedecidos,
Te adoran con fe sumisa en sus versos firmes
y buscan refugio en la admisión de sus versos metafóricos y el significado de sus pruebas claras.

¡Oh Dios!
Tú lo hiciste descender sobre Tu Mensajero Muhammad
-Tus bendiciones y tu paz sean con él y con su familia-
en forma sintética
y le iluminaste con el conocimiento detallado de sus maravillas.
Y nos hiciste herederos e intérpretes de su conocimiento
Y nos favoreciste por encima de aquéllos que ignoran sus conocimientos
Y nos diste esta capacidad
para elevarnos sobre aquellos que no son capaces de llevar su carga.

¡Oh Dios!
Ya que Tú hiciste que nuestros corazones lo lleven
y graciosamente nos hiciste comprender su nobleza y excelencia,
bendice a Muhammad, su predicador, y a sus familia, sus guardianes,
y permite que seamos de aquéllos que saben que ha sido revelado por Ti,
y que no nos asalte duda alguna al atestiguar su verdad,
ni que nos podamos desviar de su camino recto.

¡Oh Dios!
Bendice a Muhammad y a su familia.
Haz que seamos de aquéllos que se aferran firmemente a su cuerda,
buscan refugio contra la interpretación inadecuada de sus analogías,
descansan a la sombra de sus alas,
obtienen guía del esplendor de su luz matinal,
siguen el brillo de su resplandor,
adquieren iluminación de su lámpara
y no buscan la guía de ningún otro.

¡Oh Dios!
Puesto que hiciste de Muhammad una señal que dirige hacia Ti
y explicaste por medio de su familia los caminos adecuados que conducen hacia Ti,
bendice a Muhammad y a su familia
y haz que el *Corán* sea un medio para que nosotros alcancemos
las más nobles posiciones del honor
y una escalera por la que ascender hacia la morada de la seguridad
y una razón para ser recompensados con la salvación en el Llano de la Resurrección
y un medio con el que alcanzar las bendiciones de la Morada Eterna.

¡Oh Dios!
Bendice a Muhammad y a su familia
Y aleja de nosotros la carga del pecado por medio del *Corán*.

Otórganos las excelentes cualidades de los pios
Y haznos seguir la senda de aquellos que se pusieron ante Ti
en mitad de la noche y en los extremos del día
hasta que nos purifiques de toda mancha mediante su pureza.
Y permítenos seguir el sendero de aquéllos
que se alumbraron con su luz
y a quienes las vanas esperanzas no les distrajeron de la acción
apartándoles de ella con engaños e ilusiones.

¡Oh Dios!
Bendice a Muhammad y a su familia
Y haz que el *Corán* sea nuestro íntimo compañero en la oscuridad de la noche
Y un guardián contra las seducciones de Satanás
y contra los malos pensamientos.
Una barrera que nos impida caminar hacia los actos de desobediencia,
un freno para nuestras lenguas, que les evite caer en la falsedad sin enmudecerlas,
una restricción para que nuestros miembros corporales no cometan pecados,
una llave que abra las páginas de la advertencia
que habían permanecido cerradas por nuestra negligencia
hasta que Tú trajiste a nuestros corazones el entendimiento de sus maravillas
y de sus prohibiciones ejemplares
que las firmes montañas son demasiado débiles para soportar.

¡Oh Dios!
Bendice a Muhammad y a su familia
y, mediante el *Corán*, haz permanente nuestra corrección externa,
y protégenos con él de los pensamientos confusos que acudan a nuestras mentes.
Lava con él la suciedad de nuestros corazones
y las manchas de nuestros pecados.
Corrige con él los desordenes en nuestros asuntos,
Satisface con él la sed de ardiente calor cuando seamos llevados ante Ti
Y cúbrenos con el ropaje de la seguridad el día del gran terror de la Resurrección.

¡Oh Dios!
Bendice a Muhammad y a su familia
Y, mediante el Corán, compensa la necesidad provocada por la ausencia de bienes.
Dirige hacia nosotros, por medio de él, las comodidades de la vida
y la provisión abundante.
Apártanos, a través de él, de todo hábito vergonzoso y de la inmoralidad.

Sálvanos con él de los abismos de la falta de fe
y de la hipocresía,
hasta que el Día de la Resurrección nos guíe hacia Tu Aprobación y Tus jardines
y, en esta vida, sea una protección que nos impida provocar Tu enfado
y transgredir Tus límites
y un testigo ante Ti de que observamos tus Mandamientos y prohibiciones.

¡Oh Dios!
Bendice a Muhammad y a su familia
y, por medio del *Corán*, haz fácil para nuestras almas
la agonía de la transición a la otra vida
el esfuerzo de los gemidos
y la sucesión de ahogos
cuando las almas lleguen a la garganta
y se diga: «¿Quién es el que salva?»[1]
y aparezca el Ángel de la Muerte
para sacarlas de los velos que las ocultaban,
lo cuales no se puede percibir con los sentidos corporales,
y para disparar con el arco de la muerte
las flechas terribles de la separación
y mezclar para ellas,
con el veneno de la muerte,
una copa de sabor ponzoñoso.
Y seamos aproximados a la partida hacia la otra vida
y nuestras acciones se conviertan en collares alrededor de los cuellos
y las tumbas se conviertan en nuestro lugar de descanso
hasta el Día del Encuentro.

¡Oh Dios!
Bendice a Muhammad y a su familia.
Y bendícen nuestra entrada en la morada de la descomposición
y la larga permanencia entre las capas de la tierra.
Y haz que las tumbas,
después de que dejemos el mundo,
sean nuestra mejor morada.
y ensancha para nosotros, mediante Tu misericordia,
la estrechez de nuestras sepulturas.
Y no nos humilles ante quienes estén presentes el Día del Levantamiento
con nuestros vergonzosos pecados.
Ten piedad, te lo pedimos por el *Corán*,
de nuestra humilde posición

---

[1] *Corán*, 75:26 y 27.

cuando nos presentemos ante Ti.
Fortalece, por medio de él, nuestros pasos vacilantes
cuando tengamos que pasar
sobre el tambaleante puente que cruza el infierno
e ilumina antes de la Resurrección
la oscuridad de nuestras tumbas
Líbranos de toda angustia en el Día del Levantamiento
y de los intensos terrores del Día del Desastre.
Haz que nuestros rostros resplandezcan
el día en que las caras de los malvados sean oscurecidas,
el Día del Remordimiento y la Vergüenza.
Pon el amor hacia nosotros
en los pechos de los creyentes verdaderos
y no hagas que nuestra vida esté llena de problemas.

¡Oh Dios!
Bendice a Muhammad, Tu Siervo y Tu Mensajero
Tal y como él entregó Tu Mensaje,
ejecutó Tus ordenes
y aconsejó a Tus criaturas.

¡Oh Señor!
Haz que nuestro Profeta
-Tus Bendiciones sean sobre él y sobres su familia-
sea el más cercano de los profetas que se sienten junto a Ti
el Día del Levantamiento,
que su intercesión ante Ti
sea la más eficaz
el más valioso de ellos ante de Ti
y el de mayor rango ante Tu presencia.

¡Oh Dios!
Bendice a Muhammad y a su familia.
Ennoblece su edificio,
magnifica la prueba que él aporte,
haz que su balanza pese,
acepta su intercesión
y aproxima a Ti su mediación.
Ilumina su rostro,
completa su luz,
eleva su rango.
Haz que vivamos de acuerdo a sus costumbres,
y haz que muramos siguiendo sus creencias.
Haz que nos mantengamos en su senda,

que transitemos su camino.
Haz que seamos de los obedientes a él.
Resucítanos con su congregación,
condúcenos a su estanque
y permítenos beber de su copa.

Bendice ¡oh Dios!, a Muhammad y a su familia con una bendición
con la que le otorgues lo mejor que él podría esperar de Tu Bondad,
Tu Favor y Tu Generosidad.
En verdad, Tú eres el Dueño de la Misericordia generosa y la Gracia generosa.

¡Oh Dios!
Recompénsale por haber transmitido Tus Mensajes,
Por haber dictado Tus versículos,
por los buenos consejos que dio a Tus criaturas
y por el esfuerzo que realizó por Tu Causa,
con la mejor recompensa con que Tu jamás hayas recompensado
a ninguno de Tus ángeles querubines
ni de Tus profetas enviados y escogidos por Ti.

¡Que la paz y la misericordia de Dios y Sus bendiciones
sean con él y con su familia buena y purificada.[2]

---

[2] Imam Zayn ul-Abidin, Ali ibn Huseyn, *Al-Sahifa al-Sayyadiyya*, súplica nº 42, Súplica tras haberse completado la recitación del Sagrado *Corán*.

Bibliografía

Abboud, Ahmad y Castellanos, Rafael, *El Sagrado Corán*, Ed. El Nilo, Buenos Aires, 1980.
Al-Ālūsī, Abu al-Faḍ'l Šihāb ud-Dīn As-Seyed Maḥmūd, *Ruḥ al-Maʻānā fi tafsīr al-Qur'an wa sabaʻ al-maṯāni*, Dār al-ahiā at-turāṯ al-ʻarabī, Beyrut.
Al-ʻAŷāšī, Abi An-Nadir Muḥammad bin Masʻud bin ʻAŷaš as-Salimī as-Samarcandī, *Tafsīr Al-ʻAŷāšī*, Al-Maktaba al-ʻIlmiya al-Islāmiya, Teherán 1380 h.q.
Al-Baḥrānī, Seyed Hāšem Ḥuseynī, *Al-Burḥān fi tafsīr al-Qur'an*, Mū'assese Ismāʼīlīyān, Qom, 1109 h.q.
Al-Huwaysī, ʻAbdellah bin Ŷumuʻa al-Arūsī, *Tafsīr Nur uṯ-Ṯaqalayn*, Matbaʻa al-ʻIlmiya, Qom, 1383 h.q.
Al-Koleinī, Abu Ŷaʻfar Muḥammad bin Iʻaqūb bin Isḥāq, *Al-Uṣūl Al-Kafi*. Dār al-Kitāb al-Islāmiya, Teherán.
Al-Maŷlesī, Muḥammad Bāqer, *Biḥār al-Anwār*, Dār al-ahiā at-turāṯ al-ʻarabī. Beyrut, 1403 h.q.
Al- Montajab, La Selección en la interpretación del Sagrado Corán, árabe y español, El Cairo 1422 h. (2001) Al-Azhar, Mº de Auqaf, Consejo Superior de Asuntos Islámicos.
Al-Qayṣarī, Dāwūd bin Maḥmūd, *Šarḥ Fuṣūṣ al-Ḥikam*. Ed. Anwār al-Hadī, 1416 h.q.
Al-Qommī, Abu al-Ḥuseyn ʻAlī bin Ibrāhīm. *Tafsīr Al-Qommī*, Mū'assese Dār al-Kitāb, Qom, 1404 h.q.
Al-Qur'an Al-Karīm, Entešārāt-e Usbē, bobastē be Sāzmān Auqāf wa umūr-e jeyryē, Teherán, 1368 h.s.
Al-Qurṭubī, Abu ʻAbdellah Muḥammad bin Aḥmad Al-Anṣārī, *Al-Ŷamiʻ li aḥkām al-Qur'an*, Dār al-kutub al-ʻarabī lil ṭabāʻa wal našr, El Cairo, 1977.
Ar-Rāzī, Fajr ud-Dīn, *Tafsīr al-Kabīr (Mafātih al-gayb)*, Al-Maṭbaʻa al-Bahīa al-Miṣrīya, El Cairo.
Asad, Muḥammad. *El Mensaje del Qur'an*, traducción del árabe y comentarios, Junta Islámica 2001, Córdoba.
Aṭ-Ṭabarī, Abu Ŷaʻfar Muḥammad bin Ŷarīr, *Ŷamiʻ al-Bayān fi tafsīr al-Qur'an*, Dār al-Maʻarifa. Beirut, 1403 h.q.
Aṭ-Ṭabarī, Abu Ŷaʻfar Muḥammad bin Ŷarīr, *Kitab ul Wilāya*, Ed. Meimunia, Egipto.
Aṭ-Ṭabarsī, Amīr ad-Dīn abu ʻAlī al-Faḍ'l bin al-Huseyn, *Maymaʻ al Bayān fi tafsīr ul-Qur'an*. Dār al-ahiā at-turāṯ al-ʻarabī. Beyrut, 1379 h.q.

Bibliografía

Aṭ-Ṭabarsī, Amīr ad-Dīn abu ʿAlī al-Faḍʼl bin al-Huseyn, *Ŷawāmiʿ al-Ŷamʿ*, Dānešgāh-e Tehrān. Teherán, 1367 h.s.

Aṭ-Ṭanṭawī, *Tafsīr al-Ŷawāhir*, Ed. Muṣṭafa al-Bābī al-Halbī, Egipto.

Aṭ-Ṭusī, Abu Ŷaʿfar Muḥammad bin Ḥasan, *Aṭ-Ṭibiān fi tafsīr al-Qurʼan*, Dār al-ahiā at-turāṯ al-ʿarabī, Beyrut.

Az-Zamajšarī, Ŷaral.lah Maḥmūd bin ʿAmr, *Al Kāšāf ʿan ḥaqāʼiq gawamiḍʼ at-tanzīl wa ʿuyūn al-qaāwīl fi wuŷūd at-taʼwīl*, Ed. Muṣṭafā Muḥammad

Beneito, Pablo, *El secreto de los nombres de Dios*, Editora Regional de Murcia, 1996.

Cansinos Assens, Rafael, *El Korán*. Ed. Aguilar. Madrid, 1963.

Corbin, Henri, *La imaginación creadora en el sufismo de Ibn al-ʿArabī*, Ed. Destino, Barcelona, 1993.

Cortés, Julio, *El Corán*, AKZ publications, Ed. Bilingüe, US, 1987.

De Epalza, Míkel, *L'Alcorà*, Ed. Proa, Barcelona, 2002.

Ibn Kazīr, ʿImād ad-Dīn Abi al-Faḍʼā Ismaʼīl bin Kazīr, *Tafsīr al-Qurʼan al-Aḏīm*, Dār al-ahiā at-turāṯ al-ʿarabī, Beirut, 1405 h.q.

Jurramšahī, Bahā ud-Dīn, *Tafsīr-e Qurʼan-e Karīm*, Entešārāt-e Ŷamī, Teherán, 1376 h.s.

Makārem Šīrāzī, Naṣīr, *La interpretación ejemplar del Sagrado Corán*, t. XXVI, (trad. Tayebah Rabbani) Ilham Sharg, Qom

Makārem Šīrāzī, Naṣīr, *Tafsīr Nemūne*, Ed. Dār al-Kutub al-Islāmiya, Teherán, Irán, 1369.

Melara Navío, ʿAbdel Ghani, *El Corán*, trad. bilingüe y comentada, Ministerio de Asuntos Islámicos, Habices, Propagación y Orientación del Reino de Arabia Saudita, Medina al-Munawwara, 1417 h.q.

Mir Ahmed Ali, *The Holy Qurʼan*, Tahrike Tarsile Qurʼan Inc. US, 1988.

Mouheddine, ʿAbdul Qader y **Sanchez**, Sirhan ʿAli, *El Sagrado Corán*, IIPH, Ed. Servicop, La Plata, Argentina, 2004.

Mutahhari, Tabatabaʼi, Jomeini, *Luz dentro de mi*, Asamblea Islámica de Madrid, 1997.

Qarāʼi, ʿAlī Quli, *The Qurʼan*, Icas Press. London, 2004.

Rāzī, Abu al-Futūh, *Rauda al-ŷinān wa rawah al-ŷinān fi tafsīr al-Qurʼan*, Boniād Paŷuhešhāi Islām, Mašhad.

Seyed Imanī, *Una exégesis esclarecedora de la luz del Sagrado Corán*, Nur ul-Qurʼan fi tafsīr il Qurʼan, Ispaḥan, Irán, 2002.

Suyutʼī, Ŷalāl ud-Dīn ʿAbderaḥmān, *Ad-Dar al-Manṯūr fi al-tafsīr bi al-maʼzūr*, Manšūrāt Maktaba Ayatollah al-ʿUṯmā al-Marʿašī, Qom, 1404 h.q.

Ṭabāṭabāʼī, Seyed Muḥammad Ḥuseyn, *Tafsīr al-Mīzān*, tarŷumeʼbe fārsī az Seyed Muḥammad Bāqer Musawī Hamadānī, Ed, Daftar Entešārāt-e Islāmī, Qom.

Ṭehrānī, Seyed Muḥammad Ḥuseyn *Resāle-ie Lub al-Lubāb*, ed. Entešārāt-e ʿAl.lāma Ṭabāṭabāʼī, Mašhad, 2005.

Vernet, Juan, *El Corán*, Ed. Óptima, 5ª edición, Barcelona, 2002.

Índice analítico

Aarón: 2:248; 4:163, 5:25, 6:84, 7:111, 122, 142, 150, 172, 10:75, 19:53, 20:29-34, 42-48, 90-94, 21:48, 23:45-49, 25:35, 36, 26:13-48, 28:34, 37:114-122
 hermano de Moisés 5:25,
Abandono: 8:19, 39, 9:12, 26:167, 33:60, 36:18, 59:7
 a Dios 2:156, 3:109, 4:81, 11:123, 25:58, 33:3, 48
Abeja/s: 16:68-69
Abel: y Caín 5:27-31
Ablución: 4:43, 5:6
Aborrecible: 4:22
Abraha: 105:1-5
Abraham: 2:124-136, 140, 258-260; 3:65-68, 84, 95, 97, 4:54-55, 125, 163, 6:74-90, 161, 9:70, 114, 11:69-76, 12:6, 38, 14:35-41, 15:51-57, 16:120-123, 19:41-50, 58, 21:51-73, 22:26, 43, 78, 26:69-92, 29:16, 25, 31, 37:7, 83-113, 38:45-47, 42:13, 43:26-28, 51:24-3757:26-27, 60:4-5, 87:19
 Busca la Verdad 6: 76-81,
 Dios de. 2:133
 Familia de, 3: 33; 4:54
 Hanīf, 3:95
 Lugar de, 2:125-127; 3:97
 Religión de, 2:130-132; 2:135
 Revelado a, 2:136; 3:84
 No era judío, 2:140; 3:65-68;
Abrogación: 2:106, 13:39, 16:101,
 legitimidad de 2:142.

Abstenerse: 4:6, 25, 24:30, 31, 33, 60.
 de mujeres 2:222
Abu Bakr: 9:40
Abu Lahab: 111:1-3, su esposa 111:4-5
Abubilla: 27:20-29
Abundancia: 108:1
Abuso: 6:108
Acción/es: malas 3:193
Acostados: recuerdan a Dios 3:191
Acuerdo/s: 2:282, 3:187; 5:1,
 lealtad a los 2:26-27, 40, 100, 177, 3:76-77, 5:1, 8, 6:152, 13:19-20, 25, 16:91-95, 17:34, 23:8
'Ād: 7:65-72, 9:70, 11:50-60, 22:42, 23:31-41, 25:38, 26:123-140, 29:38, 38:12, 41:15-16, 46:21-26, 50:13, 51:41, 53:50, 54:18-22, 69:4-8, 89:6-8
Adán: 2:31-38, 3:33, 59, 5:27, 7:19-25, 17:61, 70, 18:50, 19:58, 20:115-123, 38:71-76, 40:31, 41:13, 15
 hijos de 5:27,
Adopción: 2:125; 33:4-5, 37, 40, de hijos 33:4, 5, 37
Adoración: 1:5, 2:21, 83, 3:51; 64, 113, 4:36, 172, 6:56, 1027:59, 10:3, 16:114, 19:65, 20:14, 21:19, 25, 92, 22:77, 24:55, 27:91, 29:17, 36, 56, 31:2, 36:60, 61, 43:20, 64, 51:56, 53:62, 98:5, 106:3, 109:1-6
 a los ídolos 5:60
 a otro que Dios 3:151
Adornos: 7:26, 31, 32, 16:8, 18:31, 20:87,

22:23, 24:31, 28:79, 35:33, 37:6, 76:21
Adulterio: 3:23, 4:15, 24, 25, 5:5, 17, 32, 24:2, 9-26, 25:68, 60:12
Adulto: 3:46, 5:110
Adversarios: 5:33, 6:25-73, 21:36, 24:47-57, 31:6-7, 58:5-10, 74:11-37
Adversidad: 3:17, 125, 134, 142, 146, 186, 200, 5:52, 7:87, 126, 128, 137, 8:46, 65, 66, 9:98, 10:109, 11:11, 49, 115, 12:18, 83, 90, 13:22, 16:96, 110, 126, 21:85, 22:35, 23:111, 28:54, 29:59, 30:60, 31:17, 31, 37:102, 38:44, 39:10, 40:55, 77, 41:35, 42:33, 46:35, 47:31, 48:6, 70:5, 76:12, 90:17, 103:3
  accidente fatal 52:30,
  paciencia ante la 2:153, 155, 177, 250,
Advertencia: 3:138, con el Corán 6:51,
Afeitar: la cabeza 2:196
Aflicción: 2:156, 3:154; 3:167;
Agonía: 6:64, 21:76, 37:76, 115, suprimir la 12:84, 16:58, 43:17
Agradecer: 2:56; 3:146, 153, 165, 166, 172, 4:62, 72, 5:106, 6:53, 9:50, 28:47, 31:17, 42:30, 57:22, 64:11
Agradecimiento: 2:52, 153, 173, 185, 143, 3:123, 4:147, 5:6, 8:26, 12:101, 14:7, 16:14, 78, 114, 21:80, 23:78, 27:40, 28:73, 29:17, 30:46, 31:12, 14, 32:9, 34:13, 35:12, 36:35, 73, 39:7, 66. 45:12, 46:15, 54:35, 56:70, 76:6, 93:11
Agredir: 2:85, 193, 4:30, 5:2, 62, 6:108, 28:28, 58:8, 9
  no 2:190;
Agua: 2:22, 74, 4:43, 5:6, 6:99, 7:50, 57, 8:11, 10:24, 11:7, 43, 44, 13:4, 14, 17, 14:16, 32, 15:22, 16:10, 65, 18:29, 41, 45, 20:53, 21:30, 22:63, 23:18, 24:39, 45, 25:54, 27:60, 29:63, 31:10, 32:27, 35:27, 39:22, 41:39, 43:11, 50:10, 54:11, 12, 28, 56:68, 79:31, 80:25
Aguacero: 2:264
Ajos: 2:61

Aḥmad: 61:6
Ahl ul-Bayt: 2:31, 37, 143, 155-157, 189, 3:3361, 104, 110, 4:69, 5:35, 6:97, 7:46, 180, 8:41, 13:38, 14:24-25, 37, 18:46, 19:58, 21:101, 22:77-78, 21:1-11, 52, 24:35-36, 27:59, 28:5, 29:47, 49, 69, 33:4, 33, 56, 35:32, 37:130, 165-166, 38:75, 42:13, 23, 52:21, 5:31, 59:7, 9, 102:8
A'yša: 24:11-27, 66:3-4
Ala/s: 6:38, 15:88, 17:24, 20:22, 26:215, 28:32, de los ángeles 35:1
Alabanza: 1:2, 2:30, 3:41, 188, 6:1, 46, 7:43, 10:10, 13:13, 14:39, 16:75, 17:111, 18:1, 20:130, 23:28, 25:58, 27:15, 59, 93, 28:70, 29:63, 30:18, 31:2532:15, 34:1, 35:34, 37:182, 39:29, 74, 75, 40:55, 65, 42:5, 45:36, 50:40, 52:48-49, 56:96, 57:1-5, 76:26, 87:1, 110:3
Alba: 3:17
Albedrío: 6:148, 13:11, 18:29, 41:40, 61:5, 73:19, 74:37, 76:29-30, 78:39, 80:11-12
Alcanfor: 76:5
Alfombras: 55:76, 88:16
Alianza: 8:56, 9:1-12
  de Dios con los Hijos de Israel 2:40, 83-85, 93, 124; 3:183, 187-188, 5:12-14
Aligerar: la carga 4:28;
'Alī ibn Abi Ṭālib: 2:156, 207, 274, 3:172-174, 191-195, 4:83, 5:3, 54, 55, 67, 8:64, 9:3, 16, 19-20, 10:94, 11:12, 17, 12:108, 13:19-21, 43, 15:41, 16:76, 91-94, 17:73-74, 81, 18:29, 19:50, 21:24, 22:41, 24:55, 25:74, 26:84, 214, 28:35, 61, 29:2, 33:23, 25, 57-58, 69, 72, 34:46, 35:28, 38:28, 41, 39:9, 43:4, 43, 45:21, 46:9-10, 47:9, 16, 25-26, 48:26, 29, 53:1-4, 55:19-20, 56:10-11, 58:12, 61:4, 66:4, 68:51-52, 69:12, 38-52, 70:1-2, 73:10-11, 76:5-22, 78:1-5, 85:3, 94:7, 100:1-5
Alif Lām Mīm: 2:1, 3:1, 29:1, 30:1, 31:1,

32:1
Alif, Lām Mīm Rā: 13:1
Alif Lām Rā: 10:1, 11:1, 12:1, 14:1, 15:1
Alif Lām Mīm Ṣād 7:1
Aliado: mal 22:13
Alimentos: 2:233; 3:93; usura, 3:130, lícitos: 5:1, 4, 5, prohibidos: 5:3,
  de la gente de la *Escritura* son lícitos 5:5
Alma/s: 2:48, 90, 102, 110, 130, 235, 265, 284, 286, 3:25, 30, 4:1, 97, 6:61, 70,
  guardan en secreto en sus 5:52,
  habla a 4:63,
  no escapan 4:65
  ordena el mal 12:53
  propensa a la codicia 4:128
  rechaza el mal 75:2
  satisfecha 89:27
Alteración: de las Escrituras 2:42, 75-79, 3:78, 4:46, 5:13, 41
Altivez: 4:172-173, 5:82, 6:93, 7:36, 75-76, 10:75, 14:21, 29:39, 34:31-33, 44:31, 45:31, 46:20
Amamantar: 2:233
Amantes: mujeres 5:5,
Amigos: 3:28; 3:68; 4:89, 123, 5:55, 9:74, 13:37, 17:111, 18:17, 19:45, 33:65, 41:34, 42:8, 31, 43:67, 48:22
  De Dios 10:62, 63, 64, 17:73, 25:28, 62:6
  no tomar 3:118, 5:57,
  no tomar a los judíos ni a los cristianos de amigos 5:51,
  y protectores Sólo Dios y Su Mensajero 5:55,
Amistad: 4:73, 5:82, 29:25, 30:21, 42:23, 58:14, 60:1, 7, 9, 13
  del Demonio 3:175, 4:73,
  entre los que no tienen fe 5:80, 81
Amonestador: 2:119, 213, 4:165, 5:19, 6:48, 18:56, 25:51, 26:115, 28:48, 34:34, 44, 35:37, 42, 37:72, 177, 43:23, 46:29, 67:8, 9, 17, 71:2
Amonestar: 2:6, 35, 6:19, 92, 7:63, 9:122, 10:2, 101, 14:44, 18:2, 56, 19:39, 21:45, 26:115, 36:6, 10, 11, 40:15, 42:7, 44:3, 46:3, 67:17, 78:40, 92:14
Amor: 2:166, 3:92, 119, 12:30, 20:39
  a Dios, 2:165, 186, 3:31, 5:57, 9:24, 58:22, 76:8, 9
  a esta vida: 3:152
  a las pasiones: 3:14
  al enemigo, 3:119
  a los bienes: 2:177
  a los creyentes 3:31
  a los justos 5:42, 60:8
  a los pacientes 3:146
  a los virtuosos 2:195, 3:134, 148, 5:13, 93
  de Dios: 2:195, 3:134, 5:54, 9:24, 19:95, 58:22
Ángel/es: 2:30-34, 98, 102, 162, 177, 210, 248, 285, 3:18, 39, 42, 45, 80, 87, 124-125 4:97, 172, 6:8, 9, 50, 7:20, 11:12, 31, 12:32, 15:7, 28, 16:33, 17:95, 21:26, 27, 25:7, 38:71-73, 53:26, 66:4, 69:17, 89:22
  Administradores de la muerte 4:97, 6:61, 93, 7:36, 8:51, 16:28, 32, 32:11
  Ascensión de los 70:4
  Atestiguan 4:166,
  Ayuda de los 3:124, 125, 8:9-10
  Bendicen a los creyentes 33:43
  Bendicen al Profeta 33:56
  cinco mil 3:125,
  creed en los 2:177, 285, 4:136,
  de la muerte 32:11
  descienden 6:111, 158, 17:92, 95, 25:7, 41:14, 30, 89:22, 97:4
  enemigos de los 2:98, escogidos 22:75
  glorifican a Dios 13:13, 36:41, 39:75, 40:7, 41:38, 42:5
  Hārūt y Mārūt 2:102
  hijos de Dios 21:26
  maldicen 2:161, 3:87
  mensajeros 22:75, 23:24, 35:1
  mujeres 17:40, 43:19, 37:150, 53:27
  no creen en los 4:136
  se prosternan ante Adán 2:35, 7:11, 15:29, 30, 17:61, 18:50, 20:116, 38:73

se prosternan ante Dios 16:49
traen buenas nuevas 41:30
tres mil 3:124,
y el Trono 39:75, 40:7, 69:17
Animal/es: 2:165, 6:38, 8:22, 11:5, 57, 16:49, 61, 24:45, 27:82, 29:60, 31:10, 35:45, 42:29, 45:4
golpeado hasta morir 5:3
lícito de comer 5:1,
sacrificado 2:173, a los ídolos 5:3
sacrificar 2:196
sobre los que se menciona el nombre de Dios 5:5, 6:118, 119, 121, 138
Ánimo: 3:122
Antiguos: 5:107, 6:25, 8:31, 38, 15:10, 13, 24, 18:55, 23:83, 25:5, 26:137, 184, 196, 28:68, 37:71, 127, 168, 43:6, 8, 56:13, 39, 48-49, 68:15, 77:16, 38, 83:13
Año/s: 2:96, 233, 240, 259, 9:28, 37, 10:5, 11:49, 12:47, 17:12, 18:25, 22:47, 23:112, 26:18, 205, 28:14, 27, 29:14, 30:4, 31:14, 32:5, 46:15, 70:4
Aorta: 69:46
Apedreado: Satanás 3:36
Apedrear: 18:20, 26:116, 36:18, 44:20
Apenarse: 3:139
Apetitos: 4:27
Apostasía: 2:109, 144, 217, 3:86-91, 100, 106, 144, 149, 177, 4:89, 115, 137, 5:54, 6:71, 9:12, 16:106, 47:25, 63:3
Apóstata 3:86-91,
Apóstol/es: 3:52, 61:14, inspirados 5:111-113, piden una cena 5:112,
Árabe: 12:2, 13:37, 16:103, 20:113, 26:195, 39:28, 41:3, 44, 42:7, 43:3, 46:12
'Arafāt: 2:198-199
Araña: 29:41
Arar: 2:71
Árbitro: 3:55, 4:35, 58, 105, 5:42, 10:35, 37:154, 39:46, 40:48, 68:36, 39
entre familiares 4:35,
Árbol: 16:10, 11, 68, 23:20, 27:60, 28:30, 31:27
Arca, de Moisés 2:248, de Noé 7:64,

10:73, 11:37, 38, 40, 41, 44, 17:3, 23:27, 28, 26:119, 29:15, 36:41, 42, 54:13, 15, 69:11.
Arcángeles: querubines 4:172,
Armarse: 8:7, 60
Arrepentimiento: (*tauba*) 2:37, 54, 128, 160, 187, 279, 3:89, 90, 128, 4:16-18, 146, 5:34, 39, 71, 74, 6:54, 7:142, 153, 9:3, 11, 74, 104, 117, 118, 126, 11:3, 61, 90, 112, 17:25, 19:60, 20:84, 24:5, 25:70-71, 28:67, 30:41, 32:21, 42:25, 43:48, 46:27
de la fornicación 4:17,
tras el mal 5:39
Arrogancia: 2:34, 36, 87, 4:172, 173, 6:93, 7:13, 48, 75, 76, 133, 146, 12:75, 16:23, 17:37, 22:9, 23:46, 25:21, 28:4, 39, 31:18, 29:39, 34:31, 33, 35:43, 37:35, 40:47, 48, 41:15, 38, 44:19, 46:10, 20, 71:7, 74:23, 75:33
Dios no la ama 4:36
Arroyo/S: 2:266, 3:136, 195, 4:13
Arruinar: sus obras 3:22
'*Arš*: 7:54, 10:3, 11:7, 13:2, 17:42, 18:5, 20:5, 23:86, 116, 25:59, 32:4, 39:68, 75, 40:7, 57:4, 69:17
Ascensión: 15:14, 32:5, 17:1, 2, 57:4
Asesinato: 2:178
Asno: 2:259, 16:8, 31:19, 62:5, 74:50
Asociar: 3:64, 20:32
Asilo: 9:6, 23:88, 67:28, 72:22
Atacar: 2:194, 7:176, por sorpresa 3:125
Átomo: 4:40, 16:61, 31:16, 34:3, 22, 97:7-8
Autodefensa: 2:178-9, 194, 5:48, 42:39-43
Autoridad: 3:151, 4:91, 144, 6:81, 7:33, 71, 10:68, 11:96, 12:40, 14:10, 22, 15:42, 16:99, 17:34, 65, 80, 18:15, 22:71, 23:45, 28:35, 30:35, 34:21, 37:30, 165, 40:24, 35, 56, 44:19, 51:38, 52:38, 53:23, 55:33, 69:29
del Mensajero 4:83
obediencia quienes tienen entre vosotros 4:59

Auxiliar/es: (*nāṣir*)3:22, 56, 91, 16:37, 18:51, 30:29, 45:34, 47:13, 72:24, 86:10, (*naṣīr*) 4:52, 75, 89, 123, 9:74, 17:75, 22:71, 78, 28:35, 29:22, 33:65, 35:37, 42:8, 31, 48:22 (*anṣār*) 2:270, 3:192, 8:72, 75, 109, 59:9
  apóstoles 3:52
Auxilio: 2:48, 86, 123, 249, 250, 3:13, 81, 123, 128, 139, 147, 160, 7:192, 197, 8:10-12, 19, 72, 9:14, 25, 12:110, 18:43, 21:68, 26:93, 30:5, 47, 36:74, 75, 39:38, 51, 47:7, 48:3, 57:25, 110:1
  de Dios 214, 286, sin 3:22, 150, 192
Avaricia: 2:268, 3:180, 4:37, 9:75-80, 17:100, 47:38, 68:17-34
Aves: 2:260, 3:49, 5:110, 12:36-41, 16:79, 21:79, 22:31, 24:41, 27:16, 20, 34:10, 38:19, 56:21, 67:19, 105:3
Āyat al-Birr 2:177
Āyat ad-dayn 2:282
Āyat ikmāl ad-Dīn 5:3
Āyat al-kitmān 2:159
Āyat al-kursi 2:255-257
Āyat al-mubāhala 3:61
Āyat an-naba' 49:6
Āyat an-nafar 9:122
Āyat an-nur 24:35
Āyat al-naŷwā 58:12-13
Āyat as-sajra 7:54-55
Āyat as-su'āl 16:43
Āyat at-tadāyun 2:282
Āyat at-tasdīq 9:61
Āyat at-taṭhīr 33:33
Āyat nafi as-sabīl 4:141

Aykah: 26:176
Ayuda: 2:45, 3:13, 123-128, 8:9-17
Ayuno: 2:183-187, 196, 4:92, 5:89, 95, 19:26, 33:35, 58:4
  dos meses seguidos 4:92, 58:4
  en compensación 2:196
  Ramadán 2:184, 185, 196
'Āzar: 6:74, 9:114, 19:47, 86, 26:86
Azotar: los cultivos 3:117

Baal: 37:125
Babel: 2:102
Badr: 3:123, 165, 214, 3:13, 123-128, 140, 165, 8:5-19, 39-52, 67, 9:25, 11:16, 59:15
Baḥīrah : 5:103, 6:138-139
Bakka: 3:96
Bal'am Ba'ūrā 7:175-177
Balanza: 6:152, 7:8, 9, 85, 11:84, 85, 17:35, 21:47, 26:182, 42:17, 55:7-9, 57:25, 101:6-9
Banu Nad'īr: 3:178, 59:2, 6
Banu Qurayḍa 3:178, 8:55-58, 33:26-27
Banu Umayya: 17:60, 24:40, 26:205-207, 47:22-23, 77:18, 91:4, 92:1, 97:1-5
Baño: 38:42, ritual 2:222, 4:43, 5:5-6
Barro: 3:49, 59, 5:110, 6:2, 17:62, 23:12, 28:38, 32:7, 38:70, 76, 51:33
  Dios crea al hombre de 6:2
  Jesús crea pájaros del barro 5:110
  Seco 15:26, 28, 33, 55:14
  Viscoso 37:11
Bastón: de Moisés 2:60
Bay'at ar-Ridwān: 48:10-27
Bayt Al-Maqdis: 2:58, 142, 259, 17:7
Bebida: 2:259, 6:70, 18:29, 37:45, 46, 38:42, 51, 76:5, 17, 21, 78:24, 83:25, 27
Beber: 2:259, 6:70, 18:29, 37:45, 46, 38:42, 51, 76:5, 17, 21, 78:24, 83:25
Becerro: 2:51, 54, 92, 4:153,
Beduino/s: 9:90, 97-99, 101-103, 120, 33:20, 48:11-16, 49:14-17
Belquīs: 27:23-44
Bendición/es: 1:7, 2:40, 44, 47, 122, 211, 231, 271, 3:103, 171, 174, 4:69, 72, 5:3, 6, 7, 11, 23, 110, 4:141, 144, 7:9, 25, 8:26, 53, 63, 9:88, 11:10, 12:6, 14:6, 28, 34, 16:18, 53, 71, 72, 81, 83, 112, 114, 121, 17:66, 70, 83, 19:58, 21:42, 73, 80, 90, 26:22, 27:19, 73, 28:17, 29:67, 31:20, 31, 33:9, 37, 43, 37:57, 39:49, 41:51, 43:13, 59, 44:27, 46:15, 48:2, 49:8, 17, 52:29, 54:35, 68:2, 49, 80:21, 89:15, 92:19, 93:11, 96:4-5

Beneficios: 2:102, 123, 164, 219, 4:11, 5:76, 119, 6:71, 158, 7:188, 10:18, 49, 98, 106, 11:34, 12:21, 13:16, 17, 20:89, 109, 21:66, 22:12, 13, 28, 33, 23:21, 25:3, 55, 26:73, 88, 28:9, 30:57, 32:29, 33:61, 34:23, 42, 36:73, 40:80, 85, 43:39, 48:11, 51:55, 57:25, 60:3, 74:48, 80:4, 87:9

Benevolencia: 2:195, 207, 3:134, 148, 5:96, 7:55, 10:26, 11:116, 16:30, 90, 128, 17:28, 53, 22:37, 28:77, 29:69, 31:3-5, 39:10, 33-35, 51:15-16, 53:31, 55:60

Benjamín: 12:8, 59, 63, 69, 76-83, 87, 89, 90

Bestia/s: 5:3, 8:23, 55, 22:18, 27:82, 34:14, 35:28, 81:5

Bicorne: 18:83-98

Bien: (*jayr*) 2:110, 184, 215, 216, 220, 272, 3:30, 104, 115, 180, 4:19, 25, 127, 149, 158, 7:188, 8:19, 23, 70, 10:11, 107, 11:31, 16:76, 96, 17:35, 21:35, 22:11, 77, 24:11, 12, 33, 28:24, 46:11, 70:21, 99:7
  comunidad que invita al 3:104,
  guiados 2:157, 3:30,
  hacen el 3:115, 3 180, 195
  t'ayyib 3:179, 4:2, 5:100, 8:37, 69, 16:114, 24:61, 34:15

Bienes: 4:2, de Dios 4:4, de los huérfanos 4:6, ilícitos 5:63,

Bizantinos: 30:2-5

Blanco: 2:187, 7:108, 20:22, 23, 26:33, 35:27, 37:45, 49

Blando: 3:159

Boca/s: odio en sus 3:118, 167

Bondad: 2:229, de Dios 3:73

Botín: 4:94, 8:1, 41, 69, 33:27, 48:15-20, 56:6-10, abundante 4:94

Brazaletes: 18:31, 22:23, 35:33, 43:53, 76:21

Brocado: 18:31, 44:53, 55:54, 76:21

Bronce: 18:96, 34:12

Brujería: 5:110

Buenas cosas (*t'ayyibāt*) 2:57, 169, 173, 267, 4:160, 5:1, 4, 5, 7:160, 8:26, 16:72, 7:70, 20:81, 40:64, 45:16

Buena/s nueva/s: 2:25, 97, 119, 156, 223, 3:29, 39, 45, 4:138, 15:53-55, 16:58, 59, 17:9, 30:46, 33:47, 39:18, 43:17, 51:28, 61:6, (*bušrā*) 2:97, 3:126, 7:57, 8:10, 10:64, 11:69, 74, 12:19, 16:89, 102, 25:22, 48, 27:63, 29:31, 39:17, 57:12

Bueno/s: (*muĥsinūn*) 2:58, 112, 195, 236, 3:120, 179, 193, 198, 4:2, 6:84, 7:56, 161, 12:36, 78, 31:3, 22, 37:110, 113, 39:58, 51:16
  con quién 4:36, sed 4:131

Burla: 2:14-15, 67, 231, 4:140, 5:57-58, 6:5, 10, 9:64, 65, 11:8, 13:32, 15:11, 95, 16:34, 18:56, 106, 21:36, 41, 25:41, 26:6, 30:10, 31:6, 36:30, 39:48, 40:83, 43:7, 45:9, 33, 35, 46:26, 49:11

Caballos: 3:14, 8:60, 16:8, 17:64, 38:31, 59:6, 100:1, 2

Cabellos: 19:4, 30:54, 73:17

Cabeza: 2:125

Cabras: 6:143

Cadenas: 14:49, 38:38, 40:71, 69:32, 76:4

Caducidad: 28:88, 55:26-27

Caín: 5:27-32

Calendario: 9:36-37

Calumnia: 24:4-17, 23-24, castigo por la 24:4-5

Calumniados: 104:2

Camello/s: 6:44, 144, 7:40, 73-77, 11:64-65, 17:59, 22:36, 26:155, 54:27-29, 81:4, 88:17, amarillos 77:33, jóvenes 6:142, Sacrificio 22:36, sedientos 56:55

Caminar: 2:20, 7:195, 17:37, 95, 20:40, 24:45, 25:7, 20, 63, 28:25, 31:18, 19, 32:26, 38:6, 57:28, 67:15, 22, 68:11
  con una luz 6:122, 27:28
  con humildad 17:37, 25:62, 31:18-19

Camino recto: 2:118, 213, 3:51, 101, 4:68

Capital: original 2:279

Caravana: 5:96, 12:10, 19, 70, 82, 94
Carga: 2:286
Caridad/es: 2:3, 177, 195, 215, 218, 245, 254, 261-7, 270-4, 3:92, 117, 134, 4:34, 38, 39, 8:4, 36, 63, 72, 9:53-54, 99, 121, 13:22, 14:31, 16:75, 17:29, 100, 22:35, 45, 23:61, 24:22, 25:67, 28:54, 32:16, 33:35, 34:39, 35:29, 36:47, 42:37, 47:38, 57:7, 10, 59:9, 60:10, 63:10, 64:16, 65:7, 70:24, 74:42-44, 76:8, 92:5-7, 17-21,
   Sadaqa 2:3, 117, 196, 263-267, 271, 276, 280, 3:92, 4:114, 9:58-60, 58:12, 13
   Dios la incrementa 2:276, 3:17
Cariño: a los huérfanos, 4:9
Carne: 2:173, 259, 16:14, 22:37, 23:14, 35:12, 49:12, 52:22,
   de aves 56:21, de cerdo 2:174, 5:3, 6:145, 16:115
Carroña: 2:173
Casa: 2:84-85, 125, 158, 3:49, 154, 195
   De Dios 2:127, 3:96-97, Sagrada 5:2,
Casado/a: mujeres 4:15, virtuosas 4:34
Casamiento: 4:22
   con mujeres casadas 4:25
   con varias mujeres 4:3
   de los huérfanos 4:6,
Castidad: 19:13, 20, de Juan 3:39
Castigo: ('a*d̠ā*b) 2:49, 59, 86, 96, 162, 165-166, 3:11, 17, 21, 56, 88, 91, 105-106, 188, 211, 4:25, 56, 147, 5:115, 118, 6:40, 65, 7:38, 9:52, 10:54, 11:20, 39, 13:34, 14:21, 44, 16:26, 45, 85, 88, 113, 17:57, 58, 18:55, 87, 19:45, 75, 79, 20:48, 71, 21:46, 22:18, 23:64, 76, 24:2, 8, 25:42, 26:139, 158, 213, 27:21, 28:64, 29:10, 55, 34:33, 38, 37:33, 59, 38:41, 39:54, 55, 58, 71, 42:44, 43:48, 52:7, 8, 47, 54:16, 21, 39, 57:13, 68:33, 70:11, 89:24 (*ḥudūd*) 2:187, 229, 230, 4:13, 16, 5:38, 9:97, 112, 24:4, 8, 58:4,
   adulterio: 4:1525, 5:41
   A cambio de perdón 2:175

   a fornicadores 4:16
   a mujer deshonesta 4:25
   de Dios 2:126, 3: 129, 6:47,
   de un día inmenso 6:15,
   doloroso 3:177, 4:18
   humillante 3:178, 4:14, 37
   inmenso: 3:176, 5:36,
Cautivos: 2:85, 177, 8:67-71, 47:4, 76:8, toma de 33:26
Caza: lícita 5:1-5, 94-96, 99durante la peregrinación 5:94, 95, 96
Cebollas: 2:61
Cegados: 3:24
Ceguera: 6:114, 17:72, 25:73, 28:66, 40:44
Celos: 2:105, 109, 3:73, 4:54
Cenizas: 14:18
Cercanía: de Dios 5:35
Cerdo/s: 2:173, 174, 5:3, 60, 6:145, 16:115, convertidos en monos y c. 5:60
Certeza: 2:4, 118, 4:157, 5:50, 27:3, 22, 82, 30:60, 31:4, 32:24, 44:7, 45:4, 20, 49:15, 52:36, 56:95, 69:51, 74:47, 102:5, 7
Ciego/s: 2:15, 18, 171, 3:49, 5:71, 110, 6:50, 104, 7:64, 10:43, 11:24, 28, 13:16, 19, 17:72, 97, 22:46, 25:73, 27:66, 81, 30:53, 35:19, 40:58, 41:44, 43:40, 47:22, 80:2,
Cielo: 2:22, 29, 59, 145, 3:5, 5:112, 6:35, 125, 8:12, 32, 10:31, 14:38, 17:92, 93, 18:40, 23:18, 25:48, 26:187, 27:60, 64, 75, 29:22, 34, 84:2,
Cielos: 2:33, 107, 165, 255, 3:29, 133, 6:1, 14, 7:187, 10:55, 13:16, 14:48, 93, 25:6, 30:18, 27, 31:16, 53:27, 58:7
Cien: 2:259-261, 8:65, 66, 18:25, 24:2, años 2:259, granos 2:261,
mil 37:147
Circunvalar: 2:159, 200, 22:26, 29, 37:45, 43:71, 52:24, 55:44, 68:19, 76:17, 19
la Casa de Dios 2:125
Cinco: 20:23, 58:7, mil ángeles 3:125
Cincuenta: 29:14

Ciudad/es: 2:259, 3:196, 4:75, 6:123, 131, 7:4, 82, 88, 94, 101, 111, 123, 161, 162, 9:101, 120, 12:82, 16:7, 122, 18:19, 77, 82, 21:74, 25:51, 26:36, 53, 27:34, 48, 28:15, 18, 34:18, 34, 36:20, 43:23, 50:37, 89:8, 11
   Egipto 2:61, 10:87
   En ruinas 2:259
Clarificación: 2:256, 29:38, 34:14, 41:53, 47:25, 32, 49:6
Clemencia: 3:132
Clan: 3:11
Coacción: 2:256
Cobre: 18:29, 96, 34:12, 44:45, 70:9
Codicia: 15:88, 20:131
Codornices: 2:57, 7:160, 20:80
Cojo: 24:61, 48:17
Color/es: 2:69, 16:13, 30:22, 35:27, 28
Combate: en la senda de Dios 2:190, 193, 216-217, 244, 246, 3:13, 111, 167, 195, 200, 4:71, 74, 75, 76, 77, 84
   Por los tiranos 4:76,
Comer: 2:168, 172, 187, 3:49, 5:88-112, 6:118, 119, 121, 142, 7:31, 161, 12:47-48, 13:4, 15:3, 16:114, 20:54, 22:28, 23:33, 51, 61, 25:7, 8, 20, 36:34, 35, 72, 40:79, 51:28
   la riqueza: 4:29, obligado por el hambre 5:3
Comercio: 2:16, 198, 284, 4:29, 9:24, 17:12, 24:37, 30:23, 35:29, 61:10, 62:11, 73:20, 106
Comida: 2:61, 169, 172, 259, 3:93, 5:3, 5, 6, 75, 90, 91, 95, 96, 12:37, 16:114, 19:19, 77, 21:8, 23:52, 25:7, 20, 33:53, 69:34, 36, 80:24
   ilícita 2:174, 219, 4:43, 5:3-5, 6:118, 119, 138-141, 12:36, 37, 16:14
   lícita: 2:169, 174, 4:24, 5:1, 3-6, 6:118, 119, 121, 138, 145, 8:69, 10:59, 16:114-116, 22:36
   y bebida: 2:29, 169, 173, 5:93, 6:142-146, 10:24, 16:66, 20:53, 54, 23:19, 36:73
Compensación: 2:271, de los juramentos 5:89, de la caza 5:95, 6:70,
Competencia: en buenas acciones 5:48
Compromiso: lealtad a su 3:77, firme 4:21
Comunidad: 2:128, 134, 141, 3:104, 7:38, 160, 11:48, 13:30, 16:93, 35:24, 46:18
   Abraham 16:120
   Un Mensajero para cada 10:47, 13:30, 16:36, 23:44
   moderada 2:143, 2:213, 3: 104, 110
   la mejor 3:110,
   recta 3:113,
   entre la gente de la *Escritura* 5:66,
   de animales y aves 6:38,
Conciliábulos: 58:7-10
Concordia: 3:103, 8:63
Conocimiento: 2:120, 146, 247, 3:18-20, 61, 66, 6:140, 148, 7:187, 12:22, 77, 13:37, 16:70, 17:36, 85, 107, 18:5, 65, 19:43, 20:52, 110, 114, 21:74, 79, 22:5, 71, 24:15, 27:15, 40, 42, 66, 84,4 28:14, 78, 80, 29:8, 30:20, 39:49, 40:42, 83, 42:14, 43:20, 61, 44:32, 45:17, 23, 24, 46:4, 53:28, 30, 56:62, 58:11, 67:26, 68:1, 78:4, 5, 96:4, 5
Confianza: 2:283, 3:75, 159-160, 4:58, 8:27, 12:54, 23:8, 33:72, 70:32
Confianza en Dios: (*tawakkul*) 3:101, 103, 112, 122, 160, 161, 173, 4:80, 145, 170, 174, 5:11, 23, 89, 8:2, 50, 61, 9:51, 129, 10:71, 11:56, 88, 123, 12:67, 84, 13:30, 14:11, 12, 16:42, 99, 22:15, 78, 25:58, 26:217, 27:79, 29:59, 33:3, 48, 39:38, 42:10, 36, 51:50, 58:110, 60:4, 64:13, 65:3, 67:29, 73:9
Consagrar: 3:35
Consulta: 2:211, 3:59, 159, 10:94, 16:43, 17:101, 21:7, 42:38,
Contado: transacción al 2:282
Contento: 3:170, 7:31, 9:59
Control: de Dios 3:120
Conversión: 5:83, 27:44, 46:10, 49:17, 110:2

Convivir: con las mujeres 4:19
Copa: 37:45, 52:23, 56:18, 76:5, 17, 78:34
Coral: 55:22, 58
Corán: 2:23, 24, 89, 97, 101, 5:15, 48, 155, 157, 7:2, 12:3, 111, 15:87, 16:64, 89, 98-105, 17:78-82, 105-109, 20:2-4, 26:198-203, 30:58, 39:23-28, 43:2-4, 43, 44, 56:75-82, 59:21, 73:20, 74:24-25, 76:23, 80:11-16, 85:21-22, 97
   Advierte con él 6:51,
   Amonestación 17:41, 20:113, 54:17, 22, 32, 40, 74:55, 75:19
   A salvo de corromperse u olvidarse 69:44-47
   Confirmación de las escrituras anteriores 2:89, 91, 97, 3:3, 4:47, 5:48, 6:92, 10:37, 12:111, 27:76, 35:31, 46:12, 30
Contradicciones en el 4:82
Creencia de la gente del la *Escritura* 3:70, 72, 6:114, 26:197, 28:53-55, 29:46, 47, 46:10
Creencia en él 2:99, 121, 4:47, 105, 136, 7:185, 10:40, 11:17, 17:107, 28:52, 47:2
Desmentimiento de judíos y cristianos 3:70, 72
Desmentimiento del 21:50, 32:3, 41:41, 52, 74:24-25
Desmentimiento de su Verdad 6:66, 10:15, 39, 40, 16:24, 25:4, 5, 28:48, 34:31, 40:70, 43:30, 50:6
Detallado 7:52, 10:37, 11:1, 12:111, 17:106, 41:3, 44, 86:13
   Indiferencia ante él 38:68, 41:4, 26, 43:5, 51:9
   Guía del 17:9, 28:49, 34:6, 46:30, 72:2
   Lectura del 7:204, 17:106, 20:114, 22:52, 73:20, 75:17-19, 84:21, 87:6, 96:1, 3
   Luz esclarecedora 4:174
   Luz y *Escritura* clara 5:16,
   Mażānī 39:23
   No es poesía 36:69, 37:36-37, 69:41

Oposición al 2:121, 3:70, 6:7, 15:13, 41:52, 43:30, 46:10, 60:1
Origen divino 2:23-24, 4:82
Recitación del 2:44, 121, 152, 3:58, 101, 108, 8:31, 10:15, 61, 11:17, 13:30, 16:98, 17:45, 107, 18:27, 20:114, 22:72, 27:92, 28:53, 29:45, 35:29, 37:3, 45:6, 96:1
Recitación en un tono mesurado 17:106, 20:114, 25:32
Revelación del (*tanzīl*) 2:99, 176, 185, 31, 3:3, 4, 7, 4:105, 113, 5:101, 6:92, 114, 155-157, 7:2, 52, 196, 11:14, 12:2, 13:1, 37, 14:1, 15:9, 16:64, 101, 102, 17:105, 106, 20:2, 4, 113, 21:10, 50, 22:16, 24:1, 25:1, 6, 33, 26:192, 193, 198, 29:47, 51, 32:2, 34:6, 35:5, 38:29, 39:1, 2, 40:2, 41:2, 43:31, 45:3, 46:2, 30, 47:2, 59:21, 64:8, 65:10, 69:43, 76:22
Revelado en Ramadán 2:185
Revelado en la Noche del Poder 44:1-5, 97:1-5
Revelado por Dios al Mensajero, 6:19,
Revelado por partes 17:106
Sólo los purificados lo tocan 56:79
Corazón/es: (*fu'ād, af'ida*) 6:110, 113, 11:120, 14:37, 44, 16:78, 17:3623:78, 25:33, 28:10, 32:9, 46:26, 53:11, 67:23, 104:7
   (*qalb*) 2:7, 10, 74, 88, 93, 97, 118, 156 205, 225, 260, 283, 3:7, 8, 104, 126, 151, 154, 156, 159, 167, 4:63, 155, 5:13, 41, 52, 113, 6:25, 43, 46, 7:179, 8:12, 24, 70, 9:8, 10:88, 15:12, 18:14, 22:46, 23:63, 28:10, 33:4, 5, 51, 37:84, 42:24, 45:23, 48:11, 18, 49:14, 50:38, 58:22, 59:10
   (*ṣadr, ṣudūr*) 3:29, 118-119, 154, 4:90, 5:7, 6:125, 7:43, 8:43, 9:13, 10:57, 11:5, 15:47, 17:51, 22:46, 27:74, 28:68, 29:10, 49, 40:19, 56, 81, 42:24, 57:6, 59:9, 13, 64:4, 67:13, 100:10
cerrado 2:88, 4:155
de los hipócritas 4:63

duro 6:43
enfermo 5:52
Dios conoce 4:63
Sellados: 6:46
Corrupción: 2:11, 12, 27, 30, 60, 205, 11:116, 16:88, 21:22, 27:34, 30:41, 89:12
de los cielos y la Tierra 23:71
en la Tierra: 2:205, 251, 5:32, 33, 7:56, 74, 85, 127, 8:73, 11:116, 12:73, 13:25, 17:4, 26:152, 183, 27:48, 28:77, 83, 40:26, 47:22
en la Tierra y el mar 30:41
a Dios no le gusta 5:64,
Corruptor/es: 2:11, 12, 30 220, 229, 3:63, 5:64, 7:86, 103, 10:40, 81, 90, 11:85, 27:14, 28:77, 29:30
Cosecha: 2:205
Cósmico: 6:95-99, 141-142, 10:3-10
Cotas de malla: 16:81, 21:80, 34:11
Creación: 2:21, 29, 165, 3:47, 49, 190-191, 5:17, 18, 6:94, 7:54, 13:5, 16, 17, 91, 27:64, 30:40, 39:6, 40:57, 52:35, 36, 71:14-16, 88:17-20
del agua 24:45
nueva 14:19, 17:98, 32:10, 34:7, 35:16, 50:16
Creación del hombre: 4:1, 6:98, 7:188, 22:5, 23:12-14, 30:20-21, 54, 32:7-9, 35:11, 39:6, 40:67, 42:11, 53:45-46, 71:15, 75:36-39, 76:2, 77:20-23, 80:18-19, 82:7-8, 86:5-7, 95:4-5, 96:2
Creación de los cielos y la Tierra: 2:164, 190, 3:190-191, 6:73, 79, 7:54, 9:36, 10:3, 11:7, , 14:19, 32, 15:85, 16:3, 17:99, 18:51, 20:4, 21:17-18, 23:17, 25:59, 61, 27:60, 29:44, 61, 30:8, 22, 32:4, 36:81, 38:27, 39:5, 38, 40:57, 42:29, 43:9, 44:38, 39, 45:22, 46:3, 33, 50:39, 52:36, 57:4, 64:3, 65:12, 67:3, 71:15
Creencia/s: 2:46, 120, 130, 3:114, 7:88, 89, 12:37, 14:13, 18:20, 43:22, 23
anteriores 3:44
tomadas a burla y juego 5:57

de Abraham 2:130, 132, 135, 3:95, 4:125, 6:161, 12:38, 16:123
Creyente/s: 2:25, 62, 82, 95, 97, 112, 128, 218, 223, 226, 277, 285, 3:49, 57, 68, 72, 80, 91, 107, 110, 121, 140, 152, 164, 166, 171, 179, 4:51, 56, 121, 145, 151, 161, 172, 174, 5:10, 57, 7:41-42, 143, 155, 8:2-4, 9:10, 20, 71, 72, 99, 119, 10:2, 4, 9, 10, 103, 11:23, 109, 13:19-22, 27-29, 14:23, 27, 16:97, 17:9, 19, 82, 18:2-3, 30-31, 108, 19:60, 97, 20:75-76, 112, 21:94, 101, 102, 22:14, 23-40, 50, 56, 23:1-11, 58-62, 24:2, 12, 17, 37, 51, 25:63, 76, 26:51, 102, 114, 27:2-3, 28:3, 67, 29:7, 11, 44, 58, 59, 30:15, 44, 45, 31:8, 9, 32:15-19, 33:23-24, 35, 43, 44, 47, 34:4, 37, 35:7, 32-35, 36:11, 37:29, 40-49, 39:17-18, 40:7-9, 41:8, 22, 23, 26, 36-39, 43:68-73, 45:3, 29, 46:13, 47:2, 12, 48:4, 5, 29, 49:7, 8, 15, 52:21-28, 53:31-32, 55:46-756:10-40, 88-91, 57:12, 21, 58:22, 64:2, 9, 65:10, 66:8, 69:19-24, 70:22-35, 74:39-40, 75:22, 23, 76:5, 80:38, 39, 83:34, 35, 84:7-9, 25, 85:11, 87:14, 15, 88:8-16, 90:17, 18, 91:9, 92:5-7, 95:6, 98:7, 8, 101:6, 7, 103:2, 3
características de los 5:54,
combaten 4:76, 84, 95
confían en Dios 5:23
el ignorante piensa que son ricos 2:273,
entrarán en Jardines 4:124,
libre 4:24
mujeres 2:221, 9:71, 72, 24:12, 23, 31, 33:35, 49, 58, 73, 47:19, 26, 57:12, 48:5, 60:10,12, 66:5, 71:28, 85:10
perdonados 4:64
recompensa a 4:146,
no mezclan su fe con opresión 6:82,
no pueden matar a otro creyente 4:92
no tendrán que temer 6:48,
no toman amigos 3:28
temerosos y virtuosos 5:93
Criaturas: mejor de las 98:7, peor de las

98:6
Cristianismo: 4:171-173, 5:17, 72, 73, 57:27,
Cristianos: 1:7, 2:62, 111, 113, 120, 135, 140, 3:67, 5:47, 66, 82-85, 6:156, 9:30, 22:17
   Afectuosos con los creyentes 5:82, 82:85
   Discuten con el Profeta 3:61
   Doctrinas extravagantes 5:77
   Fabrican mentiras contra Dios 9:30, 18:5
   Falta de fe 5:17, 72, 73, 86
   Fe 2:137, 3:114, 5:83, 84, 57:27
   Hijos de Dios 5:18, 69,
   Los más afectuosos con los creyentes 5:82-85,
   Monasticismo 57:27
   Mubāhala 3:61
   Niegan las señales de Dios 5:86
   Pacto de Dios con los 5:14
   Recompensa 2:62, 3:115, 5:85, 57:27
Criterio: 2:53, furqān 3:4, 8:29
Crucifixión: 5:33, 7:124, 20:71, 26:50
Cueva: 9:40, 18:10, 11, 16, 17:25
Cuervo: 5:31
Cultivos: 3:14
Cuarenta: 2:51, años vagando por la Tierra 5:26
Cuarto: de la herencia 4:12
Cuatro: 2:226, meses 2:234, mujeres 4:3, testigos 4:15,
Cuello: 3:180
Cuenta/s: 3:19, 199,
Cuerda: de Dios 3:103,
Cuervo: enseña a Caín 5:31,
Cuna: 3:46
Curación: 10:57, 16:69, 17:82, 26:80

Dar a luz: 3:36
Dariy': 88:6
Dar la espalda 3:20, 23, 62, 64, 3:187
Dátiles: 19:25, 26:148, 35:13, 50:11
David: 2:251, 4:162, 5:78, 6:84, 17:55, 21:78-80, 27:15, 16, 34:10-11, 38:17-26

maldice a los judíos 5:78,
Débil: 2:266, 282, 4:9, 11:91, 14:21, 40:47, mental 2:282
Debilidad: 3:139, 145, 4:104, 17:111, 42:45
Decencia: 24:27-31, 58-64, 33:53-59, 49:2-5, 11-12, 58:11-13
Decisión: 3:159
Dedos: 2:19, 71:7
Defensa: 2:251, 22:40, de los oprimidos 4:74, 57:25
Defensor: 4:109, 6:66, 10:109, 13:34, 37, 17:2, 68, 86, 40:21, 52:8, 70:2,
Deidades: 7:190-198, 16:20-21, 56, 62, 73, 86-87, 17:56-57, 18:52, 19:81-82, 30:40, 39:3, 46:4, 53:19-25, 71:23
Demonio: 2:208, 3: 175, 4:60, 5:90-91, 7:20-30, 8:11, 12:5, 15:17, 16:98, 17:53, 20:120, 22:3, 52, 26:210, 221-223, 37:65, 58:19, 59:16-17, 67:5
   enemigo declarado 2:168
   quiere extraviar 4:60
Demonios: 2:14, 102, seducido por los 6:71,
Depósito: 2:283, 4:58, 8:27, 23:8, 33:72, 70:32
Derechos, de las mujeres 2:228,
Derroche: de los bienes de los huérfanos 4:6,
Derrota: 3:127, 138-174
Desaconsejable: 17:38
Desafío: 2:137, 176, 4:35, 7:77, 11:89, 19:69, 22:53, 25:21, 38:2, 41:52, 65:8, 67:21
   A Dios y a Su Mensajero: 4:115, 5:36, 8:12-14, 9:63, 33:57-58, 42:16, 47:32, 58:5-6, 29, 59:2-4
Desagradecimiento: 2:243, 7:10, 17, 10:60, 16:83, 112, 23:78, 27:73, 32:9, 40:61, 67:23, 76:2, 3, 100:6
Desaliento: 6:44, 15:55-56, 23:77, 30:36, 49, 39:53, 41:49, 42:28, 43:75,
Descendencia: 2:124, 128, 266, 3:34, 38, 4:9, 6:87, 7:172, 173, 10:83, 13:23, 38, 17:3, 25:74, 36:41, 37:77, 40:8, 46:15

Descendientes: 3:36
  unos de otros 3:34
Descenso: 3:3,
Descreer: 5:12,
Desertar: 3:122
Desesperación: 11:9, 12:78, 80, 110, 13:31, 17:83, 41:49, 60:13
  De la misericordia divina 29:23
  de los idólatras 6:44,
Desfallecer: 3:139,
Desgracia: 2:85, 114, 3:153, 165, 4:62, 5:33, 41, 9:63, 10:98, 11:39, 66, 78-93, 15:69, 16:27, 20:134, 22:9, 26:87, 39:26, 40, 41:16
Desigualdad: 3:113, 4:95, 5:48, 100, 6:50, 129, 165, 9:19, 11:24, 13:16, 16:75, 76, 17:21, 30:28, 32:18, 33:6-68, 34:31-33, 35:12, 19, 20, 21, 22, 39:9, 29, 40:58, 41:34, 45:21, 49:13, 57:10, 59:20
Desmentir: 3:117, 184, 6:148, 7:96, 101, 10:45, 26:6, 29:18, 34:45, 54:3, 55:13-78, 67:18, 75:32, 92:9, 16, 96:13
Desmentidores: 3:37, 137, 5:10, 70, 6:5, 11, 21, 148, 7:64, 92, 176, 177, 182, 10:39, 95, 20:48, 68:8, 69:49, 73:11, 83:10-17
  final de los desmentidores 6:11,
Desobediencia: 2:61, 3:112, 4:14, 6:15, 20:121, 33:36, 49:7, 51:12, 58:8, 9, 69:10, 71:21, 72:23, 79:21, 80:23
Despertar: 37:177
Despreocupación: 10:7, 8, 92, 12:3, 16:108, 19:39, 21:1, 30:7, 36:6
Destetar: 2:233,
Destino: 2:126, 3:14, 162, 13:36, 78:22, 39
Destrucción: 25:13, 14, 84:11, 18:59, 27:49
Deuda: 2:280-282, 4:12, 9:60, 52:40, 65:7, 68:46
Deudores: 2:280-284, 4:12, 9:60
Devolución: 2:272, 281, 3:25, 57, 161, 185, 4:173, 8:61, 39:10, 70, 47:36,
Día/s: 2:164, 203, 249, 259, 3:24, 27, 41, 190, 7:54, 10:3, 11:7, 65, 16:80, 18:19, 20:104, 125, 21:103, 23:65, 113, 25:59, 26:38, 155, 34:18, 36:64, 40:16, 17, 41:10, 46:7, 55:29, 57:4, 68:24
  como cien años 22:47
  como cincuenta mil años 70:4
  como mil años 32:5
  cuando Dios creó los cielos y la Tierra 9:36
  de Dios 14:5, 45:14, 55:29
Día del Levantamiento: 2:85, 113, 174, 212, 3:77, 161, 180, 185, 194, 4:87, 109, 141, 159, 5:14, 36, 64, 6:12, 7:32, 167, 172, 10:60, 93, 11:60, 98, 99, 16:25, 27, 92, 124, 17:13, 58, 62, 97, 18:105, 19:95, 20:100, 101, 21:47, 22:9, 17, 68, 23:16, 28:41, 42, 61, 71, 72, 29:13-25, 32:25, 35:14, 39:15, 24, 31, 47, 60, 67, 41:40, 42:45, 45:17, 26, 46:5, 58:7, 60:3, 68:39, 75:6
Dictar: 2:282
Diez: días 2:196, 234, necesitados 5:89, noches 89:2 y nueve: 74:30
Diferencia: 3:190
Dificultad: 2:185, 3:120
  para pagar deuda 2:280
Dios: 2:6, 7, 4:35, 36, 4:13, 14, 15, 77, 6:3,
  Abogado 4:132,
  Acepta 2:127, 3:35, 37, 90, 5:27, 36, 9:53, 14:40, 46:16
  Acepta el arrepentimiento (*At-Tawwāb*) 2:37, 128, 161, 4:16, 64; 9:104, 118, 24:10, 42:25, 49:12, 110:3
  Aclara las cosas 4:26
  Adorad a 4:36,
  Adornos 6:108, 15:16, 27:4, 37:6, 41:12, 49:7, 50:7, 67:5
  Administra el mundo: 4:171,
  Advierte 4:58, 10:57, 11:46, 120, 16:9, 24:17
  Aflige 6:17, elimina la aflicción 6:41, 7:135, 10:12, 98, 107, 16:54, 17:56, 21:84, 23:75, 27:62, 43:50, 44:12, 15,

50:23
Agradecido (*Aš-Šakūr*) 4:147, 35, 30, 34, 42:23, 64:17 (*Aš-Šākir*) 2:158, 4:147
Alabado: 1:2, 6:1, 45,
Aligera la carga 4:28, 4:87
Altísimo (*Al-'Alī*) 2:255, 4:34, 22:62, 31:30, 34:23, 40:12, 42:4, 51
Ama a los justos 5:42,
Ama a los virtuosos 5:13
Amparador (*Al-Muhaymin*) 59:23
Atestigua 4:166,
Auxiliador (*An-Nasīr*) 2:107, 4:45, 123, 173, 8:40, 9:116, 22:78, 25:31, 29:22, 33:17
Ayuda de 2:214, 250, 286, 3:13, 123-126, 152, 160, 5:52, 6:34, 8:10-12, 26, 62, 9:14, 25, 40, 11:113, 12:110, 21:77, 22:15, 39, 40, 60, 29:10, 30, 30:5, 47, 37:116, 40:51, 47:7, 48:3, 57:25, 59:8, 61:13, 105:1-5, 110:1-3
Basta como testigo 4:79, 166,
Bendito 7:5423:14, 25:1, 10, 61, 40:64, 43:86, 55:78, 67:1
Bendiciones de 1:7, 2:211, 3:103, 171, 174, 4:72, 5:3, 6, 7, 110, 6:44, 141-144, 7:10, 8:5, 53, 9:21, 10:67, 11:10, 12:6, 14:28, 16:53, 71-71, 80-81, 83, 112, 121, 17:83, 19:58, 20:53, 23:19, 25:45-49, 26:132, 27:19, 28:17, 71, 72, 29:67, 31:20, 31, 33:9, 37, 35:3, 37:57, 41:51, 43:9-13, 46:15, 48:2, 49:8, 50:37, 52:30, 54:35, 68:2, 49, 80:24, 32, 89:15, 90:8-10, 93:11
Benigno (*Al-Barr*) 52:28
Bienes de 4:5
Bien informado (*Al-Jabīr*) 2:234, 271, 3:153, 4:35, 94, 128, 5:8, 6:18, 73, 103, 11:1, 111, 17:17, 30, 96, 22:63, 24:30, 53, 25:58, 27:88, 31:16, 29, 34, 33:2, 34, 34:1, 35:31, 42:27, 48:11, 49:13, 57:10, 58:3, 11, 13, 59:18, 63:11, 64:8, 66:3, 67:14, 100:11
Causa de 4:74
Castiga 4:93

Cercador (*Al-Muhīt*) 3:120, 4:108, 126, 8:49, 11:92, 41:54, 85:20
Cercano (*Al-Qarīb*) 2:186, 11:61, 34:50
Clementísimo (*Ar-Rahmān*) 1:3, 2:163, 13:30, 17:110, 19:26, 44, 45, 69, 75, 78, 85, 87, 88, 91, 92, 93, 96, 20:5, 90, 21:36, 42, 112, 25:26, 59, 60, 63, 36:11, 15, 24, 52, 41:2, 43:17, 19, 20, 36, 45, 81, 50:34, 55:1, 59:22, 67:3, 19, 20, 29, 78:30
Codicia: 2:96, 4:128, 12:103, 33:19, 59:9, 64:16
Conoce 2:30, 33, 77, 141, 167, 216, 220, 232, 235, 255, 270, 273, 3:19, 20, 29, 36, 92, 119, 142, 165, 4:45, 63, 70, 108, 127, 5:7, 61, 94, 97, 99, 102, 116, 119, 6:3, 33, 53, 58, 59, 80, 117, 124, 7:7, 89, 187, 8:66, 9:16, 42, 87, 101, 10:26, 36, 40, 61, 11:6, 14, 31, 12:77, 13:8,33, 42, 14:38, 15:24, 16:19, 23, 28, 74, 91, 101, 103, 125, 17:25, 47, 55, 84, 96, 18:22, 19:70, 84, 94-95, 20:7, 52, 98, 104, 110, 21:4, 28, 81, 110, 22:51, 68, 70, 76, 96, 23:52, 97, 24:19, 29, 63, 64, 25:6, 58, 188, 26:217, 220, 27:25, 74, 75, 28:37, 56, 69, 85, 29:10, 11, 42, 45, 52, 62, 30:56, 31:16, 23, 34, 33:2, 51, 54, 34:2, 3, 21, 35:11, 38, 36:12, 16, 76, 79, 39:7, 70, 40:7, 16, 19, 41:22, 40, 47, 50, 54, 42:25, 50, 43:80, 44:32, 46:8, 23, 47:19, 26, 30, 31, 48:11, 18, 27, 49:16, 18, 50:4, 16, 46, 53:30, 32, 57:4, 6, 22, 25, 58:3, 7, 11, 13, 59:18, 60:1, 10, 62:7, 63:1, 64:4, 65:12, 66:3, 67:7, 13, 14, 68:7, 69:50, 72:28, 73:20, 74:31, 75:13, 84:23, 85:20, 87:7, 100:11
Conoce a los enemigos 4:45
Conoce a los opresores 6:58,
Conocedor (*Al-'Alīm*) 2:29, 32, 137, 159, 181, 215, 224, 227, 231, 244, 247, 256, 261, 268, 273, 282, 283, 3:34-35, 63, 73, 92, 119, 121, 154,

4:11, 12, 17, 24, 26, 32, 35, 39, 92, 104, 111, 147, 148, 170, 5:54, 76, 97, 6:13, 83, 101, 115, 128, 139, 7:200, 8:17, 43, 53, 61, 71, 75, 9:15, 28, 44, 47, 60, 97, 98, 103, 106, 110, 116, 10:36, 65, 12:6, 19, 34, 50, 83, 100, 13:25, 86, 16:28, 70, 22:52, 59, 23:51, 24:18, 21, 28, 32, 35, 41, 58, 59, 60, 64, 26:220, 27:6, 78, 29:5, 42, 61, 62, 30:54, 31:34, 33:1, 40, 51, 54, 34:26, 35:8, 44, 36:38, 79, 81, 40:2, 41:12, 36, 42:12, 50, 43:9, 84, 44:6, 48:4, 26, 49:1, 8, 13, 16, 51:30, 57:3, 58:7, 62:7, 64:11, 66:2, 3, 76:30

Conocedor de los mundos ocultos: (*'Allām al-guyūb*) 5:109, 116, 9:78, 34:48

Conocedor del mundo oculto (*'Alim al-Gayb*) 34:3, 35:38, 72:26

Conoce la Hora 31:34, 41:47, 43:85, 67:25-26

Conoce todo 4:32, 104,

Conoce vuestra fe 4:25,

Constante en Su amor (*al-wadūd*) 11:90, 85:14

Contiene el ímpetu de los que no cree 4:84

Crea 3:47, 59, 191, 5:17, 18, 6:1, 2, 14, 73, 101, 102, 7:11, 12, 29, 179, 181, 185, 189, 10:3-5, 11:119, 13:16, 14:19, 15:25, 26, 28, 33, 16:3-5, 17, 48, 70, 17:61, 70, 99, 18:37, 48, 19:9, 67, 20:50, 55, 21:16, 33, 22:5, 23:14, 17, 78, 24:45, 25:2, 49, 26:78, 166, 29:44, 30:8, 21, 30, 40, 54, 31:10-11, 32:4, 7, 9, 35:11, 16, 36:36, 42, 71, 79, 81, 37:11, 96, 150, 38:27, 71, 39:6, 40:67, 41:9-12, 15, 21, 37, 42:11, 49, 43:9, 12, 16, 87, 44:38, 39, 49:13, 51:56, 53:45, 54:49, 55:4, 14, 15, 56:57, 59, 72, 64:2, 67:3, 14, 23, 71:14-16, 74:11, 75:37-39, 82:6-8, 87:2, 88:17-20, 90:4, 92:3, 96:1-2, 113:2

Creador de todo (*Al-Jallāq*) 15:86, 36:81; (*Al-Jāliq*) 6:102, 13:16,
39:63, 40:62, 56:59

Creed en 4:135,

Cura 26:80

Da la vida 6:60,

Decreta 8:42, 45, 11:110, 17:4, 23, 28:44, 33:36, 34:14, 40:68, 41:12; 43:77, 45:17

Decreto de 2:109, 117, 275, 276, 3:47, 59, 109, 128, 154, 4:23, 25, 47, 5:52, 117, 6:159, 7:28, 29, 54, 77, 8:42, 45, 9:48, 106, 10:3, 24, 31, 11:40, 43, 66, 73, 76, 101, 112, 123, 12:21, 40, 13:11, 21, 25, 31, 14:32, 16:1, 2, 12, 33, 40, 50, 90, 17:85, 18:50, 19:21, 35, 64, 21:27, 73, 23:27, 30:25, 33:36, 37, 34:12, 36:82, 40:15, 68, 78, 42:15, 52, 44:5, 49:9, 54:50, 57:14, 65:1, 5, 8, 12, 66:6, 80:23, 82:19

Dice: 5:119,

Diferencian entre 4:150, 152,

Digno de alabanza (*Al-Ḥamīd*) 2:267, 4:131, 11:73, 14:1, 9, 22:64, 31:12, 26, 34:6, 35:15, 41:42, 42:28, 57:24, 60:6, 64:6, 66:2, 3, 76:30

Dominante (*Al-Qāhir*) 6:18, 61

Dueño de la fuerza 4:84

Dueño del favor inmenso 3:74,

Encarga proteger 4:34

En contra 4:144,

Engañar a 4:142,

Es suficiente 4:6, 132

Esta por encima de todo (*Al-Muta'al*) 13:9

Eterno (*Aṣ-Ṣamad*) 112:2

Excelso, grande 4:34,

Extravía 4:88, 6:39,

Fácil para Él 4:30, 169,

Favor de 4:70, 84, 113, 5:11,

Favorecedor (*Ḏu al-ṭawl*) 4:3

Fe en 2:62, 136, 177, 186, 232, 256, 285, 3:52, 84, 110, 4:38, 39, 59, 136, 152, 162, 171, 175, 5:69, 9:18, 19, 29, 44-45, 99, 10:85, 24:2, 61, 40:7, 84, 48:9, 49:15, 57:7, 8, 19, 58:4, 60:1, 61:11, 64:8, 9, 11, 65:2, 11,

67:29, 72:13
Fuerte (*Al-Qawī*) 8:52, 11:66, 22:40, 74, 33:25, 40:22, 42:19, 57:25, 58:21
Generoso (*Al-Karīm*) 27:40, 82:6
Glorificado 2:32, 116, 3:41, 191, 6:100, 7:143, 206, 9:31, 10:18, 68, 12:108, 13:13, 15:98, 16:2, 57, 17:43, 44, 93, 108, 19:35, 20:33, 130, 21:20, 26, 87, 23:91, 24:36, 41, 25:18, 58, 27:8, 30:17, 40, 32:15, 33:42, 14:41, 36:36, 83, 37:159, 180, 39:67, 40:7, 55, 41:38, 42:5, 43:13, 82, 48:9, 50:40, 41, 52:44, 49, 56:74, 96, 57:1, 59:1, 23, 24, 61:1, 62:1, 64:1, 68:28, 69:52, 76:26,87:1, 10:3
Glorioso (*Al-Maŷīd*) 11:73, 85:15
Gobierna 5:17, 18, 120,
Guía (*Al-Hādi*) 25:31
Guía de 2:121, 144, 213, 272, 3:8, 73, 4:27, 68, 137, 175, 5:16, 6:35, 39, 71, 77, 84, 87, 88, 90, 125, 149, 7:43, 178, 203, 9:33, 115, 10:9, 25, 35, 100, 13:7, 27, 31, 14:4, 12, 21, 16:9, 36, 93, 121, 17:97, 18:14, 17, 24, 19:76, 20:50, 123, 22:16, 37, 54, 24:35, 46, 26:62, 78, 27:63, 28:22, 50, 56, 29:69, 33:4, 35:8, 37:118, 39:18, 23, 37, 57, 41:17, 42:13, 52, 43:27, 45:24, 47:5, 48:2, 20, 49:17, 53:23, 61:9, 64, 11, 74:31, 76:3, 87:3, 90:10, 93:7
Hacedor: 21:17, 104, 22:14, 18
Hace descender 4:61
Ha puesto un bien 4:19,
Humilla 22:18, 89:16
Indulgente: (*Al-Ĥalīm*) 2:225, 235, 263, 5:101, 17:44, 22:59, 33:51, 35:41, 64:17
Inmenso (*Al-Adīm*) 2:255, 21:4, 42:4, 56:74, 96, 69:33, 52
Juran por 4:63,
Juzga 2:113, 213, 3:55, 4:141, 5:1, 50, 6:57, 62, 114, 7:87, 10:93, 109, 12:40, 67, 80, 13:41, 124, 18:26, 21:112, 22:17, 56, 69, 24:47, 50, 51, 27:78, 28:70, 88, 32:25, 38:28, 39:3, 46, 69, 40:12, 20, 48, 42:10, 45:17, 52:48, 60:10, 68:48
La Paz (*As-Salām*) 59:23
La Verdad (*Al-Ĥaqq*) 6:62, 10:32, 18:44, 20:114, 22:6, 23:116, 24:25, 31:20
Libro de 8:68, 30:56, 45:29, 78:29,
Los nombres más bellos de 7:180, 17:110, 20:8, 59:22, 24
Lleva la cuenta 4:86
Maldice 2:88, 89, 159, 161, 3:87, 4:46, 47, 52, 93, 118, 5:13, 60, 64, 78, 7:44, 9:67, 11:18, 60, 99, 13:25, 15:35, 17:60, 24:7, 23, 28:42, 33:57, 61, 64, 68, 38:78, 40:52, 47:23, 48:6, 51:10, 111:1
Más Grande (*Al-Kabīr*) 4:34, 13:9, 22:62, 31:30, 34:23, 40:12
Mata 2:28, 258, 259, 3:27, 6:95, 7:158, 9:116, 10:57, 13:23, 22:66, 23:80, 26:81, 30:50, 40:11, 68, 44:8, 45:26, 50:44, 53:44, 57:2, 80:21
Merced de 4:72,
Misericordia de 2:64, 105, 158, 218, 286, 3:8, 74, 107, 132, 157, 159, 4:29, 83, 113, 175, 6:12, 16, 54, 7:23, 49, 56, 57, 72, 149, 151, 156, 203, 8:33, 9:21, 71, 99, 10:21, 58, 11:9, 28, 43, 47, 58, 66, 73, 119, 12:53, 56, 15:56, 17:8, 28, 54, 57, 87, 100, 18:16, 65, 82, 98, 19:2, 13, 21, 50, 53, 21:75, 84, 107, 109, 118, 23:75, 24:10, 14, 20, 21, 25:48, 27:19, 63, 28:46, 73, 86, 29:21, 51, 30:33, 36, 46, 50, 33:17, 35:2, 36:44, 38:9, 43, 39:9, 38, 53, 40:7, 9, 42:8, 28, 48, 43:31, 44:6, 42, 45:30, 48:25, 57:27, 67:28, 76:30
Misericordiosísimo (*Ar-Raĥīm*) 1:3, 2:37, 54, 128, 144, 161, 164, 174, 182, 192, 199, 218, 226, 3:31, 89, 129, 155, 4:17, 23, 25, 29, 64, 96, 100, 106, 110, 129, 152, 5:3, 34, 39, 74, 98, 6:54, 145, 165, 7:153, 167, 8:69, 70, 9:5, 27, 91, 99, 102, 104, 117, 118, 10:107, 11:41, 90, 12:53,

98, 14:36, 15:49, 16:7, 18, 47, 110, 115, 119, 17:66, 22:65, 24:5, 20, 22, 33, 62, 25:6, 26:9, 68, 105, 122, 140, 159, 176, 191, 218, 27:11, 28:16, 30:5, 32:6, 33:5, 24, 43, 50, 59, 73, 34:2, 36:5, 58, 39:53, 41:2, 32, 42:5, 44:42, 46:8, 48:14, 49:5, 12, 14, 52:28, 57:9, 28, 58:12, 59:10, 22, 60:7, 12, 64:14, 66:1, 73:20

No ama a los traidores 4:107

No creen en 4:38, 39, 150,

No hay más dios que: 4:87

No obediencia a 4:59, 69, 80, 5:92,

Observa 4:1

Ocultan sus favores a 4:37,

Ocultar a 4:42,

Oculto (*Al-Bātin*) 57:3

Odio de 4:93

Omnipotente 2:107, 115, 3:189, 4:131-134, 139, 7:185, 22:61-66, 28:71-75, 36:78-83, 39:62, 63, 40:57-65, 41:37-40, 53:43-62, 67:1-30, 78:6-16

Oprime 4:40

Ordena 24:58

Orden de 2:117, 275, 4:47

Otorga 3:8, 38, 4:54, 5:64, 6:84, 19:49, 50, 53, 21:72, 90, 29:27, 38:30, 35, 43, 83, 42:49

Otorgador (*Al-Wahhāb*) 3:8, 38:9, 35

Paz: 11:48, 37:79, 109, 120, 181, 56:91,

Pedid a 4:32

Perdona 4:17, 27, 48, 5:39, 40,

Perdonador (*Al-Gafūr*) 2:173, 182, 192, 199, 218, 225, 226, 235, 3:31, 89, 129, 155, 4:23, 25, 43, 96, 99, 100, 106, 110, 129, 155, 4:16, 23, 25, 43, 64, 96, 99, 100, 106, 110, 129, 152, 5:3, 34, 74, 98, 101, 6:54, 145, 165, 7:153, 167, 8:69, 107, 11:42, 12:53, 98, 14:36, 15:49, 16:18, 110, 115, 119, 17:25, 44, 18:58, 22:60, 24:5, 22, 33, 62, 25:6, 27:11, 28:16, 33:5, 24, 50, 59, 73, 34:2, 15, 35:28, 30, 34, 41, 39:53, 41:32, 42:5, 23, 46:8, 48:14, 49:5, 14, 57:28, 58:2, 12, 60:7, 12, 64:14, 66:1, 67:2, 73:20, 85:14

Perdón de 2:268, 286, 3:129, 133, 135, 136, 147, 157, 193, 4:48, 64, 116, 147, 149, 5:9, 18, 40, 118, 7:23, 149, 151, 161, 8:4, 29, 33, 70, 9:80, 11:11, 47, 92, 14:10, 20:73, 82, 22:50, 23:109, 24:22, 26:51, 82, 28:16, 33:35, 71, 34:4, 36:11, 27, 38:25, 39:53, 47:34, 48:2, 14, 49:3, 57:20, 21, 61:12, 64:17, 65:8, 71:4, 7

Permiso de 4:64

Poder de: 2:20, 22, 4:134, 17:99, 18:39, 21:87, 23:18, 95, 36:81, 41:15, 46:33, 51:47, 70:40, 75:40, 77:23, 86:8,

Poderoso (*Al-Azīz*) 2:129, 209, 220, 228, 240, 260, 3:4, 6, 18, 62, 126, 4:56, 158, 165, 5:38, 95, 118, 6:37, 65, 96, 8:10, 50, 63, 67, 71, 9:40, 11:66, 14:1, 4, 47, 16:60, 22:40, 74, 23:18, 95, 26:9, 68, 104, 122, 140, 159, 176, 191, 217, 27:9, 78, 29:26, 30:5, 27, 31:27, 32:6, 33:25, 34:6, 27, 35:2, 28, 36:5, 38, 81, 38:9, 66, 39:1, 5, 37, 40:2, 8, 42, 41:12, 42:3, 19, 43:9, 44:42, 45:2, 37, 46:2, 33, 48:7, 19, 54:42, 57:1, 25, 58:21, 59:1, 23, 24, 60:5, 61:1, 62:1, 3, 64:18, 67:2, 85:8, 86:8

Posee fuerza 4:84

Posee las llaves de lo Oculto 6:59,

Préstamo generoso a 5:12,

Primero (*Al-Awwal*) 57:3

Procede de 4:78

Protector (Al-Wakīl) 3:173, 4:81, 85, 132, 6:102, 11:12, 12:67, 17:65, 28:28, 33:3, 48, 39:63, 73:9

Purifica 4:49

Rápido en ajustar la cuenta 5:4, 6:62,

Recompensa de 4:67, 95, 134, 146,

Remitid a 4:59,

Reúne 4:87

Resucita 6:36

Rico por Sí mismo (*Al-Ganī*) 2:263, 267, 3:97, 4:131, 10:68, 14:8, 16:96, 22:64, 27:40, 29:6, 31:12, 26, 35:15,

39:7, 47:38, 51:56, 57, 55:29, 57:24, 60:6, 64:6

Rostro de 2:115, 272, 6:52, 13:22, 18:28, 28:88, 30:38, 39, 55:27, 76:9, 92:20,

Sabio (*Al-Ḥakīm*) 2:32, 129, 209, 220, 228, 237, 240, 260, 3:6, 18, 62, 126, 4:11, 12, 17, 24, 26, 56, 92, 104, 111, 130, 158, 165, 170, 5:38, 118, 6:18, 73, 83, 96, 128, 139, 8:10, 50, 67, 71, 9:15, 28, 60, 71, 97, 106, 110, 11:1, 12:83, 100, 14:4, 15:25, 16:60, 22:52, 24:10, 18, 58, 59, 27:6, 9, 29:26, 42, 30:27, 31:27, 33:1, 34:1, 27, 35:2, 39:1, 40:8, 41:42, 42:3, 51, 43:84, 45:2, 37, 46:2, 48:4, 7, 19, 49:8, 51:30, 57:1, 59:1, 24, 60:5, 61:1, 62:1, 3, 64:18, 66:2, 76:30

Salva 6:63, 64,

Santo (*Al-Quddūs*) 59:23, 62:1

Satisfacción de 2:207, 265, 3:15, 162, 174, 4:114, 5:2, 16, 119, 9:21, 62, 72, 100, 13:22, 20:85, 109, 27:19, 39:7, 46:15, 47:28, 48:18, 29, 53:26, 57:20, 58:22, 59:8, 60:1, 76:8-9, 89:28

Senda de 6:153, 11:56, 15:41, 34:6, 42:53

Señor (*Ar-Rabb*) 2:2, 5, 21, 30, 39, 258, 262, 285, 3:8, 9, 51, 53, 6:15, 23, 102, 115, 127, 128, 133, 145, 147, 150, 158, 164, 7:23, 44, 47, 53, 54, 55, 63, 69, 77, 79, 85, 89, 93, 122, 126, 149, 151, 153, 155, 164, 167, 172, 187, 205, 206, 8:2, 5, 9, 10:2, 3, 15, 21, 32, 85, 11:17, 34, 45, 57, 76, 90, 92, 119, 12:6, 23, 37, 53, 100, 13:1, 2, 5, 6, 18, 19, 27, 30, 14:6, 13, 23, 39, 40, 44, 15:86, 92, 98, 99, 16:30, 33, 42, 47, 68, 86, 99, 102, 110, 124, 17:7, 17, 20, 24, 46, 65, 79, 80, 84, 87, 93, 108, 18:10, 16, 19, 21, 24, 27, 37, 42, 46, 49, 50, 55, 58, 81, 82, 88, 95, 96, 19:2, 4, 6, 8, 21, 36, 48, 55, 64, 71, 76, 20:11, 25, 51, 52, 70, 74, 86, 90, 114, 121, 125, 129, 134, 21:40, 46, 49, 89, 92, 112, 22:30, 40, 54, 67, 23:26, 39, 52, 59, 93, 94, 97, 99, 107, 109, 117, 118, 25:31, 45, 55, 57, 64, 65, 74, 77, 26:9, 10, 12, 26, 50, 62, 68, 104, 113, 117, 175, 188, 191, 27:40, 44, 73, 74, 93, 28:16, 17, 22, 24, 32, 33, 37, 53, 63, 86, 87, 29:10, 26, 30, 50, 59, 30:33, 31:5, 33, 32:3, 10, 11, 12, 15, 16, 33:2, 67, 68, 34:3, 6, 12, 15, 19, 21, 23, 31, 36, 35:13, 34, 39, 141, 180, 38:9, 16, 32, 41, 62, 71, 39:6, 7, 9, 10, 13, 22, 75, 40:6, 9, 11, 26_28, 62, 66, 41:14, 30, 43, 45, 53, 54, 42:10, 14, 15, 47, 43:14, 35, 49, 63, 88, 44:6, 8, 22, 57, 45:17:30, 46:15, 47:3, 51:16, 30, 44, 52:18, 53:23, 55:13, 16, 18, 21, 23, 25, 28, 30, 32, 34, 36, 38, 40, 42, 45, 47, 49, 51, 53, 55, 57, 59, 61, 63, 65, 67, 69, 71, 73, 75, 77, 56:74, 96, 59:10, 60:2, 5, 65:1, 8, 66:8, 7, 19, 29, 32, 34, 48, 49, 50, 69:17, 52, 70:22, 71:5, 72:3, 20, 73:20, 74:3, 5, 75:23, 30, 78:39, 79:16, 19, 40, 82:6, 84:3, 5, 6, 89:15, 16, 93:3, 96:3, 100:6, 106:3

Señor del Poder (*Rabb al-Izza*) 37:180

Señor de los seres humanos (*Rabb an-Nās*) 114:1

Señor de los mundos (*Rabb al-'alamīn*) 1:2, 2:131, 5:30, 6:46, 71, 162, 7:61, 67, 104, 121, 26:17, 23, 47, 77, 98, 109, 127, 145, 192, 27:8, 44, 28:30, 32:2, 37:87, 182, 39:75, 40:64, 66, 41:9, 43:46, 45:36, 56:80, 59:16, 69:43, 81:29, 83:6

Señor de Sirio (*Rabb aš-Ši'rā*) 53:49

Severo castigando 4:84

Soberano (*Al-Malīk*) 54:55

Soberano del Día en que sea tañida la trompeta 6:73,

Sustentador de la vida (Al-Qayūm) 2:255, 3:2, 20:111

Sublime (*Al-Mutakabbir*) 59:23

Suficiente protector y auxiliador 4:45, 81

Sunna de 35:43, 40:85, 48:23

Sutil (*Al-Laṭīf*) 6:103, 12:100, 22:63, 31:16, 33:34, 42:19, 67:14
Testigo 4:33, 6:19
Temed a: 5:11, 57,
Temerosos de 5:23,
Tercero de tres 5:73,
Testigo (Aš-Šahid) 3:98, 4:33, 79, 166, 5:117, 6:19, 10:29, 46, 13:42, 22:17, 33:55, 34:47, 41:53, 48:29, 58:6, 85:9, 100:6
Tiene poder 4:133, 5:17, 40, 120,
Todo le pertenece 4:131, 132
Todo lo abarca (*Al-Wāsi'*) 2:115, 247, 261, 268, 3:73, 4:130, 5:54,
Todo lo conoce 4:170,
Todo lo oye (*As-Samī'*) 2:218, 137, 181, 224, 227, 244, 256, 3:34, 35, 121, 4:58, 134, 148, 5:76, 6:13, 115, 7:200, 8:17, 43, 53, 61, 99, 103, 10:65, 12:34, 17:1, 21:4, 22:61, 75, 26:21, 60, 220, 29:5, 60, 31:28, 34:50, 40:20, 56, 41:36, 42:11, 44:6, 49:1, 58:1
Todo lo ve (*Al-Baṣīr*) 2:96, 110, 233, 265, 3:15, 20, 156, 163, 4:58, 134, 5:72, 8:39, 72, 17:1, 17, 30, 96, 20:35, 22:61, 75, 25:20, 31:28, 33:10, 35:31, 45, 40:20, 44, 56, 41:42, 42:11, 27, 48:24, 49:18, 57:4, 58:1, 64:2, 67:19, 84:15
Todo viene de 4:78
Toma nota 4:81
Último (*Al-Ājir*) 57:3
Único: 6:19,
Uno: 2:163, 255, 3:2, 4:171, 6:19, 12:39, 13:16, 14:48, 52, 16:22, 51, 18:110, 21:108, 22:34, 37:4, 38:5, 65, 39:4, 40:16, 41:6112:1
Vengador (Ḏul Intiqām) 3:4, 5:95, 14:47, 39:37
Veraz 4:87
Victorioso (*Al-Qahhār*) 12:39, 13:16, 14:48, 38:65, 39:4, 40:16
Viviente 2:255, 3:2
Dioses: 2:256, 6:74, 7:138, 11:53-54, 101, 17:22, 42, 18:15, 19:46, 81, 82, 21:22, 24, 29, 36, 43, 59, 62, 68, 99, 23:91, 25:3, 42, 26:29, 213, 27:60-64, 28:38, 88, 36:23, 74, 37:36, 86, 91, 38:5, 6, 43:46, 58, 46:22, 28, 52:43, 72:23
Dique: 34:16
Dirección : 1:6, 2:38, 142, 264, 5:108, 6:71, 84, 90, 125, 7:30, 178, 13:31, 16:93, 121, 17:97, 19:76, 20:123, 30:29, 32:13, 39:37, 57, 64:11, 76:3
Discípulos (de Jesús) 3:52, 61:14, piden una mesa 5:112-115
Discernimiento: (*furqān*) 2:185
Disculpa: 2:286,
Discusión: 2:197, 11:32, 16:125, 18:54, 23:5, 43:58, 53:55, 54:36
Disfrute: 2:36, 240, 3:4, 185, 197, 4:24, 5:96, 6:128, 7:24, 9:69, 11:3, 12:17, 65, 79,13:17, 26, 16:80, 117, 21:111, 24:29, 33:53, 36:44, 50, 40:39, 46:20, 56:73, 79:33, 80:32
 de todo 6:44, mutuo 51:53, 90:17, 103:3, pequeño 3:195
Disgustar: 2:194, 3:162,
Disimulo: 3:28
Distancia: 3:30
Distinguir: 3:74
Distintivos: 3:125,
Diversión: 6:32, 70, 7:51, 21:17, 29:64, 47:36, 57:20, 62:11
División: 43:32, 53:22, 54:28
Divorciadas: 2:228, 4:19, 65:1-7, ẓihār 33:4, 58:1-4,
 provisión para las 2:241,
Divorcio: 2:225-237, 241-42, 4:19-21, 130, 33:28, 49, 65:1-7
 Dios cubre las necesidades 4:130,
 dos veces 2:229,
 por tercera vez 2:230,
 sin molestar 2:231
Doble: 3:13,
Doce: fuentes 2:60, jefes 5:12
Doctores de la Ley: 5:63,
Dolor: 3:21,
Dos: 2:102, 4:3, 11, 35, 176, 6:143, 144, 13:3, 23:27, 34:46, 35:1, 40:11

Alas 6:39,
Adúlteros 4:16
Años 2:233
Cientos 8:65-66
Dioses 16:51
Ejércitos 3:155
Grupos 3:122, 167, 4:88
Grupos enfrentados 3:13
Hermanas 4:23,
Hembras 4:11, 176
Hombres 5:23
Meses de ayuno 4:92
Mil 8:66
Mujeres 4:3
Tercios 4:11, 176,
Testigos 5:106, 107,
Veces 2:229
Vías 90:10
Dote: 2:229, 235, 236, 237, 4:4, 19-21, 24, 129, 5:5, 31:50, 60:10, 65:6
Dueño del favor: 2:105
Duda/s: 2:2, 23, 148, 282, 3:60, 5:106, 6:2, 9:45, 10:95, 11:17, 62, 109, 110, 14:9-40, 15:63, 17:99, 18:21, 22, 19:34, 22:5, 7, 11, 27, 55, 24:50, 27:66, 29:48, 32:23, 34:21, 54, 38:8, 41:45, 54, 42:14, 43:61, 44:9, 50, 49:15, 50:1557:14, 65:4,
no hay 3:9
Ḍul Kifl: 21:85, 86, 38:48,
Ḍul Qarnain: 18:83, 84, 94, 97, 98,
Dulzura: 4:5,
Dun Nun: Jonás
Dureza: 9:73, 48:29, 66:9
Durmientes: de la Cueva 18:9-26

Efímero: 55:26
Egipto: 12:21, 99, reino de 43:51, rey de 12:43, 50, 54, 72,
Ejemplo:33:21, 60:4-6, 66:10, 11, 12,
Ejército/s 3:155
Elocuencia: 6:112, 55:1-4
Elías: 6:85, 37:123-132
Eliseo: 6:86, 38:48
Embarazo: 2:228, 3:47, 7:189, 13:8, 19:22, 23, 22:2, 31:14, 35:11, 41:47,
  46:15, 65:56
Embriaguez: no rezar en estado de 4:43,
Emigrados: 3:195, 4:100
Enemigo/s: 2:98, 3:103, 4:45, 6:142, 7:150, 8:60, 10:5, 17:53, 18:50, 20:39, 117, 123, 26:77, 28:15, 19, 43:62, 67, 60:1, 61:14, 63:4, 64:14
  los que no creen 4:101
Enemistad: 5:2, 8, 14, 64, 82, 91, 41:34, 60:4
Enfermo/s: 2:184, 185, de corazón 5:52, 53,
Enterrar: Caín a Abel 5:31
Envidia: 2:90, 109, 213, 3:19, 4:54, 6:145, 146, 7:33, 10:23, 90, 16:90, 22:60, 28:76, 38:24, 42:14, 27, 39, 42, 48:15, 49:9, 55:20, 113:5
Equitativo/s: 3:18
Error/es: (ḍalāla)2:16, 175, 286, 4:34, 7:30, 61, 16:25, 36, 17:72, 94, 18:104, 19:75, 25:9, 17, 34, 42, 44, 27:81, 92, 30:53, 34:50, 35:8, 36:62, 37:71, 38:26, 39:41, 40:74, 41:52, 45:23, 46:5, 60:1, 68:7, 74:31, 90:10, 91:8,
(ḍilāl) 2:10, 26, 108, 172, 213, 5:12, 6:56, 71, 74, 116, 119, 140, 7:60, 10:32, 108, 12:8, 30, 95, 13:14, 14:3, 17:15, 18:57, 19:38, 21:54, 22:12, 26:97, 28:85, 31:11, 33:36, 34:8, 24, 36:24, 47, 39:22, 40:25, 50, 42:18, 43:40, 46:32, 50:28, 54:24, 47, 62:2, 67:9, 29, 71:24
(gayy) 2:256, 7:202, 28:63, 37:32
Evangelios: 2:136, 3:3-4, 48, 65, 5:46, 66, 110, 37:157, 48:29, 57:27
  Confirman la Torā 5:46
  Profetizan el advenimiento de Muḥammad 7:157
Escéptico: 3:60,
Esclava: 2:221, 24:32, 33
Esclavo: 2:178, 221, 4:3, 24, 16:71, 75, 23:6, 24:31, 32, 33, 58, 30:28, 33:50, 39:29, 70:30, creyente 2:221, liberar 4:92
Esclavas/os: liberar 2:177, 4:3

Escribas: 5:44, 63, 9:31-34,
Escribir: 2:79, 89, una deuda 2:228,
Escritura/s 2:4,38, 41, 231, 3:3, 7, 23, 5:46, 47, 110, 6:89, 154-157, 22:8, 29:27, 57:25, 26, 68:37
(*zubur, ṣuḥuf*) 3:184, 16:44, 21:106, 23:53, 26:196, 35:25, 54:43
de Dios 5:44
clara 6:59
que contiene la Verdad, 5:48
Escritura Sagrada: 2:2, 53, 78, 79, 85, 101, 113, 121, 129, 144, 145, 147, 151, 3:19, 20, 23, 48, 78, 79, 81, 100, 119, 231, 4:47, 51, 54, 113, 127, 4:131, 140, 159, 6:20,
Con la Verdad 2:176, 177, 213, 4:105
Luminosa 3:184, 186, 187,
Opina sobre las mujeres 4:127
Parte de la 4:44,
Venden por poco precio 2:174,
Esfuerzo: 2:260, 17:20, 18:105, 21:94, 28:20, 36:20, 37:102, 53:39-40, 57:13, 62:9, 66:8, 76:22, 79:22, 80:8, 88:9, 92:4
      por la causa de Dios 4:95
Espalda: 3:23, 32, 62, 82,
Espejismo: 24:39, 78:20
Espera: 2:226, 228, 234, 4:141, 6:158, 7:71, 9:24, 52, 98, 11:122, 20:135, 23:25, 33:23, 52:30, 31, 57:14
periodo de (*'idda*) 2:234
Esperma: 16:4, 53:46, 56:58-59
Espesura: 15:78-79, 26:176-191, 38:13, 50:14
Espigas: 2:261, 12:43-49
Espíritu: (rūḥ) 17:85, 70:4, 78:38, 97:4
santo 2:87, 253, 3:39, 4:2, 5:110, 16:102, 19:17, 21, 24
Esposa/s: 2:102, 226, 232, 234, 240, 4:12, 6:101,139, 9:24, 13:23, 38, 15:88, 16:72, 23:6, 24:5, 25:74, 26:166, 30:21, 33:4, 52, 35:11, 36:36, 37:22, 38:58, 39:6, 40:8, 42:11, 50, 43:12, 70, 51:49, 53:45, 55:52, 56:7, 60:11, 64:14, 70:12, 30, 75:39, 78:8, 80:36
Arbitrar entre las 4:34

Cambiar por otra 4:20,
De los hijos 4:23
Del profeta: 4:129, 24:11-27, 33:26, 28-34, 36-40, 33:50-52, 59, 66:1-5
Obligaciones de las 2:187, 234, 235, 240, 4:35-36, 128
Esposo: 2:228, 4:128, 11:72, 24:6, 31, diferente 2:230,
Este: 2:115, 142, 177, 258, 7:137, 26:28, 37:5, 43:38
Estéril: 3:40
Estómago: introducen fuego en los 2:174,
Estrella/s: 6:76, 97, 7:54, 12:4, 15:16-18, 16:12, 16, 22:18, 24:35, 37:6, 7, 88, 52:49, 53:1, 55:6, 67:5, 72:8-9, 77:8, 82:2, 86:3
Estúpidos: 2:13,
Eternidad: 4:57, 122, 169, 5:119, 9:100, 18:3, 33:65, 64:9, 65:11, 72:23, 98:8
Etíopes: 5:82-85
Eva: 2:35-38, 4:1, 7:19-25, 189, 190
Evangelio: 2:136, 3:34, 48, 65, 5:46, 66, 68, 110, 37:157, 48:29, 57:27
gente del 5:47, guía y luz 5:46
Exhortación: 7:31-53
Exceso: 3:47, 4:6, 5:32, 6:141, 7:31, 20:127, 25:67, 39:53
Éxito: 3:185, 4:13, 73, 5:119, 6:16, 9:72, 89, 100, 111, 10:64, 33:71, 37:60, 40:9, 44:57, 45:30, 48:5, 57:12, 61:12, 64:9, 85:11
Éxodo: 2:48-64, 7:103-145, 20:42-98
Expedición: de combate 4:94
Expulsar: 2:36, 84, 85, 191, 217, 240, 246, 3:195, 4:66, 7:13, 18, 27, 82, 88, 110, 123, 8:30, 9:12, 39, 14:13, 15:34, 48, 17:76, 20:57, 63, 117, 22:40, 26:35, 57, 167, 27:37, 56, 38:77, 47:13, 59:2, 8, 11, 12, 60:1, 8, 9, 63:8, 65:1
Extraviados: 1:7, 3:90, 164, 4:113, 5:47, 60, 6:56, 77, 117, 7:186, 15:56, 17:97, 23:106, 26:20, 86, 29:31, 37:69, 42:44, 46, 53:30, 56:51, 92, 68:26, 83:32
Extravío: 2:256, 3:69, del camino 4:44,

113
Éxito: 3:130, 200, inmenso 4:13, 73, 5:35

Fácil: 25:46, 29:19, 33:14, 57:22, 64:7, 84:8
Facilidad: 2:185,
Fallecer: 2:234,
Falsedad: (*bāṭil*) 2:42, 188, 8:8, 13:17, 16:72, 17:81, 18:56, 21:18, 22:62, 34:49, 38:27, 40:5, 41:42, 47:3
(*kiḏb*) 2:10, 79, 4:50, 5:41, 42, 16:62, 105, 18:5, 29:68, 40:28, 58:14, 61:2, 3, 68:43
Falsificación: 2:79, 116, 5:75, 6:95, 7:117, 10:34, 24:11-27, 25:4, 29:17, 61, 30:56, 34:43, 35:3, 37:86, 151, 40:62, 63, 43:87, 46:11, 22, 63:4
Familia: 2:177, 215, 3:121, 4:36, 6:151, 8:41, 72, 75, 13:23, 38, 16:90, 17:23, 26, 25:54, 29:8, 31:14, 33:4, 6, 40:8, 42:23, 46:15-18, 52:21, 57:2, 64:14, 15, 108:3
 árbitro, 4:35, de Aarón 2:248, de Abraham 3:33, 4:54, 6:84-87,
 de David 34:13, de Imrān 3:33, de Jacob 12:6, 19:6, de Moisés 2:248
Familiares: 2:83, 177, 5:89, 12:25, 65, 88, 93, 39:15, 48:11, 12, 52:26, 75:33, 83:31, 84:9, 13
 herencia de los 4:7
Faraón: 2:49, 3:11, 7:103, 104, 106, 109-113, 17:101-103, 20:24, 43-79, 26:11-53, 27:12, 28:3-43, 40:23-52, 43:46-56, 44:17-31, 54:40-42, 69:8, 10, 73:15, 16, 80:18
Fátima: 3:61, 30:38, 44:3, 55:19-20, 58:1, 59:9, 76:6-22
Favor: 2:105, 237, 262, 264, 268, 3:170, 171, 174, 7:39, 10:58, 11:3, 27, 38:39, 42:22, 49:17, 57:22, 74:6
 De Dios 2:198, 4:54,
 en manos de Dios 3:73,
Facilidad: 92:7
Fe: 2:2-20, 82, 103, 108, 143, 221, 3:16, 90, 106, 139, 141, 167, 173, 177, 192, 4:25, 124, 147, 5:55, 56, 6:48, 82, 158, 7:87, 96, 122, 123, 159, 185, 8:2, 10:51, 11:40, 17:107, 18:29, 55, 20:70-76, 23:59, 109, 25:70, 26:46-51, 227, 28:67, 29:46-47, 36:25, 40:84, 85, 41:30, 42:52, 45:6, 46:12, 47:36, 49:14, 59:9, 85:8
 Abandono de la 5:5,
 Falta de 3:52, 4:46
 Fortalecida 4:66
Felicidad: 2:5, 189, 3:104, 130, 170, 200, 5:35, 90, 100, 6:135, 7:69, 157, 8:46, 16:116, 18:20, 20:64, 69, 22:77, 23:1, 102, 24:31, 51, 28:67, 30:38, 31:5, 58:9, 62:10, 64:16, 87:14, 91:9
Femenino: 3:36, 195, 4:117, 124, 176, 13:8, 16:58-59, 97, 17:40, 35:11, 37:150, 40:40, 41:47, 42:49, 50, 49:13, 43:19, 53:21, 45, 75:39, 92:3
Feto: 53:32
Fianza: 2:283
Fiesta: 5:114
Firme (*Al-Matīn*) 51:58
Firmeza: 3:186,
Flechas: adivinatorias 5:90
Fornicación: 4:24, 25, mujeres 5:5
Fortuna: giro de la 5:52
Foso: 33:9-27
Fracaso: 3:127
Fraude: 3:161, 11:85, 26:181-183, 55:8-9, 83:1-3
Frente/s: 2:125, humillen sus f. hasta el suelo 3:113,
Frutos: 2:126, 266, 23:19, 36:57, 37:42, 38:51, 43:73, 44:55, 52:22, 55:11, 52, 68, 56:20, 32, 77.42, 80:31
Fuego: 2:17, 39, 80, 81, 126, 175, 201, 206, 217, 221, 226, 257, 275, 3:10, 17, 24, 103, 131, 151, 181, 183, 185, 191, 192, 4:10, 14, 30, 7:12, 13:17, 14:50, 15:27, 20:10, 11, 21:39, 69, 24:35, 27:7, 28:29, 29:24, 35:36, 36:79, 37:97, 38:76, 40:46, 55:15, 35, 56:71
 Abrasador 4:10,
 Arderán en el 4:56

Del infierno: 2:17, 24, 80, 126, 168, 176, 221, 3:24, 103, 131, 151, 85, 192, 4:14, 30, 56, 5:37, 72, 6:128, 7:38, 9:35, 63, 68, 81, 109, 11:16, 17, 98, 106, 14:30, 18:53, 22:19, 73, 23:104, 24:57, 27:90, 28:41, 29:25, 33:66, 35:36, 38:27, 61, 40:41, 47, 72, 41:19, 24, 40, 45:44, 46:20-34, 52:13, 14, 59:17, 72:23, 98:6
En sus vientres 4:10,
Frío para Abraham 21:69
Fuente/s: (*'ayn*) 2:60, 7:160, 15:45, 17:90, 26:57, 34, 147, 36:34, 39:21; 44:25, 52, 51:15, 54:12, 76:6, 18, 77:41, 83:28
Fuerza: física 2:247
Fundición: 34:13

Gabriel: 2:97, 98,
Ganado/s: 2:171, 205, 3:14, 95, 6:136, 138, 142, 10:24, 16:66, 25:45, 49, 26:133, 32:27, 36:71, 39:6, 42:10, 80:32
  Adornos 16:8
  Bestias de carga 16:7
  Belleza 16:5
  Cortar orejas 4:119
  Mencionar sobre ellos el nombre de Dios 22:34, 36
  No mencionado sobre ellos el nombre de Dios 6:13
Genios: 6.100, 112, 128-130, 7:38, 179, 15:27, 17.88, 18:50, 27.17, 39, 34:12-14, 37:158, 41:25, 46:18, 29-30, 51:56, 55:33, 72
Gente de la *Escritura* 2:100, 105, 109, 120, 135-140, 145, 146, 159, 3:64, 65, 69, 70, 71, 72, 75, 89, 98, 99, 110, 113, 186-188, 199, 4:49, 53, 131, 152-3, 171, 5:14, 19, 59, 69, 6:155-156, 33:26, 57:29, 98:1-7
  si creyeran Dios les perdonaría 5:65
Gente de la derecha 56:8, 27-40, 90-91, 74:39-41
Gente de la izquierda 56:9, 41-56, 90:19
Gente del Fuego: 3:116, 5:10

Gigantes: pueblo de 5:22
Gobierno: 3:26, 4:53, inmenso 4:54,
Goliat: 2:246-251,
Gracia: 3:174,
Grado/s: (*darayāt*) 3:163, 4:96, 6:83, 133, 165, 7:4, 9:20, 21, 12:79, 17:21, 20:75, 43:32, 46:19, 58:12
  de proximidad 3:163,
Granados: 3:14, 6:99, 141, 55:68
Grano: 2:261, 6:95, 99, 21:47, 31:16, 36:33, 50:10, 55:12, 78:15, 80:27
Grupos: 3:69, 122, 11:17, 13:36, 19:37, 33:9-25, 38:11-13, 40:5, 30, 43:65
Guardián: 3:68
Guerra: 4:90, de Dios y Su Mensajero 2:279, a Dios y a Su Mensajero 5:33, Dios la apaga 5:64,
Guía: 1:6, 2:2, 5, 10, 16, 26, 38, 97, 120, 159, 160, 176, 185, 213, 258, 272, 3:4, 73, 4:88, 115, 175, 5:44, 46, 6:35, 3971, 125, 154, 7:30, 43, 177, 185, 193, 198, 9:33, 115, 10:25, 35, 57, 108, 14:21, 16:37, 17:15, 94, 97, 18:13, 17, 55, 57, 19:76, 20:10, 123, 22:67, 24:40, 27:63, 92, 28:43, 57, 85, 29:6, 69, 30:29, 32:13, 34:24, 32, 50, 35:8, 39:23, 36, 37, 40:33, 53, 54, 41:17, 42:44, 46, 45:11, 22, 47:17, 25, 32, 49:17, 53:24, 61:9, 64:6, 11, 67:22, 72:13, 74:31, 76:3, 80:20, 87:3, 90:10, 91:8, 92:12
  A cambio del extravío 2:175,
  Corán 2:185, 5:16,
  De Dios 2:272, 6:71,
Guisliyn: 69:36-37

Habla: (*nut'q*) 21:63, 65, 37:92, 45:25, 51:23, de las aves 27:16
Hacienda: 89:20, 104:2-3
Ĥafşa: 66:1, 3-4
Hagar: 14:35-40
Ĥām: 5:103, 6:138, 139
Hāmān: 28:6, 8, 38, 29:39, 40:24, 36
Hanif: 2:135, 3:67, 95, 125, 6:79, 10:105, 30:30, 98:5
Hārūt: (y Mārūt) 2:102,

Hayy: (y *'umra*) 2:125, 128, 159, 189, 196, 204, 3:96, 97, 22:26, 37, 27:91, 28:57, 29:67, 42:7, 90:1-2, 95:3, 106:3, 108:2
Hembra: talión 2:178, María 3:36, herencia 4:11
Heredar la Tierra: 3:139, 6:135, 21:105-106, 22:40-41, 24:55, 37:171-173, 40:51, 47:35
Heredero/s: 2:182, 233, 4:11, 33, 5:107, 8:72, 73, 15:24, 23:10, 26:85, 28:5
Herencia: 2:40, 3:180, 4:7, 4:7-12, 18, 32, 175, 8:73, 33:6, ilícita 4:19
Herida: 2:102, 3:140, 172,
Hermana/s: 4:12, 176, 24:61,
  herencia de 4:176,
  matrimonio con dos 4:23
  prohibidas 4:23,
Hermano/s: 2:178, 3:103, 156, 168, 4:12, 5:31, 6:87, 7:66, 73, 85, 150, 9:11, 23, 12:59, 15:47, 24:31-61, 33:18, 49:12, 58:22, 70:12,
  rebaja condena a 2:178,
  los huérfanos 2:220,
  herencia 4:12
Hichr. 15:80-84
Hierba/s: 18:45, 54:31, 55:12, 56:89
Hierro: 7:57, 13:5, 17:50, 18:96, 22:21, 34:10, 36:8, 40:71, 57:2576:4
Hijas: 4:23,
  Atribuidas a Dios 16:57-59, 43:15-18,
  De una hermana 4:23
  De una tía materna 33:50
  De un hermano 4:23
  De un tío materno 33:50
  Infanticidio 16:59
  Matrimonio 4:23
Hijo/s: 2:49, 132, 133, 233, 246, 266, 3:10, 47, 61, 93, 116, 4:75, 98, 127, 167, 17:111, 18:4, 39, 19:35, 77, 87, 91, 92, 21:26, 23:91, 25:2, 28:9, 31:33, 37:152, 39:4, 43:81, 71:21, 73, 17
  Amor a 3:14,
  Herencia 4:11, 12,
  Juan 3:40,
  Matar a los hijos 6:151, 17:31
  Matrimonio 4:23,
  Tras de sí 4:9, 4:176,
Hijos de Adán 7:26, 35, 36:60
Hijos de Israel: 2:40, 47, 83, 122, 211, 246, 3:49, 5:11,
  cuarenta años vagando 5:26, pacto con 5:70, quieren atacar a Jesús 5:110,
  maldecidos por David 5:78, soberanos 5:20, violan el pacto 5:12,
Hipocresía: 2:8-20, 204-206, 3:71, 4:72-84, 91, 5:41, 61-62, 9:42, 43, 77, 97, 101, 29:10, 11, 47:20-30, 48:11
Hipócritas: 2:8-20, 3:118-120, 167, 168, 4:60-66, 88, 89, 92, 138-146, 5:41, 52, 61, 8:21, 50, 9:42. 124, 127, 24:47-50, 29:10, 11, 33:1, 12-20, 59-62, 47:20-30, 58:4-21, 59:11-16, 63:1-8, 74:31, 107:4-7
temen combatir 4:73
Historia: invitación al estudio de las civilizaciones anteriores 3:137, 6:11, 12:109, 111, 16:36, 22:46, 27:69, 29:20, 30:9-10, 42, 35:44, 40:21-22, 82, 47:10
  lecciones de 6:6, 42-45, 7:4, 5, 34, 59, 93-101, 8:52-54, 9:69, 70, 10:13, 102, 11:100-103, 12:109-111, 14:9, 45, 46, 15:4, 10, 75, 76, 16:26, 63, 112, 17:16, 17, 57, 18:32-44, 60, 19:74, 98, 20:128, 21:6, 11, 95, 22:42, 45, 48, 23:31, 42, 44, 48, 24:34, 25:37-40, 26:208, 27:34, 52, 28:58, 59, 78, 29:35, 40, 30:9, 32:26, 34:15-19, 45, 35:44, 36:13-31, 37:137-38, 38:3, 25, 39:24, 40:5, 20, 82, 41:13, 43:6-8, 23-25, 44:37, 46:27, 28, 47:10, 13, 50:37, 51:24-46, 53:50-54, 54:51, 64:5, 6, 65:8, 67:18, 68:17-33, 69:4-12, 77:16-17
Ḥiṭṭa: 2:58, 7:161
Hiŷāb: 33:59
Hojas: 20.133, 53:36-37, 87:18-19
Hombre/s: 2:102, 124, 282, 4:1, 7,
  encargados de proteger a las mujeres 4:34,

parte de los 4:32,
protegen 3:112
Homicidio: 2:61, 84-87, 91, 4:92-93, 5:32, 6:151, 12:10, 17:31, 33, 18.74, 20:40, 25:68, 28:15-21, 33:26, 40.28, 60:12,
Homosexualidad: 7:81-84, 11:78, 15:58, 67-75, 21:74, 26:166, 27:55, 29:28-29, 51:34
Honorable: 3:45,
Hora: unidad de tiempo 7:34, 187, 10:45, 30:56, 46:35
 del Juicio Final 6:31, 39, 41, 107, 15:85, 16:77, 18:36, 19:75, 20:15, 21:40, 33:63, 54:46
Horizonte/s: 41:53, 53:7, 81:23,
Hūd: 7:65-72, 11:50-60, 23:31-41, 26:124-140, 46:21-26, 51:41-42, 54:18-21,
Hudaybiyya: 9:7, 48:10-27, 60:10-11
Huellas: 3:119, 8:12, 75:4
Huérfanos: 2:83, 177, 215, 220, 4:2, 3, 6, 9, 10, 6:152, 17:34, 18:82, 89:17, 93:5, 9, 107:2
 comer sus bienes 4:10, 127,
Huesos: 2:259, 17:94, 98, 23:14, 35, 82, 36:78, 37:16, 53, 56:47, 75:3, 79:11
Humanidad: 2:213
Humano/s: (*bašar*) 3:47, 78, 110, 6:91, 12:31, 15:33, 17:93, 19:17, 26, 21:3, 34, 23:24, 33-34, 47, 25:54, 26:154, 30:20, 54:24, 64:6, 74:25, 31, 36
 (*insān*) 17:13-14, 19:26, 66-67, 39:49, 41:49-51, 46:15, 53:34, 75:3-15,
 débil, 4:28,
 (*ins*) 6:128, 6:38, 179, 17:88, 27:17, 41:25, 29, 46:18, 51:56, 55:33-35, 39, 56, 74, 72:5
Humildad: 2:45, 238, 3:17, 199, 21:90, 23:2, 33:35, 42, 45, 59:21
 con los creyentes, severidad con los bufar 5:54,
Humillación: 2:61, 3:26, 112, 192, 16:59
Humo: 41:11, 44:10, 55:35
Hunayn: (Batalla de) 9:25-27
Huríes: 2:25, 37:48-49, 44:54, 52:20,
55:56-61, 70-76, 56:22-23, 35-38
Ḥuṭama: 104:4-9

Iblís: 2:34, 17:61-65, 74:11-16, 18-29,
Idólatras: 2:96, 105, 135, 221,
Idolatría: 2:193, 4:51, 91, 6:41, peor que matar 2:191, Dios no perdona la 4:116,
Ídolos: (*aṣnām*) 6:74, 7:191-98, 10:34, 21:99, 39:3,
 (*ansāb*) 5:90
 (*auẓān*) 4:117, 6:71, 136-139, 7:190-98, 10:18, 29-30, 106, 14:30, 16:20, 56, 73, 19:81, 82, 22:12, 30, 26:98, 29:17, 25, 34:40, 39:36, 46:6
 femeninos 4:117, 6:74,
 (*nuṣub*) 5:3, 90, 70:43
 (*yibt*) 4:51
Idrís: 19:56-57, 21:85
'*Ifrīt*: 27:39
Iglesias: 22:40
Ignorancia: 4:17, 6:54, 111, 119, 16:119, 22:3, 8, 71, 25:44, 27:56, 30:29, 49:6, Era de la 3:154, 5:50, 33:33
Ignorantes: 2:273, 7:199, 11:46, 33, 89, 25:63, 28:56
Iḥrām: 5:1, 95, 97
Illiyyūn: 83:18-22
Imām: 2:124, 17:71, 21:73, 25:74, 28:5, 51, 88, 39:22, 40:51, 64:8, 70:40, 80:15-16, 89:1-2, 90:3
Imames: 32:24
Impaciencia: 2:75, 5:84, 7:46, 56, 13:12, 20:131, 26:51, 82, 30:24, 32:16, 33:32, 70:38, 74:15
Impíos: 5:45, 6:47, 7:5, 8:54, 21:11-15, 46, 23:28, 94, 107, 25:8, 39:32, 47-48, 42:8, 61:7, 68:29, 71:28
Impureza: 2:96, 124, 222, 5:90, 6:125, 145, 7:71, 10:100, orar 4:43
Imrān: 2:33, 35, , 3.35-36
Incapacidad: 5:31, 6:134, 8:59, 9:2, 10:53, 11:20, 33, 16:46, 24:57, 29:22, 37:25, 72:12, 86:10
Incapacitados: mentales 4:4,
Incredulidad, 4:136, 137, por exceso de

preguntas 5:102,
Indecentes: (actos) 2:170, 268, 3:135, 4:15, 19, 22, 25, 6:151, 7:28, 33, 128, 12:24, 16:90, 17:32, 24:21, 27:54, 29:28, 45, 33:30, 42:37, 53:32, 65:1
Infamia: 4:20,
Infieles: 2:6-20, 254, 3:175-178, 4.151, 5.17, 44, 72-73, 7:76, 9:32, 19:77-80,21.36, 30:8, 34.34, 43:30, 48:29, 60.10-12, 74:31
Infierno: 2:80, 119, 206, 3:12, 162, 197, 4:55, 93, 97, 140, 7:18, 179, 8:16, 9:73, 81, 14:16, 17:39, 32.13, 36:63, 40.76, 48:6, 50:30, 55:43, 66:9, 72:23, 89:23
  gente del 5:86
  por morada 4:121, 169
Ingratitud (*kufrān*) 2:153, 243, 3:115, 7:17, 10:12, 11:9, 12:39, 14:7, 34, 16:52-55, 72, 83, 112, 17:27, 67, 83, 89, 21:94, 22:66, 25:50, 27:40, 73, 29:65-67, 30:33, 34, 51, 31:32, 34:17, 39:7, 41:50, 42:28, 48, 55:13, 16, 18, 21, 23, 25, 28, 30, 32, 34, 36, 38, 40, 42, 45, 47, 49-77, 56:70, 76:3, 89:15, 16, 110:6
  (*kufūr*) 17:89, 99, 25:50, 31:32
Intelecto ('*aql*) 2:44, 73, 75, 76, 164, 170, 171, 242, 3:65, 118, 5:85, 103, 6:32, 151, 7:169, 8:32, 10:16, 42, 100, 11:51, 12:2, 109, 13:4, 16:12, 67, 21:10, 67, 23:80, 25:44, 26:28, 28:60, 29:35, 63, 30:24, 28, 36:62, 37:138, 43:3, 57:17, 66:10
Intercesión (*šafā'*): 2:48, 123, 255, 4:85, 6:51, 70, 94, 7:53, 10:3, 19:87, 20:109, 21:28, 26:100, 34:23, 36:23, 39:43, 44, 43:86, 53:26, 74:48, 78:38, 82:19
Invocar: 6:7
Ignorancia: época de la 3:154, mal por 4:17,
Ignorante/s: 2:67, 273,
Ilegal: comer riqueza 4:29
Inclinarse: 3:43,
Incredulidad: 3:90, 100, 167, 177, peor que matar 2:217,
Incumplir: 3:194,
Incursión: 3:156,
Inferioridad: 3:122,
Infierno: 2:24, 3:197, 4:93, 115, 122, 140, 5:72, 7:179, 8:16, 37, 9:35, 81, 95, 109, 11:98, 14:16, 17, 43, 17:63, 97, 18:106, 19:68, 29:68, 35:36, 36:63, 45:10, 48:6, 52:13, 16, 55:43, 57:13
Informar: 3:20,
Injusto/s: 2:57, 59, 246, con las mujeres 4:3, consigo mismos 3:135
Injusticia: 2:231, 3:25, 135, 7:23, 27:44, 28.16, 65:1
Instrucción: 3:20
Intelecto: 2:179, 197, 269, 3:7, 190, 5:100, 12:111, 13:19, 14:52, 38:29, 43, 39:9, 18, 21, 23:54, 65:10
Intercesión: 2:48, 123, 255, 6:51, 70, 94, 7:53, 10:3, 19:87, 20:109, 21:28, 26.100, 34:23, 36:23, 39:43, 44, 43:86, 53:26, 74:48, 78:38, 82:19
Intrigas: 3:54, 120, 7:99, 123, 8:30, 10.21, 13:33, 42, 14:46, 16:26-29, 45-47, 27.50, 35:10, 40:45, 71:22
Ira: 2:61, 90, 3:134,
Iram: 89:8-9
Isaac: 2:132-133, 136, 140, 3:84, 4:163, 6:84, 11:71, 12:6, 38, 14:39, 19:49, 21, 72, 29:27, 37:112-113, 38:45-47.
Islam: (sumisión) 2:112, 3:19, 58, 83, 85, 102, 4:124, 6:14, 125, 161, 27:91, 33:35, 48, 39:11, 40:66, 41:33, 42:13, 45:17-18, 72:14, 98:5.
  (Al-Islām) 3:19, 58, 5:3, 6:125, 9:33, 10:59, 27:44, 39:22, 48:28, 49:14, 17, 61:7, 9, 72:14
  como creencia 5:3
Ismael: 2:125, 127, 129, 133, 136, 140, 3:84, 4:163, 14:35, 37, 39, 163, 19:54, 21:85-86, 37:102-107, 38:48.
Israel: Jacob
Israelitas: 2:40-54, 63-64, 122-23, 5:22, 7:136, 159, 160, 10:93, 14:6, 20:80-81, 28:46, 44:30-33, 45:15-16
Israfil: 50:41, 54:6

639

Jacinto: 55:58
Jacob: 2:132, 133, 136, 140, 3:84, 94, 4:163, 183, 6:84, 11:71, 12:6, 38, 68, 19:49, 58, 29:27, 38:45-47
Jardín/es: 2:82, 11, 214, 221, 3:15, 133, 136, 142, 185, 195, 198, 4:13, 57,
  De los que brotan ríos: 5:12, 85, 119,
  De palmeras y viñedos 2:266,
  en una colina 2:265
Jengibre: 76:17
Jeremías: 2:259
Jericó: 2:58
Jerusalén: Bayt al-Maqdis
Jesús: 2:87, 136, 253, 3:39-62, 84, 4:163, 5:46, 72-77, 110-120, 6:85, 19:19-35, 43:57-64.
  Dios dijo a 5:110,
  pide a Dios una mesa servida 5:114,
  Dios le interroga sobre su divinidad 5:116-118,
  Crea pájaros del barro 5:110,
  maldice a los judíos 5:78,
  peores enemigos de los creyentes 5:82,
Jid'r: 18:65, 74, 77, 78-82
Job: 4:163, 6:84, 21:83, 84, 38:41-44.
Jonás: 4:163, 6:86, 10:98, 21:87, 88, 37:139-148, 68:48-50.
José: 6:84, 12:1-101, 40:34,
Juan: 3:39-41, 6:85, 19:7, 12-15, 21:90.
Judío/s: 2:62, 75, 111, 120, 135, 140, 3:67, 75, 4:153, 5:44, 6:156, 9:30, 22:17
  alteran las palabras y no creen 4:46,
  dicen "la mano de Dios está atada" 5:64,
  espían 5:41,
  hijos de Dios 5:18,
  Hijos de Israel 2:40-54, 63-64, 83, 122-3, 211, 3:49, 93, 5:12, 17, 22, 32, 72, 78, 110, 7:134-138, 10:90-93, 17:2-8, 104, 26:197, 27:76, 32:23, 40:53, 43:59, 45:16-17, 61:14
  oprimen 4:160,
  practican la usura 4:161,
  prestan oídos a las mentiras 5:41, 42,
  prohibiciones alimenticias para los 6:146
  sacan las palabras de su contexto 5:41,
  son creyentes 4:162,
  transformados por Dios en monos 7:166
Jueces: 2:188, que obren rectamente 5:69,
Juego/s: 5:57, 58, 6:32, 70, 91, 7:51, 98, 9:65, 12:12, 21:2, 16, 55, 29:64, 43:83, 44:9, 47:36, 52:12, 57:20, 70:42
  de azar 2:219
  de Satanás 5:90
  la vida de este mundo 6:32
  y distracción 6:70,
Juicio: 3:79, pertenece a Dios 6: 57
Juzgar: 3:23, con justicia 4:58, el Mensajero 4:65, entre los hombres 4:105
Juramentos: 2:224, 225, 4:65, 5:53, 106, 107, 6:109, 7:21, 49, 14:44, 16:38, 56, 62, 19:68, 21:57, 24:6-9, 53, 26:97, 30:55, 35:42, 37:1-3, 56, 38:82, 50:1, 2, 51:1-4, 7, 23, 52:1-7, 56:57, 76, 68:1, 17, 85:1-3, 86:1-3, 11, 12, 89:1-5, 91:1-7, 92:1-3, 93:1, 2, 95:1-3, 100:1-5, 103:1
  hechos a la ligera 5:89,
Justicia: 2:82, 282, 3:18, 21, 4:3, 49, 58, 65, 124, 127, 129, 135, 5:8, 42, 95, 106, 6:42, 115, 152, 7:29, 159, 181, 10:4, 47, 54, 11:85, 15:76, 90, 16:76, 90, 17:71, 19:61, 21:47, 23:62, 33:5, 42:15, 45:22, 46:19, 49:9, 55:7-9, 57:25, 60:8, 65:2
  proclaman 3:21, proteger la 5:8,
Justos: 2:130, 3:45, 4:3, 69, 7:114, 26:42, 56:11, 88, 65:2, 83:21-28
  con las mujeres 4:129

Ka'ba: 2:125, 127, 158, 3:96, 5:2, 95, 97, 8:35, 14:37, 22:26, 29, 29:67, 106:3
  ofrenda a la 5:95
  para el bienestar 5:96
Kāf, Hā, Yā, 'Ayn, Ṣād: 19:1
Kalāla: 4:12, 176.
Kauzar: 108:1

Kursi: 2:255, 38:34
Labranza: 2:223,
Lactancia: 2:233, 2:2, 28:7-12, 46:15, 65:6
Ladrón: 4:38, 12:70, 73, 77, 60:12, cortar la mano al 5:38
Lana: 16:80, 70:9, 101:5
Lāt: 53:19-23
Latigazos: 23:2-4
Lealtad: 3:76,
Leche: 16:66
Lechos: 3:154, 197,
Legumbres: 2:61,
Lengua/s: 3:78, árabe 12:2, 13:37, 16:10320:113, 26:195, 39:28, 41:3, 44, 42:7, 43:3, 46:12
Lentejas: 2:61
León: 74:51
Leproso: 3:49
Letras: sueltas al principio de los capítulos (*Al-Ḥurūf al-Muqaṭṭa'a*)
Alif, Lām, Mīm, 2:1, 3:1, 29:1, 30:1, 31:1, 32:1
Alif, Lām, Mīm Ṣād, 7:1
Alif, Lām, Rā, 10:1, 11:1, 12:1, 13:1, 14:1, 15:1
Ḥa, Mīm, 40:1, 41:1, 43:1, 44:1, 45:1, 46:1
Ḥa, Mīm, 'Ayn, Sin Qāf, 42:1
Kāf, Ha, Ya, 'Ayn, Ṣād, 19:1
Nūn 68:1
Qāf 50:1
Ṣād 38:1,
Ṭā, Hā 20:1,
Ṭā, Sin 27:1
Ṭa, Sin, Mim 26:1, 28:1
Ya, Sin 36:1
Leyes: 2:231, 16:116-117
de Dios 2: 229, 5:87, 103, 6:140, 7:162, 9:37, 10:15, 64, 13:41, 16:101, 33:62, 35:43
Liberación: 28:5
Libre: 2:178, 221
Libro: (*asfār*) 62:5, desenrollado 52:2, (*Escritura, kitāb*) 17:93, 43:21
iluminado: 22:8, 31:20, 35:25,
registro de las acciones 17:13, 14, 71, 18:49, 39:69, 45:28, 29, 50:5, 54:52, 69:19, 25, 78:29, 81:10, 14, 82:5, 7, 83:7, 9-20, 84, 7, 10,
Tabla Protegida 6:59, 8:75, 9:36, 10:61, 11:6, 13:39, 17:58, 20:52, 21:105, 22:70, 23:62, 27:75, 33:6, 34:3, 35:11, 36:12, 43:4, 50:5, 54:53, 56:78, 57:22, 78:29, 85:22
Lícito/s: 2:187, alimentos 3:93, 5:2-5, matrimonio 4:23,
Límites: 2:229, 4:14
Limosna: 2:43, 83, 110, 277, 4:114, compensatoria 2:196, obligatoria 2:177,
ritual 4:77,
Lluvia: (*gāiz*) 2:265, 12:49, 31:34, 42:28, 57:20
(*maṭar*) 2:19, 165, 4:102, 6:6, 7:84, 8:12, 10:24, 14:32, 25:40, 26:173, 27:58, 51:22
(*wadaq*) 24:43, 30:48
abundantes 6:6, 11:52, 71:11
Llamada: 3:172,
Lobo: 12:1317
Loco/s: 2:13, 142, 282, 4:5, 7:155
Locura: 2:13, 275, 6:140, 7:66, 67
Loṭ': 6:86, 7:80-84, 11:77-83, 15:57-77, 21:74-75, 26:160-174, 27:54-58, 29:26, 28-35, 37:133-138, 51:32, 54:33-39
Loto: 34:16, 53:14, 16, 56:28
Luna: 2:189, 6:77, 96, 7:54, 10:5, 12:4, 13:2, 14:33, 21:33, 25:41, 29:61, 31:29, 35:13, 36:40, 39:5, 55:5, 71:16
Luqmān: 31:12, 13, 16-19,
Luz: 2:17, 257, 4:174, 5:15, 44, 46, 6:1, 91, 122, 10:5, 13:16, 14:1, 24:35, 40, 33:43, 35:20, 39:22, 42:52, 57:9, 12, 13, 19, 28, 65:11, 71:16
de Dios 9:32, 24:35, 39:69

Madina: 33:13-60, 59:9, 63:8
Madre/s: 2:233, 4:23, 16:78, 24:61, 39:6, 53:32, 58:2, 80:35, 101:9

de las Escrituras 3:7, 13:39, 43:4
matrimonio 4:23,
Maduros: huérfanos 4:6,
Magia: 2:102, 5:1106:7, 7:113, 116, 126, 10:77, 80, 11:7, 15:15, 20:57, 76, 21:3, 23:90, 26:35, 38, 40, 41, 49, 27:13, 28:36, 48, 34:43, 37:15, 43:30, 46:7, 52:15, 53:2, 61:6, 74:24
Magos: 7:109, 112, 10:2, 77, 79, 20:63, 70, 26:34, 38:4, 40:24, 43:49, 51:39, 52
Mal: (*šarr*)2:216, 3:30, 180, 8:23, 55, 10:11, 21:35, 24:11, 41:49, 51, 71:20, 72:10, 76:7, 11, 99:8, 113:2-5, 114:4, (*sū'*) 2:170, 3:30, 174, 4:17, 110, 123, 148-149, 7:74, 188, 9:37, 98, 11:64, 12:24, 51, 53, 13:11, 16:27, 28, 59, 94, 119, 19:28, 20:22, 21:74, 16:156, 27:11, 62, 33:17, 40:37, 48:6, 60:2
camino 4:22, prohibir el 3:104, y bien no son iguales 5:100,
Malas acciones: 6:70, 17:7, 30:10, 41:46, 45:15, 46:17, 53:31
Malas consecuencias: 5:95, 59:15, 64:5, 65:9
Maldecido: Satanás 3:36
Maldición: 2:162, 3:61, 87, 7:38, 11:60, 13:25, 15:35, 28:42, 29:25, 33:68, 40:52, 48:6
a la gente del Sabt 4:47
de Dios y de los hombres 2:159,
los ángeles y las gentes 2:161, 162,
Mubāhala 3:61
Malo/s: 3:179, 4:2,
Malik: 43:77
Maná: 2:57, 7:160, 20:80
Manāt: 53:20
Mandamientos: 16:90-100, 17:23-39
Mano: 2:79, 95, 97, 149, 195, 255, 3:73, 182, 4:43, 62, 77, 91, 5:6, 11, 28, 33, 38, 64, 94, 7:7, 17, 93, 124, 149, 8:51, 70, 9:29, 52, 11:71, 12:31, 13::14, 14:9, 17:29, 18:42, 24:40, 30:36, 41, 51:47, 57:12, 59:2, 60:2, 12, 62:7, 66:8, 80:15,
amputación de 5:33, 38, 7:124, 20:71, 26:49
de Dios atada 5:64
derecha 57:12, 66:8
izquierda 7:17, 16:48, 34:15, 50:18, 69:25, 70:37
Manto: 33:59, 73:1, 74:1
Mar: 2:50, 165, 5:96, 6:63, 7:163, 10:22, 14:32, 16:14, 17:66, 67, 18:60, 61, 63, 79, 109, 20:77, 22:65, 24:40, 27:63, 30:41, 31:27, 31, 35:12, 42:32, 33, 55:24
Confluencia de los dos mares 18:60-61
María: 2:87, 253, 3:33-37, 42-47, 4:156, 5:17, 75, 19:16-34
deposito de la palabra de Dios 4:171,
madre de Dios 5:17
Marido: 2:228, 4:128, 11:72, 24:6, 31,
Mártires: 2:155, 3:140, 157-58, 169-74, 195, 4:69, 72, 74, 171, 172, 9:111, 22:58, 47:4-6, 57:19
Mārūt: 2:102, 3:54, 86,
Marwa: 2:158,
Maš'ar ul-Harām: 2:198
Matar: 2:72, 85, 191, 3:181, 183,
a un creyente 4:93
profetas 3:112,
sin derecho 3:21, no 4:29,
Matrimonio: 2:187, 221-223, 228, 230, 235, 237, 4:3, 4, 6, 19-25, 127, 5:5, 16:72, 23:6, 24:26, 32, 33, 60, 30:21, 33:37, 49, 50, 44:54, 52:20, 60:10, 81:7
Con idólatras 2:221
Con sus mismos maridos 2:232
Intención 2:235
temporal 4:24
Mażānī: 15:78
Meca: 2:126, 4:75, 6:92, 8:34, 35, 14:35, 16:112, 27:91, 28:57-59, 85, 29:67, 42:7, 43:31, 47:13, 48:24
Mendigos: 2:177,
Mensajero: 2:87, 101, 108, 129, 136, 151, 246-248, 285, 3:32, 39, 68, 81, 101, 144, 146, 153, 161, 164, 172, 179, 183, 184, 4:42, 64, 115, 5:32, 41, 70, 75, 81, 99, 6:112, 7:61, 67, 94, 104,

157, 8:64, 65, 67, 70, 9:61, 73, 113, 117, 10:47, 12:50, 14:14, 17:93, 95, 19:30, 41, 49, 51, 53, 54, 59, 20:96, 134, 22:32, 52, 25:31, 26:107, 125, 143, 33:1, 6, 13, 28, 30, 32, 38, 45, 50, 53, 56, 59, 163, 178, 37:112, 40:34, 78, 42:51, 43:6-7,46, 44:13, 18, 51:52, 72:27, 73:15
Con la verdad 4:170,
Con las pruebas claras 5:32
Creed en el 4:136,
Desobediencia al 3:154,
Discutirle 4:115
Enviado por Dios 4:79
Ha venido a vosotros 5:14,
Jesús 4:157, 158, le conocen 2:144,
Limpiando las Escrituras 5:15,
Muḥammad: 5:19,
Obedeced al: 4:59, 64, 69, 80, 5:92,
Pide perdón 4:64,
Remitid al 4:59, 83,
Responsable de transmitir 5:99,
Se burlan de los 6:10,
Testigo sobre vosotros 2:143
Transmite la revelación 5:67, 83
Venid al 4:60,
Mensajeros: 2:95, 252, 253, 285, 3:144, 195, 4:150, 152, 6:48, 130, 7:43, 53, 61, 8:101, 13:38, 14:4, 9, 15:10, 57, 80, 16:36, 43, 64, 77,17:94, 18:56, 20:134, 21:7, 25, 107, 22:75, 23:23, 32, 25:51, 26:21, 28:45, 47, 59, 29:31, 33, 30:9, 47, 34:34, 35:24, 36:13, 14, 16, 20, 37:72, 123, 139, 147, 40:23, 70, 78, 42:51, 43:6, 23, 45, 44:5, 46:9, 48:8, 28, 51:31-33, 57:26, 27, 61:9, 62:2, 71:1, 73:15
apoyo a los 5:12,
de los Hijos de Israel 5:70,
desmentidos 6:34,
otros 4:164
Menstruación: 2:222, 228, 65:4
Mentir: 3:75
Mentiras, 3:78, 94, sobre Dios 4:49,
Mentirosos: 3:61,
Merced: 3:171,

Mes/es : 2:185, 217, 226, 236, 34:12, 46:15, 58:4, 65:4, 97:3
de la peregrinación 5:2
sagrado 2:194
Mesa: venida del cielo 5:112-115,
Meses: 2:194, 217, 226, 5:2, 97, 9:36, 37
Mesías: Jesús 4:171, siervo de Dios 4:172, es Dios 5:17, 72-75,
Metrópoli: 28:59
Mezquita: 2:114, 149-150, 187, 191, 196, 217
Del perjuicio (*Masŷid ud'-d'irār*) 9:107
Sagrada 2:144, 150, 151, 191, 196, 217, 5:2, 9:7, 17:1, 24:36, 29:67, 72:18

Miedo: (*jašiya*) 2:151, 3:175, 4:77, 5:3, 44, 9:13, 20:3, 45, 94, 31:33, 33:37, 39, 80:9, 87:10
(*jauf*) 2:38, 62, 112, 156, 239, 266, 274, 277, 3:170, 4:9, 83, 101, 108, 5:69, 6:15, 51, 80-81, 7:35, 49, 56, 8:26, 9:28, 10:63, 11:26, 13:12, 22, 112, 24:50, 28:7, 30:24, 28, 32:16, 33:19, 40:26, 30, 32, 41.30, 46:13, 50:46, 51:28, 37, 76:8, 106:4
(*jifa*) 7:205, 11:70, 13:13, 20:67, 30:28, 51:28
Miel: 16:69, 47:15
Mikael: 2:98
Mil: 2:96, 243
Milagro: 3:183-184, 6:37, 109, 13:27, 17:90-94, 21:5, 45:25
Minā: 2:200, 203
Mi'raŷ: 17:1, 60, 53:6-18
Mirar:
Miseria: 2:61, 3:112,
Misericordia: 2:105, 178, 3:132, 157-159, 4:96, 6:154, 155, 157, 7:52, 63, 204, 10:57, 17:24, 28, 82, 18:10, 81, 24:56, 27:46, 29:51, 30:21, 36:45, 49:10, 57:13, 27
de Dios 3:107, 6:147, 7:155, 15:56, 39:53, 40:7
Misericordiosísimo 2:54, 143, 160, 163, 173, 226, 3:89, 129,
Mitad: de la herencia 4:12

Mitos: de los primitivos 6:25
Modestia: 17:37, 31:18-19, 55:56
Moisés: 2:51, 53, 55, 60, 61, 67, 87, 92, 108, 136, 246, 248, 3:84, 4:153-155, 164, 5:20-26, 6:84, 7:103-172, 10:75:95, 11:97-98, 14:5-8, 17:101-104, 18:60-82, 19:51-53, 20:9-101, 23:45-49, 25:35-36, 26:10-68, 27:7-14, 28:3-43, 33:69, 37:114-122, 40:23-29, 37, 45, 41:45, 43:46-56, 44:17-33, 51:37-40, 54:41-42, 61:5, 73:15-16, 79:15-26
Molesta: la menstruación 2:222
Monacato: 57:27
Moneda: 3:75
Monjes: 5:82, 9:31-34
Monogamia y poligamia: 4:3
Monos: 2:65, convertidos en m. y cerdos 5:60
  judíos convertidos en monos 7:166
Montaña/s: 2:260, 7:74, 143, 171, 11:42, 43, 46,13:3, 15:82, 16:15, 81, 17:37, 20:105, 27:61, 31:10, 35:27, 41:10, 43:32, 55:24, 59:43, 59:21, 77:27
Monte: 2:60, 2:63, 93, 19:52, 20:80, 28:29, 46, 50:8, 52:1, 79:32,
  Sinaí 23:20, 95:2
Monoteísmo: (*tauhīd*) 2:21-22, 28-29, 107, 116, 118, 133, 138-39, 163-64, 255-56, 284, 3:2, 5-6, 18, 26-27, 62, 83, 109, 129, 189-191, 4:1, 86, 125, 130-131, 5:19, 123, 6:12-13, 17-19, 46, 59-61, 73, 79, 95-104, 7:53, 157, 184, 188, 9:116, 10:3, 5-6, 22, 31-32, 34-35, 55-56, 101, 11:7, 13:2-4, 12, 15, 17, 14:19-20, 32-34, 15:16-23, 26, 16:2-23, 48-52, 65-72, 78-81, 17:22, 39, 42, 21:25, 30-33, 22:18, 61, 63-66, 23:17-22, 79-81, 85, 91, 25:45-50, 53-54, 59, 61-62, 26:7-9, 27:25-26, 59-64, 86, 88, 93, 28:70-73, 29:19, 61, 63, 30:8, 11, 20-27, 46, 48, 50, 54, 31:10-11, 25-26, 29-31, 32:4-9, 27, 35:3, 9, 11-13, 27-28, 41, 36:12, 33-44, 71-73, 7-83, 37:4:11, 38:65-66, 39:21, 42, 46, 57, 62-63, 67, 40:13, 15, 57, 61-62, 64, 68, 79-81, 41:9-12, 37-39, 53-54, 42:3-5, 9, 11-12, 28-29, 32-34, 49-50, 43:9-14, 84, 44:6-8, 45:2-5, 11-12, 47:19, 48:4, 7, 50:6-11, 38, 51:20-23, 47-50, 53:42-49, 55:1-8, 10-12, 14-15, 17, 19-20, 22, 24, 26-28, 56:57-74, 57:1-6, 17, 59:22-24, 63:7, 64:1, 4, 13, 18, 65:12, 67:1-5, 15-17, 19-21, 23-24, 28-30, 71:13, 20, 73:9, 76:13, 28-29, 77:20-27, 78:6-16, 37, 79:27-33, 80:24-32, 82:6-8, 85:12-16, 87:1-5, 88:17-20, 90:8-10, 112:1-4
Moradas: 2:94, 3:162, generosa 4:31,
Morir: sin permiso de Dios 3:145,
Moscas: 22:73
Mosquitos: 2:26
Mostaza: 21:47, 31:16
Mubāhala: 3:61
Mudo: 2:171,
Muerte: 2:28, 73, 94, 155, 222-223, 258, 260, 3:27, 49, 143, 144, 154, 156-158, 170, 193, 4:18, 78, 5:110, 6:36, 111, 7:57, 10:31, 13:31, 14:17, 22:6, 7, 30:19, 52, 35:22, 36:12, 39:30, 49:1277:26,
  da 2:243,
  dejando esposa 2:240,
  del corazón 6:36, 122, 27:80
  no están muertos 3:168-169,
  reclusión hasta la 4:15,
  saborear la 3:185,
Muerto: 3:27, 49,
Muhammad: 2:42-43, 107, 214, 217, 3:111, 176, 193, 4:36, 78, 33:1-73, 73:1-11, 74:1-7, 93:3-8, 94:1-8, 110:1-3
  Mensajero 3:144, 164, 4:79, 7:158, 9:33, 10:2, 13, 30, 36, 17:105, 21:107, 23:70, 25:56, 33:45, 34:28, 46, 35:24, 36:3, 44:13, 45:18, 46:9, 48:8, 28, 61:9, 62:2-4, 73:15
  Mensajero después de un periodo sin Mensajeros5:19,
  recibe la revelación 4:163, 5:48,
  prueba clara 4:174,

vienen a ti para que juzgues 5:42,
no creen en él 6:7, 8,
Mujer/es: 2:49, 187, 222, 223, 235, 3:42, 61, 4:1, 3, 4, 32, 57, 127-130, 7:81, 33:28-34, 66:10-12
  de Imrān 3:35,
  Amor a 3:14,
  Casadas 4:15, 24,
  Casamiento 4:19,
  Derechos 2:228,
  Lícitas: 5:5,
  Herencia 4:7, 19, 32,
  Lícitas y vestidura 2:187,
  Opinión sobre las: 4:127
  Plazos de espera 2:232,
  Rebeldes 4:34,
  Rechazada 4:128
  Testigos, 2:282,
Mundo: 2:200, 201, 220, 3:44, 7:156, 9:69, 11:60, 12:101, 17:72, 22:9, 15, 24:14, 19, 33:57, 39:10
  amor al 9:24, 11, 15, 16, 17:18, 76:27
  de la incredulidad 3:176
  habitantes de 11:15-17
Musulmán/es: 2:128, 132, 136, 3:52, 64, 67, 80, 84, 102, 139, 5:111, 6:163, 7:126, 10:72, 84, 90, 11:14, 16:90, 102, 21:108, 27:31, 38, 42, 81, 91, 28:53, 29:46, 30:53, 41:33, 46:15, 51:36, 68:35, 72:16
Muzdalifa: 2:198

Nachrán. 3:61
Nación: 2:123, 128, 134, 141, 3:104, 6:123, 7:38, 160, 11:48, 13:30, 16:93, 35:24, 46:18
Nasr: 71:23
Naturaleza: 30:30
Nazarenos: 5:14
Necesitado/s: 2:215,
Negocio: malo 3:187,
Negro: 2:187, 35:27
Nemrod: 2:258
Nínive: 10:98
Nobleza: 49:13
Noche/s: 2:164, 274, 3:27, 190,6:13, 60, 76, 96, 7:54, 10:6, 24, 27, 67, 11:81, 114, 13:3, 10, 14:33, 15:65, 16:12, 17:1, 12, 87, 19:10, 20:130, 21:20, 33, 42, 22:61, 13:80, 24:44, 25:47, 62, 27:86, 28:71, 73, 30:23, 31:29, 34:18, 35:13, 36:37, 40, 37:138, 39:5, 9, 40:61, 41:37, 38, 44:23, 45:5, 50:41, 51:17, 52:49, 57:6, 69:7, 71:5, 73:7, 20, 76:26, 78:10, 79:29
  de ayuno 2:187
  del Poder 2:185, 97:1-5
  recitar de 3:113,
  vigilia de 17:78-79, 51:17-18, 52:49, 73:1-7, 20, 76:26
No creyentes: (*kafirūn*) 2:6-7, 26, 34, 39, 98, 104-105, 121, 126, 161-162, 171, 173, 217, 250, 254, 257, 3:4, 10, 12, 19, 21, 22, 32, 56, 86-91, 105-6, 111-12, 116-120, 151, 176-8, 181-3, 196, 4:35-6, 41, 51, 55, 75, 102, 136, 149-50, 166-8, 172, 5:6, 11, 39-40, 44, 47, 48, 60-61, 64, 70, 81, 83, 102, 6:1, 4, 7-8, 25-31, 39, 49, 70, 89, 110, 129-130, 7:35, 37, 43, 49, 93, 8:13-14, 18, 36-38, 51-52, 56-57, 73, 9:73-87, 10:2, 4, 27, 52, 54, 11:107-8, 12:37, 13:18, 31, 35, 42-43, 14:2, 27-30, 42-44, 15:2-3, 90-93, 16:27-29, 83-85, 88, 104-109, 112-13, 17:10, 45-48, 97-98, 18:29, 101-7, 19:37-39, 72-76, 84-88, 20:74, 124-127, 21:97-100, 22:19-22, 38, 51, 53, 55, 57, 71-72, 23:54-57, 64-78, 24:57, 25:34, 43-44, 26:200-208, 237, 27:43, 29:23, 52, 30:16, 29, 44, 45, 31:23-24, 32:20-21, 33:1, 8, 64-68, 34:5, 38, 35:7, 10, 36, 37, 39, 36:59-65, 70-76, 37:22-26, 62-67, 68-73, 38:55-58, 39:47-48, 63, 71-72, 40:4, 6, 10-12, 18, 52, 69-76, 41:19-28, 42:21-22, 26, 44-46, 43:74-78, 44:9-16, 43-50, 45:18, 30-34, 46:20, 34-35, 47:1, 3, 8, 11, 12, 32, 34, 48:13, 50:24-26, 51:8-14, 52, 59, 52:11, 16, 45-47, 54:6-8, 43-48, 55:41, 56:41, 92, 57:19, 59:14-17,

64:10, 66:9, 67:6-10, 20-22, 27-28, 68:35-47, 51, 69:25-37, 70:36-39, 42-44, 72:15-17, 23, 73:11-13, 74:8-26, 31, 40, 53, 75:24-35, 76:4, 27, 31, 77:29, 46-50, 78:21-30, 79:37-39, 80:40-42, 82:14-16, 83:7-17, 29-36, 84:10-24, 85:10, 19, 86:15-17, 87:11-13, 88:2-7, 23-24, 89:24-26, 90:19-20, 91:10, 92:8-11, 14, 98:1, 4, 6, 101:8-11, 109:1-6

Noé: 3:33, 4:163, 6:84, 7:59-64, 10:71-73, 11:25-49, 17:17, 19:58, 23:14, 15, 37:75-82, 54:9-16, 71:1-27
  edad 29:14
Nombre/s: 2:31, 33, 7:71, 19:7, 49:11, 53:23
Notables: 2:246, 7:60, 66, 75, 23:24, 25, 46, 27:29, 32, 38, 28:20, 38:6
Notarios: 2:282, 283
Noticia/s: (anbā) 3:44, 6:5, 7:101, 11:49, 20:99, 26:6, 33:21
  (naba') 5:27, 6:67, 9:70, 14:9, 18:13, 27:22, 38:21, 67, 49:6, 64:5, 66:3
Noventa y nueve: 38:23
Nubes: 2:57, 210, 165, 7:57, 160, 9:41, 13:12, 13, 24:40, 43, 25:25, 27:88, 30:48, 35:9, 46:24, 52, 44, 51:2, 56:69, 78:14,
Nublado:2:57, 210, 7:160, 25:25
Nueva luna: 2:189, 36:39
Nueve: 18:25, 27:12, 48
Número/s: 18:11, 23:112, 72:24, 28,
  Cien: 2:259, 8:65-66, 24:2
  Cien mil 37:147
  Cinco 18:22, 58:7
  Cinco mil 3:125
  Cincuenta 29:14
  Cincuenta mil 70:4
  Cuarenta 2:51, 5:26, 7:142, 46:15
  Cuarto 18:22, 58:7
  Cuatro 2:226, 4:15, 9:2, 36, 24:4, 6, 8, 13, 45, 41:10
  Diecinueve 74:30
  Diez 2:196, 234, 5:89, 6:160, 7:142, 11:13, 20:103, 15:2
  Doce 2:60, 5:12, 7:160, 9:36
  Dos 4:3, 11, 176, 5:106, 6:143, 144, 9:40, 11:40, 13:3, 16:51, 23:27, 34:46, 35:1, 36:14, 40:11
  Dos cientos 8:65-66
  Dos tercios 4:176, 73:20
  Medio 4:11, 25, 176
  Mil 2:96, 8:9, 65, 22:47, 29:14, 32:5, 97:3
  Miles 2:243
  Noventa y nueve 38:23
  Nueve 18:25, 27:12, 48
  Ochenta 24:4
  Ocho: 6:143, 28:37, 39:6, 69:7
  Octavo 18:22
  Once: 12:14
  Primero 6:110, 9:83, 17:51, 18:48, 26:51
  Quinto 24:7, 9
  Seis 7:55, 10:3, 11:7, 25:59, 57:4
  Sesenta 58:4
  Setenta 7:155, 9:80
  Siete 2:29, 12:43, 46, 48, 15:44, 87, 17:44, 18:22, 23:17, 69:7
  Tercero 36:14, 53:20, 58:7
  Tercero de tres 5:73
  Treinta 7:142, 46:15
  Tres 2:196, 228, 3:41, 4:3, 171, 5:89, 9:118, 11:65, 18:22, 19:10, 24:58, 35:1, 39:6, 56:7, 65:4
  Tres cientos 18:25
  Tres mil 3:124
  Trinidad 4:171, 5:73
  Uno (aḥad) 2:282, 4:43, 8:7, 9:52, 12:41, 78, 16:58, 76, 18:19, 26, 38, 42, 47, 49, 110, 19:26, 98, 24:6, 28:25, 27, 29:28, 33:32, 39, 40, 35:41, 42
  (wāḥid, wāḥida) 2:61, 102, 133, 164, 213, 4:1, 3, 11, 102, 171, 5:73, 6:19, 7:189, 12:31, 67, 13:4, 16, 16:51, 93, 18:110, 21:92, 108, 24:2, 25:14, 29:46, 34:46, 36:29, 49, 53, 37:4, 23, 38:5, 54:31, 50, 69:1, 79:14
  Un décimo 34:45
  Uno de dos 9:40
  Un cuarto 4:12

Un octavo 4:12
Un sexto 4:11, 12
Un tercio 4:11-12, 176, 73:20
Veinte 8:65

Obediencia: 2:285, 3:32, 168, 4:13, 59, 80, 81, 92, 8:1, 20, 47, 9:71, 23:34, 24:51-52, 53, 26:127, 131, 144, 150, 163, 178, 30:30, 43, 33:66, 67, 71, 43:54, 63, 47:21, 26, 33, 48:17, 58:13, 64:12, 16, 67:10, 71:3
   a Dios y a Su profeta 3:32, 132, 4:14, 58, 63, 68-69, 79, 80, 5:95, 8:1, 20, 47, 9:71, 24:52, 54, 56, 33:36, 71, 47:33, 48:17, 49:17, 59:7, 60:12, 64:12, 16
   oímos y Obedecemos 5:7,
Obras: arruinan sus 3:22,
Occidente: 2:115, 142, 177, 258,
Ochenta: 24:4
Ocho: 6:143, 18:22, 39:6, 69:7
Ocultar: 3:29, la Verdad 5:44,
Oculto: 3:5, 44,
   a los sentidos (*gayb*) 2:3, 33, 3:44, 179, 5:94, 6:50, 73, 7:188, 11:31, 12:81, 16:77, 19:61, 78, 21:49, 27:65, 34:14, 53, 35:18, 36:11, 49:18, 50:34, 52:41, 57:25, 67:12, 68:47, 69:39, 72:26, 27, 81:24
Odio: 3:118, 119, a las mujeres 4:19,
Ofensa: 2:263, 264,
Ofrendas: 3:183,
Oh comunidad de genios y humanos: 6:130
Oh gentes: 4:1, 170, 174, 22:73,
Oh gente de la *Escritura*: 5:19, 59, 68, 77,
Oh hijos de Adán: 7:35, 36:60
Oh los que creéis: 3:102, 118, 130, 149, 156, 200, 4:19, 29, 43, 59, 71, 94, 135, 136, 144, 5:1, 6, 11, 35, 51, 54, 87, 94, 95, 101, 105, 8:27, 29, 22:77, 33:9,
Oído/s: 2:19, 4:11, 119, 5:45, 7:179, 195, 18:11, 22:46, 71:7
Oír: Dios 3:34, los judíos 4:46,

Ojo/s: 2:13, 55, 3:13, 7:116, 8:45, 11:31, 37, 12:84, 15:88, 18:102, 19:26, 20:39, 40, 131, 33:19, 37:48, 40:19, 43:71, 55:50, 66, 90:8
   cerrados 2:267,
Ola: 10:22, 42, 11:43, 18:99, 24:40, 31:32
Olivos: 6:99, 141, 16:11, 23:20, 24:35, 80:29, 95:1
Olvido: 2:44, 286, 6.44, 12:42, 18:57, 20:52, 88, 115, 126, 23:110, 25:18, 32:14, 38:26, 59:19, 87:6-7
Once: 12:4
Opresión: 2:35, 59, 279, 3:108, 182, 4:30, 148, 5:39, 6:82, 131, 9:36, 13:6, 16:61, 17:59, 18:57, 59, 20:11, 112, 22:25, 39, 45, 25:4, 26:227, 27:11, 14, 52, 85, 31:13, 38:24, 42:42, 43:39, 76
   del alma propia 4:110, 93:9
Opresor/es: 2:35, 51, 92, 95, 114, 124, 146, 150, 165, 193, 229, 246, 254, 258, 270, 3:57, 86, 94, 128, 140, 151, 192, 4:75, 5:29, 45, 107, 6:21, 33, 45, 52, 68, 93, 129, 144, 7:4, 20, 47, 55, 9:23, 47, 85, 12:76, 79, 14:42, 16:113, 17:47, 99, 18:50, 21:46, 59, 97, 22:53, 23:94, 107, 24:50, 25:27, 28:25, 59, 29:15, 31:11, 34:31, 35:40, 39:51, 43:76, 49:11, 60:9, 66:11, 68:29
   Destruidos 6:47,
   Dios no les ama 3:57,
   Más 6:21,
   No serán auxiliados 5:72,
   No triunfarán 6:21,
   Su comunidad fue destruida 6:45,
Oprimidos: 3:123, 4:75, 97, 98, 127, 7:75, 137, 150, 8:26, 14:21, 27:34, 37, 28:4, 5, 34:31-3340:47
   a sí mismos 3:117,
   combatir por su causa 4:75,
   en la Tierra 4:97
   no serán 4:49,
   no seréis 2:272,
Oración: 2:3, 43, 45, 46, 83, 110, 153,

177, 238, 277, 4:43, 77, 101, 102, 161, 5:6, 55, 58, 91, 106, 6:72, 92, 162, 7:169, 205, 8:2-4, 35, 9:71, 11:115, 13:22, 14:31, 37, 40, 17:78-79, 19:31, 55, 59, 20:14, 132, 22:35, 41, 77, 78, 23:2, 9, 24:37, 56, 25:62, 64, 27:3, 29:45, 30:31, 31:4, 17, 33:42, 56, 35:18, 29, 30, 42:38, 52:48, 49, 70:22, 23, 34-35, 73:20, 74:42-43, 75:31, 87:15, 96:9-10, 98:5, 107:4-5, 108:2

acortar las 4:101,
burla y juego 5:58
con pereza, 4:142
de la noche 17:78, 32:16, 39:9, 51:17, 73:2-7, 76:26, 97:2
de temor: 100-102
ebrios 4:43,
en los momentos fijados 4:103
nāfila 17:79, 21:72

Ordenar: el bien 3:114,
Orgullo: pecador 2:206
Oriente: 2:115, 142, 177, 258,
Oro: 3:14, 91, 9:34, 22:23, 35:33, 43:53, 71
Oscuridad: 2:17, 19, 20, 257, 6:1, 39, 59, 122, 13:16, 14:1, 21:87, 33:43, 35:20, 57:9, 65:11
Ostentación: 2:264, 4:38, 142, 7:48, 107:6
Otra Vida: (*Ājira*) 2:86, 102, 114, 130, 200-201, 217, 220, 3: 22, 45, 56, 77, 85, 145, 148, 176, 4:74, 77, 6:32, 9:69, 11:16, 12:101, 13:26, 14:27, 16:122, 17:72, 22:15, 24:14, 19, 27:66, 28:70. 29:27, 33:57, 34:1, 38:46, 41:31, 87:17, 89:24, 92:13, 93:4
Ovinos. 6:143-146, 20:18, 21:78

Paciencia: 2:45, 153, 157, 176, 250, 3:120, 139, 142, 186, 4:25, 7:87, 126, 128, 8:47, 10:11, 11:11, 12:18, 83, 13:22, 24, 14:12, 21, 16:42, 61, 96, 18:59, 67, 69, 72, 78, 82, 19:65, 20:132, 21:112, 23:111, 25:75, 29:59, 30:60, 31:16, 32:24, 33:35, 45, 38:6, 41:24, 35, 42:43, 43:5, 46:35, 49:5, 51:16, 70:5, 73:7, 74:7, 76:12

ante el peligro 2:177,
Pacto: 2:84, 100, 3:81, con los Hijos de Israel 5:11, con los cristianos 5:14,
Padre: 2: 233, 12:78, 80, 27:19, 31:33, 33:40, 80:35
Padres: 2:83, 133, 170, 200, 215, 4:11, 22, 6:87, 91, 23:68, 24:31, 61, 26:26, 77, 27:67, 68, 28:36, 33:5, 55, 37:16, 126, 40:8, 43:22-24, 44:36, 45:25, 53:23, 56:48, 58:22

agradecido con ellos 31:14
buenos con ellos 29:8, 46:15
herencia 4:7
Pájaros: 2:260, 3:49, 6:38, 12:37, 41, 16:79, 21:79, 22:31, 24:41, 27:16, 17, 34:10, 38:19, 67:19
Jesús crea de barro 5:110,
Palabra/s: 2:124, 3:39, 45, 64, 181, 10:19, 96, 11:110, 18:5, 23:100
Palacio/s: 7:74, 25:10, 27:44, 77:32
Palmeras: 2:266, 6:99, 141, 13:4, 16.11, 67, 17:91, 18:32, 19:23-25, 20:71, 23:19, 26:148, 36:34, 50.10, 54:20, 55:11, 68, 69:7, 80:29, 59:5
Parábola/s: 2:17, 171, 214, 261, 264, 265, 3:59, 117, 6:122, 7:176, 10:24, 11:24, 13:35, 14:18, 26, 16:60, 17:89, 18:45, 54, 24:34, 25:33, 29:41, 43:56, 59, 74:31
Paraíso: 2:25, 35, 11, 221, 3:143, 185, 196, 198, 4:13, 124, 5:65, 72, 9:111, 15:46, 40, 20:117, 41:30, 57:13, 69:21, 70:35, 74:40, 76:12

Expulsión de Adán del 2:36, 38, 7:24
Pared: 18:77, 82, 57:13, 59:14
Parejas: 3:15, 4:1, purificadas 4:57
Parientes: 2:83, 177, 4:8, 36, 5:106, 6:152, 8:41, 9:113, 16:90, 17:26, 24:22, 35:18, 42:23, 59:7
Parte/s: 3:23, 78, 6:81, 7:30, 9:117, 16:54, 23:109, 24:47, 48, 30:33, 33:26, 34:20, 42:7
de lo que realizan 4:32,

privadas 7:22, 26, 21:91, 23:5, 24:30-31, 33:35, 66:12, 70:29-31

Partido/s: (aĥzāb) 5:56, 11:17, 13:36, 18:12, 19:37, 33:20-27, 35:6, 38:11, 13, 40:5, 43:65, 58:19, 22

(Šiyā') 6:65, 159, 30:32

Pasiones: 2:120, 3:4, 4.135, 5:77, 6:150, 18:28, 23:71, 38:26, 45:18, 79:40

Paz: 2:94, 208, 4:16, 90, 91, 94, 6:54, 7:46, 8:61, 15:46, 52, 16:32, 19:15, 33, 47, 62, 20:47, 21:71, 24:27, 61, 25:63, 75, 28:55, 33:44, 36:58, 37:79, 109, 120, 181, 39:73, 43:89, 50:35, 51:25, 56:26, 91, 97:5,

dejar en 4:16, 90, 91

Pecado/s: (danb) 2:81, 282, 3:11, 16-17, 31, 135, 193, 195, 4:2, 20, 5:18, 49, 6:6, 7:100, 8:52, 54, 102, 12:29, 58, 28:78, 33:71, 39:53, 40:21, 55, 46:31, 55:41, 61:12, 71:4

(iżm) 2:35-38, 85, 174, 181, 182, 188, 203, 219, 3:178, 4:20, 48, 50, 111-112, 5:2, 3, 29, 6:120, 7:33, 24:11, 33:58, 53:32

(yunāĥ) 2:158, 198, 230-240, 282, 4:24, 101, 102, 24:29, 59, 60, 61, 33:5, 51

contra sí mismo 4:111, 112

de idolatría 4:48,

graves 4:31,

Pecador/es: 2:276, 283, 3:110, 4:107, 5:106, 26:222, 45:7, 68:12, 76:24, 83:12

Peces: 7:163, 18:61, 63, 37:142-145

Pecho/s: 3:29, 118, 119, 154

Peligro: 29:65-66, 31:32

Pepinos: 2:61

Perdedores: 2:64, 121, 3:85, 149, 5:5, 21, 30, 7:23, 90, 92, 99, 178, 8:38, 9:70, 10:96, 11:23, 47, 12:15, 16:109, 18:103-104, 21:70, 23:35, 103, 39:15, 63, 65, 41:23, 25, 42:45, 46:18, 58:19, 63:9

Pérdida: 2:27, 4:119, 6:12, 20, 31, 140, 7:9, 53, 149, 11:21, 17:82, 22:11, 35, 39, 39:15, 40:78, 85, 45:27, 55:9, 65:9, 71:21, 83:3, 3:195

Perdón: 2:109, 175, 221, 237, 263, 268, 285, 286, 3:16, 31, 133, 134, 136, 147, 152, 155, 157-159, 193, 4:48, 96, 148, 5:9, 14, 40, 48, 118, 7:151, 8:3, 11:11, 14:10, 15:85, 16:126, 22:50, 23:109, 24:22, 26, 25:63, 26:82, 33:35, 71, 34:4, 35:7, 36:11, 39:53, 42:37, 40, 43, 45:14, 46:32, 47:15, 48:14, 29, 49:3, 57:21, 59:10, 60:5, 61:12, 64:14, 17, 67:12

Buscan 3:135

De Dios 2:284, 3:129, 4:17, 5:9,

De la dote 4:4,

No para los pecadores 4:18

Pedir antes del alba 3:17,

Perdonador (Al-Afūw) 4:43, 99, 149, 22:60, 58:2

Perjuicio: 3:176, 177

Peregrinación: 2:158,

La luna sirve de cómputo 2:189

Mayor 2:197

mayor y menor 2:196,

Periodo: de espera 2:235

Perlas: 22:23, 35:33, 52:24, 55:22, 56:23

Perro: 7:176, 18:18-22

Peso: 26:182, 55:9, 83:3

Pesos y medidas: 6:152, 7:85, 12:59, 60, 63, 65, 88, 17:34, 26:181

Pesca: lícita 5:96,

Pez: 7:163, 18:61-63, 37:142, 68:48

Pie: 3:171

Piedra/s: 2:24, 74, 8:32, 15:74, 17:50, 51:33, 66:6, 105:4

lluvia de piedras 17:68, 29:40, 54:34

Piel/es: 4:56, 22:20, 39:23, 32:20-22, 39:23, 74:29

Testimonio de la 41:20-22

Del ganado 16:80

Pierna: 31:33, 48:29

Pizca: 4:40

Placeres: de este mundo 3:14

Plagas: 7:133

Planear: (makr) 3:54, 6:123, 124, 7:123, 8:30, 10:21, 12:102, 13:33, 42, 14:46, 16:26, 45, 48, 127, 27:50, 51, 70,

35:10, 43, 40:45, 71:22
Plata: 3:14, 9:34, 43:33, 76:15, 16, 21
Plazo: 3:1, 78, 4:77, de una deuda 2:282, para pagar deuda 2:280
Pobre/s: 2:177, 271, 273, 3:181, 4:6, 135, 6:52, 9:60, 18:28, 22:28, 46, 24:32, 28:25, 47:38
Pobreza: 2:268
Poco: 7:86, 8:26, 44, 45, 9:9, 38, 11:40, 116, 12:47, 48, 16:95, 17:52, 62, 18:22, 73:2, 3, 11
Poder: 2:249, 250, 2863:26, 29, 189, 7:171, 8:60, 11:80, 16:92, 18:39, 95, 19:12, 28:78, 30:9, 54, 35:44, 40:21, 82, 41:15
    de Dios 2:284, pertenece todo a Dios 2:166
Poderoso (*Al-Qadīr*) 2:20, 106, 109, 149, 259, 283, 3:165, 4:41, 132, 149; 5:17, 19, 40, 120, 6:17, 9:39, 11:4, 16:70, 77, 22:6, 39, 24:45, 25:55, 30:50, 54, 33:27, 35:1, 44, 41:39, 42:9, 29, 50, 46:23, 48:21, 57:2, 59:6, 60:7, 64:1, 65:12, 66:8, 67:1
Poeta/s: 21:5, 26:224-227, 37:36, 52:30, 69:41
Poligamia: 4:3, 20, 129
Politeísmo: 2:22, 2:64, 151, 4:36, 116, 117, 6:19, 22, 41, 64, 81, 88, 151, 7:190-198, 10:107, 13:16, 16:1, 3, 35, 54-55, 86, 18:38, 42, 110, 19:81, 21:24, 22:31, 13:91, 92, 117, 24:55, 26:213, 27:59, 63, 28:68, 29:8, 65, 30:31, 33, 35, 40, 31:13, 15, 34:22, 35:14, 40, 39:8, 65, 67, 40:12, 42, 73, 84, 43:15-33, 51:27, 52:43, 56:46, 60:12, 69:33
Politeístas: 2:105-135, 221, 3:67, 95, 186, 5:82, 6:14, 22, 23, 31, 79, 106, 121, 136, 140, 12:106, 22:17, 24:2, 3, 30:31, 41:6, 42:13
Precaución/es: 4:71,
Precio: 2:41, 3:77, 199, 79, 9:9, 16:95
Predestinación: 7:179, 9:51
Prédica: (*tablīg*) 3:104, 10:41, 16:125, 20:43, 21:109, 22:67-68

Prejuicio/s: 5:104, 7:28, 9:114, 10:78, 14:10, 31:21, 43:22, 48:26
Prestamos: 2:245, 281-283, 4:12, 57:11, 64:17, 73:20
    generoso de Dios 2:245
Prisa:6:58, 16:1, 21:37, 22:47, 29:53-54, 51:14
Prisión: 12:25, 32, 33, 35, 42, 100, 17:8
Prisioneros: 2:85, 76:8, de guerra 8:67-70
Privilegios: 2:47, 122, 253, 3:42, 4:32-34, 95, 6:86, 7.140, 16:71, 17:21, 55, 70, 45:16
Profecía: 2:38, 3:78, 79, 6:89, 29:27, 49:16, 57:26
    cada una tiene su tiempo establecido 6:67,
Profetas: 2:61, 87, 91, 136, 177, 213, 246-248, 3:21, 39, 68, 79-81, 84, 112, 146, 161, 179, 181, 194, 4:13, 14, 69, 155, 163, 5:20, 44, 81, 6:42, 84-86, 7:157, 8:64-67, 9:61, 73, 113, 117, 17:55, 19:30, 41, 49, 51, 53, 54, 56, 22:52, 25:31, 33:1-7, 13, 37:112, 43:6, 7, 49:2, 60:12, 65:1, 66:1-9
    de los Hijos de Israel 5:20
    Juan 3:39, 49, Dios pregunta a 5:109,
    Portan buenas nuevas 2:213, 6:48,
    Matan a los p. sin derecho 3:21
    Matar a 3:112, 4:155
Prohibición: de matrimonio 4:23, de pecados 4:31
Prohibir: el mal 3:114
Promesas: 3:152, 194, 5:9, 10:55, 11:119, 17:4-5, 108, 18:21, 22:47, 24:55, 27:68, 30:60, 32:13-14, 34:29-30, 35:5, 36:48, 38:84-85, 40:6, 45:32, 46:16-20, 67:25, 70:44
Prosperidad: 3:134
Prosternación: 2:34, 3:43, 4:103, 7:11, 29, 161, 205, 12:100, 13:15, 14:47-48, 15:30, 16:38-39, 48, 49, 17:107, 108, 18:21, 50, 19:59, 20:70, 1:38-47, 97, 22:18, 77, 25:64, 32:15, 48:29, 55:7, 68:42, 43, 84:21, 96:18
    versículos cuya recitación implica

prosternación 7:206, 13:15, 16:49, 17:107, 109, 19:58, 22:18, 77, 25:60, 27:25, 32:15, 38:24, 41:37, 53:62, 84:21, 96:19
Prostitución: 24:33
Protección: 3:150, 173, de la justicia 4:135
Protectores: Dios, Su Mensajero y quienes tienen fe 5:55
Provisión: 3:169, de María 3:37, mejor 2:197
Proximidad: 3:163
Prueba: 2:49, 156, 213, 249, 3:152, 154, 186, 7:141, 8:17, 33:11, 37:106, 44:33, con hambre, temor, pérdida de riqueza 2:153
Pruebas claras: (bayyina) 2:87, 92, 99, 159-160, 209, 253, 3:86, 105, 183, 184, 4:153, 5:32, 110, 6:57, 7:85, 101, 8:43, 9:71, 10:13, 11:17, 53, 88, 14:10, 16:44, 17:101, 19:73, 20:72, 133, 22:16, 24:1, 28:36, 29:35, 39, 50, 30:9, 47, 35:25, 40, 40:22, 28, 34, 50, 66, 83, 43:63, 45:17, 46:7, 57:9, 25, 58:5, 61:6, 64:6, 98:1, 4
(burhān) 2:111, 4:174, 21:24, 23:117, 27:64, 28:32, 75
Pureza: 2:124, 222, 3:42, 4:43, 5:6, 9:108, 56:79, 74:4
Ritual (*t'ahāra*) 4:42, 5:7, 9:108, 74:3
Purificación: 2:125, 129, 175, 222, 223, 3:55, 54, 77, 164, 4:49, 9:108, 24:21, 33:33, 53:32, 62:2, 74:4, 80:3, 7, 91:9
Auto purificación 20:76, 35:18, 79:18, 87:14, 91:9, 92:18
forma de hacer la (*Wudu'*) 5:6, *gusl* 5:6, para la oración 4:43, *Tayammum* 5:6
Pus: (*gassāq*) 38:57, 78:25 (*gislīn*) 69:36,

Qārūn: 28:76-83, 29:39, 40:24,
Quejas: 12:86-87, 58:1,
Quibla: 2:142, 143, 145-152, 10:87
Quinientos: 3:215
Quintales: 3:14, 75, 4:20
Quinto: 24:7, 9

Qurayš: 9:7, 106:1-4

Ra'ainā: 2:104, 4:46
Rabinos, 5:44, 63,
Ramadán: 2:185

Ramy al-Yamarāt 2:283
Raqīm: 18:9
Rass: 25:38, 50:12
Ray'a: 16:38, 27:83, 28:85
Rayo: 2:19, 55, 13:13, 39:68, 41:13, 17, 51:44
Razón: no razonan 2:171
Rebaños : 3:14, 4:119, 5:1, 6:136-142, 7:179, 10:24, 16:5, 66, 80, 20.54, 22:28-34, 23:21, 25:44-49, 26:133, 35:28, 36:71, 39:6, 42:11, 43:12, 47:12, 80:32
Rebelde (*tāgūt*) 2:256-257, 4:51, 60, 76, 5:60, 16:36, 39:17
Rebeldía: (*t'ugiān*) 2:15, 5:64, 68, 6:110, 7:186, 17:60, 18:80, 23:75, 53:17, 69:11, 79:17, 37-40, 91:11, 96:6,
(*'ulū*) 17:4, 23:91, 27:14
se incrementa: 5:64, 68,
Reclusión: en casa 4:15
Recompensa: (*aŷr*) 2:62, 103, 112, 134, 202, 262, 274, 277, 3:15, 25, 57, 59, 87, 135-6, 144, 145, 148, 151, 171, 172, 179, 185, 195, 199, 4:74, 100, 114, 6:90, 7:113, 10:71, 12:90, 104, 11:11, 16:41, 96, 97, 18:2, 30, 77, 23:72, 25:57, 26:41, 109, 127, 145, 164, 180, 28:54, 29:27, 58, 35:7, 30, 33:31, 35, 44, 34:47, 36:11, 21, 38:86, 39:10, 35, 74, 41:8, 42:23, 40, 47:36, 48:10, 16, 29, 49:3, 52:40, 57:7, 11, 18, 19, 27, 64:15, 65:5, 67:12, 68:3, 46, 73:20, 84:25, 95:6, 99:6-8
(*yaza'*) 3:144, 145, 4:123, 6:120, 160, 7:148, 12:75, 16:30, 31, 34, 96, 17:98, 18:106, 20:15, 76, 127, 21:29, 23:111, 24:38, 25:15, 75, 27:90, 28:14, 25, 84, 29:7, 30:45, 32:17, 33:24, 34:4, 37, 37:80, 105, 110, 121,

131, 39:34, 35, 40:17, 40, 41:28, 42:20, 45:14, 28, 46:14, 52:16, 53:41, 55:60, 56:24, 59:16, 66:7, 76:22, 78.26, 83:87, 92:19, 99:6, 8
(żawāb) 2:25, 110, 18:31, 44, 46, 32:17
A quien emigre por la causa de Dios 4:100
De Dios 4:40
De lo que hizo: 2:281
Inmensa 4:67, 74, 114
Junto a Dios 2:277
Reconciliación: 4:114, 128, 47:4, 49:9,10
Rectitud: 2:186, 256, 4:6, 7:146, 18:10, 24, 21:51, 40:29, 38, 72:2, 10, 14, 21
Recto/s: 2:130, 3:39, 46, 114, 4:69, 5:84, 6:85, 7:168, 196, 9:75, 11:23, 12:9, 101, 13:23, 29, 14:23, 16:97, 122, 17:9, 25, 18:82, 19:60, 96, 20:75, 21:72, 86, 105, 22:56, 24:55, 26:83, 27:19, 28:83, 29:9,27, 32:12, 19, 34:4, 35:7, 37:100, 112, 40:8, 41:8, 42:22, 23, 63:10, 66:4, 68:50, 72:11, 84:27, 85:11, 95:6, 98:7, 103:3
Juan 3:46,
Recuento: (ĥisāb) 2:202, 212, 284, 3:9, 27, 37, 199, 5:4, 6:52, 69, 151, 13:18, 21, 40, 4114:41, 51, 17:14, 21:1, 47, 23:117, 24:38, 39, 26:113, 28:53, 29:48, 51, 38:16, 26, 39, 53, 39:10, 40:17, 27, 40, 55:39, 65:8, 69:18-20, 26, 78:27, 36, 84:8, 88:26
Recuerdo: (ḍikrā) 3:135, 191, 6:68-69, 90, 7:2, 11:114, 120, 21:84, 29:51, 38:43, 46, 39:21, 40:54, 44:13, 47:19, 50:9, 38, 51:54, 74:31, 79:43, 80:4, 87:9, 89:23
(ḍikr) 7:63, 69, 205, 8:2, 46, 12:105, 18:24, 28, 63, 20:34, 43, 113, 21:24, 36, 23:71, 26:4, 165, 227, 29:45, 33:21, 35, 41, 35:3, 37:13, 168, 38:17, 45, 48, 49, 40:44, 42:50, 43:13, 44, 74:55, 56, 80:12, 94:4
(taḍkira) 56:73, 69:12, 48, 73:19, 76:29, 80:11

de Dios 2:203, sabio 3:58
Reflexión: 2:219, 266, 3:191, 6:51, 7:184, 16:44, 30:8, 57:21, 74:18,
Refugio: 4:100, 9:57, 18:27, 58, 118, 42:47, 72:22, 75:11
Reforma: 2:11, 161, 182, 220, 3:89, 4:16, 114, 6:48, 54, 7:35, 56, 142, 8:1, 11:88, 24:5, 42:40, 49:9, 10
de los fornicadores 4:16
Reformadores (muṣliḥun) 2:11, 22, 7:35, 170, 11:117, 28:19
Regar: 2:71
Regreso: 3:157
Reino: 2:247, 248, 251, 258, 4:55, 17:111, 20:120, 38:35, 40:29, 67:1
Reino de los cielos: 2:107, 3:189
Reino de Egipto: 43:51
Reincidir: 3:135
Relación: sexual 2:187, 197, 222, 223, 4:43, 5:6, 7:189, 26:166, 27:55
última 4:21
Relato: 3:62
Religión: 2:19, 132, 217, 3:19, 73, 83, 6:70, 7:19, 8:72, 9:11, 122, 22:78, 24:55, 29:65, 30:30, 31, 32, 33:5, 39:2, 3, 42:21, 48:28, 49:16, 61:9, 109:6
ausencia de la compulsión en la 2:256, 10:99, 18:29, 22:78
cambio de 40:26
completada 5:3
decline 5:3
exagerar en 4:171,
No se puede forzar 2:253
Rencor: 7:43, 15:47
Renegar: de las creencias 5:54,
Reparto: de bienes 2:274
De la herencia 4:8
Del excedente 2:219
de riquezas 2:195, 3: 134
reproche: 2:264
Repudio: 2:166, 167, de las señales de Dios 6:33,
Rescate: 2:48, 85, 123
Resolución: 2:250, 3:139, 140, 146, 152, 173, 187, 8:12, 15, 46, 9:7, 10:89,

11:112, 14:13, 16:94, 103, 19:65, 20:132, 41:30, 42:15, 46:12, 47:7, 35, 58:22, 54:27, 72:16, 81:28, firme de los profetas 46:35

Responsabilidad: 2:134, 139, 141, 143, 5:105, 6:52, 69, 70, 104, 164, 7:173, 10:41, 11:86, 16:93, 17:13-15, 21:23, 29:6, 12, 34:25, 35:18, 39, 39:7, 41, 42:15, 43:19, 75:36, 80:7, 83:33

Resurrección: (*ba'ż*) 2:28, 56, 73, 149, 243, 259, 6:2, 36, 7:25, 16:21, 17:49-52, 18:21, 47, 48, 20:55, 22:7, 23:16, 37, 82, 27:66, 71, 30:20, 25, 31:28, 36:51-53, 81, 37:16, 51:5, 54:6-8, 56:47, 58:6, 18, 64:7, 67:15, 70:43, 71:18, 77:6, 82:4, 83:4, 86:8, 100:9-11

(*nušūr*) 21:21, 25:3, 40, 47, 35:9, 67:15, 80:22

(*qiyāma*) 1:2, 2:5, 8, 62, 85, 123, 175, 254, 4:41-42, 6:12, 7:12, 187, 18:47

Retaguardia: 3:153

Retorno: 3:28, a Dios 2:156, 285

Retribución: (dīn) 1:4, 51:5, 82:9, 95:7 (*'iqāb*) 2:196, 211, 3:11, 5:2, 13, 32, 38:14, 40:5

Reunir: a las gentes 3:9

Revelación: (*waḥy*) 3:44, 84, 4:163, 5:111, 6:19, 93, 7:117, 10:109, 12:102, 109, 13:30, 14:13, 16:2, 43, 68, 123, 17:39, 73, 86, 19:11, 21:7, 25, 73, 108, 28:7, 41:12, 42:3, 51, 53:10, 99:5

Rey: 2:246, 247, 18:79, 27:34, de Egipto 12:43, 50, 54, 72,

Rezar: inclinados 5:55,

Río/s: 2:25, 74, 249, 266, 3:15, 198, 4:13, 6:6, 7:43, 136, 13:3, 14:32, 16:15, 18:33, 20:39, 78, 27:61, 28:7, 40, 43:51, 51:40, 71:12

Rico/s: 2:261, 273, 3:181, 4:6, 9:86, 94, 24:22, 59:7

Riqueza/s: 2:117, 246-7, 264, 3:10, 186, 6:152, 11:11, 17:34, 8:34, 39, 46, 19:77, 23:5, 24:33, 26:88, 68:14, 69:28, 71:21, 74:12, 89:20, 99:11, 18, 104:2, 3, 111:2

Gastan 2:262, 265

No comáis 2:188

No servirán 3:116

Repartir: 2:195 3: 134

Ritos: 2:128, 200, de la peregrinación 5:2,

Roca: 2:264

Rocío: 2:264

Rojo: 35:27

Romanos: 30:2-5

Rostro: 2:112, 115, 144, 149, 150, 177, 3:20, 106, 107, 4:43, 125, 5:6, 6:79, 7:29, 8:50, 10:26, 27, 12:93, 96, 14:50, 17:7, 97, 18:29, 20:111, 21:39, 22:72, 23:104, 25:34, 27:90, 30:30, 43, 31:22, 33:66, 39:24, 47:27, 48:29, 54:48

de Dios 2:15, 272, 6:52, 13:22, 18:28, 28:88, 30:38, 39, 55:27, 76:9, 92:20

iluminados o ensombrecidos 3:106, 10, 27, 16:58, 39:60, 43:17, 67:27

Saba: 27:22, 34:15, 19, reina de 27:22-44

Sábado: 2:65, 4:47, 154, 7:163, 16:124

Rompen el 4:47

Sabeos: 2:62, 4:69, 22:17, que crean 5:69,

Sabiduría: 2:129, 151, 231, 269, 3:81, 164, 4:54, 129, 231, 251, 269, 3:48, 79, 81, 164, 4:113, 16:125, 17:39, 31:12, 33:34, 43:63

Sabio/s: 3:18, 62, 126,

Sacerdotes: 5:82

Sacramentos: 2:158-9, 5:2, 22:32, 36

Sacrificio: 2:71, 196, 6:142, 108:2, de la propia persona 2:207

de un animal 2:67, 71, 196, 5:3, 5, 6:118, 119, 131, 27:21, 37:102

Şafā y Marwa: 2:58, 159

Sā'ibah: 5:103, 6:138, 139

Sakina: 2:248, 9:26, 40, 48:4, 18, 26

Saleh: 7:73-79, 11:61-68, 15:80-84, 17:59, 26:142-159, 27:45-53, 51:43-45, 54:23-31, 89:9, 91:11-16

Salmos: 3:184, 4:163, 17:55, 21:105

Salomón: 2:102, 4:163, 6:84, 21:79-82,

27:16-44, 34:12-21, 38:30-40
Salsabil: 76:18
Saludo: mejor 4:86
Salvar: 6:63-64, 10:103, 12:110, 19:72, 29:65, 39:61, 66:11
Samaritano: 20:85-98
Sangre: 2:84, 173, derramada 2:178, precio de la 4:92
Saqar: 74:26-27, 35-42
Saqqūm: 44:43
Šari'a: 2:178-185, 196, 233, 256, 282, 4:28, 97-99, 101-102, 5:6, 9:91, 10:99, 16:114-116, 22:78, 24:60-61, 33:37, 42:13, 45:18, 47:17, 73:20
Satanás: 2:208, 268, 275, 3:155, 4:38, 76,
 crea enemistad 5:90, 91,
 embellece el mal comportamiento 6:43,
 maldecido 3:36,
 por amigo 4:119, 120,
 rebelde 4:117,
 te hace olvidar 6:68,
Satén: 18:31, 44:53, 76:21
Satisfacción: 3:161, 174, 5:3, 16, 9:72, 100, 109, 48:18, 57:27, 59:8
 satisfacer a Dios 2:207
Saul: (Ṭālūt) 2:246-251
¡Sea! y es: 2:117, 3:47, 59, 6:73, 16:40, 19:35, 36:82, 40:68
Secreto: 2:77, 274, 6:3, 13:22, 14:31, 16:19, 23:75, 20:7, 25:6, 35:29, 43:80, 64:4
Sectas: 23:17, 72:11
Seda: (ḥarīr) 22:23, 35:33, 76:12
 (sundus) 18:30, 44:53, 76:21
Seguridad: (amn) 2:239, 3:154, 4:83, 6:81, 7:36, 49, 8:11, 34:18, 37, 39:24, 41:40, 43:68, 48:27, 67:16, 17, 106:4
Sello: Dios sus corazones 2:7
Semen: 75:37, 86:6, 7
 Una gota 16:4, 18:37, 22:5, 23:13, 14, 35:11, 36:77, 40:67, 53:46, 56:58, 59, 75:37, 76:2, 80:19
Semilla: 2:261
Senda de Dios: 2:154, 190, 195, 215, 217, 218, 244, 246, 261-2, 273, 3:13, 99, 146, 157, 167, 169, 4:74-76, 84, 89, 94, 95, 100, 160, 167, 5:54, 6:116, 153, 7:45, 86, 8:36, 47, 60, 72, 74, 9:19, 20, 24, 34, 38, 41, 60, 81, 91, 111, 120, 11:19, 13:33, 14:3, 16:88, 94, 22:9, 25, 58, 24:22, 29:69, 31:6, 38:26, 47:1, 4, 32, 34, 38, 49:15, 57:10, 58:16, 61:11, 63:2, 73:20
Seno: 2:228, 3:6, 35, 4:1, 6:143-144, 13:8, 22:5, 23:13, 31:34, 60:3, 77:21
Señal: (āya) como milagro 2:73, 118, 211, 248, 3:4, 11, 13, 19, 21, 49, 50, 98, 108, 112, 118, 190, 199, 6:35, 37, 109, 159, 7:73, 103, 107, 132, 146, 10:20, 75, 92, 97, 11:64, 13:7, 27, 38, 19:21, 20:23, 56, 133, 21:91, 23:50, 26:4, 154, 27:12, 28:36, 30:58, 37:14, 40:78, 43:48, 54:2, 79:20
Señal: 3:41, 11:103, 15:76, 77, 16:11, 13, 67, 25:38, 26:8, 67, 103, 121, 128, 139, 158, 174, 190, 197, 25:38, 26:8, 67, 103, 121, 128, 139, 158, 174, 190, 197, 27:51, 29:15, 35, 44, 34:15, 36:33, 46, 48:20, 51:37, 54:15
Señales: 2:106, 118, 219, 221, 152, 3:4, 164, 6:109, 124, 15:1, 19:58, 22:16, 24:1, 18, 34, 46, 28:2, 29:49, 50, 31:2, 39:42, 40:23, 43:46, 54:42, 57:9, 58:5
 Claras 3:183, se apartan de 6:4
 De Dios 2:61, 99, 118, 231, 4:56, 155, 5:114, 6:33, 37, 99, 158, 7:26, 103, 10:101, 14:5, 32, 17:1, 59, 18:17, 20:23, 56, 128, 134, 21:37, 23:45, 26:15, 27:13, 93, 28:35-36, 41:53, 42:33, 53:18
 De los creyentes: 2:273
 Explicación de 6:46
 Para gente que razona 2:164
 Lecciones 12:7, 15:75, 77, 81, 17:100, 18:8, 17, 20:128, 23:30, 30:24, 37, 32:27, 39:42, 52, 42:33, 44:44, 45:3, 4
 Se burlan de Nuestras 6:68
Señor: del Universo 6:71
Señores: junto a Dios 3:64
Serpiente: 20:20, 27:10, 28:31

Sexo: 2:187, no mantener 2:197
Sexto: de la herencia 4:11, 12
Siervo/s: 2:186-208, 3:15, 20, 30, 79, 182, 5:117, 6:18, 61, 88, 7:32, 128, 194, 9:104, 10:107, 12:24, 14:11, 31, 15:40, 42, 16:2, 17:1, 3, 5, 17, 30, 53, 65, 96, 18:1, 65, 102, 19:2, 61, 63, 93, 20:77, 21:26, 105, 109, 25:17, 58, 63, 26:52, 27:15, 19, 59, 28:82, 29:56, 62, 30:48, 34:13, 39, 35:28, 31, 45, 36:30, 37:40, 38:30, 44, 39:7, 10, 16, 36, 46, 40:15, 31, 48, 85, 42:19, 25, 27, 52, 43:15, 19, 20, 59, 68, 44:18, 23, 50:12, 53:10, 71:27, 76:6,
Siete: 2:29, 261, 12:43, 46, 48, 15:44, 17:44, 18:22, 69:7
  cielos 2:29,
  días 2:196,
  espigas 2:261
Signos: 3:97, 103
Silencio: 7:193, durante la recitación del Corán 7:204,
Simbolismo: 3:7
Similar (*mutašābih*) 2:25, 70, 118, 3:7, 6:99, 141, 39:23
Sinaí: 2:63, 93, 4:154,
Sinceros: 3:17, se benefician de su sinceridad 5:119,
Sirio: 49:13
Siŷŷīn: 83:7-9
Soberano: 3:26
Soberbia: 2:173
Soborno: de los jueces 2:188, se alimentan de 5:62
Social: (etiqueta) 4:85, 93, 24:27-29, 58-62, 25:63, 31:14-15, 33:28-34, 53, 46:15, 49:1-16, 58:7-13, 65:3, 6, 80:1-10, 93:9-10
Sodoma: 11:82, 15:74
Sodomía: 26:165
Sol: 2:258, 6:78, 96, 10:5, 12:4, 13:2, 14:32, 21:33, 25:45, 29:61, 31:29, 35:13, 36:40, 39:5, 40:37, 55:5, 71:16, 76:13, 78:13
Solidaridad: 2:213, 3:103, 105, 6:159, 42:13, 14
Solución: mejor 4:59
Sombra: 2:57, 210, 4:57, 13:15, 16:48, 81, 25:45, 28:24, 35:21, 36:56, 76:14, 77:30, 41
Sordos: 2:171, 5:71,
Šuʻayb: 7:85-93, 11:84-95, 15:78-79, 26:186-191, 29:36-37
Sucesor/es: 7:69, 74, 10:14, 73, 27:62, 35:39, 43:60
  Ángeles 43:60
  Califas: 230, 6:165, 27:62, 35:39, 38:26
  De la tierra 27:62
Sueño: 2:225, 6:60, 25:47, 78:8, ligero 3:154
Sueños: 30:23, 37:102, 39:42
Suicidio: 2:195, 4:29-30
Sumisión: (*islām, taslīm*) 2:112, 131, 3:20, 83, 4:94, 125, 5:44, 6:14, 71, 79, 10:105, 16:28, 81, 87, 20:111, 27:31, 30:30, 43, 31:22, 40:66
  A Dios 2:157, 4:65, 33:22
Súplica: 1:5-7, 2:37, 127-29, 186, 200, 201, 250, 255, 257, 258, 286, 3:8, 9, 16, 27, 35, 38, 53, 61, 147, 191-195, 4:75, 77, 5:25, 114, 6:40-42, 43, 52, 63, 7:23, 29, 38, 48, 55-6, 89, 94, 151, 156, 180, 8:9, 10:10, 12, 88-89, 11:45, 12:33, 101, 13:14, 14:35-41, 16:53, 17:67, 110, 19:3-6, 48, 20:114, 21:45, 89, 112, 23:64, 109, 118, 24:63, 25:65, 74, 77, 27:62, 80, 29:65, 30:33, 52, 31:32, 32:12, 16, 33:67, 68, 39:8, 49, 40:7, 9, 14, 50, 60, 65, 41:33, 49, 43:49, 44:12, 46:5, 15, 52:28, 54:10, 59:10, 60:4-5, 66:8-11, 71:5 ff
Sustentador: de la vida 3:2
Suwa: 71:23

Tabla: 85:21-22, de la Ley 7:145-154
Tabuk: 9:38-52
Tacaños: 3:180
Ṭagūt: 2:256, 4:51, 60, 76, 5:60, 16:36, 39:17

Talión: 2:178,179, 194, 4:92, 5:45, 16:126, 17:33, 22:60, 42:40-43,
  de las cosas sagradas 2:194,
  en la Torā 5:45,
  (Cfr. Compensación)
Ṯamūd: 7:73-79, 9:70, 11:61-68, 15:80-84, 23:31, 25:38, 26:141-159, 27:45-53, 40:31, 51:43-45, 54:23-32, 85:17, 89:9
Taqalān: 55:31
Ṭāriq: 86:1-3
Tasnīm: 83:27
Tawāf: 2:159, 200, 22:26, 29, 37:45, 43:71, 52:24, 55:44, 68:19, 76:17,1
Ta'wil: 10, 40
Temerosos de Dios: 2:2, 21, 63, 66, 103, 177, 180, 183, 194, 197, 224, 231, 233, 241, 282, 283, 287, 3:28, 51, 76, 102, 115, 120, 123, 130, 133-136, 138, 172, 173, 179, 186, 198, 200, 4:9, 128, 131, 5:2, 4, 7, 11, 27, 35, 57, 88, 93, 100, 112, 6:32, 69, 72, 115, 7:35, 63, 65, 96, 128, 156, 165, 169, 201, 8:1, 29, 69, 115, 119, 9:4, 36, 44, 123, 10:32, 64, 11:78, 12:90, 16:2, 30-32, 52, 19:13, 18, 64, 20, 113, 22:1, 23:23, 32, 24:52, 26:11, 106, 108, 110, 124, 126, 131, 132, 143, 144, 150, 161, 163, 177, 179, 27:53, 29:16, 30:31, 31:33, 33:1, 32, 37, 55, 70, 36:45, 38:28, 39:10, 16, 20, 24, 28, 33, 57, 41:18, 43:63, 47:36, 49:1, 10, 12, 51:15-19, 52:17-20, 53:32, 57:27, 58:9, 59:7, 18, 60:11, 64:16, 65:1, 4, 5, 10, 69:48, 71:3, 73:17, 92:5, 17
Temor: (*Jašya*) 2:151, 239, 3:170, 4:1, 77, 5:3, 44, 9:13, 20:3, 45, 94, 31:33, 33:37, 39, 80:9, 87:10
  (jauf) 2:38, 62, 112, 156, 239, 266, 274, 277, 3:170, 4:9, 83, 101, 108, 5:69, 6:15, 51, 80-81, 7:35, 49, 56, 8:26, 9:28, 10:63, 11:26, 13:12, 22, 112, 24:50, 28:7, 30:24, 28, 32:16, 33:19, 40:26, 30, 32, 41:30, 46:13, 50:46, 51:28, 37, 76:8, 106:4,
  (jīfa) 7:205, 11:70, 13:13, 20:67, 30:28, 51:28
  de la muerte 2:243, a Dios 4:44,
Temor de Dios: 2:74, 151, 197, 206, 223, 231, 233, 3:76, 123, 130, 4:1, 78, 5:3, 44, 35, 6:69, 9:13, 18, 13:21, 14:14, 17:107-109, 21:28, 49, 23:57, 60, 24:52, 32:15-16, 33, 37, 39, 35:18, 28, 36:11, 39:23, 50:34, 59:21, 67:12, 79:19, 98:8
  (taqwa) 2:3-6, 21, 103, 177, 189, 194, 196, 197, 203, 212, 223, 237, 3:15, 17, 76, 92, 102, 120, 123, 125, 130, 133-136, 179, 198, 200, 4:1, 13, 5:3, 5, 8, 9, 12, 38, 60, 91, 99, 103, 111, 6:32, 72, 155, 7:25, 34, 127, 155, 200, 8:1, 29, 34, 9:5, 7, 108-109, 119, 12:109, 15:45-48, 16:2, 30-32, 128, 19:63, 72, 86, 20:132, 21:48, 49, 22:1, 37, 23:53, 24:52, 25:15, 16, 26:90, 132, 133, 28:83, 30:31, 31:33, 33:1, 70, 38:49-54, 39:10, 16, 20, 33-35, 61, 73, 74, 43:67, 44:51-57, 45:18, 47:15, 17, 36, 48:26, 49:1, 3, 12, 13, 50:31-35, 51:15-19, 52:17-20, 54:54-55, 57:28, 58:9, 59:7, 18, 64:16, 65:1, 2, 4, 5, 10, 68:34, 71:3, 4, 74:56, 76:5-22, 77:41-44, 78:31-36, 82:13, 83:18-28, 91:8, 92:4-7, 17-21, 96:11, 12
Templo: 17:7
Tentación: 2:102, 12:21-27,
Tercio: 4:11,12, de la herencia
Ternero: 2:51, 92, 93, 4:153, 7:148, 152, 11, 69, 20:88, 51:26
Ternura: 4:9
Terror: 3:151
Tesoro/s: (*kanz*) 9:34, 35, 11:12, 18:82, 25:8, 26:58, 28:76
  (*mafāti*) 6:59, 24:61, 28:76
  de Dios 6:50,
Testamento: 2:182,
  A favor de los padres 2:180
  A la esposa 2:240
  Dos testigos 5:106,
  Legados 4:2, 12

Testigos: 2:133, 143, 282, 3:53, 70, 81, 99, 140-141, 4:15, 41, 135, 5:8, 83, 6:144, 150, 10:61, 11:17-18, 12:26, 16:84, 89, 21:56, 22:78, 24:4, 6, 13, 28:75, 29:52, 36:69, 37:150, 40:51, 41:47, 46:10, 48:28, 50:38, 85:7, 100:7
  de cada comunidad 4:41
  de una deuda 2:282
  sobre la gente 2:143
Testimonio: (*šahāda*) 2:42, 84, 140, 181, 282, 3:18, 52, 64, 81, 86, 4:6, 135, 166, 5:83, 106-108, 113, 6:19, 150, 7:17, 11:54, 12:26, 18:51, 21:61, 22:78, 24:4, 6, 8, 27:32, 28:75, 40:51, 41:19-22, 43:19, 46:10, 65:2, 70:33,
  de adulterio 4:15
  para Dios 4:135
  mayor 6:19,
Tías: maternas 4:23, 24:61, 33:50, paternas 4:23, 24:61
Tiempo: (*'aṣr*) 73:1, (*dahr*) 45:24, 76:1, (*marra*) 6:94, 110, 8:56, 9:13, 80, 83, 126, 17:7, 51, 18:48, 20:37, 36:79, 41:21, (*waqt*) 7:187, 15:38
Tierra: 2: 24, 29, 33, 107, 164, 168, 205, 251, 255, 273, 284, 3:5, 29, 83, 91, 109, 129, 133, 137, 180, 189, 190, 191, 4:42, 97, 132, 6:1, 14, 35, 59, 71, 7:110, 130, 146, 187, 8:26, 9:25, 74, 118, 10:31, 54, 55, 11:20, 13:16, 18, 14:38, 16:14, 15, 17:95, 19:94, 22:65, 23:18, 112, 25:6, 27:64, 75, 29:22, 30:18, 27, 31:16, 27, 58:7
  corromper la 5:33, excesos en la 5:32, sagrada 5:21
  (*turāb*) 2:264, 13:5, 16:59, 18:37, 23:35, 82, 27:67, 37:16, 54, 50:4, 56:47
Tinta: 2:138, 18:109, 31:27
Tirano/s: 2:193, 11:59, 14:15, 19:14, 32, 28:19, 23:35, 50:46
  causa de los 4:76, juicio de los 4: 60
Tocar: (*lams*) 6:7, 72:8,
  (*mass*) 2:110, 149, 275, 3:4, 120, 140, 174, 6:49, 7:73, 188, 201, 8:68, 10:12, 11:49, 113, 15:48, 54, 33:49, 35:35, 39:49, 50:39, 70:20, 21
  (*t'amż*) 55:56, 74
Torā: 2:4, 41, 53, 64, 87, 101, 3:3, 4, 48, 50, 65, 93, 5:43, 46, 66, 110, 6:91, 7:145, 169, 11:110, 17:2, 23:49, 28:48, 49, 37:117, 157, 40:53, 41:45, 45:16, 48:29, 53:36, 61:6, 87:19
  confirmación del Evangelio 5:46, 66, 68, 110, luz 5:44,
Torres: fortificadas 4:78
Tormento: 3:181, 195, 4:16, 7:34, 9:61, 29:29, 33:53, 57, 58, 59
Tradición: 3:137
Traición: 2:187, 3:161, 4:106, 8:27, 58, 71, 16:91-92, 40:19, 66:10
  Dios no ama a los 4:107
  no defender a los traidores: 4:105
Traidores: 4:105, 107, 8:58, 22:38
Tranquilidad: (*sakīna*) 2:248, 9:26
Transacción: 2:282
Transgresión: 2:26, 59, 61, 85, 173, 178, 190, 193-4, 197, 231, 282, 3:112, 5:2, 3, 87, 94, 107, 6:49, 121, 145, 17:16, 18:50, 46:20, 49:7, 11
Transgresores: 2:26, 59, 61, 99, 3:82, 110, 5:25, 26, 47, 49, 59, 81, 7:102, 145, 9:8, 24, 53, 67, 80, 96, 10:33, 21:74, 24:4, 55, 27:12, 28:32, 32:18, 20, 43:54, 46:35, 49:6, 51:46, 57:16, 26, 59:5, 19, 61:5, 63:6
  muchos humanos son 5:49, rechazan a los creyentes, 5:59, 60,
Tres: días 3:41, días de ayuno 2:196, menstruaciones 2:228,
  mil ángeles 3:124, mujeres 4:3, trinitarismo 4:171, Dios tercero de tres 5:73, días de ayuno 5:89,
Tribu/s: 2:60, 115, 136, 140, 142, 146, 149-151, 3:84, 4:163, 5:87, 10:87, 11:91-92, 27:48, 49:13, las doce 2:136, 140, 3:84, 4:163, 7:160
Tributo: 9:29
Trinidad: 4:171, 5:73, 116
Tristeza: 2:262, 274, 277, 3:139, 153, 176, 5:51, 9:40, 12:13, 15:88, 16:127,

20:40, 27:70, 43:68
Triunfadores: 2:5, 3:104
Triunfo: 3:185
Trompeta: 6:73, 18:99, 20:102, 23:101, 27:87, 36:49, 51, 39:68, 50:21, 69:13, 74:8, 78:18
Trono: 2:255, 12:100, 27:23, 38, 41, 42
Trono divino: ('*Arš*) 7:54, 10:3, 11:7, 13:2, 17:42, 18:5, 20:5, 23:86, 116, 25:59, 32:4, 39:68, 75, 40:7, 57:4, 69:17
Tuba': 44:37, 50:14
Tumba: 9:84, 22:7, 36:51, 54:7, 70:43, 80:21, 82:4, 100:9
Ṭuwā: valle de 20:12, 79:16
Tutor: el Profeta no es vuestro 6:66,

Uḥud: 3:121-122, 138-147, 151-172, 4:84
Último Día: 2:8, 62, 126, 177, 228, 232, 264, 3:114, 4:38, 39, 29:36
   creencia en 4.59, 136, 162
'Umra: 2:159, 196
Ungido: 3:45, 4:157, 171-172, 5:17, 72-75, 9:30-31
Un: año 2:240
Una: herencia de la mujer 4:11
Unẓurnā: 2:104
Usura: 2:275, 276, 278-280, 3:130, 4:161, 30:39
   comen 2:275
   Dios la destruye 2:276
   renuncia a los beneficios de 2:278
Uzayr: 2:259, 9:30
Uzza: 53:19-23

Vaca/s: 2:67-71, 6:144-146, en el sueño del Faraón 12:43-49
Valle: 9:121, 14:37, 26:225, 89:9 de las hormigas 27:18
Vanguardia: 9:100, 23:61, 29:39, 43:56, 56:10, 26
Vanidad: 3:185, 40:56
Vano/a: 3:191, habla vana 19:62, 23:3, 25:72, 41:26, 52:23, 56:25, 78:35
Varón: 3:36, 47, herencia del 4:11

Vegetación: 6:99, 7:58, 10:24, 18:45, 20:53, 26:7, 48:29, 57:20, 71:17, 78:15,
Vejez: 2:266, 3:40
Velo: sobre sus corazones 6:25,
Vena (yugular): 50:16
Vencedores: 3:139, partido de Dios 5:56,
Vender: 2:79, 3:187, el compromiso 3:77, las señales de Dios 3:189,
   por poco precio 5:44
Venganza: 7:126, 16:126, 32:22, 43:41, 44:16
Verano: 106:2
Verdad: 2.42, 71, 90, 91, 102, 109, 113, 148, 150, 160, 176, 213, 241, 252, 258, 282, 286, 3:3, 60, 71, 95, 108, 4:170, 5:83, 6:57, 73, 114, 7:8, 43, 44, 119, 159, 8:4, 7, 8, 74, 10:4, 23, 32, 35, 53, 82, 11:17, 45, 120, 12:51, 100, 13:1, 14, 17, 18,14:19, 15:7, 55, 85, 16:102, 17:33, 105, 18:13, 21, 56, 21:18, 24, 55, 97, 112, 23:41, 71-72, 24:25, 49, 25:26, 33, 68, 29:44, 30:8, 48, 60, 31:33, 34:6, 23, 26, 49, 35:5, 36:70, 37:31, 38:14, 22, 84, 39:4, 19, 41, 69, 72, 75, 40:6, 20, 25, 55, 77, 78, 41:53, 42:17, 43:86, 44:39, 45:6, 22, 32, 46:3, 17, 30, 34, 50:43, 51:23, 53:28, 64:3, 84:2-5
   Ocultan la 2:254
Verdura: 2:61
Vergüenza: 2:26, 28:25, 33:53
Verídico/s: (*ṣādiqūn*) 2:111, 3:17, 4:119, 6:143, 146, 9:43, 119, 11:32, 12:28, 82, 15:64, 21:38, 24:6, 9, 26:35, 27:49, 64, 71, 29:3, 29, 33:8, 22-24, 35, 34:29, 36:48, 37:157, 44:36, 45:25, 46:4, 49:15, 17, 52:34, 56:87, 59:8, 62:6, 67:25, 68:22, 41
Versículo/s: (Cfr.Cfr.Cfr. *Āyat*) 2:106, 129, 151, 242, 252, 3:101, 164
   Recitar: 3:113
   Unívocos 3:7, 11:1, 12:2
   Unívocos y equívocos 3:7
Vestidos: 2:233
Vía: 1:6, 2:142, 213, 3:51, 101, 5:16,

6:39, 87, 161, 7:16, 10:25, 11:56, 16:121, 19:36, 23:73, 36:4, 43:64, 90:10
Viaje: 2:185, 3.137, 156, oración de 4:43
Viajero/s: 2:177, 184, 185, 215, 283, 5:6, 9:60
Vicios: 38:28, 71:27, 80:42, 82:14-16, 83:7
Víctima: 5:3, 97, 16:115, 22:28, 36-37,
Victoria: 2:76, 3:126, 152, 141, 4:141, 5:52, 6:44, 7:40, 8:19, 32:28, 29, 48:1, 18, 27, 61:13, 110:1
  de Dios 2:249, 3:13, 126, 160, 5:52, 8:10, 63, 9:25-26, 10:103, 30:4, 47
Vida: 2:243, 258, 3:157, 185
Vides: 2:266, 6:99, 13:4, 16:11, 67, 17:91, 18:32, 23:19, 36:34, 78:32, 80:28
Viento/s: 2:165, 3:117, 10:22, 14:18, 17:69, 18:45, 22:31, 30:46, 48, 51, 34:13, 38:36, 46:25
  helado 3:117
  portadores de buenas noticias 30:46
Viernes: 62:9-10
Vino: 2:219, 4:42-43, 5:4, 90, 93-94, 12:36, 41, 16:67, 83:25, 28
  de Satanás 5:90,
Viñedo: 2:266, 6:99, 13:4, 16:11, 67, 17:91, 18:32, 23:19, 36:34, 78:32, 80:28
Violación: 2:285, de la ley 2:229, 4:30, del pacto 5:12
Violencia: 2:177, 6:65, 15:81, 17:5, 18:2, 33:18, 57:25, 59:14
Virtud: 2:44, 177, 3:92, 3:148, en qué consiste 2:189
Virtuoso/s: (*muhsinūn*) 2:58, 112, 195, 236, 6:84, 7:56, 161, 12:36, 78, 31:3, 22, 37:110, 113, 39:58, 51:16
Vista: (*baṣīra*) 2:17, 7:179, 195, 11:20, 17:36, 19:38, 28:11, 72, 32:27, 36:66, 37:175, 179, 50:23, 53:17, 54:50, 67:3, 4, 68:5, 69:38, 39, 70:11
  (*abṣār*) 2:7, 20, 6:46, 103, 110, 7:47, 14:42, 15:15, 16:78, 108, 21:97, 22:46, 23:78, 24:37, 32:9, 46:26, 47:23, 67:23
Viuda/s: 2:235, 240
Voto: 2:270, 3:35, 16:91, 19:26, 22:29, 76:7
Voz: 17:64, 20:108, 31:19, 49:2, 3

Waṣīlah: 5:103,
Wadd: 71:23
Wuḍu': 4:43, 5:6

Yagut: 71:23
Yahannam: 3:197
Yaṯrib: 33:13
Yauq: 71:23
Yā'ŷuŷ y Māŷuŷ: 18:93-97, 21:96
Ŷibt: 4:51
Yihād: 2:190, 194, 216, 218, 244, 3:13, 121, 128, 139, 147, 195, 200, 4:66, 71, 84, 89, 91, 94, 97, 99, 104, 5:35, 54, 8:5, 19, 39, 52, 57, 60, 64, 72, 75, 9:5, 38, 59, 111, 123, 16:110, 22:39, 78, 25:52, 29:6, 69, 33:12, 27, 47:4, 7, 49:15, 61:11, 66:9
Ŷudī (Monte): 11:44

Zacarías: 3:37-41, 6:85, 19:1-14, 21:89-90
Zakāt: 2:3, 43, 110, 177, 215, 264, 267, 277, 4:161, 5:58, 6:141, 7:155, 9:34, 71, 103, 18:81, 19:31, 55, 22:41, 23:4, 24:37, 27:3, 30:39, 41:6, 51:19, 70:24, 73:20, 25, 87:14, 98:5
Zaqqūm: 17:60, 37:62, 64-66, 44:43-46, 56:52-56
Zayd: 33:5, 37, 40
Zoroastrianos: 22:17
Zulaija: 12:21, 23, 34

Reseña biográfica

Inicia sus estudios islámicos en 1983. Becario del Seminario Teológico de Qom (*Hawze 'Ilmie-ye Qom*), realiza estudios en la Facutad Sadeq y en la Madrasah Hoyyatiyeh, en las áreas de lengua persa, morfología y sintaxis de la lengua árabe, Doctrina islámica (*Usul ud-Din*), Práctica legal (*Ahkām*), Leyes (*Fiqh*), Fundamentos legales (*Usul ul Fiqh*), Lógica (*Mantiq*), Teología y filosofía (*Kalām*), Corán, Exégesis coránica (*Tafsīr*), Historia del Islam, Historia de la Familia Profética (*Siratu Ahl ul-Bayt*) y Ética (*Ajlāq*) del año 1989 hasta el 1996.

Simultáneamente investiga la teoría del Estado islámico y la gnosis coránica a la luz de las enseñanzas Akbarís.

Estudioso de las obras del fallecido Imam Ruh ul-lah Al-Musawī, de quien ha traducido del persa al castellano, entre otras obras, *El Gobierno Islámico* y, junto con Cristina Gomiz Cendrós, el *Tafsīr de la Surat ul-Ĥamd*.

Colaborador y corrector de estilo de la revista trimestral Kauzar, entre los años 1993 al 2003.

Traductor del árabe al castellano de la presente versión de El Corán, comentada a partir de las exégesis coránicas persas.

Actualmente profundiza sus estudios sobre la gnosis akbarí bajo la dirección de Huŷŷat ul-Islam Muhammad Bāqer Karimián, alumno de Ayat ul-lah Ŷawadi Amuli.

www.ingramcontent.com/pod-product-compliance
Lightning Source LLC
Chambersburg PA
CBHW080500240426
43673CB00006B/250